SCHRIFTEN DER GOETHE-GESELLSCHAFT

Im Auftrag des Vorstands herausgegeben von
Werner Keller

65. Band

In Verbindung mit dem
Deutschen Bergbau-Museum
in Bochum

Mercurs

Grund und Lager Riß
von dem
Neuen Johannis Schacht
zu Ilmenau abgezogen den 1ten
September 1792 vermöge der Lage durch

Christian Gottlob Öhlig.

Anmerckung.

a. Der Kunst und Treib Schacht
b.b. die Strecke vor den Carl August[er]
b. das Carl August[er] Ort.
c. das Rin[n]ern harter Ort.
d. das Louiser Ort.
e. die Strecke von den Louiser Ort
    nach den ... Brombacher zu.
e. das ausgebaute Feld
f. der Tiefe Stolln.

Lachter

Kurt Steenbuck

Silber und Kupfer aus Ilmenau
Ein Bergwerk
unter Goethes Leitung

Hintergründe · Erwartungen · Enttäuschungen

1995

VERLAG HERMANN BÖHLAUS NACHFOLGER

WEIMAR

Gedruckt mit Unterstützung
des Förderungs- und Beihilfefonds Wissenschaft
der VG Wort

Die Deutsche Bibliothek – CIP-Einheitsaufnahme

Steenbuck, Kurt: Silber und Kupfer aus Ilmenau: ein
Bergwerk unter Goethes Leitung; Hintergründe, Erwar-
tungen, Enttäuschungen / Kurt Steenbuck. – Weimar:
Verlag Hermann Böhlaus Nachfolger Weimar 1995
  (Schriften der Goethe-Gesellschaft; Bd. 65)
  ISBN 3-7400-0967-5

NE: Goethe-Gesellschaft: Schriften der Goethe Gesellschaft

ISBN 3-7400-0967-5

Erschienen im Verlag Hermann Böhlaus Nachfolger Weimar GmbH & Co.
© 1995 by Verlag Hermann Böhlaus Nachfolger Weimar GmbH & Co.

Dieses Buch ist aus säurefreiem Papier hergestellt und entspricht den Frankfurter Forderungen zur
Verwendung alterungsbeständiger Papiere für die Buchherstellung.

Printed in Germany
Gesamtherstellung: M. Liehners Hofbuchdruckerei GmbH & Co., Sigmaringen

L.-Nr. 2809

Inhalt

Vorwort. Von Werner Keller 7

Von Rainer Slotta 10

Abkürzungen und Zitierweise 11

Einleitung und Dank 13

1. VORBEREITUNGEN FÜR DEN NEUBEGINN (1776–1784) 19

   1.1 Übersicht 19

   1.2 Verständigung über Regalitätsrechte 37

   1.3 Alte Ansprüche und ihre Ablösung 58

   1.4 Anschauungen über die Lagerstätte 91

   1.5 Werdegang des Aufschlußplans 118

   1.6 Gewerkschaft, Gewerken und Bergleute 132

2. VOM ERSTEN SPATENSTICH BIS ZUM ERSINKEN DES FLÖZES
   (1784–1792) 139

   2.1 Übersicht 139

   2.2 Abteufen des Schachtes ‚Neuer Johannes‘ 167

   2.3 Teiche und Gräben 206

3. VON DER FÖRDERAUFNAHME BIS ZUM STOLLENBRUCH (1792–1796) . . . 223

   3.1 Übersicht 223

   3.2 Streckenauffahrungen und Abbau 265

   3.3 Aufbereiten und Verhütten 281

4. BRUCH UND AUFWÄLTIGUNG DES MARTINRODAER STOLLENS
   (1796–1798) 300

5. ABSPRINGEN DER GEWERKEN UND AUFLASSUNG DES BERGWERKS
   (BIS 1814) 318

Literaturverzeichnis 335

Glossar 340

Nachweis der Bilder und Anlagen 347

Benutzte Archivalien 350

Register der Personen- und Ortsnamen 351

Vorwort

Was habe ich nicht drüben in den Bergen von Ilmenau
in meiner Jugend alles durchgemacht.

Obwohl aus langem Abstand gesprochen, wirkt in diesem Rückblick, den sich Eckermann am 26. September 1827 notierte, noch das Engagement nach – und auch die Bedrückung, die mit der Erinnerung an das dortige Bergwerk wiederkehrte.

In der Tat: Es war eine ungemeine Herausforderung, der sich Goethe zu stellen hatte, als er – entgegen der geläufigen Datierung – am 14. November 1777 in die neugebildete herzogliche Bergwerkskommission berufen wurde und am 8. April 1780 deren Leitung übernahm. Da von Trebras Fachgutachten positiv ausfiel, war geplant, den seit langer Zeit stilliegenden Kupfer- und Silberbergbau in Ilmenau wieder zu betreiben, um für das kleine Herzogtum eine Geldquelle zu erschließen und für die notleidenden Bewohner Arbeitsplätze zu schaffen. Dazu bedurfte es einer siebenjährigen angestrengten Vorbereitung, denn vielfältige geologische Untersuchungen mußten eingeleitet werden. Zusätzliche Schwierigkeiten, noch zeitraubender zu bestehen, kamen durch die verwirrenden Besitzverhältnisse hinzu: Am Ilmenauer Bergregal waren auch Kursachsen und Sachsen-Gotha beteiligt. Seit 1783 von Christian Gottlob Voigt, dem späteren hochbewährten Kollegen und Freund, tatkräftig unterstützt, mußte Goethe fortan Kapitalien herbeischaffen, auf den Gewerkentagen Geldgeber überzeugen und Sicherheiten bieten.

Erst am 24. Februar 1784 konnte Goethe seine *Rede bei Eröffnung des neuen Bergbaues zu Ilmenau* halten. Nüchtern erinnerte er dabei an Bedenken und Hindernisse, sachlich skizzierte er das Erreichte, mit verhaltenem Nachdruck rief er die Verantwortung des einzelnen fürs Ganze auf: *Es tue ein jeder, auch der Geringste, dasjenige, was er in seinem Kreise zu deren Beförderung tun kann, und so wird es gewiß gut gehen* (Jubiläums-Ausgabe Bd. 40, S. 6).

Das Scheitern des mit unermüdlichem Fleiß und großer Sachkenntnis Begonnenen ist allgemein bekannt. Der Ertrag an Kupfer und Silber war so kümmerlich, daß die Gewerken bald ihr Interesse verloren, die Arbeit wegen Geldmangels mehrfach ruhen mußte und die Kommission Darlehen aufzunehmen gezwungen war. Eine Anleihe ermöglichte im Sommer 1795 die Fortsetzung. Die Brüche im Martinrodaer Entwässerungsstollen im Oktober 1796 leiteten das langwierige Ende ein.

Bergwerkskommission, Bergbauamt und Bergleute taten an Ort und Stelle das Menschenmögliche; Goethe fragte sogar bei Alexander von Humboldt und Fachleuten in Schlesien an. Zwar war der Stollen im Mai 1798 wieder instand gesetzt, doch nach immer neuen Anstrengungen und schweren Enttäuschungen mußte Minister Voigt im Jahre 1812 die Liquidation des Unternehmens in die Wege leiten.

Wie schwer Goethe diese Vergeblichkeit aller Mühen traf, zeigt noch sein Brief an Voigt vom 11. April 1813; wie lange ihn dieses Scheitern bedrängte, läßt sich daran ablesen, daß er nach 1796 für lange 17 Jahre Ilmenau mied.

Die Beschreibungen des Ilmenauer Unternehmens durch Philologen und Historiker sind bekannt; das Urteil eines Mannes vom Fach war seit langem erwünscht. Voigts Bruder Johann Carl Wilhelm hatte bereits 1821 aus eigener erlittener Anschauung einen Rechenschaftsbericht in Buchform vorgelegt. Es ist ein Glücksfall, daß jetzt in unserer „Schriftenreihe" die verwickelte Genese und das abschließende Fazit des Ganzen, mustergültig aufbereitet, vorgelegt werden können, – daß sich der Bogen schließt zwischen der Erfahrung des Zeitzeugen und der überlegenen, in vieljährigem Aktenstudium erworbenen Kenntnis des geschulten Praktikers unserer Tage.

Mit dem Wissen unserer Gegenwart liefert Dr. Kurt Steenbuck die differenzierteste und zugleich umfassendste Begründung für das Gelungene und Mißlungene. Akribisch arbeitete er den bergmännisch bisher unerschlossenen Aktenbestand – auch der Zeit vor 1777 – durch. Mit Noblesse anerkennt er die ungewöhnliche Leistung, die das „Abteufen" des Schachts in 240 Meter Tiefe verlangte; mit Akkuratesse beschreibt er die Sicherung des Antriebswassers für die Maschinen und einige wichtige berg- und hüttentechnische Neuerungen. Da der Autor zwei verschollene Flözrisse wiederfand, kann er die untertägigen Aktivitäten genau lokalisieren. Da er die damalige Annahme über die „Ausbildung" der Lagerstätte endlich zu korrigieren weiß, vermag er einen bisher unbekannten Grund für den Fehlschlag des mit berechtigten Hoffnungen begonnenen Unternehmens namhaft zu machen.

Obschon der Bergbau von alters her seine eigene Sprache ausbildete und Dr. Steenbuck natürlich auf die gängige Fachterminologie zurückgreift, zeichnet sich sein Stil durch leserfreundliche Klarheit und Anschaulichkeit aus. Von leichter Hand geleitet, nimmt der bemühte Laie an der subtilen Rekonstruktion der Fakten und deren abschließender Auswertung teil. Sein Lesefleiß wird durch ein neues, streng fundiertes, auch wirtschafts- und finanzgeschichtlich orientiertes Gesamtbild belohnt: durch ein Standardwerk, das unsere dankbare Bewunderung verdient.

Da Goethes Name in ungezählten Protokollen erscheint, da er bis zur Jahrhundertwende die Planung und Durchführung mitträgt, ist von ihm oft die Rede. Doch der zentrale Gegenstand des Buchs ist weder der praktisch tätige Minister noch gar der Dichter, sondern, wie Goethes Orientierung an den Gegenständen dies selbst verlangt hätte, das Bergwerk, das das Geschick vieler Arbeiter mitbestimmte, und zudem – und allgemeiner – die Natur, die, in einem Drama eigener Art, dem verbissenen Einsatz von Menschengeist und Menschenfleiß widerstand.

Hans Tümmler bezeichnete Ilmenau als bittersten Mißerfolg in Goethes langer Amtszeit; Kurt Steenbuck kann nachweisen, daß den Beteiligten kein menschliches Versagen anzukreiden ist und frühere Beurteilungen zeitbedingte Fehlurteile waren. Durch dieses Buch eines erfahrenen Bergingenieurs fällt überraschendes Licht auf Goethes Briefe und Tagebücher jener Zeit, und die Ironie, mit der der Dramatiker später seinen *Faust* behandelt, wirkt angesichts leibhafter Erfahrung doppelt schwer und dekuvrierend: Mephistos Papiergeld ist nur durch ungehobene Bodenschätze gedeckt. Doch Faust bietet dem leichtsinnigen Kaiser nicht seine Mühe an, sie zu fördern, sondern er schwadroniert in der *Lustgarten*-Szene vom *weitesten Gedanken*, als ob dieser nicht zugleich der luftigste wäre. Denn nicht die Phantasie in *ihrem höchsten Flug* (V. 6115) ist im Bergbau gefordert, sondern *Verstand und Redlichkeit*, wie Goethe der Knappschaft in Tarnowitz im September 1790 schrieb.

Indes – nicht mit der dichterischen Ironie soll meine Lektüreempfehlung enden, sie soll vielmehr an Goethes nachdenklichen Ernst erinnern, mit dem er seine Ilmenauer Rede beschloß, an den Geist, aus dem man handelte:

Und nun wollen wir nicht länger verweilen, sondern uns einem Orte, auf den alle unsere Wünsche gegenwärtig gerichtet sind, nähern, vorher aber noch in dem Hause des Herrn einkehren, des Gottes, der die Berge gegründet, die Schätze in ihre Tiefe verborgen und dem Menschen den Verstand gegeben hat, sie an das Licht des Tages hervorzubringen. Lassen Sie uns ihn bitten, daß er unserm Vorhaben beistehe, daß er uns bis in die Tiefe begleite und daß endlich das zweideutige Metall, das öfter zum Bösen als zum Guten angewendet wird, nur zu seiner Ehre und zum Nutzen der Menschheit gefördert werden möge.

Köln, November 1994   *Werner Keller*

Es ist eine Freude für uns, daß Herr Dr. Rainer Slotta, Direktor des Deutschen Bergbau-Museums in Bochum, als Mitherausgeber dieses Bandes zeichnet. Dies belegt exemplarisch das Interesse der montanhistorisch geschulten Fachleute; dies läßt überdies hoffen, daß sich neben den Goethe-Kennern und -Liebhabern ein weiterer, bergmännisch interessierter Leserkreis von Dr. Steenbucks Studie angesprochen fühlt.

Ein Vorwort von Herrn Dr. Slotta folgt auf der nächsten Seite.

Als Herr Dr. Steenbuck mit der Bitte an das Deutsche Bergbau-Museum herantrat, die Publikation seiner langjährigen und intensiven Forschungsarbeiten über den Ilmenauer Bergbau der Goethe-Zeit zu unterstützen, haben wir aus mehreren Gründen sogleich und gerne zugestimmt. Zum einen haben wir es immer als dringendes Desiderat empfunden, die Geschichte des Ilmenauer Bergbaus anhand der reichlich vorhandenen archivalischen Quellen aufzuarbeiten: Gerade die oft unterschätzten „kleinen" Reviere Deutschlands bieten hervorragende Möglichkeiten, in sich abgeschlossene, aber exemplarische Darstellungen eines heute historischen Bergbaus zu schreiben.

Zum andern zeigt die Mit-Herausgeberschaft des Deutschen Bergbau-Museums an diesem Werk das hohe Interesse dieses größten deutschen Bergbaumuseums von gesamtstaatlicher und überregionaler Bedeutung an der wissenschaftlichen Aufarbeitung von Quellen zu Bergrevieren aus den neuen deutschen Bundesländern: Die allzeit engen Verbindungen des Museums zum Bergbau auch in den Zeiten von 1945 bis zur Wende finden in diesem Werk eine Fortsetzung und sind Beleg für das Bemühen des Deutschen Bergbau-Museums, sich um den gesamten deutschen Bergbau – und sei es auch nur in Facetten – zu kümmern, diesen bearbeiten und dokumentieren zu wollen.

Und schließlich ist die Person Johann Wolfgang von Goethes „natürlich" Ansporn und Anreiz genug, seine bislang weithin unbekannte Tätigkeit als Bergbautreibender und Bergwerksdirektor zu würdigen und seine Leistungen bzw. Bemühungen auf diesem Gebiet gründlich zu untersuchen. Und dieses Kapitel im Leben Goethes verdient es, der Öffentlichkeit gerade jetzt, d. h. in einer Zeit, in der sich der aktive Bergbau in der Bundesrepublik Deutschland in einem krisenhaften Abschwung befindet, vorgestellt zu werden.

Als außeruniversitäres Forschungsinstitut zur Montangeschichte begrüßt und unterstützt das Deutsche Bergbau-Museum deshalb das Vorhaben der Goethe-Gesellschaft in Weimar, die Arbeit von Kurt Steenbuck im Rahmen ihrer „Schriftenreihe" herauszubringen. Es dankt dem Vorstand der Gesellschaft und ihrem Präsidenten, Herrn Professor Dr. Werner Keller, für die Bereitschaft, auf diese Weise das montanhistorisch bedeutsame Werk Mitgliedern der Goethe-Gesellschaft und anderen Goethe-Freunden nahezubringen.

Das Museum dankt auch all jenen, die ihren Beitrag zum Zustandekommen des Buches geleistet haben. Es wünscht dieser geradezu „spannenden" Publikation viel Erfolg und weite Verbreitung. Anerkennung und Dank gebühren dem Verfasser, der das Thema Jahre hindurch mit Ausdauer und niemals erlahmender Begeisterung verfolgt hat.

Bochum, Dezember 1994   *Rainer Slotta*

Abkürzungen und Zitierweise

ADB	Allgemeine Deutsche Biographie. Leipzig 1875–1912.
AHhut	Archiv der Brüder-Unität Herrnhut.
BG	E. u. R. Grumach: Goethe. Begegnungen und Gespräche. Berlin 1965 ff.
BJ	Bergmännisches Journal, Freiberg 1788–1794.
BPK	Bildarchiv Preußischer Kulturbesitz, Berlin.
Corpus	Corpus der Goethe-Zeichnungen, Bd. Vb. Leipzig 1976.
DBM	Deutsches Bergbau-Museum, Bochum.
GA BrE	Goethe. Gedenkausgabe. Briefe aus dem Elternhaus. Zürich 1960.
GA GmE	Goethe. Gedenkausgabe, Bd. 24. Gespräche mit Eckermann. Zürich 1948.
G – CA	Briefwechsel des Herzogs-Großherzogs Carl August mit Goethe, 3 Bde. Berlin 1915–1918.
GJb	Goethe-Jahrbuch.
GL	R. Steiger: Goethes Leben von Tag zu Tag. Zürich und München 1982 ff.
GMD	Goethe-Museum Düsseldorf
GSA	Goethe- und Schiller-Archiv, Weimar.
G – V	Goethes Briefwechsel mit Christian Gottlob Voigt, 4 Bde. Weimar 1949–1962.
HA	Goethe. Hamburger Ausgabe, 14 Bde. Hamburg 1948 ff.
KPM	Königliche Porzellan-Manufaktur, Berlin.
LA	Goethe, Die Schriften zur Naturwissenschaft (Leopoldina-Ausgabe). Weimar 1947 ff.
MB	Magazin für die Bergbaukunde, Dresden 1786–1790.
Mfl	Meißner Gulden; 1 Mfl = 21 Gr (s. Rtlr)
Mk, Mark	Edelmetallgewicht; 1 Kölnische Mark (Silber) = 16 Lot (Lt) = 233,856 g (Kahnt/Knorr, 178)
OBA ClZ	Archiv Oberbergamt Clausthal-Zellerfeld.
Rtlr, Gr	Reichstaler, Groschen; 1 Rtlr = 24 Gr.
SHStA	Sächsisches Hauptstaatsarchiv Dresden.
StACob	Staatsarchiv Coburg.
StAWob	Niedersächsisches Staatsarchiv Wolfenbüttel.
SWK	Stiftung Weimarer Klassik, Weimar.
ThHStA	Thüringisches Hauptstaatsarchiv Weimar.
VB	Goethe in vertraulichen Briefen seiner Zeitgenossen, 3 Bde. München 1982.
WA	Goethes Werke. Weimarer Ausgabe, 4 Abtn., 133 Bde. (in 143). Weimar 1887–1919.
Ztr, Pfd	1 Ztr = 100 Pfd; 1 Pfd = 32 Lt = 467,2 g (Kahnt, 220).

Längenmaße und die davon abgeleiteten Flächen- und Raummaße wurden wie folgt in das metrische System umgerechnet (nach Jauernig, 49):

1 Lachter	= 2,0 m		1 Elle	= 0,6 m
1 Fuß	= 28,2 cm		1 Zoll	= 2,3 cm

Zitate aus Werken, Briefen und Tagebüchern Goethes werden grundsätzlich nach der Weimarer Ausgabe wiedergegeben und durch Kursivdruck hervorgehoben. Die ‚Nachrichten‘ über den Ilmenauer Bergbau (1781–1794) werden nach LA I 1 zitiert. Aus den ‚Nachrichten‘ von 1783–1794 erscheinen nur Zitate aus Reden und Vorträgen Goethes kursiv. Bei Briefen und Tagebuchnotizen, die durch Adressat und Datum hinreichend identifiziert sind, wurde auf die Quellenangabe verzichtet.

Hinweise auf die Fundstellen wurden in Klammern in den Text eingefügt; Aktensignaturen ohne Angabe des Standorts sind generell als Bestand des Thüringischen Hauptstaatsarchivs zu verstehen. Foliierte Akten werden mit Bl. XX (Vorderseite) und Bl. XX' (Rückseite) bezeichnet.

Einleitung und Dank

Um einen Gegenstand ganz zu besitzen, zu beherrschen,
muß man ihn um sein selbst willen studiren.
Montan in *Wilhelm Meisters Wanderjahre*
Erstes Buch. Viertes Capitel.
(WA I 24, 49)

„Immer ist es zwar leichter, auf schöne Gänge in der Dunkelheit unaufgeschlossener Gebirgsteufe hinzuzeigen, als darauf wirklich Anbrüche zu machen. Gleichwohl ist der Glaube an das, was man wünscht und verlangt, überaus leicht". Die beiden – hier leicht gekürzten – Sätze wurden im Jahr 1789 von Christian Gottlob Voigt, dem hochgeschätzten Kollegen Goethes in vielen Amtsgeschäften, niedergeschrieben. Sie sprechen eine alte bergmännische Erfahrung aus: Gute Aufschlüsse sind nicht mit Gewißheit vorauszusagen; aber ohne die Hoffnung darauf kann Bergbau nicht betrieben werden. Die Berufung von Goethe und Voigt in die Kommission, der die Leitung des Ilmenauer Bergwerks übertragen war, hatte sie zu enger Zusammenarbeit geführt. Hoffnung und Zweifel, die ständigen Wegbegleiter des Bergmanns, die sich in dem Ausspruch in auffälliger Weise die Waage halten, werden daher auch Ausdruck der Goetheschen Empfindungen gewesen sein.

Aber markiert die Aussage dann nicht auch einen Wendepunkt in der Einstellung der beiden Kollegen zu ihrem Amt? Spüren wir nicht, daß die überschäumende Hoffnung des Neubeginns nicht mehr vorwaltet? Das Werk, das fünf Jahre zuvor dem Landesherrn *zur Freude wachsen* sollte, hatte schwere Rückschläge hinnehmen müssen. Sie setzten sich fort und entmutigten schließlich so, daß das Unternehmen sieben Jahre später *einer auslöschenden Lampe immer ähnlicher* wurde. Die Versuche, Gelder für seine Fortführung aufzutreiben, schlugen fehl. Im Jahre 1814 zog ein Bericht des sonst so nüchternen Voigt den Schlußstrich unter „ein Werk, das mit der schönsten Hoffnung angefangen, und mit ganz besondren Eifer, Vorliebe und Uneigennützigkeit betrieben, und worauf eine unglaubliche Arbeit gewendet wurde". Goethe hatte sich schon um die Jahrhundertwende von dem Amt zurückgezogen.

Das Ilmenauer Bergwerk würde heute das Schicksal der meisten untergegangenen Bergwerke teilen: Es wäre in Vergessenheit geraten, wenn nicht das Interesse an Leben und Werk Goethes zu wiederholten Darstellungen der Ilmenauer Ereignisse geführt hätten. Meist haben sich Philologen des Themas angenommen. Für sie stand die Beteiligung Goethes im Vordergrund. Das tiefere Eindringen in die bergmännische Sphäre war ihnen verwehrt.

Sein beruflicher Werdegang hat dem Verfasser dieser Arbeit eine andere Sichtweise nahegelegt. So bewegten ihn drei Fragen vor allem: Waren die Annahmen, die dem Plan für den Neubeginn aus dem Jahre 1783 zugrunde gelegt worden waren, genügend gesichert, oder war hier mehr „der Glaube an das, was man wünscht'' am Werke gewesen? Hätte man bei gründlicher Auswertung aller vorhandenen Zeugnisse – natürlich unter Berücksichtigung des damaligen Wissensstandes – zu einem anderen Urteil kommen müssen? Und hätte es Wege gegeben, die *auslöschende Lampe* im Jahre 1796 wieder zu hellerem Leuchten zu bringen?

Daß Goethe als Vorsitzender der Bergwerkskommission – wie wir heute sagen würden – politische Verantwortung für das Werk und dessen unglückliches Ende trug, steht außer Frage. Aber ist es berechtigt, von Schuld und von Versäumnissen zu sprechen, wie es bisweilen geschehen ist?

Um diese Fragen zu beantworten, bedarf es sorgfältiger bergmännischer Analysen. Die Aussagen der Sekundärliteratur sind wenig hilfreich. Der Verfasser hat nach Auswertung einschlägiger Bestände in westdeutschen Archiven in seiner Dissertation im Jahre 1987 einen ersten Versuch unternommen. Gewißheit hat aber erst die Auswertung der Bestände des Thüringischen Hauptstaatsarchivs Weimar im Jahr 1988 und in den Folgejahren gebracht. Die Ergebnisse werden in dieser Arbeit vorgelegt.

Goethe-Freunde stellen häufig die weitere Frage, wie groß der Anteil des Dichters an den vielen Entscheidungen der Kommission war. Goethe hat sich der ihm gestellten Aufgabe mit allem Fleiß und aller Sorgfalt unterzogen. Die Akten belegen, wie fest die Bergwerkskommission mit Goethe an der Spitze in allen Einzelheiten des betrieblichen Fortgangs die Zügel in der Hand hielt und wie gründlich Entscheidungen vorbereitet wurden.

Aber: Bergbau war nie Sache eines Mannes allein. In allen Fragen, die das Bergwerk betrafen, stand Goethe in engem mündlichen und schriftlichen Austausch mit seinem Mitkommissar. In Ilmenau wirkte eine Reihe von erfahrenen Praktikern, mit denen sich die Kommission ständig schriftlich oder mündlich beriet. Und bei allen schwierigeren Problemen holte sie vor der eigenen Entscheidung den Rat der erfahrensten Fachleute ihrer Zeit ein. In dieser Reihe fehlt kein Name, mochte sein Träger nun in kursächsischen, kurhannoverschen, preußischen oder habsburgischen Diensten gestanden haben. Auch in verwickelten Zusammenhängen wurde auf den Konsens mit allen Beteiligten geachtet. Für einsame Entscheidungen war kein Raum.

Die häufige Abwesenheit Goethes – seine erste Italienreise und viele andere Reisen, die er oft im Auftrag und nicht selten auch in Begleitung seines Landesherrn unternommen hat – und seine weiter gespannten sonstigen Aktivitäten haben es mit sich gebracht, daß die formale Verwaltungsarbeit in den Händen von Christian Gottlob Voigt lag. Dieser immens fleißige und gebildete Beamte war die tragende Säule der Kommission. Aber auch nicht ansatzweise ist den Akten zu entnehmen, daß der Vorsitzende der Kommission, wenn er nur erreichbar war, bei den notwendigen Entscheidungen nicht eingeschaltet worden wäre. Kollegiale Loyalität verbot jeden Alleingang.

Im übrigen war nicht nur Goethe der zeitweilig Abwesende. Auch C. G. Voigt befand sich des öftern aus dienstlichen oder persönlichen Gründen auf Reisen oder war durch Krankheit an der Ausübung der Geschäfte gehindert. Goethe besorgte dann die Kommissionsarbeit alleine. Der jeweils Abwesende wurde aber ungesäumt über alle Vorfälle unterrichtet. Diesem vorbildlichen Zusammenwirken würde Gewalt angetan, wollte man den speziellen Einfluß Goethes auf einzelne Entscheidungen herausfiltern.

In Briefen, in Tagebucheintragungen und in gedruckten amtlichen Schriftstücken liegen viele Zeugnisse Goethes vor, die seine Mitwirkung oder Anteilnahme an dem Ilmenauer Geschehen belegen. Da sie aber meist aus dem Sachzusammenhang herausgelöst sind, werden in der vorliegenden Arbeit die wichtigsten dieser Zeugnisse in den größeren Rahmen eingefügt und damit besserem Verstehen zugänglich gemacht.

Der Verfasser hat sich mit Rücksicht auf den Umfang der Arbeit nicht die Aufgabe gestellt, alle noch nicht gedruckten Texte Goethes – die Weimarer Bergbau-Akten bergen deren einige – im Wortlaut wiederzugeben. Ihr Inhalt wurde jedoch übernommen, wenn er für das Verständnis des Geschehens bedeutsam war.

Bergwerke stellen komplexe Systeme dar, in denen immer mehrere Vorgänge zeitlich nebeneinander ablaufen. So war es auch in Ilmenau. Die Kommissionssitzungen waren gekennzeichnet durch die Behandlung unterschiedlicher Problemfelder, die auf der nächsten Sitzung auf aktualisiertem Stand erneut zur Beratung und schließlich zur Entscheidung kamen. Würde nun das Wirken der Kommission streng chronologisch dargestellt, so müßten Sachzusammenhänge häufig unterbrochen werden. Deren Verständnis wäre sehr erschwert.

Statt dessen wurde eine Darstellungsweise gewählt, bei der das Geschehen bis zum Stollenbruch im Jahre 1796 in drei durch markante Zäsuren getrennte Zeitabschnitte gegliedert ist. Jedem dieser Abschnitte wurden – ohne tieferes Eingehen auf die jeweils vorherrschenden technischen oder sonstigen Probleme – Schilderungen der Handlungsabläufe vorangestellt. Ihnen folgen spezielle Untersuchungen der wichtigsten Problemfelder. Diese Struktur ermöglicht dem Leser die Konzentration auf Kapitel seines Interesses ohne den Zwang, vorausgegangene Kapitel unbedingt vorher kennengelernt zu haben. Nach dem Oktober 1796 verlief das Geschehen ziemlich eingleisig, so daß die beiden letzten Kapitel allein dem zeitlichen Ablauf folgen.

Einige Ereignisse auf dem Bergwerk lassen sich ohne Kenntnis entsprechender Vorgänge in vorausgegangenen Betriebsperioden nicht verstehen. Deren zusammenhängende Darstellung hätte die Arbeit aber zu sehr belastet. Nur dort, wo das Verständnis ‚aktueller‘ Vorgänge es zwingend fordert, wurde die zugehörige Vergangenheit in Gestalt von Rückblenden hereingeholt. Lediglich der Zeit von 1739 bis 1767 wurde im Rahmen des Kapitels, das sich mit fortgeltenden Rechten aus dem früheren Bergbau auseinandersetzt, breiterer Raum gewidmet. Diese Zeit war wesentlich ereignisreicher als bisher dargestellt und hat grundlegende Entscheidungen der Goethe-Zeit vorgeprägt.

Der Bestand des Thüringischen Hauptstaatsarchivs Weimar an Akten des Ilmenauer Bergbaus spiegelt gut den dreistufigen Behördenaufbau wider: Landesfürstliche Regierung, Bergwerkskommission und Bergbauamt. Jeder Vorgang, gleich zwischen welchen Instanzen er ablief, müßte daher sowohl im Konzept bei der ausstellenden als auch in der behändigten Ausfertigung bei der empfangenden Behörde zu finden sein. Die Akten des Bergbauamtes sind jedoch nur lückenhaft überliefert, und auch die Akten der fürstlichen Regierung sind nicht sehr vollständig. Viele Lücken haben sich schließen lassen durch Heranziehung des jeweiligen Gegendokuments.

Leider wird auch der Inhalt der Kommissionsakten um so unvollständiger, je mehr das Werk sich seinem Ende nähert: ein Umstand, auf den schon J. Voigt 1912 hingewiesen hat. Und, schlimmer noch, einige Akten fehlen heute. Während J. Voigt eine Lücke in den Akten der Bergwerkskommission vom Januar 1794 bis September 1795 vorfand, fehlt jetzt zusätzlich die Kommissionsakte des zweiten Halbjahrs 1793. Regierungsakten und Akten des Bergbauamtes helfen allenfalls, Ereignisse dieses Zeitraums punktuell zu belegen.

Einige Hinweise in den Beständen des Staatsarchivs haben den Verfasser zu dem Nachlaß Friedrich Justin Bertuchs geführt, der im Goethe- und Schiller-Archiv überliefert ist. Dort konnten wertvolle Unterlagen aus den Jahren 1794 bis 1797 erschlossen werden. Einige im Staatsarchiv gefundene Briefe, überwiegend in der zweiten Jahreshälfte 1793 zwischen Herzog Carl August und Christian Gottlob Voigt gewechselt, haben zusätzliches Licht in das Dunkel gebracht. Und natürlich konnte immer das Werk des Zeitzeugen Johann Carl Wilhelm Voigt (1821) herangezogen werden, auch wenn dabei stellenweise große Vorsicht zu walten hatte.

Auf diese Weise ist ein Gesamtbild des Ilmenauer Bergbaus der Goethe-Zeit entstanden, das die bisherigen Darstellungen wesentlich ergänzt und an vielen Stellen richtigstellt. Die vielfältigen Ursachen, die – miteinander verflochten und sich gegenseitig verstärkend – zu dem Scheitern des Unternehmens beigetragen haben, sind jetzt deutlich zu erkennen. Wichtige Ergebnisse der Arbeit sind durch Fettdruck hervorgehoben.

Für die weitere Forschung wäre von großem Wert, wenn die fehlenden Kommissionsakten ganz oder in Teilen wieder auftauchten. Zwar dürfte das betriebliche Bild, wie es in dieser Arbeit entworfen wurde, wesentliche Korrekturen nicht mehr erfahren. Wohl aber wären wertvolle Aufschlüsse über den Einsatz Goethes in dieser wichtigen Phase des Betriebes zu erwarten.

Der Verfasser hat viel Hilfe erfahren und schuldet vielen Helfern Dank. Nur wenige können namentlich genannt werden:

Herr Professor Dr. Karl-Heinz Hahn, Weimar, bis zu seinem Tod im Jahre 1990 Präsident der Goethe-Gesellschaft, hat sich der Bestrebungen des Autors angenommen und die Aufnahme der Arbeit in die Schriftenreihe der Gesellschaft ins Auge gefaßt. Ihm gelang es im Jahre 1987, dem Autor Zugang zu den Akten des Staatsarchivs zu verschaffen. Die Vorlage der einschlägigen Bestände ‚seines' Goethe- und Schiller-Archivs war für ihn gern geleistete Unterstützung.

Sein Nachfolger im Präsidentenamt, Herr Professor Dr. Werner Keller, Köln, hat die Realisierung des Vorhabens mit der Autorität seiner Person und seines Amtes vorangetrieben und zum Abschluß gebracht.

Der Direktor des Deutschen Bergbau-Museums, Bochum, Herr Dr. Rainer Slotta, fühlte sich der Veröffentlichung von Beginn an verpflichtet und hat das Museum in die Rolle des Mitherausgebers hineingeführt.

Dank ist allen Damen und Herren zu sagen, die den Verfasser in Archiven und Bibliotheken unterstützt haben. Herrn Dr. Boblenz sei gedankt für die umsichtige Betreuung im Thüringischen Hauptstaatsarchiv Weimar. In Ilmenau war Frau Claudia Fiala stets hilfsbereit.

Besonderer Dank gilt der Gewerkschaft Auguste Victoria, Marl, bis zum Jahr 1992 Tochterunternehmen der BASF Aktiengesellschaft, Ludwigshafen. In ihrem Dienst erwarb der Verfasser die Kenntnisse, die ihn befähigt haben, sich des Themas anzunehmen. Von dem langjährigen Vorsitzenden ihres Grubenvorstandes, Herrn Bergassessor a. D. Bernhard Florin (†), lernte er zudem, daß klares technisches Denken sich einer ebenso klaren Sprache zu bedienen habe. Herr Max Dietrich Kley, der das Amt von 1982 bis 1990 innehatte, stellte in großzügiger Weise technische Hilfen der Gesellschaft zur Verfügung.

Der Ingenieur, der seine Arbeit in die Schriftenreihe der Goethe-Gesellschaft aufgenommen sehen möchte, bedarf des Rates der Germanistik. Er wurde von Frau Dr. Edith Zehm, München, gewährt. So geduldig wie kompetent hat sie den Autor über manche Klippen hinweggeführt. Frau Zehm hat sich auch der dornenreichen Aufgabe unterzogen, einen umfangreichen Text mit einem ihr streckenweise doch sehr fernstehenden Inhalt kritisch durchzusehen. Der Autor schuldet ihr großen Dank.

Schließlich dankt der Autor dem Verlag Hermann Böhlaus Nachfolger Weimar für die verlegerische Betreuung und dem Leiter des Verlages, Herrn Gunter Lauterbach, für vielfältige Anregungen und Hilfen.

1. Vorbereitungen für den Neubeginn (1776–1784)

1.1 Übersicht

Bergbau auf das silberhaltige Kupferschieferflöz bei Ilmenau ist seit dem Mittelalter nachgewiesen. Mit kürzeren oder längeren Unterbrechungen, wie sie auch in anderen Bergbaugebieten üblich waren, war er bis in die erste Hälfte des 18. Jahrhunderts hinein betrieben worden. Standorte waren das Bergwerk an der Sturmheide, einer Randerhebung des Thüringer Waldes westlich der Stadt Ilmenau, und das Bergwerk bei dem Dorf Roda, knapp drei Kilometer nordwestlich des Sturmheider Bergwerks gelegen (Anl. 1).

Lebensader beider Bergwerke war der Martinrodaer Stollen. Im Jahre 1592 bei dem Dorf Martinroda angehauen, war er in einer Gesamtlänge von knapp acht Kilometern bis zur südöstlichen Grenze des Sturmheider Bergwerks aufgefahren worden. 1705 hatte er das Rodaer und 15 Jahre später das Sturmheider Bergwerk erreicht. Die Grubenwässer, die zuvor aus dem Tiefsten der beiden Gruben bis zu den alten, oberflächennahen Entwässerungsstollen gehoben werden mußten, brauchten nun nur noch bis zu dem neuen, tieferen Stollen gehoben zu werden. Er brachte im Rodaer Bergwerk eine Teufe von 64 m und im Sturmheider Bergwerk eine solche von 46 m ein.

Das Rodaer Bergwerk war 1715 stillgelegt und seitdem nicht wieder in Angriff genommen worden. Seine bauwürdigen Vorräte waren erschöpft. Der Abbau hatte eine Teufe von 368 m erreicht. Nach der Stillegung stieg das Wasser in den alten Grubenbauen bis zum Martinrodaer Stollen an.

Als letzter Tag des Bergwerks an der Sturmheide, in dem eine Teufe von ungefähr 180 m erreicht worden war, gilt der 10. 5. 1739. An diesem Tag brach der Damm des unteren Freibacher Teiches, der der Versorgung der Bergwerksmaschinen mit Antriebswasser in Trockenzeiten diente. Das Unglück hat aber, wie die Weimarer Akten ausweisen, das Ende des Bergwerks nicht mit einem Schlage herbeigeführt. Auch danach hat es mehrere Versuche gegeben, die Grubenbaue zu sümpfen. Der Abbau im Tiefsten wurde auch mehrmals wieder aufgenommen, wenngleich es nicht mehr gelang, ihn auf Dauer zu stabilisieren.

Ende des Jahres 1740 – 1½ Jahre nach dem Bruch des Teichdamms also – wurde an der Sturmheide das Pumpen endgültig eingestellt. Das Wasser stieg nun auch hier bis zum Martinrodaer Stollen an. Fortan beschränkten sich die Aktivitäten auf das

Aufsuchen von bauwürdigen Vorräten oberhalb des Stollens, und zwar auf dessen ganzer Länge vom Südosten des Sturmheider bis zum Nordwesten des Rodaer Bergwerks.[1] Auch wenn hin und wieder neue Hoffnung aufkam, blieb die Suche letzten Endes erfolglos.

Am 31. 12. 1753 fiel auf dem Martinrodaer Stollen 460 m südöstlich des Schachtes ‚Getreuer Friedrich' ein Bruch. Dem Wasser aus dem Sturmheider Werk war nun der Abfluß über den Stollen versperrt. In langwieriger, mühevoller und gefährlicher Arbeit gelang es, den Bruch auf einer Länge von 480 m bis etwa in die Gegend des Johannes-Schachtes aufzuwältigen. Der südöstlich davon gelegene Stollenabschnitt wurde endgültig aufgegeben.

Nach Beendigung des Siebenjährigen Krieges wurde im sogenannten Mittelfeld östlich der Stadt Ilmenau, wo bisher Abbau noch nicht stattgefunden hatte, ein letzter Versuch unternommen. Mit einem Schacht, ‚Neue Hoffnung' geheißen, erreichte man am 11. 11. 1764 in einer Teufe von 104 m das Flöz. Schmelzversuche mit dem ausgeförderten Haufwerk verliefen jedoch enttäuschend. Als die obervormundschaftliche Kammer[2] Zahlungen, die sie bis dahin vorschußweise geleistet hatte, einstellte, mußte auch dieser Schacht 1766 aufgegeben werden.

Von nun an wurde nur noch der Martinrodaer Stollen, selbstverständlich nur in seinem offen gebliebenen Teil, unterhalten. Wären auch diese Arbeiten eingestellt worden, so wäre der Stollen auf ganzer Länge verbrochen. Eine Wiederaufnahme des Bergwerks wäre dann so leicht nicht mehr möglich gewesen. Die für die Unterhaltung erforderlichen Mittel schoß wieder die Kammer vor.

Dies war der Zustand des Ilmenauer Bergbaus, als Erbprinz Carl August am 3. September 1775, dem Tage der Vollendung seines 18. Lebensjahres, die Regierung im Herzogtum Sachsen-Weimar-Eisenach übernahm (Bild 1). In der Stadt Ilmenau, deren bescheidener Wohlstand sich fast ausschließlich vom Kupferschieferbergbau hergeleitet hatte, war große Not eingekehrt. Diese Not zu beheben und der wirtschaftlich darniederliegenden Stadt wieder aufzuhelfen, war eines der vordringlichsten Ziele des jungen Landesherrn. Dabei wird er auch an die Steigerung von Macht und Ansehen gedacht haben, die ein blühender Silberbergbau dem Land und seinem Herrscher verschaffen könnte.

---

[1] Weder der Abbau im Tiefsten des Sturmheider Bergwerks nach dem Dammbruch des Jahres 1739 noch die späteren Bemühungen, oberhalb des Martinrodaer Stollens bauwürdige Vorräte zu finden, haben in der Ilmenau-Literatur bisher Erwähnung gefunden. Für die Beurteilung der Lagerstätte sind die Aufschlüsse dieser Zeit aber von großem Wert. Auf sie wird im Kapitel 1.3 eingegangen werden.

[2] Die Kammer war Vermögens- und Finanzverwaltung des Herzogtums. Herzog Ernst August II. Constantin, regierender Fürst im Herzogtum Sachsen-Weimar-Eisenach, war im Jahre 1758 gestorben. Zum Vormund seines minderjährigen Sohnes, des Erbprinzen Carl August, und des nachgeborenen Sohnes, des Prinzen Constantin, hatte er testamentarisch seine Gemahlin, Herzogin Anna Amalia, eingesetzt. Nachdem bis zu ihrer eigenen Mündigkeit im Jahre 1759 ihr Vater, Herzog Carl von Braunschweig, die Regierungsaufgaben wahrgenommen hatte, stand Anna Amalia von da ab an der Spitze der obervormundschaftlichen Landesregierung.

Bild 1: Herzog Carl August von Sachsen-Weimar (1757–1828)　　*Bild 2: Johann Wolfgang von Goethe (1749–1832)*

Schon in den ersten Monaten seiner Regierungszeit beauftragte Herzog Carl August die Kammer, ihm geeignete Vorschläge für die Wiederaufnahme des Bergbaus zu machen. Die Eingabe der Kammer ist vom 7. 2. 1776 datiert. Sie kommt zu dem bedeutungsvollen Schluß: „Durch die Lossagung der alten Gewerckschafft und der hohen Mittheilhaber des gemeinschafftlichen Bergwercks von allen Hindernissen befreyet, läßt sich vielleicht eine neue Gewerckschafft auf billige Bedingungen zusammen bringen, wenn zumal von geschickten und in Ansehen stehenden Bergwercks Verständigen nach genauer Untersuchung des Wercks gefertigte Berichte und gethane Vorschläge, zu einem vortheilhaften Bau gegründete Hoffnung geben" (B 16039, Bl. 3; zit. n. J. Voigt, 137).

Es ist notwendig, diesen Satz etwas genauer zu betrachten. Er enthält fünf Forderungen, die nach Meinung der Kammer erfüllt sein mußten, ehe das Werk wiederaufgenommen werden konnte. In etwas geänderte Reihenfolge sind dies:

1. Sachverständige des Bergbaus sollten das Werk auf seine Bauwürdigkeit untersuchen. Wenn diese bejaht würde, seien
2. die alte Gewerkschaft dahin zu bringen, sich von dem Werk loszusagen,
3. das Werk von den Ansprüchen der übrigen fürstlichen Teilhaber zu befreien,

4. ein Vorschlag auszuarbeiten, wie das Werk auf vorteilhafte Art wieder aufgenommen werden könnte, und schließlich
5. eine neue Gewerkschaft zusammenzubringen.

Die Eingabe der Kammer wurde am 13. Februar 1776 im Geheimen Rat, dem obersten Regierungsgremium des Herzogtums, erörtert. Daraufhin verfügte der Herzog: „Wir sehen die Wiederherstellung dieses so alten als berühmten Bergwercks als eine Angelegenheit an, welche Unserer ganzen Aufmerksamkeit würdig ist, und genehmigen dahero alles dasjenige, was von Euch dieserhalb in ohnzielsezlichen Antrag gebracht worden" (B 16039, Bl. 6). Die Vorschläge der Kammer wurden damit zum Arbeitsprogramm erhoben.

Johann Wolfgang Goethe (Bild 2), am 7. November des Vorjahres auf Einladung des Herzogs Carl August in Weimar eingetroffen, stand bei Erlaß des Dekrets noch nicht im herzoglichen Dienst. Auf dessen Inhalt wird er kaum Einfluß genommen haben. Von der Absicht des Landesherrn, den Dichter fester an sich zu binden, erfahren wir aus einem Brief des Kammerherrn Johann August Alexander von Kalb, des Gefährten auf der Reise in die thüringische Residenz. Er schrieb am 16. 3. 1776 an Goethes Eltern: „Mit Beibehaltung seiner gänzlichen Freiheit, der Freiheit, Urlaub zu nehmen, die Dienste ganz zu verlassen, wann er will, wird unser junger edler Fürst 〈…〉 Ihren Sohn unter dem Titel eines Geheimden Legationsrats 〈…〉 in sein Ministerium ziehen" (VB 1, 170). Gegen diese Absicht erhob sich der Widerstand der etablierten Beamtenschaft. Die Ernennungsurkunde konnte erst am 11. 6. 1776 ausgefertigt werden, nachdem sich die Herzoginmutter Anna Amalia vermittelnd hatte einschalten müssen.

Goethe erhält die Urkunde am 19. 6. 1776. Am nächsten Tag macht er Antrittsbesuche bei seinen Kollegen, dem Präsidenten des Geheimen Rates, Jakob Friedrich Freiherr von Fritsch, und dem Geheimen Assistenzrat Christian Friedrich Schnauß. Am 21. Juni beraten die drei Minister einen Entwurf für die Instruktion an den kursächsischen Vizeberghauptmann Friedrich Wilhelm Heinrich von Trebra, der zum Gutachter für Ilmenau bestimmt worden war. Am 25. Juni wird Goethe in Gegenwart des Herzogs in den Geheimen Rat eingeführt und vereidigt. In derselben Sitzung wird die Instruktion für Trebra verabschiedet. Auf dem Entwurf des Reskripts (B 16039, Bl. 13) erscheint erstmalig die Paraphe Goethes unter denen des Herzogs und der beiden anderen Mitglieder des Conseils (Bild 3).

Daß in der wichtigen und schwierigen Frage der Wiederaufnahme des Ilmenauer Kupferschieferbergbaus der kursächsische Vizeberghauptmann zum Gutachter bestellt wurde, kann nicht verwundern. Als Sohn eines weimarischen Hofjunkers wurde Trebra 1740 in dem weimarischen Amt Allstedt in der Goldenen Aue geboren. Trebra schreibt selbst später: „in der Mitte des Jahres 〈1776〉 unternahm ich das höchst angenehme Geschäfft für das Land, und den Fürsten, welchen ich durch die Geburt verbindlich worden war" (Trebra 1818, 498). Mit Christian Gottlob Voigt, dem späteren Staatsminister und vertrauten Kollegen Goethes, war

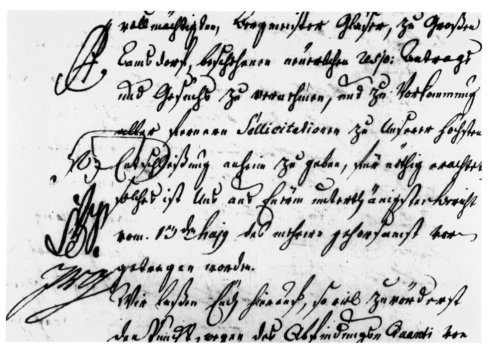

Bild 3: Paraphen des Herzogs und der Mitglieder des Geheimen Rates auf dem Konzept zu einem Reskript; zuunterst die Paraphe Goethes

Trebra in Roßleben zur Schule gegangen. Gemeinsam hatten beide von 1761 bis 1765 in Jena Rechtswissenschaft studiert. Dann trennten sich ihre Wege. Trebra bezog die soeben gegründete Bergakademie zu Freiberg. Deren Matrikel weist unter der Nummer 1 seinen Namen aus. Ende des Jahres 1767 war Trebra zum Leiter des kursächsischen Bergamts Marienberg bestellt und zum Bergmeister ernannt worden. In dieser Position hatte er sich solche Verdienste erworben, daß ihm 1773 der Titel ‚Vizeberghauptmann‘ verliehen wurde.

Ein Auftragsschreiben an Trebra ist nicht überliefert. Nach dessen eigener Aussage war Auftraggeber die herzogliche Kammer (Trebra 1818, 498). Überliefert, bisher aber nicht veröffentlicht, ist ein Schreiben, mit dem Trebra am 2. Juni von Marienberg aus dem Herzog die Annahme des Auftrags bestätigt (B 16038, Bl. 267). Es mag hier, auch seiner barocken Formulierungen wegen, eingerückt werden:

„Zur Erfüllung Ew. Hochfürstlichen Durchlaucht gnädigster Befehl an mich, das Ilmenauer Bergwerk zugleich mit dem Kunstmeister Mende zu befahren und zu untersuchen, haben Ihro Churfürstl. Durchl., mein gnädigster Herr, uns nunmehro den nöthigen Urlaub gnädigst ertheilt. Die Empfindung des vorzüglichsten Glücks, welches ich hierbey genieße, würde unbegränzt sein, wenn nicht eine andere und ebenso starke Empfindung, von der Unzulänglichkeit meiner geringen Fähigkeiten die Hoffnung mir raubte, dieser mir erzeigten höchsten Gnade vollkommen würdig zu seyn. Überzeugt aber, von Ew. Hochfürstlichen Durchlaucht gnädigster Nachsicht, gegen den Mangel hinlänglicher Kräfte, wenn er nur durch thätigen guten Willen ersetzt wird, will ich mich an alles wagen, was Ew. Hochfürstliche Durchlaucht zur Ausführung an mich zu befehlen die höchste Gnade haben werden, und mit unterthänigster Dankbarkeit, will ich es lebenslang erkennen, wenn Höchstdieselben gnädigst zulassen, daß ich in tiefster Unterthänigkeit verharren darf.

Ew. Hochfürstlichen Durchlaucht
unterthänigster Diener
Friedrich Wilhelm Heinrich von Trebra

Marienberg, den 2ten Juni 1776"

Trebra ist am 16. Juni in Weimar, wo es bei dem mittlerweile zum Kammerpräsidenten ernannten J. A. A. von Kalb zur ersten Begegnung mit Goethe kommt, der im Tagebuch vermerkt: „*Mit Trebra* ⟨...⟩ *bey Kalb.* ⟨...⟩ *Trebra brav wahr in dem Seinigen treu*".

Nach der Besprechung vom 16. Juni begibt sich Trebra ohne Verzug nach Ilmenau. In seiner Begleitung befinden sich Kunstmeister Johann Friedrich Mende aus Freiberg und Obersteiger Johann Gottfried Schreiber aus Marienberg. Die Fachleute aus dem Erzgebirge können nur den Martinrodaer Stollen befahren, weil die Grubenbaue beider Gruben bis dorthin unter Wasser stehen. Die wenigen sichtbaren Flözaufschlüsse auf dem Stollen besitzen nur geringe Aussagekraft.

Das Gutachten wird am 11. 7. 1776 in Ilmenau abgeschlossen (B 16039, Bl. 16–78). Hinsichtlich der Bauwürdigkeit kommt Trebra zu einem sehr günstigen Urteil. Er schlägt vor, den Bergbau wieder in Gang zu setzen. Als Angriffspunkte sieht er die beiden verfallenen Schächte, den Johannes-Schacht, etwa 600 m nordwestlich des Abbaurandes des Sturmheider Bergwerks gelegen, und den Schacht ‚Neue Hoffnung' im Mittelfeld an (Anl. 1). Kunstmeister Mende liefert Details über die Maschinen für Schachtförderung und Wasserhaltung und über deren Kosten. Obersteiger Schreiber steuert Kalkulationen über den Aufwand für die herzustellenden Grubenbaue bei. Der Geldbedarf bis zu dem Zeitpunkt, an dem die Erlöse aus den erschmolzenen Metallen alle weiteren Aufwendungen decken, wird auf 25000 Rtlr geschätzt und die Zeitdauer bis dorthin auf drei Jahre.

Goethe ist zum ersten Mal am 3. 5. 1776 nach Ilmenau gekommen. Dort war am Vortag ein Brand ausgebrochen, dessen Folgen er in des Herzogs Auftrag inspizieren sollte. Am nächsten Tag schreibt er seinem Herrn, daß er weniger als sechs Stunden geritten und der Brand bei seiner Ankunft schon gelöscht gewesen sei; er fährt dann fort: *es sind nur geringe Häuser und arme Leute verunglückt, die doch wenig gerettet haben, Bergleute Leineweber, Taglöhner* ⟨...⟩ *Bey der Gelegenheit, zieh ich von manchem Erkundigung ein, habe traurig die alten Ofen*[3] *gesehen*. Am gleichen Tag

---

[3] Hochöfen der alten Rohhütte etwa gegenüber dem Gasthaus ‚Zur Tanne'.

notiert Goethe im Tagebuch: *Im Bergwerck und Elgersburg.* Und zwei Tage später: *Auf den Hämmern*[4] *pp..* Am 10. Mai reitet er nach Weimar zurück. Die hinter ihm liegenden sieben Tage haben ihm die ersten Kontakte mit Ilmenauer Bergleuten und mit Einrichtungen des Ilmenauer Bergbaus gebracht.

Zwei Monate später, am 18. Juli, ist Goethe wieder auf dem Weg nach Ilmenau. Das Tagebuch vermerkt: *Nach Stadt Ilm. gefuttert gefrühstückt in Bügelo hohlte Staff und Trebra ein gegen 1 in Ilmenau.* Am gleichen Tag trifft auch der Herzog mit der Hofgesellschaft zu einem längeren Aufenthalt dort ein.[5] Trebra bleibt bis zum 2. August in Ilmenau. In diesen beiden Wochen wird die lebenslange Freundschaft zwischen dem Bergmann und dem Dichter begründet.

Gemeinsam mit dem Herzog und dessen Schwager, dem Erbprinzen Ludwig von Hessen-Darmstadt, fahren Trebra und Goethe am 20. Juli auf dem Schacht ‚Treuer Friedrich‘ an. Er ist einer der wenigen offenen, zum Martinrodaer Stollen führenden Schächte. Die Zeichnung „Mundloch des Kammerbergstollens" (Corpus Bd. 1, Nr. 143) ist am Mittwoch, dem 22., entstanden. Darauf weist der Eintrag: *Früh nach Cammerberg gezeichnet.* Das Tagebuch meldet am 24. Juli: *mit Pr. Wahl auf der Neuhoffer Halde.*[6] An Johann Heinrich Merck schreibt Goethe am gleichen Tag: *Wir sind hier und wollen sehn, ob wir das alte Bergwerk wieder in Bewegung setzen.* Am 31. ist Goethe erneut auf dem Hammerwerk. Der 1. August wird ganz dem Bergbau gewidmet: *Mit d. Herz. Dalberg. Trebra Lyncker. nach dem Cammerberger Kohlenwercke*[7] *eingefahren. Dann oben nach dem C. A. Schacht. der etwa anderthalb Lachter abgeteuft war*[8] ⟨...⟩ *Zu Tische. Viel von Bergw.sachen geschwazt* ⟨...⟩ *Abends in's Eisen Werck.* Bei Gottlieb Michael Häcker[9] erlernt Goethe am 2. August, dem Tag

---

[4] An der Einmündung der Schorte in die Ilm lagen zwei Eisenwerke, der Grenzhammer gegenüber der Einmündung auf dem linken Ufer der Ilm und auf dem rechten Ufer der Schorte kurz vor deren Mündung der Lefflersche Hammer.

[5] Trebra blieb nach Fertigstellung seines Gutachtens (11. 6. 1776) in Ilmenau. Mit dem Ilmenauer Oberforstmeister A. W. F. von Staff ritt er am 18. Juni dem Herzog entgegen und traf Goethe, der schon am Vorabend in Berka eingetroffen war und dem herzoglichen Gefolge vorausritt, in Bücheloh.

[6] zu lesen: Mit Professor Wahl auf der Halde des Schachtes ‚Neue Hoffnung‘. Wahl war Ilmenauer Schulmann und Mineraloge.

[7] In dem weimarischen Kammerberg und in dem auf dem linken Ilmufer gelegenen, gothaischen Manebach gingen Steinkohlenflöze des unteren Rotliegenden zu Tage aus. Auf beiden Seiten der Ilm wurde zur Goethe-Zeit Bergbau betrieben. Die Direktion des Kammerberger Bergbaus war nicht der Bergwerkskommission übertragen worden. Als herrschaftlicher, d. h. fiskalischer Bergbau blieb er der weimarischen Kammer unterstellt.

[8] Carl-August-Schacht: Schacht auf einem Eisenstein-Gang auf der Höhe der Sturmheide. Er war drei Meter tief.

[9] Gottlieb Michael Häcker war Sohn des Steigers und späteren Geschworenen Johann Jakob Häcker, der 1759 auf Veranlassung der Freiin Henriette Sophie von Gersdorff nach Ilmenau gekommen war. Gottlieb Michael Häcker stand als Hüttenverwalter und Berginspektor in gothaischen Diensten.

Bild 4: Jacob Friedrich Freiherr von Fritsch
(1731–1814)

Bild 5: Johann August Alexander von Kalb
(1747–1814)

der Abreise Trebras, die Silberprobe[10] und führt sie zwei Tage später selber aus. Am
Vormittag hatte er die Henneberger Bergordnung studiert (WA III 1, 18). Ein Brief
an den Präsidenten des Geheimen Rats, J. F. von Fritsch (Bild 4), kündigt den
Besuch Trebras in Weimar an: *Trebra wird bey Ihnen seyn, es ist ein ganz herrlicher
Mann.* Die letzte Tagebucheintragung dieses Aufenthaltes, die sich auf den Bergbau
bezieht, stammt vom 6. August: *Früh nach Cammerb. in den Stollen zum C. A. Schacht.*

Der Herzog und Goethe beenden den Ilmenauer Aufenthalt am 14. August. Es ist
ausgelassen zugegangen in diesen Wochen. Trebra schrieb 37 Jahre später: „Es war
eine gar froh gestimmte, lustige Gesellschaft, welche sich in den Sommermonathen
des Jahres 1776. am Fuße der Sturmhayde zu Ilmenau versammlet hatte. Die
Schätze der Unterwelt hatten hierher gelockt, Nachlese zu halten, in den Ueberbleib-
seln eines, vorhin gar reich, und glücklich gewesenen Bergbaues. – Groß und Klein,
der hier zusammengekommenen, noch ziemlich jugendlichen Bergleute, brachten
ein mächtiges Zutrauen, und so gewaltige Hoffnung mit zur Stelle, daß sich damit

---

[10] Die Silberprobe diente der Feststellung des Silbergehaltes in einer Erzprobe. Sie wurde in einem
Windofen ausgeführt, wobei das Silber durch eine Zugabe von metallischem Blei aus dem Erz extrahiert
wurde.

der wirkliche Besitz, vollkommen ersetzt hatte. – Frohheit war die Losung, und es schien wohl, als ob man nur darum mit Gefahr des Kopfs und Kragens, mühselig genug, in die Tiefe der, mit Stölln durchschnittenen Felsen, mehrmals hinabsteige, damit an der Mittagstafel nachher, desto schmackhafter das muntere Glückauf! in vollen Bechern die Runde laufen könnte. Bald stimmte sich der Ton völlig studentikos, denn es war nur ein einziger dabey, welchen eine Mandel schon verfloßener Jahre, vom Studenten trennte[11], der sich aber auch bald wieder zurück jubeln ließ, in jene harmlose Studentenfidelität. – Wie in jenen frohen Leben, ging auch hier die Rechnung auf das künftige Glück, hier diesmal auf den Bergbau, deßen Reichthümer man sich ebenso gewiß glaubte, als der Dukaten, welche der Vater schicken muß, wenn der Sohn studiren soll – und wir studirten Bergbau" (GJb 1888, 11f.).

Die Dukaten, die in die Wiedereröffnung des Bergbaus gesteckt werden mußten, sollte eine private Gewerkschaft aufbringen. So sicher war man sich des künftigen Glücks, daß schon am zweiten Tag des herzoglichen Aufenthalts, am 20. Juli, eine Subskription auf deren Anteile aufgelegt wurde (F 193, Bl. 59–61). Die Anteile sollten den Subskribenten, nachdem ein Bergamt eingesetzt sein würde, gegen Zahlung des Kaufgeldes bevorzugt zugeteilt werden. Insgesamt wurden 167 Anteile gezeichnet. Je zehn Anteile zeichneten der Herzog, Herzogin Luise, Herzoginmutter Anna Amalia, der herzogliche Bruder, Prinz Constantin, und der Schwager des Herzogs, Erbprinz Ludwig. Goethe zeichnete zwei, Kammerpräsident J. A. A. von Kalb sechs Anteile.

Am 30. Juli fertigt der Herzog ein Schreiben an seine Regierung aus, in dem wir lesen, daß nach der günstigen Beurteilung der Bauwürdigkeit durch den Gutachter eine neue Gewerkschaft gebildet werden soll. Damit dies möglich werde, müsse die alte förmlich und vollständig von dem Werk Abstand nehmen. Ihre Hauptgewerkin, Freiin Philippine Charlotte von Gersdorff, habe sich zu erklären, ob sie die geleisteten Vorschüsse ersetzen und die Kosten für die Inbetriebnahme übernehmen wolle (B 16039, Bl. 92). Die Freiin war dazu nicht in der Lage. In ihrem Antwortschreiben stellte sie jedoch Ansprüche auf Erstattung hoher Beträge, die ihre Familie in den alten Bergbau gesteckt hatte. Bevor an die Wiedereröffnung zu denken war, mußte mit der Freiin darüber verhandelt werden.

Eine weitere offene Frage war, ob und in welchem Umfang die Teilhaber am Ilmenauer Bergregal Ansprüche auf künftige Regaleinnahmen erheben und in welchem Umfang sie der Gewerkschaft Befreiungen zugestehen würden. Befreiungen von der Abgabepflicht wurden üblicherweise von dem Landesherrn ausgesprochen, in dessen Territorium das Bergwerk lag; er war der Regalherr. In Ilmenau lag das Recht, Regalabgaben zu erheben und Befreiungen davon auszusprechen, bei einer

---

[11] Mandel: eine Anzahl von fünfzehn (Grimm 12, 1534). – Trebra spricht hier von sich selbst. Er hatte 1761, also 15 Jahre zuvor, die Universität Jena bezogen. Seine Studien schloß er allerdings erst 1767 in Freiberg ab.

Gemeinschaft von Fürsten, zu der außer dem Landesherrn, dem Herzog von Weimar, der Kurfürst von Sachsen, der Herzog von Gotha und die Herzöge der aus den gothaischen Landesteilungen hervorgegangenen Fürstentümer gehörten. Mit ihnen war eine Verständigung herbeizuführen.

Die Besonderheiten des Ilmenauer Bergregals und die Auseinandersetzungen mit den beteiligten Fürstenhäusern, sowie die Ansprüche der Freiin von Gersdorff und die ihretwegen geführten Verhandlungen werden in den Kapiteln 1.2 und 1.3 behandelt.

In seiner Sitzung vom 18. 2. 1777 verabschiedet der Geheime Rat des Herzogtums den Auftrag an den Kammerpräsidenten J. A. A. von Kalb (Bild 5) und den Geheimen Legationsrat J. W. Goethe, mit dem Vertreter der Freiin von Gersdorff eine Übereinkunft wegen einer Abfindung zu treffen (B 16039, Bl. 220). Neun Monate später, am 14. November, erweitert ein herzogliches Dekret die Befugnisse Kalbs und Goethes auf alle Bergwerksangelegenheiten (B 16228, Bl. 51). Außerdem wird als Dritter im Bunde nun auch offiziell Hof- und Regierungsrat Dr. Julius Ludwig Eckardt bestimmt.

Kalb, zwei Jahre älter als Goethe, war 1772 zum Wirklichen Kammerrat ernannt und 1776 zum Nachfolger seines Vaters, des Kammerpräsidenten Karl Alexander von Kalb, bestellt worden. Eckardt, mit 45 Jahren der an Lebensjahren älteste, war ein sehr erfahrener Verwaltungs- und Staatsrechtler.

Der Name „Bergwerkskommission" taucht weder im Reskript vom 18. Februar noch in dem vom 14. November auf. Er hat sich erst später eingebürgert. Vom 14. 11. 1777 an kann jedoch durchaus von einer ständigen Kommission mit umfassender Zuständigkeit gesprochen werden. Dagegen kommt dem Reskript vom 18. 2. 1777 nur der Charakter eines ad hoc erteilten Auftrag zu.

In der Zeit des Absolutismus war es durchaus üblich, gewisse Staatsangelegenheiten aus dem Verantwortungsbereich der zuständigen Behörden auszugliedern und in die Hände von Spezial-Kommissionen zu legen. Es handelte sich dabei häufig um Angelegenheiten, die eine besondere Fachkompetenz erforderten. Oft war es aber auch der Wunsch des Landesherrn, ein Sachgebiet, das ihm besonders am Herzen lag, unter Umgehung des oft schwerfälligen Instanzenweges unmittelbar an sich zu binden. Die Kommissionen unterstanden daher dem Landesherrn unmittelbar und hatten das Recht des Immediatvortrags.

Da Bergbau von alters her Fürstenrecht war und die Einnahmen daraus in die fürstlichen Kassen flossen, unterstanden die Bergwerke in der Regel den fürstlichen Finanzverwaltungen, den Kammern. So war es auch in Sachsen-Weimar gewesen. Das Dekret vom 14. 11. 1777 änderte diesen Zustand insofern, als es Zuständigkeit und Verantwortung für das Bergwerk in Ilmenau der herzoglichen Kammer entzog und der Bergwerkskommission übertrug.

Aus den ersten Jahren nach Bildung der Kommission sind Protokolle von Kommissionssitzungen nicht überliefert. Berichte an den Herzog tragen die Unterschriften von Kalb und Goethe, und zwar in dieser Reihenfolge. Auf den Entwürfen ist neben deren Paraphen auch die von Eckardt zu finden. Ein Vorsitzender der Kommission war formell nicht ernannt worden. Praktisch fiel die Aufgabe zunächst Kalb zu, dessen Rang als Kammerpräsident dem des Geheimen Legationsrats vorging. Die vorbereitenden Arbeiten wurden im wesentlichen von Eckardt erledigt. Kalb trat, ausweislich der Akten, wenig in Erscheinung. Und auch über besondere Aktivitäten Goethes in der Kommission während dieser ersten Jahre sagen die Akten nichts aus. Zieht man sein Tagebuch heran, so finden sich neben sehr vielen Eintragungen, die sein sonstiges amtliches Wirken betreffen, nur wenige, die sich auf die Bergwerkskommission beziehen.

Schon 13 Tage nach dem Dekret vom 14. 11. 1777 legt die Kommission dem Herzog einen Bericht vor, in dem sie voller Zuversicht den Zeitpunkt für gekommen hält, zu einer neuen Vergewerkschaftung zu schreiten (B 16039, Bl. 253–254'). Wichtigster Schritt hierzu sei die Ausarbeitung eines Planes für die Wiederaufnahme. Hierfür werde, wie in allen anderen das Bergwerk betreffenden Fragen, der Rat Trebras eingeholt. Die Kommission glaubt im übrigen, die Bildung der neuen Gewerkschaft werde sehr erschwert, ja sogar unmöglich werden, wenn die Beträge, die die Kammer für die Unterhaltung des Stollens vorgeschossen habe, der Gewerkschaft belastet würden. Sie schlägt daher vor, der Herzog möge auf diese Forderungen verzichten. Komme das Werk in Gang – so führt die Kommission weiter aus –, werde die Kammer für ihren Verzicht durch steigende Einkünfte aus dem Amt Ilmenau entschädigt. Im Reskript vom 23. Dezember stimmt der Herzog den Vorschlägen zu (B 16228, Bl. 73). Er weist die Kommission an, das Nötige zu veranlassen und zu gegebener Zeit über die Erfolge zu berichten.

Kurz darauf legt Eckardt eine für die Öffentlichkeit bestimmte ‚Nachricht‘ vor, mit der für die Beteiligung an der Gewerkschaft geworben werden soll (B 16228, Bl. 74–81'). Sie wird zweimal Trebra zugeschickt, kommt jeweils mit wichtigen Anmerkungen versehen wieder zurück und wird erneut von Eckardt bearbeitet. Der kursächsische Markscheider Johann Gottfried Schreiber[12] hatte im vorangegangenen Jahr die Gegend um Ilmenau mit den übertägigen Bergwerksanlagen vermessen und auf eine Karte gebracht. Sie sollte der Nachricht beigefügt werden.

Aus dem Bericht an den Herzog vom 30. 3. 1778 (B 16228, Bl. 129f.) geht hervor, daß die Absicht der Kommission ursprünglich darauf gerichtet war, die Gewerk-

---

[12] Im Ilmenauer Bergbau der Goethe-Zeit waren drei Träger des Namens Johann Gottfried Schreiber beschäftigt: 1. der Geschworene und spätere Bergmeister; 2. der hier genannte kursächsische Markscheider, der Ilmenau Anfang 1777 verließ, um eine Berufung nach Allémont (Savoyen) anzunehmen (B 16039, Bl. 136 u. 141); 3. der Kunststeiger und spätere Einfahrer. – Ob Bergmeister und Markscheider miteinander verwandt waren, ist nicht bekannt. Der Einfahrer war nicht mit dem Bergmeister verwandt; er wurde später dessen Schwiegersohn. – Im Jahr 1793 kam der Bergakademist und spätere Hüttenschreiber Carl Christian Schreiber nach Ilmenau; er war Sohn des Bergmeisters.

schaft noch im Frühjahr desselben Jahres zu bilden und im Sommer den Bergbau wieder anzugreifen. Aber weder die Verhandlungen mit Freiin von Gersdorff noch die mit den Regalteilhabern waren genügend weit vorangekommen. Außerdem lebte das Reich in der Furcht vor einem zwischen Habsburg und Preußen drohenden Kriege, dem bayerischen Erbfolgekrieg. Ein Fehlschlag des jetzigen Versuches, der unter diesen Umständen wahrscheinlich war, würde die Wiederaufnahme auf lange Zeit gefährden. Die Kommission schlägt daher vor, die ‚Nachricht‘ noch nicht in Druck zu geben. Der Herzog stimmt am 28. April zu. Mehr als fünf Jahre werden vergehen, ehe die ‚Nachricht‘ am 28. 8. 1783 endlich erscheinen kann.

Das Verhältnis Goethes zu Kalb verschlechtert sich schnell. Am 20. 1. 1777 hat er seinem Tagebuch anvertraut: *Händel mit K. im Conseil.* Ende Dezember 1778 notiert er: *Hundsfüttisches Votum von K in der Bergw. Sache.* Das Votum ist nicht überliefert. Die nächste einschlägige Tagebucheintragung stammt vom 4. 1. 1779, ist also nur wenige Tage jünger. Sie lautet lapidar: *Bergwercks Conferenz.* Am gleichen Tag berichtet die Kommission dem Herzog über die Verhandlungen, die erneut mit dem Vertreter der Freiin von Gersdorff geführt worden waren (B 16039, Bl. 291 ff.). Der Bericht ist sachlich gehalten und läßt Differenzen zwischen den Kollegen nicht erkennen.

Am 6. 9. 1779 erhält Goethe das herzogliche Dekret vom Vortag, mit dem er zum Geheimen Rat ernannt wird. Ein halbes Jahr später, am 2. 4. 1780, findet eine ernste Aussprache statt. Goethe notiert: *geschäfftig um 10 mit Kalb 2 stunden lange Erörterung, er ist sehr herunter. Mir schwindelte vor dem Gipfel des Glücks auf dem ich gegen so einen menschen stehe ⟨...⟩ Es glückt mir alles was ich nur angreife.* Auch jetzt sind Hintergründe nicht sicher auszumachen. Tagebucheintragungen der Vortage deuten Mißstände in der Ilmenauer Steuerverwaltung an. Das hätte Kalb in seiner Funktion als Kammerpräsident berührt.

Aber unter dem 8. April bescheidet der Herzog den Geheimen Rat Goethe und den Hofrat Eckardt: „Nachdem Wir den Cammerpräsidenten von Kalb hieselbst, auf dessen bey Uns darum geschehenes Ansuchen von der von Uns ihm, conjunctim mit Euch, zu Besorgung der Ilmenauischen Bergwercks-Angelegenheiten vorhin ertheilten Commission hinwiederum in Gnaden zu dispensieren Uns entschlossen haben: ⟨...⟩" (B 16228, Bl. 53). Das Amt des Kammerpräsidenten behält Kalb bei. Die Gründe des Kalbschen Rückzuges aus der Bergwerkskommission bleiben im Dunkel.

Den Vorsitz in der Kommission übernimmt nun Goethe. Auch hier fehlt eine offizielle Bestellung. Wie seinerzeit bei Kalb ist auch zu diesem Zeitpunkt die Funktion dem Ranghöheren ohne Formalität zugefallen. Im Brief an den kursächsischen Berghauptmann Johann Friedrich Wilhelm von Charpentier vom 4. 7. 1780 gibt Goethe zu erkennen, daß nach dem Abgang von Kalb das Amt ihm obliege.

Der Brief ist auch deswegen von Interesse, weil er zeigt, daß Goethe trotz aller ungelösten Fragen auch Mitte des Jahres 1780 noch mit einem baldigen Wiederbeginn in Ilmenau rechnete. Er erbat nämlich die Hilfe Charpentiers, um die Fertigstellung der Schreiberschen Bergwerkskarte[13] zu beschleunigen. Kupferplatte und 400 Abdrucke – so Goethe – würden baldigst in Weimar erwartet.[14] Am 31. Juli wird Goethe gegenüber Charpentier noch deutlicher: *Die Zeit rückt herbei, daß die Nachricht von dem ilmenauer Werk in das Publicum treten soll und es würde uns in große Verlegenheit setzen, wenn die Abdrücke alsdann nicht bei Handen wären.* Zweifel an einem baldigen Neuanfang klingen erst in dem Brief an, den Goethe am Abend des 7. 9. 1780 aus Ilmenau an Charlotte von Stein schrieb: *Könnten wir nur auch bald den armen Maulwurfen von hier Beschäfftigung und Brod geben.*[15]

Zur Vorbereitung auf eine Bergwerkskonferenz, die am 26. und 27. 6. 1781 mit den Vertretern Kursachsens und Gothas in Ilmenau stattfindet, entwirft Goethe im Mai die *Nachricht von dem Ilmenauischen Bergwesen* (B 16040, Bl. 2ff.; LA I 1, 15–28). Am 1. Juni legt er sie dem Herzog vor und bemerkt dazu (G – CA 1, 26f.): *Ew. Hochfürstliche Durchlaucht geruhen Sich unterthänigst vortragen zu lassen, wie es mir zu verschiedenem Behufe nöthig geschienen, eine kurzgefaßte Nachricht von der Geschichte des illmenauer Bergwercks aufzusezen. Es soll dieselbe vornemlich zu einem einfachen Leitfaden dienen, woran ein ieder, dem daran gelegen, sich leichter durch die aufgehäuften Ackten und die verworrne Geschichte hindurch finden könne. – Ew. Hochfürstliche Durchlaucht lege ich sie hier mit zur Prüfung unterthänigst vor, und ich*

---

[13] Der Herzog hatte das Stechen der Karte am 28. 4. 1778 genehmigt. Sie war nach der Schreiberschen Vorlage von dem Weimarer Kartographen F. L. Güssefeld in verkleinertem Maßstab gezeichnet worden. Kalb hatte die Zeichnung schon im Februar 1778 an Trebra geschickt, der sie über Charpentier an A. Zingg, Kupferstecher und Professor an der Dresdner Kunstakademie, weitergeleitet hatte.

[14] In seiner Antwort vom 23. 7. 1780 (B 16228, Bl. 141) mahnte Charpentier zur Geduld: „Einen Künstler kann man, wie Sie liebster Herr Geheim Rath selbst wissen, nicht wohl zur Arbeit zwingen, inzwischen da Herr Zingg ein von allen Seiten liebenswürdiger Mann ist, so verspreche ich mir ihn zur Beförderung der Arbeit so viel möglich durch freundliches Zureden zu bringen".

[15] Am Morgen des gleichen Tages hatte Goethe der geliebten Frau geschrieben: *Es geht auf Goldlauter und auf den Schneekopf* und ihr am Abend berichtet: *Meine Wandrung ist glücklich vollendet ⟨...⟩ Wir sind auf die hohen Gipfel gestiegen und in die Tiefen der Erde eingekrochen.* Eine Wanderung von etwa 30 km, die Besteigung des 978 m hohen Schneekopfes und eine Grubenfahrt an einem Tag – das ist eine respektable körperliche Leistung. – In Goldlauter waren in der Grube ‚Goldene Rose' kupfer- und silberhaltige Flözhorizonte des unteren Rotliegenden (Erznierenschiefer) aufgeschlossen (J. C. W. Voigt 1782, 61ff.; Cotta, 72ff.) In ihrer Nähe kommen auch Steinkohlen vor. Der Sachzusammenhang erlaubt die Einordnung einer undatierten Punktation Goethes (WA II 13, 361; LA I 1, 31f. ⟨dort nach 1782 eingeordnet⟩) in die Zeit vor dem Ilmenau-Aufenthalt vom September 1780. Die enge Nachbarschaft von Kupfer und Kohle in Goldlauter mag Goethe zu dem Schluß bewogen haben, daß im weimarschen Kammerberg Kohle mit Kupfer vergesellschaftet sein könnte. Auch der Brief an C. C. von Herda vom 1. 9. 1780 (WA IV 30, 13) gehört in diesen Zusammenhang. Prescher verzeichnet im Katalog der Goetheschen Mineraliensammlung (S. 193, Nr. 3403) ein Handstück: „⟨Das Todtliegende⟩ unter dem Kupferschiefer von der güldnen Rose bei Goldlauter" Seine in der Punktation festgehaltene Absicht, eine *Folge der Gebirgsarten an einem Ort des ⟨Martinrodaer⟩ Stollens zu entblösen und dann sehr genau zu beobachten*, scheint Goethe bei Gelegenheit dieses Besuches nicht verwirklicht zu haben.

werde hinreichend belohnt sein, wenn Höchstdieselben ihr einigen Beyfall gönnen und sie zu etwa künftigem Gebrauch bei den Ackten verwahren lassen wollen.[16]

In der Konferenz führt Goethe den Vorsitz. Für Weimar nimmt außerdem noch Eckardt teil. Ziel ist eine Übereinkunft über die Beteiligung der übrigen Fürsten an Regalabgaben und über zeitlich befristete Befreiungen der zukünftigen Gewerkschaft von diesen Abgaben. Das Ziel wird nur unvollkommen erreicht, so daß über Jahre weiterverhandelt werden muß. Hierin liegt der Hauptgrund für die ungewöhnliche Verzögerung der Inbetriebnahme.

Aber auch die Verhandlungen mit dem Vertreter der Freiin von Gersdorff können nicht zum raschen Ende gebracht werden. Deren Forderungen werden von Kursachsen mit eigenen Forderungen verquickt. Das eine Problem ist nur zusammen mit dem anderen zu lösen. Erst am 20. 4. 1785 tritt die Freiin ihre Ansprüche an den Herzog ab, und erst nach einem weiteren halben Jahr können die Akten der Teilhabe der übrigen Fürsten an dem Ilmenauer Bergregal geschlossen werden.

Ende des Jahres 1780 wurden Fragen des zweckmäßigen Lagerstättenaufschlusses an die Kommission herangetragen. Die diesbezüglichen Vorschläge des Trebraschen Gutachtens waren unverändert in die ‚Nachricht‘ von 1777 übernommen worden. Lage und Ausbildung des Flözes hatten den Ilmenauer Bergbedienten aber zunehmend zu denken gegeben. Sie entwickeln nun Ideen zur Modifizierung und Verbesserung einzelner Vorschläge des Gutachtens. In der Kommission setzt vorwiegend Goethe sich mit diesen Fragen auseinander. Der exzellente Jurist Eckardt scheint sich hier zurückgehalten zu haben. Der Ausbildung der Lagerstätte und ihrem Aufschluß widmet diese Arbeit die Kapitel 1.4 und 1.5.

Nach der Bergwerkskonferenz vom Juni 1781 reitet Goethe nach Blankenburg und befährt das dortige Kupferbergwerk. Dabei lernt er den schwarzburgischen Bergmeister Johann Otto Mühlberg kennen. Jetzt 72 Jahre alt, hatte dieser als junger Mann auf dem Ilmenauer Bergwerk gearbeitet. Er konnte sich noch an Einzelheiten des damaligen Betriebsgeschehens erinnern. Goethe lädt ihn nach Ilmenau ein und wird dort mit ihm und den Bedienten des Bergwerks am 9. Juli *ein gros Colloquium anstellen und seine Aussagen protokolliren lassen damit alles klärer werde* (WA IV 5, 164). Am nächsten Tag fährt man im Schacht ‚Getreuer Friedrich‘ zum Martinrodaer Stollen, der dort auf großer Länge im Streichen des Flözes aufgefahren war. Auch die Grubenfahrt wird ausführlich protokolliert. Beide Protokolle besitzen für die Beurteilung des damaligen Kenntnisstandes hohen Wert.

Der Herzog bekundet am 31. 7. 1781 (B 16040, Bl. 37) Zufriedenheit mit der Führung der Konferenz. Die offenstehenden Punkte stünden dem Wiederbeginn nicht im Wege, die neuen Vorschläge für den Flözaufschluß seien aber zuvor durch

---

[16] In seiner ‚Nachricht‘ stützt Goethe die Ausführungen über das Bergregal im wesentlichen auf die Ausarbeitung Eckardts aus dem Jahr 1777 (F 193, Bl. 1–52) und die über die Abfindung der Freiin von Gersdorff im wesentlichen auf deren Schreiben vom 26. 8. 1777 (B 16229, Bl. 26–30).

Sach- und Kunstverständige prüfen zu lassen. Im Februar 1782 gehen die ersten Exemplare der Ilmenauer Bergwerkskarte ein. In dem Begleitbrief vom 19. Februar, mit dem Goethe dem Freiherrn von Fritsch ein Probexemplar übersendet, bringt er zum Ausdruck, das Geschäft scheine sich *seiner Reife zu nähern.*

Am 10. 4. 1782 wird Goethe auf Antrag des Herzogs Carl August von Kaiser Joseph II. in den erblichen Adelsstand erhoben. Goethe befindet sich auf einer Reise durch das Herzogtum Eisenach und zu den übrigen weimarischen Besitzungen am Südrand des Thüringer Waldes. Am 17. April ist er wieder in Ilmenau, wie übrigens auch genau ein Jahr später. Das Kupferschieferbergwerk findet in den hinterlassenen Zeugnissen von den beiden Aufenthalten keine Erwähnung.

Von einem Ritt von Gotha nach Meiningen schreibt Goethe am 10. 5. 1782 an Frau von Stein: *in Friedrichrode fing mich der Bergrath Baum auf, ich mußte zu Tisch bleiben, und kroch mit ihm vorher in den Eingeweiden der Erde herum, und that mir was rechts zu gute.* In dem gothaischen Friedrichroda war im Herzog-Ernst-Stollen die Schichtenfolge vom Buntsandstein bis zum Kupferschiefer in ähnlicher Lagerung aufgeschlossen wie im Martinrodaer Stollen in Ilmenau (Wagenbreth/Steiner, 1990, 108 f.). Goethe beschreibt den Aufschluß: *Eine halbe Stunde von Friedrichroda nach der Ruhl zu ist der Herzog-Ernst-Stollen durch den Sand und alle unterliegende Lager getrieben: ein Kompendium der ganzen Thüringerwald-Mineralogie* (LA I 1, 28).

Bergrat Carl Friedrich Baum hatte 1755 ein Gutachten für das Ilmenauer Bergwerk angefertigt (B16037, Bl. 8–18) und wird auch deswegen ein begehrter Gesprächspartner für Goethe gewesen sein. In dem oben zitierten Brief an Charlotte wird Baum zum Objekt einer schönen Huldigung an den Bergmannsstand. Es heißt dort: *Er ist eine glückliche Art Menschen, hat mit der Krumhälser[17] Arbeit angefangen ...⟩ und ist nun das fac totum in einem zwar kleinen aber doch sehr manigfaltigen Kreise, wo einer vielerley wissen, vielerley thun und ein Geschick haben muß sich in allerley Menschen und Umstände zu richten. Er versicherte es ginge nichts über das Vergnügen ein Bergmann zu seyn, und wenn er auch die Gaben hätte und er könnte Minister seyn, würde er es ausschlagen, meynte er, und ich glaub es gerne. (besonders wenn er recht wüsste was das hiese Minister seyn).*

Trebra hatte schon in seinem Pro Memoria vom 26. 8. 1782 Einverständnis mit der geänderten Aufschlußplanung bekundet (B 16228, Bl. 155).[18] Als Kursachsen erkennen ließ, daß es auch weiterhin in der Frage von Regalabgaben zu einer gütlichen Einigung nicht bereit sei, wollte die Kommission weitere Verzögerungen

---

[17] Die Kupferschieferbergleute Mitteldeutschlands wurden wegen der Kopfhaltung, zu der die Arbeit im Liegen in dem kaum 50 cm mächtigen Flöz zwang, allgemein ‚Krummhälser‘ genannt.

[18] Im Goetheschen Ausgabebuch findet sich unter dem 28. 6. 1782 ein Vermerk über die Absendung eines Briefes an Trebra (GL 2, 375). Der Brief ist nicht erhalten. Es ist zu vermuten, daß er die Bitte enthielt, sich zu den vorgeschlagenen Änderungen des Aufschlußplanes zu äußern.

nicht mehr hinnehmen. In ihrer Eingabe an den Herzog vom 27. 5. 1783 schlug sie vor, nunmehr die abgeänderte ‚Nachricht' zum Druck zu geben. Der Ilmenauer Geschworene solle als Kuxkränzler[19] versuchen, die Gewerkschaft zusammenzubringen (B 16040, Bl. 44 f.). Der Herzog genehmigt mit Dekret vom 4. Juli die Drucklegung der geänderten ‚Nachricht' und verfügt, daß das Werk in Angriff genommen werden könne, wenn mehr als die Hälfte der Kuxe – das heißt mehr als 500 – untergebracht seien (B 16228, Bl. 161).

Am 10. und 11. 7. 1783 hält sich Trebra in Weimar auf. Daß in den Unterhaltungen der Freunde Ilmenau breiten Raum einnahm, ist sicher, wenn auch nicht zu belegen. Mit großer Wahrscheinlichkeit wurde – eine Woche nach der herzoglichen Genehmigung zu ihrem Druck – letzte Hand an die ‚Nachricht' gelegt. Auch dürfen wir annehmen, daß in diesen Tagen die zweite Harzreise Goethes feste Gestalt annahm. Trebra war 1779 als Vizeberghauptmann in den Dienst Braunschweig-Lüneburgs (Kurhannover) getreten. Sein Dienstsitz war das Amtshaus in Clausthal. Er wohnte in Zellerfeld und nahm Goethe vom 18. bis 26. 9. 1783 als Gast in seinem Haus auf (Denecke, 82 f.).

Endlich, am 28. 8. 1783, an Goethes Geburtstag, kann die Druckschrift erscheinen, die den etwas umständlichen Namen ‚Nachricht von dem ehmaligen Bergbau bei Ilmenau in der Grafschaft Henneberg und Vorschläge ihn durch eine neue Gewerkschaft wieder in Aufnahme zu bringen.' trägt (LA I 1, 32–55). Ihr ist die Schreibersche Bergwerkskarte, von Prof. Zingg in Dresden meisterhaft in Kupfer gestochen und in 600 Exemplaren abgezogen, als Anlage beigefügt.[20] Bei J. C. W. Voigt lesen wir, daß die schöne Vignette des Kupferstichs von Charpentier selbst gezeichnet wurde (1821, 58).

J. L. Eckardt hatte in der ersten Hälfte des Jahres 1783 eine Professur in Jena angenommen und war aus der Bergwerkskommission ausgeschieden. Nachdem Kalb, wie wir gesehen haben, schon 1780 die Kommission verlassen hatte und sein Platz nicht wieder besetzt worden war, mußte nun für Verstärkung gesorgt werden. Mit ihrer Eingabe an den Herzog vom 29. 8. 1783 schlägt die Kommission, zu diesem Zeitpunkt allein durch Goethe repräsentiert, den Regierungsrat Christian Gottlob Voigt (Bild 6) als zweites Kommissionsmitglied vor. Zugleich wird gebeten, dessen jüngeren Bruder, Johann Carl Wilhelm, als Bergsekretär bei der Kommission anzustellen (B 16040, Bl. 74; WA IV 6, 189). J. C. W. Voigt (Bild 7) hatte die Bergakademie Freiberg absolviert und danach, zum Teil in Goethes Auftrag,

---

[19] „Kuxkränzler m, auch Kränzler – ein den Kauf und Verkauf von Kuxen vermittelnder, von der Bergbehörde besonders vereidigter Makler" (H. Veith, 297 u. 312).

[20] Der Stich ist als Abzug von der Kupferplatte in J. C. W. Voigt, 1821, und in verkleinertem Maßstab in J. Voigt, 1912, enthalten. In „Anton Friedrich Büschings Wöchentliche Nachrichten von neuen Landcharten, geographischen, statistischen und historischen Büchern und Sachen; 12. Jg., 4. Stück, 26. 1. 1784" ist der Stich als „genau und schön" beschrieben und angemerkt, der Bergwerkskommission gebühre Dank dafür, die Karte zum Stich befördert zu haben (B 16228, Bl. 313).

Bild 6: Christian Gottlob Voigt (1743–1819; 1807 geadelt)

Bild 7: Johann Carl Wilhelm Voigt (1752–1821)

mehrere geologische Untersuchungen durchgeführt. Der Herzog genehmigt beide Vorschläge am 22. September (B 16040, Bl. 75).

Goethe reitet am 29. August nach Ilmenau und wartet zum Geburtstag des Herzogs, am 3. September, mit dem Gedicht *Ilmenau* auf. Die Zeilen *Und Seil und Kübel wird in längrer Ruh / Nicht am verbrochenen Schachte stocken* und *So mög' o Fürst, der Winkel deines Landes / Ein Vorbild Deiner Tage sein!* sind dichterischer Ausdruck des Goetheschen Hoffens.

Am 6. September tritt Goethe die zweite Harzreise an, von der er – nach Besuchen auch in Göttingen und Kassel – einen Monat später wieder nach Weimar zurückkehrt. Während Goethe von anderen Regierungsgeschäften in Anspruch genommen wird, begibt sich C. G. Voigt Mitte Oktober nach Ilmenau.

Mit dem Geschworenen Schreiber erörtert Voigt Fragen, die mit dem Ansatzpunkt des Johannes-Schachtes und mit den Reparaturen im Martinrodaer Stollen in Verbindung stehen. In dem Pro Memoria vom 28. 10. 1783 nimmt er sodann ausführlich Stellung zu Einrichtung und Aufgaben eines Bergamtes und zu Büchern

Bild 8:   Intitulation auf einer Eingabe der Bergwerkskommission an Herzog Carl August mit eigenhändigen Ergänzungen Goethes und den Unterschriften von Goethe und C. G. Voigt

und Formularen, die dort zu führen sind (B 16228, Bl. 228). Trebra wird von den mündlichen Erörterungen und von dem Pro Memoria umgehend in Kenntnis gesetzt (ebd., Bl. 236'). Seine Anmerkungen dazu stammen vom 22. 11. 1783 (ebd., Bl. 250–261).

Der Geschworene wird, nachdem er die Vermessung für den Ansatzpunkt des Schachtes abgeschlossen hat, am 18. Dezember nach Weimar bestellt und von Goethe und Voigt über Messung und sonstige offene bergtechnische Probleme befragt. Im Januar nimmt die Kommission mit dem kursächsischen Werkmeister Johann Gottfried Otto, von Trebra lebhaft empfohlen, Verhandlungen wegen der Anstellung in Ilmenau auf, die auch zum gewünschten Ergebnis führen (ebd., Bl. 303).

Die Vorbereitungen für die Wiederaufnahme des Bergwerks sind im wesentlichen abgeschlossen. Mit ihrer Eingabe vom 7. 2. 1784 (Bild 8) berichtet die Kommission dem Herzog über die bisherigen Ergebnisse ihrer Arbeit und schlägt vor, Fastnachtsdienstag, den 24. 2. 1784, zum Tag des offiziellen Beginns zu bestimmen. Der

Fastnachtsdienstag wurde gewählt, weil in Ilmenau, wie in vielen anderen Bergbaurevieren, an diesem Tag das traditionelle Bergfest gefeiert wurde. Es seien zwar erst 400 Kuxe – und damit 100 Kuxe weniger als der Herzog zur Bedingung für den Neuanfang gemacht hatte – abgesetzt. Viele Interessenten würden aber – so ist zu lesen – mit ihrem Beitritt bis zum Beginn der Arbeiten warten (B 16040, Bl. 93–97'; J. Voigt, 168–170). Der Herzog genehmigt die Vorschläge am 13. des gleichen Monats. Der Weg für die Inbetriebnahme des Bergwerks ist frei.

1.2 Verständigung über Regalitätsrechte

Das Recht auf Gewinnung und Aneignung von Metallen und ihren Erzen ist von alters her dem Verfügungsrecht des Grundeigentümers entzogen gewesen. Ursprünglich hatte es zu den königlichen Rechten, den ‚jura regalia‘, gehört. Von dort leitet sich die Bezeichnung ‚Regal‘ ab. Der erste urkundliche Hinweis darauf, daß auch das Recht auf Bergbau zu den königlichen Rechten gehörte, findet sich in der Ronkalischen Konstitution, der Reichsverfassung des Heiligen Römischen Reiches vom Jahre 1158. Ein halbes Jahrhundert später heißt es im Sachsenspiegel: ,,Alle Schetze, unter der erden begraben tieffer dann ein Pflug gehet, gehören zu der Königlichen Gewalt'' (zit. n. Ausg. 1569, 52).

Aber die Könige blieben nicht lange Träger des Bergregals. Die Goldene Bulle Karls IV. von 1356 setzte die Kurfürsten zu Inhabern des Bergregals innerhalb ihrer Kurlande ein. Einer besonderen königlichen Bestätigung bedurfte es dort hinfort nicht mehr. Den übrigen reichsunmittelbaren Landesherren wurde der Besitz des Bergregals bei Neubelehnungen bestätigt. Mit der Herausbildung erblicher Landesherrschaften wurde auch dort das Bergregal fester Bestandteil der Territorialgerechtigkeit. Der Westfälische Friede von 1648 hat diesen Zustand in Art. 8, §1 ausdrücklich anerkannt. Trotz der starken territorialen Zersplitterung des Heiligen Römischen Reiches wies das Bergregal in allen bergbautreibenden Staaten einheitliche Züge auf.

Das Regal umfaßte einmal das Recht des Landesherrn, innerhalb der Grenzen seines Landes Bergbau selbst zu betreiben und Dritte nach Gutdünken davon auszuschließen (jus excludendi alios). Das Recht, Bergbau zu betreiben, konnte im Wege förmlicher Verleihungen Dritten übertragen werden. Man sprach vom herrschaftlichen Bergbau, wenn er vom Landesherrn selbst ausgeübt wurde, und vom gewerkschaftlichen Bergbau, wenn das Recht Dritten verliehen war.

Die Abgaben, die der gewerkschaftliche Bergbau in Gestalt des Zehnten zu entrichten hatte, stellten das Entgelt für den Verzicht des Landesherrn auf sein Vorrecht dar. Die zu diesem Komplex gehörenden Rechte nennt der Geheime

Hof- und Regierungsrat J. L. von Eckardt, Mitglied in der Bergwerkskommission von 1777 bis 1783, das jus regale minus metallifodinarum.[21]

Zum andern gehörte zum Bergregal die Ausübung von hoheitlichen Rechten, wie z. B. Erlaß von Berggesetzen, Befreiung des Bergbaus und seiner Beschäftigten von Steuern und Pflichten und Unterwerfung der Bergleute unter eine eigene Gerichtsbarkeit. Es ging dabei um die Frage, ob das Bergwerk mit seinen Bedienten dem Stadt- und Landesrecht unterworfen sein, oder ob es sich um ein freies Bergwerk handeln sollte. Im letzten Fall war der Umfang der Befreiung festzulegen. Diese Gruppe von Rechten grenzt Eckardt scharf gegen die erste Gruppe ab, indem er sie jus regale maius metallifodinarum nennt. Er fügt an, daß die Unterscheidung in jus minus und jus maius von den meisten Rechtsgelehrten übersehen worden sei.

Wir dürfen heute in Ansehung der beiden Gruppen von niederem und hohem Bergregal sprechen. Beide Gruppen zusammen machten das Bergregal in seiner Gesamtheit, das jus metallifodinarum in sua plenitudine, aus. Inhaber des Bergregals, und zwar des niederen wie des hohen, war der Landesherr. Das hohe Bergregal war integrierender Bestandteil der Landeshoheit, dem niederen kam dagegen nur akzessorischer Charakter zu. Es gehörte der Sphäre des fürstlichen Privatrechts an.[22]

Mit dem Ilmenauer Bergregal hatte es eine besondere Bewandtnis. Stadt und Amt hatten ursprünglich zu der gefürsteten Grafschaft Henneberg gehört. Wie in jeder anderen reichsunmittelbaren Herrschaft war der jeweils regierende Graf auch Inhaber des Bergregals gewesen und in dieser Eigenschaft mehrfach vom König bestätigt worden. Graf Georg Ernst hatte am 18. September 1566 eine Bergordnung für die Grafschaft erlassen (Brassert 1858, 219–296). Sie hatte die dritte Joachimsthaler Bergordnung von 1548 zum Vorbild. Die Henneberger Bergordnung von 1566 war eine wesentliche Rechtsgrundlage für den Ilmenauer Bergbau bis hinein in die Goethe-Zeit.

---

[21] Die allgemeinen Ausführungen zu Begriff und Bedeutung des Bergregals stützen sich im wesentlichen auf Arndt (1879) und Wagner (1788). Die historische Entwicklung des Ilmenauer Bergregals ist am fundiertesten dargestellt in der Schrift von J. L. Eckardt: „Das Ilmenauische Bergwerk betreffend, Ao 1777" (F 193, Bl. 1–52). Sie wurde für diese Arbeit herangezogen.

[22] Die Unterscheidung zwischen hohem und niederem Regal hat in Deutschland bis in die Zeit nach dem ersten Weltkrieg fortgewirkt. Als Beispiel hierfür mögen die Regalitätsrechte der ehemals reichsunmittelbaren Standesherren in Preußen nach dem Wiener Kongreß gelten. Ihre Souveränität hatten die Fürsten endgültig verloren, ihre Länder waren 1815 preußisch geworden. Mit der Landeshoheit war das hohe Bergregal auf Preußen übergegangen. So galt fortan die preußische Berggesetzgebung auch in den früheren Ländern der Standesherren. Den Fürsten blieb aber das niedere Regal erhalten. Sie behielten das Recht, Bergbau selbst zu betreiben. Sie konnten das Gewinnungsrecht aber auch gegen Entrichtung von Förderabgaben an Dritte verleihen. Dem Zustand setzte erst die verfassunggebende Preußische Landesversammlung mit dem „Gesetz zur Überführung der standesherrlichen Bergregale an den Staat vom 19. Oktober 1920" ein Ende.

Das Geschlecht der Henneberger war mit dem Tod des Grafen Ernst am 22. 12. 1583 ausgestorben. Das Haus hatte im Jahre 1554 mit dem ernestinischen Zweig des sächsischen Fürstenhauses eine Erbverbrüderung geschlossen. Diese sah vor, daß im Falle des Aussterbens der Henneberger der größte Teil der Grafschaft an die Ernestiner übergehen sollte. Kurfürst August von Sachsen aus dem albertinischen Zweig der Wettiner hatte es jedoch verstanden, fünf Zwölftel des ernestinischen Anspruchs auf das hennebergische Erbe an sich zu ziehen.[23] Den Ernestinern verblieben sieben Zwölftel. Der albertinische Anteil wurde zunächst auf die Zweiglinie Sachsen-Zeitz übertragen. Mit dem Aussterben dieser Linie im Jahre 1718 gelangte er wieder in die Hände des kurfürstlichen Hauses. Während der albertinische Anteil somit ungeteilt zusammenblieb, wurde der ernestinische Anteil in die zahlreichen Erb- und Landesteilungen dieses Hauses einbezogen. 1691 waren Teilhaber am Henneberger Erbe[24]:

Zeitz	mit 41,66 %		= 5 Zwölftel
Weimar	mit 14,58 %	= 1¾ Zwölftel	
Gotha	mit 8,75 %		= 7 Zwölftel
Coburg	mit 8,75 %		
Meiningen	mit 8,75 %	= 5¼ Zwölftel	
Hildburghausen	mit 8,75 %		
Saalfeld	mit 8,75 %		
	100,00 %		12 Zwölftel

Als 1583 der Erbfall eingetreten war, waren die Erben übereingekommen, das Land nicht real zu teilen, sondern gemeinschaftlich zu regieren. Die Einkünfte des Landes wurden nach dem Anteil der Häuser an dem Gesamterbe aufgeteilt.

Im Jahr 1660 wurde beschlossen, die gemeinsame Regierung der früheren Grafschaft zu beenden und jedem der beteiligten Fürsten einen bestimmten Landesteil zur Alleinregierung zuzuweisen. Die Aufteilung des Landes wurde so vorgenommen, daß die Einkünfte aus den neu entstandenen Landesteilen den Anteilen der dort eingesetzten Fürsten an dem Gesamterbe entsprachen.

Allerdings nahm § 22 des Teilungsvertrages vom 9. 8. 1660 von dieser Regelung alle Bergwerke auf Gold, Silber, Kupfer, Blei und Zinn aus, ebenso alle Salzgewin-

---

[23] J. L. v. Eckardt schreibt 1777 in seiner Ausarbeitung über das Ilmenauer Bergregal (F 193, f. 1ff.), daß Kurfürst August durch seine guten Verbindungen zum kaiserlichen Hof fünf Zwölftel des ernestinischen Anspruchs auf das hennebergische Erbe an sich und seine Nachfolger gebracht habe. Anlaß dazu hatte ihm die Verhängung der Reichsacht über den ernestinischen Herzog Johann Friedrich II. wegen dessen Verwicklung in die Grumbachschen Händel (1566) geboten. Außerdem hatte der Kurfürst die Vormundschaft über die beiden unmündigen Söhne des verstorbenen Herzogs Johann Wilhelm, des Bruders des Geächteten, übernommen (Patze/Aufgebauer, 1989, XLVIIIff.).
[24] Bericht G. C. von Utterodt vom 23. Oktober 1691 (StA Cob, LAF 10586, Bl. 85'). Die Erbanteile wurden generell in Zwölfteln ausgedrückt, wobei zum Teil mit abenteuerlichen Brüchen gerechnet wurde, z. B. 5¼ Zwölftel.

nungen.[25] Die Einkünfte aus solcherlei Bergwerken unterlagen großen Schwankungen und konnten im günstigen Falle größer sein als die gesamten übrigen Einkünfte des betreffenden Landesteils. Deswegen sollte das Recht an diesen Bergwerken in der Gemeinschaft der hennebergischen Erben verbleiben. In der Begründung dieser Bestimmung ist ausdrücklich von dem ehemals reichen Bergwerk in Ilmenau die Rede, das zu dieser Zeit stillag.

Wollte ein Fürst in seinem Land ein Bergwerk eröffnen, so hatte er die Absicht den übrigen Regalteilhabern mitzuteilen und sie aufzufordern, sich binnen einer Frist von drei Monaten zu der Frage zu äußern, ob sie gesonnen seien, sich an der Aufbringung der Kosten zu beteiligen. Lehnte ein Befragter dies ab, oder ließ er die Frist verstreichen, so hatte er keinen Anspruch auf Regaleinnahmen. Dies galt unabhängig davon, ob das Bergwerk von den Regalteilhabern alleine oder mit Aufnahme anderer Gewerken betrieben werden sollte. Die Fürsten, die sich beteiligten, wurden nach Maßgabe ihres Erbanteils Regalherren und nach Maßgabe ihres Kuxenbesitzes private Anteilseigner des Bergwerks.

§ 22 bestimmte nicht, mit welchen Anteilen sich die Fürsten zu engagieren hatten. Waren nur sie an dem Bau beteiligt, so wurde der jeweilige Erbanteil zugrundegelegt. So war es 1680 bei der Wiederaufnahme des Rodaischen Bergwerks geschehen. Vier Jahre danach verlieh die Gemeinschaft der Regalteilhaber das Sturmheider Bergwerk an G. C. von Utterodt, der eine Gewerkschaft mit 128 Kuxen bildete. An ihr waren mit unterschiedlichen Anteilen auch die Fürsten beteiligt. Als die beiden Gewerkschaften 1684 konsolidiert wurden, erhielten die Fürsten soviele Kuxe der neuen Gewerkschaft, wie ihren Anteilen an den beiden alten entsprach.

Eckardt verweist in seiner Schrift nachdrücklich darauf, daß § 22 des Teilungsrezesses von 1660 nur solche Rechte der Gemeinschaft vorbehielt, die zum niederen Bergregal gehörten. Hinweise, die erkennen ließen, daß auch das hohe Bergregal in der Gemeinschaft hätte bleiben sollen, seien nirgends zu finden. Wenn dies beabsichtigt gewesen wäre, hätten solche Hinweise im Text Aufnahme finden müssen.

Nach der Wiederaufnahme des Bergbaus im Jahre 1680 wurden trotzdem ausnahmslos alle regalen Angelegenheiten, einerlei, ob sie zum niederen oder zum hohen Bergregal gehörten, in der Gemeinschaft der Teilhaber beraten und im gemeinsamen Namen verkündet.[26] Das Utterodtsche Privileg von 1684[27] ist dafür ein

---

[25] § 22 des Teilungsvertrages vom 9. 8. 1660 ist in vollem Wortlaut dem Gutachten Trebras vom 11. 7. 1776 als letzte Anlage beigefügt (StA Cob, LAF 10617, Bl. 49–50; B 16060 u. B 16350/225).

[26] Bezeichnend dafür ist die Eingangsformel herzoglicher Reskripte: „Von Gottes Gnaden Wir Wilhelm Ernst ⟨...⟩ verkünden kraft tragenden Directorii im Namen der übrigen fürstlichen Interessenten ⟨...⟩“.

[27] Abgedruckt als Beilage A zu „Juristische Fakultät zu Altdorf (Nürnberg): Rechtsgegründetes Gutachten ⟨...⟩, Bergamtsjurisdiction zu Ilmenau betreffend. Erfurt 1703 bei Georg Heinrich Müller.“ – Das Privileg wurde am 10. Oktober 1720 – kurz vor dem Durchschlag des Martinrodaer Stollens in die Sturmheide – von Herzog Wilhelm Ernst von Sachsen-Weimar erneuert und bestätigt. Dabei wurde die

gutes Beispiel. Es wurde von den Herzögen von Zeitz, Weimar und Gotha gemeinsam erteilt. Nach Eckardt hätten nur die Verleihung selbst, die Festsetzung des Zehnten und die befristete Befreiung davon des gemeinsamen Beschlusses bedurft. Alle anderen Bestimmungen, wie z. B. Befreiung des Bergwerks und der Bergleute von Steuern und Pflichten, zollfreie Einfuhr von Bergwerksmaterialien und Unterstellung der Bergleute unter eine eigene Gerichtsbarkeit, hätten von dem Herzog von Weimar allein erlassen werden müssen. Da sie in dessen alleinige Steuer- und Gerichtshoheit eingriffen, hätte er es nicht zulassen dürfen, daß sie von den anderen Fürsten mitbeschlossen wurden.

Organ der Regalteilhaber war die Bergwerkskonferenz. Auf ihr berieten die Fürsten die Angelegenheiten, die unter das Regal fielen, und faßten dazu ihre Beschlüsse. Organ der Gewerkschaft war der Gewerkentag. Hier nahmen die Gewerken ihre Rechte wahr. Während auf den Gewerkentagen mit Mehrheit der vertretenen Kuxe entschieden wurde, wog bei den Bergwerkskonferenzen die Stimme jedes Fürsten unabhängig von dessen Anteil am Regal gleich viel.

Wenn der Fürst, in dessen Land das Bergwerk lag, sich zum Mitbau erklärt hatte, so übernahm er in dem Kollegium der fürstlichen Mitteilhaber das Direktorium. In dieser Eigenschaft oblag ihm die Leitung des Bergwerks.[28] War ein Bergamt eingesetzt, handelte auch dies im Namen des Direktoriums. Nur wenn der Landesherr sich dem Mitbau versagt hatte, erledigte das Bergamt die vorfallenden Sachen im Namen der fürstlichen Gemeinschaft.[29]

Da der Herzog von Weimar als dominus territorii sich bei den Wiederaufnahmen von 1680 in Roda und von 1684 an der Sturmheide beteiligt hatte, lag das Direktorium bei ihm. Als Landesherr von Ilmenau hatte er die langfristige Erhaltung des Bergwerks im Auge. Sie sicherte den Wohlstand der Ilmenauer Bürger, was wiederum Geld in die Staatskasse brachte. Weimar unterstützte daher alle auf die Zukunftssicherung des Werkes, auf dessen ‚Posterität' gerichteten Maßnahmen und konnte auf Regaleinnahmen notfalls verzichten. Die übrigen Regalteilhaber sahen dagegen ihren Vorteil in kurzfristig zu erreichenden Ausbeuten und entsprechenden Regaleinnahmen. Maßnahmen für die Zukunftssicherung wollten sie nur dann zustimmen, wenn die Erträge der Gegenwart es erlaubten. So gerieten zwei Grundprinzipien bergmännischer Betriebsgestaltung in Widerstreit.

---

fehlerhafte Formulierung von 1684, nach der „der fürstl. Landesherrschaft der Zehende von allen gewonnenen Ertzen gegeben werden" sollte, dahin korrigiert, daß der Zehnte an „die fürstl. Teilhaber" zu entrichten sei (B 15867, f. 117ff.).

[28] Bis in die zweite Hälfte des 19. Jahrhunderts bestand für die Leitung der Bergwerke das staatliche Direktionsprinzip, d. h. Beaufsichtigung und Leitung der Bergwerke waren staatliche Aufgaben.

[29] In der *Nachricht von dem Ilmenauischen Bergwesen* vom Mai 1781 (LA I 1, 16) stellt Goethe diese Bestimmungen nicht ganz richtig dar. Er sagt dort: *Übrigens sollte allenthalben ein gemeinschaftliches Wesen sein, das Direktorium dem Domino Territorii zustehen, die Bergämter nomine communi erkennen und handeln.*

Als Landesherr und Inhaber des Direktoriums war der Herzog von Weimar im Kollegium der Regalteilhaber herausgehoben. Keiner der übrigen Fürsten konnte ihm auf Grund seines fürstlichen Ranges diese Position streitig machen. Das änderte sich jedoch, als 1718 mit dem Aussterben der Zweiglinie Sachsen-Zeitz Regalanteil und Kuxe dieses Hauses auf den Kurfürsten von Sachsen übergingen. Nun war dieser – er war ja zugleich König von Polen – der eindeutig Ranghöchste unter den Regalteilhabern. Er war keineswegs gesonnen, die Dominanz Weimars in Ilmenau hinzunehmen.[30] Dort lagen zwar beide Bergwerke still, jedoch stand die Auffahrung des Martinrodaer Stollens kurz vor dem Durchschlag mit den alten Bauen des Sturmheider Werks. Die Wiederaufnahme des Betriebes an dieser Stelle unter weit günstigeren Bedingungen als bisher war in greifbare Nähe gerückt. Wenn Kursachsen sich einen größeren Einfluß auf diese Betriebsphase sichern wollte, mußte jetzt gehandelt werden.

Noch im gleichen Jahr – 1718 – erwirkte Dresden beim kaiserlichen Hof in Wien die Einsetzung einer Kommission, die die Ausübung der Direktorialgewalt durch Weimar und die Amtsführung des obersten Ilmenauer Bergbedienten, des Bergdirektors Georg Reinhard Keller, untersuchen sollte. Mitglieder der Kommission waren zwei Reichsfürsten, Herzog August Wilhelm von Braunschweig-Wolfenbüttel und Landgraf Carl von Hessen-Kassel. Wolfenbüttel ließ sich am Orte des Geschehens durch den subdelegierten Geheimen Justiz- und Hofrat Andreas Otto Reiche vertreten, Kassel durch den Regierungs- und Oberkammerrat Dehn-Rothfelser. Diese wiederum wurden von dem braunschweigisch-lüneburgischen Zehntner Justus Christoph Paxmann und dem hessen-kasselschen Geschworenen und Markscheider Caspar Leonhard bergmännisch beraten.

Die Kommission trennte das Verfahren gegen Weimar ab und beschränkte sich zunächst auf die Untersuchung der Vorwürfe gegen Keller. Dabei handelte es sich jedoch um sehr schwierige bergmännische Sachfragen, die sich bald als nicht justitiabel erwiesen.[31] Trotzdem – Keller wurde im September 1719 auf Geheiß der Subdelegierten arretiert[32] und von dem mansfeldischen Zehntner Christoph Ehrenberg abgelöst. Als auch weitere Positionen des Bergamtes mit Personen besetzt

---

[30] Die Interessen des Kurfürsten als Teilhaber am Henneberger Bergregal und als Ilmenauer Gewerke waren eng verquickt mit den Interessen der zum kursächsischen Grund- und Hofadel gehörenden Familie von Gersdorff. Nicolaus Freiherr von Gersdorff, Direktor des kursächsischen Geheimen Rats und Landvoigt der Oberlausitz, war namhafter Gewerke und Darlehensgläubiger der Gewerkschaft. Mit der Wiederaufnahme des Werks an der Sturmheide im Jahre 1721 rückte seine Witwe in die Funktion der ‚Verlegerin‘ ein. Auf diesen Zusammenhang wird im Kapitel 1.3 eingegangen.

[31] Der Verfasser hat in seiner 1987 der Technischen Universität Clausthal eingereichten Dissertation die kursächsischen Vorwürfe gegen G. R. Keller einer eingehenden bergmännischen Betrachtung unterzogen. Dazu wurden die Akten der kaiserlichen Kommission, die 1723 nach Wolfenbüttel gelangt sind, ausgewertet (StA Wob, 1 Alt 5, Nr. 709–758).

[32] Der weimarsche Hof- und Kammerrat J. B. Albrecht meldete seinem Landesherrn die Arretierung und ihre Umstände (B 15857, Bl. 224ff.) und trug an, dieser möge sich „gegen den Eingriff der

waren, die – wie Ehrenberg – das Vertrauen des Dresdner Hofes besaßen, hatte Kursachsen sein Ziel erreicht. Die Subdelegierten berichteten der Kommission am 19. 4. 1721, daß „die zur Aufnahme des Bergwerks gereichende Harmonie wieder hergestellt sei" (StA Wob 1 Alt 5, Nr. 749, Bl. 441 ff.). In Wirklichkeit hatte Weimar auf breiter Front nachgeben müssen.

Nun dehnte sich die Uneinigkeit, die sich bisher im wesentlichen auf die Ebene der Fürsten beschränkt hatte, auf die Ebene der Bergbedienten aus. Es bildeten sich Fraktionen, die sich entweder nach Weimar oder nach Dresden ausrichteten und die untereinander hoffnungslos zerstritten waren. Weimar konnte sein Direktionsrecht nicht mehr gegen den Willen Kursachsens durchsetzen, weil die Besorgnis bestand, der Dresdner Hof könne erneut die Einsetzung einer kaiserlichen Kommission erwirken. Notwendige betriebliche Entscheidungen waren somit blockiert. Das Sturmheider Bergwerk geriet ab 1726 in einen Zustand des schleichenden Verfalls, von dem es sich im Laufe des nächsten halben Jahrhunderts nicht wieder erholen konnte. Goethe hat diese Zustände treffend charakterisiert, als er 1781 schrieb: *Bergwerksangelegenheiten wollen wie die Kriegsvorfälle summarisch traktiert sein, weil Unordnung, böser Wille, Nachlässigkeit sich da am meisten verstecken und Schlupfwinkel finden können, wo bei den Verfehlen Mehrerer Verzug und Verschleifung so möglich ist* (LA I 1, 16).

Die Bemühungen um die Wiederbelebung des Ilmenauer Bergbaus konnten somit nur Erfolg haben, wenn es gelang, den schädlichen Einfluß der übrigen Regalteilhaber auszuschalten. Mit dieser Frage befaßt sich im wesentlichen die Ausarbeitung, die J. L. Eckardt Anfang 1777 über das Ilmenauer Bergregal verfaßt hat (F 193, Bl. 1–52). Es wurde schon erwähnt, daß sich die vorstehenden Ausführungen stark auf diese Arbeit stützen.

Am 4. Februar notierte Goethe in seinem Tagebuch: *übers Bergwerck gelesen die Deducktion Eckards.* Den ersten Schritt nach außen stellten die Briefe des Herzogs vom 18. 2. 1777 dar. Darin werden Kursachsen und Gotha[33] aufgefordert, sich gemäß dem Teilungsvertrag von 1660 zu erklären, ob sie sich an dem neuen Werk beteiligen oder es der alleinigen Disposition Weimars überlassen wollten. Weimar habe für die Unterhaltung des Martinrodaer Stollens einen Betrag von 25750 Rtlr vorschußweise aufgebracht. Der Stollen wäre ohne diesen Aufwand zum unermeßlichen Schaden des Werks zugrunde gegangen. Dieser Betrag sei auf die beitrittswilligen Regalteilhaber umzulegen. Außerdem hätten diese die Kosten für die Wieder-

---

Subdelegierten in seine eigene reichsfürstliche Territorialgerechtigkeit und Jurisdiction in Wien zur Wehr setzen".

[33] Goethe schrieb in seiner ‚Nachricht' vom Mai 1781: *Man wendete sich zuförderst an Chursachsen und Gotha, weil man durch das letzte Haus die Gesinnungen der noch übrigen Höfe zu erfahren hoffte. ⟨...⟩ Zugleich hatte man an die übrigen Sächsischen Häuser ein Gleiches gelangen lassen. Meiningen erklärte sich dilatorisch ⟨...⟩, die beiden übrigen Häuser Hildburghausen und Coburg ließen sich garnicht vernehmen* (LA I 1, 19). Auf die drei Häuser waren im Zuge der gothaischen Landesteilungen Erbanteile übergegangen.

aufnahme anteilig aufzubringen. In Übereinstimmung mit dem Trebraschen Gutachten werden hierfür 25 000 Rtlr genannt. Den Schreiben sind Abschriften des Trebraschen Gutachtens beigefügt.

Die Antworten gehen im nächsten Monat in Weimar ein. Das Schreiben aus Dresden ist vom 10. 3. 1777 datiert, das aus Gotha vom 19. März (B 16228, Bl. 64 ff.). Übereinstimmend gehen die Erklärungen beider Fürsten dahin, zum Mitbau auf eigene Kosten nicht gesonnen zu sein und das Direktionsrecht uneingeschränkt Weimar überlassen zu wollen. Gleichwohl behalten sie sich ihren Anteil an dem künftigen Zehnten und an den sonstigen Gerechtsamen vor. Kurfürst Friedrich August III. setzt im übrigen voraus, Weimar werde die Ansprüche der alten Gewerken und Kontrahenten nach Recht und Billigkeit berücksichtigen. Dieser Komplex wird im Kapitel 1.3 dargestellt.

Die Überlassung des Bergwerks zur alleinigen weimarischen Disposition nimmt Carl August in den Antworten an Kursachsen und Gotha vom 16. 5. 1777 dankend entgegen, um dann überraschend und ohne erkennbaren Rechtsgrund den Zehnten zuzugestehen. Nach ihrer Weigerung, sich an den Kosten der Wiedererhebung zu beteiligen, hätten Dresden und Gotha von dem zukünftigen Genuß aller Regalien ausgeschlossen werden können. Allerdings soll der Zehnte in der weimarischen Vorstellung nur von der „wirklich überschießenden Ausbeute"[34] genommen werden.

Gegen Ende des Jahres 1777 legt Eckardt einen Entwurf für eine Nachricht über die Wiederaufnahme des Bergbaus vor (B 16228, Bl. 74–811). Darin wird die Frage der Zehnterhebung im Sinne der zuvor von Weimar vertretenen Auffassung dargestellt. Schon zuvor hatte die Kommission dem Herzog berichtet (ebd., Bl. 71 ff.), die traurige Erfahrung beim vorigen Bergbau lehre, wie wichtig gute Berggesetze seien. Bis zum Erlaß einer eigenen Bergordnung glaube sie, die kursächsische interimsweise übernehmen zu sollen.

Kalb schickt den Eckardtschen Entwurf am 17. 1. 1778 zur Begutachtung an Trebra. Dessen Antwort ist vom 11. Februar datiert (ebd., Bl. 90 ff.). Sie erläutert die kursächsische Übung, beginnend mit dem ersten Schmelzen den halben Zehnten von allen erschmolzenen Metallen solange zu erheben, bis das Werk sich freigebaut,

---

[34] Das Wort ‚Ausbeute' wurde in Sprachgebrauch und Schrifttum mehrdeutig verwendet. Sehr häufig wurden darunter alle gewonnenen Erze oder die daraus erschmolzenen Metalle verstanden. – Die Bezeichnung wurde auch beschränkt auf diejenigen Erze oder Metalle, die nach Erstattung aller auf einem Werk lastenden Schulden gewinnbringend erzeugt wurden. Nach der von Weimar hier vertretenen Auffassung sollte der Zehnte nur von diesen Erzen oder Metallen, von der „wirklich überschießenden Ausbeute", erhoben werden. – Der Zehnte konnte in natura, also in Gestalt des zehnten Teils der gewonnenen Erze oder der daraus erschmolzenen Metalle, abgeführt werden. – Das Wort ‚Ausbeute' hatte aber noch eine dritte Bedeutung. Es wurde auch verwendet für den eigentlichen Überschuß, d. h. für diejenige Summe Geldes, um die, nachdem ein Werk alle Schulden getilgt hatte, der Wert der um den Zehnten geminderten Produktion die Herstellungskosten überstieg. Diese Ausbeute im engeren Sinne wurde an die Gewerken ausgeschüttet.

d. h. alle hineingesteckten Mittel zurückgezahlt habe und Überschüsse erziele. Die Einnahmen des Kurfürsten aus dem Zwanzigsten seien weitaus höher als die Einnahmen aus dem Zehnten, der nur auf den wenigen Ausbeutegruben erhoben werde. Es empfehle sich daher, auch in Ilmenau den Zwanzigsten zu erheben, wobei vom ersten Schmelzen an drei Freijahre eingeräumt werden könnten. Seine Erhebung könne eingestellt werden, wenn der Betrag der Abfindung erreicht sei, den die Kammer an Freiin Philippine Charlotte von Gersdorff, der Hauptgläubigerin des alten Werkes, zu zahlen habe. Habe die Gewerkschaft sich freigebaut und erziele sie Überschüsse, so sei der volle Zehnte zu erheben.

Im April 1778 setzt Carl August das Erscheinen der Eckardtschen ‚Nachricht' mit der Begründung aus, zuerst müsse der Dissens mit Kursachsen und Gotha ausgeräumt werden. Der Faden wird von Weimar erst am 17. 2. 1779 mit Schreiben an Dresden und Gotha wiederaufgenommen (B 16039, Bl. 295 ff.). Das weimarische Zugeständnis des Zehnten wird „mit Vergnügen" wiederholt. Zugleich wird klargestellt, daß die hohen Bergrechte damit nicht gemeint seien. Der Kurfürst möge doch sagen, welche übrigen Reservationen in seinem Schreiben vom 10. 5. 1777 gemeint gewesen seien. Wenn Weimar nicht alle hohen und niederen Rechte, den Zehnten ausgenommen, überlassen würden, müsse die Auszahlung der mittlerweile mit der Hauptgläubigerin des alten Werkes ausgehandelten Abfindungen unterbleiben. Außerdem müsse Weimar dann auf der Alternative des Mitbaus oder der gänzlichen Ausschließung gemäß dem Teilungsvertrag von 1660 bestehen.

Mit Antwortschreiben vom 6. 3. 1779 meldet Gotha Zweifel an der weimarischen Auffassung über den Modus der Zehnterhebung an. Die Zweifel sollten zweckmäßigerweise auf einer Konferenz ausgeräumt werden. Kursachsen antwortet erst ein Jahr später, am 11. 3. 1780 (ebd., Bl. 309'–311'). Das Schreiben beruft sich auf das Privileg, das die Gemeinschaft der Regalteilhaber 1684 an C. G. von Utterodt für den Bergbau an der Sturmheide erteilt hatte. Darin sei den Fürsten der Mitbau – ohne Schmälerung ihrer Rechte im Falle der Verweigerung – freigestellt worden. Kursachsen fordere daher seinen Anteil an dem Zehnten, der, solange das Werk noch nicht in Ausbeute stehe, in halber Höhe von allen gewonnenen Erzen zu erheben sei. Die Forderung erstrecke sich auch auf alle übrigen Nutzungen des Bergregals, wie z. B. den Schlagschatz[35]. Dagegen überließ der Kurfürst die Einrichtung und spätere Dirigierung des Werkes dem Herzog von Weimar. Außerdem verzichtete er auf Wiedererstattung von Zubußen und anderen Zahlungen, die er für den früheren Bergbau aufgebracht hatte. Er bestand jedoch auf der Erfüllung einiger alter Verträge. Auf sie wird später eingegangen. Im übrigen ist auch Kursachsen mit einer Konferenz einverstanden.

---

[35] Unter dem Schlagschatz wurde die Differenz zwischen dem Nennwert der geprägten Münzen einerseits und dem Ankaufspreis des vermünzten Metalls zuzüglich der Kosten der Münzprägung andrerseits verstanden.

Das Schreiben muß in Weimar tiefe Enttäuschung hervorgerufen haben. Einen Monat später, am 13. 4. 1780, legt die Kommission ein ausführliches Gutachten zu dem kursächsischen Schreiben vor (B 16039, Bl. 315–321). Es ist die erste Äußerung der Bergwerkskommission nach der Dispensierung Kalbs (8. April). Die Kommission verweist zunächst darauf, daß der Wortlaut des Utterodtschen Privilegs die kursächsischen Folgerungen hinsichtlich der Regalteilnahme nicht rechtfertige.[36] Auch die Erhebung des Zwanzigsten sei in dem Privileg nicht genannt. In Ilmenau sei er nie erhoben worden. Der Zwanzigste, heißt es weiter, sei keineswegs überall gesetzlich vorgeschrieben. In Kursachsen sei seine Erhebung erst Gesetz geworden, nachdem sie auch dort lange nur in Observanz gestanden habe. Schließlich sei der Zwanzigste Entgelt für die Dirigierung des Werkes, die alleine dem Landesherrn obliege; er stehe somit auch nur diesem zu.

Das Schreiben vom 13. 4. 1780 führt weiter aus, die Fürsten hätten nur dann ohne die Folge des Verlustes ihrer Regalrechte vom Mitbau Abstand nehmen können, wenn der Bergbau im Hennebergischen für frei erklärt gewesen wäre.[37] Dies sei aber, obwohl ein 1692 dahin gerichteter Antrag unwidersprochen geblieben sei, nicht geschehen. Der Kurfürst habe vor einigen Jahren sogar noch selbst zum Mitbau an einem Bergwerk, das im kursächsisch gewordenen Amt Schleusingen eröffnet werden sollte, eingeladen und damit die Fortgeltung des Teilungsvertrages von 1660 seinerseits bestätigt.

Die Konferenz, auf die sich die Parteien geeinigt hatten, findet am 27. und 28. 6. 1781 im Rathaus zu Ilmenau statt.[38] Ihr gehen umfangreiche Vorbereitungen voraus. Goethe, der bei der Konferenz erstmalig als Vorsitzender der Bergwerkskommission in Aktion tritt,[39] legt dem Herzog mit Begleitschreiben vom 1. Juni seine Ausarbeitung *Nachricht von dem Ilmenauer Bergwesen* vor. Darin geht er auf die Geschichte des Regals im Hennebergischen ein und stellt – neben anderen

---

[36] Wörtlich heißt es in dem Privileg: „Und nachdem das gantze Werck in einhundert und acht und zwantzig Kuxen bestehet, soll ihme ⟨C. G. von Utterodt⟩ frey gelassen seyn, die jenige Kuxe, so wir und allerseits Fürstliche Interessenten nicht verbauen lassen wollen, anderwerts selbst verbauen, oder an andere so wohl Einheimische als Ausländische Persohnen zu bringen, und so viel Gewercken als er zu Erhebung des Baues für nöthig erachtet anzunehmen".

[37] Freierklärung des Bergbaus bedeutete den Verzicht des Landesherrn auf sein Vorrecht, den Bergbau selbst zu betreiben und andere nach Belieben davon auszuschließen. Eine Freierklärung im kurfürstlich- und herzoglich-sächsisch gewordenen Teil der Grafschaft Henneberg hätte automatisch den Untergang des Gebotes zur Folge gehabt, nach dem die Fürsten nur dann Anspruch auf ihren Anteil am Zehnten erheben konnten, wenn sie sich selbst an dem Bergbau beteiligten.

[38] Die Konferenz war ursprünglich auf einen früheren Termin festgesetzt, mußte aber auf Wunsch des gothaischen Vertreters verschoben werden (WA IV 30, 16f.).

[39] Die Eintragungen in Goethes Tagebuch reißen mit dem 17. 1. 1781 ab und setzen erst am 1. August wieder ein. Für den Nachweis der Einflußnahme Goethes auf die Vorbereitung der Konferenz wäre die Fortführung der Tagebuchnotizen von großem Wert gewesen. Da auch Goethes Briefe keine einschlägigen Hinweise enthalten, kann nur nach Lage der Akten geurteilt werden. Diese lassen allerdings vermuten, daß auch hier die Fäden bei dem erfahrenen Bergrechtler Eckardt zusammenliefen.

Zusammenhängen – den Verhandlungsstand mit Dresden und Gotha und denjenigen mit der Freiin von Gersdorff dar. Einige Passagen aus der ‚Nachricht' wurden oben bereits zitiert. Hier kann die Wiedergabe sich beschränken auf die Aussage: *Hätte man weimarischerseits nicht den Weg des besten Vernehmens und der strengsten Billigkeit gehen wollen, so hätte man nach Erklärung beider Höfe gar mit gutem Rechte sie von dem Anteil am Zehnden ausschließen können. Denn, was man auch dagegen sagen mag, so bleibt es doch der klare Buchstabe des Rezesses, daß die Nutzungen nur nach Maße der Teilnehmung und Bemühungen sollen genossen werden* (LA I 1, 19f.).

Eckardt entwirft eine Instruktion für die weimarischen Delegierten. Goethe schreibt an ihn am 5. Juni: *Ich lasse mir gern Ihre Vorschläge wegen der Conferenz-Punkte gefallen, wollen Sie die Güte haben, nach denselben die Instruction und den darauf bezüglichen Bericht aufsetzen. – Freylich wünscht ich, daß wir nur im äußersten Fall wegen des zwanzigsten und des Münzvertrags ⟨muß heißen: Münzertrags⟩ nachgäben. – Wegen einiger in der Behandlung nötigen Vorsichten habe ich die Ehre Ew. Wohlgeboren nächstens zu sprechen.* Der Herzog genehmigt den Entwurf am 19. Juni (B 16040, Bl. 23–26'). Weimar entsendet Goethe und Eckardt zur Konferenz, Dresden den Oberaufseher Christian August von Taubenheim aus Schleusingen und Gotha den Hofmarschall und Kammerrat Eberhard Sylvius von Frankenberg aus Gotha. Sekretär ist Johannes Schmidt von der Geheimen Kanzlei in Weimar.

Die Instruktion gesteht der Gegenseite nicht die geringsten taktischen Vorteile zu. So legt sie besonderen Wert darauf, daß Weimar, ohne auf die Anstalten von Kursachsen und Gotha zu achten, als Gastgeber den Vorsitz zu führen und vorzutragen habe. Um über die Reihenfolge bei der Unterschriftsleistung Rangstreitigkeiten erst gar nicht aufkommen zu lassen, sei auf ein von allen Parteien unterschriebenes Protokoll zu verzichten. Statt dessen seien entweder den beiden anderen Parteien von Weimar verfertigte Protokollkopien zuzustellen, oder alle Parteien hätten ihre Protokolle untereinander auszutauschen. Das Ziel müsse sein, alle strittigen Punkte bis zum Wiederangriff zur äußersten Klarheit zu bringen. Im übrigen wird den beiden weimarischen Deputierten die Verhandlungslinie genau vorgegeben. Sie ist aus den Positionen abgeleitet, die schon in dem vorstehend wiedergegebenen Schriftwechsel deutlich geworden sind. Wenn davon aus zwingenden Gründen abgewichen werden müsse, so dürfe das nur unter dem Vorbehalt der herzoglichen Genehmigung geschehen.

Der Abschlußbericht der Kommission an den Herzog vom 14. 7. 1781 (B 16040, Bl. 31–35') schildert ausführlich, in welch strengen höfischen Formen die Delegierten sich begegneten. Sogar die Sitzordnung im Ratssaal des Ilmenauer Rathauses[40]

---

[40] Der Ratssaal war das heutige Bürgermeisterzimmer (mdl. Mitteilung von Herrn Dr. R. Mahlendorf, Kulturdezernent der Stadt Ilmenau).

ist darin überliefert: *In den Sessionen sassen der Chursächsische und der S. Goth. Deputirte oben an dergestalt, daß iener die Hand hatte, ich, der Geheime Rath Göthe, sas an der Querseite der Tafel neben dem Electorali, ich, der Hofrath Eckardt, aber dem letztern gegen über und der Secretär dem S. Goth. Deputirten ex opposito.*[41]

Das Protokoll weist aus, daß Goethe die Verhandlungen an beiden Sitzungstagen eröffnet hat. Wie weit und mit welchen Beiträgen er in die Verhandlungen eingegriffen hat, ist unbestimmt. Das Protokoll läßt die Vorträge der Deputierten beginnen mit „Dominus S. Electoralis" für Kursachsen, mit „Dominus S. Gothanus" für Gotha und mit „Domini S. Vinarienses" für Weimar. Wenn das Protokoll zum Ausdruck bringt, daß alle weimarischen Beiträge von beiden weimarischen Vertretern vorgebracht wurden, dann wird geschlossen werden dürfen, daß Goethe sich nicht auf die Rolle des Moderators beschränkt hat.

Zu Anfang versicherten alle Delegierten, sie seien von ihren Höfen zu größter Billigkeit und Nachgiebigkeit instruiert. Auch ihrerseits wollten sie alles tun, was einer gütlichen Einigung dienen könne. Trotzdem konnte in einigen wichtigen Punkten Einvernehmen nicht erzielt werden. Angesichts des späteren totalen Mißerfolgs des Unternehmens wirkt es geradezu gespenstisch, wie zäh die Delegierten um erhoffte, aber nie erwirtschaftete Einkünfte gerungen haben. Goethe hatte schon zu Beginn um Verständnis dafür gebeten, daß Weimar sich von dem Wiederangriff des Werkes auch dann nicht abhalten lassen werde, wenn in der Konferenz nicht alle Punkte bereinigt werden könnten. Bis das Werk einen Fonds erwirtschaftet haben werde, aus dem die Ansprüche befriedigt werden könnten, werde eine Zeitspanne vergehen, die ausreiche, um fehlende Einigungen nachzuholen. Das Protokoll über den Konferenzverlauf[42] umfaßt 94 Seiten. Seinen Inhalt in Rede und Gegenrede darzustellen, ist ausgeschlossen. Es sollen aber die Positionen der Parteien und ihre Wandlungen im Verlauf der Konferenz deutlich gemacht werden.

Ziel der Konferenz war, Einvernehmen herzustellen in der Frage, welche Regalbelastungen der Gewerkschaft auferlegt werden und in welchem Ausmaß die drei Teilhaber daran partizipieren sollten. Weimar verwies auf das Schreiben vom 16. 5. 1777, mit dem Kursachsen und Gotha die Teilnahme am Zehnten zugestanden worden war. Der Teilungsvertrag von 1660 hätte erlaubt, beide Häuser von allen

---

[41] „Oben an" will heißen: Die beiden „ausländischen" Delegierten hatten die Plätze an derjenigen Längsseite des Tisches inne, an der bei den Ratssitzungen die Spitzen des Rates in einer streng von links nach rechts absteigenden Rangfolge saßen. Der kursächsische Delegierte hatte „die Hand", d. h. er saß links, die rechte Hand dem gothaischen Delegierten zugewandt (s. dazu Grimm 10, Sp. 337). Goethes Platz war am Kopfende des Tisches. Von ihm aus gesehen saß der kursächsische Vertreter rechts. Links von Goethe, Kursachsen gegenüber, war auf der anderen Längsseite des Tisches Eckardts Platz und links neben diesem, Gotha gegenüber, der Platz des Sekretärs. Mit dieser Sitzordnung war die schwierige Aufgabe gelöst, Goethe den Vorsitz übernehmen zu lassen, ohne daß der Vertreter Kursachsens darin eine Verletzung des höheren Ranges seines Herrn hätte sehen können.

[42] Der Verfasser stützt sich bei der Wiedergabe auf eine Kopie, die im Staatsarchiv Coburg erschlossen wurde (StACob, LAF 10617, Bl. 98–152).

Regalnutzungen auszuschließen. Der Herzog habe gehofft, die beiden anderen Höfe mit seinem Teilverzicht zu Zugeständnissen hinsichtlich des Gesamtumfangs der dem Bergwerk aufzuerlegenden Abgaben zu bewegen. Je mehr ein Bergwerk von diesen befreit war, desto eher waren private Interessenten bereit, sich an dem Werk zu beteiligen. Dies war das vorrangige Ziel Weimars.

Befreiungen vom Zehnten konnten sich erstrecken auf einen Zeitraum und auf die Höhe. Unstreitig war unter den Parteien, den Zehnten in voller Höhe von allen gewonnenen Erzen dann zu erheben, wenn das Werk sich freigebaut haben und einen Überschuß erzielen werde. Dagegen bestand Streit über die Frage, was davor zu geschehen habe. Weimar wollte das Werk in dieser Zeit ganz von Abgaben befreit sehen, während Kursachsen – entsprechend der Handhabung im eigenen Lande – den Zehnten schon vom ersten Schmelzen an in halber Höhe erhoben haben wollte. Gotha war mit seinen Vorstellungen am weitesten gegangen und hatte die Erhebung des Zehnten in voller Höhe von Anfang an gefordert. Als Kursachsen erklärte, bis zur wirklichen Ausbeute nur den halben Zehnten erheben zu wollen, schwenkte Gotha auf diese Linie ein.

Weimar widersprach: Das Utterodtsche Privileg von 1684, das am 10. 10. 1720 erneuert und bestätigt worden war, handele nur vom Zehnten und erwähne den Zwanzigsten überhaupt nicht. Zehnter oder Zwanzigster seien auch niemals erhoben worden.[43] Die Forderung des Zwanzigsten könne somit weder auf den Wortlaut des Privilegs noch auf eine davon abweichende Übung gestützt werden. Zwar sei in dem Entwurf einer Bergordnung aus dem Jahr 1723, dessen Inhalt an die Stelle der Hennebergischen Bergordnung von 1566 habe treten sollen, die Erhebung des Zwanzigsten vorgesehen gewesen. Der Entwurf habe aber Rechtskraft nie erlangt. Die Gewerkschaft hätte sich den damals noch ganz unbekannten Zwanzigsten auch nicht auferlegen lassen.

Wenn jedoch Kursachsen und Gotha – so ein weimarischer Vermittlungsversuch – einer sechsjährigen Befreiung zustimmten und auch eine mögliche Verlängerung

---

[43] Der Gewerkentag von 1728 hatte zwar die Zehnterhebung von Ende September 1728 an beschlossen. Zu diesem Zeitpunkt lief die Befreiung aus, die die Regalteilhaber den Gewerken 1723 bewilligt und 1726 bestätigt hatten (B 15885, Bl. 181). Zwei Jahre später, am 15. 9. 1730, berichtete das Bergamt dem Gewerkentag dieses Jahres, der Zehnte sei bisher nicht eingenommen worden, weil keine Instruktion darüber vorgelegen habe, ob der ganze oder der halbe Zehnte zu erheben gewesen sei. Außerdem hätten die Einnahmen des Bergwerks nur zur Bezahlung der Löhne und der sonstigen laufenden Kosten hingereicht (ebd., Bl. 258'). Die Regalteilhaber erklärten nun (1730), sich auf längstens sechs Jahre mit dem halben Zehnten begnügen zu wollen. Nach deren Ablauf sei der ganze Zehnte abzuführen (ebd., Bl. 200). Wegen der schlechten Ertragslage wurden Zwanzigster oder gar Zehnter auch danach nie abgeführt. – In den Akten findet sich eine interessante Rechnung des Bergrichters F. W. Krieger vom 16. 9. 1730 (ebd., Bl. 275). Sie weist nach, wie hoch der Zwanzigste von Luc. 1728 bis Trin. 1730 (s. Glossar: Bergquartal) gewesen wäre. Die Rechnung geht von den Metallmengen aus, die in den sieben Quartalen erzeugt wurden. Dem zwanzigsten Teil davon werden Erlöse zugeordnet, die bei seinem Verkauf erzielt worden wären. Die so errechnete Geldmenge wurde um die Hüttenkosten der gleichen Periode gemindert. In der Referenzzeit hätten 982 Rtlr 6 Gr als Zwanzigster abgeführt werden müssen.

über diesen Zeitraum hinaus für den Fall zusicherten, daß die Gewerkschaft dann noch zu sehr belastet sein würde, so würde sich Weimar dem Zwanzigsten nicht länger widersetzen. Die beiden Delegierten der Gegenseite waren instruiert, höchstens drei Freijahre zuzugestehen; sie hofften jedoch, daß ihre Höfe sich dem weimarischen Ersuchen nicht verschließen würden.

Nun wandte man sich dem fürstlichen Vorkaufsrecht für das erschmolzene Silber, dem Schlagschatz, und den übrigen Münznutzungen zu. Weimar erbat sich auf diesem Felde ein gleiches Maß an Nachgiebigkeit, wie seinerseits zuvor auf dem andern gezeigt. Man wolle sich vorbehalten, der Gewerkschaft die freie Verfügung über die gewonnenen Metalle einzuräumen. Vereinbare man jetzt ein fürstliches Vorkaufsrecht, so wäre man in dieser Hinsicht nicht mehr frei. Der Schlagschatz sei – so Weimar – bedeutungslos, da unterwertige Münzen nicht geprägt werden würden. Entstehe er trotzdem, so sei er Weimar als geringe Entschädigung für die Übernahme der Bergregierung und für den Aufwand zur Erhaltung des Bergwerks zu gönnen.

Kursachsen stellte klar, daß seine Ansprüche alle Regalnutzungen, nämlich den „Zehenden, Silber Vorkauf, Schläge Schatz, Ausbeute, und wie sie mehr Namen haben", umfaßten. Abweichungen davon lasse die eigene Instruktion nicht zu. Gäbe Weimar hierin nach, so würde der Kurfürst sicher Entgegenkommen bei der Regelung seiner aus der Zeit der alten Gewerkschaft stammenden Ansprüche zeigen. Gotha räumte ein, die eigenen Forderungen seien expressis verbis nur auf den Zehnten gerichtet gewesen. Dabei sei man aber davon ausgegangen, daß der Münzertrag dem Zehnten anhänge, habe ihn also mit gemeint. Verzichtet habe Gotha nur auf die Beteiligung am Bergwerk und auf die Bergregierung.

Die Beteiligung Kursachsens und Gothas am Schlagschatz – so setzte Weimar dagegen – zöge unweigerlich eine gemeinsame Rechnungslegung nach sich,[44] und diese wiederum sei der erste Schritt auf dem Wege zu einer gemeinsamen Bergregierung, über deren Vermeidung man doch schon Einvernehmen erzielt habe. Das mußte von der Gegenseite anerkannt werden. Weimar wollte sich jedoch in der Frage des Schlagschatzes zunächst noch nicht festlegen und sagte zu, sich am zweiten Konferenztag noch einmal dazu zu äußern.

Gotha wollte wissen, wie die Fürsten sich über den Stand des Bergwerks informieren könnten, wenn eine gemeinsame Rechnungslegung nicht stattfände. Weiter brachte der gothaische Vertreter vor, die Konzession für die Gewerkschaft möge communi nomine, im Namen der fürstlichen Gemeinschaft erteilt werden. Die Erteilung der Konzession – so Weimar darauf – hänge von der Bergregierung ab. Die Direktion des Werkes sei Weimar allein überlassen worden. Folglich müsse man

---

[44] Die Beteiligung der übrigen Fürsten an dem Schlagschatz hätte bedeutet, diesen ein Kontrollrecht über Silberausbringen der Hütte und Feingehalt der geprägten Münzen einzuräumen. Daraus hätte sich mit großer Wahrscheinlichkeit die befürchtete gemeinsame Rechnungslegung entwickelt.

eine Erteilung der Konzession im Namen der fürstlichen Gemeinschaft ablehnen. Dem Informationsbedürfnis wolle man von Zeit zu Zeit durch gedruckte Nachrichten Rechnung tragen.

Weimar brachte danach die von Kursachsen schriftlich angemeldeten Ansprüche zur Sprache, die aus der Zeit des früheren Bergbaus herrührten. Dabei handelte es sich um ausstehende Erträge aus 24 Freikuxen[45] und um die Vergütung eines Schadens, den das Bergwerk an einem auf kursächsischem Territorium liegenden Teich verursacht hatte. Nach anerkanntem Bergrecht – so Weimar – gingen solche Forderungen mit der alten Gewerkschaft unter. Auf eine neue Gewerkschaft könnten sie keinesfalls übertragen werden. Die weimarische Kammer habe „etliche Tonnen Goldes an die alte Gewerkschaft noch zu fordern, welche dergleichen Schicksaalen ausgesetzet seyen".

Könne man sich, so nun wieder Kursachsen, weder an die alte Gewerkschaft noch an von ihr hinterlassene Vermögenswerte halten, dann müßten die Forderungen an die weimarische Kammer gerichtet werden. Weimar habe nämlich 1705 zugesichert, für die Ausbeuten der Freikuxe einzustehen. Forderungen an die weimarische Kammer könnten nur außerhalb der Konferenz geltend gemacht werden, erwiderte Weimar, und man werde dort gebührenden Widerstand leisten. Daraufhin stellte Kursachsen in diesem Punkt Entgegenkommen in Aussicht, wenn die in der Frage des Münzertrags zugesagte Erklärung Weimars befriedige. Gotha trat der von Weimar vertretenen Auffassung bei, meldete aber ähnliche Forderungen für den Fall an, daß die kursächsischen Forderungen ganz oder zu Teilen befriedigt werden würden.

Die alte Gewerkschaft war die Zahlung von Erbzinsen für von ihr in Anspruch genommene Grundstücke auf kursächsischem und gothaischem Territorium schuldig geblieben. Daraus resultierende Forderungen der beiden Fürstenhäuser beurteilte Weimar gleich den vorigen, verpflichtete sich aber, der neuen Gewerkschaft künftig Erbzinsen in gleicher Höhe aufzuerlegen, wenn diese die Grundstücke benötigen werde. Außerdem werde erwartet, daß Kursachsen und Gotha gewerkschaftliche Grundstücke wiederbeschafften, wenn und soweit sie in der Zwischenzeit von Dritten in Besitz genommen worden seien. Was die Zukunft anbetraf, waren Kursachsen und Gotha mit der weimarischen Erklärung einverstanden. Für die Vergangenheit wollten sie sich erst festlegen, wenn über die anderen Ansprüche entschieden worden sei.

---

[45] Freikuxe waren Bergwerksanteile, die nicht zu Zubußezahlungen herangezogen wurden, die gleichwohl aber an der Ausbeute teilnahmen. Sie waren häufig mit einer garantierten Ausbeute verbunden, die unabhängig von der wirtschaftlichen Lage des Bergwerks zur Auszahlung kam. Im allgemeinen wurden sie bei Eröffnung eines Bergwerks an Kirche und Schule der Bergstadt gegeben. In diesem Fall waren Sachsen-Zeitz, dem Rechtsvorgänger Kursachsens, im Jahre 1694 Freikuxe für die Lieferung von verbilligtem Gruben- und Kohlholz aus den schleusingischen Waldungen gewährt worden.

Nun wurden die Gersdorffschen Forderungen angeschnitten. Sie werden im Kapitel 1.3 behandelt. Weimar brachte vor, ohne rechtliche Verpflichtung hohe Abfindungszahlungen an die Freiin zugesagt zu haben und deswegen die Münzerträge für sich beanspruchen zu können. Damit endeten die Verhandlungen des ersten Konferenztages.

Nach dem Austausch der Legitimationsschreiben eröffnete Goethe den zweiten Konferenztag mit der Erklärung, Weimar könne sich in der Frage des Schlagschatzes unmöglich anders äußern, als am Vortag geschehen. Bestehe aber Kursachsen auf einem Anteil am Ilmenauer Schlagschatz, so müsse schon jetzt der weimarische Anspruch auf eine entsprechende Beteiligung am Schlagschatz des Goldlauterschen Bergwerks[46] und aller künftighin im kursächsisch gewordenen Teil Hennebergs neu aufkommenden Bergwerke angemeldet werden. Verschiedene Versuche, sich in dieser Frage doch noch anzunähern, scheiterten an den entgegenstehenden Instruktionen, jedoch wurden die Vorschläge zur weiteren Beratung angenommen.

Einig war man sich darin, daß der Zehnte zu $5/12$ Kursachsen und zu $7/12$ den beiden ernestinischen Häusern zustand und daß diese die weitere Unterteilung unter sich auszumachen hätten. Kursachsen und Gotha versagten sich jedoch, als Weimar wegen der Kosten der Bergregierung einen Vorabanteil zugestanden haben wollte. Die Aussprache über einen zu gegebener Zeit anzustellenden Kommunion-Zehntner verlief einvernehmlich, nachdem man sich zugesichert hatte, daß es jeder Seite auch freigestellt werden könne, einen eigenen Zehntner einzustellen.

Die Konferenz schien sich schon ihrem Ende zu nähern, als Kursachsen eine Erklärung zu Protokoll gab, die alle Hoffnung auf eine baldige Einigung zunichte machte: Da Weimar in der Frage der Münznutzungen nicht nachgegeben habe, müßten die schon einmal genannten Forderungen in voller Höhe angemeldet werden.

Aus dem Holzvertrag von 1694 forderte Kursachsen 24 Freikuxe, die von dem Augenblick der Wiedereröffnung des Bergwerks an mit einer Ausbeute von drei Speziestalern je Quartal zu bedienen seien. Sollte das Bergwerk den Stützerbacher Teich und den Flößgraben benötigen, so seien Erbzinsen von 12 bzw. 5 Talern je Jahr von der Inanspruchnahme an zu entrichten. Diese auf die Zukunft gerichteten Forderungen seien auch für die Vergangenheit von Belang. Für den Zeitraum bis zum gänzlichen Verfall des Bergwerks (1765) stünden bei Zugrundelegung obiger Werte Zahlungen der alten Gewerkschaft an Kursachsen in Höhe von 29 633 Talern aus. Wenn diese wohl auch nicht in ganzer Höhe zu erstatten seien, so sei doch ein billiges Abkommen darüber zu treffen.

---

[46] Goldlauter liegt etwa 12 km südwestlich von Ilmenau in der Nähe von Suhl. Bei der Teilung der Grafschaft Henneberg im Jahre 1660 war das Städtchen kursächsisch geworden und dem Amt Schleusingen zugeschlagen worden. In Goldlauter ging Bergbau auf kupferhaltige Schieferschichten des Rotliegenden um.

Weimar lehnte es erneut, und dieses Mal sehr bestimmt, ab, das kursächsische Vorbringen auf dieser Konferenz zu erörtern. Auch der gothaische Delegierte stellte sich hier gegen Dresden. Wenn – so führte er aus – der neuen Gewerkschaft Lasten aufgebürdet würden, die nach geltendem Recht mit der alten Gewerkschaft untergegangen seien, so würde der Zehnte seines gnädigsten Herrn in ungebührlicher Weise gemindert. Er müsse daher den kursächsischen Ansprüchen feierlich widersprechen. Am 30. Juni wird Goethe an J. F. von Fritsch schreiben: *mit Gotha sind wir gröstentheils in Hauptsachen einig. Kursachsen nur hat auf dem Münzvertrag* ⟨muß heißen: Münzertrag⟩ *und Schlägeschatz bestanden und da wir nicht nachgeben konnten* ⟨...⟩ *so wollte er* ⟨der kursächsische Delegierte⟩ *uns durch einen Regress schröcken.*

Eine längere Diskussion kreiste um die Frage, ob dem Zeitzschen Antrag von 1692, der auf die Freierklärung des Bergbaus im Hennebergischen gerichtet war, nicht doch – formal oder auch nur in der praktischen Übung – entsprochen worden sei. Wäre dies tatsächlich geschehen, so hätte man die Beteiligung Kursachsens und Gothas an Ilmenauer Regaleinkünften als ein Zugeständnis des Herzogs von Weimar nicht mehr ansehen können. Er hätte dann nicht erwarten dürfen, daß seine beiden Vettern sein Verhalten durch eigenes Entgegenkommen in anderen Bereichen honorieren. Damit waren die Positionen festgelegt: Kursachsen behauptete, Weimar bestritt, daß die Freierklärung erfolgt sei. Gotha legte sich nicht fest. Weimar wollte sich jedoch einer auf die Zukunft gerichteten Freierklärung nicht widersetzen. Da keiner der Delegierten hierüber instruiert war, mußte auch dieser Punkt ad referendum genommen werden.

Die weimarischen Delegierten erklärten nunmehr, daß alle Punkte abgehandelt seien. Man habe zwar gehofft, durchgehend einen gütlichen Ausweg zu finden, stelle jedoch mit Vergnügen fest, daß die noch ausstehenden Einigungen nicht von einer Bedeutung seien, die die Wiederaufnahme zum ehesten Zeitpunkt behindere. Das endet mit dem Schlußvortrag Goethes: *Wenn man demnächst das übrige höchsten Orts zu berichten nicht ermangeln wolle; Als füge man zugleich die Versicherung bey, wie angenehm es gewesen, daß man mit so billig denkenden, in die günstige Gesinnungen ihrer höchsten Principalen, für das Bergwerk völlig eingehenden Männern, in dieser Sache zu conferiren gehabt. Man werde auch hiervon höchsten Orts schuldige Erwähnung thun, füge noch die Versicherung eigener vollkommnsten Hochachtung bey, und empfehle sich zu fernern geneigten Wohlwollen.*

Ganz anders klingt es in dem Bericht der Kommission an Herzog Carl August vom 13. Juli (B 16040, Bl. 31–35'): „Wenn die Einigung nur von uns abgehangen, wäre keiner der Konferenzpunkte unerledigt geblieben. So aber ist auch diese Konferenz dem Schicksal der meisten Konferenzen, nur die wenigsten Punkte zu erledigen und die meisten auf Relation und weitere Communication zu nehmen, nicht entgangen".

Im Anschluß an die Verhandlungen mit Kursachsen und Gotha berieten Goethe und Eckardt mit dem gothaischen Delegierten alleine weiter. Thema war die

Aufteilung des ernestinischen Anteils am hennebergischen Erbe auf Weimar einerseits und auf die vier gothaischen Linien, nämlich Gotha, Coburg-Saalfeld, Hildburghausen und Meiningen, andrerseits. Davon hatten Weimar 1¾, dem gothaischen Gesamthaus 5¼ Zwölftel, zugestanden. Von Weimar wurde vorgebracht, Meiningen habe 1692 seine Anteile an dem Ilmenauer Bergwerk mit allen anhängenden Rechten an Weimar verkauft. Der meiningische Anteil stehe also Weimar zu. Coburg-Saalfeld und Hildburghausen hätten auf die Aufforderung, sich zur Frage des Mitbaus zu äußern, nicht geantwortet und deswegen ihre Regalanteile verloren. Wegen der Belastung aus der Übernahme der Bergregierung glaube Weimar, auch hierauf Anspruch erheben zu können.

Gotha führte aus, bei der Aufteilung des gothaischen Anteils einen Vorabanspruch für sich verlangt zu haben. Die endgültige Aufteilung auf die vier Teillinien sei aber unterblieben. Meiningen habe – so Gotha weiter – seinen Anteil schon 1681 auf Gotha übertragen. Der angebliche weimarische Kauf habe nur in „bloßen Tractaten" bestanden.[47] Meiningen habe seinen Anteil gar nicht außerhalb des gothaischen Gesamthauses verkaufen können. Wenn Saalfeld und Hildburghausen ihre Rechte nicht nutzen wollten, so stünden auch diese dem Gesamthaus zu.

Weimar schlug den Austausch der Verträge vor. Wenn Gotha den meiningischen Anteil Weimar überließe, dann sollten die saalfeldischen und hildburghausenschen Anteile je zur Hälfte auf Gotha und Weimar aufgeteilt werden. Gotha stimmte nur dem Austausch der Verträge zu. Sein Vertreter glaubte aber, die beiden Höfe könnten sich in der Frage der Subrepartition auf billige Weise vergleichen.

Zwei Tage nach Beendigung der Konferenz, am 30. Juni, schrieb Goethe an den Präsidenten des Geheimen Rates, seine und Eckardts Bemühungen möchten den Beifall von Herzog und Conseil erlangen. In seinem Brief vom Folgetag an Frau von Stein lesen wir: *Heute ist der Valetschmaus, Morgen gehn unsre Freunde* ⟨d. s. C. A. von Taubenheim und E. S. von Frankenberg⟩ *weg, und ich auch.* Der Brief an den Herzog vom 5. Juli, der fast auschließlich von Bergwerksangelegenheiten handelt, schließt: *Leben Sie wohl. behalten Sie mich lieb. Die Welt ist voll Thorheit, Dumpfheit, Inconsequenz und Ungerechtigkeit, es gehört viel Muth dazu diesen nicht das Feld zu räumen, und sich beyseite zu begeben. Addio.*

Der Kommissionsbericht vom 13. 7. 1781, dessen Schlußpassage oben zitiert wurde, stellt die Ergebnisse beider Konferenztage in knapper Form dar. Von

---

[47] Der Vertrag, den die Deputierten von Weimar und Meiningen am 8. 8. 1692 über den Verkauf der Sachsen-Meiningen gehörenden zehn Ilmenauer Kuxe „mit aller Hoheit und davon dependirenden iuribus und Gerechtigkeiten" ausgefertigt haben, ist bei Schultes 1815, 2. Bd., 2. Abt., 87 ff. abgedruckt; ebenso ein Nebenvertrag vom 9. 8. über die Übernahme aller weiterer Kuxe durch Weimar, wenn sich herausstellen sollte, daß Meiningen mehr als die genannten zehn Kuxe zustünden. Beide Verträge waren von den Deputierten unterschriftlich vollzogen. Der Herzog von Meiningen hatte den Hauptvertrag am 8. 8. ratifiziert. In einer Fußnote heißt es bei Schultes, die fehlenden Ratifizierungen beider Verträge seien am 14. 8. 1692 nachgeholt worden.

Interesse ist hier die Mitteilung, der kursächsische Vertreter habe außerhalb des Protokolls der Hoffnung Ausdruck gegeben, sein Hof werde auf die Beteiligung an den Münznutzungen verzichten, wenn Carl August von der zukünftigen Gewerkschaft die Erstattung seines Aufwandes für die Unterhaltung des Martinrodaer Stollens und für die Gersdorffsche Abfindung nicht verlangen werde.

Darauf scheint Goethe in dem Vortrag, den er dem Herzog im Anschluß an die Sitzung des Geheimen Rats vom gleichen Tag hielt, besonderes Gewicht gelegt zu haben. Denn schon am folgenden Tag, dem 14. Juli, teilt er Eckardt die Entscheidung des Herzogs zu diesem Sachverhalt mit. Auch wenn Serenissimus, so leitet Goethe den Brief ein, von einer neuen Gewerkschaft oder von der Gemeinschaft der Regalteilhaber die Erstattung der Beträge verlangen könne, die er für die Wiedererhebung des Ilmenauer Bergwerks habe aufwenden müssen und noch aufzuwenden habe, so wolle er doch aus ganz besonderen Rücksichten, *wenn man sich jenseits in allen übrigen Puncten nachgiebig erzeigen würde, auch diese Ausgaben über sich nehmen und einer neuen Gewerkschaft ein ganz reines Werk anbieten, welches denn auch denen übrigen Herren Theilhabern in Absicht der künftig zu erlangenden Zehnden von unausbleiblichem Vortheil sein würde.*

Das herzogliche Reskript vom 31. 7. 1781 (B 16040, Bl. 37–38') drückt Zufriedenheit mit der Konferenzführung und Einverständnis mit denjenigen Punkten aus, die abschließend verhandelt waren. Es bestätigt die Bereitschaft des Herzogs zur endgültigen Übernahme seines bisher vorgeschossenen Aufwandes, dies allerdings nur unter der Bedingung, daß Dresden und Gotha ihrerseits auf alle Forderungen verzichten, die ihnen noch nicht zugestanden waren.

Nun schweigen die Akten lange Zeit. Das Thema erscheint erst wieder am 27. 5. 1783 mit einem Bericht der Bergwerkskommission an den Herzog. Der kursächsische Oberaufseher von Taubenheim habe – so heißt es dort – „eine auf Schrauben gesetzte Antwort" zur Frage der Münznutzungen gegeben. Kursachsen zeige zur gütlichen Einigung wenig guten Willen und mache immer neue Schwierigkeiten (B 16040, Bl. 44).

Die Geduld Weimars ist jetzt erschöpft. Ohne daß schon eine Einigung erzielt worden wäre in der Frage, wer für die Erteilung der Konzession zuständig ist, erscheint am 28. August die ‚Nachricht über den Ilmenauer Bergbau' (LA I 1, 32–55). In dem Kapitel „Was der neuen Gewerkschaft für Gerechtigkeiten und Freiheiten erteilt werden sollen?" werden den zukünftigen Gewerken nicht die weimarischen Vorstellungen genannt, sondern die für sie ungünstigeren kursächsischen. Punkt 12 räumt zunächst drei abgabenfreie Jahre ein. Sie sollen mit dem ersten Schmelzen beginnen. Nach ihrem Ablauf behält sich der Herzog „für sich und Ihre Chur- und Fürstl. Herren Regalsmitteilhaber" den Zwanzigsten von allen erzeugten Metallen vor. Wenn das Werk zur wirklichen Ausbeute gelangt sein werde, sei der volle Zehnte zu erheben. In der Frage der Münznutzungen wird eine Formulierung gewählt, die nur bei Kenntnis der vorangegangenen Verhandlungen verstanden werden kann. Nachdem in Punkt 7 zunächst die zollfreie Einfuhr von Bergwerksmaterialien zugestanden wird, heißt es: „welche Befreiung aber auf das, was an Metallen ⟨...⟩ weggeschafft wird, keineswegs gemeinet ist". Die Frage eines Vorkaufsrechtes für Silber und Kupfer bleibt somit in der Schwebe, und der Schlagschatz wird überhaupt nicht erwähnt.

In den offenen Fragen muß weiter kommuniziert werden. Am 24. 10. 1783 wird ein Brief des Herzogs an seinen kurfürstlichen Vetter expediert. Man habe gehofft, heißt es dort, daß mit dem Zugeständnis der von Kursachsen geforderten Erhebung des Zwanzigsten und mit dem weimarischen Verzicht auf sonstige Regalnutzungen und, „wenn wir uns nur entschließen, der Gewerkschaft ein ganz freies Werk zu übergeben, ⟨...⟩ Euer Lbd. sodann ohne Zweifel von sämtlichen Prätensionen absehen würden" (B 16040, Bl. 77–80). Die Hoffnung habe getrogen. In der Zwischenzeit seien Veranstaltungen für die Wiederaufnahme getroffen worden. Weil aber die Gewerkschaft Anspruch auf Klarheit habe, bitte man, wenigstens in der Frage des Metallverkaufs und des Schlagschatzes entgegenzukommen. An Gotha wird im gleichen Sinne geschrieben und die Bitte angefügt, sich wegen der Subrepartition zu äußern (ebd., Bl. 81 ff.).

Am 13. 12. 1783 kommt die befreiende Antwort aus Dresden (ebd., Bl. 89 ff.): Die Erhebung des halben Zehnten vom ersten Schmelzen an bis zur Verteilung einer wirklichen Ausbeute wird zunächst bestätigt. Die zugestandenen drei Freijahre für die Erhebung des Zwanzigsten sollen um längstens sechs Jahre verlängert werden können, wenn das Werk bis dahin keine Ausbeute erwirtschafte. Da Weimar auf alle Münznutzungen und auf das Vorkaufsrecht für Silber und Kupfer zugunsten der Gewerkschaft verzichtet habe, wolle auch Kursachsen darauf verzichten. Weimar möge aber einen gleichen Verzicht für das kursächsische Bergwerk Goldlauter und andere Bergwerke im kursächsichen Anteil der ehemaligen Grafschaft Henneberg zugestehen. Und wenn Weimar die Gewerkschaft von der Rückzahlung seiner Vorschüsse freistelle, so wolle auch Dresden auf alle eigenen Forderungen verzichten. Offensichtlich der guten Ordnung halber wird hinzugefügt, die Konzession für die Gewerkschaft könne von Weimar allein erteilt werden. Hier hatte Weimar mit der ‚Nachricht vom 28. 8. 1783' längst vollendete Tatsachen geschaffen. Der Kurfürst entspricht auch der schon früher geäußerten Bitte, seinen Untertanen die Beteiligung an der Ilmenauer Gewerkschaft zu erlauben.

Gotha äußert sich am 20. 2. 1784 in voller Übereinstimmung mit Dresden, kommt aber in der Frage der Subrepartition nicht entgegen. Die Anteile der nicht mitbauenden Häuser stünden Gotha alleine oder allen mitbauenden ernestinischen Häusern nach ihrem hennebergischen Erbanteil zu. Gotha setzt sich auch für die Beteiligung von Hildburghausen und Saalfeld an den Regalnutzungen ein (B 16040, Bl. 106–109).

Mit der Antwort läßt sich Weimar Zeit. Am 13. 5. 1784 berichtet die Kommission dem Herzog, man könne mit den Erklärungen von Kursachsen und Gotha im

Grundsatz einverstanden sein (ebd., Bl. 117–118'). Die Unklarheiten wegen der Subrepartition könnten bis zur späteren Klärung ausgesetzt bleiben und gegebenenfalls zur Durchsetzung der Verlängerung von Freijahren dienen.

In den Kommissionsakten befindet sich eine Notiz vom 1. 10. 1785 mit den Paraphen von Goethe und C. G. Voigt. Sie hat folgenden Inhalt: „Goldlauterer Bergbau gibt bisher und künftig wohl wenig Hoffnung. Wegen des Zehents wurde also dem Kurfürsten nichts erlassen. Man hat Ursach in der Zehntfreiheit nachgiebig zu sein, in dem man in Zukunft bey dem Ilmenauer Werk von den höchsten Theilhabern gleiche Gesinnung zu finden wünscht" (B 16237, Bl. 129f.). Hier liegt offensichtlich der Schlüssel für das plötzliche und sehr weitgehende kursächsische Nachgeben nach vielen Jahren des zähen Widerstandes. In Goldlauter war der Kurfürst Landesherr und der Herzog von Weimar Regalteilhaber. Ihre Rollen waren also vertauscht. Das kursächsische Bergwerk im ehemals hennebergischen, jetzt kursächsischen Goldlauter wird nicht in der Lage gewesen sein, den Zehnten zu entrichten, und der Kurfürst den Regalteilhaber Carl August gebeten haben, einer Verlängerung der Zehntfreiheit zuzustimmen.

Goethe liefert im Laufe des Oktober 1785 einen eigenhändigen Entwurf für die schon lange fälligen Antworten an Kursachsen und Gotha (B 16040, Bl. 149ff.; J. Voigt, 353ff.; LA I 1, 110ff.). Sie sollen die Zugeständnisse beider Häuser dankend bestätigen und das weimarische Reciprocum für Goldlauter und alle künftig in den kursächsisch bzw. gothaisch gewordenen Teilen der Grafschaft Henneberg zusichern. Die Briefe werden am 1. 11. 1785 ausgefertigt (ebd., Bl. 157ff. u. 159ff.). Sie setzen den Schlußpunkt unter Verhandlungen der Bergwerkskommission mit den Vertretern von Kursachsen und Gotha, die sich über acht Jahre hingezogen haben.

Die heiß umstrittene Verhandlungsmaterie hat indes im späteren Betrieb des Bergwerks zu keinem Zeitpunkt praktische Bedeutung erlangt. Eine ganze Kette von bergmännischen Fehlschlägen hat in Ilmenau das Ausbringen von Metallen, von denen Regalabgaben hätten erhoben werden können, verhindert.

Wenn die verhandelnden Parteien trotzdem mit bemerkenswerter Zähigkeit um erhoffte zukünftige Vorteile gerungen haben, so ist dies ein deutliches Zeichen dafür, daß nicht nur Weimar, nicht nur der junge Herzog Carl August und sein vergleichsweise bergbauunerfahrener Minister hohe Erwartungen in die Wiederaufnahme des Ilmenauer Bergbaus setzten. Hätte Kursachsen, das bedeutendste Bergbauland des Heiligen Römischen Reiches, mit seinen reichen Bergbauerfahrungen und seiner guten Kenntnis der vorangegangenen, höchst verlustreichen Ilmenauer Betriebsperioden diese Erwartungen nicht aus eigener Beurteilung geteilt, so hätte sein Vertreter eine solch unnachgiebige Haltung nicht einzunehmen, sie zumindest aber nicht so lange durchzuhalten brauchen.

1.3 Alte Ansprüche und ihre Ablösung

Herzog Carl August und seine Vertrauten hatten noch im Sommer 1776 gehofft, das Bergwerk binnen kurzem wieder in Gang setzen zu können. Die Vorbereitungen der Bergwerkskommission haben aber nicht weniger als sieben Jahre in Anspruch genommen. Ursache der Verzögerung war in erster Linie die heftig umstrittene Frage, in welchem Umfang neben Sachsen-Weimar auch die übrigen Teilhaber am Ilmenauer Bergregal an Regaleinkünften partizipieren sollten. Hiervon handelt das vorangegangene Kapitel. Zeitlich parallel, und gelegentlich auch inhaltlich hiermit verflochten, verliefen die Bemühungen der Kommission, mit den Gläubigern der früheren Gewerkschaft auf gütlichem Wege zu einer abschließenden Regulierung ihrer Ansprüche zu gelangen.

Bei der Materie des Ilmenauer Bergregals handelt es sich um staatsrechtliche Fragen und um Fragen des Fürstenrechts. Dagegen fallen die Ansprüche der Gläubiger in die Sphäre des privaten Rechts. Gleichwohl haben wir es auch hier mit sehr komplizierten Zusammenhängen zu tun. Immerhin hat die Verbindung zwischen den Hauptgläubigern und der alten Gewerkschaft zum unsäglichen Schaden der Gewerkschaft und zur immer neuen Enttäuschung der Gläubiger länger als ein halbes Jahrhundert bestanden, ohne daß es gelungen wäre, die beiden Parteien auseinanderzubringen. Erst die Kenntnis dieser Zusammenhänge verschafft den Zugang zu den Bemühungen, die die Bergwerkskommission dem Komplex hat widmen müssen. Ganz nebenbei lernen wir dabei einen kleinen Ausschnitt deutscher Wirtschaftsgeschichte kennen.

Eine ausführlichere Schilderung der Beziehungen zwischen der alten Gewerkschaft und ihren Verlegern rechtfertigt sich noch aus einem anderen Grund. Sie beleuchtet ein wenig auch die zahlreichen Versuche zur Fortführung des Bergbaus in den Jahren von 1739 bis 1766. Von ihnen ist in der bisherigen Ilmenau-Literatur nur sehr wenig zu lesen. Gerade sie haben aber den Weg vorgezeichnet, der 1784 mit dem Abteufen des Schachtes ‚Neuer Johannes‘ beschritten wurde.

Zunächst müssen wir uns dem Recht der bergrechtlichen Gewerkschaft zuwenden. Selbst in seinen jüngeren Ausprägungen ist uns dieses schon recht fremd geworden.[48] Die bergrechtliche Gewerkschaft ist aber eine sehr alte Unternehmensform, deren rechtliche Ausgestaltung im Laufe der Jahrhunderte großen Veränderungen unter-

---

[48] Die bergrechtliche Gewerkschaft hat am 1.1.1986 als Unternehmensform zu bestehen aufgehört. Das Bundesberggesetz vom 13.8.1980 bestimmte Auflösung oder Umwandlung bestehender Gewerkschaften zu diesem Zeitpunkt. Die Gewerkschaft Auguste Victoria, Marl, – der Verfasser hat ihr drei Jahrzehnte gedient – hat als letzte bergrechtliche Gewerkschaft Deutschlands, nachdem ihr entsprechende Übergangsfristen eingeräumt worden waren, zum 31.12.1993 die Umwandlung in eine andere Gesellschaftsform vollzogen.

worfen war. Ehe auf die Ansprüche selbst eingegangen werden kann, müssen daher Grundzüge des Rechts dieser Unternehmensform, wie sie im 18. Jahrhundert gegolten haben, erläutert werden.

Die bergrechtliche Gewerkschaft besaß kein festes Grundkapital. Ihren Geldbedarf deckte sie üblicherweise durch Erhebung von Zubußen. Die benötigten Beträge wurden quartalsweise im voraus ermittelt und auf die Anteile an der Gewerkschaft, die Kuxe, umgelegt. Wurden Überschüsse erzielt, so wurden sie als Ausbeute ebenfalls quartalsweise ausgeschüttet. Die Gewerkschaft konnte so ihre Kapitalausstattung wechselnden Bedürfnissen, wie sie der Natur des Bergbaus eigen sind, mühelos anpassen.

Gewerken, die sich auf ein neues Bergwerk einließen, wußten in der Regel nicht, wie hoch der Kapitalbedarf ihres Werkes war. Zog sich die Phase der Zubußen unerwartet lange hin, so konnte die Fähigkeit oder die Bereitschaft der Gewerken, das Werk mit weiteren Beiträgen zu unterstützen, überfordert werden. Kam ein Gewerke seiner Zubußepflicht nicht nach, so wurden seine Kuxe zunächst ins Retardat gestellt. Der Gewerke blieb zwar Eigentümer seiner Kuxe; er konnte aber nicht über sie verfügen, d. h. sie nicht veräußern oder beleihen. Jedoch konnte er sie durch Zahlung der fälligen Zubußen wieder aus dem Retardat lösen. Tat er dies innerhalb einer gesetzten Frist nicht, so wurden seine Kuxe kaduziert, d. h. für ungültig erklärt. Mit dem kaduzierten Kux gingen auch alle darauf geleisteten Zahlungen unter. Trotzdem zogen nicht wenige Gewerken in solchen Situationen den Ausstieg mit bezifferbaren Verlusten einem Verbleib mit ungewissem Ausgang vor. Gerade in Zeiten anhaltend hohen Geldbedarfes gingen deswegen Zubußen häufig schleppend ein. Die von Natur aus vorhandenen Schwierigkeiten wurden dadurch noch vergrößert.

Um diesem Problem zu begegnen, war als Finanzierungsinstrument neben die Zubuße auch das Darlehen getreten. Als Gegenleistung wurde den Darlehensgebern die Lieferung bestimmter Mengen der zukünftigen Metallerzeugung zugesagt. Dabei wurden Preise vereinbart, die unter den auf dem Markt erzielbaren Preisen lagen. Die Realisierung dieser Preisspanne brachte den Verlegern hohen Gewinn.

Die Darlehen waren im allgemeinen unverzinslich. Ihre Tilgung setzte erst mit dem Beginn der Metallieferungen ein. Zu diesem Zweck behielt der Darlehensgeber von den vereinbarten Lieferpreisen einen bestimmten, ebenfalls vorher vereinbarten Betrag ein. Liefermengen und Zahlungskonditionen waren somit Bestandteil des Darlehensvertrages. Da die Darlehen die Produktion vorfinanzierten, deren zukünftige Erlöse also vorgelegt wurden, hatte sich für die Darlehen die Bezeichnung Verlag, für die Darlehensgeber die Bezeichnung Verleger eingebürgert (s. Mück, Bd. 1 u. 2).

Die alte Ilmenauer Gewerkschaft hatte schon sehr früh und in großem Umfang neben der Erhebung von Zubußen von dem Abschluß solcher Metallkontrakte

Gebrauch gemacht.[49] Für jede weitere Darlehenshergabe ließen sich die Verleger weitere Metallmengen zusichern, für die sie gleich hohe oder sogar noch höhere Preisabschläge forderten. Die Erlöse, die der Gewerkschaft verblieben, reichten bald zur Kostendeckung nicht mehr aus, zumal auch noch die Tilgungsraten in Abzug kamen. Der Finanzbedarf wuchs dadurch zusätzlich, und mit ihm wuchs die Abhängigkeit der Gewerkschaft von den Verlegern. Diese forderten möglichst hohe Metallieferungen in der Gegenwart und vernachlässigten Maßnahmen für die Sicherung der Zukunft. Es gibt keinen sichereren Weg, ein Bergwerk in den Untergang zu führen. Auch das Ilmenauer Bergwerk war auf diesem Weg immer mehr auf die schiefe Ebene geraten.

Aber auch für die Verleger hatten sich die Verträge ungünstig entwickelt. Die Metallerzeugung blieb weit hinter den gesteckten Zielen zurück. Der aus dem Verkauf der Metalle erhoffte Gewinn stellte sich, wenn überhaupt, mit großer Verspätung ein. Ebenso verzögerte sich die Tilgung der Darlehen. Hätten die Verleger aber weitere Vorschüsse verweigert, so wäre die Produktion ganz zum Erliegen gekommen, Gewinne aus Metallverkäufen wären nicht mehr zu erzielen und die Restdarlehen verloren gewesen.

Unter dem Zwang, weitere Vorschüsse zu beschaffen, sich selbst aber nicht noch weiter engagieren zu müssen, hatten die Verleger neue Verträge an andere Geldgeber abgetreten. Die Abtretungen ließen das Rechtsverhältnis zwischen Verleger und Gewerkschaft unberührt. Gläubiger der Gewerkschaft blieben die Verleger. Die Inhaber der abgetretenen Verträge waren Gläubiger der Verleger. Die Metalle nahmen sie von der Gewerkschaft im Auftrag der Verleger entgegen.

Zweimal schon – 1702 und 1715 – waren Verleger der Ilmenauer Gewerkschaft in Konkurs geraten: 1702 der Leipziger Kaufherr Dr. Samuel Friedrich Rappold und 1715 die beiden Kaufleute Heinrich Winkler und Immanuel Eckoldt, ebenfalls aus Leipzig. 1702 stand der Konkurs in Zusammenhang mit dem Niedergang des Werkes an der Sturmheide, 1715 mit dem des Rodaer Werkes. Die unerfüllten Forderungen der Verleger waren in beiden Fällen gigantisch. Der Gewerkentag von 1704 hatte die Rappoldschen Vorschüsse, die noch nicht durch Metallieferungen abgetragen waren, einschließlich aufgelaufener Zinsen mit 612 000 Rtlr festgestellt (StA Wob, 1 Alt 5, Nr. 754, Bl. 23). 1715 machten Winkler und Eckoldt ihrerseits 283 600 Rtlr geltend (OBA ClZ, 466/23).

Die alte Ilmenauer Gewerkschaft war im Jahr 1687 durch Zusammenlegung der Rodaer und der Sturmheider Gewerkschaft mit 256 Kuxen ins Leben getreten. Danach hatte sie mehrmals neue Kuxe zum Preis von 200 Rtlr je Kux ausgegeben. 1697 war sie in 1024 Kuxe eingeteilt. Das war das achtfache der üblichen

---

[49] Diese und die folgenden Ausführungen sind aus einer Vielzahl von Aktenaussagen abgeleitet und in eine sehr gedrängte Form gebracht. Auf den Nachweis einzelner Fundstellen mußte verzichtet werden.

Einteilung, die 128 Kuxe vorsah. 1705 beschloß ein Gewerkentag, die Kuxenzahl um nicht weniger als das Doppelte zu erhöhen. Die neuen Kuxe, 2048 an der Zahl, wurden Rappold übertragen, dessen Forderungen im gleichen Zuge um 409 600 Rtlr reduziert wurden. Rappold hoffte, mit diesen Anteilen diejenigen seiner Gläubiger befriedigen zu können, an die er Lieferkontrakte abgetreten hatte.[50]

Bild 9: *Nicolaus Freiherr von Gersdorff (1629–1702)*

Bild 10: *Henriette Catharina Freifrau von Gersdorff, geb. von Friesen (1648–1726)*

Zu den einflußreichen Gewerken der 1024teiligen Gewerkschaft hatte Freiherr Nikolaus von Gersdorff gehört. Er war Direktor des kursächsischen Geheimen Rates und Landvoigt der Oberlausitz. Wie seine Ehefrau Henriette Catharina, geb. von Friesen, entstammte er einer der vornehmsten Familien Kursachsens (Bild 9 u. 10). Im Jahre 1702, dem Jahr des Rappoldschen Konkurses, starb Gersdorff. Erbin war seine Ehefrau.

Nach Aussage von Philippine Charlotte von Gersdorff aus dem Jahr 1777 hatte die Familie 204 Kuxe gegen Entrichtung der ausgeschriebenen Kaufgelder – zumeist

---

[50] Die Erhöhung der Kuxenzahl um 2048 wurde von den Dresdner Gewerken nicht anerkannt. Sie hat auch nie praktische Bedeutung erlangt. Auf dem Gewerkentag von 1721 forderten und erreichten Dresdner Gewerken die Annullierung (B 15892).

200 Rtlr – erworben. Rappold hatte im Laufe der Jahre mehrere Metallverträge an Mitglieder der Familie Gersdorff abgetreten. Die Darlehen wurden größtenteils getilgt (B 15841, Bl. 341). Für ein weiteres Darlehen hatte Rappold 55 Kuxe an Gersdorff verpfändet. Da dieses Darlehen nicht getilgt wurde, waren die verpfändeten Kuxe im Besitz der Familie geblieben.

Kurz vor dem Durchschlag des Martinrodaer Stollens in das Sturmheider Werk, der einen neuerlichen Abbau an dieser Stelle von einem großen Teil der früheren Wasserhebungskosten entlasten sollte, versuchte Henriette Catharina von Gersdorff, ihren Einfluß auf das Werk zu vergrößern. Das Vorgehen der Freifrau ist hier im einzelnen nicht zu schildern. Sie verfügte über enge Beziehungen zum Kurfürsten von Sachsen und zu seinem Hof. Auf den Kurfürsten war 1718 der Zeitzsche Anteil an dem Ilmenauer Bergregal übergegangen. Seine Gemahlin war selbst Ilmenauer Gewerkin. Von Dresden spielten viele Verbindungen zum kaiserlichen Hof in Wien. Sie wurden konsequent genutzt. Mit Schreiben an den Reichshofrat vom 24. 1. 1718 (B 15852) erhob Henriette Catharina schließlich Klage gegen das weimarische Direktorium und gegen die Amtsführung des höchsten Ilmenauer Bergbedienten. Kaiser Karl VI. setzte mit Dekret vom 27. Mai des gleichen Jahres[51] eine Kommission ein, der er die Untersuchug der behaupteten Mißstände auftrug.

Die Subdelegierten der Kommission nahmen im Juli 1718 die Arbeit in Ilmenau auf. Weimar mußte den Dresdner Forderungen Zug um Zug nachgeben. Von besonderer Bedeutung war dabei, daß die Bedienten des Bergamtes durch Personen ersetzt wurden, die das Vertrauen der Dresdner Gewerken besaßen.

Auf dem Gewerkentag im November 1719 werden für das Weiterauffahren des Martinrodaer Stollens bis zum Durchschlag Zubußen von 1 Rtlr je Quartal beschlossen (B 15861, Bl. 75). Die Zahlungen gehen schleppend ein, die Kaduzierung der säumigen Kuxe wird mehrmals angedroht (ebd., Bl. 89). Auf dem nächsten Gewerkentag, der im Mai 1721 in Leipzig stattfindet, kündigt der Leiter des Ilmenauer Bergamts die bevorstehende Gewältigung des Wassers in der Sturmheide an (B 15867, Bl. 215ff.). Mit der Vorbereitung des Schmelzwesens könne nun begonnen werden. Dafür seien 6000 Rtlr erforderlich. Der Gersdorffsche Vertreter erklärt daraufhin, diese Summe sei durch Zubußen nicht aufzubringen. Seine Prinzipalin sei aber bereit, einen entsprechenden Vorschuß gegen die Zusicherung künftiger Metallieferungen herzugeben.

Der Vertrag wird am 28. 7. 1721 von dem Gersdorffschen Vertreter vor dem Bergamt in Ilmenau unterschrieben und am Folgetag von Herzog Wilhelm Ernst von Sachsen-Weimar konfirmiert (B 15954, Bl. 7ff.). Freifrau von Gersdorff hat ihr großes Ziel erreicht. Gerade noch rechtzeitig vor der Wiederaufnahme des Betriebes ist sie in die Funktion der Verlegerin eingerückt.

---

[51] StA Wob, 1 Alt 5, Nr. 709 a, Bl. 5ff.; Kopie in B 15852. Siehe hierzu auch Mlynek, 116ff. Zur Arbeit der kaiserlichen Kommission siehe Steenbuck, 1987, 72, und die diesbezüglichen Ausführungen in Kapitel 1.2 dieser Arbeit.

Als Forderungen der Freifrau werden in dem Vertrag anerkannt die Kosten der kaiserlichen Kommission, die sie vorschußweise hergibt und die sie zu einem späteren Zeitpunkt nachzuweisen hat,[52] und ein neues Darlehen – im Vertrag als Hüttenverlag bezeichnet – in Höhe von 6000 Rtlr. Ihre Forderungen sollen „auf dem Werck prioritätisch haften und durch daß nechste Ausbringen von Kupfer und Silber befriediget werden" (B 15954, Bl. 7'.).

Auf die zuletzt zitierte Vertragsbestimmung stützte sich Goethe in seiner Nachricht vom Mai 1781, in der er mitteilt, daß die jüngeren Forderungen in ihrem Rang den jeweils älteren vorgesetzt wurden, die *man, um das Werk nur einigermaßen im Gange zu erhalten, und wenn es gesunken war, es wieder in Bewegung zu bringen, immer eine nach der andern als unzahlbar in der Stille liegen ließ* (LA I 1, 17).

Frau von Gersdorff verpflichtet sich, je Zentner Kupfer 22 Rtlr und je Mark Silber[53] 11 Rtlr zu zahlen. Zur Tilgung der Vorschüsse kann sie je Zentner Kupfer 1 Rtlr und je Mark Silber ebenfalls 1 Rtlr in Abzug bringen. Der Vertrag ist beendet, wenn alle Vorschüsse abgetragen sein werden. So lange wird die Gewerkschaft nur 21 Rtlr je Zentner Kupfer und 10 Rtlr je Mark Silber einnehmen. Demgegenüber wird die Verlegerin volle Marktpreise erzielen, die beim Kupfer um etwa 6 Rtlr und beim Silber um etwa 1 Rtlr höher gelegen haben als die Kontraktpreise.[54]

Zwischen den Partnern des Metallvertrages wird am gleichen Tag noch ein Pachtvertrag für die Seigerhütte geschlossen (B 15954, Bl. 11'–13'). Darin wird Frau von Gersdorff das Recht eingeräumt, das auf der Rohhütte anfallende Schwarzkupfer in der Seigerhütte zu Garkupfer und Feinsilber zu verarbeiten. Der Vertrag soll die gleiche Laufzeit haben wie der Metallvertrag.

Mit diesem Vertrag sicherte sich die Verlegerin auch die Verfügung über die Metallerzeugung, nachdem der Metallvertrag ihr schon die Verfügung über den Metallverkauf eingeräumt hatte. Die Arbeitsvorgänge der Seigerhütte stellten nämlich die letzte und wichtigste Produktionsstufe auf dem langen Weg von der untertägigen Gewinnung bis zu den Fertigprodukten dar.

Rechte und Pflichten aus dem Darlehensvertrag von 1721 waren beim Tod der Freifrau im Jahre 1726 auf ihre jüngste Tochter, Freiin Henriette Sophie von

---

[52] Auf dem Gewerkentag vom 22.5.1722 wurde der Gersdorffsche Vorschuß für die Kosten der kaiserlichen Kommission mit 41878 Rtlr 18 Gr 7½ Pf festgestellt und bestätigt. Dazu kommt der Verlag für die Hütte mit 6000 Rtlr. In Goethes ‚Nachricht' vom Mai 1781 ist das Darlehen für die Kosten der kaiserlichen Kommission alleine mit 48871 Rtlr 18 Gr 7½ Pf genannt (LA I 1, 22). Die Abweichung von obiger Zahl beruht wohl auf der Vertauschung zweier Ziffern.

[53] 1 Kölnische Mark (Silber) = 16 Lot = 233,856 g (Kahnt/Knorr, 178).

[54] Der kaiserliche Berghauptmann M. Fulda gibt in seinem Gutachten vom 24.4.1728 (B 15883, Bl. 82ff.) an, die Gewerkschaft erlöse beim Verkauf an die Verlegerin je Zentner Kupfer 6 Rtlr und je Mark Silber 1 Rtlr weniger, als sie beim Verkauf an andere Kaufleute erlösen würde. Die Zahlen stehen in guter Übereinstimmung mit denjenigen, die auf dem Gewerkentag von 1744 (B 16235, Bl. 9') genannt werden. Auch Trebra nennt in seinem Gutachten vom 11.7.1776 (B 16039, Bl. 16–77) Zahlen der gleichen Größenordnung.

Bild 11:   Henriette Sophie Freiin von Gersdorff (1686–1761)

Gersdorff (Bild 11), und bei deren Tod im Jahre 1761 auf Freiin Philippine Charlotte von Gersdorff übergegangen. Philippine Charlotte entstammte der schlesischen Linie der Gersdorffs, die mit der kursächsischen mehrfach versippt war.[55]

Der Martinrodaer Stollen hat das Sturmheider Bergwerk nur während einiger weniger Jahre von seinen Sorgen befreien können. Die Darlehen konnten nur teilweise getilgt werden. Beim Tod der Freifrau am 6. 3. 1726 betrug die Restforderung noch 23 749 Rtlr (B 16229, Bl. 27'). Die Blütezeit ging noch im Jahr ihres Todes zu Ende. Und wie die früheren Verleger mußten nun auch Henriette Sophie und

---

[55] Universalerbin von Henriette Sophie von Gersdorff war deren letzte noch lebende Schwester, Charlotte Justine von Natzmer, Berlin. Auf sie waren auch die Rechte und Pflichten aus dem Ilmenauer Bergbau übergegangen. In Erfüllung eines Wunsches ihrer verstorbenen Schwester trat Frau von Natzmer diese jedoch bald an Philippine Charlotte von Gersdorff ab (B 16229, Bl. 26 ff.). – Frau von Natzmer war in erster Ehe mit dem Grafen Georg Ludwig von Zinzendorf verheiratet. Der Ehe entstammt Nikolaus Ludwig von Zinzendorf, Begründer der Herrnhuter Brüdergemeine, der nach der Übersiedlung seiner Mutter nach Berlin von seiner Großmutter, Henriette Catharina von Gersdorff, aufgenommen wurde. Dieser Zusammenhang führte auf die Spur des Archivs der Bruder-Unität Herrnhut, wo wichtige Dokumente über das Ilmenauer Engagement der Familie überliefert sind.

später Philippine Charlotte mehrmals neue Vorschüsse hergeben. Bergwerk und Darlehensgeber waren auch jetzt unlösbar aneinandergekettet. Bis 1742 waren die Restforderungen wieder auf 47082 Rtlr [56] und bis 1777 sogar auf rund 65000 Rtlr [57] gestiegen.

Am 9. 11. 1776 schrieb Philippine Charlotte an Herzog Carl August: „⟨...⟩ diejenige unglückliche Familie, welche einer fünfzigjährigen Erhaltung des Bergwerks außer ihrem ganzen Vermögen, auch noch Ruhe und guten Namen geopfert ⟨...⟩" (B 16039, Bl. 131). Und bei Goethe lesen wir: *Allerdings ist das Schicksal dieser Familie höchst bedauernswert. Sie hatte an einem reichen ergiebigen Werk großen Anteil genommen, war durch eine Reihe von Umständen genötiget, sich immer mehr einzulassen, und sah sich nach und nach immer tiefer verwickelt und war zuletzt genötiget, eine Summe der andern nachzuwerfen* (LA I 1, 23). Das alles ist heute kaum noch verständlich. Welcher Art – so ist zu fragen – waren die Umstände, von denen solcher Zwang ausging?

Vom Herbst des Jahres 1726 an war es nicht mehr gelungen, die Gewinnungs-punkte im Tiefsten der Grube vom Wasser frei zu halten. Die Produktion war stetig gesunken und in den Jahren 1731 und 1732 auf dem tiefsten Stand angekommen. Auf dem Gewerkentag von 1728 hatte sich Freiin von Gersdorff zur Sicherung ihrer Ansprüche das gesamte Berg- und Hüttenwerk hypothekarisch verpfänden lassen (B 15885, Bl. 176). Dieser Schritt wird sich bei den Verhandlungen, die die Bergwerkskommission von 1777 an zu führen hatte, als von größter Bedeutung erweisen. Mit Vertrag vom 7. 8. 1731 verpflichtete sich die Freiin zu einem neuen Darlehen in Höhe von 5000 Rtlr. Kaufpreise für die Metalle und Modalitäten der Tilgung blieben gegenüber dem Vertrag von 1721 unverändert (B 16235 a, Bl. 188–191). Ein Vertrag über weitere 7160 Rtlr folgte am 30. April des nächsten Jahres (B 16229, Bl. 128).

Vom Jahr 1733 an erholten sich Produktion und Wirtschaftlichkeit des Bergwerks. Die Produktionshöhe der Jahre 1725 und 1726 konnte allerdings bei weitem nicht wieder erreicht werden, und gerade fünf Jahre später setzte eine erneute Wende zum Schlechten ein. Schon in diesem Jahr – 1738 – hat das Werk ein ausgeglichenes Ergebnis nicht mehr erwirtschaften können (B 15893, Bl. 183).

Im Jahre 1739 wurde die Situation vollends dramatisch, als am 10. Mai der Damm des unteren Freibacher Teiches brach (Anl. 1). Die unmittelbaren Schäden waren zwar vergleichsweise gering. Sie beschränkten sich im wesentlichen auf die Fassung

---

[56] Unter den Dokumenten, die Philippine Charlotte von Gersdorff 1784 auszuhändigen hatte, befindet sich ein Extrakt des Bergrichters Krieger vom 25. 11. 1742, der die Gersdorffschen Forderungen aus den Metallkontrakten zu diesem Zeitpunkt auf 47082 Rtlr beziffert (B 16229, Bl. 128).

[57] B 16229, Bl. 28': „Erläuterung über die der Freiin Philippine Charlotte von Gersdorff an dem Ilmenauer Bergwerk zustehenden Berechtsame und Anforderungen". Bei der Abfassung der entsprechen-den Kapitel seiner ‚Nachricht' von 1781 (LA I 1, 15ff.) hat sich Goethe fast ausschließlich auf dieses Schreiben gestützt.

des oberen Berggrabens an der Ilm und auf die ersten 100 m des Grabens. Die Gewinnung konnte großenteils fortgesetzt werden (B 16350/200, Bl. 150ff.). Da aber in Trockenzeiten Speicherwasser aus dem Freibacher Teich nicht mehr zur Verfügung stand, wurden die Stillstandszeiten länger. Die Produktion ging erneut zurück. Schon im Juni 1739 war das Bergwerk mit der Auszahlung der Löhne 8 Wochen in Rückstand geraten (ebd., Bl. 152).

Nun spornt die Freiin ihren Agenten Johann Georg Winkler an, ihr Geld zur Unterstützung des Werkes zu beschaffen. Dies nicht zu tun – schreibt sie ihm am 1. 7. 1739 – wäre nicht nur vielen Menschen Unrecht getan, sondern auch dem vernünftigen Zweck aller bisherigen Bemühungen zuwider. Ihr gehe es um die Erhaltung des Werkes und um die Richtigkeit in ihren Vertragsangelegenheiten, „worunter meiner Mutter und mein Name und Ehre" (SHStA, Loc 6006, Bl. 99).

Ihr und ihrer verstorbenen Mutter Name und ihrer beider Ehre – so ist die zitierte Briefstelle zu lesen – verlangten die Befriedigung der Gläubiger, die ihnen Geld für das Bergwerk geliehen hatten. Die Befriedigung konnte der Freiin aber nur dann gelingen, wenn ihr weitere Gewinne aus Metallieferungen zuflossen. Einen Hinweis darauf, daß sie über andere flüssige Mittel nicht verfügte, gibt ihr am 11. 10. 1739 ebenfalls an Winkler geschriebener Brief. Dort heißt es, daß wegen „unchristlicher Bankrotte" niemand mehr Geld auf Güter hergebe (ebd., Bl. 101). Den Gläubigern war es selbstverständlich bekannt, daß die Freiin das große und reiche Gut Groß-Hennersdorf in der Oberlausitz zu Lehen besaß. Darauf ist noch zurückzukommen.

Dem Brief vom 11. Oktober ist weiter zu entnehmen, daß die Schreiberin in größter Geldnot steckte, weil die Ilmenauer Geldbeschaffung unvermutet „über alle Rechnung" gestiegen war. Von Mai 1739 bis Oktober 1741 mußte die Freiin mehr als 24000 Rtlr hergeben (B 15895, Bl. 30). Am 22. 8. 1739 hatte sie den nächsten Darlehensvertrag über 16000 bis 17000 Rtlr abgeschlossen (B 16229, Bl. 128). Hätten Henriette Sophie und später Philippine Charlotte sich indessen zu weiteren Darlehen nicht bereitgefunden, so hätte das Direktorium entweder mit einem anderen Verleger kontrahiert, dessen Forderungen dann den Gersdorffschen vorgesetzt worden wären, oder die Gewerkschaft wäre untergegangen. In beiden Fällen hätte die Hoffnung auf die begehrten Metallieferungen begraben werden müssen.

In diesen Jahren lassen die Arbeiten im Bergwerk die notwendige Stetigkeit vermissen. Bei ausreichender Wasserführung der Ilm gelingt es, die tiefen Anbrüche im Flöz vom Grubenwasser freizuhalten. In Trockenzeiten ersaufen sie wieder. Dann werden Restvorräte oberhalb oder knapp unterhalb des Martinrodaer Stollens in Angriff genommen. Wenn aber Aufschlagwasser erneut in ausreichender Menge zur Verfügung steht, werden das Tiefste gesümpft und die Bergleute wieder dorthin verlegt.

Im letzten Quartal des Jahres 1740 bricht eine Radstube zusammen, in der zwei große Kunsträder untergebracht waren (B 16235 a, Bl. 21'). Auch bei vorhandenem Aufschlagwasser reicht nun die Kapazität der Maschinen nicht mehr hin, das

Wasser im Tiefsten kurzzuhalten. Jetzt erst, und nicht schon mit dem Dammbruch, wird das flach gelagerte Flöz an der Sturmheide für immer verlassen.

Das Ilmenauer Werk und seine Verlegerin waren in einer verzweifelten Lage. Die Seigerhütte, die von der Freiin betrieben wurde, kann der Gewerkschaft Mitte des Jahres 1741 noch nicht einmal die angelieferten Schwarzkupfer bezahlen. Die Auszahlung der Löhne ist 10 Wochen im Rückstand (B 16350/200, Bl. 206'). Am 10. 7. 1741 weist Herzog Ernst August seinen Geheimen Rat gebieterisch an, der Verlegerin weitere Vorschüsse abzufordern, weil in Ilmenau Gefahr im Verzuge sei (B 15893, Bl. 267). Bergrichter Krieger sucht selbst die Freiin auf, um wenigstens die ausstehenden Gelder einzutreiben, kehrt aber Ende Juli unverrichteter Dinge nach Ilmenau zurück.

Henriette Sophie veräußert nun ihr Gut Groß-Hennersdorf. Am 22. 9. 1741 schließt sie mit Carl Gottlob von Burgsdorff, dem Sohn ihrer Schwester Rahel, den Kaufvertrag. Als Burgsdorff beim Oberamt Bautzen die Lehnsreichung beantragt, legen die Gläubiger der Henriette Sophie dagegen Einspruch ein. Hieraus entwickelte sich ein langwieriger Rechtsstreit mit den Gersdorffschen Gläubigern. Seine Akten sind im Sächsischen Hauptstaatsarchiv Dresden überliefert. Die vorstehenden und die nachfolgenden Angaben sind diesem Bestand entnommen.

Als Kaufpreis für das Gut waren 104 000 Rtlr vereinbart worden. Die Summe wurde, so wies Burgsdorff nach, sofort zur Ablösung auf dem Gut haftender Belastungen und zur Begleichung einiger Gersdorffscher Personalkredite verwendet.[58] Die Gläubiger brachten vor, der Vertrag über den Verkauf des Gutes sei in der Absicht geschlossen worden, es ihrem Zugriff zu entziehen. Sie beantragten, den Vertrag aufzuheben und das gesamte Vermögen, einschließlich des Gutes, mit Arrest zu belegen. Dem hielt die Freiin entgegen, der Vertrag sei vor dem Antrag auf Sequestrierung ihres Vermögens geschlossen worden. Nach dem Verkauf des Gutes gehörten ihr nur noch zwei Metallverträge. Werde darauf Arrest gelegt, so sei sie an der Fortführung des Bergbaus gehindert, was auch zum Schaden der Gläubiger ausschlüge. Die Freiin verpflichtet sich, zukünftige Einnahmen aus den Verträgen ausschließlich zur Tilgung ihrer Schulden zu verwenden.[59]

Während sich der Rechtsstreit über die Arrestverhängung hinzog, entfaltete Henriette Sophie eine bemerkenswerte Aktivität. Anfang des Jahres 1742 bestellt sie ein Gutachten, von dem sie eindeutige Antworten über die bergmännisch richtige Art der Fortführung des Betriebes erwartet (B 15895, Bl. 134 ff.). Im Sommer begibt

---

[58] Es hat sich nicht klären lassen, ob oder inwieweit die Belastungen des Gutes und die Personalkredite aus dem Ilmenauer Engagement der Gersdorffs herrührten. Die Gegenseite jedenfalls behauptete, die Schulden stammten auch aus überzogenem persönlichem Aufwand und aus hohen Almosenzahlungen, mit denen sich die Freiin einen guten Namen verschafft habe.

[59] Auf dieser Basis wurde 1743 eine Gütevereinbarung geschlossen (SHStA, Loc 6006, Bl. 61). Die Vereinbarung hat in den Akten keinen Niederschlag gefunden.

sie sich selbst nach Ilmenau, um sich an Ort und Stelle von dem Zustand des Bergwerks zu überzeugen. Das Bergamt wird ihr später vorwerfen, der Besuch habe nur
dem Zweck gedient, die Gutachter im Sinne ihrer Vorstellungen zu präokkupieren.

Es ist hier nicht der Ort, die unterschiedlichen Auffassungen von Verlegerin und
Bergamt über bergmännische Vorgehnsweisen zu beleuchten. Die Freiin verpflichtet
sich, je Zentner Kupfer 1 Rtlr über den Kontraktpreis hinaus zu zahlen (B 15895,
Bl. 140). Sie will aber sichergestellt wissen, daß ihre Gelder zur Wiederherstellung
des Freibacher Teiches und zur Gewältigung der tiefen Anbrüche im Flöz eingesetzt
werden. Das Bergamt will dagegen Erzvorräte aufsuchen und gewinnen, die oberhalb des Martinrodaer Stollens vermutet werden, weil deren Abbau nicht mit den
hohen Kosten der Wasserhaltung belastet sein würde.

Die Gutachter votieren im Sinne der Verlegerin. Das Bergamt warnt vor den hohen
Kosten der Flözgewältigung, will sich aber einem letzten Versuch nicht widersetzen.
Im mißlingenden Falle indes dürfe die Schuld nicht ihm zugemessen werden (B 15895,
Bl. 136). Wechselseitige Vorwürfe werden erhoben, ohne daß etwas Wesentliches
geschieht. Im August 1743 schickt die Freiin zwei Steiger nach Ilmenau mit dem
Auftrag, den Teichdamm zu reparieren (B 16350/200, Bl. 225) und auf der Halde
liegendes Haufwerk durch Pochen und Schlämmen anzureichern. Einer der beiden
Steiger ist Johann Jacob Häcker, der Vater von Gottlieb Michael Häcker, von dem
Goethe 34 Jahre später die Silberprobe erlernen wird (WA III 1, 18).

Am 5. 12. 1743 beginnt ein Probeschmelzen. Die Erlöse für die erzeugten Metalle
decken zwar die Hüttenkosten, Beiträge zur Deckung der Kosten des Grubenbetrie-
bes sind aber nicht zu erwarten (B 15893, Bl. 209).

Ein halbes Jahr später lädt Weimar zu einem Gewerkentag auf den 14. 9. 1744 ein
(B 15896, Bl. 40). Unter den vorgeschlagenen Beratungspunkten heißt es, Freiin von
Gersdorff habe mit den Vorschüssen nicht immer folgen können. Deswegen sollten
statt neuer Vorschüsse künftig Zubußen erhoben werden. Der Gewinn aus den
Metallverkäufen, der in langer Zeit den Kontrahenten zugeflossen sei, käme dann
der Gewerkschaft zugute.

In der 8. Session am 25. September wird dieser Gewinn für die Zeit von Oktober
1728 bis März 1742 beziffert (B 15235 a, Bl. 9'). Der Angabe liegen Marktpreise für
Kupfer von 28 Rtlr je Zentner und für Silber von 12 Rtlr 12 Gr je Mark zugrunde.
Unter dieser Voraussetzung – so wird festgestellt – sei der Verlegerin in 13½ Jahren
aus Metallverkäufen ein Gewinn von 54 000 Rtlr zugeflossen. Es wurde schon
dargelegt, daß die Darlehensrückstände etwa zum gleichen Zeitpunkt 47 000 Rtlr
betrugen.[60]

---

[60] Während der Darlehensrückstand (47 000 Rtlr) im gesamten Zeitraum von 1721 bis 1742 aufgelaufen
ist, stammen die Gewinne (54 000 Rtlr) nur aus der Spanne von 1728 bis 1742. Nachfolgend wird der
Versuch unternommen, den Gewinn von 1721 ab zu bestimmen. – K. Mlynek (1961) gibt in Tabelle 3 die
Produktion von Garkupfer und von Feinsilber für den Zeitraum 1692–1740, quartalsweise aufgeschlüs-

An dieser Stelle wird die zweite Seite erkennbar, die die Metallverträge für die Gersdorffs besessen haben. Die in das Werk gesteckten Darlehen konnten zum größeren Teil nicht getilgt werden und stellten insoweit einen Verlust dar. Dies immer wieder zu beklagen, wurden die Kontrahentinnen bis in die Goethe-Zeit hinein nicht müde. Dagegen mußte der Gewinn, der ihnen aus vollzogenen Metallverkäufen erwachsen ist, vorgerechnet werden.

Nun können wir auch die Frage beantworten, die Goethe 1781 gestellt hat, als er schrieb, es sei nicht ganz erwiesen *ob der angebliche Rückstand ein damnum emergens, oder nicht vielmehr ein lucrum cessans ausmache* (LA I 1, 23). Der Rückstand war Ausdruck von beidem, dem eingetretenen Verlust, soweit Darlehen nicht zurückgezahlt, und dem entgangenen Gewinn, soweit kontrahierte Metallmengen nicht geliefert wurden.

Für die Zeit von 1721 bis 1744 läßt sich jedenfalls sagen, daß der Gersdorffsche Gewinn aus gelieferten Metallmengen rund doppelt so hoch war wie der Verlust aus Darlehensrückständen. Durch Lieferung der kontrahierten, aber 1744 noch zurückstehenden Metallmengen wäre ein darüber hinausgehender Gewinn von 200 000 Rtlr realisiert worden.

Es kann daher keine Rede davon sein, daß „jene unglückliche Familie" dem Bergwerk ihr ganzes Vermögen geopfert habe (B 16039, Bl. 131). Der Vermögensverfall betraf keineswegs die ganze Familie, allenfalls einige ihrer Glieder. Und deren schwierige Finanzlage konnte nur dadurch entstanden sein, daß sie ihre Ausgaben auf die erwarteten höheren Gewinne eingestellt hatten und, als diese ausgeblieben waren, einen Ausgleich an anderer Stelle nicht hatten finden können. Deswegen mußten sie sich verschulden. Den Schuldnern – und offensichtlich auch den Gläubigern – schienen die Metallverträge ausreichende Sicherheit geboten zu haben.

Für das Bergwerk stellten die Gersdorffschen Gewinne entgangene Erlöse dar. Ohne diesen Erlösanteil konnte es sein Auskommen nicht finden. Dem Landesherrn und dem Bergamt war daher an der Beendigung der Metallverträge gelegen. Die Suche nach edlen Gängen oberhalb des Martinrodaer Stollens sollte dahin führen. Im Bereich der Sturmheide waren nämlich nur der Sturmheider flache Gang und das

---

selt, an. Von Cruc. 1728 bis Cruc. 1740 wurden bei Zugrundelegung dieser Tabelle 9300 Ztr Garkupfer und 12 600 Mk Feinsilber erzeugt, woraus die Verleger 74 800 Rtlr mehr erlöst als an die Gewerkschaft bezahlt haben. Für die bis Rem. 1742 fehlenden neun Quartale wird ein (sehr niedrig bemessener) Zuschlag von 10 % vorgenommen. Die Differenz zwischen den so ermittelten Mehrerlösen (82 000 Rtlr) und dem auf dem Gewerkentag genannten Reingewinn (54 000 Rtlr) in Höhe von 28 000 Rtlr entspricht den Kosten des Seigerns und des Vertriebs, die von der Verlegerin aufzubringen waren. – Die Mehrerlöse des Zeitraums 1721 bis 1728, ebenfalls nach obigem Rechengang ermittelt, betragen 91 000 Rtlr. Hiervon sind Kosten des Seigerns und des Vertriebs im gleichen Verhältnis wie oben abzuziehen, so daß der Reingewinn der Jahre 1721 bis 1728 bei 60 000 und der des Gesamtzeitraums bei 110 000 Rtlr gelegen haben dürfte. Der Darlehensrückstand war gerade halb so hoch.

Sturmheider Flöz verliehen. Wäre die Suche nach anderen Gängen erfolgreich gewesen, so hätte dies Grundlage einer Verleihung an eine andere Gewerkschaft sein können. Sie wäre mit den Metallkontrakten nicht belastet gewesen.

Auf dem Gewerkentag von 1744 wurde die Auseinandersetzung mit Heftigkeit geführt. Die Fronten waren vorgezeichnet. Das Bergamt vertrat, unterstützt von dem Vertreter des Landesherrn, die Suche nach Gängen. Freiin von Gersdorff und der kurfürstliche Vertreter votierten für die Gewältigung des Flözes und sprachen offen aus, das Bergamt wolle die Gewerken mit der Suche nach Gängen „aus dem Felde jagen." (B 16235 a, Bl. 5).

Weimar hätte sich mit seinen Vorstellungen nur durchsetzen können, wenn die Gewerken bereit gewesen wären, Zubußen zu entrichten. Dazu waren sie aber nicht zu bewegen. Als Freiin von Gersdorff erklärt, neue Darlehen herzugeben, muß ihr zugestanden werden, die Art der Verwendung zu bestimmen. Der Gewerkentag entscheidet daher zugunsten der Flözgewältigung. Weimar erreicht lediglich, daß der Ankaufspreis für Kupfer auf 23 Rtlr 12 Gr je Zentner und der für Silber auf 11 Rtlr 12 Gr je Mark angehoben wird.

Mit ihrem Bemühen, die Ilmenauer Bergbedienten zu entlassen und an ihre Stelle Bediente ihres Vertrauens zu setzen, kann die Freiin allerdings nicht durchdringen. Hier widerspricht Weimar erfolgreich. Das Bergwerk verfällt nun vollends. Die Verlegerin gibt vor, der bisherigen Administration seien keine Gelder und kein Bergwerk mehr anzuvertrauen (B 15893, Bl. 292). Sogar die Gelder für die Besoldung der Bedienten hält sie zurück. Ihren Steiger Häcker ernennt sie zum Geschworenen, untersagt ihm und ihrem zweiten Steiger aber, sich vor dem Bergamt verpflichten zu lassen (B 15897, Bl. 62ff.). Beide Seiten schieben sich wechselseitig die Schuld an dem schlechten Zustand des Bergwerks zu. Und natürlich werden auch die jeweiligen Landesherren um Hilfe angegangen, die sich aber genau so wenig einigen können. Die Konfusion ist vollkommen.

Am 1. 6. 1747 berichtet das Bergamt, die Freiin habe sich vor vier Jahren die Direktion des Werkes angemaßt, seit zwei Jahren aber kein Geld mehr hergegeben. Sogar die dringend notwendige Reparatur des Martinrodaer Stollens sei unterblieben. Bei einem Bruch, der dort im Vormonat gefallen sei, habe größeres Unheil nur durch das beherzte Eingreifen eines Steigers vermieden werden können. Trotzdem habe man jede Stunde den völligen Ruin vor Augen (B 16350/163, Bl.44).

Daraufhin fordert der Herzog die Freiin auf, sich binnen sechs Wochen zu erklären, ob sie das Werk gemäß dem Beschluß des Gewerkentages von 1744 wieder in Gang setzen oder es ins Freie fallen lassen wolle (B 15235 a, Bl. 17'). Das Dekret löst ein bewegtes Klageschreiben von Henriette Sophie aus (B 15899, Bl. 52). Der Dresdner Geheime Rat unterstützt sie (ebd., Bl. 47), indem er Weimar vorhält, es sei der Freiin nicht zu verdenken, wenn sie Vorschüsse nicht mehr hergebe. Zuerst müßten die Bergbedienten ausgewechselt und die alten zur Rechenschaft gezogen werden.

Im September 1747 meldet das Bergamt, es fänden sich wohl Gewerken, die gesonnen seien, das sogenannte Gegentrum des Rodaer Ganges[61] zu entwickeln. Sie forderten die Bestätigung des Privilegs von 1684 und die Einteilung der neuen Gewerkschaft in nicht mehr als 128 Kuxe. Weimar stimmt zu und nimmt dieserhalb Fühlung mit Dresden auf (ebd., Bl. 41 u. 77). Das bergamtliche Ausschreiben vom 24. 8. 1748 macht die Absicht öffentlich bekannt (ebd., Bl. 211). Die 128 neuen Kuxe sollen für 3 Rtlr je Kux ausgegeben werden. Den Interessenten wird versichert, daß Metallverträge nicht abgeschlossen würden, der weitere Ausbau vielmehr mit Hilfe bald zu erwartender Erlöse finanziert werde.

Für die Verlegerin wird die Situation bedrohlich. Schon seit einiger Zeit hatte sie sich bemüht, bei Verwandten Unterstützung für die Wiedererhebung des Werkes zu finden. Am 15. 5. 1748 hatte sie bei ihrem Neffen, dem Grafen Nikolaus Ludwig von Zinzendorf, angefragt, ob er – dem Vermächtnis seiner Großmutter Henriette Catharina von Gersdorff getreu – in Ilmenau entrieren wolle (AHhut, R.20.C.Nr. 12).[62] Der Brief wird dem Grafen von dem Geschworenen Häcker überbracht.[63] Trotz einer früher gegebenen Zusage kann der Graf sich jetzt zur Unterstützung nicht entschließen. Henriette Sophie ist ohne alle Mittel. Trotzdem klammert sie sich weiter an ihre Verträge. Kursachsen interveniert und dringt erneut darauf, die Rechte der alten Gewerken und der Kontrahenten sicherzustellen (B 15899, Bl. 99 u. 100).

In Ilmenau weigern sich die Arbeiter anzufahren. Sie wollen die Arbeit erst dann wieder aufnehmen, wenn die rückständigen Löhne ausgezahlt seien. Die Kammer ist bereit, die Kosten für die Stollenreparatur und für die Suche nach Gängen bis zum Zustandekommen der neuen Gewerkschaft vorschußweise zu übernehmen (ebd., Bl. 229 und B 16350/163, Bl. 68' ff.). Die Interessenten zögern und verlangen Sicherheiten. Keinesfalls wollen sie Verpflichtungen aus der Vergangenheit übernehmen. Auch die Suche nach dem Gegentrum, eigentliche Grundlage für die Bildung einer neuen Gewerkschaft, bleibt ohne überzeugenden Erfolg.

---

[61] Die Ilmenauer Bediensteten nahmen an, der ‚Rodaer Gang‘ würde sich an der Sturmheide entlang nach Südosten fortsetzen. Den südöstlichsten Teil bis hin zum Lindenberg nannten sie das ‚Gegentrum des Rodaer Gangs‘. Es wurde versucht, das Trum nahe dem Schacht ‚Glückauf‘ aufzuschließen. Wäre hier ein bauwürdiger Gang gefunden worden, so hätte darauf in der Tat eine neue Verleihung vorgenommen werden können.

[62] Die Briefe, die Henriette Sophie und später Philippine Charlotte von Gerdorff mit ihren Verwandten wechseln, sind stark geprägt von pietistisch-herrnhutischem Geist, dem das enge Nebeneinander von tiefer Frömmigkeit und ausgeprägtem Geschäftssinn durchaus eigen war. So heißt es im Schluß des oben zitierten Briefes mit Bezug auf Ilmenau: „Indessen sey alles der guten Hand unseres treuen Imanuels übergeben, der immer alles wohl gemacht hat und auch diese Sache nicht verderben wird, da sie mit tausend Gebet und Trähnen auf ihm oft und viel geworffen". Wir dürfen in dieser Frömmigkeit eine der Wurzeln des Ausharrens der Gersdorffs in Ilmenau erkennen.

[63] Die Freiin schreibt u. a., Häcker sei ein „natürlich ehrlicher gewissenhaffter und höchst capabler Mann". Ganz anders lautet das Urteil des Bergamtes, das Häcker in seinen Berichten mit Schmähungen überhäuft.

Am 26. 11. 1749 schließlich meldet die Regierung, die Wiedererhebung des Bergwerks sei gegen den Widerspruch der Verlegerin, die von Kursachsen und Gotha unterstützt werde, nicht zu erlangen. Eine bittere Wahrheit! Um die Gersdorffschen Beschwerden untersuchen und, wo berechtigt, abstellen zu können, schlägt die Regierung die Abhaltung eines Gewerkentages vor (B 15899, Bl. 269).

Die Akten aus dieser Zeit sind recht lückenhaft. Bedeutendes kann sich jedoch nicht ereignet haben. Der Gewerkentag hat jedenfalls nicht stattgefunden. Am 12. 5. 1751 weist Herzog Franz Josias, der für den unmündigen Erbprinzen Ernst August Constantin die Regierung führte, den Geheimen Rat an, einen mittlerweile eingegangenen Vorschlag auf Wiedererhebung zu prüfen (ebd., Bl. 271). Als Ergebnis wird die Bestellung von zwei Räten aus Regierung und Kammer zu einem ständigen Departement für Bergwerksangelegenheiten befürwortet. Wegen der Kosten muß mit den übrigen Regalteilhabern kommuniziert werden (ebd., Bl. 276). Außerdem soll der braunschweig-wolfenbüttelsche Berghauptmann C. A. L. von Imhof, der schon 1736 ein bedeutendes bergmännisches Gutachten abgegeben hatte, erneut um eine gutachterliche Äußerung gebeten werden.

Von der Absicht der Wiedererhebung erlangt Henriette Sophie Kenntnis. Ende des Jahres 1751 reicht sie wieder einen ihrer Klagebriefe bei der Regierung ein (ebd., Bl. 278). Darin bittet sie flehentlich um eine Resolution, die sie in den Stand setzt, das Bergwerk ungehindert und im Schutz ihrer bisherigen Privilegien und Rechte wieder anzugreifen.

Imhof hatte es abgelehnt, zur Anfertigung seines Gutachtens, das das Datum vom 27. 4. 1752 trägt, nach Ilmenau zu kommen. Da das Werk bis zum Martinrodaer Stollen unter Wasser stehe, könne eine Befahrung keine neuen Erkenntnisse vermitteln. Wie 1736, so hält er auch jetzt die Gewältigung des Flözes in seinen tiefsten Anbrüchen für den auf Dauer aussichtsreichsten Weg (B 15900, Bl. 9 ff.). Bei dem Ersaufen des Werkes seien dort reiche Anbrüche verlassen worden, deren Gewinnung Erlöse erwarten ließe, die über den Kosten lägen. Die Versuche an anderen Stellen, die das Bergamt befürwortet, könnten nur als Interimslösungen angesehen werden. Tôt ou tard komme man doch wieder zu der Gewältigung des Flözes zurück. Den Aufwand hierfür schätzt er auf 60 000 Rtlr. Die Summe sei in einem Zeitraum von acht Jahren aufzubringen.

Solange jedoch Ansprüche der alten Gewerken und der Kontrahenten bestünden, könnten sich – so Imhof weiter – neue Gewerken hierauf nicht einlassen. Am besten sei es, die weimarische Kammer übernähme den Bergbau selbst. Ein Aufwand von 8000 Rtlr je Jahr an dieser Stelle diene den Interessen des minderjährigen Landesherrn mehr als andere Ausgaben. Auch dann seien allerdings die Gersdorffschen Kontrakte zu erfüllen. Die Rückzahlung der herzoglichen Vorschüsse müsse ausgesetzt bleiben, bis die Gersdorffschen Ansprüche aus den Kontrakten befriedigt seien.

Am 7. 8. 1752 wird statt des im Vorjahr vorgeschlagenen Departements für Bergwerksangelegenheiten eine Bergwerkskommission eingesetzt. Ihr gehören an: Hof- und Regierungsrat Wolfgang Paul Burgermeister von Deyzisau und Kammer- und Kriegsrat Christian Friedrich Rosenfeld (ebd., Bl. 173f.). Die Akten weisen nur wenige und nur unbedeutende Spuren der Arbeit dieser Kommission auf. Gleichwohl ist ihre Einsetzung bedeutsam, weil mit ihr erstmalig in Sachsen-Weimar Bergwerksangelegenheiten der Zuständigkeit der Kammer entzogen wurden. Insoweit kann sie als Vorgängerin der 25 Jahre später eingesetzten Bergwerkskommission angesehen werden, deren Leitung Goethe im Jahre 1780 übernehmen wird.

Ein weiteres Gutachten liefern Vizebergmeister Ullmann aus Wunsiedel und Markscheider Carl Wilhelm Krauß aus Saalfeld am 30. 9. 1752 ab (ebd., Bl. 220ff.). Anders als Imhof glauben sie daran, daß ein Abbau nach den Vorstellungen des Bergamtes sich wirtschaftlich führen lasse. Währenddem könnten die Schächte, die zu den tiefen Anbrüchen im Flöz führten, aufgewältigt werden.

Auf dem Werk selbst aber, über das so viel geredet und geurteilt wurde, geschieht so gut wie nichts. Es erscheint wie gelähmt. Am 3. 11. 1752 bricht ein Brand in Ilmenau aus, der große Teile der Stadt vernichtet, und am letzten Tag des Jahres 1753 fällt im Martinrodaer Stollen 460 m südöstlich des Schachtes ,Treuer Friedrich' ein Bruch (B 16350/163, Bl. 71ff.). [64] Dem Wasser des Sturmheider Werkes ist der Ablauf versperrt. Der Streit, ob dort „edle Gänge" über dem Stollen oder das „reiche Flöz" unter demselben aufgeschlossen werden sollen, hat nun ein Ende. Die Kammer verfügt, daß der Stollen vom Mundloch bis zum Bruch, d. h. auf zwei Dritteln seiner ursprünglichen Gesamtlänge, unterhalten, jeglicher darüber hinausgehender Aufwand aber vermieden werden soll. Die seit 1749 geleisteten Kammervorschüsse von über 4000 Rtlr hält man für verloren.

Und wieder geht die Zeit mit bergamtlichen Stellungnahmen und mit Gutachten auswärtiger Sachverständiger dahin (B 15902, Bl. 28 u. B 16037, Bl. 8–18). Noch nicht einmal über die Art der Bruchaufwältigung herrscht Einigkeit. Das Bergamt begibt sich auf die verzweifelte Suche nach Gängen an der Tagesoberfläche. Alte Stollen an der Sturmheide und an den Mühlwiesen werden wieder geöffnet. Sogar auf den Herzogröder Wiesen, etwa 2½ km südlich von Ilmenau, macht man einen Schürfversuch (B 16350/204, Bl. 3, 14 u. 19). [65]

Am 13. 9. 1759, mitten im Siebenjährigen Krieg, kommt eine Meldung, die aufhorchen läßt (ebd., Bl. 40). Die Kammer schreibt unter diesem Datum, der Geschworene Häcker wolle auf Kosten der Freiin von Gersdorff den Bruch auf dem

---

[64] Die Bruchstelle lag nicht, wie J. C. W. Voigt schrieb (1821, 50) und alle späteren Autoren es übernommen haben, in der Nähe des Johannes-Schachtes, sondern in der Nähe des Schachtes ,König David', etwa an derselben Stelle, an der 43 Jahre später erneut ein Bruch fallen wird (s. dazu Kapitel 4).

[65] Die Schürfstelle ist auf der Schreiberschen Bergwerkskarte von 1776/77 unter der Nummer 54 eingetragen.

Martinrodaer Stollen öffnen und, wenn ihm dies gelinge, Versuche auf Gängen anstellen. Das Aufsuchen von Gängen auf Kosten der Kammer könne nun eingestellt werden. Die Hintergründe dieser Meldung müssen aus verschiedenen, meist jüngeren Hinweisen und aus Akten anderer als Weimarer Provenienz rekonstruiert werden.

Unmittelbar läßt sich aus dem Schreiben ableiten, daß die Freiin ihre bisherige Linie, die auf die Gewältigung des Flözes im Tiefsten des Bergwerks gerichtet war, verlassen und die Vorstellung des Bergamtes, oberhalb des Martinrodaer Stollens Gänge aufzusuchen, übernommen hat. Wahrscheinlich hatte sie eingesehen, daß die hohen Kosten der Flözgewältigung von ihr niemals aufgebracht werden konnten.

Die Freiin hatte noch zu Lebzeiten von Herzog Ernst August Constantin den Antrag gestellt, bei dem beabsichtigten Wiederangriff des Werkes in ihren Kontrakten und Ansprüchen geschützt zu werden. Über diesen Sachverhalt gibt ein Kommunikat Auskunft, das Herzogin Anna Amalia[66] am 26. 1. 1760 an den Regalteilhaber Herzog Franz Josias von Sachsen-Coburg-Saalfeld richtete (StA Cob LAF 10690, Bl. 1 f.).

Herzog Ernst August Constantin hatte sich bereitgefunden, den erbetenen Schutz zu gewähren, wenn die Freiin sich verpflichte, die in den Kontrakten vereinbarten Preise für Kupfer und Silber zu erhöhen. Von diesem „Surplus“ sei zuerst der herzogliche Vorschuß in Höhe von 7317 Rtlr abzutragen. Danach sei die Zulage für einen schnelleren Abtrag ihrer eigenen Darlehensreste zu verwenden und bis zu deren vollständiger Tilgung weiterzuzahlen. Der Herzog – so heißt es in dem Kommunikat – habe sich zu dieser Haltung bekannt, weil nach genauer Prüfung der Akten befunden worden sei, daß „das Werk durch den so viele Jahre unterlaßenen Fortbau ins Freye gefallen, gegen die Freyin von Gersdorff als Contrahentin niemahls werde behaupten laßen“.

Eine ähnliche, wenngleich nicht ganz so definitive Aussage hatten wir den Akten schon einmal, im November 1749, entnommen. Und auch jetzt läßt sich nicht sicher entscheiden, ob Weimar sich hier geltendem Recht oder der Macht der Allianz zwischen der Freiin und dem Dresdner Hof gebeugt hat.

Die Bestätigung ihrer Rechte konnte der Freiin nicht verwehrt werden. Über die Bedingungen verhandelt man längere Zeit. Die Freiin willigt schließlich in eine Erhöhung des Kupferpreises um 2 Rtlr je Ztr und des Silberpreises um 1 Rtlr je Mark ein. Das Dekret über die Wiedererhebung und den Schutz der Gersdorffschen

---

[66] Herzog Ernst August Constantin hatte die Regierung am 29. 12. 1755 übernommen. Er war am 28. 5. 1758 verstorben. Nach seinem Tod hatte zunächst Herzog Carl von Braunschweig, der Vater der verwitweten, zu diesem Zeitpunkt aber noch unmündigen Herzogin Anna Amalia, die Obervormundschaft für seinen 1757 geborenen Enkel, den Erbprinzen Carl August, übernommen. Anna Amalia erhielt am 30. 8. 1759 die kaiserliche venia aetatis und trat an diesem Tag die Regierung in Obervormundschaft für ihren Sohn an.

Rechte ergeht am 16. 1. 1760 (B 16229, Bl. 128). Schon von der Mitte des vergangenen Jahres an waren alle Aufwendungen für das Bergwerk wieder zu Lasten der Verlegerin gegangen. Ihre Vorschüsse waren im Mai 1760 auf fast 60000 Rtlr angestiegen.[67]

Am 9. 8. 1760 erstattet der Ilmenauische Justizbeamte Christian Gottlieb Etzdorf der Herzogin einen höchst interessanten Bericht (B 15902, Bl. 267). Wir erfahren, daß der Geschworene Häcker seit der Jahresmitte 1759 mit 18 Bergleuten im Martinrodaer Stollen arbeitete, vor allem, um den 1754 gefallenen Bruch aufzuwältigen. Die Chancen, auf diesem Weg wieder in das Sturmheider Werk zu kommen, waren aber auf Null gesunken. Etzdorf fährt nun fort: „So widrig und hoffnungsentblößt dies dem Wiederumtrieb des Bergwerks ist, so hoffnungsvoll ist die Erbohrung eines 13 Lachter tief gelegenen Flözes im Mittelfeld unweit der Herrenscheune".[68] Weitere Aufschlüsse müsse ein dort niederzubringender Schacht liefern.

Die Bohrarbeiten waren im Auftrag der Freiin von Gersdorff von Häcker ausgeführt worden (J. C. W. Voigt 1821, 54). Schon im Mai hatte die Freiin angekündigt, daß sie zur Bestreitung der Kosten Zubußen erheben werde, zu denen alle Gewerken, die im Gewerkenbuch eingetragen seien, herangezogen würden. Henriette Sophie erinnert Verwandte, die noch im Besitz von Ilmenauer Kuxen waren, an ihre Zubußepflicht. Obwohl sie dabei immer wieder das Vermächtnis ihrer Mutter Catharina Henriette von Gersdorff beschwört, kann sie die Erben ihres Neffen, des Grafen Zinzendorf, mit ihren 53 Kuxen nicht gewinnen. Auch andere Familienmitglieder verweigern sich (AHhut, R20.B27.4).

Am 10. 10. 1760 werden für die drei Quartale Luc. 1760 bis Trin. 1761 Zubußen in Höhe von 3 Rtlr je Quartal ausgeschrieben. Henriette Sophie verstarb am 1. 9. 1761. Philippine Charlotte von Gersdorff hatte ihr versprochen, sich der Ilmenauer Sachen nach Kräften anzunehmen.

Philippine Charlotte nimmt auch sofort die Zügel in die Hand. Wann mit dem Abteufen des Schachtes ‚Neue Hoffnung‘ begonnen wurde, war nicht zu ermitteln.[69] Am 16. 8. 1762 war er 34 m tief. Von diesem Tag stammt ein weiterer Bericht Etzdorfs (B 16350/205, Bl. 3’). Er schildert den Fortgang der Teufarbeiten und die gewonnenen Aufschlüsse. Der erwünschte Endzweck – so lesen wir – sei indes nur zu erreichen, wenn „mit Macht und sattsamem Geld" gearbeitet werde. Freiin von

---

[67] Brief von H. S. von Gersdorff an Herrn von Zezschwiz vom 6. 5. 1760; AHhut, R20.B27.4. – Zezschwitz hatte drei Ilmenauer Kuxe aus dem Besitz von G. F. v. Gersdorff, einem Bruder von Henriette Sophie, geerbt.

[68] Die Beschreibung in dem Bericht läßt eine geologische Deutung des Bohraufschlusses nicht zu. Es kann sich aber noch nicht um das Kupferschieferflöz gehandelt haben, das erst in einer Teufe von 104 m gefunden wurde.

[69] Die Herrenscheunen, wo die Bohrung stand, erstreckten sich zu beiden Seiten der heutigen Münzstraße von der Weimarer Straße an etwa 200 m weit nach Norden. Der Ansatzpunkt des Schachtes lag südlich der Weimarer Straße etwa 300 m östlich der Münzstraße.

Gersdorff werde dazu nicht imstande sein. Arbeiten der Vergangenheit habe sie zum Teil mit Erlösen aus dem Verkauf nicht benötigter Betriebsmaterialien finanzieren müssen. Etzdorf stellt der Regierung anheim, die Gewerkschaft aufzufordern, entweder weiterzubauen oder sich von dem Werk loszusagen.

Die nächste wichtige Information ist wieder dem Herrnhuter Archiv, und zwar dem Brief Philippine Charlottes vom 14. 4. 1763 an den Syndikus der Brudergemeine, zu verdanken. Die Freiin mahnt noch einmal die ausstehende Zubuße in Höhe von 12 Rtlr je Kux für die 53 Kuxe des Zinzendorfschen Erbes an. Bei aller berechtigten Hoffnung sei sie nicht in der Lage, das Werk zum guten Ende zu bringen, wenn sie nicht von den anderen Gewerken unterstützt werde. Es sei ihr nur darum zu tun, „meiner so theuren sel Tante würdigen Namen zu retten und ihre Schulden aus diesem Werck, um welches Willen sie gemacht worden, zu befriedigen".

Von den alten Gewerken – so schreibt sie weiter – habe allein der Herzog von Hildburghausen die erste Zubuße von 12 Rtlr bezahlt. Sie habe deswegen eine zweite Zubuße in Höhe von 6 Rtlr, die Ende des Vorjahres fällig gewesen sei, ausgeschrieben. Diese Zubuße sei auch den neuen Gewerken, die von ihrer Tante Kuxe gekauft haben (sic!), auferlegt worden. Auch die hierauf eingegangenen Zahlungen reichten nicht aus. Sie habe daher um ein Reskript des Direktoriums gebeten, das die säumigen Gewerken ultimativ zur Zahlung ihrer Rückstände auffordert, andernfalls ihre Kuxe den Bergrechten gemäß kaduziert würden. Von der Kaduzierung würden auch die Kuxe aus dem Gersdorffschen Erbe, die sich noch nicht in ihren Händen befinden, nicht ausgenommen werden. Deren Zession sei ihr schon einmal angeboten worden; nun müsse sie ausgeführt werden. Am 28. 5. 1763 werden 55¾ Kuxe aus dem Erbe zweier Geschwister von Henriette Sophie an Philippine Charlotte abgetreten.[70]

In ihrem Brief vom 24. 8. 1763 schreibt Philippine Charlotte dem gleichen Adressaten, sie fühle sich von der Familie im Stich gelassen. Fatalistisch fügt sie hinzu, sie müsse nun den Termin abwarten, zu dem die übrigen Gewerken entweder zahlten oder ihre Kuxe kaduzieren ließen. Und nun führt sie erstmalig die Idee von der Abtretung ihrer Rechte ins Feld. Sie sagt, vielleicht finde sich ein Vermögender, der ihr alle Rechte und Anteile an dem Ilmenauer Bergwerk um einen billigen Preis abkaufe.

Herzogin Anna Amalia erläßt am 3. 11. 1763 das erbetene Reskript. Den Gewerken wird eine letzte Frist zur Zahlung der ersten Zubuße, die schon 3 Jahre zuvor fällig war, gesetzt. Die Androhung scheint ohne Wirkung geblieben zu sein. Der

---

[70] Die Kuxe der übrigen Familienmitglieder waren schon früher auf Henriette Sophie übergegangen, so die ihres Bruders Gottlob Friedrich im April 1734 und die ihrer Schwester Rahel von Burgsdorff, deren Sohn Carl Gottlob im Jahre 1741 als Käufer des Gutes Groß-Hennersdorf aufgetreten war, Ende September 1729.

Schacht war im Oktober 66 m tief (B 16350/205, Bl. 8). Die Freiin kann weitere Mittel nicht mehr zur Verfügung stellen. Am 13. 4. 1764 geht die Kammer erneut in Vorlage und übernimmt die Kosten für das Weiterteufen, zunächst befristet auf ein Quartal (ebd., Bl. 30). Einen Monat später meldet das Bergamt, es seien noch 20 m zu teufen, wofür 20 Wochen und 800 Rtlr benötigt würden. Am 11. 11. 1764 ist es so weit. Um 4 Uhr morgens wird der Bevölkerung durch Freudenschüsse von der Schachthalde bekanntgemacht, daß das Flöz ersunken ist (B 15902, Bl. 274). Der Schacht war 104 m tief.

Noch nicht einmal einen Monat später, am 4. 12. 1764, unterzeichnet Herzogin Anna Amalia eine Urkunde (B 16235 a, Bl. 214f.), in der Philippine Charlotte von Gersdorff für die Abtretung aller Ansprüche und Rechte an die weimarische Regierung eine Abfindung in Höhe von 24000 Rtlr zugesagt wird. Die Zahlung soll fällig werden, wenn innerhalb von zwei Jahren eine neue Gewerkschaft zusammengebracht sein werde.

Leider läßt sich der Weg, der zu dieser Vereinbarung geführt hat, nicht rekonstruieren. Was die Einleitung der Verhandlungen angeht, könnte der oben zitierte Brief vom 24. 8. 1763 einen Hinweis enthalten. Nachdem Philippine Charlotte dort von der Hoffnung gesprochen hatte, ihre Ansprüche vielleicht einmal an einen Vermögenden abtreten zu können, fügt sie etwas geheimnisvoll hinzu, daß ihr ein Gedanke gekommen sei, der sie nicht mehr loslasse. Er sei in einer Beilage niedergelegt, die sie den Adressaten, mit dessen Fürsprache versehen, zu befördern bittet. Auf das Gelingen setze sie große Hoffnungen. Leider ist die Beilage nicht überliefert.

Könnte der Gedanke, der sie nicht mehr losließ, zum Inhalt gehabt haben, nicht irgend jemand möge ihr die Ansprüche abkaufen, sondern der Herzog von Weimar? Und könnte die Freiin auf diesem Weg mit der Bitte an den Dresdner Hof herangetreten sein, sich in Weimar dafür einzusetzen? Es ist nicht unwahrscheinlich. Sicher ist dagegen, daß die Verhandlungen mit Weimar nicht vor dem Datum dieses Briefes, dem 24. 8. 1763 also, begonnen und infolgedessen nicht mehr als 16 Monate in Anspruch genommen haben können. Eine erstaunlich kurze Zeit, verglichen mit der Verhandlungsdauer der Goethe-Zeit.

Nach dem Erreichen des Flözes wird am Fuß des Schachtes eine Strecke angesetzt. Leider ist eine rißliche Darstellung nicht überliefert. J. C. W. Voigt gibt an (1821, 54), daß die Auffahrung wegen allzu starkem Einfallen 54 m westlich des Schachtes gestundet werden mußte. Von der Strecke aus wird die Gewinnung eingeleitet. Im September 1765 sind zwei Streben eingerichtet (B 16350/201, Bl. 39). Durchaus hoffnungsvolle Gutachten werden erstattet von Bergmeister Johann Otto Mühlberg am 6. 4. 1765 (B 16038, Bl. 1–9') und von Bergmeister Johann Gottlob Gläser am 4. 2. 1766 (B 16038, Bl. 135–146). Beiden Bergmeistern werden wir in der Goethe-Periode wieder begegnen. Gläser beurteilt die Aussichten geradezu überschwenglich. Er teilt im übrigen mit, daß der Martinrodaer Stollen wieder bis zum Johannes-Schacht befahrbar sei. 12 Jahre hatte es gedauert, bis wenigstens dieser Punkt, der für den Neubeginn im Jahre 1784 entscheidende Bedeutung hatte, wieder erreicht war.

Schon am 12. 8. 1765 hatte ein 14tägiges Probeschmelzen begonnen. Das Ergebnis war sehr schlecht (B 16038, Bl. 121). Am 9. 9. 1766 läßt die Herzogin ihre Regierung wissen, daß „Wir auf das neue Werk, wenn solches auch zu Sumpfe gehen sollte, das mindeste weiter verwenden zu lassen, nicht gemeynet sind". Nur für die Stollenunterhaltung soll weiter Geld hergegeben werden. Die Bergleute werden mit ihren Lohnforderungen an die Freiin verwiesen (ebd, Bl. 133). Diese antwortet mit einem weiteren Klagebrief (ebd., Bl. 134). Sie führt aus, daß sie ihren wenigen Mitgewerken eine Zubuße auferlegt habe, nachdem die Last des Werkes ihr wieder zugefallen sei. Die Gewerken hätten die Zahlung verweigert, weil der Rückzug der Herzogin Mißtrauen erweckt habe.

In Weimar geht die Geduld zu Ende. Der Geheime Rat, oberste Regierungsbehörde des Landes, teilt der Freiin am 17. September mit, sie werde doch sicher eine neue Gewerkschaft zusammenbringen, wenn der Schacht ‚Neue Hoffnung' gestundet und das Flöz durch Abteufen des Johannes-Schachtes aufgesucht werde (B 16038, Bl. 148). Das wäre nicht weniger als die Vorwegnahme des Abteufens gewesen, das die Bergwerkskommission unter Goethes Leitung 18 Jahre später nach langjährigen Bemühungen und mit der uneingeschränkten Unterstützung des Landesherrn beginnen wird. Man muß in Weimar gewußt haben, daß das Ansinnen die Kräfte der Freiin überfordern würde. Auch die zugesagten, aber keineswegs großzügigen Befreiungen von Lasten und Abgaben und die Bereitschaft der Herzogin, der Gewerkschaft als Gewerkin beizutreten, würden daran nichts geändert haben. Die Kernaussage des Schreibens heißt, als Landesregentin bleibe der Herzogin nichts anderes, als das Werk seinem Schicksal zu überlassen.

Die Regierung dringt auf eine Erklärung der Freiin; diese bittet um Aufschub bis Johannis 1767. Da die Bedingung der Zession vom 4. 12. 1764, binnen zweier Jahre eine neue Gewerkschaft zu bilden, nicht erfüllt wurde, ist diese Vereinbarung hinfällig. Neue Verhandlungen beginnen, gedeihen auch fast bis zur Einigung und scheitern dann doch. Die Regierung schlägt vor, der Freiin für die Abtretung ihrer Anteile, Rechte und Forderungen 15000 Rtlr, auf fünf Jahre verteilt, anzubieten (ebd., Bl. 193ff.).

Dem widerspricht die Kammer energisch. Ihr Präsident ist Karl Alexander von Kalb, Vater von Johann August Alexander von Kalb, dem Kammerpräsidenten in den ersten Amtsjahren Goethes. In der Eingabe vom 17. 6. 1767 wird an das Probeschmelzen erinnert, das über alle Erwartungen schlecht ausgefallen sei. Die Vorschüsse der Kammer betrügen 19477 Rtlr. Kämen hierzu noch die 15000 Rtlr der vorgeschlagenen Gersdorffschen Abfindung, so bestünde keine Aussicht auf Zustandekommen einer neuen Gewerkschaft. Die Herzogin möge an ihrer Entschließung festhalten und weitere Vorschüsse nicht mehr hergeben. Das Werk sei den alten Gewerken zur freien Disposition zu überlassen, es sei denn die Kammer werde hinsichtlich ihrer Auslagen und der Gersdorffschen Entschädigung schadlos gestellt (ebd., Bl. 200).

Eine Entschließung auf diese Eingabe ist nicht überliefert. Auch andere in unserm Zusammenhang wesentliche Aussagen enthalten die Akten der Vor-Goethe-Zeit nicht mehr. Der Martinrodaer Stollen blieb weiterhin der Obhut der Kammer anvertraut. Einige übertägige Betriebsanlagen wurden abgerissen. Sonstige Aktivitäten auf dem Bergwerk waren eingestellt. Der Betriebsstillstand erzwang auch einen Burgfrieden zwischen Weimar und der Verlegerin. Er wurde von der Verlegerin aufgekündigt, als sie die ersten Anzeichen einer Wiederbelebung wahrnahm.

In Weimar hatte unterdessen, und zwar am 3. 9. 1775, dem Tag der Vollendung seines 18. Lebensjahres, Erbprinz Carl August die Regierung übernommen. Ein halbes Jahr später, am 28. 3. 1776, bat der junge Herzog den sächsischen Kurfürsten Friedrich August III. um Beurlaubung des Vizeberghauptmanns F. W. H. von Trebra, den er als Gutachter ausersehen hatte. Die kurfürstliche Genehmigung war noch nicht in Weimar eingegangen, als der kursächsische Bergmeister Johann Gottlob Gläser Ansprüche der Freiin Philippine Charlotte von Gersdorff für den Fall der Wiederaufnahme des Bergbaus anmeldet.[71] Zugleich teilt der kursächsische Kammerherr Wolf Christian von Schönberg mit, daß Gläser für die Freiin als bergmännischer Sachverständiger fungiere (B 16039, Bl. 8 u. 11).

Gläser entfaltet auch sofort rege Geschäftigkeit. Mit seinem Brief vom 10. 7. 1776 (ebd., Bl. 99) will er möglichen Einwänden, die gegen Gersdorffsche Forderungen erhoben werden könnten, zuvorkommen. Er schreibt, das Werk sei durch die Unterlassung des Fortbaus keineswegs ins Freie gefallen. Die Verfassung der alten Ilmenauer Gewerkschaft lasse dies gar nicht zu. Die 1764 vereinbarte Abfindung in Höhe von 24000 Rtlr habe eine Verpflichtung zur sofortigen Wiederaufnahme des Betriebes nicht enthalten. Sie sei nur an die Bedingung geknüpft gewesen, innerhalb von zwei Jahren eine neue Gewerkschaft zusammenzubringen.

Eine Woche später läßt Gläser Weimar wissen, das vorhandene Inventar habe einen Wert von mehreren 1000 Rtlr. Es stehe ohne Zweifel noch in Gersdorffschem Eigentum. Die Reparatur der vorhandenen Einrichtungen koste weniger als ein Neubeginn. Auch hieraus leite sich der Anspruch auf Entschädigung her. (ebd., Bl. 95). Der Herzog fordert daraufhin die Regierung auf, alle Grundstücke und Gerätschaften, die der alten Gewerkschaft gehört haben, zu taxieren und in ein Verzeichnis zu bringen.

In der Zwischenzeit war das Trebrasche Gutachten eingegangen und hatte die hoffnungsvollen Erwartungen des Herzogs bestätigt. Dieser hält nun für vorrangig,

---

[71] Gläser war Bergmeister im Neustädter Kreis des Kurfürstentums Sachsen mit Dienstsitz in Großen-Camsdorf. 1766 hatte er nach dem Abteufen des Schachtes ‚Neue Hoffnung' ein Gutachten für Freiin von Gersdorff erstattet.

„daß vor allen Dingen die alte Gewerckschaft von dem Wercke gänzlich abgebracht werde, damit man sich sodann im Stande befinde, eine neue an deren Stelle zusammenzubringen". Die Regierung weist er an, Freiin von Gersdorff eine kurze, etwa Sächsische Frist [72] zu setzen, binnen welcher sie sich zu erklären habe, ob sie die 27 750 Rtlr, die die Kammer für die Unterhaltung des Martinrodaer Stollens vorgeschossen habe, ersetzen und weitere 25 000 Rtlr für die Wiedererhebung aufbringen, oder ob sie das Werk dem Herzog zu dessen freier Disposition überlassen wolle (ebd., Bl. 92). Wir spüren deutlich, in Weimar weht ein anderer Wind.

Gläser bittet Anfang September um die Aushändigung des Gutachtens. Er regt an, den neuen Gewerken den Kammervorschuß für den Stollen zu erlassen, zumindest aber ihn auszusetzen, bis Ausbeute erzielt werde. Für die Abgabe ihrer Erklärung erbitte die Freiin drei weitere Sächsische Fristen. Der Herzog lehnt Aushändigung des Gutachtens und Fristverlängerung ab. Für ihn ist die Freiin ihrer Rechte verlustig, weil sie den Bau nicht fortgeführt hat und der Martinrodaer Stollen viele Jahre auf Kosten seiner Kammer unterhalten wurde (B 16039, Bl. 111 u. 113).

Das wiederum geht der Regierung zu weit. Die Aushändigung des Gutachtens – so gibt sie dem Herzog am 10. 10. 1776 zu bedenken – sei der Freiin nicht zu verweigern. Seine Kosten seien jedoch von ihr zu erstatten, wenn es zum Neubeginn komme. Einige Tage später wird die Sorge geäußert, die Freiin könnte ihre Rechte beim Reichsgericht einklagen. Gegen die Aushändigung des Gutachtens sperrt sich der Herzog aber weiterhin. Statt der erbetenen drei zusätzlichen 6-Wochen-Fristen räumt er eine vierwöchige Frist ein. Werde sie überschritten, so „werden Wir das Nötige sonder Zeitverlust veranstalten" (ebd., Bl. 122).

Die Antwort der Freiin geht vor Ablauf der Frist in Weimar ein (ebd., Bl. 131). Nach der schon obligatorisch gewordenen Schilderung ihrer verzweifelten Lage versichert sie, daß sie den Herzog nicht mit Bitten behelligen wolle, die dem Bergbau beschwerlich sein könnten. Sie wolle auch nicht auf den 24 000 Rtlr bestehen, die 1764 als Abfindung vereinbart worden seien. Schon mit einem Teilbetrag wäre sie gerettet. Sie erwarte seine Auszahlung auch nicht sofort. Er könne aus den Einkünften, die nach der Erhebung in die herzoglichen Kassen fließen, gezahlt werden. Bis dahin aber möge man ihr eine kleine Rente aussetzen. Zum Schluß appelliert sie an die herzogliche Großmut, indem sie ihm vorstellt, sie begehre nichts zu ihrem Vorteil und Genuß. Sie wolle nur ihr Gewissen von dem heiligen Gelübde entlasten, das sie ihrer Tante auf dem Sterbebett gegeben habe. Von den großen Summen, die diese in den Ilmenauer Bergbau gesteckt habe, wolle sie so viel retten, daß die nur seinetwegen eingegangenen Schulden nicht ganz unbefriedigt blieben.

---

[72] Im sächsischen Recht bestimmte Frist von 6 Wochen und drei Tagen (Grimm 14, Sp. 1606).

Die ersten präzisierten Forderungen der Freiin sind in einem Pro Memoria der Regierung niedergelegt (B 16039, Bl. 134). Es heißt darin, die Freiin nehme an, der Herzog werde den Stollenneunten[73] erheben, um aus den eingehenden Zahlungen seine eigenen Forderungen zu befriedigen. Die ersten 12000 Rtlr, die auf diesem Wege eingingen, erbitte die Freiin für sich. Sie beabsichtige, mit diesem Betrag ihre Gläubiger zu befriedigen. Außerdem erwarte sie eine jährliche Pension von 300 Rtlr von Anfang des Jahres 1777 an, die für den eigenen Unterhalt bestimmt und damit für ihre Gläubiger unerreichbar sein werde. Schließlich bedinge sie sich noch sechs Freikuxe aus und ihre Freistellung von Forderungen Dritter an die alte Gewerkschaft.

Der Herzog fordert von der Regierung ein Gutachten über den rechtlichen Charakter der Gersdorffschen Forderungen an und bittet um dessen vorherige Abstimmung mit der Kammer. Das Gutachten (ebd., Bl. 148–157') bringt erstmalig Klarheit in die komplizierten Rechtsbeziehungen, indem es unterscheidet zwischen den Rechten der Freiin als stärkster Gewerkin, ihren Rechten aus den Metallkontrakten und schließlich ihren Rechten als Inhaberin der Hypothek, die in Höhe ihrer unbefriedigten Forderungen auf dem Bergwerkseigentum lastete.

Die Rechte der Gewerkin – so wird ausgeführt – seien mit der Unterlassung des Fortbaus seit 1764 ipso jure untergegangen. Um aber allen Risiken aus dem Wege zu gehen, die sich möglicherweise aus dem Fehlen einer allseits anerkannten Bergordnung für die frühere Grafschaft Henneberg[74] ergeben könnten, empfehle es sich, der Freiin und den übrigen Gewerken von Amts wegen eine Frist zu setzen, binnen derer sie sich, bei Strafe des Verlustes ihrer Kuxe, zu erklären hätten, ob sie zum Fortbau willens und in der Lage seien.

Die Gutachter betonen dann, daß die Rechte der Freiin aus den Metallkontrakten von dem Untergang der Kuxe nicht berührt werden. In Wahrung dieser Rechte trete sie als dritte Person auf, die dem Bergwerk darlehensweise Geld hergegeben habe. Es stehe außer Zweifel, daß die kontrahierten Metallmengen nicht in voller Höhe geliefert worden seien und insoweit Forderungen der Freiin fortbestünden. Jedoch könnten diese sich nur auf solche Metallmengen erstrecken, die von der alten Gewerkschaft zurückgeblieben seien. Einer neuen Gewerkschaft könne nicht zuge-

---

[73] Der Eigentümer eines Entwässerungsstollens hatte das Recht, von den Gewerkschaften, die den Stollen zur Abführung ihrer Grubenwässer benutzten, eine Benutzungsgebühr zu erheben. Das war im allgemeinen der Stollenneunte. Er wurde von den nach Abzug des landesherrlichen Zehnten verbleibenden neun Zehnteln der erzeugten Metalle erhoben. Erzielte die Gewerkschaft noch keinen Überschuß, so konnte der Stollenneunte zur Hälfte erlassen werden. Man sprach dann von dem Stollenachtzehnten. – Der Martinrodaer Stollen war mit Kammermitteln erhalten worden und dadurch in das herzogliche Eigentum übergegangen. Der Herzog war somit zur Erhebung einer Benutzungsgebühr berechtigt.

[74] Die Gräflich Hennebergische Bergordnung von 1566 war in der Betriebsperiode nach 1684 nicht mehr allgemein anerkannt. Der Entwurf einer revidierten Bergordnung, der 1723 den Deputierten des Gewerkentages übergeben worden war, hat keine Geltung erlangt. Der Entwurf befindet sich in den Akten des Thüringischen Hauptstaatsarchivs.

mutet werden, auf ihre Kosten Metalle auszubringen, um sie zur Befriedigung von Forderungen zu verwenden, die an die alte Gewerkschaft gestellt würden.

Gänzlich anderen Inhaltes seien dagegen die Rechte der Freiin als Inhaberin einer Hypothek. Die Verpfändung des Bergwerkseigentums mit allen seinen Zubehörungen sei den Verlegern als zusätzliche Sicherheit zugestanden worden. Die Hypothek ruhe unmittelbar auf dem Bergwerk und gehe mit diesem auf einen neuen Eigentümer über. Alles, was vom vorigen Bergbau noch vorhanden sei und von der neuen Gewerkschaft benötigt werde, wie Gebäude, Teiche, Gräben, Äcker und Wiesen, sei damit belastet. Einige man sich aber mit der Freiin über die Ablösung der Hypothek, so lebten die in die „Tonnen Goldes" gehenden hypothekarischen Verschreibungen zugunsten der früheren Verleger – Winkler und Eckoldt und, noch früher, Dr. Rappold – wieder auf. Diese seien nur zurückgestellt, bis die Gersdorffschen Kontrakte erfüllt seien.

Das sicherste Mittel, in diesen Fragen Gewißheit zu erlangen, sei die amtliche Vorladung aller derjenigen, die, aus welchen Gründen auch immer, glaubten, Ansprüche an das Bergwerk erheben zu können. Bei dem Termin seien die Erschienenen über ihre Forderungen zu vernehmen. Danach müsse in Beratungen der beste Weg zur Bereinigung gesucht werden. Wer zu dem Termin nicht erscheine, gehe seiner Forderungen verlustig.

Das Gutachten ist unterschrieben von Carl Schmid, dem Kanzler der Regierung. Herzog Carl August wird ein günstigeres Ergebnis erwartet haben. Es klingt auch fast wie eine Entschuldigung, wenn im Gutachten darauf verwiesen wird, daß die Regierung sich einem abweichenden Votum der Kammer[75] nicht habe anschließen können. Jetzt aber eine andere Aussage zu machen, die späteren Auseinandersetzungen doch nicht standhalte, könne zur Verantwortung der Regierung gereichen. Sie halte es für ihre Pflicht, ihrem Landesherrn die unangenehme Konsequenz vor Augen zu führen. Das Gutachten der Regierung trägt das Datum 13. 1. 1777. Fünf Tage später erhalten der Präsident der Kammer, Johann August Alexander von Kalb, und Goethe den herzoglichen Auftrag, mit Bergmeister Gläser Verhandlungen über ein gütliches Abkommen zu führen (B 16228, Bl. 50; J. Voigt, 379). Ein Mitglied der Regierung wird ihnen nicht zugesellt.

Goethe, seit Mitte des Vorjahres Geheimer Legationsrat mit Sitz und Stimme im Geheimen Rat, vermerkt Ende Januar im Tagebuch: *Händel mit K. im Conseil.* K. steht hier für Kalb. Die undatierte Eintragung ist eingefügt zwischen den Eintragungen vom 20. und 30. Januar. Während dieser Zeitspanne tagte der Rat am 22. und am 24. Januar (Flach, 75). Die Auseinandersetzung mit Kalb kann nur an einem dieser beiden Tage stattgefunden haben.

---

[75] Das Votum befand sich in einem Aktenfaszikel der Kammer, das bei der Vorlage des Regierungsgutachtens beigefügt worden war (B 16039, Bl. 157). Die Kammerakten dieser Zeit sind nicht überliefert.

Kalb gehörte dem Geheimen Rat nicht an, muß also aus besonderem Anlaß zugezogen worden sein. Leider sind Protokolle oder auch nur Beratungspunkte der beiden Sitzungen nicht überliefert. Der geschilderte zeitliche Ablauf der Ereignisse läßt aber den Schluß zu, daß der Geheime Rat an einem der beiden Tage, oder auch an beiden, das weitere Vorgehen in der Abfindungssache beraten hat. Das wäre dann der Grund für das Hinzuziehen Kalbs, des Ranghöheren der beiden Verhandlungsführer, gewesen.

Wir haben oben ausgeführt, daß das Gutachten einen Dämpfer für die ungestümen, auf schnelle Realisierung seines Lieblingsprojektes drängenden Hoffnungen des jugendlichen Herzogs darstellte. Ist da nicht der weitere Schluß berechtigt, daß die Händel zwischen Goethe und Kalb im Conseil hier ihre Wurzel hatten? Könnte nicht Goethe sogar versucht haben, im Sinne der Erwartungen seines Landesherrn auf Kalb einzuwirken? Wir werden es bei den Fragen belassen müssen, auch wenn vieles dafür spricht, sie zu bejahen.

Die erste Konferenz mit Gläser fand am 25. 2. 1777 in Weimar statt. Goethe notiert im Tagebuch: *Conferenz mit Gläsern. Mit ihm und Eckardt bey Kalb gessen.* Damit sind zugleich die Teilnehmer genannt. Dr. Johann Ludwig Eckardt, ein erfahrener Jurist, war Hofrat bei der weimarischen Regierung.

Kalb und Goethe berichten dem Herzog am 17. März (B 16229, Bl. 5). Sie hatten Gläser die weimarische Bereitschaft eröffnet, eine Entschädigung auszusetzen, wenn die Freiin ihre Ansprüche an das weimarische Haus abtrete und dies auch gegenüber den anderen Regalteilhabern vertrete. Gläser war darauf nicht eingegangen, was Kalb und Goethe veranlaßte, die Zusage wieder zurückzunehmen. Sie drohten, das Bergwerk werde, wenn eine Einigung nicht zustandekomme, für eine neue Verleihung frei werden.

Gläser wird nun wieder verhandlungsbereit, aber die Freiin reagiert empört. Am 27. März schreibt sie an den Herzog (ebd., Bl. 9), die Freierklärung könne allenfalls zum Verlust ihrer Kuxe, nicht aber zum Verlust ihrer Ansprüche aus den Metallverträgen führen. Diese seien mit den Landesherren abgeschlossen und von diesen mehrmals, letztmalig am 4. 12. 1764, bestätigt worden. Damit nimmt die Freiin die Linie auf, die im Gutachten vom 13. 1. 1777 vorausgesagt worden war. Sie unterdrückt auch nicht den Hinweis, daß der Verlust ihrer anerkannten Rechte eine nachteilige Wirkung bei dem interessierten Publikum auslösen werde. Schließlich habe ihre Erblasserin bei Verlust ihres ganzen Vermögens den Nahrungsstand Ilmenaus befördert und die Bewohner der Stadt unterstützt. Wenn sie der herzoglichen Gnade nicht mehr teilhaftig sei, so verweise sie ihr Recht an die Höfe der übrigen Teilhaber, wo sie Beschwerde einlegen werde.

Das hatte sie aber schon im unmittelbaren Anschluß an die Konferenz getan. Denn der sächsische Kurfürst hatte am 10. März seiner Erwartung Ausdruck gegeben, daß die Rechte der alten Gewerken und der Kontrahenten nach Recht und Billigkeit behandelt werden würden (B 16228, Bl. 64–65'). Das Eintreten für seine betroffenen Untertanen begründet er damit, daß diese sich auf seine Vertragsbestätigungen bezögen. Insbesondere habe sich Philippine Charlotte von Gersdorff bei ihm gemeldet.

Nach einer erneuten Behandlung der Frage im Geheimen Rat werden die Verhandlungsführer am 16. Mai angewiesen, auf neuer Basis weiterzuverhandeln (B 16229, Bl. 13). Die jährliche Rente von 300 Rtlr ab 1777 und sechs Freikuxe sollen zugestanden werden. Als Abfindung werden 6000 Rtlr genannt; sie sollen durch den Stollenachtzehnten oder den Stollenneunten abgetragen werden.

Weimar beeilt sich, noch am gleichen Tage Kursachsen und Gotha zu versichern, daß nach dem eingelegten Vorwort und in Anbetracht der Umstände, in denen die Freiin lebe, das Möglichste für sie getan werde (B 16228, Bl. 67–70'). Offensichtlich war man bemüht, Entgegenkommen zu zeigen, ein rechtliches Anerkenntnis aber zu vermeiden.

Nun wird auch der Gedanke der Regierung aufgegriffen, die Gläubiger der alten Gewerkschaft vorzuladen und ihnen Gelegenheit zu geben, ihre Forderungen mündlich vorzubringen und zu vertreten. Auf den 15. 9. 1777 wird zu einer Liquidationskonferenz eingeladen (B 16063). Aus diesem Anlaß richtete Freiin von Gersdorff ihre Eingabe vom 26. August an den Herzog (B 16229, Bl. 26–30). Sie schildert in großer Präzision Zustandekommen und Umfang der Gersdorffschen Rechte und Ansprüche. Es wurde schon erwähnt, daß Goethe sich bei der Abfassung seiner diesbezüglichen Ausführungen in der ‚Nachricht' von 1781 (LA I 1, 21–26) auf dieses Schreiben gestützt hat.

Die Liquidationskonferenz findet unter der Leitung von Hofrat Dr. Eckardt statt. Kalb und Goethe nehmen nicht daran teil. Die folgenden Forderungen wurden vorgebracht:

A. Sachsen-Weimar
   1. Unterhaltung des Martinrodaer Stollens von 1749 bis 1759 und von 1764 bis 1777:
              26301 Rtlr + 5 % Zinsen a. a. t.[76]
   2. Erhaltung des Bergwerks im Jahr 1710 und von 1716 bis 1719:
              11828 Rtlr + 5 % Zinsen a. a. t.
   3. Zession des Dr. S. F. Rappolt an Sachsen-Weimar
              125456 Rtlr + 5 % Zinsen a. a. t.
   4. Verschiedenes   15000 Rtlr + 5 % Zinsen a. a. t.

   Summe: 357171 Rtlr (incl. Zinsen);
     davon waren die Positionen 1. und 2. vorrangig.
B. Freiin von Gersdorff   152326 Rtlr;
     weitere Posten ausstehend, die in der Eile nicht nachzuweisen waren.

---

[76] ad alterum tantum, d. h. Zinsen wurden nur bis zur Höhe der unverzinsten Forderungen berechnet. Da die Forderungen so weit zurückreichen, daß die rechnerisch ermittelten Zinsen höher waren als die Forderungen, hatte Weimar der Summe der unverzinsten Forderungen einen Zinsbetrag in gleicher Höhe zugeschlagen.

C. Witwe Breyther   1278 Rtlr;
   der verstorbene Hüttenmeister Breyther hatte als oberster Ilmenauischer Bediener mit den Bergleuten Gedinge abgeschlossen, auf die der Lohn weder von der Freiin noch von der Kammer gezahlt
   worden war. Breyther hatte ihn schließlich aus eigener Tasche vorgelegt.
D. Lohnforderungen von Bergleuten   947 Rtlr;
E. Verschiedene kleinere Forderungen   326 Rtlr.

Es fällt auf, daß die zurückgesetzten, hypothekarisch gesicherten Forderungen der
früheren Verleger Dr. Rappold und Winkler und Eckold nicht geltend gemacht
wurden. Auf deren Wiederaufleben hatte die Regierung in ihrem Gutachten vom
13. 1. 1777 hingewiesen. Offensichtlich schätzten die Erben die Aussichten, auch nur
Teile davon realisieren zu können, als zu gering ein. Den größten Teil seiner
Restforderungen hatte Rappold annähernd sieben Jahrzehnte zuvor an den Herzog
von Weimar abgetreten. Dieser Teil wurde jetzt von Weimar vorgebracht (Pos. A 3),
später aber nicht mehr wiederholt.

An anderer Stelle der Akten (B 16228, Bl. 71) ist der Hinweis zu finden, Freiin von
Gersdorff habe in der Liquidationskonferenz erklärt, zum Fortbau ganz außerstande
zu sein. Daraufhin konnte Kammerrat Johann Friedrich Schwabhäuser als Vertreter
des Fiskus zum Schluß der Konferenz in bester Rechtsform beantragen,

1. die zur Konferenz nicht Erschienenen des Ungehorsams zu beschuldigen, ihre Forderungen für
   untergegangen zu erklären und Rechtsbehelfe dagegen nicht zuzulassen,
2. das Bergwerk für auflässig und ins Freie gefallen zu erklären.

Die weiteren schriftlichen und mündlichen Verhandlungen über die Forderungen
Weimars an die alte Gewerkschaft (Punkt A) wurden zum guten Teil schon in
Kapitel 1.2 beschrieben, weil Weimar sie während der Auseinandersetzungen über
die Regalabgaben aus kompensatorischen Gründen ins Feld führte. Wir wissen, daß
Weimar später vollständig darauf verzichtete.

Formal hatte Weimar aber schon den richtigen Weg beschritten, als es diese
Forderungen auf der Liquidationskonferenz vorbrachte. Und genau so hätten es
Kursachsen und Gotha mit ihren gleichgelagerten Ansprüchen halten müssen, die
sie ebenfalls in die Auseinandersetzungen der Regalteilhaber hineinzogen und die
deswegen hier ebenfalls nicht mehr behandelt werden müssen. Als es auf der
Bergwerkskonferenz vom 27./28. 6. 1781 über solche kursächsischen Ansprüche zu
einem zunächst unüberbrückbar erscheinenden Dissens kam, konnten sie von Weimar alleine mit der Begründung zurückgewiesen werden, daß sie vor ein anderes
Forum gehörten, wo ihnen dann schon der gebührende Widerstand entgegengesetzt
werde.

Die Verhandlungen über die Forderungen der Positionen C, D und E sind nicht so
bedeutend, daß sie hier verfolgt werden müßten. Sie wurden z. T. durch freiwillige
Vergleiche, z. T. nach gerichtlichen Vergleichsvorschlägen reguliert (LA I 1, 25f.).
Ausführlich ist dagegen einzugehen auf die Verhandlungen über die Gersdorffschen
Forderungen.

Zunächst wendet sich die Freiin wieder an den Herzog. In ihrem Brief vom 18. 10. 1777 (B 16229, Bl. 34) erneuert sie ihre Forderung auf Gewährung einer Rente von 300 Rtlr je Jahr, zahlbar von Anfang des laufenden Jahres an. Die Abfindungssumme möchte sie auf 8000 Rtlr erhöht und in halbjährlich fälligen Raten innerhalb eines Zeitraums von zwei oder drei Jahren ausbezahlt haben. Vom Oberbergamt Freiberg wird sie am 5. November gebeten, über den Stand der Verhandlungen zu berichten, weil der Kurfürst sich nur dann entschließen werde, das Werk der Verfügug des Herzogs von Weimar zu überlassen, wenn die Rechte der alten Gewerken gewahrt seien (ebd., Bl. 53).

Ein herzogliches Reskript vom 14. 11. 1777 erweitert die Zuständigkeit von Kalb und Goethe auf alle Angelegenheiten des Bergwerks und ordnet ihnen Hof- und Regierungsrat Dr. Eckardt bei (B 16039, Bl. 248; J. Voigt, 380). In Kapitel 1.1 wurde ausgeführt, daß erst von diesem Datum an von einer ständigen Bergwerkskommission gesprochen werden kann.

Im ersten Bericht, den die neugebildete Bergwerkskommission dem Herzog erstattet, schlägt sie vor, auf die erbetene Erhöhung der Abfindung nicht einzugehen. Die zugesagten 6000 Rtlr seien in Jahresraten von je 1000 Rtlr an sechs aufeinanderfolgenden Oster- und Michaelis-Messen auszuzahlen (B 16039, Bl. 251 f.). Damit trägt die Kommission dem Einwand Rechnung, den die Freiin gegen das ursprüngliche Angebot, den Stollenachtzehnten zur Befriedigung ihrer Ansprüche zu verwenden, erhoben hatte. Goethe schrieb 1781 hierzu: *sie hat aber eine solche Befriedigung als gar zu langsam und zerteilt abzulehnen gesucht und sehnlich gewünscht, ihren Kreditoren etwas Zuverlässiges anbieten zu können* (LA I 1, 25).

Die Kommission möchte jedoch die erste der sechs Raten erst dann zur Auszahlung bringen, wenn die Gewerkschaft zusammengekommen sei. Die Raten seien zunächst aus Mitteln der Kammer zu zahlen. Die Gewerkschaft habe sie der Kammer später aus dem halben Stollenneunten zu ersetzen. Dagegen könne die Rente, gerechnet von Anfang 1777 an, sofort gezahlt werden.

Ein weiterer Bericht wird dem Herzog am 27. 11. 1777 vorgelegt (B 16228, Bl. 71 f.). Er schildert die bisherigen Vorbereitungen zur Bildung einer neuen Gewerkschaft und hält den Zeitpunkt für gekommen, mit der Vergewerkschaftung zu beginnen. Dies sei auch deshalb möglich geworden, weil die Freiin erklärt habe, zur Weiterführung des Bergbaus außerstande zu sein. Es würden aber nicht genügend neue Gewerken zusammenkommen, wenn die Gewerkschaft mit der Abtragung der Kammervorschüsse für die Stollenunterhaltung belastet werde. Die Kommission schlägt daher vor, diese Forderungen niederzuschlagen. Wenn das Werk sich nicht wieder erhebe – so wird hinzugefügt – seien die Kammervorschüsse ohnehin verloren. Komme es aber wieder in Flor, so könne die Kammer mit steigenden Einkünften rechnen. Dagegen müsse an der Erstattung der Abfindung für die Freiin aus dem von der Gewerkschaft aufzubringenden Stollenachtzehnten festgehalten werden.

Der Herzog will den Ausführungen, die auch andere Teilbereiche der Wiederaufnahme betreffen, seinen Beifall nicht versagen (B 16228, Bl. 73). Er bittet die Kommission am 23. Dezember, das Nötige zu veranlassen und zu gegebener Zeit über den Erfolg zu berichten.

Am 15. 1. 1778 wird Gläser von der Kommission darüber unterrichtet, daß die Kammer auch die Gersdorffsche Abfindung übernehmen und die Gewerkschaft damit nicht belastet werde (B 16229, Bl. 40). Trotz dieses neuerlichen Zugeständnisses beklagt sich die Freiin am 16. 2. 1778 darüber, daß ihrer Bitte, die Abfindung auf 8000 Rtlr festzusetzen, nicht entsprochen worden sei. Auch seien die erbetenen Freikuxe nicht mehr erwähnt (B 16229, Bl. 44). Sie wolle sich aber auch mit 6000 Rtlr begnügen, wenn die ersten 1000 Rtlr auf der nächsten Ostermesse gezahlt und die Rentenzahlung rückwirkend mit dem Jahr 1777 aufgenommen würden.

In ihrem Schreiben an den Herzog vom 12. März wiederholt die Kommission die Gersdorffschen Forderungen. Sie hatte mittlerweile erkannt, daß der Wiederaufnahme des Bergbaus noch große Hindernisse entgegenstanden, und bittet, angesichts der daraus resultierenden Ungewißheiten den Zeitpunkt des Zahlungsbeginns festzulegen. Um der Bitte Nachdruck zu verleihen, fügt sie hinzu, die Freiin werde von dem kurfüstlichen Haus sehr unterstützt (B 16039, Bl. 261). Der Herzog läßt sich davon nicht beeindrucken. Am 7. April weist er die Kommission an, die Freiin abschlägig zu bescheiden (B 16229, Bl. 61).

Das geschieht eine Woche später. Die Freiin wird auf die bisherigen weimarischen Zugeständnisse verwiesen und zugleich gefragt, ob sie bereit sei, ihre Ansprüche auf dieser Basis abzutreten (ebd., Bl. 62). Gläser protestiert (ebd., Bl. 65). Am 25. 6. 1778 teilt er mit, daß er eine Reise zu dem Bergwerk in Bottendorf auf dem Hin- oder Rückweg mit einem Besuch in Weimar verbinden könne, um die Differenzen in mündlicher Verhandlung auszuräumen. Die Konferenz findet am 13. 7. 1778 statt (ebd., Bl. 69–71'). Auf weimarischer Seite nehmen Goethe und Eckardt teil.[77]

Gläser wird eröffnet, daß dem Wiederangriff des Werkes nur die Einigung mit Freiin von Gersdorff im Wege stehe. Die Kommission könne von den bisherigen Zugeständnissen nicht abgehen. Darauf erklärt Gläser, die Freiin würde auf die Rente von 300 Rtlr je Jahr verzichten, wenn die Abfindung auf 8000 Rtlr erhöht und diese in Jahresraten von 1000 Rtlr ausgezahlt werde. Die erste Rate müsse allerdings sofort fällig sein. Die Kommission kann dazu keine Hoffnung machen, wird aber dem Herzog entsprechend berichten. Gläser legt nun eine ausführliche Instruktion vor, die die Freiin ihm erteilt hatte (B 16229, Bl. 72–75). Darin ist die geänderte Forderung der Freiin niedergelegt. Wenn Weimar keine befriedigende Erklärung abgebe, so habe Gläser eine Frist auszubedingen, binnen derer sie nachgeholt

---

[77] Die Teilnahme Goethes an der Konferenz vom 13. 7. 1778 ist weder in BG noch in GL und auch nicht bei J. Voigt nachgewiesen.

werden könne. Andernfalls werde der sächsische Kurfürst unterrichtet. Die Freiin versucht, den Spieß umzukehren.

Schon am nächsten Tag berichtet Eckardt namens der Kommission über die Verhandlungen. Essentielle Zugeständnisse seien nicht gemacht worden. In der Erfüllung der Gersdorffschen Forderung auf sofortigen Zahlungsbeginn sieht Eckardt einen hinkenden Vertrag, der einseitig nur den Herzog binde. Der Herzog geht auch nicht darauf ein, ist aber bereit, die Auszahlung von 6000 Rtlr innerhalb von zehn Jahren zum Abschluß zu bringen.

Das Reskript wird Gläser am 7. 10. 1778 bekanntgemacht (ebd., Bl. 79). Dessen Antwort datiert vom 24. November. Gläser kann in der 10-Jahres-Frist eine Erleichterung nicht erkennen. Die Freiin werde von ihren Gläubigern hart bedrängt. Sie müsse auf 8000 Rtlr und auf der Zahlung der ersten Rate zu Ostern des nächsten Jahres bestehen (ebd., Bl. 85).

Goethe vertraut zwischen dem 15. und dem 30. Dezember seinem Tagebuch an: *Hundsfüttisches Votum von K in der Bergw. Sache.* und zu Beginn des Jahres 1779, am 4. Januar, lesen wir: *Bergwercks Conferenz.* Zum Hintergrund der ersten Eintragung geben die Akten keine Hinweise. Auch hat die Kommission kein Protokoll über die Konferenz vom 4. Januar hinterlassen. Am selben Tag legt aber Eckardt dem Herzog im Namen der Kommission einen Bericht vor, von dem wir annehmen dürfen, daß er die Ergebnisse der Konferenz zusammenfaßt, auch wenn er nicht unmittelbar darauf Bezug nimmt (B 16229, Bl. 87).

Die Kommission glaubte, der Erhöhung der Abfindungssumme zustimmen zu können, weil der Wegfall der jährlichen Pension einen Ausgleich darstelle. Da aber die Differenzen mit Kursachsen und Gotha noch nicht bereinigt waren und deswegen der Zeitpunkt der Inbetriebnahme des Bergwerks nicht vorausgesagt werden konnte, hegte sie Bedenken gegen den unbedingten Auszahlungstermin. Sie glaubte, einen Termin erst dann vorschlagen zu können, wenn man sich mit den beiden Fürstenhäusern geeinigt habe.

Weimar verknüpft nun die Frage des Termins für die Abfindungszahlung an Freiin von Gersdorff mit den kursächsischen und gothaischen Forderungen auf Beteiligung an den Regalitätsrechten. Am 17. 2. 1779 gehen zwei gleichlautende Schreiben an Kursachsen und Gotha heraus (B 16039, Bl. 295–300). Darin heißt es, daß die unbedingte Auszahlung an Freiin von Gersdorff unterbleiben müsse, wenn Weimar nicht alle hohen und niederen Regalitätsrechte zugestanden würden. Die Verhandlungen darüber ziehen sich aber noch lange hin. Und so lange bleiben auch Fortschritte in der Gersdorffschen Abfindungssache aus.

Am 26./27. 6. 1781 findet in Ilmenau die Konferenz zwischen Weimar und den beiden Regalteilhabern Kursachsen und Gotha statt. Goethe hatte am 8. April des Vorjahres den Vorsitz in der Bergwerkskommission übernommen. Kalb war ausgeschieden. Die *Nachricht von dem Ilmenauischen Bergwesen*, die Goethe im Mai 1781 entworfen hatte (LA I 1, 15–28), diente der Vorbereitung der Konferenz.

Pünktlich zu der Konferenz meldet sich die Freiin wieder (B 16229, Bl. 92), und zwar läßt sie Gläser in dessen Brief vom 16. Juni Maximalforderungen erheben, die über den bisherigen Verhandlungsstand hinausgehen. Sie lauten auf 8000 Rtlr in kurzen Fristen, und auf eine jährliche Rente von 300 Rtlr. Diese Forderung wird der kurfürstliche Vertreter in der Bergwerkskonferenz vorbringen (StA Cob, LAF 10617, Bl. 98).

Weimar hatte mehrere Male vorgetragen, daß in vorausgegangenen Verhandlungen Einvernehmen über Art und Höhe der Abfindung erzielt worden sei. Das weimarische Entgegenkommen gründe jedoch nicht auf der Anerkennung einer rechtlichen Verpflichtung. Vielmehr habe man die kurfürstliche Fürsprache berücksichtigen, dem Werk keinen üblen Ruf zuziehen und den bedrängten Umständen der Freiin Rechnung tragen wollen. Auch diesen Aufwand wolle Weimar nicht der Gewerkschaft aufbürden, sondern selber tragen. Nur in der Frage des Auszahlungstermins sei man noch nicht einig.

Der kurfürstliche Vertreter bringt nun den Wunsch seiner Landesherrschaft vor, die Abfindung auf 8000 Rtlr zu erhöhen, zusätzlich die Rente von 300 Rtlr je Jahr zu zahlen und mit beidem vor Angriff des Werks baldigst zu beginnen. Das Zusammenspiel zwischen dem kurfürstlichen Hof und der Freiin ist perfekt. Der Punkt wird aber während der Konferenz nicht weiter erörtert und bleibt mit anderen zusammen in der Schwebe.

In dem Bericht vom 14. Juli, mit dem die Kommission den Herzog über die Ergebnisse der Konferenz unterrichtet (B 16040, Bl. 31–35'), heißt es hierzu, die Gersdorffsche Abfindung habe um einige Tausender erhöht werden sollen. Gläser habe jedoch außerhalb der Konferenz und privat erklärt, die Freiin sei auch mit der niedrigeren Summe einverstanden. Sie bitte nur um Beschleunigung der Auszahlung. Herzog Carl August befindet, daß die noch offenstehenden Punkte dem Neubeginn nicht im Wege stehen, und weist die Kommission an, das Erforderliche zu veranlassen (ebd., Bl. 37).

Es dauert aber noch mehr als zwei Jahre, ehe endlich der Weg für die erneute Vergewerkschaftung frei ist. In der Zwischenzeit schied auch Eckardt aus der Kommission aus. An seine Stelle trat Christian Gottlob Voigt. Die ‚Nachricht‘, die am 28. 8. 1783 der Öffentlichkeit übergeben wird, erweckt den Eindruck, die endgültige Regelung der Gersdorffschen Sache sei zu diesem Zeitpunkt schon geregelt gewesen; sie war es aber nicht.

Am 7. 2. 1784, in der letzten Eingabe der Kommission vor der Wiederaufnahme (B 16228, Bl. 321), wird der Herzog daran erinnert, daß der Freiin als Abfindung 6000 Rtlr und als Pension 300 Rtlr je Jahr vom Jahr des Beginns um ein Jahr rückwirkend angeboten worden waren. Die Freiin sei 1777 geneigt gewesen, bei Erhöhung der Abfindung um 2000 Rtlr auf die Pension zu verzichten. Nun sei sie sieben Jahre älter. Für Weimar sei es jetzt günstiger, bei 6000 Rtlr und der Pension zu bleiben.

Zwei Tage nach dem feierlichen Wiederbeginn, am 26. Februar, meldet sich Gläser (B 16229, Bl. 99) und bittet um Zahlung von 1000 Rtlr, der ersten Rate der auf 8000 Rtlr zu erhöhenden Abfindungssumme, und der Pension von Anfang des Vorjahres an. Johann Carl Wilhelm Voigt, jüngerer Bruder von Christian Gottlob Voigt und Sekretär der Kommission, teilt Gläser am 27. April im Namen der Kommission mit, es müsse bei 6000 Rtlr und bei 300 Rtlr von 1783 an bleiben.

Gläser antwortet am 27. April, trotz aller Bedrängnisse sei die Freiin einverstanden, wenn 1000 Rtlr als erste der sechs Raten zur Ostermesse 1784 und die Rente ein Jahr rückwirkend von 1783 ab gezahlt würden. Nach Beratung im Conseil am 28. Mai ist Carl August damit einverstanden. Die Zahlung verzögert sich aber durch das Dazwischentreten eines Neffen, der die Rente nach dem Ableben der Freiin an seine Schwester, die die Pflege der schwer erkrankten Freiin übernommen hatte, und an seinen Sohn weitergewährt haben möchte (B 16229, Bl. 94). Seinem Brief kann entnommen werden, daß die Freiin sich ihren Gläubigern gegenüber tatsächlich verpflichtet hatte, die Abfindung nur zu deren Befriedigung zu verwenden.

Im Juli muß Gläser noch einmal anmahnen. Die Freiin, schreibt er, werde von ihren Gläubigern hart bedrängt. Am 13. 8. 1784 wird ihm die abschließende Regelung mitgeteilt. Die Zahlung der Abfindung soll zur Michaelis-Messe 1784 mit 1000 Rtlr aufgenommen und an den folgenden Oster- und Herbstmessen jeweils mit dem gleichen Betrag bis zur Erfüllung der ausgesetzten Summe von 6000 Rtlr fortgeführt werden. Auch die Rente werde in halbjährlichen Raten gezahlt. Nach dem Tod der Freiin werde diese den Erben noch für ein volles Jahr gewährt (B 16229, Bl. 122). Die Abfindung soll auch dann in voller Höhe zur Auszahlung kommen, wenn der Tod der Freiin früher eintrete.

Gläser will nun der Kommission seine Aufwartung machen, um die Dokumente zu übergeben, auf die sich die Gersdorffschen Ansprüche stützen. In einer Auflistung der Dokumente sind die meisten vertraglichen Vereinbarungen, nicht jedoch die Kuxscheine aufgeführt (ebd., Bl. 128f.). Der Herzog sieht keine Bedenken, nach der Übergabe der vorhandenen Dokumente die erste Rate der Abfindung und die drei ersten Raten der Rente, insgesamt also 1450 Rtlr, auszahlen zu lassen (ebd., Bl. 136). Weitere Zahlungen sollen bis zur Aushändigung der fehlenden Kontrakte und der Gewährscheine für insgesamt 259 Kuxe zurückgehalten werden.

Am 30. 9. 1784 übergibt Gläser die Dokumente an Goethe und Voigt. Das kursächsische Oberamt Bautzen hatte den Kammerherrn und Kriegsrat Wolf Christian von Schönberg zum Vormund der Freiin bestellt, die seit 1781 an den Folgen eines Schlaganfalls litt. Schönberg bestätigt ebenfalls am 30. September den Empfang von 1450 Rtlr (B 16229, Bl. 140–143). Die umfangreiche Zessions- und Renunziationsurkunde, gehalten in dem umständlichen Kanzleideutsch jener Zeit, trägt das Datum 13. 9. 1784 (ebd., Bl. 148). Sie wurde am 12. November in Gegenwart der Freiin von ihrem Vormund unterschrieben. Für die fehlenden Dokumente wird ein Mortifikationsschein ausgestellt.

Die letzte Rate der Abfindung wurde zur Ostermesse 1787 ausgezahlt. Freiin Philippine Charlotte von Gersdorff verstarb am 29. 8. 1787. Sie hatte Rentenzahlungen in der Gesamthöhe von 1200 Rtlr erhalten. Hinzu kam die Rente für ein weiteres Jahr, die an ihre Erben ausgezahlt wurde. Für den Verzicht der Freiin auf ihre Ansprüche an das Bergwerk mußte die weimarische Kammer somit insgesamt 7500 Rtlr aufbringen.

1.4 Anschauungen über die Lagerstätte

Der Ilmenauer Kupferschiefer ist Teil des großen mitteldeutschen Kupferschiefervorkommens. Franz Beyschlag, bekannter Lagerstättenforscher und späterer Präsident der Preußischen Geologischen Landesanstalt, hat das Vorkommen im Jahre 1907 eines der merkwürdigsten Gebilde aller geologischen Zeiten genannt (Erdmann, 112). Bis auf den heutigen Tag gibt es der geologischen Wissenschaft Rätsel auf.

Das Kupferschieferflöz Mitteldeutschlands ist eine sedimentär abgelagerte Gesteinsschicht von sehr geringer Mächtigkeit. Seine flächenhafte Ausdehnung ist dagegen außergewöhnlich groß; sie wird auf mehr als $600\,000$ m^2 geschätzt (Knitzschke/Kahmann, 528). In die schiefrig-mergelige Grundmasse sind Mineralien von Silber, Kupfer und Blei meist in feinster Verteilung eingelagert. Das Kupferschieferflöz unterlagert weite Teile Thüringens und Hessens. Es tritt an den Rändern des Thüringer Beckens, am Südrand des Thüringer Waldes und an den Rändern der Hessischen Senke zutage aus.

Stratigraphisch gehört das Flöz dem unteren Zechstein an, der vor 220 Millionen Jahren in einer Mächtigkeit von rund 10 m abgelagert wurde. Sein unterstes Glied, das Weißliegende, ist bis zu 3 m mächtig. Der stark gebleichte Sandstein liegt dem sehr mächtigen, konglomeratisch-sandigen Schichtenpaket des Rotliegenden auf. Auf das Weißliegende folgt unvermittelt ein stark bituminöser, mergeliger Schiefer, das eigentliche Flöz. Es ist im allgemeinen nicht mächtiger als 30 bis 50 cm. Das Hangende des Schieferflözes wird von dem Zechsteinkalk gebildet, der Mächtigkeiten von knapp 10 m erreicht. Mit dem darüber liegenden, sehr mächtigen Werra-Anhydrit beginnt der obere Zechstein (Bild 12).

Sehr bemerkenswert ist der plötzliche Wechsel von der konglomeratisch-sandigen Fazies der liegenden Schichten zu der bituminös-schiefrigen Fazies des eigentlichen Flözes. Er war schon J. C. W. Voigt aufgefallen, der 1792 schrieb: „Der bituminöse Mergelschiefer legte sich unmittelbar auf das Todtliegende, mit einer Reinheit und Ruhe, die man ohne Verwunderung nicht bemerken kann" (J. C. W. Voigt 1792, 97). Beyschlag sagte ein Jahrhundert später, das Schieferflöz habe sich wie ein schwarzes Leichentuch, das gesamte Becken bedeckend, auf die älteren Schichten gelegt (Erdmann, 112).

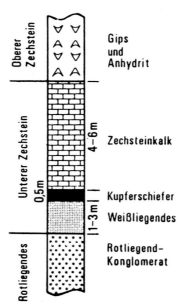

Bild 12: Normalprofil des unteren Zechsteins bei Ilmenau

Ebenso unvermittelt wie der Fazieswechsel tritt auch die Mineralisierung der Schichten auf. Im allgemeinen erscheinen Metallgehalte erstmalig kurz unterhalb des Schiefers im Weißliegenden, und sie sind im Hangenden des Flözes wieder verschwunden. Im Sprachgebrauch der Bergleute hieß das Haufwerk aus dem Schieferflöz kurz Schiefer, das Haufwerk aus dem Weißliegenden dagegen Sanderz oder kurz Erz.

Zum primären Mineralbestand des Flözes gehören gediegen Silber und Sulfide von Silber, Kupfer und Blei. Die Metalle waren in ionarer Form gelöst und wurden unter reduzierenden Bedingungen ausgefällt. In einer geologisch äußerst kurzen Zeitspanne wurden gigantische Metallmengen zur Ausscheidung gebracht. Die Herkunft der Metalle ist auch heute noch nicht eindeutig geklärt.

Die Metallkonzentrationen sind gering und örtlich unterschiedlich. Die Unterschiede werden u. a. mit Vorgängen der Wiederauflösung und Verlagerung primär ausgefällter Metalle in Verbindung gebracht (Knitzschke/Kahmann, 532 ff.). Das Flöz wurde dort bauwürdig, wo der Kupfergehalt ungefähr 2 % erreichte oder überschritt. Der Silbergehalt im Rohhaufwerk betrug selten mehr als 200 g/t.

Bauwürdigkeit war nur an wenigen, vergleichsweise eng begrenzten Stellen gegeben (Bild 13). Am bekanntesten und bedeutendsten ist das Vorkommen der Mansfelder Mulde gewesen mit den Revieren Mansfeld, Eisleben und Hettstedt. Als letztes deutsches Kupferschieferrevier wurde im September 1990 der Bergbau von Sangerhausen stillgelegt. Von den zahlreichen alten Bergbaustätten, die

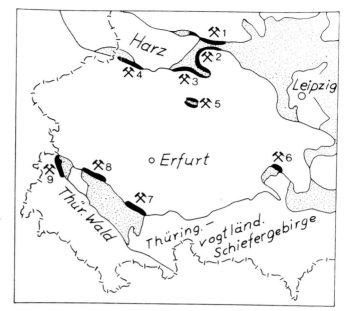

Bild 13: Lagerstätten des mitteldeutschen Kupferschiefers. Es bedeuten: 1. Sandersleben, 2. Hettstedt-Mansfeld-Eisleben, 3. Sangerhausen, 4. Südharz, 5. Bottendorf, 6. Gera, 7. Ilmenau, 8. Friedrichroda, 9. Schweina-Möhra

den Thüringer Wald umsäumt haben, ist Ilmenau die reichste gewesen. Hier hat umfangreicher Bergbau stattgefunden, auch wenn er gerade hier mit besonderen Schwierigkeiten, wie großer Teufe und hoher Wasserzuflüsse, zu kämpfen hatte.

Das auf dem Boden eines flachen Meeres abgelagerte Flöz ist mit seinen begleitenden Gebirgsschichten in späterer Zeit tektonischen Vorgängen unterworfen worden. So hat der Thüringer Wald, dessen Nordrand gegenüber dem Thüringer Becken um 1200 bis 1500 Meter angehoben wurde, bei seinem Aufstieg auch jüngere Schichten, unter ihnen auch das Kupferschieferflöz, mit angehoben. Über dem Kern des Thüringer Waldes wurden diese Schichten erodiert. Vor dem Nordrand wurden sie in sehr komplexen Bewegungsvorgängen stellenweise mitgeschleppt und aufgerichtet, stellenweise aber auch glatt abgeschnitten. Die NW – SO verlaufende Randstörung ist keineswegs als durchgehende Struktur aufzufassen. Vielmehr tritt sie in zahlreichen parallelen Ästen auf, die auslaufen und wieder neu ansetzen. Dabei ist ein sehr kompliziertes tektonisches System entstanden, in dem Flexuren, staffelartige Verwerfungen und Überschiebungen miteinander abwechseln. Sie schließen ein Mosaik gegeneinander versetzter und verkippter Gebirgsschollen zwischen sich ein (Hoppe/Seidel, 54).

Nordöstlich der Randstörungen des Thüringer Waldes beginnt die geologische Großstruktur des Thüringer Beckens. Sie ist durch geringe tektonische Beanspruchung gekennzeichnet. Die Gebirgsschichten lagern flach. Bis zum Muldentiefsten weisen sie ein geringfügig nach Nordosten geneigtes Generaleinfallen auf.

Die Ilmenauer Lagerstätte ist in den vorstehend geschilderten, größeren geologischen Rahmen eingebettet. Für die Grobbetrachtung ist er hinreichend genau. Über die kleinräumige Flözausbildung und über die örtlich vorherrschende Tektonik sagt er jedoch wenig aus. Für das Wirken des Bergmanns sind aber gerade diese von grundlegender Bedeutung. Entscheidungen über Aufschlußstrukturen und Abbauführung haben sich an ihnen auszurichten. Je besser dies gelingt, desto erfolgreicher wird der spätere Betrieb geführt werden können.

Nun liegt es im Wesen bergmännischen Wirkens, daß die Ausbildung der Lagerstätte nur dort genau bekannt ist, wo ein genügend dichtes Netz von Aufschlußpunkten vorliegt. Geologische Strukturen ändern sich aber schnell. Eine alte bergmännische Redewendung heißt: „Vor der Hacke ist's duster". Entscheidungen über die Art des Aufschlusses neuer Abbaufelder müssen sehr früh getroffen werden. Gesicherte Kenntnisse der aufzuschließenden Feldesteile liegen dann nur selten vor. In der dritten ‚Nachricht‘ vom Fortgang des Ilmenauer Bergbaus vom 18. 3. 1788 heißt es zu diesem Sachverhalt: „Bergmännische Anschläge sind zwar, wie jeder Kenner weiß, von der mißlichsten Art, weil sie nach Natur der Sache irgend mehr als andere von Umständen abhängen, die kein menschlicher Verstand voraus bestimmen kann" (LA I 1, 185). Auch modernste Explorationsmethoden haben diesen Satz nicht gänzlich widerlegen können.

Der planende Bergmann war und ist darauf angewiesen, das Verhalten der Lagerstätte in bekannten, weil aufgeschlossenen Feldesteilen zu extrapolieren, um ein Bild über ihre Ausbildung in noch nicht aufgeschlossenen Bereichen zu gewinnen. Dabei werden ihm die geologische Theorie ebenso helfen wie seine praktischen Erfahrungen. Ohne Phantasie und einen gehörigen Schuß Intuition kommt er gleichwohl nicht aus. Irrtum ist dabei nie auszuschließen. Zeigen die weiteren Aufschlüsse, daß die Wirklichkeit von der Vorstellung abweicht, so werden post festum auch bessere als die gewählten Wege für den Zugang zur Lagerstätte und für die Abbauführung entworfen werden können. Für ihre Verwirklichung ist es dann aber meist zu spät.

Jeder Bergmann wird sich nicht selten seinen eigenen früheren Entscheidungen gegenüber in dieser Position befunden haben. Er wird sich eine Entscheidung, die sich nachträglich als nicht optimal oder sogar als falsch herausstellt, dann aber nicht vorzuwerfen brauchen, wenn er bei ihrer Vorbereitung alle zu diesem Zeitpunkt verfügbaren Informationen verwertet hat.

Die Goethesche Betriebsperiode in Ilmenau endete mit einem Fehlschlag. Die Vorstellungen über die Höffigkeit der Lagerstätte, die bei der Wiedereröffnung des Bergbaus gehegt wurden, haben sich nicht bestätigt. Soll diese Periode heute, in großem zeitlichen Abstand, kritisch gewürdigt werden, so muß selbstverständlich der heutige Wissensstand zugrundegelegt werden. Nur so kann ein objektives Bild darüber gewonnen werden, ob Irrwege beschritten wurden und ob unnötige Erschwernisse hingenommen werden mußten. Dem Wirken der Handelnden wird dieses Vorgehen jedoch nicht gerecht, wenn nicht zugleich geklärt wird, welche Informationen in ihrer Zeit erreichbar waren und in welchem Umfang diese in die Entscheidungen eingeflossen sind. Die Betrachtungen müssen gleichsam auf verschiedenen Zeitebenen angestellt werden, und der heutige Betrachter wird sich stets vergegenwärtigen müssen, auf welcher Ebene er sich gerade befindet.

Wenn wir diesen Weg beschreiten wollen, müssen drei Fragenkomplexe geklärt werden:

1. Wie war das Bild der Lagerstätte, das der Bergbau der Vor-Goethe-Zeit bei seinen Aufschlußarbeiten und bei seinem Abbau gewonnen hat?
2. Hat die Vor-Goethe-Zeit Zeugnisse hinterlassen, mit deren Hilfe die Goethe-Zeit dieses Lagerstättenbild rund vier Jahrzehnte, nachdem das Flöz verlassen worden war, hat rekonstruieren können, und in welchem Ausmaß ist ihr dies gelungen?
3. Welche Schlußfolgerungen lassen sich heute aus den Zeugnissen beider Zeitabschnitte ziehen im Hinblick auf die tatsächliche Ausbildung der Lagerstätte und im Hinblick auf die getroffenen Entscheidungen?

Die Geschichte des Ilmenauer Bergbaus ist über die Jahrhunderte äußerst wechselhaft verlaufen. Zeiten, in denen lebhafter Betrieb umging, wechselten sich mit langen Stillstandszeiten ab. Erträge wurden so gut wie nie erwirtschaftet. Im Gegenteil sind gigantische Geldbeträge nach Ilmenau geflossen und auf Nimmerwiedersehen in dem Bergwerk verschwunden. Gewerken und andere Geldgeber haben daher häufig Rechenschaft über die Verwendung ihrer Gelder gefordert, und Regalherren wollten wissen, ob und wann sie mit Zehntzahlungen rechnen konnten.

Unter solchen Umständen pflegt das Betriebsgeschehen sorgfältig dokumentiert zu werden. So war es auch in Ilmenau! Zusätzlich wurden in ungewöhnlich rascher Folge Gutachten angefordert. Gutachter waren die ranghöchsten Bedienten des Ilmenauer Bergbaus, oft aber auch ausgewiesene Fachleute anderer Bergbaureviere. In Form von Befahrungsprotokollen geben die Gutachten den jeweils gegenwärtigen Zustand des Werkes wieder. Sie handeln auch von dem vorangegangenen Betriebsablauf und schlagen vor, wie die jeweilige Zukunft zu gestalten sei. Breiten Raum widmen sie der Ausbildung der Lagerstätte. Bei der dichten zeitlichen Folge ergänzen und überdecken sich ihre Aussagen vorteilhaft.

In den Akten des Thüringischen Hauptstaatsarchivs über das Ilmenauer Bergwerk sind Betriebsberichte und Gutachten der Vor-Goethe-Zeit in solcher Vollständigkeit überliefert, daß die beiden ersten Fragen fast mit ihrer Hilfe allein beantwortet werden konnten. Ergänzungen standen in den Überlieferungen anderer Archive und in der zeitgenössischen Literatur zur Verfügung. Der Verfasser hat sich dabei stets einer Forderung unterworfen, die Goethe für den beobachtenden Geologen aufstellte, als er am 27. 12. 1780 an Herzog Ernst II. von Sachsen-Gotha schrieb: *weder Lehre noch Meinung halte ihn ab zu schauen. Er sondere sorgfältig das, was er gesehen hat, von dem, was er vermuthet oder schließt.* Nicht die eigenen Schlußfolgerungen, so war die Forderung abzuwandeln, hatten im Vordergrund zu stehen, sondern das, was die Alten gesehen und niedergeschrieben, und auch das, was sie in ihrem Verständnis daraus abgeleitet haben.

Der Verfasser ist sich bewußt, dem Leser, der mit bergmännischem Denken nicht vertraut ist, schwere Kost zumuten zu müssen. Zudem hat die Untertagewelt ihre eigene Sprache. Hierzu heißt es in dem Brief an den Herzog von Gotha: *Was die Wissenschaft, von der hier die Rede ist, unendlich erschwert, ist die unbestimmte Terminologie. Einmal thut die poetisch-figürliche, an sich sehr lebhafte und interessante Bergmannssprache dem reinen Ausdrucke in solchen Sachen sehr vielen Eintrag ⟨...⟩ und macht ⟨...⟩ nothwendig Verwirrung. Ein anderes Übel entstehet aus den trivialen Namen, die Bergleute, ja sogar Bergverständige verschiedener Gegenden den Gesteinarten aufgehängt haben.* Aber Goethe hat auch geschrieben (an Charlotte von Stein, 14. 9. 1780): *Denn das was schicklich und recht ist begreifft man auch in unbekannten Dingen.*

Der intensivste Abbau der Ilmenauer Bergbaugeschichte hat in der Zeit von 1684 bis 1766 stattgefunden. Wir können uns im folgenden auf diese Zeitspanne beschränken. Der Bergbau war auf zwei Standorte konzentriert: das Sturmheider Bergwerk, dessen Abbaubereich sich westlich der Stadt erstreckte, und, nordwestlich davon, das Rodaer Bergwerk (Anl. 1). Auf beiden Werken hat umfangreicher Abbau stattgefunden. Die beiden Werke waren durch ein unverritztes Mittel von 1800 m Länge voneinander getrennt. Erst seine Durchörterung mit dem Martinrodaer Stollen und das Abteufen von drei Schächten brachten hier erste Aufschlüsse. Sie erstrecken sich aber nur auf den oberen Teufenbereich und ergeben weder ein flächenhaftes noch gar ein räumliches Bild.

In Roda tritt der Kupferschiefer in großer streichender Erstreckung zutage aus. Die Gebirgsschichten streichen parallel dem Nordostrand des Thüringer Waldes. Sie fallen mit etwa 50° nach Nordosten ein. Abbau war dort seit dem Mittelalter geführt worden. Die vorgefundenen Metallgehalte waren gering. Der Betrieb war durch hohe Wasserzuläufe beeinträchtigt. Er war unter unsäglichen Schwierigkeiten bis in die ungewöhnliche Teufe von 360 m vorgestoßen. Man vermutete nämlich, daß am Fuße des geneigt liegenden Flözes noch ein flach liegendes Flöz in guter Ausbildung gefunden werden müsse. In den letzten Betriebsjahren trat die Suche nach dem flach gelagerten Flöz in den Vordergrund der Aktivitäten.

In Roda war das Flöz vielerorts abgeschnitten und setzte in einiger Entfernung neu an. Einmal ist sogar die Rede von „zertrümmert und nur hier und da nesterweis liegenden Anbrüchen" (StA Wob, 1 Alt 5, Bl. 1033). Wir wissen heute, daß es sich dabei um die Folge von Gebirgsbewegungen, um tektonische Störungen also, handelt. Neben vielen kleineren Störungen, setzen mindestens zwei Störungen mit größerem Verwurfsmaß durch den Abbaubereich. Ihr Streichen und ihre Verwurfs-maße lassen sich den Akten nicht mit Sicherheit entnehmen. Die tiefer gelegene

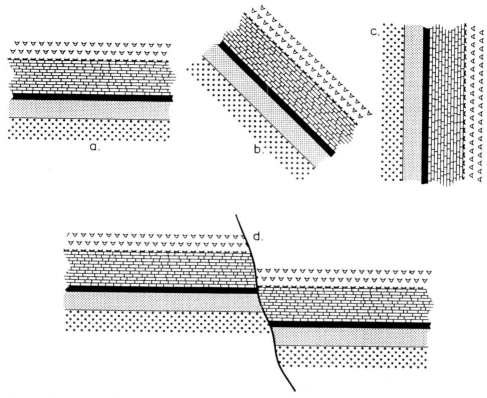

Bild 14: Kupferschieferflöz bei verschiedenem Einfallen: a. flach, b. geneigt, c. steil; d. Flöz in flacher Lagerung mit durchsetzendem Sprung oder „Rücken"

Störung hat die Schichten offensichtlich stark verworfen, denn weder fand man das geneigte Flöz wieder, noch war die Suche nach dem flach gelagerten Flöz erfolgreich. Das Bergwerk wurde daraufhin im Jahre 1715 stillgelegt. Die Grubenwasser stiegen bis zum Martinrodaer Stollen an.

Dieses stark verdichtete Bild der Rodaer Lagerstätte wurde aus einer Vielzahl von Akten abgeleitet. Dabei konnte auf den Nachweis von Einzelfundstellen verzichtet werden. Jedoch muß eine Besonderheit des damaligen Sprachgebrauches Erwähnung finden. In den Texten begegnen dem Leser immer wieder zwei Begriffe, deren damalige Bedeutung sich nicht sofort erschließt: „Rodaer Gang" und „Sturmheider Flöz". Befassen wir uns zunächst mit den Begriffen „Gang" und „Flöz".

Wir verstehen heute unter einem Flöz eine Gesteinsschicht von großer flächenhafter Ausdehnung und geringer Dicke, die unabhängig vom jeweiligen Einfallen parallel in die begleitenden Schichten eingebettet ist (Bild 14 a, b, c). Ein Flöz ist in aller Regel sedimentären Ursprungs. Demnach ist die kupferschieferführende Schicht des Zechsteins, gleichgültig, ob flach, geneigt oder steil gelagert, ein Flöz.

Ein Gang ist dagegen eine Spalte, die die Gebirgsschichten in beliebigem Winkel trennt und die nachträglich mit einem anderen Material ausgefüllt wurde (Bild 14d). Dieses kann im glutflüssigen Zustand zugeführt oder aus wässerigen Lösungen ausgeschieden worden sein. Meist finden sich in den Gangfüllungen auch Trümmer des umgebenden Gesteins. Wie ein Flöz ist auch ein Gang von großer flächenhafter Ausdehnung und geringer Dicke.

Ganz anders der frühere Sprachgebrauch! Bis in die zweite Hälfte des 18. Jahrhunderts galt jede Mineralablagerung, die die zuletzt genannte Bedingung – große flächenhafte Ausdehnung und geringe Dicke – erfüllte, als „Gang". Unabhängig von ihrer Einordnung in das umgebende Gestein, unabhängig von ihrem Einfallen und unabhängig von ihrer Genese! Nach dem Einfallen unterschied man früher stehende Gänge (90–75°), tonnlägige Gänge (75–45°), flache Gänge (45–15°) und schwebende Gänge (15–0°) (Oppel 1749 u. Delius 1773/1806). In Ilmenau folgte man somit durchaus dem zeitgenössischen Sprachgebrauch, wenn man das in Roda stark geneigt einfallende Kupferschieferflöz einen „Gang" nannte. Dem Einfallen nach war es ein „tonnlägiger Gang".

Auch das Wort „Fletz" oder „Flötz" ist nicht bergmännischer Herkunft. Ursprünglich wurden darunter horizontale Flächen verstanden, wie flacher Grund und Boden, Fußboden oder Bettstatt (Grimm 3, Sp. 1771). Bergleute übernahmen das Wort und nannten folgerichtig einen schwebenden, also horizontal liegenden „Gang" ein „Flöz" (Agricola, 33). Dies, nebenbei bemerkt, auch dann, wenn es sich um ausgefüllte Spalten, also um Gänge im heutigen Sinne handelte.

Lesen wir in den Ilmenauer Akten der Vor-Goethe-Zeit von einem „Flöz"[78], so ist dies nur in dem eingeschränkten Sinn eines flach gelagerten Flözes zu verstehen. Dies trifft auch auf die ursprüngliche Vermutung zu, nach der in der Teufe des Rodaer Bergwerks ein „Flöz" hätte angetroffen werden müssen. Man glaubte, daß das „Sturmheider Flöz", d. h. das im Sturmheider Bergwerk in flacher Lagerung aufgeschlossene Flöz, sich als zusammenhängendes Lagerstättenelement bis Roda hinzöge. Als dort die Suche nach ihm gescheitert war, korrigierte man die Annahme für diesen Bereich. Für den südöstlich anschließenden, 1800 m langen Bereich zwischen Roda und der Sturmheide hielt man aber an dem Vorhandensein des „Sturmheider Flözes" fest. Den „Rodaer Gang" grenzte man als eigenes Lagerstättenelement hiervon ab.

---

[78] Um kenntlich zu machen, für welche Bedeutung die beiden Wörter „Flöz" und „Gang" jeweils stehen, werden sie, wie vorstehend schon geschehen, dann in Anführungszeichen gesetzt werden, wenn die historische Bedeutung zugrundeliegt. Werden keine Anführungszeichen verwendet, so liegt der heutige Wortsinn vor.

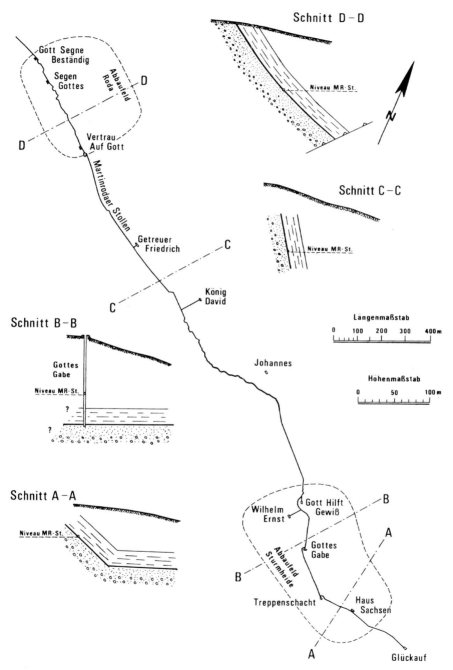

Bild 15: Lageplan des Martinrodaer Stollens und wichtiger Schächte mit 4 Querschnitten.

Der Martinrodaer Stollen, von seinem Mundloch bei dem gleichnamigen Dorf an auf einer Länge von 3 km in Buntsandstein und oberem Zechstein aufgefahren, traf den „Rodaer Gang" etwa in der Mitte zwischen Elgersburg und Roda (Anl. 1). Von hier an folgte er ihm bis in die Gegend des Schachtes ‚Alter Johannes' auf einer Länge von weiteren 3 km (Bild 15). Der Freiberger Markscheider August Beyer hat im Juli 1723 den Verlauf des Stollens vermessen und auf einen Riß gebracht (B 15949, Bl. 128). Die zahlreichen Krümmungen der Stollenlinie weisen auf beachtliche Unregelmäßigkeiten des Streichens hin. Am stärksten kommt das in einer regelrechten Schleife in der Nähe des Schachtes ‚Vertrau auf Gott' zum Ausdruck, die die Bergleute „Klingelbeutel" nannten.

Nach Südosten nimmt die Neigung des „Ganges" zu. Vertikale und und leicht überkippte Stellungen wurden angetroffen. Die Akten lassen nicht erkennen, ob die Aufrichtung stetig oder plötzlich geschieht. In der Auffahrrichtung gesehen stand am rechten Streckenstoß Rotliegendes, am linken Zechsteinkalk an. Der Stollen durchörterte wiederholt stark zerrüttetes, „triebsandiges" Gebirge. An einigen Stellen fehlte das Flöz ganz. Dort lagen jüngere Schichten unmittelbar auf dem Rotliegenden (Malsch, 27).

Aus Gründen des Wetterwechsels war 20 m über dem Martinrodaer Stollen gleichzeitig mit diesem das Nasse Ort aufgefahren worden. Auch diese Auffahrung folgte dem Streichen des „Ganges". Stollen und Nasses Ort waren in unregelmäßigen Abständen durch tonnlägige Gesenke miteinander verbunden.

In dem Zwischenbereich zwischen den beiden Bergwerken waren drei Schächte abgeteuft worden. Der Schacht ‚Treuer Friedrich' war 500 m von dem südöstlichsten Schacht des Rodaer Bergwerks entfernt. Nach weiteren 350 m folgte der Schacht ‚König David' und schließlich 400 m von diesem entfernt der Schacht ‚Johannes' (Anl. 1).

Der Schacht ‚Treuer Friedrich' stand als Seigerschacht bis in das Niveau des Martinrodaer Stollens. Er war 96 m tief im Gips abgeteuft worden. Zu Stollen und Nassem Ort hatten Durchschläge bestanden. Es war beabsichtigt gewesen, auch hier den Abbau zu eröffnen. Beim Auslenken von Abbaustrecken auf dem „Gang" hatte sich jedoch ein starker Wassereinbruch ereignet, der zur Aufgabe des Vorhabens zwang.[79] Der Schacht wurde bis zur Goethe-Zeit in befahrbarem Zustand erhalten.

Auch der Schacht ‚König David' war im Hangenden des „Ganges" seiger bis in das Niveau des Nassen Orts abgeteuft worden. Von dort hatte man mit einem 70 m langen Querschlag den „Gang" und auf diesem mit einem tonnlägigen Gesenk den 20 m tiefer gelegenen Martinrodaer Stollen erreicht. Wie bei dem Schacht ‚Getreuer Friedrich' mußten Vorbereitungsarbeiten für einen Abbau wegen starker Wasserzu-

---

[79] Relation des Zellerfelder Zehntners Johann Valentin Pfeffer vom 3. 1. 1708 (OBA ClZ, 465/22) und Darstellung des Freiberger Bergmeisters Elias Stiebner vom 12. 8. 1726 (OBA ClZ, 466/23).

flüsse aufgegeben werden. Der Schacht war 116 m tief, zu Beginn der Goethe-Zeit aber schon verbrochen.

Das Abteufen des Johannes-Schachtes, oder, wie er später zur Unterscheidung von dem Johannes-Schacht der Goethe-Zeit genannt wurde, des Schachtes ‚Alter Johannes', war mehrmals, erstmalig um 1690, aufgenommen und wieder gestundet worden. 1740 wurde beschlossen, den zu diesem Zeitpunkt 78 m tiefen Schacht bis zum Martinrodaer Stollen zu teufen. Wegen Geldmangels mußte er jedoch kurz unterhalb des Niveaus des Nassen Ortes in einer Teufe von 88 m erneut gestundet werden, ohne mit dem Ort durchschlägig gewesen zu sein. Den Kupferschiefer hat er schon gar nicht erreicht. Auch dieser Schacht war als Seigerschacht im Gips niedergebracht worden und später verbrochen.

Wenden wir uns nun wieder dem Martinrodaer Stollen zu. Etwa 250 m westlich des Schachtes ‚Alter Johannes' biegt die Stollenlinie plötzlich aus ihrer alten Richtung nach Osten um (Anl. 1). Dieser Richtung folgte er, wenn auch mit ähnlichen Krümmungen wie bis dahin, auf einer Länge von rund 300 m. Dort schwenkte er in die alte südöstliche Richtung zurück und führte, in diesem Abschnitt aber bemerkenswert gerade, auf die Schächte der Sturmheide zu (Riß in B 15949, Bl. 128).

Die Erklärung für diese auffällige Streckenführung liefern die Protokolle des Bergamts vom 23. 1. und 13. 2. 1715 (StAWob, 1 Alt 5, Nr. 733, Bl. 41 ff.). Bisher sei man, heißt es dort, dem Streichen des „Ganges" gefolgt in der Hoffnung, er möge sich edel erweisen. Dies sei aber seit längerem nicht mehr der Fall. Jetzt habe der „Gang" sein Streichen geändert. Es weise nicht mehr zum Sturmheider Bergwerk hin, sondern zum Gottesacker, dem Friedhof im Norden der Stadt. In dieser Richtung mit dem Stollen dem „Gang" nachzufahren, sei sinnlos. Es folgt die Verfügung, den Stollen „recte" in die Sturmheide zu treiben.

Die Akten melden noch eine weitere Besonderheit im Verhalten des „Ganges" in der Nähe des Schachtes ‚Alter Johannes'. Eine Schrift aus dem Jahr 1721 merkt an: „⟨...⟩ indem am hiesigen Orte der Gang sich flözweise aufgeleget sodaß selber auf 16 und mehr Lachter in der Breite lieget".[80] Der „Gang" fällt dort nicht steil ein, sondern liegt auf 30 m Länge flach. Auch Goethe hat später diese ungewöhnliche Flözlagerung beobachtet.

Es ist nicht überliefert, ob der Stollen nach dem letzten Knick sofort Rotliegendes angetroffen hat. In seinem weiteren Verlauf durch das Sturmheider Bergwerk hat er jedenfalls bis zum Treppenschacht das Rotliegende nicht verlassen. Erst dort fuhr er wieder den Kupferschiefer an. Das Streichen der Schichten war nun aber nicht mehr NW–SO, wie es dem Streichen des „Rodaer Ganges" entspricht, sondern annähernd

---

[80] Gegendarstellung des Bergdirektors G. R. Keller vom 3. 1. 1721 auf Anschuldigungen Dresdner Gewerken (StAWob, 1 Alt 5, Nr. 733).

W–0, etwa dem Lauf der Ilm parallel. Das ist das Streichen des „Sturmheider flachen Ganges" (Bild 15). [81]

Die Stollenauffahrung folgte fortan dem „flachen Gang" auf einer Länge von 600 m nach Osten. Auch in diesem Bereich mußte der Stollen kleineren Unregelmäßigkeiten im Streichen des „Ganges" folgen. Sie erreichen aber nicht das Ausmaß wie auf dem „Rodaer Gang". Nach Osten streicht der „Sturmheider flache Gang" über das Ende der Auffahrung fort. Diese war eingestellt worden, weil die Metallgehalte schlecht waren. Nach Westen ist der „Gang" am Hang der Sturmheide abgeschnitten (Anl. 1 u. 2).

Der Martinrodaer Stollen lag an dem Schacht ‚Gottes Gabe' in einer Teufe von 82 m (Anl. 2). Gegenüber dem alten Tagesstollen, dessen Mundloch an der Ilm unweit der Seigerhütte lag, brachte er eine Teufe von 46 m ein. Das „Flöz" lag am Schacht ‚Gottes Gabe' aber immer noch 46 m, am Schacht ‚Wilhelm Ernst' sogar 62 m unter dem Martinrodaer Stollen. Um diese Höhen mußte das Wasser gehoben werden, ehe es auf dem Stollen frei ablaufen konnte.

Am letzten Tag des Jahres 1753 fiel auf dem Martinrodaer Stollen 460 m südöstlich des Schachtes ‚Treuer Friedrich' ein Bruch. Die Schächte der Sturmheide waren nun über den Stollen nicht mehr zugänglich. Dem Wasser des Bergwerks, das bis zum Stollen angestiegen war und dort überlief, war der Ablauf versperrt. Bis 1766 gelang es, mit mehreren Umfahrungen wieder bis 950 m vom ‚Getreuen Friedrich' vorzukommen. Diese Stelle lag 150 m südöstlich des Johannes-Schachtes etwa dort, wo 1715 die Stollenauffahrung den „Gang" verlassen hatte. Es hat den Anschein, daß man mit der Aufwältigung unbedingt bis zum Johannes-Schacht hatte kommen wollen, um die Wiederaufnahme des Bergwerks wenigstens an dieser Stelle zu sichern. Versuche, mit dem Stollen wieder in die Sturmheide zu gelangen, wurden nicht mehr unternommen.

Der „Sturmheider flache Gang" tritt an dem nach Nordwesten vorspringenden Sporn der Sturmheide zutage aus. Hier hat im Mittelalter der Abbau begonnen. Er ist dem Einfallen gefolgt und hat im 16. Jahrhunderts in der Nähe des Schachtes ‚Güte Gottes' den Übergang zum „Sturmheider Flöz" erreicht. Der Übergang von der stark geneigten zur flachen Lagerung vollzieht sich nicht stetig, sondern ist in Form eines Knicks ausgebildet (Bild 15, Schnitt A – A). Diese Situation beschrieb der Ilmenauer Berginspektor Christian Friedrich Trommler am 28. 9. 1729: „In der Güte Gottes aber haben die Alten dasselbe ⟨das Flöz⟩ am ersten erbrochen, mit 46. L. ⟨Lachter⟩ ohngefehr wo sich der Haupt Gang auf das Fletz gesetzet, und sie eben durch jenen, den sie in die Teuffe verfolgt, auf dieses, das Fletz seynd geführet worden" (Bruckmann, 173).

---

[81] In der Bezeichnung „Sturmheider flacher Gang" weist das Adjektiv „flach" auf ein Einfallen hin, das zwischen 15 und 45° gelegen haben muß. Lag das tatsächliche Einfallen des „flachen Ganges" im Westen eher an der oberen Grenze dieser Spanne, so verflachte es sich nach Osten mehr und mehr.

Drei Jahre vor Trommler hatte der Clausthaler Bergmeister Andreas Leopold Hartzig gesagt, das „Sturmheider Flöz" sei „anfangs von Tage hinein ein flach fallender Gang gewesen, der sich aber niederwärts in Fletzwerk begeben" (OBA ClZ, 466/23). Und der Zellerfelder Vizeberghauptmann Carl Albrecht von Imhof merkte in seinem Gutachten vom 29. 5. 1736 (B 15892, Bl. 47–94) an, in der Gegend des Treppenschachtes „hat der Sturmheider flache Gang sich auf den Flötz abgesetzet und mit demselben vereiniget".

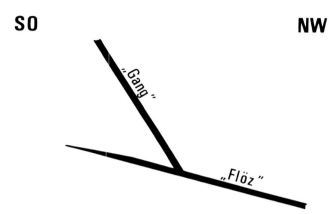

SO **NW**

„Gang"

„Flöz"

Bild 16: „Flöz" im Liegenden des „Ganges"

Wir erkennen deutlich, daß in der Vorstellung der Gutachter auch „Sturmheider flacher Gang" und „Sturmheider Flöz" verschiedene Lagerstättenelemente waren. Ein Detail in der Ausbildung der Übergangszone, über das 1728 berichtet wurde, bietet eine Erklärung. Die beiden Gutachter Hartzig und Stiebner sprechen nach einer Befahrung von dem „Fletz, welches unter des Ganges Liegenden hinsetzet".[82] Bild 16 veranschaulicht, was die beiden Bergmeister gesehen haben. An andern Stellen findet sich in vielfältiger Abwandlung die Formulierung: „Der Gang sitzt dem Flöz auf". Der Ausdruck ist dem Bergbau auf Gänge (das Wort in dem heute gültigen Sinne verstanden) entlehnt, wo häufig ein Gang den anderen kreuzt, einer dem anderen „aufsitzt".

Das „reiche Sturmheider Flöz", wie es oft in den Akten bezeichnet wird, ist seit dem 16. Jahrhundert bevorzugtes Ziel aller Aufschlußbemühungen gewesen. Wenn es wieder einmal gelungen war, das tief gelegene „Flöz" zu sümpfen, so wurden die Aktivitäten an anderen, höher gelegenen Stellen eingestellt, und die Bergleute dorthin verlegt. Meist wurden sie aber bald wieder vom Wasser ausgetrieben, dem man nur selten zuverlässig hat Herr werden können. 1727 gab die Wassernot Anlaß

---

[82] Befahrungsbericht der Bergmeister A. L. Hartzig, Clausthal, und E. Stiebner, Freiberg, vom 30. 7. 1728 (OBA ClZ, 466/23).

zu einer besonders bildhaften Beschreibung, die von dem Bergwerk sagt, es schwebe im Wasser „wie die Arche Noa in der Sündfluth" (StA Cob, LAF 10616, f. 39).

Das „Flöz" fällt vom Südosten des Sturmheider Abbaubereiches nach Nordwesten etwa im Verhältnis 1:10 ein (Anl. 2). Während der Treppenschacht das „Flöz" in einer Teufe von 86 m angetroffen hat, liegt es bei dem 600 m entfernten Schacht ‚Gott hilft gewiß' in 190 m Teufe. Etwa auf dieser einfallenden Länge ist das „Flöz" durch den Abbau erschlossen worden. Weitere Schächte waren der Schacht ‚Gottes Gabe' in der Mitte des Abbaufeldes und der Schacht ‚Wilhelm Ernst' unweit des Schachtes ‚Gott hilft gewiß'. Die streichenden Baulängen erstreckten sich von den Schächten aus etwa 200 m nach Südwesten „zur Sturmheide" und etwa 300 m nach Nordosten „zur Stadt".

Innerhalb des so umschriebenen Bereiches ist die Flözlagerung recht regelmäßig. Die Metallgehalte wiesen dagegen örtlich große Unterschiede auf. Im Bereich des Übergangs vom „Sturmheider Gang" zum „Flöz" waren höhere Metallgehalte angetroffen worden. Aber auch weitab davon hat es, unregelmäßig verteilt, Zonen höherer Metallgehalte gegeben. Auffallend war der hohe Silbergehalt in der Nähe der Schächte ‚Wilhelm Ernst' und ‚Gott hilft gewiß', wo der Abbau in den letzten Jahren vor dem Verlassen des Flözes konzentriert war. Dazu berichtet Imhof, daß bei seiner Befahrung im Mai 1736 „das Schieferflöz sich unter dem Gotthilftgewisser als dem tiefsten Schachte ⟨...⟩ mit ganz besonders edln und ergiebigen Anbrüchen bewiesen hätte" (B 15892; zitiert nach J. C. W. Voigt 1821, 44). Die hohen Gehalte schlagen sich in den Hüttenrechnungen der Jahre 1736–1739[83] deutlich nieder.

Von besonderer Bedeutung für die Vorstellungen, die sich die Goethe-Zeit von der Flözlagerung in der Nähe des Schachtes ‚Neuer Johannes' machte, ist die Ausbildung des südwestlichen Abbaurandes im „Sturmheider Flöz". In den Berichten über Strecken und Streben, die dorthin vorgetrieben wurden, ist häufig die Rede von schlechtem, brüchigem Hangenden. Unterstützungsausbau, der vorher nicht erforderlich war, mußte eingebracht, ja, der weitere Vortrieb ganz gestundet werden. Die instruktivste Beschreibung stammt von A. L. Hartzig: „⟨...⟩ maßen man nach der Sturmheide des Flözes Ausgehendem schon ziemlich nahe kommen, wie solches bey dem Sturmheyder Streb an dem schwachen und brüchigen Dach zu merken, vor dessen 2. Strebort aber augenscheinlich zu sehen, allwo des Flötzes Dach und Liegendes in Sand Gestein verwandelt, die Schieffer schmal und endlich gar verlohren" (OBA ClZ, 466/23).

In dieser Aussage ist die Bezeichnung „Ausgehendes", angewendet auf eine Erscheinung in rund 170 m Tiefe, besonders aufschlußreich. Vom „Ausgehenden" wird heute nur bei dem Heraustreten einer Gesteinsschicht an der Erdoberfläche gesprochen. Anders hier! Man hatte beobachtet, daß das Flöz in der Tiefe der

---

[83] Als Anlage A dem Gutachten Trebras vom 11. 7. 1776 beigefügt (B 16039, B 16060 u. B 16350/225).

Sturmheide an einer Kluft abgeschnitten war und glaubte, daß es jenseits davon gar nicht zur Ablagerung gekommen sei, daß es an der Kluft „ausgehe". Die Vorstellung, das Flöz könne im Gefolge tektonischer Bewegungen abgeschnitten worden sein, war dem 18. Jahrhundert noch fremd.

Anfang des Jahres 1727 begannen die Schwierigkeiten mit dem Kurzhalten des Wassers in den tiefsten Anbrüchen. Der Abbau mußte in höher gelegene Partien des „Flözes" ausweichen. Dort hatte man aber nur Vorräte sitzen gelassen, die nicht oder kaum schmelzwürdig waren. Dem „Flöz" aufsitzende „Gänge" waren an keiner Stelle angetroffen worden. Ihnen hätte man mit dem Abbau in die Höhe folgen und das Wasser unter sich lassen können. Etwa vom Jahre 1733 an setzte daher die Suche nach bauwürdigen Vorräten, die Suche nach „edlen Gängen", oberhalb des Martinrodaer Stollens ein. Bis 1740 noch neben den Bemühungen, die tiefen Anbrüche im „Flöz" zu erreichen, wurden die Aktivitäten später nur auf dieses Ziel gerichtet. Wäre man dabei fündig geworden, so hätte ein Abbau geführt werden können, der nicht mit den hohen Kosten für die Wasserhebung bis zum Stollen belastet gewesen wäre.

Dieses verlockende Ziel hat Ideen geboren, die heute abenteuerlich anmuten. Die Suche nach der Fortsetzung des „Sturmheider flachen Ganges", der dem unteren Zechstein angehört, im Rotliegenden der Sturmheide, ist nur der krasseste Fall zeitbedingter Fehlbeurteilungen. Einige andere waren es nicht viel weniger. Sie müssen uns hier nicht aufhalten. Einzugehen ist aber auf eine Vorstellung, die, leicht abgewandelt, auch noch Entscheidungen der Goethe-Zeit beeinflussen wird.

Man glaubte, daß ein „Gang" einen andern „Gang" und ein „Gang" auch ein „Flöz" veredeln könne. Wegen der Bedeutung sei es hier noch einmal wiederholt: „Gang" und „Flöz" sind streng im alten Ilmenauer Sprachgebrauch zu verstehen. Damit wurden Erfahrungen des Gangbergbaus mit sich kreuzenden Gängen (Bild 17a) und Erfahrungen des Mansfelder Bergbaus (Bild 17b) auf Ilmenau übertragen.

Die verzweifelte Suche nach „edlen Gängen" oberhalb des Martinrodaer Stollens, an vielen Stellen eingeleitet und wieder aufgegeben, blieb schließlich ebenso erfolglos, wie die wiederholten Versuche, das „Flöz" unterhalb des Stollens doch noch zu wältigen, ergebnislos geblieben waren. Keinesfalls jedoch hat das Bergwerk, wie es immer wieder zu lesen ist, zwischen 1739 und 1784 nur stillgelegen. Die Vorgänge können aber auch in dieser Arbeit nicht in extenso dargestellt werden.

Im August 1760 keimte plötzlich wieder Hoffnung, als an ganz anderer Stelle, in der Nähe der Herrenscheunen (heute Münzstraße), eine Bohrung auf das „Flöz" gestoßen war. 280 m von der Bohrstelle entfernt, wird daraufhin auf der Südseite der Weimarer Straße ein neuer Schacht abgeteuft (Anl. 1). Er trägt den beziehungsreichen Namen ‚Neue Hoffnung'. Der Schacht erreicht am 11. 11. 1764 in 104 m Teufe das Flöz (B 15902, Bl. 274).

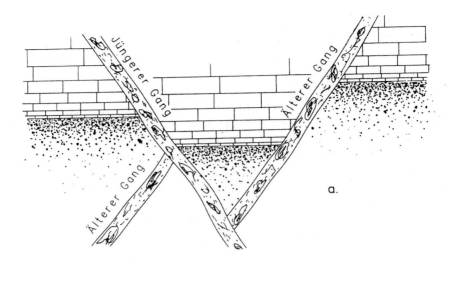

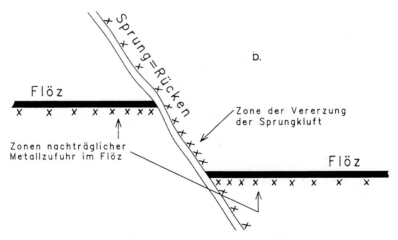

Bild 17:   a. sich kreuzende Gänge, b. „Rücken" im Kupferschiefer

Der Schachtansatzpunkt lag 650 m östlich des Sturmheider Grubengebäudes. Beim Abteufen war Wasser nur aus den Lockerschichten der obersten 26 m zugelaufen. Gips, Zechsteinkalk und Kupferschiefer waren trocken. Aus beidem – das Flöz ist in großer Entfernung von den bisherigen Aufschlüssen vorhanden und es wurde ohne nennenswerte Wasserzuläufe erreicht – wird die Goethe-Zeit Hoffnung für ihr Vorhaben schöpfen.

Die untertägigen Aufschlüsse sind dem Namen des Schachtes nicht gerecht geworden. Ein Riß der Grubenbaue ist nicht überliefert. Johann Gottlob Gläser gibt jedoch in seinem Gutachten vom 4. 2. 1766 (B 16038, Bl. 135–146) einige wertvolle Informationen. Das Streichen der Schichten war N–S. Vom Schacht aus war eine Strecke in nördlicher Richtung auf 47 m Länge aufgefahren und von ihr der Abbau 17 m nach Westen und 12 m nach Osten geführt worden. Insgesamt wurden etwa 600 Kubikmeter Haufwerk ausgefördert. Während das Einfallen der Schichten anfangs kaum merklich war, stellte sich gegen Ende der Auffahrung eine starke Neigung der Schichten nach Nordwesten ein. Die Metallgehalte des geförderten Haufwerks waren sehr niedrig. Ein Probeschmelzen liefert entsprechend schlechte Ergebnisse (B 16038, Bl. 121). Im September 1766 ist auch auf dem Schacht ‚Neue Hoffnung‘ alle Hoffnung erloschen.

Dies ist das Bild der Ilmenauer Lagerstätte, wie es die Bergleute der Vor-Goethe-Zeit in den Akten hinterlassen haben. Der Verfasser war sehr bemüht, es in deren Verständnis und nicht in seinem eigenen wiedererstehen zu lassen. Nur an ganz wenigen Stellen wurde davon abgewichen, wenn die Schilderungen andernfalls zu weitläufig geworden wären. Der Leser wird sie sofort erkennen.

Als F. W. H. von Trebra im Sommer 1776 zur Anfertigung seines Gutachtens nach Ilmenau kam, waren nur noch wenige Grubenbaue befahrbar: der Martinrodaer Stollen auf einer Länge von 6 km von seinem Mundloch bis in die Gegend des Schachtes ‚Alter Johannes‘, sechs Lichtlöcher, die auf den ersten 3 km auf den Stollen niedergingen, und der Schacht ‚Getreuer Friedrich‘. Die verlassenen Grubenbaue standen in Roda bis zum Stollen, in der Sturmheide bis zum Niveau der Ilm unter Wasser. Der Schacht ‚Neue Hoffnung‘ war bis zu einem hoch gelegenen Stollen, der die einsickernden Oberflächenwasser abführte, ebenfalls ersoffen. Das Nasse Ort war nur noch vom Schacht ‚Getreuer Friedrich‘ bis in die Gegend des Schachtes ‚Alter Johannes‘ befahrbar. Dort stellte ein Gesenk die Wetterverbindung zu dem 20 m tiefer gelegenen Stollen her.

Somit konnte das Kupferschieferflöz nur auf dem Martinrodaer Stollen auf einer Länge von 3 km und auf dem Nassen Ort auf einer Länge von 800 m in Augenschein genommen werden, und dies noch nicht einmal auf ganzer Länge, weil das Flöz stellenweise fehlte oder bei der Auffahrung bzw. bei späteren Umfahrungen verlassen worden war.

Auf den beiden Stollen war das Flöz stark geneigt bis steil gestellt. Diese Lagerung gab den Betrachtern des Jahres 1776 und der Folgejahre Rätsel auf. In dem größten deutschen Kupferschieferrevier, der Mansfelder Mulde, lag das Flöz nur flach bis mäßig geneigt. Aber dort wie auch in anderen, kleineren Revieren kamen steil stehende ,,Rücken" oder ,,Wechsel" vor. Darunter wurden Gänge im heutigen Wortsinn verstanden, die das Flöz kreuzen. Auch in deren Nachbarschaft war es zu

Metallanreicherungen (Bild 17b) gekommen. Hier haben die Gänge das Flöz und das Flöz die Gänge veredelt.

Nun vermochte Trebra in dem „Gang", den er auf dem Martinrodaer Stollen beobachtete, einen Gang, wie er ihn aus dem Marienberger Revier und aus vielen anderen Revieren des Erzbergbaus kannte, nicht zu erblicken. Er nannte ihn daher in Anlehnung an das Mansfelder Revier „Rücken oder Wechsel". Diese Doppelbezeichnung ist in seinem Gutachten, auf den „Rodaer Gang" bezogen, häufig zu finden. Die Bezeichnung hält aber genetischen Kriterien genausowenig stand, denn „Rücken" und „Wechsel" sind ja auch Gänge im heutigen Sinne.

Trebra übernimmt für Ilmenau auch die Mansfelder Erscheinung der Rückenvererzung (Bild 17b). Das steil gestellte Flöz, früher „Rodaer Gang" genannt, war seiner Meinung nach solch ein Rücken, der dem flach gelagerten Flöz aufsaß. Und wie in Mansfeld sollte dieser „Rücken" auch in Ilmenau das „Flöz" veredelt haben. Im Gutachten schreibt er: „Da wo Gänge auf Gänge übersetzen, oder Wechselrücken die Flöze durchschneiden, werden immer die mächtigsten und reichsten Ertze gefunden". Über die mögliche Ausbildung des Übergangs vom „Rücken" zum „Flöz" läßt Trebra sich nicht aus.

Wir erinnern uns in diesem Zusammenhang, daß frühere Gutachter auch von dem Übergang vom „Sturmheider Gang" zum „Sturmheider Flöz" geurteilt hatten, der „Gang" sitze dem „Flöz" auf. Auch hier waren höhere Metallgehalte angetroffen worden. Hören wir wieder Imhof: „⟨...⟩ maßen bekannt sey, daß die Alten bei dem Sturmhaider-Gang soweit sie vom Flötz ab auf demselben fortgebauet, sich gar gut befunden" (zit. n. J. C. W. Voigt 1821, 41). Da die Bezeichnungen „Gang" und „Flöz" unterschiedliche Einfallensbereiche charakterisierten und nicht, wie heute, unterschiedliche Genesen, kann es nicht verwundern, daß die alten Ilmenauer Bergleute auch den Übergang vom „Sturmheider Gang" zum „Sturmheider Flöz" mit seinen höheren Metallgehalten der obigen Regel unterworfen haben. Sie folgerten, der „Sturmheider flache Gang" habe das „Sturmheider Flöz" veredelt. Trebra stützte sich bei seiner Aussage also nicht nur auf ortsfremde Beobachtungen. Zumindest eine Ilmenauer Erfahrung glaubte er damit im Einklang.

Im Jahre 1779 kommt Johann Carl Wilhelm Voigt, jüngerer Bruder des späteren Goetheschen Kollegen Christian Gottlob Voigt und, wie Trebra, Absolvent der Freiberger Bergakademie, nach Weimar zurück. Er ist Schüler des großen Geologen Abraham Gottlob Werner und hängt – zu diesem Zeitpunkt noch uneingeschränkt – dessen neptunistischer Lehre[84] an. Auf einer Studienreise in das Mansfeld/Eislebener Revier erwirbt Voigt sich Kenntnisse im Flözbergbau (G–CA 1, 359). Goethe charakterisiert ihn ein Jahr später: *Ein junger Mensch, der auf der Freiberger*

---

[84] Die Lehre A. G. Werners erklärt die Entstehung der Erdoberfläche als Ablagerung von Sedimenten aus dem Meerwasser. Dieser Lehre zufolge blieb die Lage der Schichten nach dem Rückzug des Meeres unverändert.

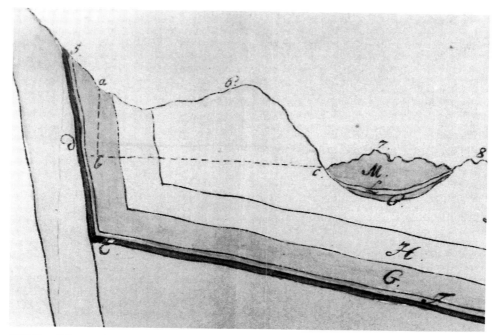

Bild 18: Gebirgsprofil am Schacht ,Getreuer Friedrich'. Es bedeuten: D. Rotliegendes, E. Kupferschiefer, F. Zechsteinkalk, G. Gips, H. Stinkstein, darüber Buntsandstein, M. Muschelkalk; – 5. Sturmheide, 6. Oberpörlitz 7. Stadtilm; – a – b Schacht ,Getreuer Friedrich'; b – c Martinrodaer Stollen (nicht in der Profilebene)

Akademie studirt und von daher eine außerordentlich reine Nomenclatur und eine ausgebreitete Kenntniß des Details mitgebracht hat, ist mir vom größten Nutzen (WA IV 4, 310). J. C. W. Voigt entwirft im Jahr 1779 ein Gebirgsprofil vom Nordrand des Thüringer Waldes bei Ilmenau (J. C. W. Voigt 1821, 78). Das Profil (Bild 18) wird in alle weiteren Aufschlußüberlegungen eingehen und im Grundsatz bis in unsere Zeit Geltung behalten.[85]

---

[85] J. C. W. Voigt verlängert das Profil später nach Südwesten bis zur Rhön und nach Nordosten bis in die Gegend von Halle. In dieser Form ist es als Tab. I dem 1782 erschienenen 1. Band seines Werkes „Mineralogische Reisen durch das Herzogthum Weimar ⟨...⟩" beigegeben. Bild 18 ist ein Ausschnitt aus diesem Profil. – Im Zusammenhang mit dem Druck dieses Buches setzte sich Goethe für J. C. W. Voigt ein. Er schrieb am 24. 6. 1781 an J. F. von Fritsch, Voigt *möchte gern einen Charackter haben. Besonders, da er ietzo seine mineralogischen Reisen drucken läßt, wo es dem Werckgen, das hoff ich Beyfall erhalten wird, ein besseres Ansehn geben möchte; ich glaube ein Bergkommissarius würde sich für sein Verhältniss nicht übel schicken.* Dem Ansinnen wurde nicht stattgegeben. Auf der Titelseite des Buches ist der Autor nur mit Namen ohne *Charackter* genannt. Voigt wird erst 1789 zum Bergrat ernannt.

In aller Behutsamkeit noch spricht Voigt aus (1782, 35), daß die von Trebra eingeführte Bezeichnung „Rücken" für das steil einfallende Flöz „nicht ganz richtig ist, weil man da nicht alle die Eigenschaften antrift, die andere Rücken haben". Das steil einfallende Flöz, sagt er dann weiter, lege sich in einer Teufe, die je nach Örtlichkeit bis zu 300 m betragen könne „wie Flötze pflegen, im breiten Blick".[86] Die Formulierungen lassen die Schwierigkeiten erkennen, die auf dem langen Wege, zu eindeutigen Bezeichnungen zu gelangen, überwunden werden mußten.

Erst 1785 war man soweit. Die ‚Erste Nachricht vom dem Fortgang des neuen Bergbaues zu Ilmenau' spricht von dem Streichen „des aufsteigenden Flözes, welches man ehemals unrichtig einen Gang oder einen Rücken benennte" (LA I 1, 93). In dem schon einmal zitierten Brief an den Herzog von Gotha vom 27. 12. 1780 hatte Goethe die unbestimmte bergmännische Terminologie getadelt. Aber er hatte hinzugefügt: *Doch sehe ich die beste Hoffnung vor mir, daß durch die Bemühung der freiberger Akademie und durch die Ausbreitung so vieler Schüler daher ein großer Theil dieser Beschwerde gehoben werden wird.* Die Hoffnung hatte sich für einen Teilbereich erfüllt.

Immerhin hatte J. C. W. Voigt das aufsteigende Flöz auf den beiden Stollen bis zum Schacht ‚Alter Johannes' beobachten können. Wie anders hätte sich ein Neptunist den Flözverlauf vorstellen sollen, als weiter zur Teufe einfallend? Für ihn war die steile Wand des Rotliegenden, an den sich das aufsteigende Flöz angelehnt hatte, das Steilufer einer früheren Meeresküste. Und so wie die Schwerkraft die Schwebeteilchen zum Meeresboden hatte absinken lassen, so hatte nach seiner Vorstellung eine geheimnisvolle, horizontal wirkende Kraft die Teilchen auch an das Steilufer gezogen (J. C. W. Voigt 1792, 99–101).[87]

Den Übergang zum flach liegenden Flöz konstruierte Voigt in Analogie zu dem Übergang vom „Sturmheider flachen Gang" zum „Sturmheider Flöz" in Gestalt eines scharfen Knicks. Diesen Knick sah Voigt auf der ganzen Erstreckung vom Südosten der Sturmheide bis vor Roda als vorhanden an. Auf der gleichen Erstreckung glaubte er auch an die Existenz des aufsteigenden Flözes. Die neptunistische Lehre, die Voigt für die Ilmenauer Erscheinungen modifiziert hatte, legte diese Annahme nahe.

Daß beide Strukturen – aufsteigendes Flöz und Knick im Übergang zum flach liegenden Flöz – in einem Gebiet intensiver tektonischer Beanspruchungen in einer Regelmäßigkeit, wie von Voigt angenommen, nicht vorhanden sein können, konnte das ausgehende 18. Jahrhundert nicht erkennen. Daß die Vorstellung sich aber 200 Jahre lang gehalten hat, ist schon verwunderlich.

---

[86] Der Satz ist zu lesen: „Flöze" (horizontal liegende Lagerstätten also) pflegen im „breiten Blick" zu liegen, d. h. sie liegen in die Weite und Breite (Grimm 2, Sp. 357).

[87] Goethe hat sich noch Jahre nach Voigts Tod im Sinne dieser Auffassung geäußert (WA II 10, 96f.). Die kleine Abhandlung ist undatiert. In LA I 2 ist sie auf S. 389 zwischen November 1829 und Mai 1830 eingefügt.

Vom Schacht ‚Alter Johannes‘ nach Südosten konnte Voigt seine Vorstellung nicht auf den Augenschein gründen. Das steil einfallende Flöz war dort nicht zu beobachten, das Sturmheider Bergwerk nicht mehr zugänglich. Und schlimmer noch, sie läßt sich für diesen Bereich auch nicht mit den Beobachtungen der Vor-Goethe-Zeit und deren Niederschriften in Einklang bringen.

Dagegen spricht zunächst die Beobachtung des an der südwestlichen Sturmheider Abbaugrenze glatt abgeschnittenen Flözes (s. o.: A. L. Hartzig v. 16. 8. 1726). Es lassen sich aber auch noch weitere Argumente gegen die Voigtsche Annahme ins Feld führen. Würden „Gänge“ oder „Rücken“, und wenn auch nur stellenweise, dem „Flöz“ aufgesessen haben, so wäre mit Sicherheit der horizontal im „Flöz“ herangeführte Abbau im „Gang“ in die Höhe weitergeführt worden. Die Möglichkeit, das lästige Wasser wenigstens dort unter sich lassen zu können, würde dies geradezu erzwungen haben. Die Akten liefern nicht den geringsten Anhalt dafür.

Sodann hatten die Schächte ‚Gottes Gabe‘, ‚Wilhelm Ernst‘ und ‚Gott hilft gewiß‘ eine ungewöhnliche Schichtenfolge durchteuft, und zwar in den oberen Schachtbereichen Rotliegendes und erst darunter den Kupferschiefer. Das widerspricht der Regel, wonach jüngere Schichten oben, ältere darunter liegen müssen. Voigt berichtet selbst, daß ihm die angetroffene Folge anfangs Rätsel aufgegeben habe (J. C. W. Voigt 1821, 81). Später habe er sein Profil für die Sturmheide modifiziert, indem er das Flöz dort nicht mehr steil nach Nordosten, sondern überkippt nach Südwesten einfallend konstruiert habe (ebd., Tab. 1, Fig 3; hier: Bild 19). An dem scharfen Knick hielt er dabei fest.

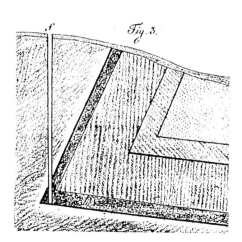

Bild 19: Gebirgsprofil am Schacht ‚Wilhelm Ernst‘

Diese Projektion führt jedoch zu einer neuen Schwierigkeit. Läge der „Gang“ tatsächlich überkippt, so wäre in den drei genannten Schächten das Flöz jeweils zweimal angetroffen worden, zuerst als „Gang“ und darunter als „Flöz“. Das hätte man nicht unbeachtet gelassen. Auch an diesen Stellen hätte man in Zeiten, in denen das Wasser im „Flöz" nicht kurz zu halten war, den Abbau auf dem „Gang" eingeleitet. Die Akten berichten jedoch nur über hohen Gebirgsdruck in den unteren Schachtabschnitten, wo der Ausbau häufig repariert werden mußte. Sie sprechen mit keinem Wort von einem angetroffenen „Gang" und schon gar nicht von einem darauf geführten Abbau.

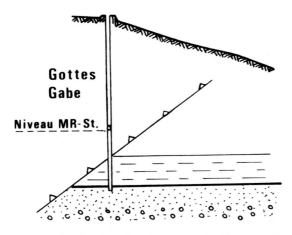

Bild 20: Überschiebung am Schacht ‚Gottes Gabe'

Die Widersprüche lösen sich indessen auf, und alle geschilderten Phänomene lassen sich zwanglos erklären, wenn statt der steilen Aufrichtung des Flözes, wie Voigt sie projektiert hat, eine nach Südwesten einfallende Überschiebung angenommen wird (Bild 20). [88]

Nur zwei Berichte, die an eine Aufrichtung des Flözes im Südwesten denken lassen, sind überliefert. Im ersten schreibt das Bergamt am 5. 6. 1734 über einen Streb in der Grube ‚Gottes Gabe': „Da sich gegen die Sturmheide zeigt, daß Schiefer und Erze ⟨…⟩ in die Höhe setzen und zu Gange richten ⟨…⟩" (B 16350/ 200, Bl. 49). Aber schon zwei Monate später verschlechtert sich das Hangende. Die Arbeiten müssen eingestellt werden (ebd., Bl. 56). Auch diese Erscheinung läßt sich gut mit Hilfe einer Überschiebung (Bild 21b) deuten, die sich häufig aus einem Hakenschlag, einer Flexur (Bild 21a), entwickelt.

---

[88] Natürlich verläuft auch diese Struktur nicht regelmäßig und geradlinig. Aufspaltungen werden vorkommen, und Abweichungen im Einfallen, im Verwurfsmaß und in der Richtung zu verzeichnen sein. – Der Verfasser hat die These von der Überschiebung am südwestlichen Abbaurand der Sturmheide 1987 erstmalig aufgestellt (Steenbuck 1987, 18 f. u. Bild 2, Schnitt B – B). Sie wurde 1990 als Alternative zur Voigtschen Projektion in eine Studie der Geologischen Landesuntersuchung GmbH (GLU), Jena, aufgenommen. Die Studie läßt erkennen, daß die Deutung auch mit neueren Bohrlochaufschlüssen besser in Übereinstimmung zu bringen ist (Biewald: Ingenieurgeologische Untersuchungen des durch Subrosion gefährdeten tieferen Untergrundes im Altstadtgebiet von Ilmenau; GLU, Jena, 1990, S. 37 ff. und Anl. 1.1).

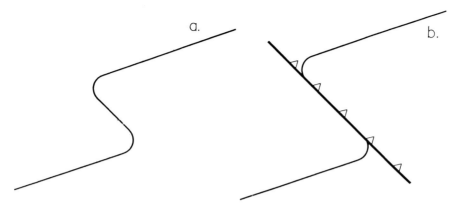

Bild 21: Überschiebung (b), entwickelt aus einer Flexur (a)

Dem zweiten Bericht liegt eine ähnliche Erscheinung zugrunde. Er stammt von Anfang Januar 1739 und beschreibt Streben, die vom Schacht ‚Wilhelm Ernst‘ zur Sturmheide geführt wurden (B 16350/200, Bl. 135 ff.). Die Streben hatten zwei Gangtrümer mit guten Schiefern und Erzen angehauen, „worauf künftig ein Bau in die Höhe anzustellen sein möchte". Die weiteren Untersuchungen werden die Hoffnungen zunichte gemacht haben. Denn die Akten sagen nichts mehr darüber, obwohl andere Bergamtsberichte in kurzen Abständen folgen.

In einer gewissen zeitlichen Distanz zu dem Geschehen – das „Flöz" war 13 Jahre zuvor verlassen worden – faßte der Geschworene Kutscher im Jahre 1753 seine Erfahrungen zusammen. Er spricht davon, daß das „Flöz" auf einer streichenden Erstreckung von 400 m abgebaut worden sei und fügt hinzu: „Nach der Stadt zu ⟨in nordöstlicher Richtung⟩ hat das Kalkgestein Schiefer und Erze verunedelt, nach der Sturmheide ⟨in südwestlicher Richtung⟩ hat sich das Rothe Gebirge aufgesetzt, daß nicht viel Schiefer dagewesen ist" (B 15900, Bl. 184).

Diese knappe Mitteilung birgt gleich zwei wichtige Hinweise. Jenseits der südwestlichen Begrenzung der Abbaufläche im „Sturmheider Flöz" stand Rotliegendes an. Dem Abbau im Flöz war aber auch im Nordosten eine Grenze erwachsen. Hinter ihr war Zechsteinkalk angetroffen worden. Wir gewinnen nun eine ungefähre Vorstellung von dem Gebirgsbau an der Sturmheide (Bild 22). Die Scholle wird beidseits von Überschiebungen begrenzt, die nach Südwesten einfallen. Die vertikale Überschiebungshöhe beträgt im Südwesten, „nach der Sturmheide", wahrscheinlich mehrere hundert Meter; im Nordosten, „nach der Stadt", kann sie die Mächtigkeit des Zechsteinkalks, ungefähr zehn Meter also, nicht übersteigen.

Jetzt findet auch ein Problem seine Erklärung, das auf dem Gewerkentag des Jahres 1726 behandelt worden war und das ohne Kenntnis des Vorstehenden nicht verstanden werden kann. Der Vertreter der kursächsischen Gewerken hatte am

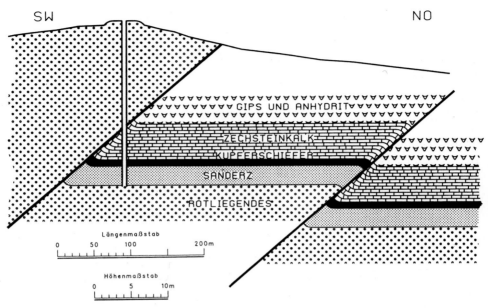

SW   NO

GIPS UND ANHYDRIT

ZECHSTEINKALK
KUPFERSCHIEFER

SANDERZ

ROTLIEGENDES

Längenmaßstab
0   50   100   200m

Höhenmaßstab
0   5   10m

Bild 22:   Gebirgsbau an der Sturmheide

15. Juli unter Pkt. 26 einer längeren Eingabe gefragt: „Ob wegen der Alten Tradition daß unter dem jetzo entblösenten Sturmheyder Flötz noch ein anderes befindlich, ein Versuch zu thun?" (OBA ClZ, 466/23). Der Gewerkentag beschloß am 23. August: „Das Vorgesümpfe des Schachtes ‚Wilhelm Ernst' soll noch 10 Lachter tief abgesunken und alsdann durch Bohren erforscht werden, ob unter dem Sturmheyder noch ein Flötz vorhanden, wie die Alten gemuthmaßt haben" (B 15951, Conclusum Pkt. 44). Über einen Erfolg konnte nicht berichtet werden. Hätte der Schacht nahe am nordöstlichen Abbaurand gestanden, so wäre das „zweite Flöz" gefunden worden.

Die Mitteilung Kutschers enthält nicht den geringsten Hinweis, der auf das Vorhandensein eines aufsteigenden Flözes an irgendeiner Stelle der abgebauten Flözfläche schließen ließe.

Es bleibt somit festzuhalten: Das flach gelagerte Kupferschieferflöz des Sturmheider Abbaubereiches ist an seinem südwestlichen Abbaurand nicht, wie J. C. W. Voigt und viele andere nach ihm, angenommen haben, in einen aufsteigenden, NW–SO streichenden Flözflügel übergegangen. Die Folgerung ist nach dem Studium ganzer Aktenberge der Vor-Goethe-Zeit zwingend. Wenn diese Akten von dem „Sturmheider Gang" sprechen, so ist immer der „Sturmheider flache Gang" gemeint, der südöstlich an das „Sturmheider Flöz" anschließt und O–W streicht.

Nur an einer einzigen Stelle hatte man geglaubt, den „Rodaer Gang" gefunden zu haben, und zwar 1733 im Rahmen der Suche nach „edlen Gängen". Der Fundpunkt lag auf dem Tagesstollen in der Nähe des Schachtes ‚Gott hilft gewiß', 46 m oberhalb des Martinrodaer Stollens und 90 m oberhalb des hypothetischen Knicks (Anl. 2). Dort führte ein etwa 100 m langer, verbrochener Querschlag in südsüdöstlicher Richtung zu einem alten Abbau auf dem „Gang" (B 15894, Bl. 108 ff.). 100 m südlich des Punktes, an dem der Querschlag den „Gang" getroffen hatte, war ein Schacht, der Ernst-August-Schacht, häufig auch Albrecht-Schacht genannt, abgeteuft worden. Auch er war 1733 verbrochen (B 15891, Bl. 224). Schacht und Querschlag wurden aufgewältigt. Außerdem wurden ein Querschlag vom Nassen Ort und einer vom Martinrodaer Stollen zu dem „Gang" getrieben (Anl. 2).

Planmäßiger Abbau konnte jedoch auch hier nicht geführt werden. Das Streichen war unregelmäßig, das Flöz verlor sich stellenweise ganz, und die Wasserzuläufe waren groß (B 16350/200, Bl. 22 und 28). C. A. L. von Imhof berichtete 1736 in seinem Gutachten (B 15892, Bl. 47–94), der Querschlag des Nassen Ortes sei auf einer Länge von 90 m im Rotliegenden aufgefahren worden. Die Ortsbrust stehe jetzt im Zechsteinkalk. Bei der Auffahrung hätte der „Gang" durchörtert werden müssen. Aber Imhof erwähnt nur eine Kluft zwischen Rotliegendem und Zechsteinkalk. Auf ihr wurden „Kalkörter" nach beiden Seiten zu dem alleinigen Zweck aufgefahren, zusitzendes Wasser abzufangen, das sonst dem Tiefsten zugelaufen wäre. Weder Kupferschiefer noch Sanderz waren vorhanden. Die Bergwerksbedienten hatten sich von dem Vorhaben, in der Nähe des Schachtes ‚Ernst August' Abbau auf dem „Gang" zu führen, schon zurückgezogen.

J. C. W. Voigt war selbst nicht frei von Zweifeln hinsichtlich der generellen Gültigkeit seiner Annahme. Von dem aufsteigenden Flöz im alten Sturmheider Werk sagt er selbst, „wenn es hier nicht fleckweis ganz fehlt" (1821, 81). Es ist aber gerade umgekehrt richtig. Generell muß gelten, daß das NW–SO streichende, steil einfallende Flöz an der Sturmheide nicht vorhanden war. Nur „fleckweis" war es in der Nachbarschaft der Störungskluft ‚hängengeblieben' – und auch dies nur in oberen Teufen.

Wenn aber, um in der Trebraschen Sprache zu reden, ein „Rücken", der dem „Flöz" aufsitzt und es veredelt haben könnte, am südwestlichen Abbaurand der Sturmheide gar nicht vorhanden war, dann durften dort auch keine besseren Anbrüche erwartet werden. Auch diese Deduktion steht mit dem Inhalt der Akten der Vor-Goethe-Zeit in Übereinstimmung, aus denen sich eine signifikante Häufung von Zonen höherer Metallgehalte am südwestlichen Abbaurand nicht hat herleiten lassen.

Hier erhebt sich nun die ebenso wichtige wie schwer zu beantwortende Frage, ob die Verantwortlichen der Goethe-Zeit bei intensivem Studium der Akten zu denselben Schlußfolgerungen hätten kommen können, die – wohlgemerkt – zunächst nur für den Abbaubereich des Sturmheider Bergwerks und nicht etwa auch für den Standort des Schachtes ‚Neuer Johannes' gelten.

Die These von der Überschiebung am südwestlichen Abbaurand der Sturmheide, die der Verfasser 1987 an die Stelle von Knick und aufsteigendem Flöz gesetzt hat, hätte ohne neuzeitliche geologische Vorstellungen nicht gefunden werden können. Sie konnte ein Jahr später in dreimonatiger Arbeit im Thüringischen Hauptstaatsarchiv bestätigt werden. So unvollständig die dabei gewonnene, verfeinerte Vorstellung auch immer noch sein mag, die Grundzüge der Flözlagerung an der Sturmheide läßt sie erkennen. Eliminiert man daraus alle Folgerungen, zu denen nur das Wissen unserer Tage befähigt, so bleibt ein Bild, wie es auch vor 200 Jahren durch bloßes Aktenstudium hätte gewonnen werden können. Schon dann hätte sich die Vorstellung von Knick, aufsteigendem Flöz und dort anzutreffenden guten Metallgehalten für die Sturmheide nicht mehr halten lassen. Und für den Standort des Schachtes ‚Neuer Johannes' hätten zumindest Zweifel aufkommen müssen, selbst wenn dort das aufsteigende Flöz wenigstens im Niveau des Martinrodaer Stollens hat beobachtet werden können.

Wessen Aufgabe wäre es nun gewesen, sich einem solchen Aktenstudium zu unterziehen, und wer hätte es mit Aussicht auf Erfolg tun können? Ein erfahrener Bergmann vom Leder[89] hätte es schon sein müssen. Nur ein solcher wäre in der Lage gewesen, das Gelesene *mit Augen zu sehen und mit dem Geiste zu fassen*[90] (WA I 33, 214).

Die Mitglieder der Bergwerkskommission waren Bergleute von der Feder. Ihre Aufgaben waren anderer Art. Zudem waren Kalb und Goethe erst seit kurzer Zeit in ihren Ämtern und hatten einen Überblick über den Inhalt der Akten noch nicht gewinnen können. Anders Eckardt! Aus vielen Vorgängen, die ihm in seiner langen Regierungstätigkeit begegnet waren, und auch aus den Vorstudien für seine Ausarbeitung von 1777 war ihm der Inhalt der Akten bekannt. Neben der souveränen Beherrschung der juristischen Zusammenhänge äußerte sich dies aber mehr in der Kenntnis der Ergebnisse als der Ursachen bergmännischer Rückschläge. So konnte er zwar Anfang 1777 in seiner Ausarbeitung über das Ilmenauer Bergregal von dem Bergwerk als von „einem so ungewissen und trüglichen Bau, dergleichen nicht nur Fletzbergwercke überhaupt, sondern die Ilmenauischen auch, nach Ausweis der Acten insonderheit sind" (F 193, Bl. 133) sprechen. Von der Lagerstätte konnte er sich gewiß keine zutreffende Vorstellung machen. Und er wäre sicher auch nicht in

---

[89] „Bergmann vom Leder: ein praktisch ausgebildeter Bergmann, im Gegensatz zu Bergmann von der Feder: ein nur theoretisch gebildeter Bergmann, insbesondere ein Bergbeamter, welcher lediglich oder doch vorzugsweise mit Schreibarbeiten beschäftigt ist" (Veith, 80). In den Bergämtern des Harzes und des Erzgebirges bildeten die Bergleute von der Feder – u. a. Zehntner, Bergrichter, Bergschreiber – die erste, die Bergleute vom Leder – u. a. Bergmeister, Geschworene – die zweite Klasse.
[90] Goethe hat diese Wendung im Jahre 1822 im Rückblick auf seine eigene Einarbeitung in das ihm bis dahin fremde Bergwesen niedergeschrieben.

der Lage gewesen, aus den Akten eine solche zu gewinnen. Christian Gottlob Voigt, der ältere Bruder von Johann Carl Wilhelm, trat erst 1783 in die Bergwerkskommission ein, als die einschlägigen Festlegungen bereits getroffen waren.

Johann Carl Wilhelm Voigt, der junge Freiberger Bergakademist mit seinem speziellen Auftrag zur Erforschung der Geologie des Thüringer Waldes, war zu diesem Zeitpunkt allenfalls auf dem Wege, ein Bergmann vom Leder zu werden. Zunächst war er Jünger der nun auch in den Bergbau einziehenden Wissenschaft. Als solcher hatte er das besprochene geologische Profil entworfen und damit, weil es der neuesten neptunistischen Theorie entsprach, großen Anklang gefunden. Ihm fehlte aber eine Erfahrung, die nur die Praxis vermitteln kann: daß die Geologie sich in Untertageaufschlüssen meist komplizierter darstellt, als sie theoretisch vorauszusagen ist.

Dem Herzog standen somit nur zwei Persönlichkeiten zur Verfügung, die sich mit Fug und Recht des vielbesungenen Leders rühmen konnten: F. W. H. von Trebra, der kursächsische Bergmeister und Vizeberghauptmann, und J. G. Schreiber, der Ilmenauer Geschworene.

Trebra, vom sächsischen Kurfürsten für seine gutachterliche Tätigkeit in Ilmenau auf die Dauer von sechs Wochen beurlaubt, bezieht sich im Vorgutachten vom 6.5. und im Gutachten vom 11. 7. 1776 nicht selten auf Aussagen alter Akten. Die Stellen, die er heranzieht, sagen aber überwiegend über andere Problemkreise aus und handeln nur vereinzelt von der Ausbildung der Lagerstätte. Es wäre Trebra ja auch nicht zuzumuten gewesen, in der kurzen Zeit seines Aufenthalts im Herzogtum auch noch den gesamten Aktenbestand durchzuarbeiten. J. L. Eckardt ist jedenfalls zuzustimmen, wenn er in dem oben zitierten Zusammenhang mit feinem Takt zum Ausdruck bringt, daß sich Trebra über die Bauwürdigkeit zurückhaltender geäußert hätte, wenn er über die wechselhafte Ausbildung des Flözes und über das wechselhafte Schicksal des Bergbaus der Vergangenheit „aus den volumineusen Archiv-Acten genauer unterrichtet gewesen wäre" (F 193, Bl. 33'). Von wem die wenigen Trebra überstellten Akten ausgewählt worden waren, hat sich nicht ermitteln lassen.[91]

Bleibt der Ilmenauer Geschworene Johann Gottfried Schreiber. Er war bergmännisch ausreichend erfahren und hätte Zeit gehabt, während der langen Vorbereitungen für die Inbetriebnahme Aktenstudien zu betreiben. Aber darf man deswegen die Erwartung hegen, daß er das Voigtsche Modell zu Fall gebracht hätte, wenn er zu anderen Ergebnissen gekommen wäre? Das ist schwer zu glauben. Bergleute pflegen nicht das innigste Verhältnis zu Akten zu haben. Sie wollen „mehr ein Bergmann

---

[91] Trebra waren Akten des Amtes Ilmenau zur Verfügung gestellt worden, die der Gerichtsschreiber J. W. Leffler in einer Anlage des Gutachtens aufgelistet hat. Sie stellen nur einen verschwindend geringen Teil der Akten des älteren Bergbaus dar. Trebra vermerkt ausdrücklich, daß er bei der Ausarbeitung nur diese Akten benutzt habe.

nach dem Leder als nach der Feder seyn'' (Klotzsch, 9). Auch lieben sie die theoretische Diskussion nicht allzu sehr, weil ihr Beruf ihnen mehr das auf den Augenschein gegründete, entschlossene Handeln abverlangt.

Die wissenschaftliche Erforschung der Erdkruste befand sich zur Zeit der Wiederaufnahme des Ilmenauer Bergbaus in einem mitreißenden Aufbruch. Man glaubte fest daran, die „dumpfe Bergbaupraxis" vergangener Jahrhunderte mit ihrer Hilfe endlich überwinden zu können. Wenn Goethe in dem schon mehrmals zitierten Brief an den Herzog von Gotha vom 27. 12. 1780 mit Bezug auf geologische Erscheinungen sagte: *Bei dieser Sache ⟨...⟩ ist der anschauende Begriff dem wissenschaftlichen unendlich vorzuziehen*, so meinte er es sehr wörtlich. Auf dem Weg über die ‚Anschauung' des steil stehenden Flözflügels auf dem Martinrodaer Stollen – wir werden davon erfahren – hatte er die Voigtsche ‚Idee' fassen können. Die betrieblichen Aufzeichnungen früherer Generationen hätten, selbst wenn sie aufmerksam und richtig gelesen worden wären, in dieser Situation nur geringe Chancen gehabt, in einer Auseinandersetzung mit der Voigtschen Theorie zu bestehen.

Es hat dann auch mehr als ein Jahrhundert gedauert, bis der Wert archivalischer Studien für die Erforschung der Ilmenauer Lagerstätte erkannt wurde. Interessanterweise war es ein Geologe, der als erster darauf hinwies: H. Heß von Wichdorf (1914, 4f.). Seine noch immer junge Wissenschaft hatte ihre Schwächen erkannt und wollte die Ursprünge, denen sie entwachsen war, wieder einbeziehen. Heß von Wichdorf entwarf einen detaillierten Arbeitsplan, nach dem Aktenstudien aufgenommen werden sollten. Der Plan kam jedoch nicht zur Ausführung. Sie wurde wohl durch den Ersten Weltkrieg unterbunden und später nicht wieder aufgegriffen.

Goethe hat unter dem Datum vom 27. 1. 1787 in Rom geschrieben: *Man kann das Gegenwärtige nicht ohne das Vergangene erkennen, und die Vergleichung von beiden erfordert mehr Zeit und Ruhe* (WA I 30, 261). Wir können den Satz getrost auch auf die Geschichte der Erforschung der Ilmenauer Lagerstätte beziehen.

1.5 Werdegang des Aufschlußplans

Dem Gutachter des Jahres 1776, Friedrich Wilhelm Heinrich von Trebra (Bild 23), wurden in der Instruktion vom 25. Juni vier Fragen zur Beantwortung vorgelegt (B 16039, Bl. 14):

1. Ist von der natürlichen Beschaffenheit der Ilmenauer Gebirge zu hoffen, daß es möglich sein werde, einen vortheilhaften Bergbau darin wieder anzustellen?
2. Wo kann man den Bau nach gegenwärtig vorliegendem Zustand wieder angreifen, auf vormals schon bebauten Punkten oder auf ganz neuen?
3. Welche Hülfsbaue an Maschinen und Schächten sind nötig?
4. Wieviel Kosten und Zeit erfordert die Ausführung?

Bild 23: Friedrich Wilhelm Heinrich von Trebra (1740–1819)

Schon am 6. Mai hatte Trebra ein Vorgutachten abgeliefert (B 16235 a, Bl. 19'–28'). Grundlage hierfür waren die umfangreichen Niederschriften des letzten Gewerkentages der alten Ilmenauer Gewerkschaft und der ebenfalls sehr umfangreiche Schriftwechsel, der im Anschluß an den Gewerkentag über die strittig gebliebenen Punkte geführt worden war. Der Gewerkentag hatte vom 16.9. bis 5. 10. 1744 in Ilmenau stattgefunden (B 15896, Bl. 121ff.). In insgesamt 16 Sitzungen war heftig und schließlich erfolglos um den richtigen Weg zur Rettung des Bergwerks gerungen worden.

Aus diesen Unterlagen leitet das Vorgutachten die Gründe für den Untergang des alten Werkes ab. Im einzelnen nennt es die heillose Zerstrittenheit der führenden Interessentengruppen, das daraus erwachsene unsichere, nur auf die Festigung der eigenen Position bedachte Verhalten der Bergwerksbedienten und den schlechten Zustand der Grubenbaue und Maschinen. Zur Bauwürdigkeit sagt Trebra unter anderem: „Den Mangel guter Anbrüche kann ich unmöglich unter die Ursachen des Verfalls des Illmenauer Bergwercks zählen" (B 16235 a, Bl. 22).

Trebra schließt das Hauptgutachten am 11. 7. 1776 ab. In einer Anlage zu dem Gutachten zeigt er die abgebauten Flözflächen auf und die vielfach größeren

Flächen, die einem zukünftigen Abbau noch zur Verfügung stehen. Hinsichtlich der Metallgehalte ist er optimistisch und verweist auf die hohen Silbergehalte des Schwarzkupfers, das in den letzten Jahren vor dem Dammbruch am unteren Freibacher Teich zur Seigerhütte geliefert worden war. Die großen Hoffnungen, die er auf die Veredelung des Flözes in der Nähe der „Gänge" setzt, wurden schon im vorangegangenen Kapitel behandelt. Schließlich zählt Trebra weitere wichtige Standortvorteile Ilmenaus auf, wie reichliche Wasserführung der Ilm und Deckung des Holzbedarfes aus nahegelegenen Waldungen. Eisen und Kohle wurden in der näheren Umgebung ebenso gewonnen wie Flußspat, ein wichtiger Zuschlagstoff für die Verhüttung.

Auch zu der zweiten Frage hatte sich Trebra schon im Vorgutachten vom 6. Mai geäußert (ebd., Bl. 19' ff.). Dort vergleicht er Vor- und Nachteile der Wiederaufnahme des verlassenen Bergwerks mit denen eines Neubeginns an bergbaulich noch nicht erschlossenen Punkten. Für diesen – so Trebra – spreche der geringere Aufwand an Zeit und Geld, für jene die größere Sicherheit, das Flöz zu finden. Das Vorgutachten schließt ab mit dem Bemerken: „Das Beste würde vielleicht seyn, wenn ohne allzugrosen Aufwand, und so daß es in der Verbindung einander zur Hülfe wäre, beyde Arten des Angriffs mit einander verbunden werden könnten".

Wenn auch nur als Grundsatz und noch ohne Beziehung zur Örtlichkeit, ist hier ausgesprochen, was nach eingehender Lokaluntersuchung Inhalt des Hauptgutachtens vom 11. 7. 1776 werden wird: Angriff des Flözes an zwei Punkten, nämlich am Standort des Schachtes ‚Neue Hoffnung', wo es zwölf Jahre zuvor aufgeschlossen und nach zwei Jahren wieder verlassen worden war, und am Standort des Johannes-Schachtes, wo das Flöz zwar vermutet wurde, es aber noch nicht angetroffen worden war.

Bevor er zu diesem Ergebnis gelangt, setzt Trebra sich ausführlich mit den Problemen auseinander, die Aufwältigung und Betrieb des alten Sturmheider Werkes[92] schwer belastet hätten. Dort müßten zuerst die Standwasser aus den ersoffenen Grubenbauen mit großem Aufwand herausgepumpt und danach die laufenden Zugänge kurz gehalten werden. Da die höher gelegenen Sturmheider Vorräte abgebaut seien, könnte der Abbau nur dem Einfallen des Flözes zur Teufe hin folgen. Dabei zöge er das Wasser hinter sich her. Neue Baue seien aber so anzulegen, daß der Abbau vom Tiefsten zum Höchsten erfolgen könne. Dies sei eine für jeden Bergbau nützliche, für den Bergbau in der flachen Lagerung aber heilige Regel.

---

[92] Die Wiederaufnahme des Rodaer Werkes zum Zwecke des Abbaus angrenzender, unverritzter Vorräte wurde weder von Trebra noch später von anderen Bergverständigen in Erwägung gezogen. Die Aussicht, dort das „reiche Sturmheider Flöz" zu finden, war zu gering erschienen, nachdem es jahrelang vergeblich gesucht worden war.

Werde sie dort nicht befolgt, so sei es noch schwieriger, Abbaufronten im Tiefsten vom Wasser freizuhalten, als es schon bei steil gestellten Lagerstätten der Fall sei. Der auf dem Sturmheider Bergwerk in der Vergangenheit geführte Abbau habe dies zur Genüge bewiesen.

Mehr Vollkommenheit und größeren Nutzen als von der Wiederaufnahme des Sturmheider Werkes erwartet werden könne, bringe es daher, – so folgert Trebra weiter – die noch nicht abgebaute Flözfläche von ganz neuen Punkten aus in Angriff zu nehmen. Ihre Auswahl unterwarf er fünf Kriterien:

1. weit genug von den Grubenbauen des Sturmheider Werkes entfernt, um Sicherheit gegen einen Übertritt des Wassers zu haben,
2. das Flöz in beträchtlicher, aber nicht zu großer Teufe, um bald den Abbau eröffnen zu können,
3. ein „Gang" (Trebra fügt in Klammern hinzu: Rücken oder Wechsel) in der Nähe, der möglichst gleichzeitig mit dem „Flöz" in Angriff zu nehmen sei,
4. so gelegen, daß der Abbau von unten nach oben geführt werden könne,
5. in genügender Nähe zu den Einrichtungen des früheren Bergbaus, wie Kunstgräben, Entwässerungsstollen und Schmelzhütte.

Der Standort Johannes-Schacht erfüllte, wie Trebra detailliert darlegt, alle fünf Punkte. Wie seine Vorgänger es in ihren Gutachten auch getan hatten, vermutet er das Flöz in 270 m Teufe, 160 m unter dem Martinrodaer Stollen. Das Risiko, es nicht anzutreffen, schätzt er gering ein. Der Schacht war 600 m von den alten, ersoffenen Bauen entfernt. Eine Feste von 120 m genüge, so Trebra, um dort das Wasser zurückzuhalten. Für den Abbau vom Tiefsten zum Höchsten stehe dann noch eine einfallende Länge von 480 m zur Verfügung. Der „Rodaer Gang", den man im Jahre 1707 wegen seiner reichen Sanderze von dem Schacht ‚Getreuer Friedrich' aus habe in Abbau nehmen wollen, sei in geringer Entfernung vom Johannes-Schacht im Martinrodaer Stollen aufgeschlossen. Dieser führe in der Nähe vorbei und könne mit einem kurzen Querschlag an den Schacht angeschlossen werden. Die Entfernung bis zum Endpunkt des mittleren Berggrabens war gering.

Die Eignung des Schachtes ‚Neue Hoffnung' sah Trebra differenzierter. Ein „Gang" sei zwar in seiner Nähe nicht bekannt, und der Endpunkt des Martinrodaer Stollens 1200 m weit von ihm entfernt. Dafür scheide bei diesem Schacht jegliches Risiko, das Flöz nicht anzutreffen, aus. Der Schacht habe das Flöz 1764 in einer Teufe von 104 m angetroffen. Jetzt sei der Schacht mit geringem Aufwand aufzuwältigen. Seine geringe Teufe lasse zudem deutlich niedrigere Kosten für Wasserhebung und Schachtförderung als der Johannes-Schacht erwarten. Der Martinrodaer Stollen müsse nach und nach an den Schacht herangeführt werden. Bis dahin erleichtere ein in 14 m Tiefe vorhandener, 300 m langer Stollen die Wasserhaltung. Die schlechten Schmelzergebnisse, die 1766 zur Einstellung des Betriebes geführt hatten, schwächt Trebra ab, indem er – unrichtigerweise – annimmt, das Haufwerk sei damals ohne vorherige Aufbereitung dem Schmelzen zugeführt worden. Bei einem erneuten Versuch dürfe die Aufbereitung nicht unterbleiben. Schließlich hofft er, daß bei weiterer Ausdehnung des Abbaus ebenfalls „Gänge" und in ihrer Umgebung bessere Metallgehalte[93] angetroffen werden.

Die dritte Frage, die in dem Gutachten zu beantworten war, betraf herzustellende Grubenbaue und benötigte Maschinen, die vierte Frage die Kosten des Unternehmens.

Der Johannes-Schacht war in dem 86 m tiefen, verbrochenen Teil aufzuwältigen und sein Querschnitt den neuen Erfordernissen entsprechend zu erweitern. Bis zum Martinroder Stollen mußten dann noch 22 m und von hier bis zum Flöz weitere 160 m aus dem Vollen geteuft werden. Vom Martinroder Stollen aus war ein 42 m langer Querschlag zu dem Schacht zu treiben und im Niveau des Nassen Ortes ein vorhandener Querschlag bis zum Schacht zu verlängern. Schließlich empfahl Trebra, 80 m unter dem Martinroder Stollen ein Ort nach Südwesten zum „Rodaer Gang" zu treiben, um dessen Bauwürdigkeit zu untersuchen.

Der Schacht habe später – so Trebra – als Treib- und Kunstschacht zu dienen. Zur Versorgung der beiden hierfür erforderlichen Maschinen mit Aufschlagwasser seien unterer Freibacher Teich und mittlerer Berggraben instandzusetzen. Kunst- und Kehrrad würden zweckmäßig am Ort der alten Radstube des Schachtes ‚Wilhelm Ernst' nahe dem Endpunkt des mittleren Berggrabens aufgestellt. Die Energie müsse von dort mit Hilfe zweier 660 m langer Feldgestänge zum Johannes-Schacht übertragen werden, wo ein Göpel für die Schachtförderung und Kunstkreuze, Kunststangen und Kunstsätze für die Wasserhebung zu installieren seien. Von der Verlängerung des Berggrabens und der Aufstellung von Kunst- und Kehrrad am Johannes-Schacht riet Trebra ab, weil die Verlängerung über bebaute Felder führen würde, wo größere Wasserverluste zu erwarten seien. Während das Treibwerk schon zu Beginn des Abteufens benötigt werde, könne man mit dem Bau des Kunstrades warten, bis die Sohle des Schachtes den Martinroder Stollen passiert habe. Bei geringen Wasserzuläufen genüge vielleicht eine Interimskunst. Hierfür schlägt er zwei Lösungen vor.

Der Schacht ‚Neue Hoffnung' sollte auf ganzer Länge, das heißt auf 104 m, aufgewältigt und erweitert werden. Ebenfalls aufzuwältigen, und zwar auf rund 300 m Länge, war der oberflächennahe Entwässerungsstollen. Auch für diesen Schacht sah Trebra Einrichtungen für Förderung und Wasserhaltung vor. Hier sollten Kehrrad und Kunstrad ihre Aufstellung direkt am Schacht finden. Für ihre Versorgung mit Aufschlagwasser schlägt Trebra vor, das von den Künsten des Johannes-Schachtes abfallende Wasser zu fassen und zum Treppenschacht zu leiten. Von dort müsse es in einem neu anzulegenden, mitten durch die Stadt führenden und knapp 900 m langen Graben zum Schacht ‚Neue Hoffnung' gebracht werden.

---

[93] J. G. Gläser hatte 1766 das starke Einfallen des Flözes als Vorboten eines nahen „Ganges" gedeutet, der „es ⟨das Flöz⟩ hoffentlich veredelt". Er fuhr dann fort: „Es ist auch nicht zu vermuten, daß das dasige frische Feld ohne Gänge seyn werde" (B 16038, Bl. 135ff.).

Die Kosten wurden für die übertägigen Anlagen, einschließlich der Kunststangen und Kunstsätze in den Schächten, von Kunstmeister Johann Friedrich Mende, für die bergmännischen Arbeiten von Obersteiger Johann Gottfried Schreiber kalkuliert. Sie sind in detaillierten Nachweisungen dem Gutachten beigefügt. Für den Johannes-Schacht wurden rund 15050 Rtlr, für den Schacht ‚Neue Hoffnung‘ weniger als ein Drittel davon, 4630 Rtlr nämlich, ermittelt.

Als Zeitaufwand für die Ausführung dieser Arbeiten nennt Trebra drei Jahre. Da während dieser Zeit Kosten für Direktion des Werkes, für Unterhaltung von Stollen und Schächten und für andere, einzeln nicht bezifferbare Positionen anfallen werden, schlägt er den errechneten Kosten von rund 20000 Rtlr weitere 5000 Rtlr hinzu. Diesen Aufwand – und nur diesen – habe die Gewerkschaft „aus ihrem Beutel‟ zu zahlen. Trebra betont, daß ein Interessent wissen müsse, wie hoch sich der Aufwand während der Phase des Aufschlusses stellen werde.[94]

Für den nachfolgenden Ausbau des Bergwerks schlägt Trebra eine Finanzierung mit Hilfe von Darlehen vor. Die aufzunehmenden Vorschüsse seien aus den Erlösen der mit ihnen finanzierten Arbeitsschritte zurückzuzahlen. Jeder weitere Schritt müsse von dem Erfolg des vorangegangenen abhängig gemacht werden. So seien zunächst auf beiden Schächten Untersuchungsörter aufzufahren. Das dabei gewonnene Haufwerk decke die Auffahrkosten. Abbaubetriebe dürften erst eingerichtet werden, wenn die Untersuchungen bauwürdige Vorräte in ausreichendem Umfang festgestellt hätten. Und erst wenn aus Abbaubetrieben schmelzwürdiges Haufwerk in solcher Menge zutage gefördert sei, daß davon ein Schmelzofen ein Jahr lang betrieben werden könne, sei mit der Instandsetzung der Rohhütte zu beginnen. Auf diese Weise blieben die Verbindlichkeiten während der Ausbauphase überschaubar, und es ließen sich Metallkontrakte vermeiden, die zum Untergang des alten Bergbaus beigetragen haben.

In einer „Vorerinnerung‟, die dem Gutachten vorangestellt ist, gibt Trebra zu erkennen, daß die beiden Angriffspunkte – Johannes-Schacht und Schacht ‚Neue Hoffnung‘ – nicht von ihm zum ersten Male ins Spiel gebracht werden. Der Johannes-Schacht sei auf dem Gewerkentag des Jahres 1726 von den Bergmeistern Stiebner, Freiberg, und Hartzig, Clausthal, vorgeschlagen[95], und die Fortsetzung

---

[94] Mit diesen Grundsätzen weicht Trebra ab von der bis dahin üblichen Finanzierungsmethode, nämlich der Erhebung von Zubußen, mit denen der Geldbedarf einer Gewerkschaft von Quartal zu Quartal gedeckt wurde. In seinem großen Werk „Erfahrungen vom Innern der Gebirge‟ wird er das Verfahren, das er erstmalig bei dem 1775 begonnenen Vorhaben „Gideon tiefer Erbstollen‟ in Marienberg praktiziert hatte, ausführlich beschreiben.

[95] Die Aussage ist nicht ganz richtig. Die Indienststellung des Johannes-Schachtes wurde 1726 nur von Hartzig vorgeschlagen. Dieser besaß das Vertrauen des Herzogs von Weimar, der die Zukunft des Werkes sichern wollte. Stiebner, der Gutachter der kursächsischen Gewerkengruppe, die auf hohe Metalllieferungen in der Gegenwart Bedacht nahm, votierte dagegen. Die Frage des Abteufens blieb wegen Uneinigkeit der Gutachter auf dem Gewerkentag von 1726 in der Schwebe. Erst 1728 wurde ein entsprechender Beschluß gefaßt. Wegen Geldmangels kam er jedoch nicht zur Ausführung. – Das Gutachten des

des Betriebs auf dem Schacht ‚Neue Hoffnung' von Bergmeister Gläser 1766 angeraten worden. Trebra fügt dann an: „Man hat sich aber hiervor nicht gescheuet, denn es ist ja nicht nothwendig, das dasjenige allemal eine neue Erfindung seyn muß, was wahrhaftig nützlich und gut ist".

Die Aussagen des Trebraschen Gutachtens zum Aufschluß des Flözes werden unverändert in den Entwurf einer ‚Nachricht' an das interessierte Publikum übernommen, den Eckardt Anfang des Jahres 1778 vorlegt (B 16228, Bl. 74ff.). Am 17. Januar zur Begutachtung an Trebra geschickt, ist der Entwurf Mitte Februar wieder in Weimar (ebd., Bl. 88ff.). Trebrasche Anmerkungen und Verbesserungen betreffen juristische Fragen, im wesentlichen Fragen der Gewerkschaftsverfassung, nicht dagegen Fragen des Aufschlusses. Trebra bemerkt lediglich, daß er dem jüngsten Vorschlag des Herzogs, den Schacht ‚Neue Hoffnung' Trebra-Schacht zu nennen, unmöglich habe widersprechen können. Er sei ihm zu schmeichelhaft gewesen.

Nachdem die Kommission am 30. 3. 1778 vorgeschlagen hatte, die Drucklegung der ‚Nachricht' wegen der noch nicht bereinigten Fragen auszusetzen, und der Herzog dem Vorschlag einen Monat später zustimmt (ebd., Bl. 129 u. 131), findet das Thema ‚Aufschluß' in den Akten lange Zeit keine Erwähnung. Erst am 26. 9. 1780 scheint es wieder auf. Unter diesem Datum richtet der Ilmenauer Geschworene J. G. Schreiber eine Eingabe an die Kommission, in der er sich mit dem Standort des Schachtes ‚Alter Johannes' auseinandersetzt (B 16228, Bl. 143).

Schreiber führt aus, daß die Entfernung dieses Schachtes vom „Sturmheider Gang"[96], zu dem hin der erste Versuchsbau im Flöz getrieben werden müsse, mit 114 m zu groß sei. Beim Vortrieb müsse mit Wettermangel gerechnet werden. Statt den alten Schacht aufzuwältigen und tieferzuteufen, schlägt Schreiber vor, einen ganz neuen Schacht abzuteufen, den er 82 m näher an den „Gang" heranrücken will (Bild 24). Neben dem Vorteil, den „Gang" mit den Bauen im Flöz schneller und leichter zu erreichen, weist Schreiber Kostenvorteile der kürzer werdenden Verbindungsstrecken vom Schacht zum „Gang" im Niveau des Martinrodaer Stollens und 80 m darunter in Höhe von 1100 Rtlr nach. Und schließlich werde bei einem neuen Schacht das Abteufen aus dem Vollen gegenüber dem Aufwältigen des alten Schachtes einen Zeitgewinn von einem halben Jahr einbringen.

Die Eingabe ist, wie man das von einem Bergmann vom Leder erwarten muß, ganz auf das Praktische gerichtet. Mit theoretischen Spekulationen hält sie sich nicht

---

kursächsischen Bergmeisters J. G. Gläser von 1766 kann geradezu als Vorwegnahme des Trebraschen Gutachtens bezeichnet werden. Gläser befürwortete nämlich nicht nur den Weiterbetrieb auf dem Schacht ‚Neue Hoffnung', sondern auch die Aufnahme des Betriebes am Johannes-Schacht.

[96] Unter der Bezeichnung „Sturmheider Gang" versteht Schreiber das in der Nähe des Johannes-Schachtes im Martinrodaer Stollen aufgeschlossene, steil stehende Flöz, das bis dahin immer als „Rodaer Gang" bezeichnet wurde.

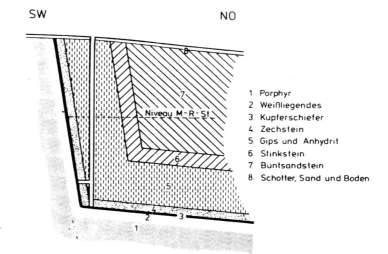

SW NO

Niveau M-R-St

1. Porphyr
2. Weißliegendes
3. Kupferschiefer
4. Zechstein
5. Gips und Anhydrit
6. Stinkstein
7. Buntsandstein
8. Schotter, Sand und Boden

Bild 24: Lage der Schächte ‚Alter Johannes' (rechts) und ‚Neuer Johannes' (links)

auf. Aber sie baut gleichwohl auf eminent wichtigen Theorien auf: der Annahme Trebras von der Veredelung des „Flözes" durch den „Gang" und der Annahme des jüngeren Voigt über die scharfe Umbiegung vom flach zum steil gelagerten Flöz. Wenn man – so der Praktiker – möglichst schnell an diese Umbiegung gelangen wolle, müsse man eben den neuen Schacht nahe an sie heranrücken. Schreiber hatte die Vorstellungen, ohne sie seinerseits zu reflektieren, übernommen und zur Grundlage seiner Überlegungen gemacht. Im vorangegangenen Kapitel haben wir gesehen, daß beide Annahmen durch Erfahrungen des älteren Ilmenauer Bergbaus nicht gedeckt waren.

Die Akten lassen zunächst keine Reaktionen auf den Schreiberschen Vorschlag erkennen. In Goethes *Nachricht vom Ilmenauischen Bergwesen* vom Mai 1781, die der Vorbereitung auf die Konferenz mit Kursachsen und Gotha über Fragen des Ilmenauer Bergregals diente, dürften wir eigentlich Aufschlußfragen nicht erwarten. Um so mehr überrascht es, dort einen Hinweis zur Flözausbildung zu finden. Goethe schreibt über das Schieferflöz: *Es war dasselbe, wo es, sich an das Hauptgebürge anlegend zu Tage ausging, leicht zu entdecken und da es sogleich einen Rücken oder Wechsel machte, welcher sich immer reichhaltig findet, mit Vorteil zu bebauen* (LA I 1, 15). Nicht nur der Ilmenauer Geschworene, auch der Vorsitzende der Bergwerkskommission hatte sich die neuen Vorstellungen zu eigen gemacht. Und er hielt sie für wichtig genug, sie an dieser Stelle mitzuteilen.

Nach der Bergwerkskonferenz war Goethe Anfang Juli 1781 von Ilmenau nach Blankenburg geritten, wo er das Kupferbergwerk befuhr. Er lernte dort den schwarzburg-rudolstädtischen Bergmeister Johann Otto Mühlberg kennen, auf den er schon zuvor aufmerksam gemacht worden war. Mühlberg stand im 72. Lebensjahr und hatte als junger Mann auf dem Ilmenauer Bergwerk gearbeitet.[97] In Briefen an den Herzog und an den Freiherrn von Fritsch, die er, wieder in Ilmenau, am 5. Juli schreibt, lobt Goethe das gute Gedächtnis Mühlbergs. Er wisse sich noch an viele Einzelheiten seiner Ilmenauer Tätigkeit zu erinnern. An J. F. von Fritsch: *Da verschiednes was er von dem Wercke sagte mir gute Aufschlüsse zu versprechen schien, habe ich ihn bewogen sich hierher zu begeben* ⟨...⟩ *Ich werde alsdenn eine Unterredung zwischen ihm und dem Geschwornen veranlassen,* ⟨...⟩ *und die Äuserungen und Resultate wohl aufzeichnen lassen* ⟨...⟩ *Da der Geschworne diese Jahre her viel über die Sache nachgedacht; so wird er nebst Voigten die Punckte aufsetzen, worüber besonders Auskunft zu wünschen ist. Ich habe ihnen eine kleine Leitung gegeben, in welcher Ordnung es geschehen soll. Wenn wir alsdann über der Erde alles besprochen haben, wollen wir zusammen einfahren und auch uns unterirrdisch überzeugen und unterrichten. Es ist mir äuserst angelegen in diese Finsternisse einiges Licht zu bringen. Möge auch diese Handlung so viel Vorteil schaffen als ich wünsche* und an den Herzog: *Dieser* ⟨Mühlberg⟩ *kommt Sonntags hierher und ich werde ein gros Colloquium anstellen und seine Aussagen protokolliren lassen damit alles klärer werde.*

Die Befragung Mühlbergs fand am 9. Juli „In Gegenwart des Herrn Geheimrats Goethe Hochwohlgeb." statt. Ein ausführliches Protokoll des Ilmenauer Amtmanns Heinrich Anton Ackermann unterrichtet über den Ablauf (B 16228, Bl. 144–147'). Mühlberg wurden 12 Fragen vorgelegt. Wir erfahren, daß er von 1728 bis 1740, im Alter von 18 bis 30 Jahren also, in Ilmenau war. Während dieser Zeit habe er häufig Arbeit andernorts annehmen müssen, da das Werk ersoffen gewesen sei. Man will von ihm Einzelheiten über Ziele und Ergebnisse der Untersuchungsarbeiten an der südwestlichen und an der nordöstlichen Begrenzung der Abbaufläche im Flöz wissen. Seine Antworten dazu bleiben blaß. An die Teufe des Schachtes ‚Getreuer Friedrich' und an das mit ihm durchörterte Gestein kann er sich nicht erinnern.

Genauere Angaben macht Mühlberg zum Johannes-Schacht. Er sei zuletzt etwa bis zum Niveau des Nassen Orts geteuft worden, stehe aber nicht in der Linie dieses Ortes, und es sei auch keine Verbindung zwischen Schacht und Ort vorhanden gewesen. Zu den Gründen, warum der Schacht so weit von dem „Rücken" entfernt stand, konnte Mühlberg nichts sagen. Wegen der Nachteile dieses Standortes hielt auch er es für richtig, einen ganz neuen Schacht nahe dem „Rücken" abzuteufen. Dieser Schacht dürfe jedoch nicht tonnlägig dem „Rücken" folgen, sondern müsse als Seigerschacht auf den Punkt in der Teufe gerichtet werden, an dem der „Gang" sich zu dem „Flöz" lege.

Die Übereinstimmung dieser Aussage mit der Vorstellung von J. C. W. Voigt über den Übergang vom „Gang" zum „Flöz" und mit dem Vorschlag des Geschworenen

---

[97] Mühlberg verstarb noch im gleichen Jahr, am 14. 10. 1781 (Mitt. Ev.-luth. Pfarramt Bad Blankenburg v. 26. 5. 1991).

Schreiber zum Standort eines neuen Schachtes ist so vollkommen, daß sich der Verdacht aufdrängt, Mühlberg, dessen eigene Ilmenauer Erfahrungen mehr als vier Jahrzehnte zurücklagen, habe schon vor der Befragung Kenntnis von den neuen Ilmenauer Ideen erhalten.

Beim Abteufen des Johannes-Schachtes seien, so Mühlberg auf die nächste Frage, Wasserzuflüsse nicht aufgetreten. Ob sich dies bei einem Schacht wiederholen werde, der näher an dem Gebirge stehe, wage er nicht vorauszusagen. Die Frage nach den Kosten des Abteufens sei ebenfalls schwer zu beantworten. In aller Vorsicht nennt er 25 Rtlr je Meter. Aber selbst wenn sich die Kosten höher stellten, sei dies hinzunehmen, weil man mit dem Schacht am neuen Standort die edelsten Vorräte antreffen werde. Auch hier muß gefragt werden, woher Mühlberg dies hätte wissen können.

Die nächste Frage bezieht sich auf die Zweckmäßigkeit von Querschlägen zwischen Schacht und „Rücken" 40 m und 80 m unterhalb des Stollens, die Gewißheit über die vermutete Verbesserung der Metallgehalte zur Teufe hin verschaffen könnten. Hier werden die Mühlbergschen Aussagen vollends unverständlich und – mit Verlaub – suspekt. Er sagte, man habe in der Nähe der Schächte ‚Wilhelm Ernst' und ‚Gott hilft gewiß' vom „Flöz" aus verschiedentlich hochgebrochen und mancherorts noch in 20 m Höhe (!) schmelzwürdige Erze gehabt. An anderen Orten dagegen sei der „Gang" schon in 4 m Höhe taub gewesen. In der Gegend des Johannes-Schachtes zeige sich zwar auf dem „Gang" im Niveau des Stollens in 100 m Teufe wenig. „Die vorzüglichste Hoffnung sei aber, wenn man mit einem neuen Schacht an das Gebirge rücke, daß man an dem Punkte, wo das Flöz sich in die Höhe legt, reiche Erze auffinden wird".

Im vorangegangenen Kapitel wurde dargelegt, daß ausweislich der gerade in der Zeit des Mühlbergschen Aufenthalts in Ilmenau sehr sorgfältig geführten Bergamtsakten im Nordwesten des Sturmheider Abbaubereichs Abbau auf einem „Gang" nicht stattgefunden hat. Somit kann Mühlberg die Aussage über schmelzwürdige Erze 20 m oberhalb der Umbiegung vom „Flöz" zum „Gang" in der Nähe der beiden genannten Schächte unmöglich auf eigene Anschauungen gegründet haben. Auch mündliche Überlieferungen müssen als Quelle seines Wissens ausscheiden. Wir erinnern uns, daß auch in den Jahrzehnten, die dem Ilmenauer Aufenthalt Mühlbergs vorangingen, Abbau in einem steil gelagerten Flözflügel am südwestlichen Abbaurand der Sturmheide nicht betrieben wurde, mehr noch, daß dort ein solcher Flözflügel gar nicht vorhanden war. Reine Spekulation war auch die Erwartung reicher Erze am Johannes-Schacht „an dem Punkt, wo das Flöz sich in die Höhe legt". Wir sind ihr vor dem Kolloquium vom 9. 7. 1781 schon mehrmals begegnet.

In der Antwort auf die zwölfte und letzte Frage schränkt Mühlberg das Gewicht seiner bisherigen Aussagen zu dem Verhalten des „Ganges" selbst ein. Man will von ihm wissen, ob der „Gang" sein Einfallen gelegentlich verändert habe und ob in der

Nähe solcher Veränderungen die Anbrüche reicher gewesen seien. Das Protokoll gibt seine Antwort wie folgt wieder: „Der Gang habe verschiedene Absätze gemacht, bis er sich endlich zum Flöz geleget. Wie edel aber die Erze gewesen, könne er nicht sagen, weil er sie zu seiner Zeit schon abgebaut gefunden". Und selbst darin irrte Mühlberg. Die Erze des „Ganges" waren nicht abgebaut, sie waren nie vorhanden.

Nur eine einzige kritische Stimme aus dieser Zeit vernehmen wir zum Thema der Veredelung des Flözes in der Nähe des „Ganges". Am 15. 10. 1782 führte der Ilmenauer Obersteiger Paul einen Besucher, Simon Malsch mit Namen, bei einer Grubenfahrt im Schacht ‚Getreuer Friedrich' und auf dem Martinrodaer Stollen. Malsch hat einen ausführlichen Fahrbericht hinterlassen,[98] in dem er nicht nur das in der Gegenwart Gesehene, sondern auch das über die Vergangenheit Gehörte beschreibt. Der Übermittler der Informationen aus der Vergangenheit kann nur Paul gewesen sein. Malsch schildert u. a. die Schichtenfolge im Hangenden und Liegenden von „Gang" und „Flöz" und sagt dann (S. 29): „Hierbei ist zu bemerken, daß dieser Flöz zuweilen auch Wechsel oder Rücken macht. Man hat aber noch nie an dergleichen Rücken oder am Gang selbst nicht die geringste Spur von Koboldarten[99] zu sehen bekommen, welches viel dazu beiträgt, daß diese Schiefer und Sanderze von reicherm Gehalt sind".

Malsch unterscheidet hier durchaus richtig zwischen „Rücken" und „Wechseln" auf der einen und dem „Gang" auf der anderen Seite, eine Unterscheidung, die Trebra noch fremd war. Wir lesen, daß die alte Abbaufläche von kleineren Sprüngen („Rücken oder Wechsel") durchzogen war. Aber weder in deren Nachbarschaft noch in der Nähe des geneigten Flözes, des „Ganges", hätten Veredelungen stattgefunden. Genau dies ist im vorangegangenen Kapitel dieser Arbeit aus den Akten der Vor-Goethe-Zeit abgeleitet worden.

Goethe hat sich nach der Befragung weder in amtlichen Zeugnissen noch in Briefen über das *gros Kolloquium* geäußert. Hätte er es getan, so hätte er sicher seiner Zufriedenheit Ausdruck gegeben. Mühlberg hatte die Annahmen von J. C. W. Voigt und J. G. Schreiber bestätigt. Die Antworten standen auch in guter Übereinstimmung mit dem Trebraschen Gutachten. Welche Veranlassung hätte Goethe auch haben sollen, an ihrer Zuverlässigkeit zu zweifeln? So mag sich mit der Befragung Mühlbergs die Annahme verfestigt haben, daß am Johannes-Schacht gute Anbrüche nur in der Nähe des vermuteten Übergangs vom flach gelagerten zum steil stehenden Flöz erwartet werden konnten. Der hiervon abweichende Bericht von

---

[98] Dem Verfasser ist es nicht gelungen, Näheres zu Person und Stellung von Simon Malsch in Erfahrung zu bringen. Ob dessen Bericht der Bergwerkskommission vorgelegen hat, ist unbestimmt. Er ist jedenfalls nicht in die Akten der Bergwerkskommission gelangt. Gedruckt ist der Bericht in M. Johann Ernst Fabri(us): Neues Geographisches Magazin, Bd. 2, 1786, 27–37.

[99] Der Gebrauch des Wortes „Koboldarten" ist in der alten Literatur sehr unbestimmt. In diesem Zusammenhang ist am ehesten an Mineralausfüllungen von Gangspalten zu denken.

Simon Malsch vom Folgejahr hat daran nichts zu ändern vermocht. Und warum Obersteiger Paul, der spätere Knappschaftsälteste, der es offensichtlich besser wußte, geschwiegen hat, wird sich wohl nie ergründen lassen.

Jedenfalls wurde 14 Jahre später in der entscheidenden Phase der Streckenauffahrungen das Erreichen der Umbiegungszone zum alleinigen Ziel erhoben – und damit die Chance verwirkt, vielleicht an anderen Stellen bauwürdige Vorräte zu finden.

Am folgenden Tag, dem 10. 7. 1781, fuhr Goethe, begleitet von Mühlberg, J. C. W. Voigt, dem Geschworenen Schreiber und dem Obersteiger Paul, am Schacht ‚Getreuer Friedrich‘ an. Protokollant der Grubenfahrt war J. C. W. Voigt. Der Weg führte im Schacht 100 m tief zum Martinrodaer Stollen und dort 660 m nach Südosten zu dem Querschlag, der die Verbindung zum alten Johannes-Schacht hatte herstellen sollen. Auf dem Stollen wurde der Streckenzustand sorgfältig beobachtet. In Firste und Sohle, wo das Flöz noch anstand, konnten an mehreren Stellen bauwürdige Schiefer festgestellt werden. An dem Punkt, an dem der Querschlag zum Schacht ‚Alter Johannes‘ abzweigte, beanspruchte die Lagerung des Flözes die besondere Aufmerksamkeit der Gruppe. Hier fiel das Flöz nicht mehr wie bis dorthin steil nach Nordosten, sondern mit gut 20° widersinnig nach Südwesten ein. Wir waren dieser Stelle schon im vorangegangenen Kapitel begegnet. Die Lagerung erschien deswegen bedenklich, weil einfallendes Flöz und dessen Umbiegung bei Fortsetzung des angetroffenen Einfallens zur Teufe hin sich immer weiter von dem Schacht entfernen mußten.

Im Befahrungsprotokoll (B 16228, Bl. 148–151') heißt es hierzu: „Nachdem aber dieser Umstand weiter in Überlegung gezogen wurde, so setzte man zuletzt dabei fest, daß das Flötz wohl in mehrerer Teufe wieder in sein voriges Fallen zurückkehren müße, weil es sowohl unten nach Roda zu, als weiter oben[100] nach der Sturmhaide zu sich auch gegen Morgen[101] fallend zeigt, sich doch am Ende immer zum Flötze legen müße" (B 16228, Bl. 149').

Die Anschauung hatte nicht zu verhindern vermocht, daß die Voigtsche Idee die Oberhand behielt. Wie auch immer das Flöz sich in oberen Teufen verhalte, es müsse am Ende in die horizontale Lage umbiegen. Das ist die schon ein wenig dogmatisch anmutende Aussage der „Festsetzung". Sie wird gestützt auf Annah-

---

[100] „Unten" und „oben" bezieht sich hier auf den Martinrodaer Stollen, der, um den freien Ablauf des Wassers zu gewährleisten, vom Mundloch über Roda zur Sturmhaide mit geringem Ansteigen aufgefahren worden war.

[101] In Ilmenau war es üblich, die Richtung der wichtigsten morphologischen und geologischen Strukturen nach den Haupthimmelsrichtungen zu benennen, auch wenn sie nicht genau damit übereinstimmten. So wurde unter der Richtung „gegen Morgen" die Richtung nach Nordosten (senkrecht zur Längserstreckung des Thüringer Waldes) verstanden.

men, die nur zum geringen Teil zutreffen. In Roda war zwar der „Gang" vorhanden, aber kein „Flöz". In der Sturmheide war umgekehrt das „Flöz" vorhanden, während der „Rodaer Gang" fehlte. Und nun sollte dieser „Gang" ausgerechnet in dem Zwischenbereich zwischen Roda und der Sturmheide, in dem unterhalb des Martinrodaer Stollens Aufschlüsse so gut wie nicht vorhanden waren, trotz der in oberer Teufe festgestellten Unregelmäßigkeiten tief unter dem Stollen in großer Regelmäßigkeit zu dem „Flöz" umbiegen. Fürwahr, eine kühne Annahme! Aber – man hing dem Neptunismus an, und der hielt, wie wir gesehen haben, die passende Theorie bereit. Die späteren Aufschlüsse, die bei den Auffahrungen am Fuße des Johannes-Schachtes gewonnen wurden, haben die Annahme dann auch nicht bestätigt.

An Ort und Stelle hielt die Befahrungsgruppe es noch für ratsam, den neuen Schacht übertage so anzusetzen, daß er den Querschlag des Martinrodaer Stollens an einer Stelle nahe dem aufsteigenden Flöz („Rodaer Gang") treffen müsse. So hatte es Schreiber vorgeschlagen. Nach diesen Erörterungen fuhr Goethe mit seiner Begleitung wieder zum Schacht ‚Getreuer Friedrich' zurück und von dort 400 m in Richtung Roda bis zu einem Gesenk, das vom Stollen aus ein kurzes Stück nach unten führte. Auch in diesem Abschnitt des Stollens waren streckenweise bauwürdige Schiefer in Firste und Sohle zu sehen, und in dem Gesenk nahm man deren Fortsetzung nach unten wahr. Die Befahrung endete mit der Ausfahrt im Schacht ‚Getreuer Friedrich'.

Nachdem ihm der Befahrungsbericht vorgelegt worden war, versicherte Mühlberg auf ausdrückliches Befragen, er bleibe bei seinen gestrigen Aussagen (B 16228, Bl. 151). So hat auch die Grubenfahrt mit dem von Saalfeld herübergekommenen Bergmeister, dem einzigen namhaften Zeugen des alten Ilmenauer Bergbaus, wie dessen vorangegangene Befragung wesentliche neue Erkenntnisse nicht vermitteln, oder besser, das Wissen über den alten Ilmenauer Bergbau nicht wiederbeleben können. Indes hatte der Vorsitzende der Bergwerkskommission sein möglichstes getan, *damit alles klärer werde*, und J. C. W. Voigt konnte sich in seinen Anschauungen bestätigt sehen.

Die nächsten Überlegungen kreisten um die Frage, ob der Schacht ‚Neue Hoffnung', wie bisher vorgesehen, zugleich mit dem Johannes-Schacht in Angriff zu nehmen sei, oder ob er zurückgestellt werden könne. Als Trebra um eine Stellungnahme zu dem Abteufen des neuen Johannes-Schachtes gebeten wird, legt man ihm auch diese Frage zur Begutachtung vor. Trebra antwortet mit dem Pro Memoria vom 26. 8. 1782 (ebd., Bl. 155 ff.). Er hatte zur Kenntnis genommen, daß das Flöz am Schacht ‚Neue Hoffnung' zuletzt stark einfiel, sein Nutzen also nicht groß sein könne. Auch nach seiner Meinung konnte der Schacht entfallen. Mit dem Abteufen des Schachtes ‚Neuer Johannes', gegenüber dem Standort des alten um gut 80 m näher an dem aufsteigenden Flöz, ist er einverstanden. Als Ersatz für die am Schacht ‚Neue Hoffnung' verlorengehende Aufklärung schlägt Trebra vor, schon 40 m unterhalb des Stollens – und nicht erst 80 m darunter, wie er 1776 vorgeschlagen hatte – ein Ort zu dem „Rücken" zu treiben. Um zu entscheiden, wo und wann ein weiterer Schacht notwendig werde, sei sobald der Johannes-Schacht das Flöz erreicht habe, ein Ort in Richtung auf den Schacht ‚Neue Hoffnung' zu treiben.

Die Kommission legt dem Herzog am 27. 5. 1783 den geänderten Aufschlußplan vor (B 16040, Bl. 44f.). Nach der herzoglichen Genehmigung wolle sie die schon Anfang 1788 entworfene ‚Nachricht' entsprechend ändern. Mittlerweile seien auch die Drucke der beizufügenden Bergwerkskarte eingegangen, so daß die ‚Nachricht' in Druck gegeben werden könne.

Die ‚Nachricht' vom 28. 8. 1783 legt in Kapitel II, das den bergmännischen Fragen gewidmet ist, die Gründe dar für die Entscheidung, den Bergbau am Standort des Johannes-Schachtes wiederanzugreifen. Sie erläutert den Aufschluß von Flöz und „sogenanntem Gang" und die dazu einzuleitenden bergmännischen Schritte (LA I 1, 42–47). Im einzelnen braucht das hier nicht wiederholt zu werden.

Standort der Räder für Wasserhebung und Schachtförderung sollte im Schacht sein. Trebra hatte dies 1776 als eine von zwei Möglichkeiten angesprochen. Zwischen Nassem Ort und Martinrodaer Stollen stand eine Höhe von 20 m zur Verfügung, die für zwei übereinander angeordnete Räder genutzt werden konnte. Zu ihrem Antrieb war das auf dem Nassen Ort zulaufende Gebirgswasser vorgesehen, wobei das von der oberen Maschine ablaufende Wasser der unteren Maschine zugeführt werden sollte. Da der Wasserzulauf des Nassen Ortes schwach und unregelmäßig war, mußte die Zufuhr von zusätzlichem Wasser aus der Ilm in Erwägung gezogen werden. Dazu war der mittlere Berggraben instandzusetzen und der Damm des unteren Freibacher Teiches, auch Großer Rödelteich genannt, zu reparieren.

Das Kapitel schließt mit dem Hinweis, dem Werk sei anfangs nur ein geringer Umfang zugedacht worden, um den Aufwand für die Wiedererhebung so niedrig wie möglich zu halten. Seine Ausdehnung könne erst ins Auge gefaßt werden, wenn es Erträge erziele, die dann dafür einzusetzen seien. Für eine Erweiterung biete die Gegend des Schachtes ‚Neue Hoffnung' gute Voraussetzungen.

In der Kostenschätzung werden für Wiederherstellung von Teich und Graben 5000 Rtlr, für Bau und Montage der beiden Maschinen 5500 Rtlr und für Abteufen einschließlich des benötigten Materials 4500 Rtlr genannt. Fixkosten, wie Beamtenbesoldung und Stollenreparatur, gehörten bis zur Aufnahme der Produktion zu den Herstellungskosten. Für sie wurden noch einmal 5000 Rtlr angesetzt. Mit insgesamt 20 000 Rtlr blieb der Anschlag weit unter dem, was bisher geschätzt worden war. Die ‚Nachricht' unterläßt nicht, darauf zu verweisen, daß eine größere Summe aufzuwenden gewesen wäre, „wenn man der Natur entgegen hätte verfahren und das alte Sturmheiderwerk wieder aufnehmen wollen".

1.6 Gewerkschaft, Gewerken und Bergleute

Die Ilmenauer Gewerkschaft von 1687 war ‚auseinandergelaufen‘, sie hatte sich aufgelöst. Ihre Grubenfelder waren ins Bergfreie gefallen, d. h. sie waren für eine neue Verleihung frei geworden. Die Inhaber des Bergregals wollten von ihrem fürstlichen Vorrecht, den Bergbau selbst zu betreiben, keinen Gebrauch machen. Also mußten private Interessenten gefunden werden, die bereit waren, das Bergwerk auf ihre Kosten wieder in Gang zu bringen.

Der übliche Weg, Bergwerkseigentum zu erwerben, war die Mutung. Der Interessent hatte einen Mineralfund im bergfreien Feld nachzuweisen. Dieser Nachweis begründete den Anspruch auf Verleihung eines Grubenfeldes in einer bestimmten Größe. Träger des Lehens wurde der Muter. Aber: ,,Bergbau ist nicht eines Mannes Sache!‘‘. Nahm der Muter weitere Beteiligte in sein Unternehmen auf, so entstand eine Gewerkschaft. Die Gestaltung der Beteiligungsverhältnisse unterlag freier Vereinbarung, wenn sich auch bestimmte Normen herausgebildet hatten.

Bis in die zweite Hälfte des vorigen Jahrhunderts besaß eine bergrechtliche Gewerkschaft keine eigene Rechtspersönlichkeit. Sie konnte somit weder Trägerin des Lehens noch Eigentümerin des Bergwerks sein. Vielmehr waren die beteiligten Gewerken nach Maßgabe ihrer Anteile unmittelbare Eigentümer des gewerkschaftlichen Vermögens. Auch für die Verbindlichkeiten hafteten die Gewerken unmittelbar. Viele Verleihungen bestimmten, daß der Lehensträger dem Lehnsherren gegenüber für seine Mitgewerken einzustehen habe.

Von diesen Rechtsgrundsätzen weicht die ‚Nachricht‘ vom 28. 8. 1783 ab. Sie bestimmt, daß die Begünstigungen ,,der neuen Gewerkschaft selbst, als Ganzes, als Körper, oder als eine mystische Person betrachtet‘‘, verliehen werden sollen (LA I 1, 38). Die ‚Nachricht‘ schafft einen anonymen Rahmen, der Träger der Rechte und Pflichten werden soll. Sie nimmt damit den Begriff der ‚juristischen Person‘ vorweg, den die Rechtsentwicklung erst im Laufe des 19. Jahrhunderts herausgebildet hat. [102]

Die neue Gewerkschaft wird in 1000 Anteile, in 1000 Kuxe eingeteilt. Die Kosten für den Aufschluß des Flözes sind auf 20000 Rtlr veranschlagt. Der Betrag soll aus dem Kaufgeld für die Kuxe finanziert werden. Ein Interessent hat somit für den Erwerb eines Anteils 20 Rtlr aufzubringen. Das Geld wird aber nicht mit einem Mal, sondern dem Fortschreiten der Arbeiten folgend benötigt. Den Interessenten wird daher eingeräumt, bei Erwerb eines Anteils nur 10 Rtlr und die restlichen 10 Rtlr je

---

[102] Diese Bestimmungen finden sich schon in dem ersten Entwurf einer Nachricht über die Wiedereröffnung des Ilmenauer Bergbaus, den J. L. Eckardt Ende 1777 dem Herzog vorgelegt hat (B 16228, Bl. 74–81’). Die Bestimmungen hatten zum Ziel, beherrschenden Einfluß einzelner Gewerken oder Gewerkengruppen nicht aufkommen zu lassen. – Da die Bergwerkskommission erst kurz zuvor gebildet worden war, ist sehr zu vermuten, daß der Entwurf mit den geschilderten neuartigen Grundsätzen das alleinige Werk Eckardts ist und Goethe daran nicht mitgewirkt hat.

zur Hälfte zum 24. 2. 1785 und zum 24. 2. 1786 zu entrichten. Wer sich zum Erwerb eines Kuxes verpflichtet hat und mit der Zahlung der Kaufraten in Rückstand gerät, soll in gleicher Weise behandelt werden wie ein Gewerke, der ausgeschriebene Zubußen nicht bezahlt: Sein Kux soll verfallen, soll kaduziert werden.

Über die Zuteilung eines Kuxes, d. h. eines Anteils an dem Bergwerksvermögen, wird eine Urkunde, Gewährschein oder Kuxschein genannt, ausgestellt (Bild 25). [103] Die Ilmenauer Gewährscheine sind von Goethe und C. G. Voigt, den Mitgliedern der Bergwerkskommission, unterschrieben. Als „Bergsecretair und zum Gewerkenbuch Verpflichteter" hat außerdem J. C. W. Voigt unterschrieben. Datum der Ausstellung ist der 24. 2. 1784, der Tag der feierlichen Eröffnung, zugleich der Tag, an dem die Gewerkschaft zusammengetreten ist.

Neben 1000 Kaufkuxen treten 24 Freikuxe zur Verteilung an Grundbesitzer, Kirche und Stadt. Für sie sind weder Kaufgeld noch spätere Zubußen zu entrichten. Ihre Eigentümer hätten jedoch, wäre die Gewerkschaft zur Ausbeute gelangt, an dieser beteiligt werden müssen.

Die ‚Nachricht' vom 28. 8. 1783 bestimmt fernerhin, daß kein Gewerke mehr als 10 Kuxe erwerben darf. Auch mit dieser Bestimmung sollte verhindert werden, daß einzelne Gewerken oder Gruppen von Gewerken bestimmenden Einfluß erlangen. Der schädliche Einfluß der ‚Gewerkschaft Dresdenschen Anteils' auf die alte Gewerkschaft bildete den Erfahrungshintergrund.

Die Gewerken sollen über ihre Kuxe frei verfügen, sie jederzeit veräußern oder beleihen können. Solche Geschäfte sind jedoch dem Bergamt anzuzeigen und von ihm zu bestätigen. Wegen andernorts eingegangener Schulden darf kein Gewerke im Bereich der Ilmenauer ‚Bergfreiheit' in Haft genommen werden. Ebensowenig dürfen Kuxe wegen Schulden der Eigentümer mit Arrest belegt, d. h. beschlagnahmt werden.

Alljährlich wird eine gedruckte ‚Nachricht' Kenntnis geben von den Fortgang der Arbeiten auf dem Werk und von den Vorhaben der Zukunft. Gewerkentage sollen alle fünf Jahre stattfinden. Grundsätzlich können alle Gewerken daran teilnehmen. Stimmrecht soll aber nur derjenige ausüben können, der selbst 10 Kuxe besitzt und von den Eigentümern von mindestens 90 Kuxen Auftrag hat. Abgestimmt wird nicht nach der Zahl der vertretenen Kuxe, sondern nach der Zahl der Beauftragten. [104]

---

[103] Häufig wird der Gewährschein als der eigentliche Kux angesehen oder angesprochen. Das ist unzutreffend. Der Gewährschein selbst war kein Vermögenswert. Er wies denjenigen, auf dessen Namen er ausgestellt war, als den Eigentümer eines Kuxes, eines Anteils an dem Bergwerksvermögen aus. Kuxe gehörten zu den immobilen Vermögenswerten, ihr Eigentumsübergang wurde erst durch Eintragung im Gewerkenbuch rechtskräftig. Sie waren hypothekarisch beleihbar. Die Hypothek mußte im Berggrundbuch eingetragen werden. Sie belastete den einzelnen Kux und über ihn zugleich das gesamte Werk.

[104] Die Bestimmung, wonach nur derjenige Stimmrecht besitzt, der für mindestens 100 Kuxe spricht, wurde nie streng eingehalten. – In der abgeänderten Satzung vom 27. 1. 1794 wurde bestimmt, daß fortan nach Zahl der vertretenen Kuxe und nicht mehr nach Zahl der Beauftragten abzustimmen war (LA I 1, 236).

Nro. 70.

Ein Kur oder Bergtheil an dem Ilmenauer Kupfer- und Silber-Bergwerk, mit allen Zugehörungen und Gerechtsamen, ist in dessel-ben Gewerkenbuche Fol. 70.

gegen Uebernahme der planmäßigen Anzahlung à Zwanzig Thaler in Louis-d'or à 5 Rthl. wovon Zehn Thaler bey Aushändigung dieses Gewährscheins baar anher entrichtet worden, Fünf Thaler aber den 24sten Februar 1785 und Fünf Thaler den 24sten Februar 1786 anher entrichtet werden müssen, gebüh-rend zugewähret worden. Wobey man festgesetzet hat, daß, wenn in Verer-bungsfall dieses Kures inländische Gewerken binnen Sechs Monathen, und auswärtige binnen Einem Jahre die Zugewährung beym Gewerkenbuche, mittelst Beybringung richtiger Legitimation, und mit Zurückgabe des vorigen Gewährscheins oder statt dessen eines gültigen Mortificationsscheins nicht suchen, oder wenn die termin-lichen Abträge obgedachten gewerkschaftlichen Angeldes binnen Vier Wochen nach Verlauf eines jeden Termins nicht geleistet würden, alsdenn die vererbten oder nicht bezahlten Bergtheile zu Gunsten der übrigen Gewerkschaft für verfallen geachtet werden sollen; wie denn auch bey Veräußerung oder Verpfändung der Bergthei-le, deren Zugewährung innerhalb Vier Wochen, von dato der vollzogenen Ver-äußerung oder Verpfändung der Bergtheile, mit Beybringung der erforderlichen Legitimation und Zurückgabe des alten Gewährscheins, oder statt dessen eines gültigen Mortificationsscheins, gesucht werden, außerdem aber der Eigenthümer an die Veräußerung oder Verpfändung nicht gebunden seyn soll.

Urkundlich ist dieser Gewährschein in beglaubter Form ausgefertiget worden. So geschehen Weimar den 24. Febr. 1784.

Sr. Hochfürstl. Durchlaucht zu Sachsen-Weimar und Eisenach gnädigst verordnete Bergwerks-Commission.

Bergsecretair und zum Gewerkenbuch Verpflichteter.

Johann Carl Wilhelm Voigt.

Bild 25: Gewährschein für den Kux Nr. 70

Zur Förderung bergbaulicher Betätigungen sicherten die Landesherrn den Bergbauwilligen Privilegien und Befreiungen zu. Es handelte sich dabei immer um Übertragungen von Rechten, die dem Regalherrn zustanden. Das wichtigste Recht war die Feldesverleihung, das Recht, innerhalb bestimmter Grenzen Bergbau zu betreiben. In der ‚Nachricht‘ wird es ungewöhnlich großzügig ausgestaltet. Der Gewerkschaft wird auf dem schon bekannten Kupferschieferflöz und den damit im Zusammenhang stehenden Gängen die Verleihung von „soviel Feld, als sie zu ihrem Eigentume verlangt" ohne Fundesnachweis zugesichert. Außerdem soll ihr ein Mutungsvorrecht zustehen für alle Kupferschieferflöze und für alle Gänge von Kupfer, Silber und Blei, die in dem weimarischen Anteil der ehemaligen Grafschaft Henneberg zukünftig noch entdeckt werden. Einem fremden Finder hat die Gewerkschaft zu erklären, ob sie von ihrem Vorrecht Gebrauch machen will und ihm, wenn sie dies bejaht, seine Aufwendungen zu erstatten.

Als Ausgleich für ihren Verzicht auf das Recht, den Bergbau selbst zu betreiben, forderten die Regalherren den Zehnten. Im Grundsatz entstand die Zehntpflicht mit dem Erschmelzen der ersten Metalle. Weil der Zehnte in den ersten Jahren nach Aufnahme der Produktion die Bergbautreibenden stark belastete, wurden befristete Befreiungen von der Zehntpflicht eingeräumt. Im Kapitel 1.3 wurden die schriftlichen und mündlichen Verhandlungen, die die Bergwerkskommission wegen dieses Komplexes geführt hat, ausführlich beleuchtet. Sie brauchen hier nicht wiederholt zu werden. Das Ergebnis war jedenfalls die Einräumung dreier Freijahre vom ersten Schmelzen an gerechnet. Danach soll der halbe Zehnte so lange erhoben werden, bis die Gewerkschaft sich freigebaut habe, von welchem Augenblick an der Zehnte in voller Höhe zu entrichten sei.

Weiterhin wird der Gewerkschaft die lastenfreie Übergabe des Martinrodaer Stollens zugesagt. Der Stollen wäre ohne die jahrzehntelange Unterhaltung auf landesherrliche Kosten längst zu Bruch gegangen. Der Herzog konnte ihn als sein Eigentum betrachten. Der Eigentümer eines Stollens hatte aber das Recht, von den Gruben, denen der Stollen das Wasser abführte, eine Abgabe – im allgemeinen den Stollenneunten – zu erheben. Der Verzicht hierauf stellte eine weitere spürbare Entlastung der Gewerkschaft dar.

Auch sollen der neuen Gewerkschaft alle Einrichtungen, die ihre Vorgängerin besessen hatte, wie „Huthaus, Hütten, Seigerhütten, Poch- und Wäschgebäude, Wasser, Teiche, Graben, Plätze, Felder, Wiesen etc" übergeben werden, und zwar mit den Befreiungen und Belastungen, wie sie für die alte Gewerkschaft galten.

Alle beim Berg- und Hüttenwesen benötigten Materialien sollen die Landesgrenzen zoll- und geleitfrei passieren. Holz jeglicher Art soll der Gewerkschaft aus den herzoglichen Forsten um den billigsten Preis abgegeben und ihr im Ausmaß ihres Bedarfs sogar ein Vorkaufsrecht eingeräumt werden.

Zur Leitung des Bergwerks soll ein fürstliches Bergamt eingerichtet werden. Es ist auf die Henneberger Bergordnung von 1566, ersatzweise auf die Mansfelder

Bergordnung zu verpflichten. Das Bergamt wird nur schwach besetzt werden. Nach den Bestimmungen der ‚Nachricht' sind Konkurrenz und Streitigkeiten zwischen Mutern und zwischen benachbarten Gewerkschaften in Ilmenau nicht zu besorgen. Ihre Schlichtung machte einen wesentlichen Teil der Aufgaben anderer Bergämter aus. Zur Unterscheidung von einem Bergamt mit dem üblichen Aufgabenbereich wird das Amt in Ilmenau ‚Bergbauamt' heißen.

Die Bergwerkskommission erläßt am 23. 2. 1784 eine vorläufige Instruktion für das Bergbauamt (B 16232a, Bl. 30–32). Es führte zu weit, hier auf alle Punkte dieser Geschäftsordnung einzugehen. Einige verdienen allerdings, angesprochen zu werden.

Punkt 1 und Punkt 2 der ‚Instruktion' muten an wie Thesen einer Präambel. Punkt 1 stellt fest, der Endzweck des Amtes beruhe darauf, den wiedererhobenen Bergbau dem Plan gemäß mit möglichstem Fleiß und guter Ökonomie zu führen. Und in Punkt 2 werden Grundsätze für das menschliche Miteinander entwickelt. Die Grundsätze sind der Beschreibung der speziellen Aufgaben des Amtes vorausgeschickt. Die Kommission muß ihnen also besondere Bedeutung beigemessen haben. Es heißt dort: ,,Nicht nur Harmonie der zum Bergbauamt angestellten Bergbau-Offizianten unter sich, sondern auch ihr glimpfliches Betragen gegen die Bergleute ist zu Erreichung dieser Absicht notwendig, daher sich das Bergbauamt dessen vorzüglich zu befleißigen hat''. Ein erstaunlicher, geradezu modern anmutender Satz!

Vergleicht man ihn mit ähnlichen Regelungen, die in jener Zeit in anderen bergbautreibenden Staaten erlassen wurden, so erkennt man seine Ausnahmestellung. In der Akte B 16254 ist das ‚Reglement für die zu den Rothenburg-Friedeburg-schen Kupfer-Schiefer-Werken gehörende Berg- und Hütten-Leuthe' von 1779 überliefert (Bl. 41–44). Darin ist eine Fülle von Einzelheiten peinlich genau geregelt. Es wird angeordnet, befohlen, mit Strafe gedroht. Eine Klausel wie die oben zitierte findet sich darin auch nicht ansatzweise.

Die Akten verraten nichts über die Entstehung der Ilmenauischen ‚Instruktion'. Ihr Verfasser bleibt unbekannt. In ihrem Punkt 2 ist jedoch unschwer der Geist der Bergwerkskommission, der Geist ihres Vorsitzenden vor allem, zu erkennen.

Das Bergbauamt versammelt sich an den Lohntagen, die an jedem zweiten Samstag gehalten werden, auf der Bergamtstube im Rathaus. Mittwochs vor den Lohntagen werden an gleicher Stelle Rechnungssachen vorgelegt und genehmigt. Dabei führt der Geschworene den Vorsitz.

Punkt 10 der ‚Instruktion' lautet: ,,Diejenigen rechtlichen Angelegenheiten der Bergleute, die nicht aus ihrer Dienstleistung entspringen, oder damit untrennlich zusammenhängen, werden an die Bergjurisdictions-Commission verwiesen, bei welcher der Geschworene die Assessur hat und darauf Rücksicht nehmen kann, was das Beste des Bergwerks erfordert''. Die Bestimmung, die in ähnlicher Form auch aus anderen Revieren bekannt ist, stützt sich auf die ‚Nachricht' vom 28. 8. 1783. In ihr wird allen beim Berg- und Hüttenwerk angestellten Personen mit Ehefrauen, Kindern und Gesinden ein privilegierter Gerichtsstand vor dem Bergamt angewiesen (LA I 1, 41).

Schon am 9. 7. 1781 hatte Herzog Carl August der Kommission aufgetragen, die Bergleute in Gegenwart des Geschworenen in Pflicht zu nehmen und ihnen zu bedeuten, daß sie künftig in persönlichen Sachen der Kommission unterstellt seien und sich ohne deren oder wenigstens des Geschworenen Wissen vor keinen anderen Gerichtsstand zitieren lassen dürfen. Werde gegen die Bergleute geklagt, so habe die Kommission nach Aufklärung des Sachverhalts ex officio zu entscheiden. Für diese Amtshandlungen sei nur die Hälfte der vorgeschriebenen Gebühren zu erheben (B 16228, 195–198).

Die ‚Nachricht‘ sichert den Bergleuten eine Reihe weiterer persönlicher Freiheiten zu. Dazu gehören Befreiung von persönlichen Steuern und von Zug- und Wachdienst und der freie Zu- und Abzug. Lassen sie sich in Ilmenau nieder, so soll ihnen der Erwerb von Bürgerrechten und von Bürgerpflichten nicht angesonnen werden, es sei denn, sie übten noch ein anderes Gewerbe aus oder sie kauften sich mit einem Grundstück an.

Der Geschworene hatte bei seinem Amtsantritt auch die Knappschaftskasse übernommen. Einnahmen und Ausgaben unterlagen einer älteren Regelung, die von der Kommission dem Endzweck angemessen und für den gewerkschaftlichen wie für den herrschaftlichen Bergbau geeignet angesehen wird (B 16232a, Bl. 77–78' u. Bl. 81): Jeder Bergmann zahlt von seinem Lohn 3 Pf/Rtlr in die Kasse und an jedem Lohntag, also alle 14 Tage, noch einmal 3 Pf. Das sind etwa 2 % des verdienten Lohns. Außerdem verfällt der Lohn für die erste Schicht eines neu angelegten Bergmanns der Kasse. Erhält ein Bergmann einen höheren Lohn, so wird die Zulage vier Wochen lang an die Kasse abgeführt. Schließlich fließen alle Strafgelder der Knappschaftskasse zu.

Bei Krankheit erhalten die Bergleute 14 Tage lang ihren Lohn von der Gewerkschaft. Danach setzt ein Almosen der Kasse ein, das in der Höhe von 6, 8, oder 12 Groschen bis zur Gesundung gewährt wird. Bei Unfällen im Betrieb zahlt die Gewerkschaft den Lohn bis zur Genesung; bleiben dauerhafte Schäden zurück, so erhält der Betroffene ebenfalls Almosen in obiger Höhe aus der Knappschaftskasse. Für die Leistungen des Bergchirurgen sind Medizinalgelder festgesetzt, die die Kasse zahlt. Schließlich übernimmt sie auch Kosten der Beerdigung, wenn der Verstorbene nicht genügend Geld hinterlassen hat. Eine alljährlich wiederkehrende Belastung der Kasse sind die Vergütungen in Höhe von zusammen 8 Rtlr 16 Gr, die aus Anlaß des Bergfestes dem Superintendenten für seine Predigt, den übrigen Bediensteten der Kirche für ihre Verrichtungen und dem Stadtmusikus für die Musik beim Bergumzug zu zahlen sind.

Das sind die wesentlichen bergrechtlichen Merkmale, unter denen die Gewerkschaft, die Gewerken und die Bergleute ihren Weg antreten werden. Die ‚Nachricht‘

vom 28. 8. 1783 hatte mit einer Feststellung geschlossen, mit der auch die Ausführungen dieser Arbeit über die Zeit der Vorbereitung abgeschlossen werden können: „Auf diese vorliegende Weise hofft man allenthalben eine solche Einrichtung getroffen zu haben und noch zu treffen, daß der, so dem Bergbaue nicht aus vorgefaßter Meinung ganz abgesagt hat, Gründe gnug finden wird, sich bei diesem so berühmten Ilmenauer Werk, nach seinen Umständen, zu interessieren" (LA I 1, 50).

2. Vom ersten Spatenstich bis zum Ersinken des Flözes (1784–1792)

2.1 Übersicht

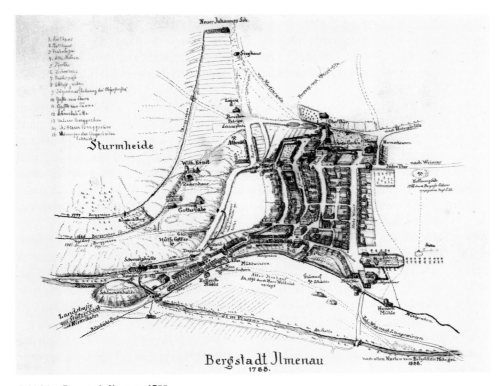

Bild 26: Bergstadt Ilmenau 1788

Bild 26 vermittelt einen guten Überblick über die Ausdehnung der Bergstadt Ilmenau im ausgehenden 18. Jahrhundert und über die wichtigsten bergbaulichen Anlagen. Es wurde im Jahr 1888 von Bergmeister Hermann Mahr nach alten Karten gezeichnet und ist im Goethe- und Schiller-Archiv überliefert (GSA 62/6).

Der Weg zur Wiederaufnahme des Bergwerksbetriebes war mit der herzoglichen Verfügung vom 13. 2. 1784 frei geworden. Der Tag der feierlichen Inbetriebnahme war der 24. 2. 1784. Goethe und Christian Gottlob Voigt trafen schon drei Tage vorher in Ilmenau ein, wo viele Probleme auf die Entscheidungen der Bergwerkskommission warteten. Sonntag, der 22., war der Erörterung von Fragen der Maschinenaufstellung und der Zufuhr des Aufschlagwassers gewidmet. Es wurde beschlossen, den Weg für einen neu anzulegenden Wasserlauf vom Mühlgraben bis zum Johannes-Schacht nach Länge und Höhe zu vermessen (B 16232 a, Bl. 13–18). Am Montag wurden die Bergbedienten vereidigt (ebd., Bl. 19–29) und die vorläufige Instruktion für das Bergbauamt beraten und verabschiedet (ebd., Bl. 30–31').

Die Feierlichkeiten in Ilmenau nahmen am Dienstag, dem 24. 2. 1784, morgens um 9.30 Uhr im Saal des Posthauses zu Ilmenau mit der Rede Goethes vor den lokalen Honoratioren ihren Anfang (WA I 36, 365–372). Die Rede war zuvor in Weimar gedruckt und den Teilnehmern ausgehändigt worden. Am Tag der Ankunft in Ilmenau hatte Goethe ein Exemplar an Frau von Stein geschickt und dazu geschrieben: *Unsre Sachen werden gut gehen. Innliegendes Exemplar der Rede schicke Dienstags früh um 10 Uhr an Herdern und schreibe ihm dazu daß sie in diesem Augenblick sey gehalten worden.* Von der Rede sagte C. G. Voigt in seinem Brief vom 12. 3. 1784 an Gottlieb Hufeland: „Sie ist mit Fleiß sehr populär gehalten, wurde aber von Goethe ganz vortrefflich gehalten" (VB 1, 300). Der Herausgeber der Zeitschrift ‚Deutsches Museum' leitete ihren Abdruck mit dem Hinweis ein, daß „man das warme und herzliche und die damit innig verbundene Simplizität der Sprache, die Goethe schon immer als Schriftsteller auszeichnete, nicht mißkennen wird" (1785, 2/3). Gottfried Benn hat die Ilmenauer Rede Goethes in seinem Essay: ‚Goethe und die Naturwissenschaften' eindrucksvoll gewürdigt (G. Benn, Bd. 3, 760 ff.).

Es ist überliefert, daß Goethe während der Rede, die er frei hielt, den Faden verlor. Der von Ernst Christian Wilhelm Ackermann fast ein halbes Jahrhundert später bei Gelegenheit einer Abendunterhaltung genannten Länge der Zwangspause (Burkhardt, 131 f.) müssen wir allerdings keinen Glauben schenken. Auch die von Johann Peter Eckermann auf zehn Minuten reduzierte Zeitdauer ist sicher noch viel zu hoch (GA GmE, 757).

Die Rede endete mit den Sätzen: *Und nun wollen wir nicht länger verweilen, sondern uns einem Orte, auf den alle unsre Wünsche gegenwärtig gerichtet sind, nähern, vorher aber noch in dem Hause des Herrn einkehren, des Gottes, der die Berge gegründet, die Schätze in ihre Tiefe verborgen und dem Menschen den Verstand gegeben hat, sie an das Licht des Tages hervorzubringen. Lassen Sie uns ihn bitten, daß er unserm Vorhaben beistehe, daß er uns bis in die Tiefe begleite, und daß endlich das zweideutige Metall, das öfter zum Bösen als zum Guten angewendet wird, nur zu seiner Ehre und zum Nutzen der Menschheit gefördert werden möge. – Wenn es Ihnen gefällig ist, wollen wir gehen* (WA I 36, 372).

Der weitere Ablauf der Feierlichkeiten ist in einer amtlichen Nachricht der Bergwerkskommission (LA I 1, 63 f.) und in dem Bericht von J. C. W. Voigt (B 16232a,

Bl. 35–40'; J. Voigt, 176f.) festgehalten. Hier mögen zwei Details nachgetragen werden: Beim Gottesdienst in der Stadtkirche hatte die Bergwerkskommission mit ihrer Begleitung in dem Herrschaftsstuhl auf der nördlichen „Emporkirche" Platz genommen. Die Bergleute saßen unmittelbar gegenüber in den Bergmannsstühlen der südlichen Empore (B 16082, Bl. 164ff., Pkt. 9). Der Predigttext war Jesaja 26, Vers 4: „Verlasset Euch auf den Herrn ewiglich; denn Gott der Herr ist ein Fels ewiglich".[105] Der Wortlaut der Predigt ist nicht überliefert.

Am Mittwoch, dem 25., wird Werkmeister Otto eingehend zu dem Problem des Aufschlagwassers für die Maschinen befragt. Auch Otto befürwortet den Weg vom Mühlgraben über einen Stollen zum Johannes-Schacht (B 16232a, Bl. 42). Johann Carl Wilhelm Voigt erstattet Bericht über Einrichtung und Sitzordnung in der Bergamtsstube im Rathaus (ebd., Bl. 41). Das Reglement für Leistungen und Ansprüche der Bergleute an die Knappschaft wird verabschiedet (ebd., Bl. 77–78'), und schließlich wird Johann Gottlob Bernstein als Bergchirurg auf eine Dienstanweisung verpflichtet und vereidigt (ebd., Bl. 79–80').

Der nächste Tag ist der Grube vorbehalten (ebd., Bl. 43–46). Die Kommission fährt im Schacht ‚Getreuer Friedrich' zum Nassen Ort und dort bis zu der Stelle, wo der neue Schacht mit dem Ort durchschlägig werden soll. Wieder zurück am Schacht ‚Getreuer Friedrich' klettert die Gruppe zum Martinrodaer Stollen herunter und fährt hier ebenfalls zu der erwarteten Durchschlagstelle. Die Lage des Schachtes ‚Neuer Johannes' zu Nassem Ort und Martinrodaer Stollen wird ebenso eingehend erörtert wie die untertägige Anordnung des Treibwerks, einschließlich des Wasserzu- und ablaufs. Der Rückweg führt am Schacht ‚Getreuer Friedrich' vorbei zum Schacht ‚Vertrau auf Gott', dem südöstlichsten Schacht des Rodaer Bergwerks. Das Protokoll vermerkt, der Martinrodaer Stollen folge ganz regelmäßig dem „Ausgehenden" des Flözes, „welches hier auch Rücken genannt wird". Hin und wieder wurden in der Firste der Strecke bauwürdige Schiefer und Sanderze festgestellt.

Der Geschworene Johann Gottfried Schreiber lenkte die Aufmerksamkeit der Kommission besonders auf den schlechten Zustand eines Abschnitts im Martinrodaer Stollen südöstlich des verbrochenen Schachtes ‚König David'. Er hatte vorgeschlagen, diesen Abschnitt durch eine Neuauffahrung in standfestem Gebirge zu ersetzen. Die Kommission überzeugte sich von der Zweckmäßigkeit der Maßnahme. Ihre Ausführung ist aber mit Rücksicht auf die hohen Kosten unterblieben. Diese Unterlassung wird das Bergwerk zukünftig schwer belasten und entscheidend zu dem verhängnisvollen Stollenbruch des Jahres 1796 beitragen. Doch davon später!

---

[105] Der Predigttext Jesaja 26, Vers 4, wird am 20. 2. 1787, dem Tag nach dem Bergfest dieses Jahres, in einem Bericht von J. C. W. Voigt erstmalig genannt (B 16248, Bl. 110ff.). Genau 20 Jahre später berichtet Voigt, der Pfarrer predige beim alljährlichen Bergfest seit 24 Jahren über denselben Text (B 16302, Bl. 287).

Goethe ist am 28. 2. 1784 wieder in Weimar. Im Brief vom 3. März an Friedrich Heinrich Jacobi spricht er im Rückblick auf die Ilmenauer Tage von einer *frohen Reise, da ich das alte Ilmenauer Bergwerck wieder eröffnet.* Dem Herzog von Gotha schreibt er am 15. März: *Nicht leicht habe ich etwas mit soviel Hoffnung, Zuversicht und unter so glücklichen Aspeckten unternommen, als diese Anstalt eröffnet worden.* Am 2. März hatte seine Mutter, Frau Rat Catharina Elisabeth Goethe, an Herzoginmutter Anna Amalia geschrieben: „Gott seegne die Bergwercks Geschäffte! und schencke meinem Sohn Gesundheit und kraft Dero Hohen Fürstlichen Hauße alle ersprießliche Dinste zu leisten" (GA BrE, 528). Ein schönes Zeichen der Zuneigung setzt C. G. Voigt, der Kollege in der Bergwerkskommission, der die Ilmenauer Tage mit Goethe zusammen verbracht hat, in dem oben schon zitierten Brief an G. Hufeland vom 12. 3. 1784. Voigt sagt dort, Goethe sei „wirklich ein Mann, dessen Liebe kein edles Herz zu erwerben sich schämen darf. Je näher ich ihn kennenlerne, je mehr innere Güte entdecke ich an ihm" (VB 1, 300).

In Ilmenau begannen die Abteufarbeiten unmittelbar nach dem 24. 2. 1784. Sie werden im nächsten Kapitel eingehender beleuchtet. Die Kommission begleitet die Arbeiten im ständigen Austausch mit dem Ilmenauer Bergbauamt.

Der Ausbau für den obersten Schachtteil, der im Lockergestein steht, wird festgelegt. Die Überlegungen, die um die untertägige Aufstellung des Treibwerks und um seine Wasserführung kreisen, werden fortgeführt. J. C. W. Voigt legt einen Entwurf für eine abgeänderte Maschinenversion vor und Werkmeister Otto den Riß für den Stollen, der das Wasser zur Maschine führen soll. Ein Plan für einen Pferdegöpel, der bis zum Zeitpunkt der Inbetriebnahme des untertägigen Treibwerks hätte eingesetzt werden müssen, wird geprüft. Aber die Beurteilung ändert sich, als Otto Anfang Juli 1784 grundsätzliche Bedenken gegen die untertägige Maschinenaufstellung vorbringt. C. G. Voigt faßt das Für und Wider in einem Pro Vota an den Herzog zusammen, wobei er überwiegende Vorteile der übertägigen Aufstellung erkennen läßt (B 16232a, Bl. 207–210). Dazu müsse – so Voigt – der mittlere Berggraben auf ganzer Länge wiederhergestellt werden. Den unteren Freibacher Teich, dessen Damm durchbrochen und zur Wiederherstellung vorgesehen war, benötige man allerdings nicht. Von Trebra kommen Zeichnungen für ein übertägiges Treibwerk.

Der Geschworene erinnert an die Umfahrung des schlechten Stollenstücks, über die bei der Befahrung am 26. Februar diskutiert worden war. Breiten Raum nehmen die Bemühungen um Errichtung eines Kornmagazins ein, aus dem die Bergleute auch in Zeiten der Teuerung Brotkorn zu mäßigen Preisen beziehen können. Auch Fragen des Bergregals und der Abfindung der Gläubiger müssen weiter behandelt werden. Daneben muß sich die Kommission mit der Abfertigung der Post des Bergbauamtes, mit Deputaten und Uniformen für dessen Bediente und mit der Verringerung der Arbeitszeit der Haspelknechte befassen. Es ist eine Fülle unterschiedlichster Aufgaben, die in diesen Monaten an die Kommission herangetragen werden.

Das Abteufen nimmt indessen einen guten Fortgang. In dem Brief vom 24. 4. 1784 an Karl Ludwig von Knebel lesen wir: *Ich danke dir daß du dich vor unsere Ilmenauer neue Anstalt interessirst. Die Hälfte unserer Gewerkschaft ist schon beysammen und es finden sich noch täglich Liebhaber. Mit dem Baue selbst geht es sehr gut. Wir sind schon 16 Lachter nieder und haben nunmehro den Gips erschroten, in welchem wir bis fast aufs Flöz immer bleiben werden* ⟨...⟩ *Wir haben wenig aber gute Leute bey der Anstalt, und biß iezo betragen sie sich auf das beste. Man kann das Werk mit gutem Gewissen empfehlen. Die Kommission führt die Direktion umsonst und hat also die Gewerkschaft nur die Unterbediente und eigentliche Arbeit zu bezahlen.*

Anfang August 1784 brach Herzog Carl August mit großem Gefolge zu einer diplomatisch motivierten Reise an den ihm verwandtschaftlich verbundenen braunschweigischen Hof auf. Auf sein Geheiß hat Goethe ihn begleitet. Die Reise führte über den Harz. Goethe nutzte den erneuten Aufenthalt auf dem Gebirge zu ausgedehnten bergmännischen und geologischen Studien. Am 15. September ist er wieder in Weimar.

Die beiden Mitglieder der Bergwerkskommission begeben sich in Begleitung ihres Sekretärs am 5. Oktober wieder nach Ilmenau. Goethe schreibt an Charlotte von Stein: *Gleich wie wir ankamen eilte ich nach dem neuen Schachte, dem Gegenstande so mancher Hoffnungen und Wünsche. Es steht alles recht gut und das ganze Werck nimmt einen rechten Weeg.* Der Aufenthalt in Ilmenau dauert 10 Tage. Sie sind angefüllt mit Kommissionssitzungen, Besprechungen und Befahrungen.

Am 6. Oktober begeht die Kommission den mittleren Berggraben. Der Schacht, der eine Teufe von 76 m erreicht hat, wird am 7. Oktober befahren (B 16232a, Bl. 231–234'). J. G. Schreiber, der Geschworene, wird beauftragt, eine neue Kalkulation von Zeitbedarf und Kosten des Abteufens vorzulegen. Der zügige Verlauf der bisherigen Arbeiten gab Anlaß zu der Hoffnung, bis Ostern 1787 (!) das Flöz erreichen zu können. Die Kosten wurden allerdings mit 5000 Rtlr um 500 Rtlr höher geschätzt als 1783 in der ‚Nachricht' vorausgesagt (ebd., Bl. 238).

Wieder in Weimar, faßt Goethe seine Eindrücke im Brief an F. H. Jacobi vom 18. Oktober zusammen: *In Ilmenau wo ich lange geblieben bin, habe ich gar gute Tage gehabt meine Sachen gehen sehr gut und viel leichter als ich mir es vorgestellt habe.*

Die Protokolle über die Amtshandlungen dieses Aufenthaltes nehmen einen Umfang von 76 Seiten ein. Goethe hat das bewältigte Pensum im Brief an Herzog Carl August vom 18. 10. 1784 wie folgt zusammengefaßt: *Wir haben dort mancherley zu thun gefunden und da es uns angelegen war aufs innre zu dringen, so konnten wir unsere Behandlungen nicht übereilen, wie es bey mechanischer Papier Expedition wohl angeht. Ich hoffe es soll Ihnen dieses Werck zur Freude wachsen, wo schon für wenig Geld und in kurzer Zeit viel geschehen ist. In einigen Wochen werden sie auf dem nassen Orte durchschlägig, und noch vor Ostern auf dem Stollen seyn. – Wir haben das Inventarium berichtigen lassen, den neuen Schacht, und tiefen Stollen vom 10ten Lichtloche an befahren, die Gräben bis zu den Freybächer Teichen begangen, einen heimlichen Handel angelegt um die fatale Schneidemühle, auf gothischem Grund und Boden, durch Kauf an die Gewerckschafft zu bringen, wegen Führung der Gräben und Erbauung des Treibewercks die nötigen Voranstalten gemacht, die Haushaltung, das Personale, Materiale pp fleisig untersucht, und durch eine scharfe Aufmercksamkeit auf die geringsten Dinge, der Thätigkeit der Unterbeamten, hoffe ich, eine gute Richtung gegeben. Denn der Zwischenraum vom 24. Februar bis zum Oktbr war zu gros als daß die Impulsion die man dem Wercke damals gab hätte ihre Würckung so gar lange zeigen sollen. ⟨...⟩ Die Abgabe der Frucht an die Bergleute ist hoffentlich Martini in Ordnung.*

Der Brief soll an dieser Stelle nicht kommentiert werden. Soweit Teile seines vielseitigen Inhalts in größere Sachzusammenhänge gehören, werden sie in den entsprechenden Kapiteln behandelt. Hier soll lediglich die Befahrung des Martinrodaer Stollens am 12. Oktober aufgegriffen werden (B 16232 a, Bl. 253–256). Sie nahm am 10. Lichtloch, einem kleinen, etwa 40 m tiefen Schacht, ihren Ausgang. Dies war das südlichste in der Folge der noch offenstehenden Lichtlöcher, die während der Stollenauffahrung hergestellt worden waren (Anl. 1). [106] Neben Goethe und C. G. Voigt nahmen J. C. W. Voigt und J. G. Schreiber an der Befahrung teil. Nach Erreichen des Martinrodaer Stollens führte der Weg auf einer Strecke von 4,2 km Länge bis zum Endpunkt des Stollens, wo der Durchschlag mit dem Schacht erwartet wurde. Unterwegs wurde erneut über die Umfahrung des verdrückten und gefährdeten Stollenabschnittes südöstlich des Schachtes ‚König David' diskutiert. Die Ausführung blieb aber zurückgestellt. Goethe, C. G. Voigt und der Geschworene fuhren zum Schacht ‚Getreuer Friedrich' zurück, kletterten zum Nassen Ort hoch, das sie ebenfalls bis zum Endpunkt in Augenschein nahmen. Die Schachtsohle befand sich zum Zeitpunkt der Befahrung nur wenige Meter oberhalb des Nassen Ortes. An dessen Endpunkt konnte die Schlägel- und Eisen-Arbeit der im Schacht arbeitenden Hauer deutlich gehört werden, nicht viel weniger deutlich auch auf dem 20 m tiefer gelegenen Stollen, wo J. C. W. Voigt zurückgeblieben war.

Das Befahrungsprotokoll schließt mit den Worten: „Es ist sodann Fürstl. Kommission, welche von Morgens 8 Uhr bis Nachmittags 5 Uhr über dieser beschwerlichen Befahrung zugebracht, zum Treuen Friedrich wieder ausgefahren". Die Kommission war 40 m im 10. Lichtloch heruntergeklettert, hatte einen Weg von insgesamt 6 km in niedrigen und engen Stollen zurückgelegt, war 20 m zum Nassen Ort herauf- und wieder heruntergestiegen und mußte rund 100 m im Schacht ‚Getreuer Friedrich' hochklettern, um wieder nach übertage zu gelangen: Eine Respekt erheischende körperliche Leistung!

---

[106] Das 10. Lichtloch stand etwa 400 m nördlich des Knicks, an dem der von Norden her in jüngeren Schichten aufgefahrene Martinrodaer Stollen den unteren Zechstein mit dem Kupferschieferflöz angefahren hat. In seinem weiteren Verlauf folgte der Stollen dem nach Südosten gerichteten Streichen des Flözes.

Am 16. 10. 1784 sind Goethe und Voigt wieder in Weimar. Aber das Bergwerk nimmt sie auch dort stark in Anspruch. Am 21. Oktober werden nicht weniger als neun Verfügungen ausgefertigt (B 16232 a, Bl. 278–282). Es geht um die Kostenerfassung für Reparaturen im Martinrodaer Stollen und um deren Reduzierung; es geht um Absprachen mit der Kammer wegen der Knappschaft, der Bergleute des herrschaftlichen Kohlebergbaus in Kammerberg wie auch des gewerkschaftlichen Kupferschieferbergbaus in Ilmenau angehören; und es geht um viele kleinere Probleme, der die Kommission gleichwohl ihre Aufmerksamkeit widmen muß.

Und immer wieder geht es um den umfangreichen Komplex der Wasserzufuhr zu dem Treibwerk! Nachdem man auf die Instandsetzung des unteren Freibacher Teichs verzichtet hatte, wird nun versucht, der Gewerkschaft den weit oberhalb der Einmündung des Freibachs in die Ilm gelegenen Stützerbacher Stauteich zu sichern. Darüber muß mit dem kursächsischen Amt Schleusingen verhandelt werden. Auch der Erwerb der Sägemühle, die kurz unterhalb der Fassung des Berggrabens angelegt worden war, erfordert viel Überlegung und nimmt viel Zeit in Anspruch. Einzelheiten können dem Kapitel 2.3 entnommen werden.

Wegen der Sicherstellung des zukünftigen Holzbedarfs für Grube und Hütte wird in Fortsetzung mündlich geführter Verhandlungen ein umfangreicher Briefwechsel mit Oberforstmeister August Wilhelm Ferdinand von Staff geführt. Für die zukünftige Leitung der Hütte will man den Hüttenmeister Johann Heinrich Siegmund Langer aus dem hessischen Bieber gewinnen. Das Bergbauamt erhält Anweisung, das Hüttengebäude mit seinen Einrichtungen instandzuhalten, und wird im übrigen ermahnt, keinerlei Arbeiten in Angriff zu nehmen, die nicht zuvor von der Kommission „approbiert" worden sind. Selbst kleinste Ausgaben behält sie sich zur Genehmigung vor.

Die Schachtsohle steht Ende des Jahres 1784 in Höhe des Nassen Ortes, also 85 m tief. Befürchtungen, der Schacht könnte die vorgesehenen Durchschlagpunkte auf dem Nassen Ort und dem Martinrodaer Stollen verfehlen, erweisen sich als begründet. Von beiden Grubenbauen müssen Querschläge dem Schacht entgegengetrieben werden. Von dem Stollen ab nach unten erhält der Schacht zwei zusätzliche Trume zur späteren Aufnahme von Kunststangen und Kunstsätzen für die Wasserhaltung. Der zweimännische Haspel, mit dem das Haufwerk von der Sohle nach übertage gezogen wurde, muß Anfang des Jahres 1785 gegen einen dreimännischen ausgetauscht und nach Durchschlag der beiden Strecken mit dem Schacht durch einen zweiten dreimännischen Haspel auf dem Nassen Ort ergänzt werden. Langsam gewinnen auch Fragen Bedeutung, die die Förderseile betreffen.

Zum 24. 2. 1785 wird die ‚Erste Nachricht von dem Fortgang des neuen Bergbaues zu Ilmenau' der Öffentlichkeit übergeben (LA I 1, 85–94). Sie legt ausführlich Rechenschaft ab über das Erreichte und die bisherigen Ausgaben und beschreibt die nächsten Vorhaben. Wir erfahren, daß das Bergbauamt – der Bergwerkskommission „subordiniert" – mit dem Geschworenen, einem Hofadvokaten, einem Rentkommissar, dem Werkmeister und dem Knappschaftsältesten besetzt ist. Die Genannten stehen überwiegend in herzoglichem Dienst, so daß die Gewerkschaft für diese nur Zulagen aufzubringen hat. Das gleiche gilt für den Sekretär der Kommission, der nicht Mitglied des Bergbauamtes ist. Im Zusammenhang mit der gewerkschaftlichen Verfassung heißt es in der ‚Nachricht‘, daß „mehr auf Ersparnis für die gewerk-schaftliche Kasse, als auf Bequemlichkeit der aus derselben für sich auf keine Weise partizipierenden Kommission gesehen wurde" (LA I 1, 87). Auch der Advokat hatte auf Zulagen aus der gewerkschaftlichen Kasse verzichtet. Auf dem Bergwerk arbei-ten ein Obersteiger, ein Untersteiger, vier Zimmerer, zwölf Hauer, neun Knechte und zwei Jungen.

Unter den Bedienten des Bergbauamtes kommt es bald zu Spannungen. Oberstei-ger Paul, der sich offen gegen seine Vorgesetzten aufgelehnt hatte, wird von der Kommission nach gründlicher Prüfung und mehreren Vernehmungen im Juni 1785 entlassen (B 16236, Bl. 244). Auch der Geschworene und der Werkmeister reiben sich aneinander, so daß die Kommission mehrfach schlichten muß.

Vom 2.–16. 6. 1785 sind Goethe und C. G. und J. C. W. Voigt wieder in Ilmenau. Goethes „Urfreund" Karl Ludwig von Knebel und Fritz von Stein begleiten sie. Wieder werden die Angelegenheiten des Bergwerks in ihrer ganzen Spannweite vorangetrieben. Eine vierseitige, vorher angefertigte Punktation C. G. Voigts und insgesamt 170 Protokollseiten geben darüber Auskunft (B 16236, Bl. 173–260).

Am Tag nach der Ankunft befährt man den Johannes-Schacht bis zur Schacht-sohle in 120 m Tiefe. Die zwei Monate zuvor hergestellte Verbindung zwischen Schacht und Nassem Ort und ein schachtnahes Gesenk zwischen diesem und dem Martinrodaer Stollen erlauben, auf kurzem Wege vor die Ortsbrust des Querschla-ges zu gelangen, der in dem tieferen Niveau des Stollens den Schacht treffen soll (B 16236, Bl. 173). [107] Auch bei diesem Aufenthalt nimmt die Behandlung von Berg-graben und Treibwerk breiten Raum ein. Der Graben wird auf ganzer Länge abge-schritten und seine Instandsetzung angeordnet. Am letzten Tag des Aufenthalts ergeht Anweisung an das Bergbauamt, den Grund für das Treibhaus zu legen.

Goethe verläßt Weimar wenige Tage nach seiner Rückkehr von Ilmenau erneut und begibt sich zur Kur nach Karlsbad. Auch C. G. Voigt wird sich dort einfinden. Dessen Bruder, der Sekretär, erhält den Auftrag, sich in der Zeit der Abwesenheit der beiden Kommissionsmitglieder für einige Wochen nach Ilmenau zu verfügen. Mitte August nimmt die Kommission die Arbeit in Weimar wieder auf.

Der Bau des Treibhauses war in der Zwischenzeit zügig vorangekommen. Am 10. September ist C. G. Voigt in Ilmenau und inspiziert den Rohbau. Goethe war in

---

[107] Goethe hat zwar das Protokoll der Befahrung mitunterschrieben. Knebel nennt ihn in seiner Tagebucheintragung vom gleichen Tage aber nicht: „Morgens 6 Uhr nach dem neuen Joh. Schacht. Daselbst eingefahren mit Voigt. Beym treuen Friedrich wieder heraus" (BG II, 521). Danach ist unbestimmt, ob Goethe an der Befahrung teilgenommen hat.

Weimar geblieben; zwei Tage zuvor hatte er Frau von Stein wissen lassen: *Ich gehe in meinen Sachen fort und muß leider Voigten allein nach Ilmenau reisen lassen, wo ich auch gern das schöne Wetter genossen hätte.* Das Richtfest findet am 16. 9. 1785 in feierlicher Form statt. C. G. Voigt vertritt die Kommission allein. Goethe schreibt zur gleichen Zeit in Weimar, wiederum an Frau von Stein: *ieder Tag bringt seine Plage mit.* Vom First des Treibhauses verliest ein Zimmermann eine Rede und bringt in einem Gedicht Glückauf-Rufe aus auf das Gelingen des Baus, auf den Landesherrn, auf die Bergwerkskommission, auf das Bergbauamt und auf die Knappschaft. Selbstverständlich leert er nach jedem Ruf ein volles Glas. Das Gedicht schloß mit den Zeilen „Ich steig von dieser Höh‘ nun wieder in die Tiefe, mir ist, als ob man mich zur guten Mahlzeit riefe" (B 16237, Bl. 88). Voigt hatte, nachdem er Erkundigungen über den örtlichen Brauch eingezogen hatte, den Zimmerleuten und ihren Gehilfen eine „Ergötzlichkeit" aus der gewerkschaftlichen Kasse bewilligt.

Am Tage des Richtfestes befährt C. G. Voigt auch den Schacht, der mittlerweile 142 m tief ist, und den Durchschlag mit dem Martinrodaer Stollen. Bis zu seiner Rückkehr nach Weimar bewältigt er ein umfangreiches Programm (B 16237, Bl. 64–109). Es sind im wesentlichen Probleme, die mit Führung und Instandsetzung des mittleren Berggrabens zusammenhängen. Zur Rückführung des Wassers von dem Treibwerk zu dem alten unteren Berggraben muß ein neues Grabenstück angelegt werden.

Am 1. 10. 1785 erstattet die Kommission dem Herzog einen ausführlichen Bericht über die Ereignisse des letzten Jahres (B 16040, Bl. 140–145'). Goethe bittet in einem handschriftlichen Zusatz, der Herzog möge sich dafür einsetzen, daß Gotha Konzessionen für neue Mühlen zwischen dem gebrochenen Damm des unteren Freibacher Teiches und der Heymschen Mühle ohne Einwilligung Weimars nicht erteilt (s. Kapitel 2.3). Der Herzog entspricht der Bitte am 1. 11. 1785 (B 16040, Bl. 159). In dem Schreiben wird im übrigen, wie in einem insoweit gleichlautenden Schreiben an Kursachsen vom gleichen Tage, der Schlußstrich unter die zähen Auseinandersetzungen um die Regalitätsrechte gezogen. Zu diesem Komplex hatte Goethe zuvor ein handschriftliches Votum abgegeben (ebd., Bl. 149; LA I 1, 110–112).

Der mittlere Berggraben war inzwischen so weit wiederhergestellt, daß er probeweise geflutet werden konnte. Am 7. November reitet Goethe nach Ilmenau und beschreibt am nächsten Tag im Brief an Frau von Stein seinen Eindruck: *Ich habe heute einen grosen Spaziergang gemacht, den ganzen Graben hinauf, wo mir die Wasser, die das Werck treiben sollen, entgegen kamen und zum erstenmal wieder seit vielen Jahren diesen Weeg machten.* Auch mit seinen übrigen Feststellungen ist er zufrieden. Wir lesen im Brief vom 9. November: *Noch finde ich in meinen Angelegenheiten hier nichts als was mir Freude machen könnte. Es geht gut was ich angelegt habe und wird iährlich besser werden. Wenn ich noch eine Zeitlang daure und aushalte, dann kann es wieder eine Weile von selbst gehn* und unter dem Datum des nächsten Tages: *Es ist die Art der Geschäffte daß sie sich vermehren wie man tiefer hineindringt. Sie machen mir Freude, weil ich auf viele Seiten würcken kann und wenn man nur Licht wohin bringt schon viel gethan ist.*

Wie tief Goethe während dieser Tage in die *Geschäffte* eingedrungen ist, beweist sein handschriftliches *Verzeichnis derer Arbeiten, welche zu völliger Wiederherstellung des Grabens, des Treibehauses und Zubehör noch zurück sind* vom 11. 11. 1785 (B 16237, Bl. 168–170; LA I 1, 112–115). In zwei umfangreichen Kapiteln – das zweite umfaßt alleine acht Unterkapitel – nennt er die Arbeiten, die am Graben und am Treibwerk noch ausgeführt werden müssen, beschreibt die Art ihrer Ausführung und gibt die dafür notwendige Zeit an. Am gleichen Tag schreibt er Charlotte: *Meine Sachen sind soweit abgethan.* Anderentags verläßt er Ilmenau.

Zum Jahresende 1785 meldet das Bergbauamt, der Schacht habe eine Teufe von 155 m erreicht. Verzögerungen seien dadurch entstanden, daß der Schacht die für die Durchschläge vorgesehenen Punkte verfehlt und das ungewöhnlich harte Gipsgestein einen größeren Löseaufwand verursacht hätten. Bis zum Erreichen der Endteufe von 280 m benötige man noch knapp zwei Jahre (B 16242, Bl. 37ff.). Statt einer ausführlichen ‚Nachricht' an die Gewerken für das Jahr 1785, die am 24. 2. 1786 hätte erscheinen sollen, ergeht am 3. April eine gedruckte Bekanntmachung, in der die ‚Nachricht' für einen Zeitpunkt in Aussicht gestellt wird, in dem Berggraben und Göpel fertiggestellt seien und die zugehörigen Rechnungen vorlägen.

Die Auseinandersetzungen zwischen dem Geschworenen und dem Werkmeister beginnen im Januar 1786 zu eskalieren. Anfang Februar verläßt der Werkmeister überstürzt seinen Dienst. Er wird amtlich gesucht, ergriffen und von Goethe vernommen. Das Protokoll der Vernehmung vom 12. 2. 1786 ist ein beredtes Zeugnis für das Goethesche Ordnungsempfinden und zugleich für seinen Gerechtigkeitssinn (B 16241, Bl. 184ff.). Der Werkmeister nimmt zunächst seinen Dienst wieder auf. Da er aber einem Ruf nach Schlesien folgen will, erhält er am 6. April einen ehrenvollen Abschied (B 16040, Bl. 162–163'). Der Bau des Göpels ist so gut wie abgeschlossen. Ein neuer Werkmeister wird daher nicht eingestellt. Vielmehr wird beschlossen, Zimmermeister Michael Jacob Herzer fallweise für diese Arbeiten heranzuziehen.

Anfang Mai sehen wir Goethe wieder einige Tage in Ilmenau. Er war mit Herzog Carl August und Oberforstmeister Otto Joachim Moritz von Wedel am 2. Mai in Weimar aufgebrochen (GL II, 511). In den Bergbau-Akten finden sich keine Spuren dieses Aufenthaltes. Am 5. Mai schreibt Goethe an Frau von Stein: *Heute werde ich noch mit allerley Angelegenheiten zubringen und Morgen bey Zeiten wegreiten.*

Im Juni halten sich die beiden Kommissionsmitglieder fünf Tage lang in der Bergstadt auf. Sie befahren am 13. Juni den Berggraben auf seiner ganzen Länge von etwa 4,5 km und registrieren dabei genauestens alle Undichtigkeiten (B 16242, Bl. 115f.). Im Schacht müssen Führungen für die Körbe des neuen Treibwerks eingebaut werden. Während dieser Zeit kann auf der Schachtsohle nicht gearbeitet werden. Das Treibhaus, auf der aufgeschütteten Schachthalde errichtet, hatte sich etwas nach Südosten abgesenkt. Die Kommission weist das Bergbauamt an, die „feyrischen" Hauer aus dem Abteufen an dem neuen Grabenstück zum Treibhaus einzusetzen und das Haus selbst zu unterfangen.

Mit der Eingabe an den Herzog vom 6. 7. 1786 (ebd., Bl. 138) bittet die Kommission, Abfindungen an Manebacher Bürger, die Teile des Grabengeländes genutzt hatten und diese räumen mußten, auf die Kammer zu übernehmen. Die neue Gewerkschaft dürfe damit nicht belastet werden, weil ihr alle Besitzungen abgabenfrei zugesichert seien. Die Eingabe ist die letzte vor Goethes Abreise nach Karlsbad am 25. Juli. Von dort aus wird er am 3. September die Italienreise antreten.

Für Christian Gottlob Voigt häufen sich nun die Arbeiten. Am 5. August war befohlen worden, Wasser in den Bergraben zu schlagen. Voigt, schon wieder in Ilmenau, beobachtet drei Tage später mit dem Geschworenen, daß das Wasser nur bis in die Gegend von Manebach vordringt und dort in großer Menge verloren geht. Hier müssen aufwendige Dichtungsarbeiten ausgeführt werden (B 16242, Bl. 187). Goethe schreibt seinem Kollegen am 18. September aus Italien: *Von unserm Bergwercke raunt mir ein böser Geist in's Ohr: daß das Wasser noch nicht herbeygebracht sey. Zwar von der Treibe*[108] *bis zum Treibhaus sey der Graben in Ordnung; aber beym Kohlenwercke* ⟨in Manebach⟩ *mache das Gefluder zu schaffen, wie an andern Orten der Graben auch noch Wasser durchlaße pp.*

Erst am 2. Oktober kann das Bergbauamt die Fertigstellung des Berggrabens melden (B 16243, Bl. 6f.). Der Göpel ist ebenfalls betriebsbereit. Als auch der Einbau der hölzernen Führungen für die Fördertonnen im Schacht abgeschlossen ist, wird das Treibwerk am 13. 11. 1786 angeschützt (ebd., Bl. 64). Der Schacht war zu diesem Zeitpunkt 192 m tief.

Zwei Wochen nach dem Anschützen ereignen sich zwei Seilrisse. Über die Ursachen gehen die Meinungen auseinander. Eine genaue Kontrolle der Seile und des Seillaufs ist erforderlich.

Anfang Dezember 1786 stürzte der Geschworene Schreiber mit seinem Pferd auf dem Rückweg von einer Inspektion des Kaltennordheimer Steinkohlenbergwerks[109] und verletzte sich schwer. Er mußte nach Ilmenau zurücktransportiert und dort längere Zeit ärztlich behandelt werden. Die Sorgen C. G. Voigts vermehren sich. Aus Italien vernehmen wir dazu: *An dem Unfall des Geschwornen nehm ich herzlichen Anteil, doppelt, um des guten Manns und um des Geschäffts willen. Das übrige hat mir*

---

[108] D. i. die Viehtreibe, ein Weg, der zur Sturmheide führte und das neue Grabenstück zum Treibhaus kreuzte.

[109] Das Amt Kaltennordheim am Osthang der Rhön war nach dem Aussterben der Henneberger an Sachsen-Eisenach gefallen und mit diesem 1741 weimarisch geworden. In Kaltennordheim wurde herrschaftlicher Bergbau auf ein kleineres Kohlevorkommen betrieben. Dem Geschworenen des Ilmenauer Kupferschieferbergbaus war neben diesem und dem ebenfalls herrschaftlichen Kohlebergbau in Kammerberg auch der Kaltennordheimer Bergbau übertragen worden.

Ursache zur Freude gegeben. Werden Sie nicht müde bey so mancher Arbeit auch noch meinen Teil in diesen Geschäfften zu tragen (Goethe an C. G. Voigt am 3. 2. 1787). Zur Verstärkung der Aufsicht vor Ort schickt C. G. Voigt fürs erste wieder seinen Bruder, den Bergsekretär, nach Ilmenau.

Der Bericht über die Jahre 1785 und 1786 wird der Öffentlichkeit mit der ‚Zweiten Nachricht‘ vom 1. 2. 1787 vorgelegt (LA I 1, 168–178). Goethe hatte sich dazu schon am 18. 9. 1786 C. G. Voigt gegenüber geäußert: *Es kommt dann auch auf die 2te Nachricht ans Publicum an. Sie werden mir zu erkennen geben: ob sie gefertigt und publicirt werden kann.* Im gleichen Brief spricht Goethe auch die Bestellung von Bevollmächtigten der Gewerken an und macht namentliche Vorschläge dazu. Er fährt dann fort: *Ob übrigens sich neue Gewercken gefunden haben? wie es mit der Casse aussieht? ob die Rechnung des vorigen Jahrs nun völlig berichtigt?* Das Rechnungswesen hatte in Einnahmen und Ausgaben einen solchen Umfang angenommen, daß dafür ein eigener Rechnungsführer, der Kriegsregistrator Seeger, hatte angestellt werden müssen (LA I 1, 169).

In der ‚Nachricht‘ werden zwar einzelne Abweichungen der Ausgaben von den Schätzungen des Planes aus dem Jahr 1783 nachgewiesen; so war für den Schacht, bedingt durch die beiden Verbindungsstrecken und durch das harte Gestein, mehr ausgegeben worden als vorgesehen. Den Mehrausgaben standen aber niedrigere Ausgaben für Graben und Treibwerk gegenüber. Auch der Verzicht auf die Instandsetzung des unteren Freibacher Teiches hatte die Rechnung entlastet. Noch war die Hoffnung berechtigt, mit der veranschlagten Summe von 20 000 Rtlr das gesteckte Ziel, das Flöz, zu erreichen.

Jedoch war abzusehen, daß für die Einrichtung des Hüttenwesens Mittel nicht mehr zur Verfügung stehen würden. Obwohl Trebra in seinem Gutachten von 1776 hierfür die Aufnahme von Darlehen vorgeschlagen hatte, bereitet Voigt jetzt die Gewerkschaft darauf vor, zu diesem Zweck eine Zubuße hergeben zu müssen. Zugleich mildert er die Aussage, indem er auf die inzwischen erzielten Erfolge in der Amalgamation silberhaltiger Kupfererze hinweist. Gegenüber dem bisherigen, sehr aufwendigen Hüttenprozeß bringe das neue Verfahren in Anlage und Betrieb bedeutende Ersparnisse.

Während seines Kuraufenthaltes in Karlsbad im Sommer 1787 besucht Voigt die neuerrichtete Amalgamieranstalt in Joachimsthal. Die Akten weisen von Anfang 1786 an eine Fülle von Notizen und Briefen auf, die belegen, wie intensiv die Kommission, ganz besonders aber C. G. Voigt, sich mit dem neuen metallurgischen Verfahren befaßte und welch regen Austausch sie darüber mit Vertretern anderer Bergbauländer pflegte. Diese Zusammenhänge werden in Kapitel 3.3 des Näheren erläutert.

Goethe hatte mit Blick auf die ‚Nachricht‘ am 3. 2. 1787 aus Rom seinen Kollegen wissen lassen: *Was Sie thun und einrichten und publiciren mögen, billige ich zum Voraus. Wenn man über den Zweck einer Sache so einverstanden ist wie wir es sind, kann über die Mittel kein Zweifel bleiben.* Den Empfang der ‚Nachricht' bestätigt er am 23. März aus Neapel: *Es hätte mir nicht leicht eine größere Freude von Hause kommen können, als mir die Nachricht von dem Fortgange des Ilmenauer Bergwercks gebracht hat* ⟨...⟩ *Die Nachricht selbst kann ich nicht genug loben;* ⟨...⟩ *und wenn ich sage: daß ich nichts davon zu thun, nichts dazu zu wünschen weiß, daß ich meinen Nahmen als wie unter einer selbst verfertigten Schrift lese; so werden Sie am Besten daraus den Grad meines Beyfalls und meiner Danckbarkeit schätzen können.* Auch auf die Probleme mit dem Treibseil geht Goethe in diesem Brief ein: *Eben so beruhige ich mich über jede Anstalt die Sie wegen des Treibseils und sonst treffen werden, es hält schwer aus einer solchen Ferne eine Meynung zu sagen,* nachdem er schon am 3. Februar an C. G. Voigt geschrieben hatte: *Das Bergwesen erfreut mich sehr, da das Treibewerck geht, wird sich das übrige auch treiben laßen. Hält dann das Seil so wird die Geduld der Gewerken auch halten.* Noch hatten die Gewerken keinen Grund zur Ungeduld.

Wenige Monate später, am 27. 5. 1787, setzt sich Goethe bei dem Herzog für seinen Kollegen ein: *Können Sie gelegentlich etwas für Voigten thun, der manches für mich trägt und dem Sie selbst wegen seiner Brauchbarkeit immer mehr auflegen müßen; so werden Sie Ihrem Dienste gewiß Vortheil bringen.* Voigt erhielt im Folgejahr unter Beibehaltung seiner bisherigen Ämter Sitz und Stimme im Kollegium der Kammer, der obersten Finanzbehörde des Landes, und am 16. 3. 1789 ernannte ihn der Herzog zum Geheimen Regierungsrat.

Vor seiner Abreise nach Karlsbad befährt C. G. Voigt noch einmal alle Anlagen in Ilmenau und erläßt am 16. 6. 1787 eine ausführliche Instruktion an das Bergbauamt (B 16249, Bl. 6–7'). Der Betrieb dürfe in der Zeit der Abwesenheit beider Kommissionsmitglieder keinerlei Unterbrechung erfahren, heißt es dort. Deswegen versuchte Voigt, für die ganze Palette der anstehenden Probleme Vorsorge zu treffen. Die Behandlung des Förderseils nimmt in der Instruktion breiten Raum ein. Für den Fall von unerwarteten Ereignissen, die eine sofortige Resolution verlangen, hatte der Geschworene nach vorheriger Privatkorrespondenz mit dem Bergsekretär zu handeln und seine Entscheidungen der Kommission zur nachträglichen Genehmigung vorzulegen. Der Geschworene wird im übrigen zur Verdoppelung seines Fleißes und zu möglichster Sparsamkeit angehalten, ,,welchem er pflichtgemäß nachzuleben versprochen hat''.

Eine Woche später, am 23. 6. 1787, reißt das Seil erneut. Die gefüllte Fördertonne hatte sich 140 m über der Sohle befunden. Sie durchschlägt die Bühnen, die unmittelbar über der Schachtsohle zum Schutz der Abteufbelegschaft geschlagen waren. Ein Bergmann wird getötet, drei weitere werden verletzt. Das Ereignis, seine Vorgeschichte und seine Folgen werden, wie die kurz darauf einsetzenden Bemühungen zur Gewältigung der im Schacht zusitzenden Wässer, in Kapitel 2.2 gewürdigt.

Die Verhandlungen über den Seilunfall waren noch nicht abgeschlossen, als neues Unheil über den Schacht hereinbricht. Am 9. August tritt auf der Schachtsohle in

229 m Teufe Wasser aus. Vorrichtungen für die Wasserhebung waren nicht vorhanden. Ende September ist der Schacht bis zum Martinrodaer Stollen ersoffen. Nun beginnt der Kampf der Ilmenauer Bergleute mit dem Wasser. Er wird fast fünf Jahre andauern.

C. G. Voigt unterrichtete den abwesenden Kollegen gewissenhaft über die beiden Unglücksfälle. Antwort kam am 23. Oktober: *Da ich so manchen guten und fröhlichen Tag in unsern Geschäften mit Ihnen zugebracht habe; so hätte ich auch von Herzen gern die übeln und sauren Stunden getheilt welche Sie zuletzt in Ilmenau haben durcharbeiten müssen ⟨...⟩ Ich verlange recht sehr zu hören wie Ihre guten und klugen Anstalten alles wieder ins alte Gleis werden gebracht haben.*

Gleichzeitig mit dem Wassereinbruch wird zum ersten Mal Geldmangel spürbar. Etwa 130 Kuxe waren noch nicht untergebracht.[110] Erste verzinsliche Darlehen müssen aufgenommen werden. Just in diesem Augenblick treten bedeutende Berliner Persönlichkeiten auf, die Gewerken werden wollen und auch Kuxe kaufen. Im Mai 1788 kehrt J. C. W. Voigt von einer Reise nach Rotenburg/Saale, dem Sitz eines preußischen Bergamtes, und nach Berlin zurück. Er berichtet, der Ilmenauer Bergbau stehe „im Ausland" in guter Reputation. Seine gute Direktion werde auch in Berlin anerkannt, so daß die restlichen Kuxe dort leicht abzusetzen seien (B 16253, Bl. 203–205). Binnen kurzem sind die letzten freien Kuxe in der Hand preußischer Gewerken, die so zur stärksten Gewerkengruppe werden. Diese wird im weiteren Verlauf ihren Einfluß mühelos durchsetzen.

Für Ilmenau wichtigste Einzelgewerken sind (s. hierzu: Steenbuck 1992): Friedrich Wilhelm Graf von Reden, Direktor der Bergwerke in der Provinz Schlesien, mit 10 Kuxen (Bild 27); Dr. Carl Abraham Gerhard, Geh. Finanz- und Bergrat, mit 10 Kuxen (Bild 28); Friedrich Philipp Rosenstiel, Oberbergrat und engster Mitarbeiter des Oberberghauptmanns Friedrich Anton von Heynitz, mit 10 Kuxen (Bild 29); die beiden Hofbankiers David Ephraim und Isaac Daniel Itzig (Bild 30) mit je 20 Kuxen.

Zunächst beschließt man, den Schacht mit einer behelfsmäßigen Pumpenanlage zu sümpfen. Im November 1787 meldet sich Graf Reden und sagt anhaltende, starke Wasserzuflüsse voraus, die mit dem Interimsgezeug nicht gehoben werden könnten (B 16249, Bl. 225–227'). Wenn später gleichzeitig gepumpt und gefördert werden soll, reiche ein Schacht nicht aus. Zwei weitere Schächte mit mehreren Pumpenkünsten und mehreren Treibwerken seien erforderlich. Der Erschließungsaufwand steige damit auf über 100000 Rtlr an. Noch kann Voigt widersprechen (ebd., Bl. 230).

---

[110] Der Text der Kuxscheine war abgestellt auf die Zahlung des Kaufgeldes in drei Raten, jeweils zum 24. Februar der Jahre 1784, 1785 und 1786 (s. Bild 25). Interessenten, die jetzt – ein Jahr nach Fälligkeit der letzten Rate – Kuxe erwerben wollten, hatten das Kaufgeld in einer Summe zu zahlen. Deswegen wurden Anfang des Jahres 1787 neue Kuxscheine gedruckt, deren Text der geänderten Zahlungsweise angepaßt, sonst aber unverändert war (B 16248, Bl. 150).

Bild 27: Friedrich Wilhelm Graf von Reden
(1752–1815)

Bild 28: Carl Abraham Gerhard (1738–1821)

Bild 29: Friedrich Philipp Rosenstiel (1754–1832)

Bild 30: Isaac Daniel Itzig (1750–1806)

Am 18. November erreicht man mit dem Interimsgezeug die Schachtsohle. Das austretende Wasser wird an der Zutrittsstelle gefaßt und abgepumpt. Eine Woche später kann das Abteufen fortgesetzt werden. C. G. Voigt ist am 1. 12. 1787 in Ilmenau. Er überzeugt sich von dem leichten Gang der Maschine, mit der gleichzeitig gepumpt und getrieben wird. Zwei Tage später fährt er erneut an. Auf der Schachtsohle schlägt er einige Kalkstufen heraus: Beweis dafür, daß der Gips durchsunken, der Zechsteinkalk angefahren und das Flöz nach wenigen Metern zu erwarten ist (ebd., Bl. 247 u. 259).

Auf die Nachricht vom Erfolg des ersten Sümpfens antwortete Goethe am 29. 12. 1787: *So sind denn die Wasser wieder gewältigt! Wie sehr beruhigt mich das einstweilen, biß mir, nach dem Versprechen, Ihr nächster Brief das Genauere erzählt.* Uneingeschränkt hoffnungsvoll klingt es auch noch in dem Brief an den Herzog vom 25. 1. 1788: *Das nunmehr versicherte Glück des Bergwercks freut mich unendlich und wir können nun mit ernstlichen Anstalten dem Wercke entgegen gehn.*

Aber im Johannes-Schacht hatte sich das Blatt längst gewendet. Zwar wurde das unmittelbare Hangende des Flözes am 7. Dezember bei 230 m Teufe tatsächlich angehauen. Das Ziel schien greifbar nahe zu sein. Aber schon drei Tage danach trat erneut Wasser aus, und dieses Mal mehrfach stärker als beim ersten Mal (B 16350/183, Bl. 18). Das provisorische Kunstgezeug konnte seiner nicht mehr Herr werden. Das Wasser stieg erneut bis zum Stollen an. Nun mußte doch ein großes Kunstrad gebaut werden. Vier Monate, die Zeit vom ersten Wassereinbruch an, waren verloren.

Die Nachricht muß Goethe kurz nach der Expedition seines letzten Briefes an den Herzog erreicht haben. Denn schon zwei Tage darauf, am 27. 1. 1788, wendet er sich an Voigt: *Nun aber auch, mein bester Gefährte und Geleitsmann in den Tiefen, lassen Sie uns unter die Erde steigen so weit es uns die Wasser erlauben. – Alles was ich als dramatischer Dichter und Romanenschreiber an dem Menschengeschlecht verschuldet habe, daß ich die Herzen so oft nach Belieben erfreut und gequält, das haben Sie reichlich durch Ihren letzten Brief gerochen. Er war trefflich komponirt um mich alle Freude und Hoffnungen mit empfinden zu lassen und sodann, wenn schon nicht die Hoffnung doch die nächste Freude zu ersäufen. Aber nur getrost. Noch ist ein gutes Glück bey unserm Bergbau. Wir haben doch jetzt die gewisse Anzeige und müssen immer bedencken: daß es törig wäre da zu verzweifeln, wenn das begegnet was man voraussehen konnte.* Am 2. Februar fügt Goethe hinzu: *Möge das Haupt Kunstzeug so glücklich gerathen, als das Interims K.Zeug und uns biß auf die Tiefe bringen und möge Ihre anhaltende Betriebsamkeit überall so erkannt werden, wie ich sie erkenne.*

Mit der Fertigung des Rades wird Zimmermeister M. J. Herzer beauftragt. C. G. Voigt sagt voraus, daß man anfangs im Tiefsten die meiste Not mit dem Wasser haben werde. Später im Flöz ließen die Zuflüsse nach: „So wird vielleicht bei dem Ilmenauer Werck eine harte Jugend das Alter gemächlicher machen“ (B 16253, Bl. 85 ff.). Die Rückschläge haben die Hoffnungen zwar gedämpft, aber nicht nachhaltig gestört.

Am 18. 3. 1788 wird die ‚Dritte Nachricht von dem Fortgang des neuen Bergbaues zu Ilmenau‘, in der über den Ablauf des Jahres 1787 berichtet wird, der Öffentlichkeit übergeben (LA I 1, 178–187). Goethe hatte am 9. Februar an Voigt geschrieben: *Ich sehe wohl ein daß die dießmalige Nachricht ans Publikum eine eigentliche Composition, ein Kunstwerck werden wird.* Voigt hätte gerne die Indienststellung des Kunstrades abgewartet, um zugleich die Sümpfung des Schachtes und das erhoffte Anhauen des Flözes melden zu können. Aber die Kassenlage der Gewerkschaft duldet keinen weiteren Aufschub.

So wird mit der ‚Nachricht‘ eine Zubuße von 5 Rtlr je Kux, zahlbar bis Ende Mai 1788, ausgeschrieben. Mit dem eingehenden Geld sollen der Kunstzeugbau vollendet, das Flöz durchsunken und Vorkehrungen für den Bau der Hütte getroffen werden. Voigt stellt zum Schluß die inzwischen erzielten Verbesserungen in der Amalgamation von Rohstein und Schwarzkupfer heraus und schließt: „Also eröffnet sich von mehrern Seiten eine Aussicht zu glücklichen Erfolgen, welche den Interessenten des Ilmenauer Bergbaus vielleicht in der nächstkünftigen öffentlichen Nachricht bekanntzumachen sein werden" (LA I 1, 187).

Das Kunstrad kann am 11. 8. 1788 angeschützt werden. C. G. Voigt befährt am Folgetag den Schacht und beobachtet den Gang der Maschine (B 16254, Bl. 37). Drei Tage später ist der erste Pumpensatz in einer Länge von 10 m gewältigt (ebd., Bl. 52). Goethe war am 18. Juni – von der Italienreise zurück – in Weimar angekommen. Viele seiner Regierungsämter hatte er abgegeben, den Vorsitz in der Bergwerkskommission jedoch behalten. Da er in den ersten Wochen vom Herzog und von dem Hof stark in Anspruch genommen wird, kann er zunächst nur seinem Kollegen nach Ilmenau schreiben (16. 8. 1788): *Mit Freuden höre ich daß alles so gut geht daß Sie alles zu Ihrer Zufriedenheit getroffen haben. Das Rad muß würcklich eine ansehnliche Maschine seyn und sich ehrwürdig in der Finsterniß herumdrehen. Daß Sie einige Lachter schon gewältigt haben, ist auch ein guter Anfang. Wie sehr ich mit Ihnen zu seyn wünsche können Sie denken. Das Geschäfte in Ilmenau muß mir immer werth bleiben und Ihre Gegenwart dabey, Ihr Würcken macht mir alles doppelt interessant.*

Goethes Freund F. H. Jacobi – auch er ist Gewerke – erhält am 9. September die beruhigende Auskunft: *Noch haben wir Ursache das Beste zu hoffen, wir sind auf dem Wege die Wasser zu gewältigen die uns vertrieben hatten.* Am 24. September reitet Goethe selbst nach Ilmenau. Eine Woche später berichtet er dem Herzog: *Sobald ein Saz steht sind die Lachter geschwind ausgepumpt, aber die Sätze hineinzubringen ist ein umständliches, ja gefährliches Arbeiten. Inzwischen scheint das Rad sehr gut gebaut und sieht mit seinen Krummzapfen und Kreutzen gar ernsthaft in der Finsterniß aus. Die zwölf und eilfzöllichen Sätze heben einen gewaltigen Schwall Wasser. Die Wasser sind jetzt 25 Lachter unter dem Stollen gewältigt. Ich bin biß auf sie hinab gefahren, um die Arbeit selbst zu besehn die nötig ist, die Sätze zu stellen und einzurichten.*

Mitte Oktober waren 57 m gewältigt. Tiefer zu kommen, gelang nicht mehr. Es war deutlich geworden, daß die Arbeiten besser beaufsichtigt werden müssen. Am

27. 10. 1788 bat die Kommission den kursächsischen Berghauptmann Carl Wilhelm Benno von Heynitz, den jüngeren Bruder des Berliner Oberberghauptmanns Friedrich Anton von Heynitz, dem Ilmenauer Werk einige geschickte Zeugarbeiter zur Verfügung zu stellen (B 16254, Bl. 115). Es entspinnt sich ein langer Briefwechsel. Freiberg gibt ausweichende Antworten. Der Geschworene Schreiber, der im Februar 1789 einen Urlaub in Marienberg verbringen will, wird beauftragt, sich dort nach „geeigneten Subjekten'' umzusehen. Er bringt auch zwei Steiger in Vorschlag; diese wollen aber ihre Stellen nur mit Zustimmmung des sächsischen Oberbergamtes verlassen (ebd., Bl. 171 ff.).

Die Kommission bittet im Juli 1789 den Herzog um höchsteigene Verwendung bei seinem kursächsischen Vetter (ebd., Bl. 185). Der Bitte wegen der beiden Kunststeiger soll die Bitte hinzugefügt werden, einen Kunstverständigen zur Erstattung eines Gutachtens über den Fortgang der Gewältigung zu entsenden. Am 21. August endlich stimmt der sächsische Kurfürst zu (B 16258, Bl. 5). Einen Monat später benennt das Oberbergamt Freiberg David Süß, Kunststeiger auf dem Markus-Röling-Stollen in Freiberg, und Johann Gottfried Schreiber, Steiger auf der Grube Glücksgarten in Marienberg (ebd., Bl. 19).

Wie andere bergbautreibende deutsche Staaten [111] auch – vielleicht alleine Preußen ausgenommen – sah Kursachsen in dem aufkommenden Ilmenauer Bergbau einen zukünftigen Konkurrenten auf den Metallmärkten. Dies erklärt die dilatorische Behandlung der Weimarer Bitten durch Dresden und die Notwendigkeit, durch Einschaltung der beiden Fürsten eine Staatsaktion aus dem Vorgang zu machen.

Die beiden Kunststeiger treffen am 30. 9. 1789 in Weimar ein. Schon am darauffolgenden Tag werden sie nach Ilmenau in Marsch gesetzt. Zugleich wird der Sekretär der Kommission, Johann Carl Wilhelm Voigt, der jüngere Bruder von Christian Gottlob Voigt, nach Ilmenau abgeordnet. Als dessen erste Berichte in Weimar eingehen, bittet Goethe C. G. Voigt, über einen längeren Aufenthalt seines Bruders in Ilmenau nachzudenken. Eine Aufsicht, wie er sie dort ausüben könne, sei dringend geboten: *Die ganze Angelegenheit ist zu kitzlich und ernsthaft. Auf dem bißherigen Wege kommen wir nicht zum Ziel* (WA IV 9, 154f.).

Das Ergebnis dieser Anregung ist, daß J. C. W. Voigt am 15. Oktober ein Gesuch an die Kommission richtet, in dem er um seine ständige Versetzung nach Ilmenau bittet. Am 5. November kann Goethe an den Herzog schreiben: *Unsre Bergwercks Besorgnisse klären sich recht schön auf. Voigt geht mit seinem Bruder Morgen hinauf.* ⟨. . .⟩ *Wir haben alles mit ihm durchgegangen. Er ist recht klar und thätig in dieser*

---

[111] In dem Bericht, den J. C. W. Voigt am 17. 8. 1792 über seine Verhandlungen mit dem Hüttenvoigt J. F. Schrader in Berka a. d. Werra erstattete, heißt es: „Er ⟨Schrader⟩ versicherte, Ilmenau habe gleich bei seiner Eröffnung Aufmerksamkeit erregt, man befürchte auswärts das Aufkommen dieses Bergbaus, und jeder Bergwerksstaat würde das Seinige dazu beitragen, ihm Hindernisse in den Weg zu legen'' (B 16268, Bl. 39 ff.).

Sache, mehr bedarfs in keiner, den guten Willen vorausgesetzt. Er ist sehr danckbar daß Sie ihm den Charackter[112] *accordiren ⟨...⟩ Er wird manches Gute oben auch neben her stiften. Bey seinem raschen Kopf ist er ein grundehrlicher Mensch.*

Goethe hatte am 31. 10. 1789 ein vierseitiges Schema, überschrieben *Ilmenauer Bergwerck betrf.*, entworfen (B 16258, Bl. 33–34'). Es listet in Stichworten alle Punkte im Personellen und Technischen auf, denen zu diesem Zeitpunkt die Aufmerksamkeit der Kommission zu gelten hatte. Das mit großer Sorgfalt abgefaßte Schrift-stück[113] legt die Vermutung nahe, Goethe könnte vorgehabt haben, selbst mit nach Ilmenau zu kommen, und sei durch andere Pflichten daran gehindert worden. Die Protokolle, die C. G. Voigt in Ilmenau anfertigt, weisen aus, daß er streng nach dem Goetheschen Schema vorgegangen ist.

Die Instruktion vom 7. November regelt die Zuständigkeiten des Geschworenen, der Leiter des Bergbauamtes und der Kommission direkt unterstellt bleibt, und des Sekretärs, der seine Aufsicht als Subdelegierter der Kommission ausübt (B 16258, Bl. 29–32). C. G. Voigt ermahnt den Geschworenen und den Sekretär, weiterhin ein gutes Verhältnis zu pflegen: Eine notwendige Ermahnung, wie sich noch erweisen wird. Als besondere Aufgabe wird dem Sekretär die Führung eines Tagebuches übertragen; es soll wichtige Ereignisse auf dem Bergwerk festhalten und der Kommission regelmäßig vorgelegt werden (vgl. auch: LA I 1, 200).

Die personelle Maßnahme wird in einem ausführlich gehaltenen Bericht gegenüber dem Herzog begründet. Es heißt dort, daß der Sekretär „mit dem Bergbauamt gemeinschaftlich das Detail des Bergbaues, vorzüglich aber die Gewältigungs-Arbeiten, in Aufsicht und Besorgniß nähme" (B 16040, Bl. 266'). Am 18. Dezember bestätigt ein herzogliches Dekret die neue Qualität des Sekretärs als eines Subdelegierten der Bergwerkskommission, die mit der Dienstbezeichnung „Bergrat" verbunden ist (B 16258, Bl. 92).

C. G. Voigt versuchte, in dieser Zeit lästige Routinearbeiten so weit wie möglich von Goethe fernzuhalten. Davon zeugt sein Brief vom 10. 5. 1789 an den Geschworenen: „Ich suche den vortrefflichen Mann alle nicht schlechterdings nothwendige verdrüsl. Dinge zu überheben. Es ist nicht gut, einen solchen Mann auf dergl. Art nicht so zu schonen, wie er es so sehr verdient. Kein Wunder wäre es sonst, er zög sich ganz zurück. Was das Beste der Sache erfordert, muß man in jedem Amte tragen; aber nur nicht unnötige Plackerey" (B 16350/191, Bl. 16).

---

[112] Die Kommission hatte die Absicht, die Versetzung J. C. W. Voigts nach Ilmenau mit der Ernennung zum Bergrat zu verbinden.

[113] Das Goethesche Schema vom 31. 10. 1789 ist bisher weder in der Literatur erwähnt noch gar gedruckt. Auch im Rahmen dieser Arbeit kann es nicht insgesamt transkribiert und kommentiert werden. – Das Schema führt unter *Materiale, Pkt. i* (schwer lesbar) das Wort *Bewaldrappung* auf. Hierunter war das Recht der Forstbedienten zu verstehen, die beim Schälen der Bäume anfallenden Späne für sich zu behalten. Weil gewerkschaftliche Zimmerlinge Hölzer für den Bedarf des Bergwerks selber fällten und schälten, war es zum Konflikt mit der Forstverwaltung gekommen (B 16258, Bl. 81 u. 88).

Während des strengen Winters 1788/89, in dem sogar das Wasser des Berggrabens einfror, hatte die Kommission beschlossen, die Gewältigung erst nach Eintreffen der Kunststeiger wieder aufzunehmen (B 16072 m, Bl. 65'). Einige Gewerken werden nun ungeduldig, erbitten nähere Informationen und fragen an, wann ein Gewerkentag abgehalten werde. [114] Die Kommission beschließt am 1. 9. 1789, daß, wenn das Ziel nicht binnen eines Monats erreicht würde, der Sekretär eine vorläufige Nachricht an die Gewerken herausgeben und darin die Gründe für die Verzögerungen und die Untunlichkeit eines Gewerkentages zum gegenwärtigen Zeitpunkt darlegen solle (B 16254, Bl. 228). Die Nachricht des Sekretärs erscheint Anfang Oktober 1789. Sie kündigt an, daß die Gewältigung binnen kurzem auf die wirksamste Art wieder aufgenommen werde. Der Gewerkentag müsse bis auf einen zweckmäßigeren Zeitpunkt ausgesetzt bleiben. Ihm werde eine weitere ausführliche Nachricht vorausgehen, die über Fortgang und Kassenlage unterrichten werde (B 16072m, Bl. 65).

Am 12. 10. 1789 schützen die beiden Kunststeiger das Rad wieder an. Sie kommen 67 m tief und damit 10 m tiefer, als man vor einem Jahr gekommen war. Dort erweist es sich definitiv, daß das Wasser mit einem Kunstrad nicht zu beherrschen ist. Das Pumpen wird am 12. Dezember eingestellt (B 16258, Bl. 102 f.).

Jetzt wartet man auf den sächsischen Gutachter. Das Oberbergamt Freiberg hatte zunächst den Markscheider Johann Friedrich Freiesleben vorgesehen. Dieser hatte aber darauf verwiesen, daß das Maschinenwesen außerhalb seiner Dienstgeschäfte liege und er im Flözbergbau unkundig sei (ebd., Bl. 13). Darauf benennt Freiberg Prof. Lampe oder Maschinendirektor Mende oder dessen beste Schüler, den Werkmeister Seyfert aus Mansfeld oder den Geschworenen Baldauf aus Schneeberg (ebd., Bl. 9). Bei einem Besuch Abraham Gottlieb Werners, Mitglied des Oberbergamtes Freiberg und weltberühmter Lehrer an der Bergakademie, am 16. und 17. 9. 1789 in Weimar und Jena wurde auch über den Gutachter gesprochen. Darüber berichtete Goethe seinem Kollegen am 19. September: *Die Berufung Freieslebens widerrieth er ganz und nannte Baldauf zuerst. Das kann uns sehr lieb seyn.*

Carl Gottfried Baldauf war tatsächlich einer der bedeutendsten Maschinenleute seiner Zeit. Goethe hatte ihn 1786 in Schneeberg kennengelernt und über ihn vermerkt: *Geschworner Baldauf. Sehr geschickt im Maschinenwesen* (LA I 1, 119 f.). Am 7. 1. 1790 teilt das Oberbergamt Freiberg mit, daß Baldauf nach Ilmenau kommen werde (B 16258, Bl. 99). C. G. Voigt schreibt sofort an ihn und bittet ihn, „je eher je lieber zu kommen, weil ohnehin viel Verzug in Freiberg verursacht" (ebd., Bl. 101). Goethe unterrichtet den Herzog am 6. Februar: *Wir erwarten täglich Nachricht von Baldauf und werden sodann nach Ilmenau gehen. Der Bergrath Voigt beträgt sich sehr brav oben, es war das einzige Mittel das Geschäft wieder in Schwung zu*

---

[114] Nach der gewerkschaftlichen Satzung waren Gewerkentage alle fünf Jahre zum jeweiligen Jahresschluß zu veranstalten (LA I 1, 89). Der erste Gewerkentag hätte somit zum Jahresende 1789 einberufen werden müssen.

bringen. Am 18. Februar schließlich kann Goethe aus Ilmenau berichten: *Der Geschworne Baldauf ist angekommen, ein wackrer Mann, mit dem wir den unterirdischen Neptun zu bezwingen hoffen.*

Goethe und Voigt waren am 18. 2. 1790 in Ilmenau eingetroffen. Sie werden von Fritz von Stein begleitet, dem Lieblingssohn Charlottes, den Goethe 1783 in sein Haus aufgenommen hatte. Fritz von Stein, inzwischen zum Kammerjunker avanciert, tritt bei diesem Aufenthalt, der vom 18. bis zum 26. Februar währt, und bei späteren Sitzungen als Protokollant der Kommission auf. Am 20. Februar fahren Goethe und Voigt mit Baldauf, J. C. W. Voigt, dem Geschworenen Schreiber, Fritz von Stein und den beiden Kunststeigern an (B 16258, Bl. 111–113).

Baldauf erhält den Auftrag, ein weiteres Kunstrad zu entwerfen. Dessen Herstellung und das Ausbrechen der Radstube werden rund ein halbes Jahr in Anspruch nehmen, eine Zeit, in der die Kommission zur Untätigkeit verurteilt ist. Goethe bricht am 13. März von Jena aus zu einer Reise nach Venedig auf, wo er Herzoginmutter Anna Amalia abzuholen hatte und von wo er Mitte Juni zurückkehrt. Am 28. 2. 1790 berichtet er dem Herzog: *Was von Geschäften einigermassen an mich geknüpft ist, liegt alles gut vorbereitet ⟨...⟩ das Bergwerck durch Baldaufs Bemühungen, an dem wir einen sehr braven Mann gefunden haben.*

C. G. Voigt wird im Sommer des Jahres 1790 in schwieriger diplomatischer Mission nach Berlin entsandt (G – V 1, 29). Am 26. Juli tritt Goethe auf Geheiß des Herzogs die Reise ins schlesische Feldlager an. Von Breslau aus wird Graf Reden den Herzog und seinen Minister am 4. September zu dem Silberbergwerk Tarnowitz bei Kattowitz und am 6. September zu dem Salzbergwerk Wielitzka[115] bei Krakau führen. Goethe schreibt am 12. September aus Breslau an C. G. Voigt: *In Tarnowitz habe ich mich über Ilmenau getröstet; sie haben, zwar nicht aus so großer Tiefe, eine weit größere Wassermasse zu heben und hoffen doch.*[116] Der Besuch in Tarnowitz regte Goethe außerdem zu dem Gedanken an, die Ilmenauer Schiefer und Erze zu pochen und zu schlämmen und die so gewonnenen Schliche unter Vermeidung des Schmelzprozesses der Amalgamation zuzuführen (B 16258, Bl. 217f; GSA 26/LXVIII,5; WA IV 9, 229f.; LA I 11, 33f.). Darauf wird noch des näheren eingegangen.

Im Oktober und November 1787 hatten zur Bestreitung des laufenden Aufwandes Darlehen in Höhe von je 500 Rtlr aufgenommen werden müssen. Die Zubuße in

---

[115] Das Deutsche Bergbau-Museum, Bochum, zeigte vom 29. 11. 1984 bis zum 24. 2. 1985 eine Ausstellung mit dem Titel „WIELICZKA – MAGNUM SAL". Zu den Exponaten gehörte auch das Gästebuch der Grube mit dem Eintrag von unbekannter Hand: „6. September 1790 Herzog von Weimar Preußischer ⟨sic!⟩ Geheimrath von Göthe Graf von Reden, Preußischer Bergwerk Direktor".

[116] Der Blei- und Silberbergbau von Tarnowitz, den Goethe in Begleitung des Herzogs am 4. 9. 1790 besuchte, war im gleichen Jahr wie Ilmenau – 1784 – wiedererhoben worden und unter der Leitung des Direktors der preußischen Bergwerke in Schlesien, Friedrich Wilhelm Graf von Reden, in kurzer Zeit zur Blüte gebracht worden. Das Wasser war dort mit etwa 2000 l/min aus 40 m Teufe zu heben (BJ, 2. Bd., 1788, 527–538). Dazu waren zwei Dampfmaschinen und ein Pferdegöpel im Einsatz.

Höhe von 5 Rtlr je Kux, die 1788 erhoben worden war, war beim Bau des ersten Kunstrades verbraucht worden. Da die gewerkschaftliche Kasse schon wieder leer war, genehmigte der Herzog am 4. 4. 1790 die Aufnahme von ihm garantierter Darlehen bis zur Höhe von 2000 Rtlr (B 16040, Bl. 281). C. G. Voigt meldet dem Herzog die Fertigstellung des 2. Kunstrades am 28. August. Er fügt hinzu, daß mit dem Einbau der Sätze noch Monate hingingen, und beantragt die Aufnahme weiterer 1000 Rtlr (ebd., Bl. 283). Mit der Genehmigung vom 5. Oktober bestimmt der Herzog, die Darlehen aus Mitteln der nächsten Zubuße abzutragen. Goethe hatte schon am 21. August aus Breslau an C. G. Voigt geschrieben: *Wenn die Summe zur Gewältigung nicht reicht werden wir wohl den Rest noch aufnehmen müssen. Bringe uns nur das gute Glück vor Winter hinab.* Am 26. 1. und am 16. 5. 1791 genehmigt der Herzog die Aufnahme weiterer Darlehen von zusammen 1000 Rtlr (B 16040, Bl. 292 u. B 16265, Bl. 7). In der Summe wurden seit 1787 Darlehen in Höhe von 5000 Rtlr unter herzoglicher Garantie erhoben.

Die beiden Kunsträder werden am 17. 9. 1790 angeschützt (B 16263, Bl. 210'). Schon Ende Oktober stellen sich erste Schäden an den Maschinen ein; sie setzen sich in den folgenden drei Monaten verstärkt fort. Bis zum Ende des Jahres 1790 gelingt es, den Wasserspiegel 110 m tief abzusenken (B 16258, Bl. 269). Im Januar 1791 kommt man aber praktisch nicht mehr von der Stelle. Die Wasserzuläufe waren in dieser Tiefe drei- bis viermal so stark wie zu Beginn der Gewältigung. Die beiden Kunstzeuge wurden ihrer im störungsfreien Betrieb zwar durchaus Herr. Maschinenschäden, vor allem Brüche der Kunststangen, und dadurch bedingte Stillstände warfen die Gewältigung aber immer wieder zurück (B 16263, Bl. 228–301).

Zeugnisse eines Meinungsaustausches zwischen Goethe und Voigt aus diesen dramatischen Monaten sind nicht überliefert. In dieselbe Zeit fällt auch die Ernennung von C. G. Voigt zum Geheimen Assistenzrat mit Sitz und Stimme im Conseil am 12. 1. 1791. Auch von diesem wichtigen Ereignis, dem entscheidenden Ruck in der Karriere Voigts (G–V 1, 29), künden weder Briefe noch das Tagebuch. Die beiden Kollegen waren in Weimar anwesend. Sie werden sich mündlich verständigt und im übrigen sehnlichst bessere Nachrichten aus Ilmenau erwartet haben.

Dort machte man sich unter dem Eindruck der starken Zuläufe Gedanken über das Herkommen des Wassers und über die Wege, auf denen es dem Tiefsten des Schachtes zulief. Trebra hatte am 31. 12. 1790 an Bergrat Voigt geschrieben, das Wasser, das in dem alten Sturmheider Werk über das Niveau des Martinrodaer Stollens angestiegen sei, stehe dort auf großer Länge entlang der Schichtfuge zwischen dem Gips des oberen und dem Zechsteinkalk des unteren Zechsteins. Dies sei der gleiche Horizont, in dem das Wasser auch im Tiefsten des Schachtes ‚Neuer Johannes' zulaufe. Werde der verbrochene Teil des Stollens wieder geöffnet und das darüber stehende Wasser gelöst, so verringere sich der Wasserdruck und infolgedessen auch der Zulauf im Schacht (B 16263, Bl. 250'). Trebra nahm also durchgehende

Wasserwege auf dieser Schichtfuge zwischen dem Stollen und der Schachtsohle an und kam damit der hydrologischen Wirklichkeit ziemlich nahe.[117]

C. G. Voigt erkennt in der Trebraschen Anregung eine Quelle weiterer, nicht geplanter Kosten und war – jedenfalls Anfang Januar 1791 – noch sicher, den Schacht auch ohne die vorgeschlagene Entlastung mit den beiden vorhandenen Kunstzeugen sümpfen zu können. Der Geschworene Schreiber gibt in der anschließenden Diskussion offen zu, er habe immer noch keine sichere Vorstellung von der Lage der Flözschichten. Bergrat Voigt ist sich seiner Sache, wenn auch in verneinender Weise, sicher. Er hält die Idee, das Wasser könne vom Stollen aus auf großer Länge dem Schacht zufallen, schlicht für konfus (B 16263, Bl. 258). Baldauf sieht es bei seiner späteren Befragung als wahrscheinlich an, daß der starke Druck des im Schacht ‚Neuer Johannes' austretenden Wassers seine Ursache in dem im Sturmheider Werk oberhalb des Stollens stehenden Wasser habe und befürwortet trotz einiger Bedenken die Öffnung des Stollens (B 16258, Bl. 284–291, Pkt II 10).

Bei den Kunststeigern setzte sich im Januar 1791 die Überzeugung durch, daß alle weiteren Versuche mit den beiden Kunstzeugen vergeblich seien. Am 17. Januar eröffnet Bergrat Voigt seine Gedanken über die Zukunft, „die uns in jedem Betracht Grauen macht" (B 16263, Bl. 264). Am 24. Januar verfügt C. G. Voigt, noch vor einem auszuschreibenden Gewerkentag ein erneutes Gutachten von Baldauf anzufordern (B 16258, Bl. 278). J. C. W. Voigt tritt am Folgetag in Begleitung von Kunststeiger Süß eine Reise nach Schneeberg und Freiberg an, um die Situation mit Baldauf mündlich zu erörtern und nach Auswegen zu suchen.

Baldauf fand heraus, daß durch eine andere Einteilung der Schachtscheibe Platz zur Unterbringung sogar von zwei weiteren Pumpenkünsten geschaffen werden könnte. Im einzelnen wird darauf im nächsten Kapitel eingegangen. J. C. W. Voigt und Süß sind am 9. Februar wieder in Weimar. Vom gleichen Tag stammt ihr schriftlicher Bericht (B 16258, Bl. 284–291). Goethe und C. G. Voigt lassen sich an den beiden Folgetagen ausführlich mündlich berichten und beraten das weitere Vorgehen. In Ilmenau wird am 1. März das Pumpen eingestellt; das Wasser steigt wieder bis zum Martinrodaer Stollen an.

Am 24. 2. 1791 ergeht die ‚Vierte Nachricht von dem Fortgang des neuen Bergbaues zu Ilmenau' (LA I 1, 196–207). Mit der ‚Nachricht' wird zu einem Gewerkentag am 6. 6. 1791 eingeladen und eine Zubuße in Höhe von 6 Rtlr, zahlbar an ebendiesem Tag, ausgeschrieben. Die Zubuße ist zur Abtragung der Darlehens-

---

[117] Auch zu diesem Zeitpunkt hingen Trebra und die Ilmenauer Bediensteten noch der irrigen Vorstellung an, der Martinrodaer Stollen sei in dem Sturmheider Werk auf ganzer Länge dem aufsteigenden Flöz gefolgt. Wie wir gesehen haben, stand der Stollen dort aber im Rotliegenden. Nur im Südosten des Werkes war er im Streichen des „Sturmheider flachen Ganges" aufgefahren worden. Aber selbst über diese größeren Entfernungen werden hydraulische Verbindungen mit den Zulaufstellen im Schacht, wenn auch zumeist über abgebaute Flözflächen und über die Schächte, bestanden haben.

schuld und zur Bestreitung der nächsten Ausgaben vorgesehen. Auf dem Gewerkentag sollen der weitere Fortgang der Arbeiten und ihre Finanzierung beraten und darüber Beschluß gefaßt werden.

An Kuxgeldern hatte die Gewerkschaft zu diesem Zeitpunkt 24 350 Rtlr eingenommen. Für 10 Kuxe standen Zahlungen noch vollständig aus (Kaufgeld + 1. Zubuße = 250 Rtlr). Für 8 Kuxe restierten 2. und 3. Rate des Kaufgeldes und 1. Zubuße (120 Rtlr). Für 56 weitere Kuxe war die 1. Zubuße nicht bezahlt (280 Rtlr). An Darlehen waren 5000 Rtlr, zu 4 % verzinst, aufgenommen (B 16265, Bl. 7). Die Ausgaben betrugen 30 857 Rtlr (LA I 1, 203). Die Differenz von rund 1500 Rtlr war durch Aufnahme kleinerer Beträge gedeckt worden.

Die Aussicht, weitere Zubußen zahlen zu müssen, löst gegensätzliche Reaktionen aus. Während Trebra auf Wege zu ihrer Vermeidung sinnt und in dem steilgelagerten Flöz etwa 30 m oberhalb der Schachtsohle einen Abbau eröffnen will, zeigen sich die Berliner Gewerken zahlungswillig, wenn nur das flachgelagerte Flöz so schnell wie möglich erreicht wird. Die Ansicht Berlins setzt sich mühelos durch. Die Kontroverse zwischen Trebra und den Berliner Gewerken wird im nächsten Kapitel vorgestellt. An dem Gewerkentag nimmt Trebra aus gesundheitlichen Gründen nicht teil. Als Gutachter und Berater tritt er nicht mehr in Erscheinung. Seine Kuxe läßt er verfallen.

Die weimarische Kammer hatte schon am 13. 10. 1790 die Bergwerkskommission wissen lassen, daß die Verdienste des Geschworenen J. G. Schreiber um den herrschaftlichen Kohlenbergbau in Kammerberg seine Ernennung zum Bergmeister rechtfertigten (B 16258, Bl. 224). Die Kommission beantragt am 13. 3. 1791, die Ernennung aus Anlaß des bevorstehenden Gewerkentages zu verfügen (B 16262, Bl. 116). Der Herzog entspricht dem Antrag am 4. Juni; zugleich ernennt er den Hofadvokaten J. L. Hager zum Bergrichter (B 16265, Bl. 23). Die Zuständigkeiten der beiden Bediensteten bleiben unverändert.

Goethe und C. G. Voigt finden sich am 5. 6. 1791 in Ilmenau ein. Am Folgetag befahren sie mit den Delegierten den Schacht und den Martinrodaer Stollen und besichtigen die übertägigen Anlagen. Das Wasser war, wie wir gesehen haben, nach der Einstellung des Pumpens im März bis zum Martinrodaer Stollen angestiegen. Um den Delegierten Gelegenheit zu geben, den Schacht auch unterhalb des Stollens in Augenschein zu nehmen und den Gang der Maschinen zu beobachten, hatte man die Kunsträder am 16. Mai wieder angeschützt. Bis zum 25. Mai war der Wasserspiegel um 90 m abgesenkt (B 16263, Bl. 304 u. 305).

Der Gewerkentag wird am 7. Juni mit einer Rede Goethes im Ilmenauer Rathaus eröffnet (LA I 1, 208–212). Goethe schildert darin eindrucksvoll die Arbeit der Kommission: *Ein Werk wieder aufzunehmen, das so lange still gestanden, wozu man sich nur gewissermaßen vorbereiten konnte, wo alles erst zu bilden, ja gleichsam erst zu schaffen war, wo man in Herbeiziehung und Wahl der in fremden Landen oft zu suchenden Personen an Sorgfalt, bei Prüfung der Vorschläge an Überlegung, bei*

Ausführung derselben an Genauigkeit, bei Abstellung der sich zeigenden Mängel an Sorge und Behendigkeit nichts wollte fehlen lassen, war es gewiß keine geringe Last, die ⟨...⟩ durch die Entfernung vom Orte noch oft in einem hohen Grade vermehrt wurde. Zum Schluß der Rede appellierte Goethe an die Deputierten, der Kommission zu helfen, alles auf die möglichste Klarheit und Bestimmtheit zu bringen, damit man nicht durch Mehrheit der Stimmen, sondern einmütig einen Entschluß fassen ⟨...⟩ könne.

Nach der Satzung waren nur diejenigen Gewerken stimmberechtigt, die selbst 10 Kuxe besaßen und zur Vertretung von mindestens 90 weiteren Kuxen bevollmächtigt waren. Als Deputierte traten auf (B 16265, Bl. 35 ff.): Carl Ludwig Gerhard, Oberbergamtsassessor, Rotenburg/Saale für die preußischen Gewerken; Bergmeister Johann Jost (gen. Justus) Jung, Lohe bei Siegen, für die westfälischen Gewerken; Legationsrat Friedrich Justin Bertuch, Weimar, für 104 Kuxe; Regierungsrat Friedrich Heinrich Gotthelf Osann, Weimar, für 130 Kuxe; Amtmann Johann Wilhelm Leffler und Hofadvokat Johann Ludwig August Blumröder, beide Ilmenau, wegen der zu ihrer Agentur gehörenden Gewerken; Bergrat Johann Friedrich Baum, Friedrichroda, und Berginspektor Köcher, Glücksbrunn, für den Herzog von Gotha.[118] Die Deputierten vertraten 614 Kuxe. Neben den Deputierten wohnte eine größere Zahl nicht stimmberechtigter Gewerken dem Gewerkentag bei.

Hauptberatungspunkte waren: 1. Abteufen eines zweiten Schachtes. 2. Bau eines dritten und vierten Kunstgezeugs. 3. Auffahrung eines Querschlags aus dem Johannes-Schacht zu dem aufsteigenden Flöz (Vorschlag Trebra). 4. Aufwältigen des verbrochenen Martinrodaer Stollens zum Zwecke der Wasserlösung. 5. Aufwand für Pkt. 2. 6. Aufbringung des Aufwands.

Die Beratungen beginnen am Mittwoch, dem 8. Juni (B 16265, Bl. 101–108). Zu allen Punkten gibt die Kommission einleitende Erklärungen ab, die zur Diskussion gestellt werden. Die Punkte 1., 3. und 4. werden von den Deputierten übereinstimmend als grundsätzlich erfolgversprechend, ihre Ausführung im jetzigen Zeitpunkt aber als zu früh angesehen. Nur Punkt 2. entspreche dem vorrangigen Ziel des

---

[118] Carl Ludwig Gerhard, späterer preußischer Oberberghauptmann, war Sohn des Geheimen Oberfinanz- und Bergrats Carl Abraham Gerhard, Berlin. Er selbst war nicht Ilmenauer Gewerke, wohl besaß seine Mutter 10 Kuxe. – Justus Jung entstammte der bekannten siegerländischen Bergmeister-Dynastie Jung, die mit ihm in der 3. Generation für den Siegerländer Bergbau tätig war. Er war ein Neffe 2. Grades von Johann Heinrich Jung, gen. Jung-Stilling, dem Freund Goethes aus der Straßburger Zeit. Jung besaß einen Kux und vertrat u. a. den Grafen von Westfalen und die übrigen Domherren von Münster, Osnabrück, Paderborn und Hildesheim. – Carl Friedrich Baum sind wir im Rahmen dieser Arbeit schon zweimal begegnet: im Jahr 1755 als Gutachter und im Jahre 1782 bei Goethes kurzem Aufenthalt in Friedrichroda. Baum war selbst kein Gewerke. – Über den Berginspektor Köcher aus Glücksbrunn waren Informationen nicht zu erlangen. Er war weder selbst Gewerke, noch besaß er Vollmachten zur Vertretung anderer. – Die Deputierten erfüllten somit allesamt nicht die Voraussetzung, die die Satzung vom 28. 8. 1783 für die Vertreter der Gewerken formuliert hatte, nämlich selbst Eigentümer von 10 Kuxen zu sein. Offensichtlich wurde ihr Sachverstand so geschätzt, und auch der Einfluß ihrer Vollmachtgeber wird so groß gewesen sein, daß sie trotz des Formmangels als Deputierte zugelassen werden konnten.

Unternehmens, der schnellen Erschließung des flachgelagerten Flözes. Man war sich auch einig, mit Rücksicht auf die aufwendigen Umbauarbeiten im Schacht die beiden Kunsträder nicht nacheinander, sondern gleichzeitig einzubauen. Den Zeitbedarf hierfür gibt die Kommission mit einem Jahr, die Kosten mit 7822 Rtlr an. Da alle Deputierten den schnellstmöglichen Einbau der beiden Künste bejaht hatten, waren sie auch einig darin, das benötigte Geld hierfür durch Erhebung von Zubußen herbeizuschaffen.

Die offiziellen Beschlüsse, das Conclusum des Gewerkentages, werden am Donnerstag, dem 9. Juli, formuliert (B 16265, Bl. 112ff.). Ihr Inhalt steht überwiegend in Übereinstimmung mit den Beratungsergebnissen des Vortages und braucht insoweit nicht wiederholt zu werden. Die Frist für die Zahlung der Zubuße, die am 6. 6. 1791 fällig war, wurde bis Michaelis (29. September) 1791 verlängert. Die Kuxe, für die die Zubuße bis dahin nicht erlegt sei, seien zu kaduzieren. Außerdem wird eine weitere Zubuße, die dritte insgesamt, in Höhe von ebenfalls 6 Rtlr je Kux, zahlbar an Weihnachten 1791, beschlossen.

Zum Abschluß der Verhandlungen spricht F. J. Bertuch der Bergwerkskommission den Dank der Deputierten aus und verbindet damit den Wunsch, die Kommission möge diese Gesinnung auch in Zukunft bewahren und das Werk zu einem glücklichen Erfolg führen (ebd., Bl. 115).

Einen Tag später, am 10. Juli, befährt Herzog Carl August Treibhaus und Schacht (ebd., Bl. 122f.). Die Befahrungsgruppe formiert sich in der Reihenfolge Kunststeiger Süß, Bergrat Voigt, Assessor Gerhard, Geheimer Legationsrat Voigt und zum Schluß der Herzog. Goethe ist im Protokoll der Befahrung nicht aufgeführt. Der Herzog läßt sich im Schacht die beiden Kunsträder und ihr An- und Abschützen zeigen. Dann fährt er bis zum 2. Satz unterhalb des Stollens und beobachtet die Saug- und Hubarbeit. Der Bericht über die Befahrung vermerkt, der schnelle Gang der Maschinen habe das herzogliche Wohlgefallen gefunden.

In der Ansprache, mit der Goethe den Gewerkentag am nächsten Tag, dem 11. Juni, beschließt, führt er aus, daß der Herzog *diesen Ort, welchem er seit dem Antritte Seiner Regierung eine fortgesetzte Aufmerksamkeit schenkte, gestern wieder betrat, und durch seinen Anteil an diesem Geschäfte unsern Eifer aufs neue belebte und belohnte* (LA I 1, 217). Dem Dank an die Deputierten für Unparteilichkeit, Einsicht, Mäßigung und Gründlichkeit hatte er hinzugefügt: *Man wünscht, daß bei allen zukünftigen dergleichen Zusammenkünften nicht die Zahl, sondern die Gründlichkeit, nicht die Mehrheit, sondern die Übereinstimmung entscheiden möge* (LA I 1, 213). Das Werk könne nun rasch und entschlossen zum Ziele geführt werden, was um so erwünschter sei, als einige Gewerken in der letzten Zeit *weniger vorteilhafte Begriffe von dem Unternehmen* gefaßt hätten. Zu verargen sei ihnen dies indessen nicht, denn *wenn derjenige, welcher über der Erde vor den Augen der Menschen bauet, dem Tadel derselben ausgesetzt ist, so können diejenigen, welche unter der Erde ein gleichsam unsichtbares Werk unternehmen, wohl schwerlich auf das Vertrauen der Menge rechnen*

(LA I 1, 214). Das Wort hat seine Gültigkeit bis heute bewahrt und wird sie behalten, solange Bergbau betrieben wird.

Die Gewerken, die mit der Zahlung der Zubuße im Rückstand sind, werden von Goethe ermahnt, die Beiträge bis Michaelis einzusenden: *Es ist keine Proportion zwischen dem, was von einem Jeden schon aufgewendet ist und durch Kaduzierung verloren geht, und demjenigen, was nach einer so standhaften und wohl überdachten Entschließung noch gegenwärtig zu hoffen ist* (LA I 1, 216). Die ‚Fünfte Nachricht von dem neuen Bergbau zu Ilmenau' vom 1. 7. 1791 macht die Ergebnisse des Gewerkentages bekannt (LA I 1, 207–217).

Nach Beendigung des Gewerkentages wurden die Künste wieder abgeschützt (B 16350/209, Bl. 4). Goethe und Voigt wiesen am 14. 6. 1791 das Bergbauamt an, die beiden neuen Räder zu bauen und die Radstuben auszubrechen. Dabei sei der Riß Baldaufs allenthalben zugrunde zu legen (B 16350/183, Bl. 72). Zwei Tage später verließen sie Ilmenau und kehrten nach Weimar zurück. Am 10. Juli unterrichten sie den Herzog darüber, daß die Zeichnungen Baldaufs dessen Idee über die Anordnung der vier Kunstzeuge im Schacht erkennen ließen und auch die Änderungen des Treibwerks, die notwendig seien, um mit „jener Idee zu korrespondieren" (B 16040, Bl. 325).

Nach Erhalt der ‚Fünften Nachricht' wenden sich viele Gewerken wegen der neuen Zubußen zweifelnd, enttäuscht und zum Teil auch verärgert an C. G. Voigt und an dessen Bruder, den Bergrat. Die Akte B 16265 enthält den umfangreichen Briefwechsel, der deswegen geführt wurde. Carl Ludwig Gerhard schreibt im August beruhigend, daß nur wenige Berliner „aus dem Felde gehen" werden (B 16265, Bl. 214). Sein Vater, Carl Abraham Gerhard, ist besser unterrichtet. Er bittet im November, die Zubuße, die zum 1. 1. 1792 fällig ist, nur zur Hälfte zu diesem Termin, zur anderen Hälfte erst zum 1. 4. 1792 einzufordern. Andernfalls ließen einige Berliner Gewerken ihre Kuxe verfallen. C. G. Voigt stimmt umgehend zu (ebd., Bl. 238 f.).

In Ilmenau wird unmittelbar nach dem Gewerkentag mit dem Ausbrechen der beiden Radstuben und dem Bau der Kunsträder begonnen. Auf dem Bergwerk sind 3 Steiger und 57 Bergleute beschäftigt. Ende März 1792 sind die Räder zum Anschützen fertig (B 16350/210, Bl. 2), und am 28. Juni ist die Schachtsohle trocken. (B 16268, Bl. 28). Nach dem Tagebuch des Bergrats hat die Sümpfung des Schachtes mehr Sensation verursacht als erwartet worden war. Auf der Schachthalde sei „getrommelt, geschossen und gejauchzt" worden (ebd., 285).

Zehn Wochen später, am 3. 9. 1792, ist das Flöz, das Ziel aller bisherigen Bemühungen, erreicht (ebd., Bl. 61). C. G. Voigt meldet das Ereignis dem Herzog am 15. September: „Es ist hierdurch dasjenige, wozu man bei dem Plan des Werks sich anheischig gemacht, wirklich geleistet und Commissionswegen dem Bergbauamt gestattet worden, darüber einige Feierlichkeiten anzustellen" (ebd., 70). J. C. W. Voigt hat den festlichen Ablauf dieses Tages und auch des darauffolgenden

Sonntags, des 9. September, an dem der Dankgottesdienst stattfand, in allen Einzelheiten festgehalten (ebd., Bl. 61 u. Bl. 62'). Beide Berichte sind abgedruckt bei
J. Voigt, 217–220.

Goethe konnte an den Feierlichkeiten nicht teilnehmen. Auf ausdrücklichen
Befehl begleitete er den Herzog auf dem Feldzug in Frankreich. Warum auch
C. G. Voigt an keinem der beiden Tage in Ilmenau war, hat sich nicht klären lassen.
Der Pflicht zur Berichterstattung dem Herzog und Goethe gegenüber ist er jedoch
gewissenhaft nachgekommen. Davon legen zwei Briefe Goethes und ein herzoglicher
Brief Zeugnis ab.

Goethes Brief vom 10. 9. 1792, geschrieben bevor die Nachricht von der Gewältigung in seinen Händen war, handelt zunächst von dem Feldzug: *So viel ist zu sehen
daß sich die Unternehmung in die Länge zieht. Das Unternehmen ist immer ungeheuer so
groß auch die Mittel sind.* An dieser Stelle zieht Goethe die Parallele zu dem Kampf
mit dem Wasser in Ilmenau: *Wir wissen ja wie schweer es sey auch mit vier
Kunstzeugen das bißchen Wasser aus der Tiefe zu gewältigen.* Erst dann wendet er sich
ganz Ilmenau zu, indem er schreibt: *Was Sie in unsern Bergwercks Geschäften
beschließen hat zum Voraus meinen ganzen Beyfall, möchte ich nun hören daß einmal
das Flöz ersuncken ist. Vielleicht trifts in die Epoche unsres Einzugs in Paris.*

Mit seiner Reaktion auf die Nachricht vom Ersinken des Flözes, die am
12. 10. 1792 im Lager bei Louvemont vor Verdun geschrieben wurde, kommt der
Herzog Goethe drei Tage zuvor. Die Anrede lautet: „Mein sehr werther Herr
Geheimer Assistenz Rath!" Zu Anfang ist von anderem die Rede; dann folgt der
Ilmenau betreffende Passus: „Auch wegen des Flözes in Illmenau wünsche ich uns
allen Glück, und indem ich Ihnen für die darauf gewandten Bemühungen danke,
versichere ich Sie von meinem vorzüglichen Beifall mit dem Verfahren und dem
Fleiß der Bergwerkskommission ⟨...⟩ Meines sehr geschätzten Herrn Geh. Assiss.
Raths ⟨bis hierhin Schreiberhand, dann eigenhändig⟩ sehr guter Freund CA"
(I 288, Bl. 53).

Goethes Freude über die Nachricht klingt gedämpft. Am 15. Oktober – die Wende
im ersten Koalitionskrieg war bereits eingetreten – antwortet er C. G. Voigt: *Zum
Ilmenauer Flöz können wir uns Glück wünschen wenn auch gleich das Geschäft
gleichsam von vorne angeht. Ich hätte kaum geglaubt daß wir diesen Punckt eher als die
Preußen Paris erreichen sollten.* Die Aussage, daß *das Geschäft gleichsam von vorne
angeht,* sollte sich sehr bewahrheiten.

An dieser Stelle läßt sich die Schilderung des Handlungsablaufs unterbrechen, um
Spezialuntersuchungen über das Schachtabteufen und über die Heranführung des
Aufschlagwassers einzufügen.

2.2 Abteufen des Schachtes ‚Neuer Johannes'

Das Abteufen von tiefen Seigerschächten gehörte zur Goethe-Zeit zu den ausgesprochenen Seltenheiten. Im Bergbau auf die überwiegend steil einfallenden Erzgänge des Erzgebirges und des Oberharzes, den beiden bedeutendsten historischen Bergbaugebieten Deutschlands, standen tonnlägige Schächte im Dienst. Allenfalls teufte man Seigerschächte, um Gänge an tieferen Stellen zu erreichen und diesen von hier aus tonnlägig zu folgen (Bild 31a).

Das flach einfallende Kupferschieferflöz der Mansfelder Mulde wurde im oberflächennahen Bereich durch Stollen aufgeschlossen. Mit zunehmender Teufe hatte man der Stollenförderung mit Hilfe von Seigerschächten Entlastung verschafft (Bild 31b). Gegen Ende des 18. Jahrhunderts war der Abbau bis zu Teufen von 100 bis 120 m vorgedrungen, was Seigerschächte entsprechender Teufen zur Folge hatte.

In Ilmenau fällt das Flöz im Ausgehenden steil ein und biegt erst in größerer Teufe in die flache Lagerung um. Ganz wie im Gangbergbau war man dem Flöz zunächst mit tonnlägigen Schächten gefolgt. Erst als der Abbau das flach gelagerte Flöz angetroffen und sich dort ausgeweitet hatte, mußten – für die damalige Zeit ungewöhnlich tiefe – Seigerschächte abgeteuft werden (Bild 31c). Ihr Abteufen und die dabei gewonnenen Erfahrungen besitzen daher exemplarische Bedeutung für die Entwicklung der Abteuftechnik. Dies gilt in besonderem Maße für den Schacht ‚Neuer Johannes', den weitaus tiefsten aller Ilmenauer Schächte.

Der letzte seigere Schacht in Ilmenau war zwei Jahrzehnte vor der Goethe-Zeit im Jahre 1762 angehauen worden. Er hatte das Flöz in einer Teufe von 104 m erreicht. Während des Abteufens hatte man heftig darum gerungen, ob der Schacht abgesetzt oder ob er in einem Zuge abgeteuft werden sollte (B 16350/205, Bl. 8). Wegen der Gefährdung der Schachthauer bei Seilrissen war es üblich, Seigerschächte bei Überschreiten einer gewissen Teufe seitlich abgesetzt weiterzuteufen. 1763 hatten sich in Ilmenau die Mutigen durchgesetzt (ebd., Bl. 10). Das Abteufen in einem Zuge erreichte seine Endteufe ohne besondere Vorkommnisse.

Beim Johannes-Schacht wurde das Flöz in einer Teufe von 270 m vermutet, zweieinhalbmal so tief wie bei seinem Vorgänger. Viel mehr als 20 Jahre zuvor hätte man jetzt eine ausführliche Diskussion über Vor- und Nachteile des abgesetzten oder des durchgehenden Teufens erwarten müssen. In den Akten, die sonst jedes Detail festgehalten haben, ist jedoch nicht der geringste Hinweis hierauf zu finden. Der Schacht wurde durchgehend geteuft. Wir werden erfahren, wie wenig die technischen Hilfsmittel, insbesondere Förderseile und Pumpen, diesem mutigen Entschluß gewachsen waren.

Am Standort des Schachtes ‚Neuer Johannes' steht unter einer etwa 30 m mächtigen Decke aus Geschieben und Geröllen der sehr mächtige Gips des oberen Zechsteins an (Bild 32). Darunter beginnt der untere Zechstein mit dem Zechstein-

a. Erzgänge:
(Erzgebirge u. Oberharz)

1 Tonnlägiger Schacht auf dem Gang
2 Seigerschacht

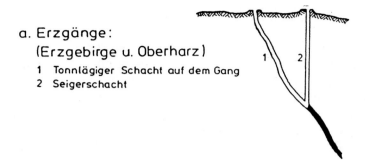

b. Kupferschieferflöz (Mansfelder Mulde)

1 Stollen im Flöz
2 Kurze Seigerschächte

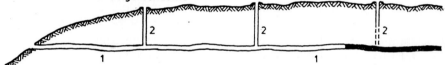

c. Kupferschieferflöz (Ilmenau)

1 Tonnlägiger Schacht im Flöz
2 Tiefe Seigerschächte

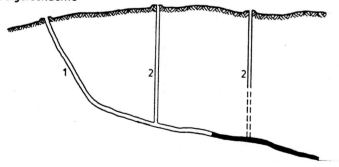

Bild 31: Schächte im Gangerzbergbau, in der Mansfelder Mulde und in Ilmenau.

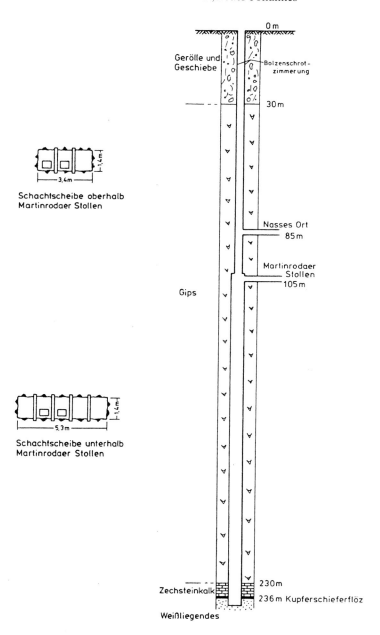

Bild 32: *Vertikalschnitt durch den Schacht ‚Neuer Johannes‘ mit den Schachtscheiben oberhalb und unterhalb des Stollens.*

kalk. Dieser hat Mächtigkeiten bis zu 10 m und liegt dem Kupferschieferflöz unmittelbar auf.

Für die Schachtscheibe wurde ein rechteckiger Querschnitt mit den Abmessungen 3,4 m x 1,4 m gewählt (Bild 32, links oben). Sie wies zwei Fördertrume und ein Fahrtrum auf. Die Trume waren durch Einstriche voneinander getrennt.

In einer Teufe von 85 m war der erste Durchschlag – mit dem Nassen Ort – vorgesehen. 20 m tiefer, in einer Gesamtteufe von 105 m, sollte der Schacht mit dem großen Entwässerungsstollen des Ilmenauer Reviers, dem Martinrodaer Stollen, durchschlägig werden. Bis in dieses Niveau waren später die Wasser aus dem Tiefsten zu heben. Die Schachtscheibe wurde deshalb von hier ab auf den beiden Schmalseiten um je ein Pumpentrum erweitert. Bei gleicher Breite wuchs ihre Länge auf 5,3 m (Bild 32, links unten).

Das Abteufen begann unmittelbar nach der Feier des ersten Spatenstichs. In den Lockerschichten der obersten 30 m mußten die Schachtstöße mit Bolzenschrotzimmerung gesichert werden (Bild 33). In den unteren Metern dieses Abschnittes floß eingesickertes Niederschlagswasser hangabwärts. Hier konnte die Zimmerung nur unter größten Schwierigkeiten eingebracht werden, weil die Stöße hereindrückten und der Schacht mehrfach zusammenzustürzen drohte. Christian Gottlob Voigt schrieb später dazu: „Schon beim Abteufen war man dort in Gefahr, verschüttet zu werden" (B 16232a, Bl. 207ff.). Die Zimmerung sollte später durch Mauerung ersetzt werden. Im Gips und im Zechsteinkalk war Ausbau nicht erforderlich. Die Einstriche wurden dort in die Stöße eingebühnt und verkeilt.

Abteuffortschritt im Schacht ‚Neuer Johannes' in Metern

Quartal	1784		1785		1786		1787		1792	
Remin.	16	16	18	110	13	169	13	212		–
Trinit.	28	44	15	125	12	181	13	225		–
Crucis	28	72	19	144	11	192	4	229	4	234
Luciä	20	92	12	156	7	199	1	230[119]		

Die jeweils erste Jahresspalte gibt den Quartalsfortschritt an, die zweite den auflaufenden Wert, d. h. die jeweilige Tiefe der Schachtsohle bei Quartalsende. Alle Werte sind auf ganze Zahlen gerundet. Die Jahre 1788–1791 sind nicht aufgeführt, weil in dieser Zeit die Schachtsohle unter Wasser stand und nicht vertieft werden konnte.

Bis zu einer Teufe von 140 m ließ sich der Gips mit Schlägel und Eisen gut bearbeiten. Auf der Sohle arbeiteten vier Hauer in drei Schichten. Es wurde an sechs Tagen in der Woche gearbeitet. Die Arbeit war im Gedinge vergeben. Das Gedinge wurde auf die Dauer von zwei Wochen abgeschlossen. Bei den Neuabschlüssen

---

[119] Die Werte wurden den Fahr- und Grubenberichten des Bergbauamtes entnommen. Die Berichte finden sich verstreut in einer Vielzahl von Akten der Kommission und des Bergbauamtes. Auf den Einzelnachweis der Fundstellen wird hier verzichtet.

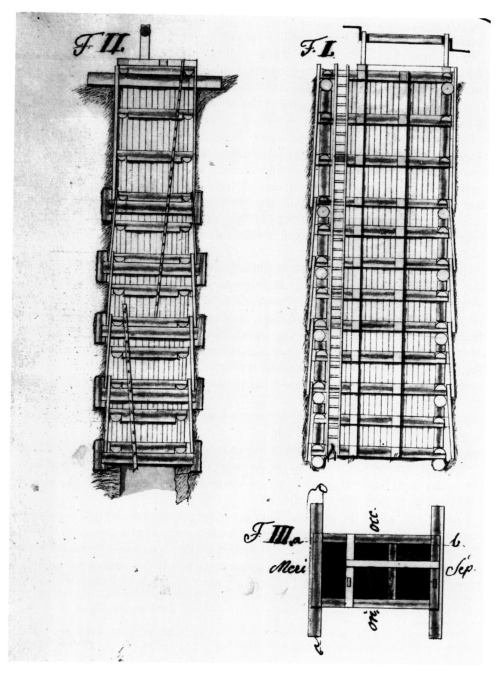

Bild 33: Bolzenschrotzimmerung für den oberen Schachtabschnitt im Lockergestein

wurden geänderte Gesteinshärten berücksichtigt. Der Wochenverdienst eines Hauers betrug etwa 1 Rtlr 6 Gr (B 16232 a, Bl. 231).

Im 2. und 3. Quartal 1784 wurden Abteuffortschritte von je 28 m erzielt (Tabelle). Dem entsprach ein Gedingesatz von 7 Rtlr je Meter. Die Kommission konnte zufrieden sein. Anfang Oktober 1784 stand die Schachtsohle bei rund 75 m Teufe. Bis zum Nassen Ort – dem Ort des ersten Durchschlags – waren nur noch 10 m zu teufen.

Der bevorstehende Durchschlag eines Tagesschachtes mit einem vorhandenen Grubengebäude ist für die Verantwortlichen zu allen Zeiten Anlaß zu großer innerer Unruhe gewesen. Auch in Ilmenau erwartete man mit besonderer Spannung die beiden Durchschläge. Nasses Ort und Martinrodaer Stollen waren sieben Jahrzehnte zuvor, dem unregelmäßigen Streichen des Flözes folgend, in vielen Krümmungen aufgefahren worden (Bild 15). Ihre Lage war zwar auf Grundrissen festgehalten,[120] die zugrundeliegenden Messungen konnten aber nicht mehr kontrolliert werden.

Um sicher zu sein, daß die tatsächliche Lage der beiden Strecken mit der rißlichen Darstellung übereinstimmte, hatte die Kommission im Oktober 1783 einen Markscheiderzug angeordnet. Schon zu diesem Zeitpunkt bestimmte sie außerdem, den Schacht so anzusetzen, daß die Abstände zu Nassem Ort und Martinrodaer Stollen, die nicht in Deckung übereinander lagen, kurz und gleich groß sein würden (B 16228, Bl. 218). Der Zug wurde von dem Geschworenen Johann Gottfried Schreiber ausgeführt, von ihm einmal wiederholt und von Johann Carl Wilhelm Voigt, dem Sekretär der Kommission, einem Absolventen der Freiberger Bergakademie, kontrolliert. Im Bericht an den Herzog vom 7. 2. 1784 (B 16040, Bl. 93–97') führt die Kommission aus, der Schacht werde auf dem Nassen Ort und dem Martinrodaer Stollen niederkommen.

Es schien somit wohl begründet, wenn Goethe in seiner Rede bei der feierlichen Wiedereröffnung am 24. 2. 1784 sagte: *an einem Punkte, der durch die Sorgfalt unsers Herrn Geschwornen bestimmt ist, denken wir heute einzuschlagen und unsern neuen Johannisschacht zu eröffnen* (LA I 1, 65).

Ausgangspunkt für die Messung war der Schacht ‚Getreuer Friedrich'. In diesem verdrückten, alten Schacht mußten zwei Lote heruntergelassen werden. Die durch die Lote vorgegebene Richtung war dann in beiden engen und verwinkelten Strecken 800 m weit in die Gegend des zukünftigen neuen Schachtes vorzutragen. Meßinstrumente waren Meßkette für die Längen, Setzkompaß für horizontale Winkel und

---

[120] Der Martinrodaer Stollen ist in seinem grundrißlichen Verlauf von dem Rodaer Bergwerk bis zum Treppenschacht des Sturmheider Bergwerks in einer Länge von 3640 m auf dem Riß des Freiberger Markscheiders August Beyer vom Juli 1723 dargestellt (B 15949, Bl. 128). Der Riß befindet sich in einer Kopie, die der Clausthaler Bergmeister Andreas Leopold Hartzig 1726 angefertigt hat, im Archiv des Oberbergamtes Clausthal-Zellerfeld (OBA Cl. 466/23).

Gradbogen mit Senkblei für die Neigungen. Wir wissen heute, daß an die Genauigkeit einer solchen Messung besondere Erwartungen nicht geknüpft werden dürfen.

Bei einer Befahrung am 26. 2. 1784, zwei Tage nach der feierlichen Wiedereröffnung also, hatte die Kommission die Lage des Schachtes zu den beiden Strecken mit
den Bedienten des Bergbauamtes ausgiebig erörtert (B 16232a, Bl. 43) und am
9. März das Amt mit folgendem Wortlaut angewiesen: „Der Schacht soll im
Winkelkreuz auf oberen als tiefen Stollen zu stehen kommen" (ebd., Bl. 66).

Ohne Zweifel hat der Kommission bei ihrer Entscheidung der Grundriß der
beiden Strecken vorgelegen, den der Geschworene nach seinem Markscheiderzug
angefertigt hatte. Der Grundriß ist nicht überliefert. Die Formulierung „im Winkelkreuz auf oberen als tiefen Stollen" läßt sich dahin deuten, daß die grundrißliche
Darstellung eine Kreuzung der beiden Strecken ausgewiesen hat. Der Winkel, unter
dem die Strecken sich schnitten, kann nur gering gewesen sein. Die söhligen
Abstände zu den beiden Strecken mußten somit kurz und gleich groß sein, wenn der
Schacht in diesen Winkel nahe der Kreuzung gestellt würde: Eine unter den
obwaltenden Umständen durchaus richtige Entscheidung. Es wird gezeigt werden,
wie sehr die Verantwortlichen dabei in die Irre geführt worden sind.

Die Kommission fuhr am 12. 10. 1784 zum Nassen Ort, um, wie es in dem Bericht
an den Herzog vom 1. 10. 1785 (B 16040, Bl. 140–145') heißt, „dem Gehör und
anderen Anzeigen nach den Punct auszuforschen, wo der Schacht dem oberen
Stollen vorbeygehen würde". Die Schachtsohle stand im Zeitpunkt der Befahrung
wenige Meter oberhalb des Nassen Ortes. An dessen Endpunkt war die Schlägel-
und Eisen-Arbeit der Hauer im Schacht deutlich zu hören. Im Befahrungsprotokoll
(B 16232 a, Bl. 253 ff.) ist zu lesen: „Ob nun wohl der Schall nicht ganz untrüglich
ist, so schien es doch allen Anwesenden, daß der Schacht etwas weiter nach Nordost
hereinkommen würde, als erwartet".

Die Ortung einer unbekannten untertägigen Geräuschquelle mit dem Gehör ist
ungemein schwierig, weil das anstehende Gestein ein guter Schalleiter ist und der
ankommende Schall in dem Grubenbau vielfach widerhallt. Um sicherer zu werden,
legt man dabei unwillkürlich sein Ohr an den Gebirgsstoß. Auch Goethe hat dies
gewiß getan, ohne dabei Gewißheit erlangt zu haben.

Am 4. Dezember glaubt man, unmittelbar vor dem Durchschlag zu stehen. Der
Geschworene schreibt (ebd., Bl. 329–332): „Ich kann's fast nicht mehr vor Sehn-
sucht erwarten". Eine Woche später bittet das Bergbauamt die Kommission, den
Schacht durch Bohren vom Nassen Ort aus suchen zu können, wenn der Durch-
schlag nicht träfe. Ein ganzer Fächer wird gebohrt – insgesamt fünf Bohrungen mit
Längen bis zu 12 m – ohne daß der Schacht getroffen worden wäre (Bild 34). In der
wahrscheinlichsten Richtung – ebenfalls nach dem Gehör beurteilt – wird nun ein
Ort angesetzt und nach 6 m Auffahrlänge genau in Auffahrrichtung erneut gebohrt.
Die Bohrung geht am westlichen langen Stoß des Schachtes vorbei. Die Auffahrrich-
tung wird leicht korrigiert und ein Gegenort aus dem Schacht angesetzt. Am

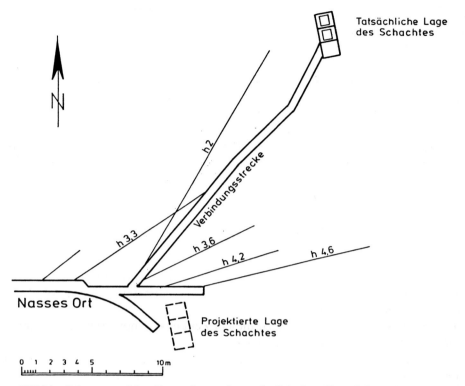

Bild 34: Bohrungen auf dem Nassen Ort zur Ortung des Schachtes ‚Neuer Johannes'

2. 4. 1785 endlich schlagen die beiden Örter durch. Die Fehler in der Vermessung erweisen sich zu 24 m (!) in der Horizontalen und zu 1,5 m in der Vertikalen. Das war auch für die geringen Ansprüche, die das späte 18. Jahrhundert an die Genauigkeit eines Markscheiderzuges stellen konnte, zu viel.

Kurz vor dem Durchschlag hatte der Geschworene nach Weimar geschrieben: „⟨Es ist⟩ leicht zu ersehen, daß Commission über diesen lange gesuchten Durchschlag ungnädig werden wird, so wie ich selbst über das verzweifelte Gehör so ungeduldig gewesen bin, daß ich hätte den Kopf mögen an das Gestein hinanstoßen, alleine da hilft doch weiter nichts bei dieser traurigen Lage als Geduld, und dieses ist der beste Trost beim Bergwerk" (B 16236, Bl. 129 ff.). Eine Reaktion der Kommission ist nicht überliefert.

Nach dem Durchschlag zwischen Nassem Ort und Schacht kann die Lage des Martinrodaer Stollens zum Schacht genau eingemessen werden. Das Bergbauamt hatte vorher sehr darauf gedrungen, den Verbindungsquerschlag auch dieses Niveaus frühzeitig auffahren zu können. Die Kommission bestand jedoch darauf, erst den Durchschlag mit dem Nassen Ort und die anschließende Vermessung

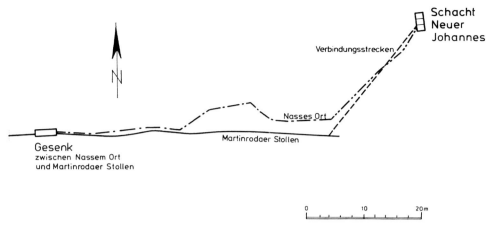

Schacht
Neuer
Johannes

Verbindungsstrecken

Nasses Ort

Martinrodaer Stollen

Gesenk
zwischen Nassem Ort
und Martinrodaer Stollen

0   10   20m

Bild 35: Verbindungsstrecken zum Schacht ‚Neuer Johannes' auf dem Nassen Ort und dem Martinrodaer Stollen

abzuwarten (B 16350/182, Bl. 11). Danach wird mit der Auffahrung des Querschlages vom Stollen aus in gerader Linie begonnen. Nach einer Auffahrlänge von 27 m trifft der Querschlag den Schacht am 29. Juni punktgenau am südlichen Stoß (Bild 35). Die Schachtsohle war zu diesem Zeitpunkt schon 20 m tiefer. Erst jetzt wird den Bergleuten ein „Durchschlagbier" bewilligt.

Für die Auffahrung der Verbindungsstrecken war ein Teil der Teufmannschaft abgezogen worden. Der Rückgang des Teuffortschrittes in den Quartalen Luc. 1784 und Rem. 1785 ist hierauf zurückzuführen. Die Kommission versucht aufzuholen. Mit den Bergleuten wird vereinbart, daß auch sonntags gearbeitet wird. Eine weitere Beschleunigung wird dadurch erzielt, daß das Gedinge nicht mehr vierzehntäglich, sondern quartalsweise abgenommen wird. Dadurch wird der Aufwand vermindert, der mit dem jedesmaligen Glattstellen der Sohle zum Zwecke der Gedingeabnahme verbunden war. Den Vorschlag der Kommission, den Schacht zunächst nur mit den drei inneren Trumen zu vertiefen und die beiden äußeren nach Erreichen des Flözes nachzuholen, hält das Bergbauamt für unzweckmäßig (B 16242, Bl. 44f.). Er wird nicht ausgeführt.

Die Schachtsohle hatte mittlerweile eine Teufe von 140 m erreicht. In dem erweiterten Schachtquerschnitt unterhalb des Martinrodaer Stollens konnte die Belegung um einen Hauer je Schicht erhöht werden. Der Gips, der vorher sehr klüftig gewesen war, wurde nun aber zunehmend fester, so daß Sprengarbeit zu Hilfe genommen werden mußte. Am 16. 9. 1785 schließt der Geschworene in Gegenwart von C. G. Voigt mit den Schachthauern ein neues Gedinge ab. Obwohl der Gedingesatz mit 21 Rtlr/m dreimal so hoch ist wie im Vorjahr, bemerkt der Geschworene, daß die Arbeiter damit kaum auf Lohn kommen könnten (B 16237, Bl. 89). Die Abteufgeschwindigkeit ging stark zurück. Ende des Jahres 1785 betrug sie weniger als 1 m je Woche. Die feste Gipspartie hielt bis zum Erreichen des Zechsteins an.

Das auf der Sohle gelöste Haufwerk wurde in Kübeln mit einem Fassungsvermögen von etwa einem Zentner geladen. Zum Ausfördern war zu Beginn des Abteufens über Tage ein zweimännischer Haspel montiert worden. Er war mit einer leichten Kaue überbaut, die den Haspelknechten Witterungsschutz bot. Die Schichtzeit der Haspelknechte hatte zunächst zwölf Stunden betragen. Bei einer Teufe von 45 m wurde den Knechten die Schicht zu sauer. Fortan wurde in drei Schichten zu acht Stunden getrieben (B 16232 a, Bl. 197 f.). Mit zunehmender Teufe wurden die Treibzeiten aber so lang, daß der Abteuffortschritt gehemmt zu werden drohte. Bei rund 100 m Teufe mußte der zweimännische Haspel durch einen dreimännischen ersetzt werden. Mit ihm war aber auch nur bis 130 m zu kommen. Auf dem Nassen Ort wurde daher ein zweiter dreimännischer Haspel installiert, der das Haufwerk von der Sohle bis zum Martinrodaer Stollen hob. In einem kleinen Füllort wurde es dort in den Kübel des übertägigen Haspels umgeladen (B 16236, Bl. 92 f.). Mit den beiden Häspeln kam man immerhin bis zu einer Teufe von rund 200 m.[121] Die vorgesehene Endteufe von 270 m war auch mit ihnen nicht zu erreichen. Vorher mußte eine leistungsfähige Förderanlage zur Verfügung stehen.

Der Ilmenauer Bergbau hatte sich schon gegen Ende des 16. Jahrhunderts wasserbetriebener Räder für Förderung und Wasserhaltung bedient. Das Antriebswasser war in rund 10 km langen Hanggräben vom Oberlauf der Ilm den alten Bergwerken zugeführt worden. Der wichtigste von ihnen, der mittlere Berggraben, endete bei dem Schacht ‚Wilhelm Ernst‘ 600 m südöstlich des Schachtes ‚Neuer Johannes‘. Trebra hatte 1776 in seinem Gutachten empfohlen, am Ende des mittleren Berggrabens ein Kehrrad zu errichten und seine Arbeit mit einem Feldgestänge bis zum Schacht ‚Neuer Johannes‘ zu übertragen (StA Cob LAF 10617, Bl. 30). Aber die Gräben waren verfallen, und – was schwerer wog – sie führten über gothaisches Gebiet. Gotha hatte in der Zwischenzeit Wasserrechte an Dritte vergeben und stand überhaupt dem weimarischen Vorhaben nicht förderlich gegenüber. Die Kommission sah langwierige Verhandlungen voraus und suchte nach andern Wegen (s. Kapitel 2.3).

Von Trebra war ein neuer Vorschlag gekommen. Er empfahl, das endgültige Treibwerk so anzulegen, wie es auf der Grube ‚Segen Gottes‘ bei Gersdorf im Freiberger Revier ausgeführt war.[122] Dort hatte man ein Kehrrad unter Tage

---

[121] In der ‚Zweiten Nachricht‘ vom 1. 2. 1787 wird der Eindruck erweckt, das Haufwerk sei bis zur Inbetriebnahme des endgültigen Treibwerks nur mit Hilfe eines dreimännischen Haspels zu Tage gehoben worden (LA I 1, 170 u. 172). Wahrscheinlich wird dort mit ‚dreimännischer Haspel‘ nur die Gattung und nicht die Anzahl bezeichnet worden sein. Daß tatsächlich zwei Häspel im Einsatz waren, läßt sich auch mit anderen als der angezogenen Fundstelle belegen.

[122] Gutachten Trebra v. 26. 8. 1782 (B 16228, Bl. 155–157) und Brief Trebra vom 22. 11. 1783 (ebd., Bl. 250–261). Die Maschinenanordnung war eine Erfindung des Kunstmeisters Johann Friedrich Mende, der sie Trebra bei dessen Abschied von Freiberg im Jahre 1779 vorgeführt hatte (Trebra 1818, 577 f.). Die Gersdorf-Maschine hat später auch Eingang in andere Reviere gefunden, so z. B. nach 1800 im Erzbergwerk Rammelsberg, Goslar, für den Schacht ‚Neuer Serenissimorum‘ (Spier, 35–39).

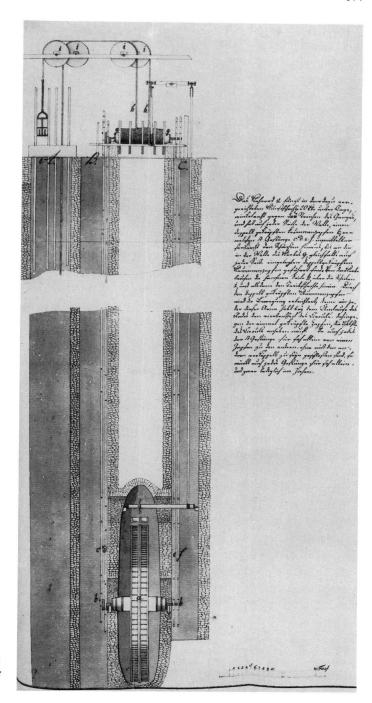

*Bild 36: Gersdorf-
Maschine: Kehrrad unter
Tage mit Kraftübertragung
zu einem Göpel über Tage
(nicht ausgeführt)*

installiert, das seine Arbeit über lange Pleuelstangen zu der über Tage stehenden Seiltrommel übertrug (Bild 36). Bauart und Wirkungsweise dieses Ensembles verdienen eine nähere Betrachtung.

An der Welle des Kehrrades sind zwei doppelt gekröpfte Krummzapfen angebracht. Jeder Zapfen bewegt zwei Stangen, die in kleinen Schächten neben dem eigentlichen Schacht zu entsprechenden Krummzapfen einer übertägigen Seiltrommel geführt werden. Die beiden Stangen eines Krummzapfens sind in ihren Bewegungsphasen um 180° gegeneinander versetzt und die beiden Krummzapfen ihrerseits um 90°. Auf eine volle Umdrehung des Kehrrades entfallen also vier Arbeitshübe. Bei dieser Anordnung werden die Stangen nur auf Zug beansprucht. Der Lauf von Kehrrad und Seiltrommel ist sehr ruhig.

In Ilmenau sollte die Maschine zwischen Martinrodaer Stollen und Nassem Ort zu stehen kommen und von dem auf dem Nassen Ort zulaufenden Wasser angetrieben werden. Notfalls müsse dazu – so Trebra – das Ort bis in das Sturmheider Werk aufgewältigt werden. Von der zur Verfügung stehenden Höhe sollten 8 m für das Kehrrad genutzt werden. Die übrigen 12 m hätten einem Kunstrad dienen können.

Im Anschluß an die Trebrasche Empfehlung befragen Goethe und C. G. Voigt den Geschworenen (B 16228, Bl. 273–278). Das Nasse Ort – so sagt dieser aus – führe genügend Wasser zum Antrieb der beiden Räder. Sollte dies aber einmal nicht der Fall sein, so könne nach einem Vorschlag von J. C. W. Voigt Ilmwasser aus dem Mühlgraben abgeleitet und über eine Rösche dem Schacht zugeführt werden. Dabei werde auch mehr Gefälle gewonnen, als sie das Nasse Ort biete. Zudem brauche mit der Auffahrung nicht gewartet zu werden, bis der Schacht die Teufe der Rösche erreicht habe, wie das beim Nassen Ort der Fall wäre. Der Zeitbedarf könne schließlich durch Ansetzen von Gegenörtern aus ohnedies notwendigen Lichtlöchern verringert werden. Dieser Weg sei billiger als die Instandsetzung von Teichen und Gräben.

Schreiber hat allerdings Bedenken, mit der Inbetriebnahme der Gersdorf-Maschine warten zu müssen, bis das Wasser, gleich auf welchem Wege, zur Verfügung steht. Deswegen schlägt er den zeitweiligen Einsatz eines Pferdegöpels vor.

Zwei Tage vor der feierlichen Wiedereröffnung erörtert die Kommission mit den Bedienten des Bergbauamtes eingehend Vor- und Nachteile der einzelnen Lösungen. Das darüber angefertigte Protokoll ist in seiner Systematik musterhaft (B 16232a, Bl. 13–18). Die Waage neigt sich eindeutig zur Seite der Rösche aus dem Mühlgraben. Der Geschworene erhält den Auftrag, für die Auffahrung der Rösche einen Markscheiderzug anzufertigen, und der Werkmeister wird einen Riß für einen Pferdegöpel vorlegen (Bild 37). [123]

---

[123] Werkmeister Otto legt am 10. 3. 1784 Riß und Kalkulationsgrundlagen für den Pferdegöpel vor (B 16232 a, Bl. 161 ff.). Aus der Kalkulation kann hier nur mitgeteilt werden, daß ein Pferd in der Lage gewesen wäre, in einer Stunde zwölf Fördertonnen mit 6 Ztr Nutzlast aus 40 m Teufe, oder sechs Fördertonnen aus 80 m Teufe zu Tage zu bringen.

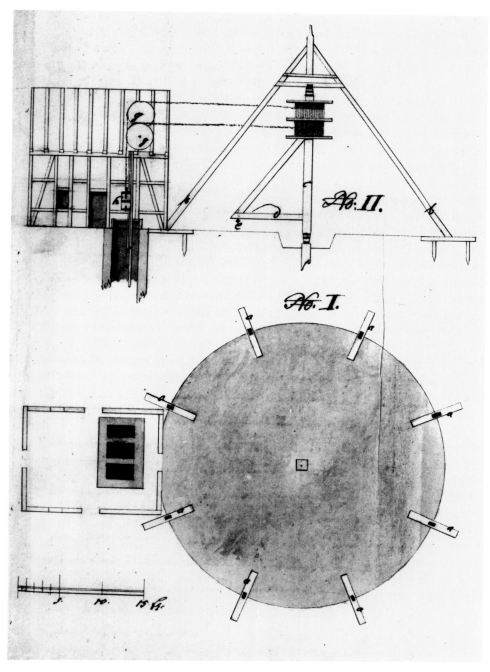

Bild 37: Pferdegöpel für den Johannes-Schacht (nicht ausgeführt)

Die Rösche sollte am Mühlgraben unterhalb der Endleichs-Mühle angesetzt und mit hor. 11 aufgefahren werden. Sie würde eine Länge von 1067 m erhalten und den Johannes-Schacht in einer Teufe von rund 72 m getroffen haben (B 16232 a, Bl. 176 f.). Die Auffahrkosten waren zu 7824 Rtlr ermittelt worden. Der Pferdegöpel hätte rund 200 Rtlr und die Gersdorf-Maschine, einschl. der Stangenschächte 3692 Rtlr gekostet. Das waren erschreckende Zahlen.

    J. C. W. Voigt hatte sich schon am 10. 3. 1784 mit einem Pro Memoria gemeldet, in dem er auf die Schwierigkeit hinweist, an die Gersdorf-Maschine einen Krummzapfen zum Antrieb eines Pumpengestänges anzubringen (ebd., Bl. 82 ff.). Zu der Eingabe gehört eine Zeichnung, auf der die Gersdorf-Maschine in höchst interessanter Weise modifiziert ist (B 16228, Bl. 317; hier: Bild 38). Kehrrad und Seiltrommel sitzen auf derselben Welle, an deren schachtseitigem Ende ein Krummzapfen angebracht ist. Die Seile führen in einem kleinen Nebenschacht zu übertägigen Seilscheiben, die sie in die Fördertrume ablenken.[124]

    Gegen den Einsatz des untertägigen Kehrrades erheben sich bald aber grundsätzliche Bedenken. In der Zwischenzeit hatte man nämlich die Schwierigkeiten beim Durchteufen der untersten Meter der Lockerschichten kennengelernt. Sie würden sich im Bereich der Stangenschächte der Gersdorf-Maschine oder des Seilschachtes der Voigtschen Version wiederholt haben. Werkmeister Otto weist zudem darauf hin, daß ein übertägiger Wassergöpel übersichtlicher und leichter zu warten sei.

    C. G. Voigt richtet am 29. 7. 1784 ein Votum an den Herzog, in dem er sich nach ausführlicher Erläuterung und kritischer Würdigung der möglichen Alternativen für die Wiederherstellung des Berggrabens, für seine Verlängerung bis zum Johannes-Schacht und für die Aufstellung eines Wassergöpels unmittelbar neben dem Schacht ausspricht (B 16232 a, Bl. 207–210). Voigt vermerkt dabei, diese Idee verdiene selbst bei gleicher Eignung schon deswegen den Vorzug, weil sie dem offiziellen Plan für die Wiedereröffnung entspreche. Er liege der Gewerkschaft vor, und die Kommission möchte dieser verantwortlich bleiben, „⟨...⟩ wenn es zum Nachteil ausschlüge, auf eine andere Idee ohne Not eingegangen zu sein." Ein bemerkenswerter Satz in der Zeit des uneingeschränkten Direktionsprinzips!

    Das Votum Voigts begründet auch, warum in diesem Fall von dem Vorschlag Trebras, der nach einem herzoglichen Dekret in allen Fragen des betrieblichen Fortgangs heranzuziehen war, abgewichen werden soll. Es weist auf den ausschlaggebenden Unterschied in den Einsatzbedingungen der Gersdorf-Maschine im Erzgebirge und in Ilmenau hin. Während dort schon dicht unter dem Rasen festes Gebirge angetroffen werde, in dem das Abteufen keine Probleme bereite, sprächen hier

---

[124] Eine ähnliche Art von Maschinenaufstellung und Seilführung war bis in die jüngere Zeit unter dem Namen Berghoff-Förderung bekannt. (Patentschrift des Reichspatentamts Nr. 669 339; Tag der Bekanntmachung: 1. 12. 1938).

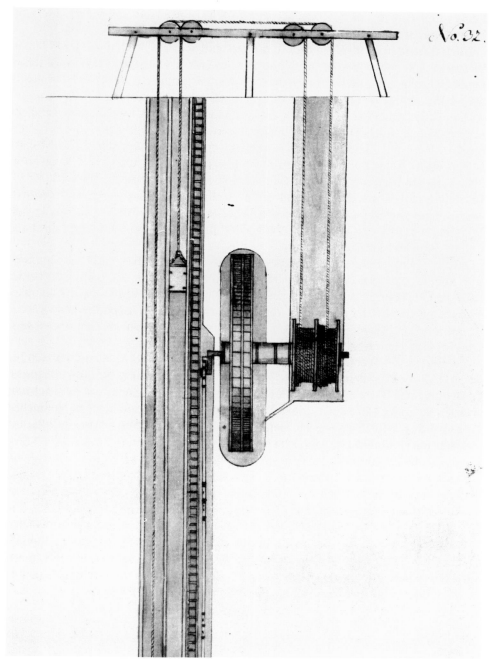

Bild 38: Untertägiges Kehrrad mit Göpel und Krummzapfen auf einer Welle (nicht ausgeführt)

Lockerschichten in einer Mächtigkeit von 34 m gegen zusätzliche Schächte zum Führen von Stangen oder Seilen nach über Tage.

Auch Trebra wird über die neue Lage verständigt. Er schreibt am 21. 8. 1784 an Goethe: „Auch habe ich die Zeichnungen vom Himmelsfürstner Treibewerk schon copieren lassen, und liefere sie meinem Versprechen gemäß ein. Sind die Aufschlagewasser für das Treiberad bis auf 40 oder 50 Lachter an den Schacht heranzubringen: so kann die Maschine völlig nach diesem Muster erbauet werden, nur ist nicht nöthig, daß das Rad so tief als hier in der Zeichnung in die Erde gelegt wird".[125] Nun muß doch der mittlere Berggraben instandgesetzt werden. Aber schon vier Monate später weiß Trebra einen besseren Vorschlag. Sein Brief an C. G. Voigt vom 30. Dezember beginnt: „Ilmenau freut mich wie meine eigene Grube" (B 16236, Bl. 113). Es folgt dann die Empfehlung, das Treibwerk wie das der Grube Einhorn in Marienberg auszuführen. Dies sei die sicherste und beste Art für Ilmenau, weil Werkmeister Otto, der in weimarische Dienste übergetreten war, sie ausgeführt habe und als sein Meisterstück betrachte.

Zwei Tage nach einer Begehung des Grabens, am 8. Oktober, berät die Kommission Standort und Ausführung von Treibwerk und Treibhaus. Sie beschließt, beides nach dem Einhorner Vorbild auszuführen. Die von dem Treibwerk ablaufenden Wasser sollen entweder im Schacht zum Martinrodaer Stollen oder über eine Rösche in die Vorflut geleitet werden. Am 21. Oktober erhält Otto Weisung, das neue Grabenstück in Gegenwart des Geschworenen zu vermessen.

Der Bericht des Werkmeisters liegt der Kommission am 6. 11. 1784 vor (B 16232 a, Bl. 291). Zwischen dem Ende des mittleren Berggrabens am Schacht ‚Wilhelm Ernst' und der Rasenhängebank des Johannes-Schachtes besteht ein Höhenunterschied von 7,5 m. Bei einer Höhe des Kehrrades von 9,5 m und bei angenommenen Höhenverlusten für Neigung des Gefluters und für notwendige Abstände zwischen Gefluter und Rad und zwischen Rad und Sohle von insgesamt 0,8 m wird die Sohle der Radstube 2,8 m unter der Hängebank liegen.

Ottos Entwürfe für Treibwerk und Treibhaus werden mehrfach diskutiert, abgeändert und am 15. 6. 1785 zur Ausführung freigegeben (B 16236, Bl. 260). Die wichtigste Änderung betrifft das Treibrad, das eine Höhe von 10,2 m erhalten soll (B 16237, Bl. 64). Das Treibwerk, bestehend aus dem Kehrrad und der auf gleicher Welle sitzenden Seiltrommel, wird in einem geräumigen Fachwerkhaus untergebracht (Bild 39).[126] Die Förderseile führen von der Seiltrommel zu Ablenkscheiben auf einer Bühne des oberen Stockwerks. Das Treibhaus nimmt außerdem Betstube und Schmiede und im Obergeschoß eine Wohnung für den Hutmann auf.

---

[125] zitiert nach W. Herrmann, 1955, 56f. – Himmelsfürst ist der Name einer Grube in Brand bei Freiberg.
[126] Zeichnung J. G. Otto v. Nov. 1784 (B 16236, Bl. 29). Dieser Entwurf wurde mehrmals in Details abgeändert. Die spätere Ausführung entspricht nicht gänzlich der Zeichnung.

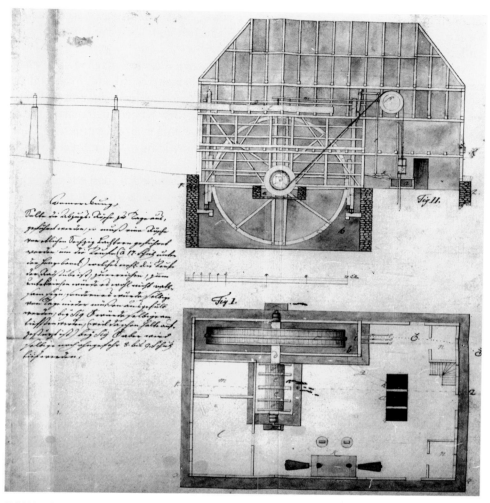

Bild 39: Treibhaus für den Johannes-Schacht mit Treibwerk und einem Teil des Gefluters (Aufriß und Grundriß)

Am 16. 9. 1785 wird das Haus feierlich gerichtet. Mitte November 1786 – die Schachtsohle steht bei 192 m – kann das Treibrad erstmalig angeschützt werden. Der Abteufkübel mit einer Nutzlast von einem Zentner war durch eine Fördertonne mit der dreifachen Nutzlast ersetzt worden. Während die Kübel der Haspelförderung ohne Führungen im Schacht ausgekommen waren, mußten die Fördertonnen der Göpelförderung oben und unten geführt werden (B 16248, Bl. 114'). Dafür waren im Schacht feste Führungen eingebracht worden. Auf ihre Form ist noch zurückzukommen. Das Haufwerk eines Tages ist in fünf Stunden ausgefördert. Die Haspelknechte werden nicht mehr benötigt. Alles scheint in bester Ordnung zu sein.

Aber schon 14 Tage später meldet das Bergamt, daß das neu aufgelegte Seil schon zweimal gerissen sei, und eine Woche darauf tritt ein weiterer Riß auf. Während des Förderns mit den Häspeln war es zwar auch schon einmal zu einem Seilriß gekommen. Aber damals hatten die Haspelknechte den Kübel aus Unachtsamkeit unter den Rundbaum getrieben, auf dem das Seil aufgewickelt wurde (B 16236, Bl. 95). Bei den neuerlichen Seilrissen war Gewalteinwirkung nicht im Spiel gewesen. Alle Verantwortlichen sind alarmiert.

Zu Beginn des Abteufens hatte die Kommission entschieden, daß zur Sicherheit der Teufmannschaft mit Hanfseilen getrieben werden soll (B 16232 a, Bl. 231 ff.). Nach Beendigung des Teufens sollte auf eiserne Seile übergegangen werden. Unter eisernen Seilen wurden Förderketten verstanden, deren Glieder aus Eisenstäben geschmiedet wurden. Aus der Verfügung, während des Abteufens mit Hanfseilen zu arbeiten, kann gefolgert werden, daß diese größere Sicherheit gegen Seilrisse versprachen als Förderketten.

Der Seilhersteller berichtet am 23. 1. 1787, daß das Seil beim Auflegen nur mit der leeren Tonne belastet war. Beim Hinablassen waren mehrere leichte Klanken entstanden. Als die Tonne unten war, hatte man die Schachtführungen entfernt, so daß die Klanken sich herausdrehen konnten. Dabei hatte sich das Seil unzulässig gereckt. Außerdem wies es Stockflecken auf (B 16243, Bl. 118).

Man hielt nach Seilen anderer Machart Ausschau. Das Bergbauamt schlug vor, Spezialtaue der Seeschiffahrt zu verwenden (ebd., Bl. 64f.). Diese hatten sich aber im Erzgebirge als zu stark gedreht und geteert erwiesen und auch nicht länger gehalten. Trebra empfahl, schon jetzt auf eiserne Seile überzugehen (B 16248, Bl. 32, u. B 16249, Bl. 24). Ein eisernes Seil – so Trebra später – halte in den tonnlägigen Schächten des Harzes gewöhnlich ein Jahr, oft aber auch drei bis vier Jahre. „Wie sollte es nun in Ilmenau, in einem so ganz perpendiculären Schachte nicht halten". Am 11. 2. 1787 werden der Zentralschmiede in Clausthal zwei eiserne Seile von je 300 m Länge in Auftrag gegeben (B 16248, Bl. 102 f.).

Aus Neapel schreibt Goethe am 23. März an C. G. Voigt: *Eben so beruhige ich mich über jede Anstalt die Sie wegen des Treibseils und sonst treffen werden, es hält schwer aus einer solchen Ferne eine Meynung zu sagen.*

Inzwischen waren das beschädigte Hanfseil gegen das Reserveseil und die Fördertonnen gegen kleinere mit der halben Nutzlast ausgewechselt worden. Seilkontrollen wurden verstärkt durchgeführt und beschädigte Seilstrecken sofort herausgehauen. Über der Sohle war eine starke, mit Bergen abgedeckte Schutzbühne geschlagen. Dort füllte ein Bergmann das von der Sohle heraufgezogene Haufwerk in die Tonnen um. Auch er hatte eine Schutzbühne über sich (B 16249, Bl. 81 ff.). Alles schien getan, um einen sicheren Fortgang zu gewährleisten.

Bis zu einer Teufe von 225 m ging auch alles gut. Aber am 23. 6. 1787 riß das Seil erneut. Die Fördertonne, die nur zur Hälfte gefüllt war, befand sich 140 m über der Schachtsohle. Sie ging ab, durchschlug beide Schutzbühnen, tötete einen Bergmann und verletzte drei weitere (B 16350/379, Bl. 44). Goethe war in Italien und Christian Gottlob Voigt zur Kur in Karlsbad. Das Bergbauamt war angewiesen, besondere Vorkommnisse dem Bergsekretär zu melden. Dessen Antwort glich einem Aufschrei: „Möchte ich nie wieder eine Nachricht von Ihnen erhalten, die der heutigen auch nur in dem allerentferntesten Sinne ähnlich ist“ (B 16249, Bl. 12 f.).

Jetzt schaltet sich sogar der Herzog ein. In dem „gnädigen“ Handschreiben vom 2. Juli, gerichtet an den abwesenden Voigt, heißt es, der Seilunfall lasse „vermuten, daß einige Unachtsamkeit bei der dortigen Aufsicht vorwaltet. Untersuchen Sie doch bei Ihrer Rückkehr, woran es gelegen hat, ob das Seil schlecht gemacht ist, oder ob man liederlich damit zu Werke gegangen, und stellen Sie die Ursache eines so bösen Zufalls ab“ (ebd., Bl. 65). So ungerührt, wie man heute zuweilen glauben machen möchte, haben sich auch absolutistische Herrscher und ihre Diener über Menschenleben nicht hinweggesetzt.

Eine Woche nach dem Unfall läßt sich wieder der Sekretär vernehmen: „Ich gestehe, ich habe allen Mut verloren, da die leichte Tonne unsere Bühnen und Spreitzen wie Kantengespinst durchschmissen. Was wollen wir den großen und vollen Tonnen vor eine Kraft entgegensetzen, die ihnen zu widerstehen vermag. ⟨…⟩ Denn es wird wenig fehlen, daß so eine Last durch den Fall die Kraft einer Kanonenkugel bekommt“ (B 16350/172, Bl. 46).

Die verletzten Bergleute sagten aus, die Tonne sei nicht aus der Führung gesprungen und ohne jedes Geräusch abgegangen (B 16249, Bl. 81 ff.). Sie hätten daher nicht mehr zur Seite springen können. Wenn, was häufig vorkam, in tonnlägigen Schächten das Förderseil riß, so wurden die Schachthauer frühzeitig durch das Geräusch der auf den Bohlen herunterrumpelnden Tonne gewarnt. In seigeren Schächten ohne feste Schachtführungen faßte eine seillos gewordene Tonne am nächsten Einstrich an und warnte auf diese Weise. Die Gefahr in Ilmenau war in der Tat besonders groß, weil jegliches Warnsystem fehlte. Dem mußte Rechnung getragen werden.

Die Hauer weigerten sich, vor dem Eintreffen des eisernen Seils auf der Sohle zu arbeiten. Sie forderten außerdem, die Führungen zu entfernen. Ihnen wurde zugestanden, daß künftig nur auf zwei Schichten geteuft und auf der dritten, freien Schicht getrieben werde. Das konnte die Hauer jedoch zunächst nicht umstimmen. Sie baten sich weiterhin aus, sonntags zu Hause bleiben zu können. Anfang Juli fuhren sie wenigstens wochentags wieder an.

Trebra, von dem umsichtigen Sekretär sofort verständigt, empfiehlt schon drei Tage nach dem Unglück (ebd., Bl. 24 ff.), die Schutzbühne weiter zu verstärken und sie mit starken Klappen zu versehen, die nach dem Durchgang der Fördertonnen geschlossen werden können. Das waren Schachtklappen, wie sie noch heute beim Schachtabteufen in Betrieb sind. Im übrigen beschleunigt Trebra nach Kräften die

Anfertigung der eisernen Seile. Das erste wird am 29. Juli angeliefert und sofort aufgelegt, das zweite trifft 14 Tage später ein.

Anfänglich ist man sehr zufrieden mit den neuen Seilen. Jedoch auch bei ihnen stellen sich Mängel ein. Beim Auf- und Ablaufen der Kette kommt es auf dem Seilkorb gelegentlich zu dem gefährlichen „Schnäppen" (ebd., Bl. 72), einem rukkartigen Abrutschen der Kette von der darunter liegenden Lage, und als dessen Folge zu Kettenrissen. Besonders die Verbindungsglieder der einzelnen Stränge, die durch mehrmaliges Öffnen und Schließen hart und brüchig geworden sind, reißen häufiger (B 16263, Bl. 169). Erst die Erfindung des Drahtseils, hergestellt aus geflochtenen Stahldrähten, sollte hier ein halbes Jahrhundert später die Entwicklung auf den richtigen Weg bringen.

Man erführe gerne aus den Akten, wie die Bergleute zu Anfang und zu Ende ihrer Schicht den Schacht befahren haben. Haben sie sich in irgendeiner Weise der Förderanlage anvertraut, oder war ihr Zutrauen zu dem Seil so gering, daß sie lieber 230 m Fahrten kletterten? Dem ganzen umfangreichen Weimarer Aktenbestand ist nur im Zusammenhang mit dem Seilunfall ein diesbezüglicher Hinweis zu entnehmen. Im Protokoll des Bergbauamtes vom 23. 6. 1787 ist festgehalten, daß der tödlich verunglückte Bergmann Bachmeier, an Bretter angelehnt, mit der Tonne herausgetrieben wurde (B 16350/379, Bl. 44). Die Verletzten seien mit aller Behutsamkeit über die Fahrten herausgeklettert. Einer von ihnen hatte Brustprellungen, der zweite einen Arm gebrochen und der dritte „ein ziemliches Loch im Kopf".

Wenn selbst Verletzte mit solchen Behinderungen, die nach dem Unfall begreiflicherweise den Wunsch hatten, so schnell wie möglich nach über Tage zu gelangen, den beschwerlichen und zeitraubenden Weg über die Fahrten nahmen, so kann gefolgert werden, daß dies der generelle Weg für An- und Ausfahrt war. Dann wird das Klettern aber auch ungeübten Besuchern abverlangt worden sein.

Selbst wer noch nie bei kümmerlicher Beleuchtung 200 m tief in einem engen und nassen Fahrschacht herunter- und wieder heraufgeklettert ist, wird nun ermessen können, welche körperlichen Belastungen Goethe und Voigt bei ihren Befahrungen haben auf sich nehmen müssen, nur um dorthin zu gelangen, wo die eigentliche Arbeit getan wurde. [127]

---

[127] Der Clausthaler Markscheider Carl August Rausch schreibt in einem Bericht über seine Reise in das Mansfelder Revier im Jahre 1779 zu diesem Komplex: „Die jetzigen gangbaren Schächte sind ohne Fahrschacht vorgerichtet, und wer sie befährt, muß sich auf dem Knebel am Seil einhängen lassen". Demnach war zu jener Zeit ein Fahrschacht, wie er im Johannes-Schacht vorhanden war, und das mühselige Fahrtenklettern gegenüber dem Fahren am Seil die „ergonomisch" fortschrittlichere Lösung. Der Bericht ist in der Bibliothek der TU Clausthal unter der Signatur IV B 1 b überliefert.

Nach dem Seilunfall waren ganze 4 m geteuft, als am 9. 8. 1787 in einer Teufe von 229 m in der Schichtfuge zwischen Gips und Zechsteinkalk Wasser angefahren wird (B 16249, Bl. 55). Die Austrittstelle ist auf dem Bild des Titelblattes von J. C. W. Voigt (1821) kenntlich gemacht. Die Freude, den unteren Zechstein 40 m höher als erwartet angefahren zu haben, ist erheblich getrübt. Drei Tage lang wird versucht, das Wasser mit den Fördertonnen kurz zu halten. Vergeblich! Ende September ist der Schacht bis zum Martinrodaer Stollen ersoffen. Es sollte nicht weniger als fünf Jahre dauern, bis das Wasser zuverlässig beherrscht war und die wenigen Meter bis zum Flöz geteuft werden konnten.

In Erwartung geringerer Wasserzuläufe während des Abteufens war beim Bau des Treibwerks ein Krummzapfen in die Welle eingelegt worden. Mit ihm konnte eine leichte Pumpenkunst betrieben werden. Die Zuläufe, die zum Ersaufen des Schachtes geführt hatten, waren in der Tat sehr gering. Während der Phase des Anstiegs hatten sie im Durchschnitt nur 20 l/min betragen. Andererseits stand das Abteufen wenige Meter oberhalb des Flözes. Im Zuge der dort einsetzenden Aktivitäten waren mit Sicherheit größere Zuflüsse zu erwarten. Sie hätten mit der Interimskunst nicht gewältigt werden können. Der Bau eines großen Kunstrades hätte aber viel Zeit erfordert und wäre sehr teuer gewesen. Der Kommission kam es darauf an, so schnell wie möglich das Flöz zu erreichen. Hierauf war der Finanzierungsplan abgestellt. Voigt entschied sich daher für das Anhängen der Interimskunst.

Michael Jacob Herzer, der Zimmermeister des Werkes, entwirft einen Plan für die Umsetzung der Drehbewegung des Kehrrades in die Vertikalbewegung der Kunststangen (Bild 40). Vom Krummzapfen am Kehrrad führt die Pleuelstange senkrecht nach oben zu einem Kunstkreuz. Dieses setzt über horizontale Kuppelstangen zwei andere Kunstkreuze in Bewegung. An den einander zugewandten Enden der horizontalen Kreuzarme sind die Kunststangen angeschlagen. Sie führen dicht am Stoß des Fahrschachtes bis zum Martinrodaer Stollen. Von dort ab müssen die Pumpensätze an die Kunststangen angehängt werden. Der Fahrschacht bietet dafür aber nicht genügend Raum.

Die Bewegung der beiden von oben im Fahrschacht ankommenden Stangen muß daher auf je eine Stange in den beiden äußeren Trumen übertragen werden. Für das Pumpentrum, das dem Fahrschacht benachbart ist, wird diese Aufgabe mit Hilfe einer etwa 5 m langen, liegenden Schwinge gelöst. Die von oben ankommende Kunststange greift kurz vor dem freien Ende der Schwinge an. Die nach unten abgehende Stange ist am äußersten Ende der Schwinge angeschlagen. Dieser Punkt liegt über dem benachbarten Pumpentrum.

Die Umsetzung der Bewegung in das gegenüberliegende Pumpentrum ist ungleich schwieriger. Hierzu dienen zwei halbe Kunstkreuze, die durch eine horizontale Kuppelstange von knapp 7 m Länge verbunden sind.

Der Entwurf ist ingeniös. Er löst aber Kritik aus, weil die Bewegung der halben Kunstkreuze Energie kostet und dort auch leicht Hubhöhe verlorengeht. Da die

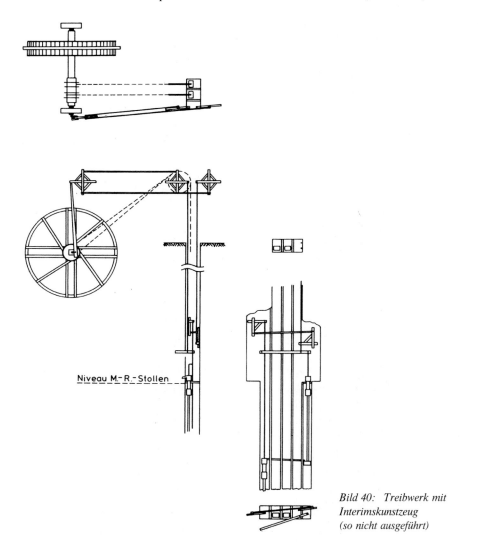

Niveau M.-R.-Stollen

Bild 40: Treibwerk mit Interimskunstzeug (so nicht ausgeführt)

Pumpensätze abwechselnd an den beiden Stangen angeschlagen werden sollten, hätten die Pumpenknechte bei ihren Befahrungen immer von einer Schachtseite zur anderen wechseln müssen. Im Schacht herabfallende Gegenstände hätten zudem leicht zu Beschädigungen der Umsetzeinrichtungen geführt.

Der Zimmermeister ersetzt in einem verbesserten Entwurf die beiden halben Kunstkreuze durch eine zweite Schwinge. Kunststangen und Kunstsätze liegen dabei alle in dem gleichen Trum (J. Voigt 1912, 195, rechter Bildteil). Die Gefährdung der Einrichtung durch fallende Gegenstände bleibt aber bestehen.

Bild 41: Durchgehende Kunststangen für das Interimsgezeug

Nun legt der Sekretär der Kommission einen eigenen Entwurf vor (B 16249, Bl. 92–94; hier: Bild 41). Bei ihm führen die beiden Pumpenstangen ungebrochen bis zum Tiefsten. Durch Wegnehmen der Einstriche zwischen Fahr- und Pumpentrum sind die Pumpensätze ausreichend nahe an das Pumpengestänge herangerückt. C. G. Voigt fährt selbst am 22. August an, um sich von der Ausführbarkeit zu überzeugen (B 16249, Bl. 112). Zusätzlich wird Trebra um sein Urteil gebeten; er stimmt am 6. 9. 1787 zu (ebd., Bl. 153–158).

Am 10. September erhält das Bergbauamt Anweisung, das Interimsgezeug nach dem zuletzt vorgelegten Plan zu bauen. Zugleich mit diesen Arbeiten wird die Radstube um 1,2 m nach Süden erweitert. Die Maßnahme dient der Unterbringung einer Heizung, die das Anfrieren des Wassers an den Maschinenteilen verhindern soll. Goethe wird im Brief an C. G. Voigt vom 29. 12. 1787 aus Rom dazu bemerken: *Die Erweiterung der Radstube war eine böse und gefährliche Arbeit, die ich mir kaum dencken kann.* Der Zimmermeister wird für einige Tage auf den Harz geschickt, um sich mit dem dortigen Kunstzeugbau vertraut zu machen. Am 21. 10. 1787 wird die Maschine angeschützt.

Der Absenkung des Wasserspiegels folgend, werden die Pumpensätze abwechselnd an den beiden Stangen angehängt. Ein Satz besteht aus einer hölzernen Saugröhre von etwa 9 m Länge und einem etwa 1 m langen gußeisernen Zylinder (Bild 42). Am unteren Ende des Zylinders sitzt das Einlaßventil. Der Kolben weist vier Bohrungen auf, die bei seiner Aufwärtsbewegung durch Lederscheiben verschlossen werden. Beim Abwärtsgehen werden die Scheiben von dem Wasser, das in den Zylinder einströmt, angehoben. Der Durchmesser des Zylinders beträgt 19 cm, die Hubhöhe des Kolbens 86 cm. Bei einer Umdrehung des Rades werden 25 l gehoben.

Jeder Satz gießt in einen Wasserkasten aus, aus dem der nächsthöhere Satz ansaugt. Die Drehzahl des Rades geht mit sinkendem Wasserspiegel von zehn Umdrehungen je Minute zu Beginn auf etwa sechs kurz vor Erreichen der Sohle zurück. Entsprechend nimmt die geförderte Wassermenge von 250 auf 150 l/min ab.

Mit dem 14. Satz erreicht man am 18. 11. 1787 die Schachtsohle (B 16249, Bl. 235). Fünf Tag danach kann wieder mit dem Teufen begonnen werden. Die Maschine ging auch bei gleichzeitigem Treiben und Pumpen sehr leicht. Die Pumpleistung war höher als der Zulauf, so daß die Saugröhren mit dem Wasser auch Luft ansaugten. Dabei entstand ein schnarchendes Geräusch. Wenn die Sätze „schnarchten", waren die Pumpenknechte beruhigt. Die Gefahr eines Wasseranstiegs bestand dann jedenfalls nicht.

Am 7. Dezember wurde am südlichen Stoß das Hangende des Kupferschieferflözes angefahren. Die Schachtsohle hatte die gefährliche Schichtfuge zwischen Gips und Zechsteinkalk fast auf dem ganzen Umfang unterteuft. Nur am nördlichen Stoß stand noch etwas Gips an. Er wird plötzlich weggeschoben, und dahinter bricht Wasser in einer Menge hervor, die zehnfach größer ist als die der ersten Zulaufstelle

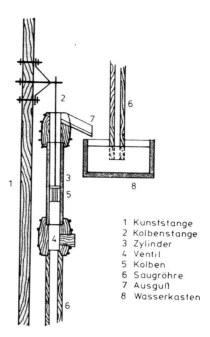

1 Kunststange
2 Kolbenstange
3 Zylinder
4 Ventil
5 Kolben
6 Saugröhre
7 Ausguß
8 Wasserkasten

Bild 42: Kunstsatz mit Kunststange und Übergabe zum Wasserkasten des nächsthöheren Satzes

(B 16253, Bl. 12ff.). Das Interimsgezeug kann seiner nicht Herr werden. Innerhalb weniger Tage ersäuft der Schacht, auch wenn die Zulaufmenge mit steigendem Wasserspiegel nachläßt.

Trebra hatte zuvor geschrieben: „Auch zu den erschrotenen Wassern wünsche ich jetzt Glück, denn sie sind, nach der Meynung der erfahrensten Bergleute, immer gute Anzeichen von reichen Erzen" (ebd., Bl. 17–19). Nicht Zuflüsse von Oberflächenwasser bedingten die Stärke des Zulaufes, sondern ein unterirdischer Wasservorrat.

Obwohl die Hoffnung auf ein Gelingen nicht groß ist, wird noch ein Versuch mit dem Interimsgezeug unternommen. Die beiden Stangen werden durchgehend mit Pumpensätzen belegt, so daß zwei Sätze gleichzeitig ausgießen. Bei voll beaufschlagtem Kehrrad gelingt es, den Wasserspiegel 26 m tief abzusenken. Dort dreht das Rad neunmal in der Minute. Es wird 24 Stunden weitergepumpt, ohne daß sich der Wasserspiegel bewegt (ebd., Bl. 83' u. 85). Zulaufmenge und abgepumpte Menge stehen in diesem Niveau mit 450 l/min im Gleichgewicht. Bei weiter sinkendem Wasserspiegel würde die Drehzahl des Rades und damit die geförderte Wassermenge zurückgegangen, zugleich aber die Zulaufmenge angestiegen sein. Der Beweis war erbracht, daß auch mit dem verstärkten Interimsgezeug nicht weiterzukommen war.

Nun muß doch noch vor Beendigung des Abteufens ein starkes Kunstrad eingebaut werden. Das Rad wird wieder von Zimmermeister Herzer entworfen und unter

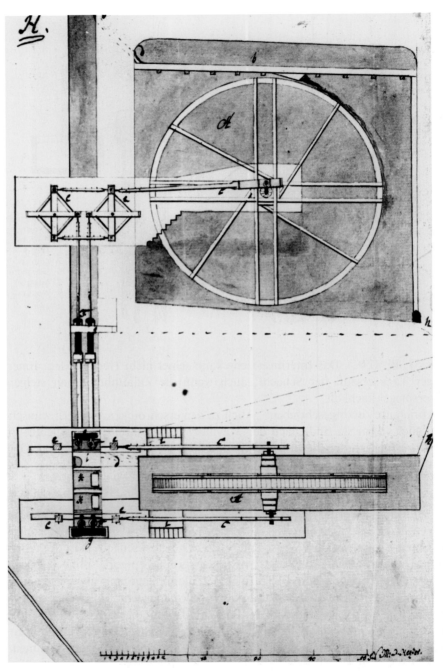

Bild 43: Untertägiges Kunstrad mit vier ganzen Kunstkreuzen; Aufriß (oben), Grundriß (unten)

seiner Leitung gebaut (Bild 43). Jeder seiner beiden Krummzapfen arbeitet über ein Pleuel und zwei ganze Kunstkreuze auf zwei Kunststangen. Trebra rät zur Begrenzung des Raddurchmessers auf 11,4 m. Herzer hatte 12,5 m vorgeschlagen. Räder dieses Durchmessers gerieten – so Trebra – leicht ins Wanken (ebd., Bl. 17).

Zur Aufnahme des Kunstrades wird oberhalb des Martinrodaer Stollens auf der Westseite des Schachtes eine Radstube ausgebrochen. Ihre Abmessungen sind 12,9 x 12,9 x 0,9 m. Als Antriebswasser soll das von dem übertägigen Kehrrad ablaufende Wasser genutzt werden, das in hölzernen Röhren im Schacht heruntergeführt werden und auf dem Stollen ablaufen soll.

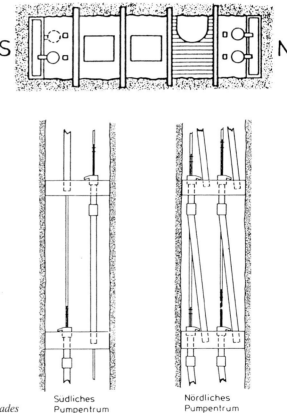

Bild 44: Kunstsätze im Schacht ‚Neuer Johannes' nach Einbau des ersten Kunstrades   Südliches Pumpentrum   Nördliches Pumpentrum

Im südlichen Pumpentrum werden die abwechselnd an den beiden Stangen angeschlagenen Sätze des Interimsgezeugs beibehalten. Die beiden Kunststangen des nördlichen Pumpentrums werden durchgehend mit Sätzen belegt. Zu dem einen Satz des Interimsgezeugs mit einem Zylinderdurchmesser von 19 cm im südlichen Trum treten somit im nördlichen Trum ein Satz mit 26 cm und ein weiterer mit 29 cm

(B 16072 m, Bl. 65; LA I 1, 197; hier: Bild 44). [128] Bei 6 Umdrehungen je Minute wird das Rad 750 l/min fördern, fünfmal soviel wie das einfach belegte Interimsgezeug bei gleicher Drehzahl.

Radstube und Örter für Pleuel und Kreuze erfordern einen Ausbruch von rund 800 m³. Die Arbeit nimmt sieben Monate in Anspruch. In dieser Zeit werden das Rad gefertigt und die Wassereinfallröhren gebohrt. Am 11. 8. 1788 wird das Rad angeschützt. C. G. Voigt befährt den Schacht einen Tag später und findet die Einrichtungen „so simpel als zweckmäßig" (B 16254, Bl. 37 f.).

Wie die Zulaufmenge in der Phase des Anstiegs zurückgegangen war, so steigt sie jetzt mit sinkendem Wasserspiegel wieder an. Da zudem die geförderte Wassermenge mit größer werdender Förderhöhe sinkt, geht das weitere Gewältigen immer langsamer vonstatten. Am 7. November bricht ein Krummzapfen. Das Wasser, dessen Spiegel 57 m unter dem Stollen steht, steigt wieder an. Die Reparatur dauert drei Wochen. Am 6. Dezember meldet das Bergbauamt, das Wasser sei mit einem Rad nicht zu gewältigen (B 16350/191, Bl. 4 f.). Da nun strenger Frost eintritt, der Graben zufriert und die Aufschlagwasser ausbleiben, werden die Arbeiten eingestellt. Sie sollen erst nach der Ankunft von zwei Kunststeigern, die von Kursachsen angefordert wurden, wieder aufgenommen werden.

Ein Teil der Bergleute wird zu Reparaturarbeiten eingesetzt. Ein anderer Teil wird abgelegt, erhält aber vorschußweise den halben Lohn. C. G. Voigt schreibt dem Geschworenen am 26. 1. 1789: „Ich danke Ihnen für Ihre Nachrichten von der Betriebsamkeit in unserm schlafenden Schacht" (ebd., Bl. 7).

Die Ankunft der sächsischen Steiger David Süß und Johann Gottfried Schreiber verzögert sich. Erst am 12. 10. 1789 setzen sie die Gewältigung mit dem vorhandenen Rad wieder in Gang. Sie kommen 67 m tief, zwar 10 m tiefer als man vor einem Jahr gekommen war, aber auch nicht tiefer. Der Versuch, im südlichen Pumpentrum neben den Satz des Interimsgezeugs noch einen weiteren, stärkeren Satz zu stellen, führt nicht weiter. Am 12. Dezember wird das Pumpen wieder eingestellt. Der Wasserzulauf ist mit einem Rad nicht zu beherrschen (B 16258, Bl. 102).

Jetzt wartet man auf den sächsischen Gutachter. Der Geschworene Baldauf trifft am 18. 2. 1790 ein. Am gleichen Tag begeben sich auch Goethe und Voigt nach Ilmenau. Nach eingehender Besichtigung aller Einrichtungen urteilt Baldauf sehr positiv. Er erhält den Auftrag, den Schacht genau aufzunehmen und einen Riß für ein zweites Kunstrad anzufertigen. Die Kommission bleibt in Ilmenau, bis der Riß vorliegt (B 16258, Bl. 117).

---

[128] Der Begriff „Satz" wurde – und wird in dieser Arbeit – in zweierlei Bedeutung verwandt. Einmal ist darunter der einzelne Pumpensatz von rund 10 m Höhe zu verstehen. Aber auch eine Folge einzelner Pumpensätze, die von der untersten Ansaug- bis zur obersten Ausgußstelle übereinander stehen, wurde so bezeichnet, und zwar unabhängig davon, ob diese Sätze an einer oder abwechselnd an den beiden Stangen eines Kunstzeuges angeschlagen sind. Für die angezogene Stelle gilt die zweite Bedeutung.

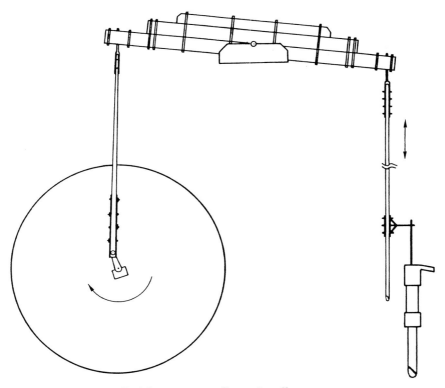

Bild 45: Balancier zur Kraftübertragung vom Kunstrad zur Kunststange

Baldauf schlägt ein Rad mit 12 m Durchmesser vor, das oberhalb des ersten und diesem gegenüber auf der östlichen Schachtseite in einer 15 m hohen Radstube eingebaut werden soll. Das von über Tage heruntergeführte Antriebswasser wird zuerst auf das neue Rad und nach dem Abfall von diesem auf das alte Rad geleitet werden. Beide Räder – und zwar das neue von vornherein und das alte nach entsprechender Änderung – sollen ihre Drehbewegung nicht mehr über horizontale Pleuel und Kunstkreuze, sondern über vertikale Pleuel und Balanciers übertragen (ebd., Bl. 128; hier: Bild 45). Die vier Kunststangen, die bisher an dem ersten Rad hingen, werden auf beide Räder aufgeteilt.

Baldauf macht nebenher noch einen interessanten Vorschlag (B 16258, Bl. 122f.): Da das Gebirgswasser unter Druck aus einer röhrenförmigen Öffnung austrete, könne dort ein Rohr eingesetzt werden. Wenn das Rohr zum Gebirge hin sorgfältig verdämmt und bis zum Martinrodaer Stollen verlängert werde, müsse das Wasser in dem Rohr ansteigen und schließlich auf dem Stollen ablaufen. Die Ausführung scheiterte daran, daß geeignete Materialien, mit denen der hydrostatische Druck im

Bereich der Verdämmung und in dem unteren Rohrabschnitt beherrscht werden konnte, nicht zur Verfügung standen.

Die beiden Räder werden am 17. 9. 1790 in Gang gesetzt (B 15258, Bl. 233; B 16263, Bl. 210'; J. Voigt, 205 f.). Das Pumpen geht anfangs reibungslos vonstatten. Nach dem Wältigen eines Satzes wird ein Schram auf der Längsseite des Schachtes angelegt, um einen Wasserausgleich zwischen südlichem und nördlichem Pumpentrum zu ermöglichen. Mehrmals wird die Hoffnung ausgesprochen, das Flöz bis Weihnachten erreichen zu können.

Bei einem Wasserstand von 70 m unterhalb des Stollens stellen sich Ende Oktober 1790 erste Schwierigkeiten ein. Das neue Rad beginnt, sich infolge der nach oben gerichteten Zugkraft der Pleuel aus dem Lager auszuheben. Neueinrichten der Welle und ihr Verkeilen nehmen jedes Mal Stunden in Anspruch; Stunden, in denen das Pumpen ruht und das Wasser ansteigt. Andere Maschinenschäden, die ebenfalls mit Stillständen der Gewältigung verbunden sind, kommen hinzu. Das Tagebuch des inzwischen zum Bergrat ernannten J. C. W. Voigt zeichnet den Leidensweg gewissenhaft nach (B 16263, Bl. 233–291). Es treten Schäden an den Pleueln und den Balanciers auf, hölzerne Kunststangen und eiserne Kolbenstangen brechen, ein Krummzapfen löst sich, eine Wassereinfallröhre reißt. Schon beim Auswechseln verschlissener Lederscheiben auf den Pumpenkolben steigt das Wasser regelmäßig an.

Trebra, um Rat gebeten, schlägt Ende Dezember vor, den Martinrodaer Stollen zum alten Werk hin aufzuwältigen. Wenn das dort oberhalb des Stollens stehende Wasser abgezapft werde, verminderten sich Druck und Zulaufmenge des im ‚Johannes‘ austretenden Wassers. C. G. Voigt versieht die Briefstelle mit der Randbemerkung: ,,Nein! Nicht im Plan!'' (ebd., Bl. 250'). J. C. W. Voigt bemerkt noch dazu, daß das Aufwältigen des Stollens Wetterprobleme mit sich brächte, die nur durch das gleichzeitige Aufwältigen des Nassen Ortes beherrscht werden könnten.

Am 13. 1. 1791 schreibt J. C. W. Voigt, es bestehe keine Hoffnung, den 13. Satz zu wältigen und den 14. anzuhängen. Nicht der Wasser, der Maschinenschäden wegen komme man nicht vom Fleck (ebd., Bl. 263). Es werde dringend der erneute Rat Baldaufs benötigt: ,,Er würde gut erfinden und Süß gut ausführen''. Da Baldauf eine schriftliche Anfrage des Bergrats nicht beantwortet hat, schlägt dieser vor, selbst nach Schneeberg zu reisen und Baldauf dort aufzusuchen. J. C. W. Voigt und dessen Begleiter, Kunststeiger Süß, werden in Weimar am 24. Januar von Goethe und C. G. Voigt mündlich instruiert und treten am Tag darauf die Reise an. Die beiden treffen Baldauf in Schneeberg nicht an und müssen ihm nach Freiberg nachreisen. Dort werden sie auch von Berghauptmann C. W. B. von Heynitz und A. G. Werner empfangen, die beide großes Interesse an dem Ilmenauer Geschehen zeigen und Ratschläge erteilen (ebd., Bl. 278 ff.).

Baldauf hält es zwar für möglich, nach Anbringung von Verbesserungen an den beiden vorhandenen Maschinen das Flöz zu erreichen. Allerdings werde man sich dort nicht dauerhaft halten, geschweige denn den Abbau eröffnen können.[129] Die Abführung der Standwasser über dem Martinrodaer Stollen vermindere den Wasserdruck an der Zulaufstelle und sei deshalb zu empfehlen. Trotzdem bleibe die Notwendigkeit, noch eine weitere, große Maschine zum Einsatz zu bringen. Die Schachtscheibe war aber voll besetzt, weitere Pumpensätze darin nicht mehr unterzubringen. Wie war hier Abhilfe zu schaffen?

Baldaufs erster Vorschlag zielt darauf, den Schacht auf beiden Schmalseiten so zu verlängern, daß, ohne die vorhandenen Künste zu verändern, in den beiden neuen Trumen je eine Kunststange mit Pumpensätzen untergebracht werden kann. Der Vorschlag wird verworfen, weil die Erweiterung des Schachtes während des Betriebs der Künste nicht möglich erscheint.

Als nächstes wird erörtert, von der oberen Radstube an neben dem vorhandenen Schacht einen zweiten Schacht zu teufen. Er hätte weitere Pumpenkünste aufnehmen können. Nichts kennzeichnet die verzweifelte Lage, in der sich das Bergwerk befand, besser als dieser Gedanke. Seine Ausführung hätte nicht viel weniger gekostet, als ursprünglich für den Schacht ‚Neuer Johannes' vorgesehen war und sie hätte die Inbetriebnahme des Bergwerks um mehrere Jahre verzögert.

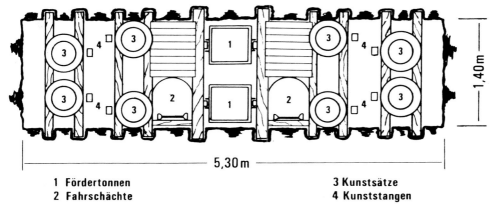

1 **Fördertonnen**   3 **Kunstsätze**
2 **Fahrschächte**   4 **Kunststangen**

Bild 46: Neue Schachtscheibe

Die zündende Idee wird erst im dritten Anlauf geboren. Bisher stand jeder der beiden Fördertonnen ein eigenes Trum zur Verfügung. Wenn sich beide Tonnen in einem Trum unterbringen ließen, konnte ausreichend Platz für die Unterbringung weiterer Pumpengestänge gewonnen werden. Dazu war eine grundlegende Neuein-

---

[129] Den folgenden Ausführungen ist der Bericht J. C. W. Voigts über die Reise nach Schneeberg/ Freiberg vom 9. 2. 1791 zugrundegelegt (B 16258, Bl. 284–291).

teilung der Schachtscheibe erforderlich (Bild 46). Für die beiden Fördertonnen wird das mittlere Trum vorgesehen. Zu seinen beiden Seiten liegt je ein Fahrschacht. An sie schließen sich die beiden neuen Pumpentrume an. Ganz außen bleiben die beiden alten Pumpentrume unverändert.

Die Schachtscheibe gestattet, neben den beiden vorhandenen Kunsträdern mit je zwei Kunststangen zwei weitere Kunsträder ebenfalls mit je zwei Stangen einzubauen. Das Bergwerk schien gerettet. Drei Jahrzehnte später schildert J. C. W. Voigt die Situation (1821, 61): „Diese Idee wurde sogleich gezeichnet und vollkommen ausführbar befunden. Wir sprangen auf und umarmten uns vor Freude über den glücklichen Gedanken, dem die Einfachheit gar nichts von seinem großen Werthe benimmt".

Ein besonderes Problem stellte die Führung der Fördertonnen dar. Bisher waren sie mit Hilfe von Spurnägeln geführt worden, die zwischen Spurlatten glitten (Bild 47 oben). Diese Art der Führung war ursprünglich für Förderwagen in söhligen Strecken entwickelt worden und hatte dort auch ihr eigentliches Einsatzfeld. Von hier war sie auf die Führung von Fördertonnen in tonnlägigen Schächten übertragen worden, wo sie sich durchaus bewährt hatte.

Die Führung der Tonnen mit Hilfe von Spurnägeln in Seigerschächten ließ jedoch beträchtliche Seitenbewegungen der Tonnen zu. Das konnte hingenommen werden, solange die Fördertonnen in geräumigen Trumen umgingen, die zudem durch Einstriche voneinander getrennt waren. Beides war bei der neuen Schachtscheibe nicht mehr gegeben. Baldauf entwickelte eine neue Führung, die den Fördertonnen erheblich weniger Spiel ließ (Bild 47 unten). Sie war zudem bedeutend einfacher. Bergrat Voigt verweist in seinem Bericht an die Kommission (B 16258, Bl. 284–289) auf Zeichnungen, die das Wesentliche des Baldaufschen Entwurfs deutlich zeigen und schließt mit dem Zusatz: „⟨...⟩ nur muß ich anführen, daß der Gang der Tonnen eine ganz neue, erst beim Zeichnen entstandene Idee ist, die auch in anderen Fällen Nachahmung finden wird".

Ein prophetisches Wort! Handelte es sich doch um Erfindung und ersten Einsatz von Spurschuhen zur Führung von Förderkörben. Mit der größten Selbstverständlichkeit begegnen wir heute – 200 Jahre später – dieser Erfindung in allen Schächten, in denen die Körbe nicht gerade an Seilen geführt werden. Auch die Rollenführung kommt ja nicht ohne Spurschuhe aus. Vielleicht erinnern sich Bergleute künftig ein wenig der großen Not des Ilmenauer Bergwerks, die den Anstoß zu dieser großen Erfindung gegeben hat, und des Mannes, dem sie zu verdanken ist.

Die neue Anordnung der Fördertonnen in der Schachtscheibe zwingt zu einer Änderung der Seilführung im Treibhaus. Dazu müssen die beiden vorhandenen, nebeneinander angeordneten Ablenkscheiben entfernt und durch zwei Paar überein-

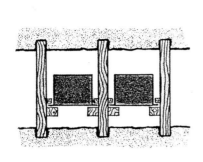

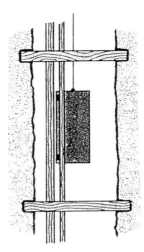

Fördertonnen mit Spurnägeln

Fördertonnen mit Spurschuhen

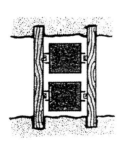

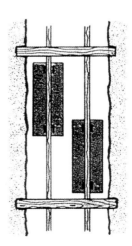

*Bild 47: Führung von Fördertonnen mit
Spurnägeln (oben) und mit Spurschuhen (unten).*

ander angeordnete Scheiben ersetzt werden (Bild 48). Die Scheiben ähneln Wagen-
rädern und werden auch von einem Wagner gefertigt (B 16350/208, Bl. 17).

Einstweilen versucht man, mit den vorhandenen Rädern doch noch weiterzukommen. Der Ilmenauer Geschworene hatte am 29. 1. 1791 eine Rechnung über den
Wasserzulauf vorgelegt (B 16263, Bl. 269). Damals war 24 Stunden lang gepumpt
und dabei der Wasserspiegel, der 110 m unter dem Stollen gestanden hatte, nur um

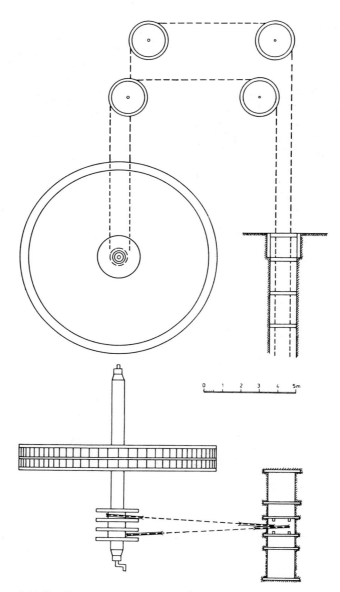

Bild 48: Neue Führung der Förderseile

60 cm abgesenkt worden. Es hatte sich gezeigt, daß in dieser Tiefe die Pumpenstangen der durchgehenden Belegung mit Pumpensätzen nicht mehr gewachsen waren. Häufige Stangenbrüche waren die Folge gewesen. Deswegen war jeder zweite Satz entfernt worden. Damit wurde zwar ein weitgehend störungsfreier Betrieb möglich, eine weitere Absenkung des Wasserspiegels konnte aber nicht erreicht werden; der Zulauf hatte 600 l/min betragen.[130]

In Freiberg hatte Berghauptmann Benno von Heynitz empfohlen, das Kehrrad mit den Fördertonnen zur Unterstützung der beiden Pumpenkünste einzusetzen (ebd., Bl. 280). Das wird nach der Rückkehr des Bergrats sofort ins Werk gesetzt. Es gelingt tatsächlich, bis zu einer Gesamtteufe von 225 m und damit bis kurz über die Schachtsohle zu kommen. Dort kann das Wasser gehalten, nicht aber weiter abgesenkt werden. 14 Tage wird noch weitergepumpt – ohne Erfolg. Am 1. 3. 1791 werden die Kunsträder abgeschützt.

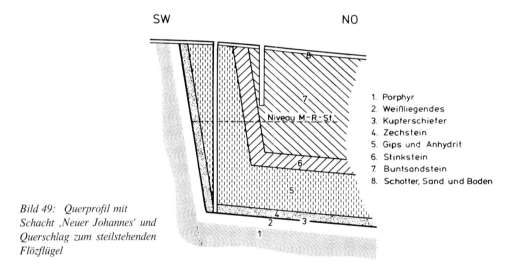

1. Porphyr
2. Weißliegendes
3. Kupferschiefer
4. Zechstein
5. Gips und Anhydrit
6. Stinkstein
7. Buntsandstein
8. Schotter, Sand und Boden

Bild 49: Querprofil mit Schacht ‚Neuer Johannes' und Querschlag zum steilstehenden Flözflügel

Auf den 6. 6. 1791 wird ein Gewerkentag nach Ilmenau einberufen. Dort soll über weitere Maßnahmen beraten werden. Zum gleichen Termin wird eine Zubuße in Höhe von 6 Rtlr ausgeschrieben. Trebra, der ständige Ratgeber der Kommission, von Goethe in einem nicht erhalten gebliebenen Briefe eingeladen, entfaltet im

---

[130] Während der Beobachtungszeit gossen 2 Sätze gleichzeitig aus, und zwar einer mit einem Zylinderdurchmesser von 26 cm, der andere mit einem solchen von 29 cm. Die 4 Stangen waren somit nicht mehr durchgehend, sondern nur noch zur Hälfte mit Kunstsätzen belegt. So beschreibt es auch der Fahr- und Grubenbericht für das Quartal Luciä 1790 (B 16258, Bl. 269). Das untere Kunstrad drehte fünfmal, das neue sechsmal je Minute. Der Hub betrug 75 cm.

Vorfeld der Zusammenkunft eine rege briefliche Aktivität.[131] Ihm schwebt vor, von dem Bau weiterer Kunstzeuge zunächst abzusehen. Statt dessen will er etwa 30 m über der Schachtsohle, in einer Teufe, in der das Wasser mit den beiden vorhandenen Zeugen noch sicher beherrscht werden kann, mit einem Querschlag das aufsteigende Flöz erreichen (Bild 49). Dort könne sich die Gewerkschaft durch Einrichtung von Firstenbauen frühzeitig Einnahmen verschaffen, mit denen sie den weiteren Ausbau finanzieren könne.

Früher oder später – so folgert Trebra weiter – treffe man in dieser Teufe neue Wasserzuläufe an. Das austretende Wasser könne in dem höheren Niveau gefaßt und mit einer der beiden Künste gehoben werden. Es mindere den Zufluß auf der Schachtsohle, die dann wahrscheinlich mit der anderen Kunst erreicht werden könne.

Goethe hat sich in einem nicht erhaltenen Brief an Trebra zustimmend zu dessen Vorstellungen geäußert. Davon kündet Trebras Antwort, die Goethe am 2. 5. 1791 zu den Akten gegeben hat: „Schon Freude gnug für mich, daß meine Speculationen und respectiven Vorschläge für den dasigen Bergbau nach dem Kupferflötz, Ihren Beyfall erhalten haben. Laßen Sie diesen angepriesenen Queerschlag nur ausführen, und Sie sollen sehen, daß er viel Gutes hervor bringt" (B 16263, Bl. 108–109'; zit. nach Hermann, 67f.). Seinem alten Freund C. G. Voigt teilt Trebra am 2. Mai mit, daß es mit seinem Vorschlag wohl gut gehen werde, denn „unser braver Herr Geheimrat v. Goethe" habe ihm geantwortet, daß er seinen Vorschlag goutiere und daß er selbst glaube, es werde nichts besseres zu machen sein, als einen Querschlag nach dem aufsteigenden Flöz zu treiben (GSA 06/2555).

Ganz anderer Meinung sind die preußischen Gewerken. Schon nach dem ersten Wassereinbruch im Jahre 1787 hatte Graf Reden, Direktor der preußischen Bergwerke in Schlesien, darauf hingewiesen, daß es starker Maschinen bedürfe, um die Zuflüsse beherrschen und zugleich abteufen zu können. Bis die alten Baue und die vollgesogenen Klüfte des Gebirges abgetrocknet seien, könnten Jahre vergehen (B 16249, Bl. 225–227').

Nun meldet sich Friedrich Philipp Rosenstiel, Oberbergrat in der Berg- und Hüttenadministration zu Berlin, enger Mitarbeiter des preußischen Oberberghauptmanns Friedrich Anton von Heynitz und namhafter Ilmenauer Gewerke, mit einem

---

[131] Im Thüringischen Hauptstaatsarchiv Weimar sind zwei an Goethe gerichtete Briefe Trebras (29.3. u. Anfang Mai 1791) überliefert (B 16263, Bl. 75f. u. 108f.; Herrmann 1955, 64–66 u. 67f.). Im Goethe- und Schiller-Archiv wurde ein Brief Trebras vom 2. 5. 1791 gefunden, der an C. G. Voigt gerichtet ist (06/2555). Da er sich auf eine nicht erhaltene Antwort Goethes bezieht, kommt ihm erhöhte Bedeutung zu. Außerdem liegt an gleicher Stelle ein undatiertes Pro Memoria Trebras, das eindeutig in diesen Zusammenhang gehört. – Alle Schriftstücke variieren das Thema, wie der Fortgang des Betriebes sichergestellt werden könne, ohne die Gewerkschaft durch Zubußen in Anspruch zu nehmen. Das Pro Memoria stellt den Vorschlägen die bezeichnende Einleitung voraus: „Wenn der Ilmenauer Bergbau ganz mein Eigenthum wäre, und ich nur bey einer sehr eingeschränkten Kasse ⟨...⟩". Im Text wurde der Inhalt der Schriftstücke so weit wie angängig zusammengezogen.

Pro Memoria zu Wort (B 16263, Bl. 85f.). Er ist mit dem bisherigen Fortgang der Arbeiten unzufrieden und plädiert dafür, die stärksten Mittel zur Wassergewältigung einzusetzen, um so schnell wie möglich das flachgelagerte Flöz zu erreichen. Solange nicht mit dem jetzigen Schacht die Bauwürdigkeit des Flözes festgestellt worden sei, brächten die Berliner Gewerken weder Geld noch Geduld für andere Maßnahmen auf.

In jedem Falle müsse Baldauf den Auftrag zur Ausführung des dritten Kunstrades erhalten. Ob es ausreiche, könne von Berlin aus nicht beurteilt werden. Stelle sich später heraus, daß doch ein viertes Rad eingebaut werden müsse, so seien Zeit und Kosten verschwendet. Die Berliner Gewerken wollten sich auf dem Gewerkentag davon überzeugen, daß mit den zu treffenden Maßnahmen das flach gelagerte Flöz erreicht werden könne. Sie seien bereit, die ausgeschriebene Zubuße und notfalls auch noch eine weitere in gleicher Höhe zu bezahlen. Rosenstiel droht sogar damit, sich von dem Unternehmen zurückzuziehen, wenn der Gewerkentag entsprechende Beschlüsse nicht fasse.

Mit einem Besitz von etwa 130 Kuxen waren die Berliner Gewerken stärkste geschlossen auftretende Gruppe. Ihr mußte auf dem Gewerkentag die Meinungsführerschaft zufallen. Trebra nimmt aus gesundheitlichen Gründen nicht teil. Er wäre mit einem Besitz von nur vier Kuxen hoffnungslos unterlegen gewesen. Seine Gedanken waren indessen keineswegs so unterlegen. Ein sachlicher Meinungsaustausch auf dem Gewerkentag wäre im Gegenteil höchst wichtig gewesen. Beide Auffassungen lassen sich auch heute noch mit guten Argumenten vertreten. Wie die Dinge lagen, wäre jedoch ein einstimmiger Beschluß der Gewerken nicht zu erreichen gewesen. So konnte sich der Berliner Standpunkt mühelos durchsetzen. Der Geschworene Schreiber hatte sich zuvor ebenfalls im Sinne der Berliner Vorstellungen geäußert (B 16263, Bl. 90). Und da die Ausführung der Trebraschen Gedanken in jedem Fall eine Abweichung von dem ursprünglichen Aufschlußplan dargestellt hätte, wird es auch Goethe leichtgefallen sein, den dringenden Empfehlungen seines Freundes, denen er ursprünglich ja zugeneigt hatte, nicht zu folgen. So konnte er in seiner Eröffnungsrede in voller Überzeugung an die Gewerken appellieren, die Beschlüsse nicht durch Mehrheit der Stimmen, sondern einmütig zu fassen (LA I 1, 212).

C. A. Gerhard, dessen Ehefrau Eigentümerin von zehn Kuxen war, hatte noch kurz vor dem Gewerkentag Zweifel geäußert, ob das Ilmwasser für den gleichzeitigen Antrieb von fünf Rädern auf dem Schacht und von weiteren Rädern des späteren Hüttenbetriebes ausreichen werde (B 16265, Bl. 110f.). Oberbergrat C. F. Bückling, Erbauer der ersten Dampfmaschine Wattscher Bauart in Deutschland,[132] habe sich erboten, eine ähnliche Maschine in Ilmenau zu erbauen und zu

---

[132] 1785 kam im preußischen Hettstedt, Bergamtsrevier Rotenburg/Saale, die erste Dampfmaschine Wattscher Bauart zum Einsatz (Wagenbreth 1986, 98ff.).

betreiben. Die Kommission antwortet, daß die Maschinen des Johannes-Schachtes hintereinandergeschaltet seien und das gleiche Wasser, das jetzt übertägiges Kehrrad und beide vorhandenen Kunsträder antreibe, künftig auch die beiden weiteren Räder antreiben werde. Eine Erhöhung des Wasserbedarfes werde nicht eintreten. Die Ilm führe auch genügend Wasser, um später neben den Rädern des Schachtes auch die Räder der Hütte zu versorgen (B 16265, Bl. 129).

Der kleine Vorgang ist von besonderer technikgeschichtlicher Bedeutung. Ihm kann entnommen werden, daß Dampfmaschinen wasserbetriebenen Anlagen wirtschaftlich noch keineswegs gewachsen waren. Ihren Platz hatten sie zu diesem Zeitpunkt offensichtlich nur dort, wo Aufschlagwasser in ausreichender Menge nicht zur Verfügung stand.

Nach dem Gewerkentag und der anschließenden herzoglichen Befahrung läßt man das Wasser wieder ansteigen. Die Kommission weist das Bergbauamt am 14. Juni an, die beiden Räder zu bauen, die Radstuben auszubrechen, Treibrad und Seilscheiben der neuen Seilführung anzupassen und die Risse Baldaufs allenthalben zur Richtschnur zu nehmen (B 16350/183, Bl. 72 f.). Baldauf hatte vorgeschlagen, die Räder jeweils abwechselnd einander gegenüber auf den Breitseiten des Schachtes anzuordnen. Auch die neuen Räder erhalten liegende Balanciers (Bild 50). Der Grundriß des Bildes zeigt 1. und 2. Rad von oben, die aus Darstellungsgründen in eine Ebene gerückt wurden.

Ende März des Jahres 1792 sind die Künste zum Anschützen bereit. Die Zylinderdurchmesser betragen einheitlich 29 cm. Man beginnt mit einer Kunst und schaltet, der Absenkung des Wasserspiegels folgend, zwei weitere hinzu. Die vier Künste tragen je eine Reihe von Sätzen, die abwechselnd an den beiden zugehörigen Stangen angeschlagen sind (B 16350/210, Bl. 5). Die Räder drehen etwa sechsmal je Minute und heben dabei rund 1200 Liter. Fünfzehnmal stehen jeweils vier Sätze übereinander. Auf der nördlichen und südlichen Schmalseite des Schachtes wurden je 14 Wasserkästen eingebaut, in die die Sätze der darunter stehenden Gruppen ausgießen und aus denen die Sätze der darüber stehenden Gruppen ansaugen. Der Pumpbetrieb verlief ohne wesentliche Störungen.

Nicht so der Förderbetrieb! Das „Schnäppen" der Seile auf der Treibwelle hatte nicht aufgehört. Auch setzte sich die jeweils abwärtsgehende, leere Tonne gelegentlich mit ihren Führungsschuhen an den Leitbäumen fest. Am 16. 5. 1792 ereignete sich auf diese Weise ein weiterer schwerer Unfall. Das nachlaufende Förderseil hatte sich auf die festsitzende Tonne gelegt. Unterhalb der Tonne arbeitete ein Zeugarbeiter, der von ihr erfaßt wurde, als sie unter dem zusätzlichen Gewicht des Seils plötzlich wieder frei wurde und herabstürzte. Der Zustand des Zeugarbeiters war so ernst, daß der Bergrat schrieb, an seinem Aufkommen werde gezweifelt (B 16268, Bl. 282). Weitere Informationen über den Vorfall enthalten die Akten nicht.

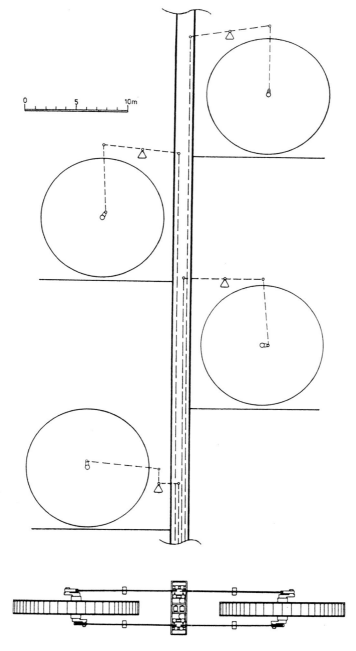

*Bild 50: Anordnung der vier Kunsträder im Schacht ‚Neuer Johannes'
(oben Aufriß, unten Grundriß des 1. und 2. Rades)*

Am 28. 6. 1792 wird die Schachtsohle erreicht (ebd., Bl. 28). Das Wasser trat aus einer röhrenförmigen Öffnung in der Grenzschicht zwischen Gips und Zechsteinkalk an der nördlichen Schmalseite des Schachtes aus. J. C. W. Voigt hat das Titelblatt seines 1821 erschienenen Buches mit einem Kupferstich geschmückt, der die angetroffenen Wasserwege wiedergibt. Das Wasser wurde an der Zutrittsstelle gefaßt und von drei Künsten gehoben. Die vierte Kunst wurde in einen kleinen Sumpf gerichtet, wo sie das im Schacht herabstürzende Wasser erfaßte.

Von dem Punkt, an dem die Schachtsohle im Dezember 1787 verlassen werden mußte, waren bis zum Erreichen des Schieferflözes noch ganze vier Meter zu teufen gewesen. Fast fünf Jahre mußten vergehen, ehe am Morgen des 3. 9. 1793, dem Geburtstag des Herzogs, das Flöz in einer Teufe von 240 m angehauen wurde. Bergrat Voigt trieb die Hauer an, noch an diesem Tage die erste Tonne mit Kupferschiefer zu Tage zu treiben. Blumengeschmückt und illuminiert, wurde sie abends um 6 Uhr von einer großen Menschenmenge, die sich auf der Schachthalde versammelt hatte, in einem wahren Freudentaumel begrüßt (B 16268, Bl. 61 f.).

2.3 Teiche und Gräben

Der größte Feind der Ilmenauer Bergleute war das Grubenwasser. Es lief den Grubenbauen über Klüfte und Spalten des Gebirges und über verlassene, alte Baue zu. Wie in den übrigen Bergbaurevieren mußten auch in Ilmenau Maßnahmen zur Wasserhaltung getroffen werden, wenn die Gruben nicht mehr auf natürliche Weise entwässerten.

Zunächst behalf man sich mit Handpumpen. Von Pumpenknechten bedient, waren sie den bekannten Schwengelpumpen nicht unähnlich. Die Hubhöhe einer solchen Pumpe beträgt rund 10 m. Mehrere von ihnen konnten übereinander angeordnet werden, so daß es möglich war, geringere Wassermengen aus Teufen zu heben, die 30 und mehr Meter betragen haben. Der nächste Schritt war der Bau von Entwässerungsstollen. Sie wurden von tiefer gelegenen Stellen benachbarter Täler den Gruben entgegengetrieben. Das Grubenwasser wurde ihnen zugeleitet und floß bei ganz geringer Neigung der Stollen auf natürliche Weise ab. Sank der Abbau unter das Niveau des tiefsten Stollens, und war die Auffahrung eines tieferen Stollens mit angemessenem Aufwand nicht möglich, so kamen zunächst wieder Handpumpen, mit weiter zunehmender Teufe aber Pumpenkünste zum Einsatz. Die bevorzugte Antriebsenergie hierfür war Wasser. Kunsträder zum Antrieb der Pumpen waren infolgedessen auf allen tieferen Schächten anzutreffen. Dort trieb Wasser zumeist auch die Kehrräder zum Herausfördern des Rohhaufwerks an.

Die erste Dampfmaschine kam in Deutschland zwar schon 1785 (im preußischen Hettstedt) zum Einsatz. Dampfmaschinen blieben aber Wasserkünsten bis in die

Mitte des 19. Jahrhunderts unterlegen und wurden bis dahin nur dort eingesetzt, wo Aufschlagwasser in ausreichender Menge nicht zur Verfügung stand.

Die topographische Lage der meisten Bergwerke hatte es mit sich gebracht, daß ihnen das Aufschlagwasser in künstlich angelegten Gräben zugeführt werden mußte. Diese schnitten natürliche Wasserläufe in geeigneten Höhenlagen an und verliefen mit ganz geringer Neigung annähernd höhengleich. Um Wasser auch in längeren Trockenzeiten verfügbar zu halten, wurden Stauteiche angelegt. Das in Zeiten reichlicher Niederschläge gespeicherte Wasser half, Trockenzeiten zu überbrücken. Auf diese Weise sind in den großen Bergbaurevieren kunstvolle Systeme aus Teichen und Gräben entstanden, die eine rationelle Nutzung der kostbaren Energie ‚Wasser' sicherstellten (siehe z. B.: M. Schmidt, 1989). Trotzdem kam es auch dort immer wieder zu Betriebsstillständen wegen Wassermangel. Es klingt paradox, aber es war Realität: Wenn es lange Zeit nicht geregnet hatte, ersoffen die Gruben.

Der Kupferschieferbergbau in Ilmenau hat in seiner langen Geschichte alle Stufen dieser Entwicklung durchlaufen. Die Stadien der Handpumpen und Entwässerungsstollen können hier übergangen werden. Darzustellen ist dagegen das System von Gräben und Teichen, das die alte Gewerkschaft angelegt hatte, mit seinen rechtlichen Grundlagen, seinem Einzugsgebiet, seinen Funktionen und seinem Erhaltungszustand. [133]

Das Recht der Nutzung des Wassers zu Antriebszwecken, das Fischereirecht und das Recht zum Flößen von Stammholz, kurz das Wasserregal, gehörte, wie das Bergregal, zu den landesherrlichen Vorrechten. Wollten Dritte es ausüben, so bedurfte es ähnlicher Verleihungen durch den Landesherrn wie das Recht, Bergbau zu betreiben.

Nun war im Bereich des Oberlaufs der Ilm die territoriale Zersplitterung groß. Das benötigte Wasser durchfloß oder berührte zwei andere Herrschaftsbereiche – Kursachsen und Sachsen-Gotha –, ehe es ganz auf weimarisches Territorium übertrat. Für die Verleihung von Wasserrechten waren daher drei Landesherren zuständig. Da das Interesse der Fürsten an Einkünften aus dem Bergbau größer war als an Einkünften aus der Wassernutzung, bereiteten sie, wenn es um Bestätigung alter oder Erteilung neuer Wasserrechte ging, zwar keine grundsätzlichen Schwierigkeiten. Die Antragsteller waren aber auf ihr Wohlwollen angewiesen und mußten sich unterschiedlichem Recht und dem jeweils geübten bürokratischen Procedere anpassen. Für die Leitung des Bergwerks und ganz besonders für die Bergwerkskommission, die Herzog Carl August im Jahre 1777 eingesetzt hatte, ergab sich hieraus

---

[133] Siehe zu diesem Kapitel Anlage 1. Die Anlage basiert auf der Schreiberschen Bergwerkskarte von 1776, die der ‚Nachricht' vom 28. 8. 1783 beigefügt war. Gegenüber der Schreiberschen Karte ist Anlage 1 nach Südwesten erweitert, um die Zuflüsse im Oberlauf der Ilm, einschließlich des Stützerbacher Teiches, abbilden zu können; außerdem ist der obere Berggraben in seinem ursprünglichen Verlauf bis zu den Pfaffenteichen des Rodaer Bergwerks dargestellt.

eine Fülle von Problemen, die nur in mühevoller Kleinarbeit bewältigt werden konnten.

In der Urkunde vom 18. 8. 1684, die über die Verleihung des Sturmheider Gruben-feldes[134] ausgefertigt wurde, ist bestimmt, daß der Muter Georg Christoph von Utterodt neben dem Feld und dem zugehörigen Erbstollen auch „Wasser-Fällen und Teichen ⟨...⟩ hinführo zu Lehn tragen, und auff alle begebende Fälle die Lehn gewönlicher Maaßen suchen" soll.

Zu diesem Zeitpunkt waren bereits verliehen Hüttengraben, Zollteich und Mane-bacher Teich. Der nur 750 m lange Hüttengraben, der seit dem Ende des 16. Jahr-hunderts im Dienst des Bergwerks stand, führte Ilmwasser zu den Wasserrädern der Rohhütte und von dort zu den Pumpenkünsten, die unterhalb des Schachtes ‚Gottes Gabe' in vier Gefällen angeordnet waren.[135] Zollteich und Manebacher Teich, ober-halb Manebachs im Ilmbett angelegt, dienten als Stauteiche.

Für alle künftig anzulegenden Gefälle und Teiche mußte die Verleihung nach den bestehenden Bestimmungen beantragt werden. Die nach 1684 vorgenommenen Verleihungen brauchen hier nicht einzeln nachgewiesen zu werden. Es genügt, die gemeinsamen Merkmale herauszuarbeiten.

Bei Gräben waren Entnahmemenge und Gefälle wesentlicher Inhalt der Verlei-hung. – Einheit für die Entnahmemenge war „1 Rad Wasser". Man verstand darunter diejenige Wassermenge, die für den Antrieb eines Rades benötigt wurde (nach Schmidt 1989, 39: 3–5 m³/min). So führte der mittlere Berggraben bis 1740 „3 Rad Wasser", d. h. mit seinem Wasser konnten drei Räder in der gleichen Gefällestufe angetrieben werden. – Das Gefälle war der Höhenunterschied zwischen dem Punkt, an dem das Wasser dem natürlichen Wasserlauf entnommen und dem Punkt, an dem es ihm wieder zugeführt wurde. – Bei Teichen wurde die zulässige Stauhöhe bestimmt. Die verleihenden Behörden setzten Nutzungsentschädigungen für die Inanspruchnahme von Grund und Boden fest.

Im letzten Jahrzehnt des 17. Jahrhunderts wurden oberer Berggraben für das Rodaer Bergwerk und mittlerer und unterer Berggraben für das Sturmheider Bergwerk angelegt. Die Gräben verliefen auf dem linken Ilmufer in solchen Höhen-lagen, daß Wasser den jeweils höchstgelegenen Schächten zugeleitet werden konnte.

---

[134] Die Urkunde wird zitiert nach N. N.: Gutachten v. 16. 1. 1703. Sie ist unterschrieben von den ernestinischen Herzögen Johann Georg I. (Eisenach), Friedrich I. (Gotha) und Wilhelm Ernst (Weimar), die, wie die Präambel aussagt, „Für uns und unsere freundlich geliebte Herren Gebrüdere Weimarischer und Gothaischer Linien Liebden, wie auch in Vormundschafft unserer unmündigen und minderjährigen Vettern zu Zeitz und Jena Liebden" handelten. – Das Rodaer Grubenfeld war zu diesem Zeitpunkt einer anderen Gewerkschaft, der Gewerkschaft des Martinrodaer Stollens, verliehen. Am 26. 4. 1687 wurden die beiden Grubenfelder konsolidiert und die beiden 128teiligen Gewerkschaften zu einer neuen mit 256 Teilen (Kuxen) vereinigt. Das Privileg von 1684 galt sinngemäß auch für die neue Gewerkschaft.

[135] Der Riß des Markscheiders Elias Morgenstern vom 12. 8. 1626 gibt die Situation anschaulich wieder (B 15832, Bl. 2). Der dort eingetragene ‚Richtschacht' ist ein Vorläufer des Schachtes ‚Gottes Gabe'.

Die Höhenlage der Rodaer Gruben zwang dazu, mit der Fassung des oberen Berggrabens heraufzugehen bis in das Tal des Freibachs, des untersten der drei Zuflußarme, aus denen sich die Ilm formiert (Anlage 1). Neben dem Wasser des Freibachs nahm der obere Berggraben auch Wasser des Taubachs, des mittleren der drei Ilmzuflüsse, auf. Zu diesem Zweck war ein 1,6 km langer Graben hergestellt worden, der Freibach und Taubach miteinander verband.

Als Stauteiche dienten der mittlere und – unmittelbar darüber – der obere Freibacher Teich. Beide Teiche waren zugleich mit dem oberen Berggraben entstanden. Dieser war im Damm des mittleren Teichs gefaßt. Der Verbindungsgraben zwischen Taubach und Freibach goß sein Wasser in der Höhe dieses Damms aus.

Der obere Berggraben führte in einer Länge von mehr als 10 km um die Sturmheide herum zu den Pfaffenteichen südöstlich von Roda. Von dort wurde das Wasser zu den Künsten des Rodaer Bergwerks geleitet. Oberer Berggraben und Verbindungsgraben wurden nach der Stillegung des Rodaer Bergwerks im Jahre 1715 aufgegeben, die beiden Freibacher Teiche aber zunächst weiter unterhalten. 1784 war der Damm des mittleren Teiches schadhaft; er hielt nur noch wenig Wasser. Der Damm des oberen Teiches war zerstört.

Der untere Berggraben war oberhalb von Manebach in der Ilm gefaßt. Er führte zu den Künsten der tiefer gelegenen Sturmheider Schächte ‚Güte Gottes‘ und ‚Haus Sachsen‘. Der Graben war 1784 verfallen. Wegen seiner Höhenlage hätte er für den Johannes-Schacht nicht genutzt werden können.

Die Fassung des mittleren Berggrabens, des wichtigsten der Ilmenauer Kunstgräben, lag an der Ilm kurz oberhalb des Zollteichs. Sieht man von einigen unbedeutenderen Zuflüssen ab, so führt die Ilm in Höhe der früheren Grabenfassung Wasser ihrer drei Zuflußarme Längwitz, Taubach und Freibach.[136] Der Graben war 8,6 km lang und endete an dem am höchsten gelegenen Schacht der Sturmheide, dem Schacht ‚Wilhelm Ernst‘. Sein Wasser wurde über vier Gefällestufen geleitet, vom Treppenschacht zur Rohhütte geführt und dort ein fünftes Mal genutzt (Bild 26).

Vor der Wiederaufnahme des Bergbaus im Jahre 1784 war der mittlere Berggraben streckenweise verbrochen. In der Manebacher Flur hatten Einwohner ihn verfüllt und ihren Feldern zugeschlagen. Überwiegend war er aber in leidlichem Zustand. Unweit seiner Fassung entzog eine im Jahre 1781 erbaute Sägemühle dem Graben Wasser, das nach dem Abfall vom Mühlenrad in die Ilm geleitet wurde und für den Berggraben verloren war.

Das Stauvolumen von oberem und mittlerem Freibacher Teich hatte sich bald als unzureichend erwiesen. Deswegen war im Jahre 1701 der Bau des unteren Freibacher Teiches in Angriff genommen worden. Bis zum Bruch seines Dammes in der

---

[136] Längwitz und Taubach nehmen 250 m unterhalb ihres Zusammenflusses den Freibach auf und bilden von da ab die Ilm. Der Taubach wird auf der Schreiberschen Bergwerkskarte von 1776 auch als ‚Kleine Ilm‘ bezeichnet.

Nacht vom 10. auf den 11. 5. 1739 gab er über den mittleren Berggraben Zusatzwasser für das Sturmheider Bergwerk ab. Der durchbrochene Damm ist noch heute im Freibachtal zu sehen.

Der Tag des Dammbruchs am unteren Freibachteich – der kleine Rückblick sei gestattet – wurde bisher mit dem Ende des Bergbaus der Vor-Goethe-Zeit gleichgesetzt. Schon dem Kapitel 1.3 war jedoch zu entnehmen, daß dies nur bedingt der Fall war. Die Flutwelle des ausströmenden Wassers hat ihren Weg ausschließlich über das Ilmtal genommen. In den mittleren Berggraben konnte sie nicht eintreten, weil sie das Wehr in der Ilm unterhalb seiner Fassung zerstört, die ilmseitige Grabenbrust auf gut 10 m Länge weggerissen und den Graben auf einer Länge von 140 m zugeschlämmt hatte (B 16350/200, Bl. 149). Die Schächte an der Sturmheide und ihre Wasserkünste hat die Flut nicht erreicht.
Auch im Ilmbett hat die Flutwelle nur wenig Schaden angerichtet. Im Zollteich waren das Flutbett zerstört und der Flutgraben ausgebrochen. Der unmittelbar darunter liegende Manebacher Teich wies kaum Schäden auf. Die Rohhütte wurde teilweise überschwemmt und das Feuer in einigen Schmelzöfen gelöscht. Die Stadt kam recht glimpflich davon. Nur in der Vorstadt, vor dem Endleich-Tor, hatte die Flut auf einer Seite bis zu 60 cm hoch gestanden (ebd. u. B 15893, Bl. 187). Die Schäden an dem Graben waren im Juni 1739 behoben, so daß schon zu diesem Zeitpunkt mit dem Auspumpen des angestiegenen Grubenwassers begonnen werden konnte. In den höher gelegenen Anbrüchen wurde der Abbau auch wieder aufgenommen. Jedoch schlugen mehrere Versuche fehl, auch die tiefsten Anbrüche wieder zu erreichen. Da Zusatzwasser des unteren Freibachteiches nicht mehr zur Verfügung stand, war regelmäßig das Tiefste der Grube nicht gesümpft, wenn die nächste Trockenperiode einsetzte und die Wasserführung der Ilm zum Betrieb aller Künste nicht mehr ausreichte.
Erst als im 3. Quartal 1740 eine Radstube mit zwei Kunsträdern am Schacht ,Gottes Gabe‘ zusammenbrach, wurde das Pumpen ganz eingestellt und das „Flöz“ in der Sturmheide für immer verlassen (B 16235a, Bl. 22’). Wir haben gesehen, daß sich die Aktivitäten danach auf das Auffinden von „Gängen“ oberhalb des Martinrodaer Stollens konzentrierten. Dazu benötigte man weder den unteren Freibachteich noch den mittleren Berggraben.

Das Einzugsgebiet der Grabenwässer hatte ursprünglich ganz zur Grafschaft Henneberg gehört. Nach dem Aussterben des Grafengeschlechts wurde es auf Kursachsen, Sachsen-Weimar und Sachsen-Gotha aufgeteilt. Zur Grenzziehung hatten sich die natürlichen Wasserläufe angeboten, denen schon die Grenzen der alten hennebergischen Ämter gefolgt waren.

So bildete die von Süden her kommende Längwitz die Grenze zwischen kursächsischem Gebiet im Westen und weimarischem Gebiet im Osten. Auf kursächsischer Seite war das Amt Schleusingen, auf weimarischer Seite das Amt Ilmenau zuständige Verwaltungsbehörde. Der Taubach lag ganz auf kursächsischem Territorium, das im Norden am Freibach endete. Dieser markierte die Grenzlinie zu dem nördlich anschließenden gothaischen Amt Schwarzwald.

Zu den Teichen, die dem Bergwerk zumindest zeitweise zur Verfügung standen, zählte auch der Stützerbacher Teich. Er wurde von der Längwitz gespeist. Anfang des 17. Jahrhunderts war er etwa gleichzeitig mit Zollteich und Manebacher Teich angelegt worden. Der Teich lag zwischen den beiden Ortsteilen von Stützerbach, nämlich Weimarisch-Stützerbach rechts (östlich) und Kursächsisch-Stützerbach links (westlich) der Längwitz. Die Grenze verlief auf dem östlichen Teichufer. Der Teich lag somit ganz auf kursächsischem Territorium. Im Gegensatz zu den bisher genannten Teichen war der Stützerbacher Teich nicht der Gewerkschaft verliehen.

Das kursächsische Amt Schleusingen hat ihn errichtet und bewirtschaftet und ihn auch gelegentlich der alten Gewerkschaft verpachtet. Er wurde drei Jahrhunderte lang in gutem Zustand gehalten, bis er im Jahre 1903 im Zuge des Baus der Eisenbahnlinie Ilmenau–Schleusingen aufgegeben wurde.

Von dem Zufluß des Freibachs an wurde die Ilm Grenze zwischen Gotha im Westen und Weimar, dessen Territorium sich auf dem östlichen Ilmufer weiter nach Norden hinzog. Kurz unterhalb Kammerberg und Manebach, wo die Ilm nach Osten abbiegt, verließ die weimarisch-gothaische Landesgrenze das Ilmtal und folgte einem Taleinschnitt, dem Steingründchen, nach Norden. Ilmabwärts des Steingründchens waren beide Ilmufer weimarisches Territorium. Die drei Berggräben, die auf dem linken Ilmufer lagen, führten somit von ihren Fassungen bis zum Steingründchen über gothaisches Staatsgebiet und traten erst dort auf weimarischen Boden über.

Stellte die territoriale Zersplitterung alleine schon eine große Erschwerung aller grenzüberschreitender Aktivitäten dar, so kam für einen Teil des gothaischen Gebietes noch eine überlagernde lehensrechtliche Besonderheit hinzu. Gotha hatte dort in alter Zeit die Herren von Witzleben auf Elgersburg mit einigen Hoheitsrechten belehnt. Neben dem niederen Bergregal gehörte dazu die Gerichtshoheit mit der Polizeigewalt. Betroffen war davon der Geländestreifen, der sich, die Ortschaft Manebach einschließend, von der weimarisch-gothaischen Landesgrenze am Steingründchen ilmaufwärts erstreckte bis zum Manebacher Teich. Der hier von Nordwesten zufließende Mosbach bildete die Grenze zwischen dem Witzlebenschen Gerichtsbezirk und dem Bereich uneingeschränkter gothaischer Landeshoheit.

F. W. H. von Trebra war in seinem Gutachten vom 11. 7. 1776 zu dem Ergebnis gekommen, daß zum Betrieb von Kehr- und Kunstrad für den Johannes-Schacht die Wiederherstellung des unteren Freibacher Teiches und des mittlerem Berggrabens bis zum Schacht ‚Wilhelm Ernst‘ erforderlich sei (StA Cob, LAF 10617, Bl. 33).

Der erste Hinweis auf ein Bemühen der Kommission, der zukünftigen Gewerkschaft die benötigten Anlagen zu verschaffen, findet sich in dem Protokoll über die Bergwerkskonferenz vom 27./28. 6. 1781 im Ilmenauer Rathaus (ebd., Bl. 121 f.). Nachdem Goethe und Eckardt kursächsische Forderungen auf Erstattung von Beträgen, die die alte Gewerkschaft zu zahlen schuldig geblieben war, zurückgewiesen hatten, erklärten sie die weimarische Bereitschaft, bei zukünftiger Inanspruchnahme von Grundstücken auf kursächsischem und gothaischem Grund die früher vereinbarten Erbzinsen anzuerkennen und durch die neue Gewerkschaft abführen zu lassen. Die weimarischen Deputierten verknüpften damit die Erwartung, Kursachsen und Gotha möchten der Gewerkschaft helfen, auch diejenigen Grundstücke aus dem Besitz der alten Gewerkschaft zu erlangen, die in der Zwischenzeit von Dritten in Nutzung genommen worden waren. Kursachsen und Gotha waren mit der Erklärung zur Zinszahlung zufrieden und sicherten die erbetene Unterstützung zu.

Schon am nächsten Tag, dem zweiten Konferenztag, bezogen sich Goethe und Eckardt auf die gegebene Zusicherung Gothas. Der Geschworene Schreiber hatte ihnen nämlich gemeldet, daß oberhalb Manebachs eine Schneidemühle im Bau sei, die ihr Wasser dem mittleren Berggraben entnehmen werde. Goethe und Eckardt stellten das unstreitige Vorrecht des Bergbaus an diesem Wasser heraus und forderten die Untersagung des Weiterbaus bis zur Klärung der Frage, ob der Mühlenbetrieb Nachteile für das Bergwerk mit sich bringe.

Der gothaische Deputierte erwiderte, bei dem Gesuch des Müllers sei nicht zu erkennen gewesen, daß die Mühle die Interessen des Bergwerks berühren werde. Deswegen sei die Konzession unbedenklich erteilt worden. Er könne jetzt die Angelegenheit nur zu weiterer Beratung entgegennehmen, stelle jedoch anheim, den Müller durch Anweisung eines anderen Grundstücks oder auf andere Weise zum Verlassen des jetzigen Platzes zu bewegen.

Weimar beharrte: Wenn der Mühlenbau dem Bergbau schädlich werde, könne die Konzession keinen Bestand haben, weil sie durch Täuschung erwirkt worden sei. Man wolle aber die örtlichen Gegebenheiten durch Sachverständige prüfen und sich wieder vernehmen lassen (ebd., Bl. 128' f.).

Noch von Ilmenau aus schreibt Goethe am 2. 7. 1781 an Eckardt: *Ich sollte dafür halten, wenn der Müller einen bündigen Revers ausgestellt, daß er Graben und Ort, sobald das Illmenauer Bergwerk ihn benötigt räumen wolle, so sind wir nicht gefährdet. – Doch müßte er solches selbst in Gotha anzeigen und man müßte von daher eine Art von Garantie erhalten.* Zwei Tage später geht es um die Grundstücke des verlassenen Grabens in Manebach, die die Eigentümer wieder ihren Äckern zugeschlagen haben. Ebenfalls an Eckardt schreibt Goethe hierzu am 4. Juli: *Die Angelegenheit selbst, glaub ich, wird sich durch ein gutes Benehmen gar leicht endigen lassen; indem die Leute sich doch meist willig erklärt haben im Fall eine neue Gewerckschafft zusammen käme und der Bergbau betrieben würde, die quaest. Grundstücke wieder herauszugeben und ihr ganzer Widerstand nur auf die Befreyung vom Pachte gerichtet zu seyn scheint.*

Beide Angelegenheiten werden aber nicht vordringlich behandelt. Man suchte nach anderen Wegen für die Heranführung des Wassers. Von F. W. H. von Trebra kommt am 26. 8. 1782 der Vorschlag, das Treibwerk zwischen Nassem Ort und Martinrodaer Stollen so anzuordnen wie auf der Grube ‚Segen Gottes‘ zu Gersdorf im Erzgebirge ausgeführt und mit dem Wasser anzutreiben, das auf dem Nassen Ort zuläuft (B 16228, Bl. 155–157). Unterhalb des Treibwerks hätte dann noch ein Kunstrad angeordnet werden können. Das hätte Graben und Teich entbehrlich gemacht. Der Wasserzulauf auf dem Nassen Ort war aber unregelmäßig und die Höhendifferenz zwischen beiden Strecken, ihr Gefälle, so gering, daß weitere Maschinen nicht mehr hätten eingesetzt werden können.

J. C. W. Voigt macht nun den Vorschlag, Wasser der Ilm vom Mühlengraben unterhalb der Endleich-Mühle in einem Stollen an den Schacht heranzuführen. Auch dabei wären Rechte Gothas nicht berührt worden. Die Realisierung dieses Vorschlags sei billiger als der Weg über Teiche und Gräben, sagt der Geschworene bei einer Befragung durch Goethe und C. G. Voigt in Weimar am 18. 12. 1783 (ebd.,

Bl. 273). Die einschlägigen technischen Zusammenhänge wurden im vorangegangenen Kapitel erläutert.

Die Kommission nimmt die neuen Gedanken auf, entscheidet aber noch nicht. Sie verfolgt auch den ursprünglichen Plan weiter, das Wasser über den Berggraben heranzuführen. Am 7. 2. 84 wird sie dem Herzog melden, der Vorschlag zur Aufstellung der Gersdorf-Maschine bedürfe genauer Prüfung (B 16040, Bl. 93). In Ilmenau hatte der Geschworene Mitte Oktober 1783 versichert, für das Abteufen des Schachtes werde Aufschlagwasser noch nicht benötigt (B 16228, Bl. 222). Die Zeit drängte also nicht.

Die ‚Nachricht‘ vom 28. 8. 1783 bestätigt der neuen Gewerkschaft die Wasserrechte. Sie bestimmt, daß ihr „alle von der vorigen Gewerkschaft besessene und gebrauchte ⟨...⟩ Wasser, Teiche, ⟨und⟩ Graben, ⟨...⟩ übergeben werden, und zwar in dem Zustande, wie sie noch vorhanden sind, und mit allen den Nutzungen, Beschwerungen und Freiheiten, wie sie die vorige Gewerkschaft besessen hat “(LA I 1, 40).

In dem Schreiben vom 24. 10. 1783, in dem Gotha über den Stand der Vorbereitungen unterrichtet wird, bittet Herzog Carl August seinen Vetter um Wiedereinsetzung des Grabens in den Stand vor Erteilung der Mühlenkonzession (B 16040, Bl. 81). Gotha antwortet am 20. 2. 1784, der Graben sei der alten Gewerkschaft gegen einen jährlichen Zins auf Widerruf überlassen worden. Nach Aufläßigkeit seien die Zinsen nicht mehr eingegangen. Der Graben werde der neuen Gewerkschaft gegen einen Wasserzins von 5 Meißner Gulden[137] überlassen werden. Die Konzession für die Mühle sei vor der Konferenz vom Juni 1781 erteilt worden. Sie enthalte einen allgemeinen Vorbehalt, demzufolge die Mühle auf gothaisches Verlangen abzureißen sei. Gegen Kostenerstattung könne sie an anderer Stelle wiederaufgebaut werden (ebd., Bl. 106–109). Mit diesen Erklärungen konnte Weimar zufrieden sein.

In Ilmenau erhebt Werkmeister Otto am 4. 7. 1784 ernste Bedenken gegen die Gersdorf-Maschine (B 16232 a, Bl. 200–205’). C. G. Voigt stellt in dem an den Herzog gerichteten, vorbildlich abgefaßten Pro Vota vom 29. Juli Für und Wider der verschiedenen Möglichkeiten zusammen und spricht sich für die Wiederherstellung des mittleren Berggrabens aus (ebd., Bl. 207–210). Den unteren Freibacher Teich, so führt er aus, werde man hoffentlich nicht benötigen, weil der Graben früher „3 Rad Wasser“ der Ilm abgezogen habe, während jetzt nur eines gebraucht werde.

Nach Goethes Aufenthalt in Zellerfeld in der ersten Augusthälfte schreibt ihm Trebra am 21. 8. 1784 einen Brief, in dem er ganz auf die neue Linie einschwenkt

---

[137] Acht Meißner Gulden (Mfl) entsprachen sieben Reichstalern (Rtlr) zu 24 Groschen (Gr) (LA I 1, 171, Z. 9). 1 Mfl entsprach somit 21 Gr.

(Hermann 1955, 56f.). Er schickt die Kopie eines Treibwerks aus dem Freiberger Revier mit und vermerkt dazu, daß das Ilmenauer Treibwerk ganz nach diesem Vorbild gebaut werden könne, wenn der Berggraben bis auf etwa 80 m an die Maschine herangeführt werde.

Die Kommission trifft die endgültige Entscheidung erst nach einer Befahrung der Freibacher Teiche und des mittleren Berggrabens, die am 6. 10. 1784 stattfindet. Goethe und Voigt werden dabei von den Bedienten des Bergbauamtes begleitet. Das Protokoll der Befahrung, in dem zuvor vermerkt ist, daß die Mühle dem Graben alles Wasser wegnehme und nicht bestehen bleiben könne, schließt mit dem Satz: „Man hat bemerkt, daß es sehr tunlich sei, mittleren Berggraben auf Johannes ⟨...⟩ zu bringen" (B 16232 a, Bl. 227ff.). Nach langen Beratungen hatte man erkannt, daß dies das kleinere Übel war.

Nun muß wegen der Mühle eine Lösung gesucht werden. Am Tag nach der Begehung des Grabens, am 7. Oktober, beschließt die Kommission, sich auf Verhandlungen mit Gotha nicht einzulassen, sondern die Mühle für die Gewerkschaft zu kaufen. Erst wenn man über die Bedingungen des Kaufs Einvernehmen erzielt habe, sei das gothaische Amt Schwarzwald wegen Inbesitznahme und Wiederherstellung des Grabens zu verständigen (ebd., Bl. 231ff.).

Die Rechte an der Mühle waren vielgestaltig. Wir haben schon gesehen, daß der Zimmermann Heym von dem gothaischen Amt Schwarzwald mit dem Mühlengefälle (Mühlenkonzession) belehnt worden war. Unterbürgermeister und Seifensieder Brückner aus Schleusingen hatte Heym das Geld für den Bau vorgeschossen und sich die Hälfte des Eigentums ausbedungen. Heym hatte sich das Recht des Wiederkaufs einräumen lassen. Das Grundstück war von Gotha als Erblehen vergeben; der Zins betrug 1 Mfl/a. Außerdem waren 5 Mfl/a an das Rittergut Elgersburg wegen entgangener Ilmfischerei abzuführen (B 16241, Bl. 1).

Goethe instruiert am 10. Oktober Hofkommissar Georg Wilhelm Hetzer, die Mühlenhälfte von Brückner zu erwerben (ebd., Bl. 4). Dem Herzog gegenüber spricht er im Brief vom 18. 10. 1787 von einem *heimlichen Handel*, der wegen der Mühle angelegt werden mußte.

Am 8. 4. 1785 fertigt das gothaische Amt Schwarzwald den Kaufbrief über den Verkauf der Brücknerschen Mühlenhälfte an Hetzer aus. Als Kaufpreis sind 220 Mfl vereinbart. Brückner hat an Hetzer 20 Mfl zu zahlen, wenn Heym sein Wiederkaufrecht ausübt (ebd., Bl. 37f.).[138] Dazu ist es aber nicht gekommen.

---

[138] Der Wiederkauf war zwischen Heym und Brückner zu 200 Mfl vereinbart worden. Nachdem der Vertrag Brückner/Hetzer über 220 Mfl geschlossen worden war, hätte Heym bei Ausübung seines Rückkaufrechtes in den höheren Preis eintreten, und Brückner hätte die Differenz von 20 Mfl an Hetzer weitergeben müssen.

Heym schließt nämlich den Vertrag über den Verkauf der anderen Mühlenhälfte am 2. 10. 1785 direkt mit der Gewerkschaft ab (ebd., Bl. 78): Er verkauft die Mühle mit Zubehör und allen Gerechtigkeiten, Nutzungen und Beschwerungen und das zugehörige Grundstück für 475 Mfl an die Gewerkschaft. Das Wiederkaufrecht für die an Brückner abgetretene Hälfte tritt er an die Gewerkschaft ab. Der für den Wiederkauf vereinbarte Betrag von 200 Mfl wird von der Kaufsumme abgesetzt. Heym behält das Nutzungsrecht bis Ende 1785.

Über den Ankauf der Heymschen Mühlenhälfte liegt ein undatiertes Schreiben Goethes an C. G. Voigt vor: *Ich kann Ew. Wohlgeb. eine gute Nachricht nicht verhalten. Herr Geh. Rath v. Franckenberg offerirt die Mühle, das heist die andre Hälfte pp entweder selbst oder durch einen Dritten von Heynen*[139] *kaufen zu lassen. Dies ist dünckt mich das beste was hätte geschehen können ⟨...⟩ Der Herr Geh. R. fragt nach dem Preise, wie hoch er gehen dürfe. Ich dencke zwischen 200 M. und 200 rh. mögte wohl zu stimmen sein* (WA IV 18, 12).[140] Ob Frankenberg oder ein von ihm benannter Dritter in den Verhandlungen als Kaufinteressent aufgetreten ist, hat sich nicht ermitteln lassen.

Auch konnte nicht eindeutig geklärt werden, warum die Kommission geglaubt hat, den *heimlichen Handel* um die Brücknersche Mühlenhälfte mit Einschaltung von G. W. Hetzer anlegen zu müssen. Leider ist der Übergang dieser Hälfte von Hetzer auf die Gewerkschaft in den Akten nicht belegt. Daß der Kauf vor dem gothaischen Amt Schwarzwald hat verheimlicht werden sollen, um dieses nicht vorzeitig auf die weitergehenden Absichten der Gewerkschaft aufmerksam zu machen, wird man als mögliche Deutung ausscheiden müssen. Frankenberg war hoher Beamter des Herzogs von Gotha und hätte seine Hand dazu nicht reichen können. Wahrscheinlich hat man befürchtet, Müller Heym würde härter verhandeln, wenn ihm die Gewerkschaft und nicht eine Privatperson gegenüberstünde.

Die Kommission meldet dem Herzog den Erwerb der Schneidemühle am 1. 10. 1785, dem Vortag des Vertragsabschlusses mit dem Müller. Sie betont, der Kauf sei nach ,,vielen Unterhandlungen'' zustande gekommen. Bei der Kompliziertheit der Rechtsverhältnisse kann man deren Zahl nur ahnen. Akten und Briefe spiegeln wohl nur den geringsten Teil wider. Dem Herzog wird des weiteren berichtet, bei Wasserüberschuß könne die Mühle für die Gewerkschaft arbeiten. Der

---

[139] Die Akten sprechen durchweg von dem Müller Heym und von der Heymschen Mühle. Hier muß Goethe sich im Irrtum befunden haben.

[140] WA IV 18 führt das Schreiben unter den undatierten Briefen auf. In den Lesarten wird das Datum auf die Zeit von 1784–1789 eingeschränkt (WA IV 18, 97). Nach den obenstehenden Daten muß der Tag der Entstehung des Briefes zwischen dem 7. 10. 1784 und dem 2. 10. 1785 zu suchen sein, wahrscheinlich in der Nähe des 8. 4. 1785, des Datums, an dem der Vertrag über den Kauf der ersten Mühlenhälfte geschlossen wurde. – Die Goethesche Vorgabe für die Preisverhandlung, wozu WA anmerkt: ,,*M* mit sehr unklarem Abkürzungsductus'', ist zu lesen: ,,*zwischen 200 Mfl und 200 Rtlr*'', d. h. zwischen 175 und 200 Rtlr.

Müller werde zugleich als Grabensteiger eingesetzt. Der Kaufpreis habe 500 Mfl[141] betragen (B 16040, Bl. 140–145).

Zu diesem Bericht liefert Goethe einen umfangreichen eigenhändigen Zusatz (LA I 1, 109f.; J. Voigt, 355f.). Er bittet den Herzog, sich in Gotha dafür einzusetzen, daß zwischen dem durchbrochenen Teichdamm des unteren Freibacher Teiches und der Fassung des mittleren Berggrabens keine neuen Mühlen angelegt werden. Sollte Gotha darin eine Einschränkung seiner eigenen Berechtsame erblicken, so möge eine zu erteilende Konzession zuerst Weimar angeboten werden, das dann entscheiden könne, ob es in die vorgesehenen Bedingungen eintreten wolle. Der Herzog nimmt die Bitte in das Schreiben an Gotha vom 1. 11. 1785 auf (B 16040, Bl. 159ff.).

Das Antwortschreiben Gothas wird der Kommission am 14. 4. 1789 vom weimarischen Geheimen Rat zugesandt. Gotha sichert darin zu, neue Mühlen so anzulegen, daß dem Berggraben Wasser nicht entzogen werde. Zugleich wird aber eine Zusage in Erinnerung gerufen, die 1699 der von Gotha privilegierten Gewerkschaft des Manebacher Steinkohlenbergwerks gegeben worden ist. Weimar hatte die Zusage, lautend auf kostenlose Wasserentnahme aus dem Berggraben, schriftlich bestätigt. Es handele sich hier – so Gotha – um ein älteres Recht der Manebacher Gewerkschaft, das durch die Zusicherung an Weimar nicht geschmälert werden dürfe (B 16254, Bl. 218).

Noch im Monat des Vertragsabschlusses über den Mühlenkauf verlangt das Amt Schwarzwald im Rahmen der alle 25 Jahre fällig werdenden Neuverleihungen die Benennung des neuen Lehensträgers. Das Bergbauamt berichtet, bei dieser Gelegenheit werde der Wert des Lehens neu festgesetzt. Dabei dürfe keinesfalls der Kaufpreis angenommen werden, weil die Mühle wegen der besonderen gewerkschaftlichen Umstände über Wert erworben worden sei (B 16241, Bl. 83). Man einigt sich schließlich auf eine Festsetzung nach dem jetzigen Wert der Mühle, den das Amt Schwarzwald unter Hinzuziehung von zwei unabhängigen Sachverständigen taxieren wird (ebd., Bl. 100). Das Ergebnis der Taxation ist nicht bekannt.

Am 10. 7. 1786 weist die Kommission das Bergbauamt an, die Schneidemühle gegen einen jährlichen Zins von 40 Mfl zu verpachten (B 16242, Bl. 145). Der Pächter wurde zur Rücksichtnahme auf den Wasserbedarf des Bergwerks und zur Unterhaltung der Mühle verpflichtet (LA I 1, 171).

In der ,2. Nachricht' vom 1. 2. 1787 berichtet C. G. Voigt von der Mühle und rechtfertigt den Kauf und dessen Bedingungen vor den Gewerken. Als Kaufpreis einschließlich aller Nebenkosten nennt er 493 Rtlr 15 Gr, entsprechend etwa 560 Mfl (LA I 1, 173). Die Akten lassen nicht erkennen, worauf die erneute Erhöhung zurückzuführen ist.

---

[141] Die Differenz dieser Angabe zu der im Kaufvertrag genannten von 475 Mfl war nicht aufzuklären.

Zwei Monate nach Abschluß des Vertrags über den Erwerb der Brücknerschen Mühlenhälfte, am 3.6.1785, erhält das Bergbauamt den Auftrag, den mittleren Berggraben zu öffnen, das gothaische Amt Schwarzwald und das Gericht in Elgersburg, deren Jurisdiktionsbezirke der Graben berührte, zu verständigen und beide Behörden um Unterstützung zu bitten (B 16236, Bl. 180).

Wie beim Erwerb der Heymschen Mühle zeigt es sich auch jetzt, wie berechtigt es war, alle anderen Wege für die Heranführung des Aufschlagwassers zu prüfen, ehe der Weg über den mittleren Berggraben gewählt wurde. Schon am 14.10.1784 war der als Bergrichter fungierende Hofkommissar Johann Ludwig Hager mit dem Auftrag versehen worden, den Elgersburger Gerichtshalter Friedrich Heinrich Christoph Landgraf privat zu unterrichten, daß der Graben in der Manebacher Flur aller gerichtlichen Assistenz bedürfe. Zugleich war Geheimrat Friedrich Hartmann von Witzleben, Herr auf Elgersburg, über den Eintritt der Gewerkschaft in ihre wasserrechtlichen Positionen verständigt worden (B 16241, Bl. 7).

Mit Landgraf werden am 17. und am 24.9.1785 Verhandlungen wegen der Wiederherstellung des Grabens geführt. Es wird zugesagt, auf die Grundstücke in der Manebacher Flur weitestgehend Rücksicht zu nehmen und eine Grabenbreite von 3 Fuß (ca. 85 cm) nicht zu überschreiten. Der Schulze von Manebach bittet, die Brücke über den Graben zu verbreitern, da sonst das Vieh gefährdet werde. Das ilmaufwärts des Ortes gelegene Manebacher Steinkohlenbergwerk muß vor dem Wasser geschützt werden, das bei einem Bruch der Grabenwand in das Werk eindringen würde.

Am 8.11.1785 begeht Goethe den erstmals wieder wasserführenden Graben (WA IV, 7, 116f.). In seinem handschriftlichen Verzeichnis der ausstehenden Arbeiten vom 11. desselben Monats ist, den Graben betreffend, die Erhöhung des Wehres in der Ilm unterhalb der Grabenfassung genannt, eine Maßnahme, durch die Schacht und Mühle gleichzeitig mit Aufschlagwasser versorgt werden können. Sodann führt Goethe die nachzudichtenden Grabenabschnitte und die dafür erforderlichen Maßnahmen auf (B 16237, Bl. 168–170; LA I 1, 112f.; J. Voigt, 356f.).

Wie Goethe in seinem Brief an J. L. Eckardt vom 4.7.1781 vorausgesagt hatte, forderten die Manebacher Bürger, die ihre Äcker für den Aushub des Grabens hergeben mußten, Entschädigungen. Auch der Witzlebensche Gerichtshalter verwendete sich sehr für sie. Mit dem Hinweis, der Gewerkschaft seien alle Besitzungen abgabenfrei zugesichert worden, bittet die Kommission den Herzog am 6.7.1786, die vereinbarten Entschädigungen auf die Kammer zu übernehmen (B 16242, Bl. 138). Dem Gerichtshalter Landgraf wurde am 30.7.1786 als Anerkennung für seine Bemühungen eine silberne Tabatière mit der Bitte ausgehändigt, im Falle von Beschädigungen des Grabens die Täter zu suchen und zu bestrafen (ebd., Bl. 171).

Am 1.12.1786 macht mit einem Mal auch Geheimrat Friedrich Hartmann von Witzleben Ansprüche für sich selbst geltend. Sie werden mit entgangenen Fischerei- und Mühlenzinsen begründet und mit 1891 Rtlr beziffert (B 16064, Bl. 101). Wie diese Ansprüche früher auch immer zu beurteilen gewesen sein mögen, in der Liquidationskonferenz vom 15. 9. 1777 waren sie nicht vorgebracht worden und somit im strengen Rechtssinn untergegangen. Trotzdem wird F. H. von Witzleben durch Reskript des Herzogs Carl August vom 18. 4. 1787 mit 100 Dukaten[142] abgefunden (ebd., Bl. 117).

Nach vielen Ausbesserungen wurde der mittlere Berggraben am 5. 8. 1786 erneut geflutet. Das Wasser drang dieses Mal bis zum Ilmenauer Ratsholz an der Grenze zu Manebach vor. Ein besonderes Problemstück stellte ein etwa 100 m langer Abschnitt oberhalb Manebachs dar. Er mußte ganz gefludert, d. h. ganz mit Brettern ausgeschlagen werden (B 16242, Bl. 187).

Nach dem Gutachten Trebras von 1776 sollten Kehr- und Kunstrad am Schacht ,Wilhelm Ernst', dem bisherigen Endpunkt des mittleren Berggrabens, aufgestellt und die Energie mit Hilfe doppelter Feldgestänge zum Johannes-Schacht übertragen werden. Der Vorschlag hielt aber näherer Prüfung nicht stand. Mit besonders drastischen Formulierungen wandte sich das Bergbauamt am 4. 12. 1784 dagegen (B 16232a, Bl. 329–332): Der ganze Ilmstrom reiche nicht aus, um mit Hilfe 660 m langer Feldgestänge Förder- und Pumpenanlagen eines 280 m tiefen Schachtes anzutreiben.

Sollte das Feldgestänge vermieden werden, so mußte der mittlere Berggraben bis zum Johannes-Schacht verlängert werden. Schon im Oktober 1784 hatte die Kommission eine Höhenmessung für die Verlängerung in Auftrag gegeben (ebd., Bl. 275)[143] und, nachdem die Entscheidung zugunsten der Maschinenaufstellung am Johannes-Schacht gefallen war und das Ergebnis der Messung vorlag, die genaue Höhenlage des Kehrrades bestimmt (ebd., Bl. 291). Am 24. 9. 1785 wird der Bau des Grabenstücks angeordnet und zugleich das Fürstliche Justizamt darum gebeten, die Ackerbesitzer wegen einer Entschädigung bis zur Fertigstellung des Grabens zu vertrösten. Die später ausgehandelten Beträge werden ebenfalls von der Kammer übernommen (B 16242, Bl. 183'). Das Gefluder vom Ende des neuen Grabenstücks zum Treibhaus, die letzte Arbeit, war Ende 1785 fertiggestellt (B 16237, Bl. 191).

Auch für die Ableitung des vom Kehrrad ablaufenden Wassers hat Sorge getragen werden müssen. Nach längeren Diskussionen schlägt das Bergbauamt am 4. 12. 1784 vor, zwei Möglichkeiten hierfür offenzuhalten. Das Wasser sollte entweder im Schacht zum Martinrodaer Stollen oder über ein neues Grabenstück zu dem alten Graben geführt werden, über den früher das von den Künsten des Schachtes ,Gottes

---

[142] Nach der Augsburger Reichsmünzordnung von 1559 wurde der Dukat als Hauptgoldmünze des Heiligen Römischen Reiches aus 3,49 g Gold (0,986 fein) geschlagen. Ein Reichstaler hatte einen Silberinhalt von 9,8 g. Das Wertverhältnis Gold : Silber war nie genau festgelegt und schwankte zwischen 15:1 und 20:1. Die Parität zwischen Dukaten und Reichstaler dürfte somit – sehr grob geschätzt – bei 1:6 und der Wert der Witzlebenschen Abfindung in der Größenordnung von 600 Rtlr gelegen haben.

[143] Wenn das Ackerland, über das der Graben führte, frisch gepflügt ist, ist die Trasse der Grabenverlängerung noch heute an der helleren Erdfärbung zu erkennen,

Gabe˙ abfallende Wasser in den Mühlgraben geleitet wurde (Bild 26). Der letztge-
nannte Weg werde – so stellt es das Bergbauamt dar – solange alleine genutzt
werden, wie im Schacht noch keine Maschinen eingebaut seien, denen Aufschlagwasser von über Tage her zugeführt werden müsse (B 16232a, Bl. 329 ff.).

Die Kommission macht sich diese Auffassung am 15. 12. 1784 im Grundsatz zu
eigen (ebd., Bl. 326). Da die Sohle der Radstube, wie im Kapitel 2.2 gezeigt, rund
3 m unter dem Planum der Schachthalde liegen und das Wasser in diesem Niveau
vom Kehrrad abfallen wird, muß es in einer Rösche, unter der zukünftigen Schachthalde hindurchgeführt werden. Um diese nicht in dem frisch aufgeschütteten
Haldenmaterial auffahren zu müssen, ordnet die Kommission an, das Haufwerk aus
dem Abteufen zunächst nur südlich des Schachtes zu stürzen und die Fläche
nördlich des Schachtes freizuhalten (ebd., Bl. 322). Auf dieser Fläche wird zuerst das
Gewölbe für die Rösche gemauert und erst danach auch hier die Halde geschüttet.
Die Rösche erhält eine Länge von 112 m. Der anschließende Graben führte am
Siechenhaus und an der Porzellanfabrik vorbei (Bild 26). Goethe hat auch diese
Arbeiten in seinem Vermerk vom 11. 11. 1785 aufgelistet (LA I 1, 115).

Wegen Deckung des Wasserbedarfes der Porzellanfabrik aus dem Rückführgraben
verhandelt C. G. Voigt im September 1785 mit Friedrich Justin Bertuch, dem die
Aufsicht über die herzogliche Fabrik übertragen ist (B 16237, Bl. 96 f.). In der
‚Zweiten Nachricht‘ vom 1. 2. 1787˙ wird mitgeteilt, der Graben weise eine Länge
von 632 m auf und gieße sein Wasser vorerst in einen Teich nahe der Stadt aus
(LA I 1, 172).

Am 2. 10. 1786 meldet das Bergbauamt die Fertigstellung der Arbeiten am mittleren Berggraben (B 16243, Bl. 6). Vor Einbruch des Winters wird er noch auf ganzer
Länge mit Stangenholz und Schwartenbrettern abgedeckt. Mitte November kann
das Treibrad auf dem Johannes-Schacht angeschützt werden. Die Gesamtlänge des
Grabens von seiner Fassung bis zum Treibhaus wird mit 9336 m angegeben. Die
Kosten seiner Instandsetzung, Herstellung des neuen Grabenstücks und Abfindungen eingeschlossen, betragen 2268 Rtlr. Von Gotha kommt am 27. 12. 1786 der
formale Bescheid über die Überlassung des Grabens auf Widerruf gegen einen
Laßzins von 5 Rtlr/a (B 16263, Bl. 42).

Im Rahmen dieses Kapitels ist nun noch auf den Stützerbacher Teich einzugehen.
Seine Lage im Einzugsgebiet des mittleren Berggrabens wurde oben schon beschrieben. In den Akten weist eine offensichtlich an C. G. Voigt gerichtete, undatierte
handschriftliche Notiz Goethes auf diesen Teich hin: *Wäre eine Verordnung an das
Bergbauamt aufzusetzen, daß solches über die Nutzbarkeit des Teiches quaest. Bericht
zu erstatten habe* (B 16232 a, Bl. 286). Daß Goethe damit tatsächlich den Stützerbacher Teich angesprochen hat, geht aus der Verordnung der Kommission hervor,
die auf dem nächsten Blatt der Akte unter dem Datum vom 21. 10. 1784 folgt. Sie
weist das Bergbauamt an, durch Augenschein zu prüfen, ob der Stützerbacher Teich
– hier namentlich genannt – dem Bergwerk von Nutzen sein könne. Dabei habe aber

Vorsicht zu walten, damit „von unserer Absicht öffentlich nichts bekannt wird" (ebd., Bl. 287).

Das Thema ist angestoßen. Nachdem auf die Wiederherstellung der Freibacher Teiche aus Kostengründen verzichtet worden war, man aber trotz des gegenüber früher weit niedrigeren Wasserbedarfes in Zeiten langanhaltender Trockenheit Wassermangel auch jetzt nicht sicher aussschließen konnte, wollte man der Gewerkschaft das Wasser des Teiches im Tal der Längwitz sichern.

C. G. Voigt erstattet Goethe am 24. 10. 1784 Bericht: Der Teich sei so weit entlegen, daß man früher keine Rücksicht darauf genommen habe. 1726 sollte er für 110 Rtlr in dreijährige Pacht genommen werden. Geschworener Schreiber und Werkmeister Otto untersuchten unterderhand seinen möglichen Nutzen. Falle die Untersuchung positiv aus, so sei die Nutzung in Erbpacht einer zeitlich befristeten Pacht vorzuziehen, weil diese eher Gelegenheit gebe, die Gewerkschaft zu „schnellen"[144] (ebd., Bl. 285).

Der Bericht des Bergbauamtes stammt vom 8. 11. 1784. Der Teich sei sehr gut zu gebrauchen, heißt es dort. Sein Spiegel habe eine Fläche von etlichen 100 Quadratruten[145] (ebd., Bl. 312). Die Angelegenheit wird aber zunächst nicht verfolgt. Am 10. 6. 1785 macht Hofkommissar Hetzer wieder darauf aufmerksam, als er meldet, Schleusingen wolle alle Fischwässer neu verpachten (B 16236, Bl. 232). Mitte Juli 1786 erklärt sich die Kommission mit der Anpachtung des Teiches durch A. W. F. von Staff einverstanden (B 16242, Bl. 150). Es wird ein 5-Jahres-Vertrag bis Michaelis 1791 geschlossen. Im März 1787 bittet die Kommission, die weimarische Kammer möge sich an der Pacht beteiligen. Die Gewerkschaft könne auf Fischerei und Flößung Rücksicht nehmen (B 16248, Bl. 157).

Ein halbes Jahr vor Ablauf des Vertrages, am 28. 3. 1791, empfiehlt das Bergbauamt, den Vertrag zu verlängern. Zwar habe man bisher Wasser des Teiches nicht in Anspruch nehmen müssen. Bei trockener Witterung sei ein Rückgriff darauf aber durchaus denkbar (B 16263, Bl. 79). Nach einem Aktenauszug von C. G. Voigt hat die Kammer 1787 die Pacht übernommen. Voigt schlägt nun vor, dies beizubehalten, „in dürren Zeiten" jedoch möge der Gewerkschaft die Wassernutzung gestattet werden, wogegen diese sich verpflichte, auf den Fischsatz Rücksicht zu nehmen. Halte die Gewerkschaft dies nicht ein, so habe sie einen Zuschuß zur Pacht zu entrichten (ebd., Bl. 81). Die Kammer handelt entsprechend.

Trotzdem glaubt man immer noch nicht, bei jeder Witterung genügend Aufschlagwasser zur Verfügung zu haben. Der Gewerkentag vom Juni 1795 beschließt daher, die Kammer um die Wiederherstellung des mittleren Freibacher Teiches zum

---

[144] Grimm 15, Sp. 1296, I 1 b, ßß: übervorteilen, betrügen, überlisten.

[145] Eine sächsiche Rute hatte eine Länge von 4,295 m (Kahnt, 260), eine Quadratrute somit eine Fläche von 18,4 m². Das Wasser des gespannten Teiches wird eine Fläche von mehr als 2000 m² bedeckt haben.

Zwecke des Flößens zu bitten (B 16072, Bl. 30'). In Trockenzeiten möchte sie ihn gegen billige Berechnung nutzen.

Das Kapitel über die Teiche und Gräben sei mit der Schilderung einiger Vorfälle abgeschlossen, die zeigen sollen, wie empfindlich das System der Versorgung des Johannes-Schachtes mit Aufschlagwasser war, von welchen Seiten ihm Gefahren drohten und welche Vorsorgemaßnahmen getroffen werden mußten.

Blieb das Wasser auf dem Schacht einmal ganz aus, so waren Fördern und Pumpen sofort unterbrochen. Zur Beaufsichtigung des Berggrabens waren deshalb Grabensteiger eingesetzt, die regelmäßige Kontrollgänge auszuführen, Undichtigkeiten, die sie nicht selbst beseitigen konnten, unverzüglich zu melden und sofort einzuschreiten hatten, wenn eingewehte Blätter, Äste oder Eisgang den Graben zu verstopfen drohten.

Die Grabenfassung war ein kritischer Punkt, weil hier von der Ilm eingeschwemmte Fremdkörper besonders leicht zu Verstopfungen führen konnten. Das Ansinnen an Gotha, keine Konzessionen für Mühlen oberhalb der Fassung zu erteilen, war unter anderm mit der Gefahr begründet worden, daß deren Späne in den Graben gelangen könnten. Zu seinem Schutz gegen Treibeis der Ilm ordnete C. G. Voigt am 16. 6. 1787 die Anbringung eines Aufziehwehrs an (B 16249, Bl. 6–71). Es trat an die Stelle des alten Wehrs, das Goethe in seinem Verzeichnis vom 11. 11. 1785 aufgeführt hatte (B 16237, Bl. 168; LA I 1, 112).

Die Gefahr, die der Grube bei Ausbleiben des Wassers drohte, wurde besonders groß, als – der Vorgriff sei erlaubt – nach dem Erreichen des Flözes vom Schacht aus leicht ansteigende Strecken aufgefahren wurden, und zulaufendes Grubenwasser den Bergleuten vor Ort schon nach kürzeren Unterbrechungen der Pumparbeit den Rückweg abgeschnitten hätte. Die Gefahr wurde von C. G. Voigt frühzeitig erkannt. Knapp drei Wochen nach der Sümpfung des Schachtes, am 18. 7. 1792, ermahnt er das Bergbauamt, im Winter dem Graben größte Aufmerksamkeit zuzuwenden, und weist an, in der ehemaligen Heymschen Mühle eine Wohnung für den Grabensteiger einzurichten (B 16268, Bl. 42).

Trotz dieser weitschauenden Vorsorge kam es am 24. 11. 1792 fast zu dem befürchteten Unfall. Nachts staute sich das Eis am Wehr so weit zurück, daß es in den Graben gelangte und diesen zusetzte. Das Wasser strömte am Wehr über. Auf dem Schacht kam es zum Stillstand der Maschinen, unter Tage stieg das Grubenwasser an. Die Bergleute gerieten in große Gefahr und mußten sich, bis zum Leib im Wasser, zum Schacht retten. Dem diensthabenden Grabensteiger wurde ein Verweis erteilt und Lohnabzug im Falle der Wiederholung angedroht (ebd., Bl. 194ff.).

Den nächsten Vorfall überliefert das Haushaltungsprotokoll der drei ersten Wochen des Quartals Reminiscere 1795 (B 16350/427). Nach langanhaltendem, starkem Frost herrschte am 17. Januar Tauwetter mit Eisgang. Wieder staute sich das Eis am Wehr bis zum Graben zurück, wieder blieb das Wasser auf dem Schacht aus. Der Grabensteiger, es ist derselbe wie zwei Jahre zuvor, hatte auch dieses Mal versäumt, rechtzeitig das Wehr aufzuziehen. Zusätzlich hätte er bei Einsetzen des Tauwetters im Graben Rechen setzen müssen, um treibende Eisschollen zurückzuhalten. So drang das Eis bis zum Bärentiegel am Südhang der Sturmheide vor. Der Schaden war groß. Dem Steiger wurde ein Wochenlohn einbehalten und die Entlassung angedroht.

Mit dem gleichen Schreiben vom 29. 6. 1792, mit dem das Bergbauamt der Kommission die Sümpfung des Johannes-Schachtes meldete, teilte sie auch mit, Fischdiebe hätten am Freibach das Wasser abgeschlagen (B 16268, Bl. 28). Das Tagebuch des Bergrats enthält Näheres hierzu: Der Vorgang des Abschlagens wiederhole sich alljährlich. Fischdiebe zögen Gräben vom Teichufer zu tiefer gelegenen Wiesen und leiteten das Wasser dorthin ab. Auf diese Weise seien Fische leicht zu fangen. Einwohner von Stützerbach, Suhl, Goldlauter und Schmiedefeld glaubten irrig, die Wasserläufe hießen Freibäche, damit jeder dort frei fischen könne. In diesem Jahr seien die Diebe mit Gewehren bewaffnet gewesen, um ihr vermeintliches Recht zu verteidigen. Sie hätten nur mit Musketen vertrieben werden können (ebd., Bl. 285).

Dem mit großer Zähigkeit errungenen schönen Erfolg – der Gewältigung des Wassers im Johannes-Schacht – folgt die Kleinarbeit des Alltags auf dem Fuß: C. G. Voigt muß das kursächsische Amt Schleusingen bitten, solche Vorfälle zukünftig zu unterbinden und gegen die Täter scharf vorzugehen.

Schleusingen antwortet am 10. 7. 1792, man habe den Untertanen der Ämter Schleusingen und Suhl das Abschlagen des Wassers in den Freibächen bei Strafe verbieten lassen, indessen behalte man sich „alle diesseitigen landesherrlichen und Privat-Zuständigkeiten hierbei in Salvo". Selbst diesem Schreiben verleiht eine ausführliche Intitulation Nachdruck. Sie sei im vollen Wortlaut wiedergegeben: „Seiner Churfürstlichen Durchlaucht zu Sachsen, des heiligen Römischen Reiches Erzmarschalls und Churfürsten, auch desselben Reiches in denen Landen des Sächsischen Rechtens und an Enden, in solch Vicariat gehörende, dieser Zeit Vicarii, in die gefürstete Grafschaft Henneberg Schleusingischen Anteils verordnete Oberaufseher und Räte und Ew. Hochwohlgeb. und Wohlgeb. ganz gehorsamster Diener Christian August von Taubenheim" (B 16268, Bl. 46).

Es war derselbe Oberaufseher von Taubenheim, mit dem Goethe bei der Bergwerkskonferenz von 1781 die Klingen gekreuzt, derselbe, der noch Ende Mai 1783 wenig guten Willen zu einer gütlichen Einigung gezeigt hatte. Spätestens jetzt begreifen wir, warum die Bergwerkskommission zunächst Ansprüche auf den mittleren Berggraben nicht hat erheben wollen und andere Wege für die Versorgung des Bergwerks mit Aufschlagwasser gesucht hat.

3. Von der Förderaufnahme bis zum Stollenbruch (1792–1796)

3.1 Übersicht

Auf die Nachricht vom Ersinken des Flözes, die Christian Gottlob Voigt in das herzogliche Lager nach Frankreich gesandt hatte, antwortete Goethe am 15. 10. 1792 aus Luxemburg mit dem schon einmal zitierten Satz: *Zum Ilmenauer Flöz können wir uns Glück wünschen wenn auch gleich das Geschäft gleichsam von vorne angeht.* In der Tat nahmen, nachdem das Flöz glücklich erreicht war, die Probleme des Bergwerks weder an Zahl noch an Bedeutung ab. Vier Bereiche waren es vor allem, die die volle Aufmerksamkeit der Bergwerkskommission erforderten: Ausbildung des Flözes, Auffahrung der Untersuchungsstrecken, Vorbereitung des Schmelzwesens und Geldbeschaffung.

Johann Carl Wilhelm Voigt, der Ilmenauer Bergrat, meldete am 14. 9. 1792, daß das Schieferflöz im Ganzen freigelegt sei (B 16268, Bl. 67). Er teilte es der Höhe nach in vier Abschnitte, die er wie folgt beschrieb:

1. Oberschiefer, 43–48 cm mächtig; wohl nicht schmelzwürdig, jedoch gelegentlich Einlagerungen von Bleiglanz.
2. Mittelschiefer, 34–43 cm mächtig; nicht schmelzwürdig.
3. Strebeschiefer, 15–20 cm mächtig; hierauf sind alle Erwartungen gerichtet; das Ausssehen verspricht viel.
4. Schalerz, weniger als 5 cm mächtig; Übergang vom Kupferschiefer zum Sanderz; voller Erzteilchen.

Der fünfte Abschnitt, das Sanderz, war noch nicht durchteuft; seine Oberfläche erschien sehr metallreich. Auf der Schachthalde wurde das Haufwerk aus den fünf Flözabschnitten getrennt gelagert. Von den Haufen wurden Proben genommen und nach Richelsdorf, Freiberg und Hettstedt geschickt. Die Ergebnisse stimmten, bei allen Abweichungen im einzelnen, im großen darin überein, daß der Schiefer so gut wie kein Kupfer und Silber enthielt. Auch Schalerz und Sanderz wiesen kein Kupfer, wohl aber Blei und ein wenig Silber auf. Zu einem ähnlichen Resultat war Gottlieb Michael Häcker – Goethe hatte bei ihm 1776 die Silberprobe erlernt – gelangt (ebd., Bl. 66). Trebra schrieb am 18. 10. 1792, er habe Kupfer in keiner der übersandten Proben und Blei und Silber nur in ganz geringer Konzentration im Übergang vom Schiefer zum Sanderz, im Schalerz also, gefunden. Nur die großen, ihm übersandten Probemengen hätten die Feststellung derart geringer Konzentrationen überhaupt erst möglich gemacht. Der Zuverlässigkeit seiner Ergebnisse sei er sehr sicher (ebd., Bl. 183).

Die Bergwerkskommission hatte sich schon frühzeitig eines erfahrenen Hüttenmannes zur Beaufsichtigung des Schmelzwesens versichert. Zum 1. 4. 1786 war Hüttenverwalter Johann Heinrich Siegmund Langer aus dem hessischen Bieber in die Dienste der Gewerkschaft getreten (B 16040, Bl. 140 ff.). Langer war jedoch am 15. 2. 1788 verstorben. Kurz vor dem Erreichen des Flözes traf sich J. C. W. Voigt Mitte August 1792 mit Johann Friedrich Schrader, Hüttenvoigt auf der Friedrichshütte bei Iba im Richelsdorfer Revier, in Berka a. d. Werra und besprach mit ihm Einzelheiten des Vorgehens bei der Aufnahme des Schmelzens in Ilmenau (B 16268, Bl. 39 ff.). Die Vorgesetzten Schraders machten jedoch Schwierigkeiten, so daß C. G. Voigt die hessische Oberrentkammer in Kassel bitten mußte, Schrader für einige Tage zum Zwecke der Anfertigung eines Gutachtens zu beurlauben. Kassel entspricht der Bitte am 26. 9. 1792 (ebd., Bl. 108), Schrader ist wenige Tage später in Ilmenau.

Nun begibt sich auch C. G. Voigt dorthin. Er wird dem Bergwerk zwei volle Wochen widmen, alle Einrichtungen genauestens inspizieren und seine Beobachtungen und Anweisungen ausführlich protokollieren (ebd., Bl. 105–144). Am 1. Oktober werden das Treibhaus und das neue Grabenstück bis zum Schacht ‚Wilhelm Ernst‘ in Augenschein genommen, am Folgetag der Berggraben bis Manebach.

Am 3. Oktober erstattet Schrader mündlich einen vorläufigen Bericht über die Beschaffenheit der angehauenen Schiefer und Erze. Sein Urteil über die Schal- und Sanderze ist günstig. Ihr Silbergehalt gebe gute Hoffnung. Der Struktur nach seien sie sogar durch Pochen und Waschen noch weiter zu konzentrieren. Über den Kupfergehalt des Schiefers könnten nur Proben im Großen entscheiden (ebd., Bl. 110 f.).

Die Fragen, die mit der Bereitstellung des Aufschlagwassers für die Rohhütte zusammenhängen, werden am 4. Oktober erörtert. Pochwerk und Blasebälge werden „drei Rad Wasser" erfordern. Hier ist der Konflikt mit den Besitzern der Mühlen zu befürchten, die dieses Wasser bisher genutzt haben.

Eine Vielfalt von Problemen stürmt in diesen Tagen auf C. G. Voigt, den alleinigen Repräsentanten der Bergwerkskommission, ein. So möchte Steiger Johann Gottfried Schreiber, bisher vom Oberbergamt Freiberg nach Ilmenau abgeordnet, hier dauerhaft angestellt und zum Einfahrer – ein Dienstgrad zwischen Obersteiger und Geschworenem – ernannt werden. Am 8. Oktober fährt Voigt auf dem Johannes-Schacht an. Der Schacht ‚Getreuer Friedrich‘ ist in sehr schlechtem Zustand und muß gesichert werden. Eine Gelegenheit, billiges Flößholz aus dem Gothaischen zu erwerben, wird geprüft.

Schrader trägt am 10. Oktober sein Gutachten über das Probeschmelzen mündlich vor. Drei Tage später liefert er die endgültige schriftliche Fassung (B 16268, Bl. 147–154). Der Brief C. G. Voigts an Goethe vom 15. Oktober enthält dazu einige

Bemerkungen: „Schrader hat sein Gutachten erstattet. Die Sand- und Schalerze ⟨...⟩ rät er mit dem ungarischen oder Krummofen, die Schiefer mit dem gewöhnlichen hohen Ofen zu verschmelzen ⟨...⟩ Die Kupferproben sind noch nicht von Hettstedt eingelaufen ⟨...⟩ Schrader glaubt aber, daß auch hiermit, den äußeren Anzeichen nach, gut gehen müsse ⟨...⟩ Das Pochwerk wird nun die erste notwendige Anlage sein, um im Frühling bald genug die Sand- und Schalerze pochen und waschen zu können" (G–V 1, 83–85). Weitere technische Einzelheiten des Schmelzens und damit auch des Gutachtens werden im übernächsten Kapitel behandelt.

Zum guten Schluß bringt Schrader den Wunsch vor, bei dem Ilmenauer Hüttenwesen angestellt zu werden. Schon bei der Unterredung mit J. C. W. Voigt im August in Berka hatte er seiner Unzufriedenheit mit der Stellung im Dienst des Landgrafen von Kassel Ausdruck gegeben. Bergrat Voigt hatte damals die folgende Passage festgehalten: „jeder hessische Untertan überhaupt sei auch des Vaterlandes so überdrüssig, daß der Wunsch außerhalb der Grenzen zu sein, fast allgemein würde" (B 16268, Bl. 39 ff.). Jetzt – im Oktober 1792 – schreibt Schrader: „Da ich mir nun von diesem Probeschmelzen einen glücklichen Anfang und Ende ⟨...⟩ verspreche, so wäre mein Wunsch, diejenigen Jahre, so mir Gott in dieser Welt zu leben noch gönnen würde, unter den sanften Regierungs-Stab des durchlauchtigsten Herzogs zu Sachsen-Weimar und Eisenach und unter den Befehlen einer strengen Gerechtigkeitsliebe Herzoglicher Sächsischen Bergwerks-Kommission zu beschließen". Schrader wird im Frühjahr des nächsten Jahres angestellt.

C. G. Voigt war am 14. Oktober nach Weimar zurückgekehrt und hatte Goethe am nächsten Tag ausführlich berichtet (G–V 1, 84). Aus diesem Brief wurde oben schon zitiert. Hier ist der Beschluß nachzutragen, „diesen Winter auszufürdern, was möglich ist, und in allen Gegenden Örter vom Flöz zu treiben, um vielleicht noch reichere Mittel zu treffen". Im gleichen Sinne ergänzt Trebra seine Mitteilung vom 18. Oktober über die Metallgehalte in den ihm übersandten Proben: „Das mus uns aber nicht muthlos machen, es müssen Örter nach Schiefern und Sanderzen vom besten Gehalt getrieben werden" (B 16268, Bl. 183).

Nach viermonatiger Abwesenheit trifft Goethe am 16. 12. 1792 wieder in Weimar ein. Herzog Carl August lobt noch von Frankfurt aus am 27. Dezember Goethe gegenüber die Berichte, die er von C. G. Voigt erhalten hatte: „Voigtens Briefe, deren ich viele empfange, tragen ganz auserordentlich zu meinem Wohlbefinden bey, ich fühle täglich mehr, welche Seltenheit ich an ihn habe, laß ihn doch diese Gesinnung von mir einmahl bemercken" (G–CA 1, 168). Goethe gibt den herzoglichen Brief mit den eigenen Wünschen zum Jahreswechsel weiter. Voigt antwortet: „In der Tat hätten Sie mir, liebster Herr Geheimrat, nichts Kostbareres in dem alten Jahre noch verehren können, als in der Beilage geschehen ⟨...⟩ Ich habe mich darauf gesetzt, über die Dinge der Administration nicht als Kanzleiarbeiter, sondern menschlich den Herrn zu unterhalten und ihn dabei immer in dem Interesse für seinen Staat, nach allem meinem geringen Vermögen, zu erhalten und dabei immer ohne Furcht und aufrichtig zu schreiben, ohne alle Beziehung auf meine eignen Vorteile oder Verhältnisse'' (G–V 1, 88).

Natürlich betrafen die Berichte Voigts an seinen Landesherrn zum größeren Teil andere administrative Aufgaben. Aber wir können des Herzogs lobende Worte wie die eindrucksvolle Reaktion Voigts auch für dessen Berichte über das Bergwerk gelten lassen.

Die Arbeiten im Schacht hatten mit dem Fassen des zusitzenden Wassers im Hangenden des Flözes und mit der Herstellung eines kleinen Sumpfes in dessen Liegenden ihren Abschluß gefunden. Drei Künste hoben das Wasser an seiner Austrittstelle, die vierte war in den Sumpf gerichtet und hob das im Schacht heruntertropfende und in den Strecken zulaufende Wasser. C. G. Voigt schrieb: „Die Wasserkluft ist in ein kleines Bassin gefaßt ⟨...⟩ Man läßt sie eine Fahrt über sich, ehe man auf das Flöz kommt'' (G–V 1, 84).

Ende September 1792 wurde mit der Auffahrung des ersten Ortes begonnen. In südwestlicher Richtung sollte es das aufsteigende Flöz erreichen, wo man die reichsten Anbrüche vermutete. Es erhielt den Namen Carl-August-Ort. Im Oktober kamen zwei weitere Ortsauffahrungen hinzu: Das Luisen-Ort nach Südosten und das Carl-Friedrich-Ort nach Nordosten. Aus dem Luisen-Ort setzte man wenige Meter vom Schacht entfernt ein weiteres Ort, das Prinz-Bernhard-Ort, in südlicher Richtung an. Zwischen den Örtern wurden Streben zum Abbau der anstehenden Flözflächen entwickelt. Der Riß des Bergakademisten Carl Christian Schreiber vom 14. 3. 1793 läßt die bis dahin aufgefahrenen Strecken nach Lage, Richtung und Länge erkennen (B 16270, Bl. 97).[146]

Bergrat Voigt errechnet, daß mit dem im Quartal Luciae 1792 zu Tage gebrachten Rohhaufwerk von 10025 Ztr ein beträchtlicher Überschuß erzielt werden kann. In der Rechnung nimmt er die Metallgehalte mit 1 Lot Silber und 1 Pfund Kupfer je Ztr Rohhaufwerk, die Erlöse mit 12 Rtlr je Mark Silber und 28 Rtlr je Ztr Kupfer an (ebd., Bl. 10f.).

Die angenommenen Erlöse sind durchaus realistisch; aber sind es auch die Metallgehalte? Die einschlägigen Berichte vermögen die bisherigen Ungewißheiten nicht zu beseitigen. Am 16. 2. 1793 meldet der Bergrat, die Anbrüche im Carl-August- und im Luisen-Ort besserten sich täglich (ebd., Bl. 47), und zwei Monate später das Bergamt, im Carl-August-Ort seien die Anbrüche so schlecht wie noch nie, im Luisen-Ort dagegen seien sie gut (ebd., Bl. 124).

---

[146] In den bisher gedruckten Quellen sind die Richtungen der Örter höchst widersprüchlich angegeben (J. C. W. Voigt 1821, 63; J. Voigt, 223; LA I 1, 221; Wagenbreth 1983, 63). Der Riß von C. C. Schreiber vom 14. 3. 1793 wird durch den vom Verfasser im Goethe- und Schiller-Archiv aufgefundenen, um die Auffahrungen der nächsten zweieinhalb Jahre fortgeführten Riß von Christian Gotthelf Uhlig vom 7. 9. 1795 (GSA 06/2556) bestätigt. Die beiden Risse werden unter den Bildnummern 53 und 54 im nächsten Kapitel abgebildet.

Im Quartal Rem. 1793 wird fast die doppelte Fördermenge wie im Vorquartal, genau 19965 Ztr, ausgefördert. Der Gesamtvorrat auf der Halde beläuft sich auf rund 30000 Ztr. Bis zum 30. 4. 1793 kommen weitere 8000 Ztr hinzu.

An diesem Tag mußte der Förderbetrieb eingestellt werden. Die Radstube hatte sich so gesenkt, daß sich das Kehrrad auf die Sohle auflegte und dort blockiert wurde (ebd., Bl. 157f. u. 161f.). Im Carl-August-Ort waren zu diesem Zeitpunkt 51 m, im Luisen-Ort 41 m und im Prinz-Bernhard-Ort 32 m aufgefahren (B 16350/ 211, Bl. 8). Das Pumpen wurde eingestellt, das Wasser stieg wieder an.

Goethe und C. G. Voigt hatten am 16. 1. 1793 in Weimar mit Bergrat Voigt konferiert. Wesentlicher Beratungsgegenstand war die Vorbereitung des Schmelzens. Zimmermeister S. G. Hasse hatte Ende des Jahres 1792 einen Plan für ein Poch- und Waschwerk entworfen, für dessen Unterbringung das alte Hüttengebäude vorgesehen war (B 16270, Bl. 18). Neben der Wäsche stehen unter dem gleichen Dach zwei Schlote mit je zwei Schmelzöfen.

Die Kommission beschließt in dieser Sitzung, Steiger Schreiber zum Einfahrer zu ernennen und Hüttenvoigt Schrader möglichst schon an Ostern anzustellen. Schrader erhält von der hessischen Oberrentkammer seinen Abschied (ebd., Bl. 119) und trifft am 1. Mai in Ilmenau ein. J. C. W. Voigt nimmt ihn im Auftrag der Kommission in Pflicht und führt ihn in sein Amt ein (ebd., Bl. 247).

Kurz nach dem Ersinken des Flözes hatte Oberbergrat Rosenstiel, einer der Wortführer der Berliner Gewerken, der Kommission nahegelegt, den Erfolg der Gewältigung in einer ‚Nachricht' bekanntzumachen und eine neue Zubuße für die Fortführung der Arbeiten in der Grube und für das erste Schmelzen auszuschreiben (B 16268, Bl. 117f.). Zuvor aber mußte das Rechnungswesen bereinigt werden.

Am 15. 10. 1792 meldete sich die Kammer, die der Gewerkschaft die Zahlung von 1069 Rtlr für geliefertes Bau- und Grubenholz bis zum Ersinken des Flözes gestundet hatte. C. G. Voigt antwortete am 29. Oktober, die Gewerkschaft könne nicht zahlen und hoffe weiter auf Nachsicht des Landesherrn. Die Kammer möge auch Hölzer für die Herstellung von Holzkohlen zurückhalten. Diese von Fremden zu kaufen, sei die Gewerkschaft ebenfalls nicht in der Lage (ebd., Bl. 159 u. 167). C. G. Voigt schreibt am 15. Oktober an Goethe: „Die Kasse-Untersuchung, Beitragsausschreibung und Abfassung der Nachricht – macht mir noch die mehreste Nachdenklichkeit. Vielleicht kommen Sie selbst binnen dieser Zeit zu uns zurück" (G–V 1, 85).

In einer Besprechung über die Kassenlage am 25. Oktober wird festgestellt, daß für neun Kuxe noch nicht einmal die Gewährscheine ausgelöst seien. Diese Kuxe konnten mit Sicherheit als verfallen angesehen werden. Für den unter ihnen befindlichen Kux Nr. 551, ausgestellt auf Goethes Schwager Johann Georg Schlosser, sollte allerdings die Einwilligung Goethes abgewartet werden (B 16268, Bl. 157). Um Klarheit zu gewinnen, in welchem Umfang die Gewerkschaft noch mit dem Eingang ausstehender Zubußen rechnen konnte, wird am 12. 11. 1792 eine öffentliche Bekanntmachung erlassen. Darin wird den säumigen Gewerken eine letzte Frist bis zum 31. 12. 1792 gesetzt. Werde sie versäumt, würden die betreffenden Kuxe kaduziert (B 16072m, Bl. 77).

C. G. Voigt ermittelt am 10. 4. 1793 die Höhe der auszuschreibenden Zubuße. Auf dem Werk lasten Schulden in Höhe von 7300 Rtlr. Bis zum Ende des 3. Quartals sind Ausgaben, vornehmlich für den Bau von Poch- und Waschwerk und Hütte, in Höhe von 5000 Rtlr vorgesehen, so daß 12 300 Rtlr hätten angefordert werden müssen. Voigt folgert, daß bei nicht vollständiger Rückzahlung der Darlehen und unter Einrechnung erster Erlöse für erschmolzene Metalle das Jahresende mit Zubußen in Höhe von 7000 Rtlr erreicht werden könne. Für 147 Kuxe waren zum 31. 12. 1792 die ausstehenden Beträge nicht eingegangen, so daß nur noch mit 853 Kuxen gerechnet werden konnte. Voigt setzt die auszuschreibende Zubuße auf 7½ Rtlr fest (B 16270, Bl. 141).

Die Zahlen werden in die ‚Sechste Nachricht‘ vom 12. 4. 1793 übernommen, die auch die Kaduzierung von 147 Kuxen bekanntgibt (LA I 1, 223f.). Der Geheime Rat, der in Abwesenheit des Herzogs „ad Mandatum Serenissimi speciale“ handelt, genehmigt die ‚Nachricht‘ am 23. April. Die Zubuße ist zu Johannis, am 24. 6. 1793 also, fällig. Da die Gewerkschaftskasse leer ist, wird zur Überbrückung dieser Frist die Aufnahme weiterer vom Herzog verbürgter Darlehen in Höhe von 2000 Rtlr beantragt (B 16270, Bl. 155 u. 156). Für die anstehenden Arbeiten müssen sogar 2657 Rtlr aufgenommen werden. C. G. Voigt versichert am 25. Juni, der 2000 Rtlr übersteigende Betrag werde so schnell wie möglich von den eingehenden Zubußen abgetragen (B 16040, Bl. 363).

Die ‚Nachricht‘ löst in Berlin Unruhe aus. Am 16. Juni erheben vier Berliner Gewerken schwerwiegende Einwendungen (B 16350/281). Als Urheber dieses Schreibens nennt C. A. Gerhard in einem eigenen Schreiben vom nächsten Tag den Grafen Reden. Es sei nicht zu begreifen, heißt es in dem Brief vom 16. Juni, wie man bei den angegebenen Schulden mit einer Zubuße von 7½ Rtlr auf 853 Kuxe auskommen könne. Pochwerk und Hütte seien zu früh erbaut worden. Ein Probeschmelzen von Ilmenauer Schiefer und Sanderz hätte in Rotenburg stattfinden können. Es seien schon 147 Kuxe kaduziert, und man wisse nicht, wie viele weitere Kuxe kaduziert werden müßten. Würden, so fragten die Berliner, die verbleibenden Gewerken Kräfte genug haben, das Werk fortzusetzen? Müsse nicht der Landesherr in dieser Situation Hilfe leisten? Die Hilfe könne in der Übernahme der kaduzierten Kuxe oder in der Erbauung der Hütte auf landesherrliche Kosten bestehen. Notwendiger denn je erscheine daher die Abhaltung eines Gewerkentages. Er wird mit diesem Schreiben beantragt. Die Unterzeichner – so schließt der Brief – würden jedoch ihre Zubußen bezahlen, wenn sie auf ihre Zweifel eine befriedigende Antwort erhielten. Mit ihr läßt Voigt sich Zeit. Sie geht erst Anfang September heraus (G–V 1, 116).

Nach kaum fünfmonatiger Anwesenheit in Weimar hatte Goethe die Residenzstadt am 12. 5. 1793 verlassen, um sich in das herzogliche Lager vor Mainz zu begeben. Nun setzt auch der Briefwechsel zwischen Goethe und Voigt wieder ein. Für diese Arbeit gewinnt er besondere Bedeutung, weil im Bestand des Thüringischen Hauptstaatsarchivs die Akten der Bergwerkskommission von Juli 1793 bis September 1795 fehlen.

Im Poch- und Waschwerk ist Mitte Mai das Rad gehängt, in der Schmelzhütte das Mauerwerk an Pfingsten (19. Mai) fertig. Ende Mai wird erstmalig Schiefer, der auf der Halde des Johannes-Schachtes geröstet worden ist, zur Hütte geliefert (B 16270, Bl. 201 f. u. 231–236'). C. G. Voigt schreibt Goethe am 7. Juni: „Der Bergrat ist ganz toll vor Hoffnungen". Er selbst bleibt abwartend: „Die Ilmenauer Schiefer findet Schrader leichtflüssig. Wenn nur auch Metall herausfließt". Am 17. Juni nimmt Voigt den Faden wieder auf: „In Ilmenau baut man itzt die Öfen aus alten Steinen des Schlosses. Die Metamorphose dieser Steine ist wunderbar.[147] Die Hütte ist gerichtet" (G–V 1, 92, u. 95). Goethe nimmt am 14. Juni im Lager von Marienborn Anteil an dem Geschehen: *Recht sehr wünsche ich daß uns das Probeschmelzen erfreue und Ihre Bemühungen kröne.*

Am Johannistag, dem Tag, an dem die neue Zubuße fällig ist, unterrichtet Voigt seinen Kollegen über das Verlangen der Berliner nach einem Gewerkentag. Er teilt auch ihre Auffassung mit, wonach ein Probeschmelzen in Rotenburg hätte stattfinden sollen, bevor in Ilmenau mit dem Hüttenbau begonnen wurde. Voigt kommentiert: „Als Gewerken mögen sie so gar unrecht nicht haben, aber wir, die wir auf ihre Kosten gern die Anstalt fixieren wollten, konnten nicht so denken". Und zum ersten Mal läßt er eigene Zweifel anklingen, als er fortfährt: „Der Himmel gebe seinen Segen; ich muß doch gestehen, daß das Umwerfen der ganzen Entreprise mich drücken würde, so wenig ich es Ursache habe ⟨...⟩ Inzwischen hat sich ein Teil der Berliner zur Zahlung anerklärt" (G–V 1, 97).

Der andere Teil der Berliner Gewerkschaft, schreibt Voigt am 3. Juli, „hat mir auch Monita geschickt, ehe und bevor sie bezahlen wollen. An Antwort soll es nicht fehlen; aber fast glaube ich, daß wir von einem Gewerkentag auf den Herbst nicht loskommen werden. Da müssen wir denn unsre Persuasionskünste noch einmal hervorsuchen" (G–V 1, 99).

Man spürt die Erleichterung, mit der Voigt am 10. Juli Goethe mitteilt, die Berliner Gewerken bekehrten sich. Er hofft, daß ihre Zubußen vollständig eingehen. „Die preußischen Menschen sind an Ordnung gewöhnt" fügt er hinzu. Am 17. Juli kann er melden: „Die Berliner haben ihre Kuxe – bezahlt!! Bis auf ein Vierteil, die auch wohl noch kommen werden" (G–V 1, 103 u. 105), was Goethe 10 Tage später mit der Bemerkung quittiert: *Die Herrn Berliner Gewercken verdienen daß wir sie auf dem Gewerckentage dereinst recht gut tracktieren.*

---

[147] Das Ilmenauer Barockschloß ist bei dem großen Stadtbrand von 1752 abgebrannt und stand seitdem als Ruine (Bleisch 1987, 297).

Schon jetzt – im Juli 1793 – schließt Voigt die Möglichkeit nicht aus, das Schmelzen könne schlecht ausfallen und daraufhin die halbe Gewerkschaft abspringen. Seine Vorstellung ist, dann den verbleibenden Gewerken die Zustimmung zur erneuten Ausgabe bereits kaduzierter Kuxe abzuverlangen, für die lediglich der Betrag der letzten Zubuße zu entrichten wäre. Mit dem eingehenden Geld müßten Flözbereiche mit besseren Metallgehalten aufgeschlossen werden, wozu „besonders auf dem Rücken oder aufsteigenden Flöz große Hoffnung vorhanden sei, usw. Der Bergrat hat einen ganz vernünftigen Aufsatz gemacht wegen künftiger Abteufung eines neuen Schachtes ⟨...⟩ Das wäre denn auch eine Idee zum Gewerkentage." (G–V 1, 99).

Goethe antwortet am 10. Juli: *Auf das Schmelzen kommt nun viel an. Wie gern werde ich im Herbst einige Zeit mit Ihnen in Ilmenau zubringen, wenn gleich meine Gegenwart nur etwas an der Form supplirt. Was in Ihren Händen ist wird so gut den rechten Weg geführt. Ein Gewerckentag ist wünschenswert, es giebt der Sache Halt und Ansehn, mehrere Menschen überzeugen sich von der Größe und Würde des Unternehmens und von der Planmäßigkeit der Ausführung.*

In Ilmenau laufen unterdessen die Vorbereitungen für das Schmelzen „mit Force" weiter. J. C. W. Voigt legt am 24. Juni einen Plan für das Hüttenwesen vor und fügt die dringende Bitte an, Zuständigkeiten und Verantwortlichkeiten zu klären. Des weiteren schlägt er vor, den Ilmenauer Aktuar Johann Carl Blumröder als Hüttenfaktor und den bisherigen Bergakademisten Carl Christian Schreiber, den Sohn des Bergmeisters, als Hüttenschreiber anzustellen (B 16270, Bl. 263). In der vorläufigen Resolution vom 27. Juni entspricht C. G. Voigt dem Vorschlag seines Bruders; auch regelt er die schwierige Zusammenarbeit von Bergrat, Bergmeister und Hüttenmeister bei den zukünftigen Arbeiten (ebd., Bl. 270).

In der letzten Juni-Woche wird mit der Anlieferung von Sanderz vom Schacht zur Hütte begonnen. Das Poch- und Waschwerk ist fertiggestellt. Die Erze mit höheren Gehalten werden trocken gepocht und in diesem Zustand geschmolzen. Die schlechteren Erze werden vor dem Schmelzen naß gepocht und auf den Herden gewaschen (ebd., Bl. 277–279). C. G. Voigt berichtet Goethe am 10. Juli: „Herr von Knebel ist in Ilmenau und hilft pochen und waschen. Erst heute erhalte ich von dort Schlichproben, die 40 ⟨Pfund⟩ Blei und 2 Lot Silber halten. Das wäre immer sehr artig, wenn nur genug gepocht und gewaschen werden kann" (G–V 1, 103).[148]

Bergrat Voigt tritt Anfang Juli einen vierwöchigen Urlaub an und wird sich im hessischen Bieber, einem Kupferschieferrevier ähnlich dem Ilmenauischen, fünf Tage lang mit der Probier- und Schmelzarbeit vertraut machen. In einem wahrscheinlich am 11. August geschriebenen Bericht lesen wir, in Bieber habe man die

---

[148] Major Karl von Knebel, Goethes „Urfreund", hatte im Dezember 1774 in Frankfurt die erste Begegnung zwischen Goethe und seinem späteren Landesherrn, dem damaligen Erbprinzen Carl August vermittelt. – Die Gewichtsangaben in dieser Briefstelle beziehen sich auf einen Zentner Schlich.

Gehalte der Ilmenauer Schliche sehr bewundert (B 16350/208, Bl. 41). Den wesentlichen Inhalt dieses Berichts gibt Voigt umgehend an Goethe weiter (G–V 1, 111).

Am Montag, dem 19. 8. 1793, morgens um 4 Uhr beginnt in Ilmenau das Schmelzen. C. G. Voigt wurde bis zum 29. August von seinen Aufgaben in Weimar festgehalten; er hatte den Kammerarchivar Kruse, der seit Mai des Vorjahres der Bergwerkskommission beigeordnet war (G–V 1, 77), nach Ilmenau entsandt. Dessen Bericht ist ebenso wie der Bericht J. C. W. Voigts mit der Kommissionsakte B 16272 verloren gegangen. J. C. W. Voigt widmet in seinem 1821 erschienenen Werk (S. 65) dem Schmelzen eine kurze Passage. J. Voigt konnte 1912 noch aus der Akte B 16272 zitieren (S. 225–227). Beiden Textstellen ist die Kritik an Verhalten und fachlichem Können von Hüttenmeister Schrader gemeinsam. Aus den Aussagen von J. C. W. Voigt folgert J. Voigt sogar, die Bergwerkskommission habe mit Schraders Anstellung einen verhängnisvollen Mißgriff getan.

Nun überliefert die Bergamtsakte B 16350/280 den ausführlichen Schmelzbericht ebendieses Hüttenmeisters mit minutiös geführten Schmelztabellen. Der Bericht ist sachlich gehalten. Seine Aussagen decken sich mit den Aussagen anderer Fundstellen. Er wird den folgenden Ausführungen und dem Kapitel 3.3 zugrundegelegt. Auf die persönlichen Kontroversen kann nicht eingegangen werden.

Ziel des Rohschmelzens von Kupferschiefer war die Gewinnung eines Rohsteins, in dem Kupfer auf etwa 50 % angereichert ist, und das Abstoßen reiner Schlacken. In der alten Rohhütte waren zu diesem Zweck zwei Hochöfen instandgesetzt worden. Die beiden Öfen wurden am 19. August angefahren. Vom 20.–26.8. wurde geschmolzen. In beiden Öfen wurden 482 Ztr gerösteter Schiefer und 68 Ztr trocken gepochtes Sand- und Schalerz durchgesetzt.

Goethe traf am 23. August wieder in Weimar ein. In einem kurzen Willkommensgruß vom gleichen Tage spricht C. G. Voigt noch die Erwartung aus: „Ich freue mich darauf, Ihnen den ersten Regulus,[149] aus Ilmenauer Schiefern geschmolzen, vorzulegen". Aber das Schieferschmelzen enttäuschte sehr. Zwar bestätigte sich die Aussage des Hüttenmeisters, nach der die Schiefer leichtflüssig sein sollten. Aber Metall floß keines heraus. Von keinem der beiden Hochöfen wurde Rohstein erhalten.

Am 29. August begibt Voigt sich nach Ilmenau. Er ist zugegen, als am 31. August einer der beiden Öfen, der in der Zwischenzeit für das Schlichschmelzen umgebaut worden war, erneut angeblasen wird. Auch bei diesem Prozeß kam es darauf an, Rohstein zu erschmelzen. In drei Zyklen, und zwar vom 1.–5. 9., vom 11.–18. 9. und vom 25. 9. – 3. 10., wird in wechselnden Zusammensetzungen der Ofenbeschickung geschmolzen. 135 Ztr Schlich, 110 Ztr trocken gepochtes Sanderz und 179 Ztr

---

[149] Regulus = kleiner König. Bezeichnung für einen Metallklumpen, der sich beim Schmelzen unter der Schlacke absondert.

gerösteter Schiefer werden durchgesetzt. Die Metallausbeute ist gering. Immerhin wird Rohstein im Gewicht von 5 Ztr 14 Pfd gewonnen.

Insgesamt werden 661 Ztr Schiefer, 178 Ztr Sanderz und 135 Ztr Schlich geschmolzen und dabei 534 Maß[150] Kohlen verbrannt.

Schrader folgert, der hohe Ofen sei für diese armen Mineralien ungeeignet, weil sein heftiges Feuer die Metalle nach oben herausreiße. Die Aussage gilt besonders für das in den Schlichen enthaltene Blei. Zum Schluß seines Berichtes schreibt Schrader: »Wahr ist es, daß ich in meinem ganzen Leben noch keine so armen Mineralien geschmolzen habe, und bey dieser Armut der Erze und Schiefern muß auch der standhafteste und praktischste Hütten Mann den Meißel strecken‘‘.

Am zweiten Tag des Schlichschmelzens, am 2. September, kehrt C. G. Voigt nach Weimar zurück. Am nächsten Tag berichtet er dem Herzog, die jetzigen Schiefer seien ohne Konzentration nicht schmelzwürdig. Das Waschwerk müsse um 10 Herde erweitert werden. Damit komme man aus, bis in der Grube bessere Anbrüche erzielt seien. Voigt beschließt seinen Brief: „Jedoch macht mir diese Krisis Sorge ⟨...⟩ Ich gestehe gerne, daß ich die erste Nacht zu Ilmenau keine Minute geschlafen habe, bis das Schlichschmelzen mich wieder belebte. Die Schiefer müssen verpocht und der Leichtflüssigkeit wegen, zugeschlagen werden. Sollte uns am Ende, was ich kaum fürchte, die Natur verlassen, so darf ich hoffen, Ew. Durchl. und das verständige Publikum werden mich nicht in Schuld erkennen, der ich mit Leib und Seele mich dieser Unternehmung so treu gewidmet habe, oder vielleicht, wie ich ohne Gegenrühmen aus Überzeugung behaupten muß, noch kein Beyspiel vorhanden ist. Aber eben deswegen würde ich alles Mißrathen dieses meines Kindes mit tiefem Schmerz empfinden. Doch wir haben noch Grund genug, nicht zu verzagen‘‘ (A 442a, Bl. 416’).

Die Antwort des Herzogs, am 10. September in Pirmasens geschrieben, ist nobel: „Ihre Briefe, mein werther Herr Geheimer Assistenzrath! habe ich mit Vergnügen gelesen; was Sie mir über den Zustand und Fortgang des Illmenauer Bergbaus sagen, hat mir Freude gemacht, so sehr es seiner Natur nach jetzt noch unvollkommen ist. Darum müssen Sie aber den Muth nicht sinken lassen, sondern hoffen, daß noch alles recht gut gehen wird. Sollte aber auch die Natur uns nicht günstig seyn, so wird das Bewußtseyn, das Gute nach Ihren Kräften gesucht zu haben, Ihnen Entschädi-

---

[150] J. C. W. Voigt erläutert in § 14, Pkt. 8 seines Plans vom 5. 10. 1793 (B 16350/281) diese wohl nur im Hüttenwesen gebräuchlich gewesene Maßeinheit: „Ein Fuder Kohlen hält 12 Maß, das Maas 18⅛ Cubikfuß‘‘ (siehe dazu auch: Schlüter, 15 f.) Daraus läßt sich errechnen, daß 1 Maas ungefähr 24 Liter, 1 Fuder 288 Liter enthalten. Ein Fuder Kohlen kostete nach Voigt mindestens 5 Rtlr. Alleine die Kosten für die Kohlen dieses Schmelzversuches beliefen sich demnach auf 220 Rtlr. Der Wert des erschmolzenen Rohsteins reichte nicht entfernt an den Wert der verbrannten Kohlen heran, die ihrerseits ja nur einen Teil der Hüttenkosten darstellten, von den Gewinnungs- und Förderkosten in der Grube erst gar nicht zu reden.

gung seyn. Ihr ⟨bis hierher Schreiberhand; nun eigenhändig⟩ sehr guter Freund C A" (I 288, Bl. 135).

Der Herzog erhält auch Informationen von anderer Seite. Christian Friedrich Schnauß, Kollege Goethes und Voigts im Geheimen Rat, unterrichtet ihn am 11. September, „daß der Geh. A. R. Voigt wegen eines dicken Backens einige Tage zu Hauß bleiben müssen". Schnauß fährt fort: „wir geben ihm Schuld, daß die durch die dermalge Schmelzung des gewonnenen Erzes zu Illmenau verstärkte Hoffnung zu einer guten Ausbeute sein Blut zu sehr in Wallung gebracht, nachhero die Nachricht, daß statt der Pfund Silber, nur so viel Loth in einem Zentner, außer dem Kupfer angetroffen worden, in solchem wieder eine Stockung veranlaßt habe. Er läßt sich aber in seinem Vertrauen, wie jeder Bergmann thut, nicht irre machen. Ich will gerne auf jeden Ausbeute Thaler mit der Henne[151] Verzicht thun, wenn nur erstlich das Werck sich selber baut u. dadurch die Stadt und das Amt in dem bereits wieder aufkeimenden Wohlstand erhalten wird" (A 442a, Bl. 281).

Ende Juli 1793 hatte C. G. Voigt das Bergbauamt angewiesen, unter Berufung auf die herzogliche Privilegierung der Gewerkschaft das Ilmenauer Stadtgericht einzuschalten, wenn die Papier- und Walkmühlen unterhalb der Rohhütte sich dem Wasserentzug, der bei Aufnahme der Schmelzarbeit eintreten werde, widersetzen sollten. Wohl wolle man den Müllern mit Entschädigungen entgegenkommen (B 16270, Bl. 291). Auf die anschließenden Auseinandersetzungen bezieht sich Voigt in seinem Brief an Goethe vom 12. August, in dem er den Gedanken entwickelt, Assessor Friedrich Heinrich Gotthelf Osann als weiteres Mitglied der Bergwerkskommission zu gewinnen. Voigt begründet den Vorschlag: „wir sind die einzigen, welche die Sache dermaln verstehen können, die, der Fortgang sei ganz glücklich oder zweideutig, immer mehr ins Weitläufige kommt" (G–V 1, 111).

In seinem Glückwunschschreiben zu Goethes Geburtstag läßt Voigt erkennen, daß Goethe im Grundsatz einverstanden war. Voigt will aber einem möglichen Mißverstehen vorbeugen. Voraussetzung seines Vorschlags, die Kommission zu verstärken, sei gewesen, „daß Sie ⟨Goethe⟩ selbst sich nicht ganz davon absagen". Voigt beschließt den Brief mit den Worten: „Haben Sie die Liebe für dieses erste Geschäftsband, was mich zu Ihnen leitete, daß es weiter unter uns ausdauere, auch wenn Sie behindert wären, im Einzelnen teilzunehmen! Ich werde diese Erfüllung meiner Hoffnung als ein Geschenk dieses Tages ansehen" (G–V 1, 114f.). Goethe antwortete: *Auch werde ich an unsern gemeinsamen Geschäften gerne wenigstens dem Geiste und Namen nach, wenn Sie es wünschen, teilzunehmen fortfahren* (G–V 4, 406). Die Berufung Osanns in die Bergwerkskommission läßt

---

[151] Die Ilmenauer Ausbeutetaler, die Ende des 17. Jahrhunderts geprägt worden waren, trugen in zahlreichen Varianten das Wappentier der ehemaligen Grafschaft Henneberg, die gekrönte Henne.

allerdings noch einige Jahre auf sich warten. Goethe bleibt noch lange mit mehr als *dem Geiste und Namen* den Angelegenheiten des Bergwerks verbunden.

Die wenigen erhaltenen Akten lassen nicht erkennen, welchen Anteil Goethe an dem Probeschmelzen und an den Überlegungen, die sich daran angeschlossen haben, genommen hat. Glücklicherweise geben Voigts Briefe einige Hinweise. Am 3. September legt er Goethe Notizen über den Zustand des Bergwerks vor, die er an den Vortagen in Ilmenau angefertigt hatte. Ebenfalls von Anfang September stammen zwei weitere, undatierte Briefe Voigts. Im ersten teilt er Goethe mit, daß er Anmerkungen des Bergrats zu einer Ausarbeitung über den Ertrag der Sanderze und Nachrichten vom Fortgang des Schlichschmelzens erwarte und kündigt an: „Alsdann erscheine ich bei Ihnen, teuerster Herr Geheimerat, mit einer ganzen Ladung". Mit dem zweiten Brief übergibt Voigt seinen Entwurf für die Antwort auf das Schreiben der Berliner Gewerken vom 16. Juni mit dem Zusatz: „Gehet Ihnen an behutsamer oder gründlicher Äußerung sonst noch etwas bei, so bitte ich gehorsamst, es im Konzept zu supplieren ⟨...⟩ Ich will ⟨...⟩ morgen mittag diese Erläuterung nach Berlin abgehen lassen, um das Geld vollends zu ziehen, was man dort bis zu unserer Antwort noch zurückhält. – Was man in dem Ausschreiben zum Gewerkentag sagen könnte, reserviere ich zu mündlicher Deliberation" (G–V 1, 115f.).

Am 10. Oktober sendet C. G. Voigt einige Schriftstücke an Goethe. Er schreibt dazu: „Anliegende Papiere des Bergrats enthalten viel Wirrwarr; der Bergrat verliert die Geduld nach seiner Lebhaftigkeit, weil der empirische und mysteriöse Schrader nicht offen mit ihm umgeht ⟨...⟩ Ob man ihn gar samt dem Bergrat hereinkommen ließe oder ob man hinausginge, das wollen Euer Hochwohlgeboren gefällig in Überlegung nehmen. – So viel ist wohl entschieden, daß wir einen Arteperiten[152] wieder zuziehen müssen. Ich schreibe heute vorläufig an Gerhard, ⟨...⟩ daß er einen kapablen Mann schicken möge" (G–V 1, 118).

Bergrat Voigt kommt am 19. Oktober nach Weimar zu einer Besprechung mit Goethe und Voigt (J. Voigt, 229). Ihr wichtigstes Ergebnis ist die Einladung zum Gewerkentag am 9. 12. 1793. Der Bergrat wird sie im Auftrag der Kommission verschicken (B 16072 m, Bl. 85f.).

Eine neue Fassung seiner Arbeit über das Abteufen eines weiteren Schachtes reicht der Bergrat am 8. Oktober ein (B 16350/212, Bl. 1–3'). Ihm schwebt vor, in der Nähe des Johannes-Schachtes vom Martinrodaer Stollen aus in dem steilstehenden Flöz einen weiteren Schacht – genauer: ein tonnlägiges Gesenk – abzuteufen und damit sowohl diesen Flözabschnitt aufzuklären, als auch eine zusätzliche Wetterverbindung für das flachgelagerte Flöz zu schaffen. Noch immer hatte J. C. W. Voigt

---

[152] artis peritus = lat.: kunsterfahren. Viele Maschinen hießen bis ins 19. Jahrhundert hinein Künste, ihre Konstrukteure und Erbauer Kunstverständige.

den Glauben an ein regelmäßig zur Teufe einfallendes, steilstehendes Flöz nicht verloren. Denn nur unter dieser Bedingung wäre sein Plan mit vertretbaren Kosten auszuführen gewesen.

Mit Sicherheit haben Goethe und Voigt am 19. Oktober auch hierüber mit dem Bergrat konferiert. Denn drei Tage später fordern sie von Bergmeister Schreiber ein schriftliches Gutachten zu dem Plan an. Es wird am 30. Oktober vorgelegt. Einig sind sich Bergrat und Bergmeister darin, daß ein neuer Schacht erforderlich sei. Der Praktiker Schreiber hat aber realistischere Vorstellungen von dem Flözverlauf unterhalb des Stollens als der Absolvent der Bergakademie. Er widerspricht deswegen dem Abteufen eines tonnlägigen Schachtes (ebd., Bl. 4 u. 6–9'). Stattdessen will er einen seigeren Schacht von über Tage bis zu dem flachgelagerten Flöz abteufen. Das ist bergmännisch grundsolide; bei der wirtschaftlichen Lage des Bergwerks ist aber an eine Ausführung genausowenig zu denken. Auf die Kontroverse wird im nächsten Kapitel des Näheren eingegangen.

Etwa zur gleichen Zeit legt Bergrat Voigt einen zweiten Plan vor, der eine bessere und kostengünstigere Aufbereitung der Schiefer und Erze zum Ziel hat (B 16350/ 281, Bl. 12–19). Er entwickelt darin „den Gedanken, ob nicht ebenso gut aus den Schiefern Schlich zu erhalten sein dürfte wie aus den Sanderzen". Das ist die Anregung Goethes aus dem Jahre 1790! Jetzt untermauert der Bergrat seine Ausführungen mit günstigen Ergebnissen von jüngst angestellten Poch- und Waschversuchen.

Werde aber – so fährt er fort – künftig neben Sanderz auch Schiefer gewaschen, so reiche die Kapazität der Wäsche nicht aus. Einen Neubau will Voigt nicht auf dem Hüttenhof, sondern auf der Halde des Johannes-Schachtes errichten. Dann könnten die Wäscheabgänge – das sind etwa 94 % des Rohhaufwerk – an Ort und Stelle gekippt, und Fuhrlöhne für den Transport zur Hütte müßten nur noch für die Schliche aufgebracht werden. Die größte Ersparnis trete beim Kohlenverbrauch ein, wofür jährlich fast 7000 Rtlr weniger benötigt würden.

In der Besprechung am 19. 10. 1793 erteilte die Kommission J. F. Schrader den Auftrag, ein Gutachten über ein vorteilhafteres Schmelzverfahren vorzulegen. Ein Auszug des Gutachtens ist im Goethe- und Schiller-Archiv überliefert (06/2556). Schrader hat darin als Konsequenz aus der Kupferarmut des geförderten Haufwerks die entscheidende Wendung hin zum Erschmelzen eines bleihaltigen Rohsteins vollzogen.

Der Fahr- und Grubenbericht des Bergbauamtes über das Quartal Luciae 1793 meldet, Mitte November habe ein weiteres Probeschmelzen stattgefunden (B 16350/ 211, Bl. 2). In acht Tagen seien 143 Ztr Schiefer und 76 Ztr Sand- und Schalerz durchgesetzt und 14 Pfd Rohstein erhalten worden – ein noch schlechteres Ergebnis als in den vorausgegangenen Versuchen. Neben dem Pochen und Waschen von Sand- und Schalerz, was schon im Vorquartal aufgenommen worden war, wurde in diesem Quartal mit dem Pochen und Waschen von Schiefer begonnen.

Das Bergbauamt unterrichtet weiter über den Abschluß der Reparaturarbeiten an der Kehrradstube und am Kehrrad. Gegen Ende des Monats November war der Schacht wieder gesümpft. Anschließend wurden Carl-August-, Luisen- und Prinz-Bernhard-Ort belegt.

Goethe hatte den Auftrag erhalten, dem Herzog, dessen Rückkehr von dem westlichen Kriegsschauplatz man erwartete, bis Eisenach entgegenzugehen. Am 2. November schrieb er an J. F. von Fritsch: *Wahrscheinlich verspätet sich Serenissimi Ankunft und der Ilmenauer Gewerckentag rückt heran, deßwegen ich wohl den mir so ehrenvollen Antrag nach Eisenach zu gehen nicht wie ich wünschte werde annehmen können.* Von Goethes Vorbereitungen auf den Gewerkentag kündet der Brief C. G. Voigts vom 3. Dezember: „Ihre Vorarbeit nach Ilmenau sagt Ihrem Geiste nicht ab. Herzlichen Dank statte ich davor ab und komme morgen nachmittag, wenn es gelegen ist, um 3 Uhr" (G–V 1, 121).

Der Gewerkentag fand am 9. und 10. 12. 1793 statt (B 16350/171, Bl. 28–35). Er wurde am Vormittag des ersten Tages mit einer Rede Goethes in der Bergamtsstube des Ilmenauer Rathauses eröffnet (LA I 1, 227–230). Neben den beiden Mitgliedern der Bergwerkskommission waren zugegen einige Gewerken, die gewerkschaftlichen Deputierten und Bediente des Bergbauamtes. Goethe erinnert an die deutschen Heere, die an den Grenzen des Landes gegen einen übermächtigen Feind kämpfen und vergleicht damit Frieden und Ordnung im Innern des Landes: *Möge diese Vergleichung unser Gemüt erheben und uns die Mühe erleichtern, welche wir anwenden werden, erst das Geschäft im Umfang seiner gegenwärtigen Lage kennenzulernen, dann die Mittel zu prüfen und die Entschließung zu fassen, welche die angemessensten zu sein scheinen, einen glücklichen Fortgang vorzubereiten und einzuleiten.*

Danach begab man sich unter Führung der Kommission zur Rohhütte, um die neuerrichteten Anlagen zu besichtigen. Am Nachmittag versammelten sich Deputierte und Offizianten im Amtshaus zur ersten Session. Als Deputierte waren erschienen: Legationsrat Bertuch (Bild 52) und Regierungsassessor Osann, Weimar, Bergfaktor Engelhard, Cannstein,[153] und Stadtsyndikus Blumröder, Amtmann Leffler, Amtskommissar Paulsen und Hofkommissar Hetzer, Ilmenau. Sie vertraten nur wenig mehr als 300 Kuxe (LA I 1, 232). Berliner Gewerken waren weder erschienen, noch hatten sie sich vertreten lassen. Das ist um so erstaunlicher, als gerade Berliner es waren, die auf Abhaltung eines Gewerkentages gedrungen hatten.[154]. Neben den Deputierten waren Bergrat Voigt und Bergmeister Schreiber vom Bergbauamt zugegen.

---

[153] Es muß sich hier um das Örtchen Canstein westlich Arolsen im ehemaligen Fürstentum Waldeck handeln. Im Waldeckschen ging Bergbau auf Kupferschiefer in Goddelsheim, Niederense und Thalitter um. Beamte des Waldecker Hofes waren Ilmenauer Gewerken geworden.

[154] Der Verfasser hat das Verhalten der Berliner Gewerken, in dem sich in auffälliger Weise das große Zeitgeschehen widerspiegelt, einer Sonderuntersuchung unterzogen (Steenbuck 1992).

Erster Verhandlungspunkt ist der Plan des Bergrats zur Konzentration von Schiefer und Sanderzen in einer neuen Wäsche. Bertuch stellt diesen Plan zwar der Beurteilung von Sachverständigen, besonders der Berliner Gewerken, anheim; er selbst findet ihn aber sehr zweckmäßig. Nach längerer Aussprache schließen sich die übrigen Deputierten der Meinung Bertuchs an.

Die Kommission leitet nun zum Schmelzen über und betont, daß künftig auf die Gewinnung von Blei besondere Rücksicht zu nehmen sein werde. Für den Entwurf eines darauf zugeschnittenen Schmelzprozesses müsse ein Kunstverständiger herangezogen werden. Auch hierüber wird ausführlich diskutiert. Mit dem vorgeschlagenen Weg ist man aber einverstanden.

Am nächsten Vormittag führt Bergrat Voigt die Deputierten Bertuch, Engelhard und Paulsen zur Halde des Johannes-Schachtes, erläutert in loco Lage und Arbeitsweise der vorgesehenen Wäsche und zeigt die gelagerten Schiefer und Erze.

Den Deputierten war schon in der Einladung in Aussicht gestellt worden, auch die Arbeiten im Tiefsten des Schachtes in Augenschein nehmen zu können. Aber das Tiefste stand, wahrscheinlich nach einem unerwarteten Maschinenstillstand, unter Wasser und konnte nicht befahren werden (B 16350/208).[155] Man fährt daher nur bis zum Martinrodaer Stollen und beobachtet dort die Lagerung des Flözes. Von der Stelle in der Nähe des Johannes-Schachtes, an der das Flöz unter 45° widersinnig einfällt, heißt es, es sei unklar, bis zu welcher Teufe diese Neigung anhalte.

Die zweite Session findet am Nachmittag des 10. Dezember wieder im Amtshaus statt. Amtmann Leffler fehlte, sonst war die Besetzung die gleiche wie am Vortag. Die Kommission stellt zunächst klar, daß „weil ein ansehnlicher Teil der Gewerkschaft" fehle, bei dieser Zusammenkunft nur beraten und nicht beschlossen werden könne. Was die Zukunft angehe, so halte sie eine engere Verbindung der Gewerken mit dem Geschehen vor Ort für erforderlich. Zu diesem Zweck schlägt sie vor, Gewerkentage alljährlich, und zwar zum immer gleichen Zeitpunkt, abzuhalten. Die Zusammenkünfte seien von ständigen Repräsentanten zu beschicken. Jeder Gewerke müsse einem Repräsentanten seiner Wahl Vollmacht hierzu erteilen.

In der Aussprache ergreift wieder Bertuch als erster das Wort. Er tritt dafür ein, die ständigen Deputierten möchten auch zwischen den Gewerkentagen mit dem Geschehen auf dem Bergwerk in Verbindung bleiben und alle notwendigen Obliegenheiten für die Gewerken ausführen. Berliner Gewerken, niedersächsische und westfälische Gewerken und weimarische und nahebei wohnende Gewerken könnten sich jeweils auf einen Deputierten verständigen. Abgestimmt werde dann nicht mehr nach Anzahl der anwesenden Personen, sondern nach Anzahl der repräsentierten

---

[155] Zum Schluß des Gewerkentages, am 10. Dezember, wird bekanntgegeben, Bergfaktor Engelhard werde sich auch noch am folgenden Tag in Ilmenau aufhalten, um die Flözbaue im Tiefsten zu befahren. Der Pumpbetrieb ist demnach nur kurzzeitig unterbrochen gewesen. Ein Bericht über die Engelhardsche Befahrung ist nicht erhalten.

Kuxe. Bertuch übernimmt es auch, ein Pro Memoria zu entwerfen und der Kommission zur Genehmigung vorzulegen. Als Termin für den nächsten Gewerkentag schlägt man Montag nach Ostern, also den 28. 4. 1794, für die folgenden Jahre Montag nach Johannis vor.

Die Kommission verpflichtet sich, die Arbeiten auf dem Werk bis zur nächsten Zusammenkunft ruhen zu lassen. Bis dahin werde man die vorgelegten Pläne durch Kunstverständige prüfen und durch sie auch den einen oder anderen Schmelzversuch ausführen lassen. Danach wird der Gewerkentag geschlossen.

C. G. Voigt wird am 29. 1. 1794 zum Geheimen Rat ernannt; er steht fortan im gleichen Rang wie Goethe.

Die Überlieferungen aus der Zeit zwischen den Gewerkentagen sind spärlich. J. Voigt teilt mit, daß Goethe und Voigt am 12. Dezember die Einstellung aller Arbeiten über und unter Tage verfügt haben (J. Voigt, 239). Am nächsten Tag sind sie nach Weimar zurückgekehrt. Nach Beendigung der Reparatur von Radstube und Kehrrad waren die untertägigen Strecken gerade zwei Wochen belegt gewesen (B16350/211, Bl. 2).

Die ‚Siebente Nachricht‘ vom 20. 2. 1794 macht die Ergebnisse des Gewerkentages, die oben schon mitgeteilt wurden, öffentlich bekannt (LA I 1, 230–234). C. G. Voigt hatte das Konzept Goethe vorgelegt und es mit dem Vermerk zurückerhalten: *Mit Danck sende ich die ajustirte Nachricht zurück. Am Ende habe ich eine Stelle geändert* (WA IV 10, 134).

Das Pro Memoria Bertuchs ist der ‚Nachricht‘ als Beilage 1 angefügt. Einen Entwurf dazu hatte Bertuch an C. G. Voigt gesandt (GSA 06/2556). Dieser schickte Goethe am 16. 1. 1794 eine Liste mit Punkten, die den Gedanken der gewerkschaftlichen Repräsentanz zu stützen vermochten: „Ich habe sie so gestellt, daß man immer drauf raten mag, als wollten die teuersten Herren Repräsentanten uns zu Leibe gehen, und daß hingegen das, was wir wollen, nur ⟨…⟩ beiläufig erwähnt ist. – An Worten habe ich auch nichts gespart, besonders in Rücksicht auf die vortrefflichen Ideen des Repräsentierens, Organisierens, Konstituierens, etc. etc. – Indessen werden Euer Hochwohlgeboren als ein geborner und gezogener Republikaner sehr leicht noch etwas zu mehren und zu bessern finden" (G–V 1, 123).

Die Liste Voigts ist im Goethe- und Schiller-Archiv überliefert (06/2555). Anmerkungen Goethes enthält sie nicht. Die endgültige Fassung des Bertuchschen Pro Memorias, gegenüber der Liste Voigts nur unwesentlich geändert, ist gedruckt in LA I 1 (S. 234–237). Ihr Inhalt ändert die bestehende Verfassung der Gewerkschaft, die in der ‚Nachricht‘ vom 28. 8. 1783 niedergelegt ist (LA I 1, 48–50), in einigen wesentlichen Punkten ab.

In der neuen Verfassung werden die Gewerken verpflichtet, sich von Deputierten mit ausreichender Sachkenntnis vertreten zu lassen, andernfalls ihre Stimmen verloren gehen. Die gewählten auswärtigen Deputierten haben sich bei den Besorgungen für ihre Gewerken eines Agenten zu bedienen, der als Mitgewerke seinen

Wohnsitz entweder in Ilmenau oder in Weimar haben muß. Mit der Erteilung der Vollmacht, die als Beilage 2 der ‚Siebenten Nachricht‘ anhängt, verpflichten sich die Gewerken, jederzeit das zu genehmigen und zu vertreten, was ihre Bevollmächtigten in ihrem Namen verhandelt haben.

Die Einrichtung der ständigen gewerkschaftlichen Repräsentation bewährte sich in der Folge sehr. Gegenüber den bisherigen Gewerkentagen hatte sie den großen Vorzug, die Bergwerkskommission zu schnellerem Handeln zu befähigen. Goethe hat sich in großem zeitlichen Abstand in den Tag- und Jahresheften, wenn auch nicht in allen Punkten ganz korrekt, ihrer erinnert (WA I 35, 36f.).

Eine aus heutiger Sicht bedauerliche Folge hatten die neuen Bestimmungen allerdings: Die ‚Siebente Nachricht‘ wird die letzte der öffentlichen Nachrichten über das Bergwerk bleiben. Von nun ab ist es Aufgabe der Repräsentanten oder ihrer Agenten, die Vollmachtgeber über die Geschehnisse auf dem Bergwerk zu unterrichten. Bei den zahlreichen Lücken in den amtlichen Akten der folgenden Jahre wäre es heute von großem Wert, wenn die ‚Nachrichten‘ auch nach dem Jahr 1794 weiter erschienen wären.

Der ‚Siebenten Nachricht‘ sind zwei weitere Anlagen beigegeben. In Beilage 3 errechnet J. C. W. Voigt, daß das Bergwerk bei nur halbjähriger Belegung der Untertagearbeiten künftig einen jährlichen Überschuß von über 8000 Rtlr erwirtschaften werde, und in der Anlage 4 werden die Aufwendungen von der Wiederaufnahme des Bergwerks im Februar 1784 bis Ende des Jahres 1793 mit 51821 Rtlr beziffert.

Zwischen den beiden Zusammenkünften vom Dezember 1793 und vom April 1794 korrespondieren, wie im Protokoll über die Sitzung vom 28. 4. 1794 zu lesen, Kommission und Bergbauamt wegen der Aufbereitung des Rohhaufwerks „mit den sachverständigsten Männern unter der Gewerkschaft‘‘. Am 31. 3. 1794 wird in Ilmenau noch ein 24stündiger Poch- und Waschversuch veranstaltet, den Bergrat Voigt beantragt und für den die Kommission 20 Rtlr bewilligt hatte (B 16350/208, Bl. 47 u. 50–55‘).

Der Gewerkentag fand vom 28. bis 30. 4. 1794 in Ilmenau statt. Er wurde in Abwesenheit Goethes von C. G. Voigt geleitet. Goethe hatte ursprünglich vor, am Mittwoch, dem 30. April, nach Ilmenau zu kommen. Mancherlei Vorfälle haben ihn daran gehindert. Am 28. April sandte er einen Eilboten nach Ilmenau. In dem mitgegebenen Brief lesen wir u. a., daß eine auswärtige Schauspielerin ihr eingegangenes Engagement plötzlich aufgekündigt habe *und auch meine Theatralische Einrichtungen scheitern, in einem Augenblicke wo das ganze Schicksal eines Jahres von den ersten Einleitungen abhängt.*

In der Bergamtstube des Rathauses fanden sich am 28. April die folgenden Deputierten und Agenten ein:[156]

---

[156] Die Ausführungen stützen sich auf die Kopie eines Protokolls des Gewerkentages, die sich im Bestand des Stadtarchivs Ilmenau befindet.

Bild 51: Johann Carl Ludwig Gerhard (1768–1835)   *Bild 52: Friedrich Johann Justin Bertuch*
(1747–1822)

Bergrat und Oberbergmeister Gerhard (Bild 51), Rotenburg,
Kammerassessor von Schlotheim, Gotha,
Legationsrat Bertuch, Weimar (Bild 52),
Regierungsrat Osann, Weimar,
Stadtsyndikus Blumröder, Ilmenau,
Amtskommissar Paulsen, Ilmenau,
Amtmann Leffler, Ilmenau.

Sie vertraten 457 Kuxe. Bergfaktor Engelhard war verhindert; die hessischen und westfälischen Gewerken, für die er Vollmacht hatte, waren somit nicht vertreten. Als Gewerke und Eigentümer von 14 Kuxen wurde außerdem Rentkommissar Seidel, Weimar, Goethes früherer Diener, zugelassen.

Ferner waren zugegen Bergrat Voigt, die Bedienten des Bergbauamtes, nämlich Bergmeister Schreiber, Einfahrer Schreiber und Hüttenmeister Schrader, und die beiden gewerkschaftlichen Rechnungsführer Kriegssekretär Seeger, Weimar, und Rentkommissar Herzog, Ilmenau. Im Protokoll ist weiterhin die Rede von dem „mit dem Herrn Bergrath Gerhardt, anhergekommenen Herrn Dr. Baader, dessen Kenntnisse im Maschinen Wesen aus seinen Schriften bekannt" seien. [157]

---

[157] Es handelt sich hier um den nächstälteren Bruder des bekannten Philosophen Benedikt Franz Xaver von Baader, den späteren Kgl. Bayerischen Oberbergrat Dr. Joseph von Baader. Baader hatte sich in der Fachwelt durch viele Erfindungen und Veröffentlichungen einen Namen gemacht. Nach einem längeren Englandaufenthalt war er gegen Ende des Jahres 1793 nach Berlin gekommen, wo man ihn für den

Im Vordergrund des Gewerkentages stehen Beratungen über „die artistischen und ökonomischen Hülfsmittel, wodurch das Werk fortzusetzen und zum Ertrag zu bringen" sei. Dazu sollen entsprechende Beschlüsse gefaßt werden. In erster Linie geht es um Aufbereitung der Schiefer und Erze in der neuen Wäsche. Bergrat Voigt erläutert den dazu angefertigten Riß, den zugehörigen Kostenanschlag und legt die Tabelle mit den Resultaten der Waschversuche vor. C. G. Voigt fordert die Deputierten auf, sich durch gründliche Prüfung eine möglichst genaue Vorstellung von dem Plan und seiner Ausführbarkeit zu verschaffen.

Für die Prüfung stehen den Deputierten Nachmittag und Abend des ersten und der Vormittag des zweiten Tages zur Verfügung. Zu Beratung und Meinungsbildung hatte C. G. Voigt ihnen die Bergamtsstube überlassen. In seiner sarkastischen Art berichtet er am nächsten Tag Goethe: „Unsre gewerkischen Republikaner sind in einer Rührigkeit und Einigkeit durcheinander, daß nichts drüber geht, ein ganzes Bild von Demokratie. ⟨...⟩ Seidel hat heute früh 4 Uhr schon Schliche mit gewaschen. D. Baader macht nützliche Erinnerungen bei der entworfenen Poch- und Wäschanlage. Gerhard und Schlotheim haben heute den ganzen Vormittag im Stollen gesteckt und das Flöz begaukelt. ⟨...⟩ Die größte Wirkung hat die Offengebung der Bergamtsstube getan. Dort hat man hinter der Bierschleifkanne exzellente Sachen ausgearbeitet" (G–V I, 133).

In zwei Sessionen, am 29. nachmittags und am 30. vormittags, tragen die Deputierten ihre Vorstellungen vor und erörtern sie mit C. G. Voigt und den Bedienten. Die Beschlüsse werden am 30. April nachmittags verabschiedet. Sie umfassen 18 Punkte, von denen hier – in etwas geänderter Reihenfolge – nur die wichtigsten genannt werden können (B 16350/171):

Vermögen und Schulden der Gewerkschaft sind zu bewerten und von Hofkommissar Hetzer in eine Bilanz zu bringen;
nicht benötigte Grundstücke sind meistbietend zu verkaufen;
für ausstehende Zubußreste ist eine letzte Frist bis zum 1. Juni zu setzen;
die im Beisein der Deputierten genommenen doppelten Schlichproben von Schiefern und Erzen sind von Gerhard und Schlotheim zur Analyse nach Tarnowitz und Clausthal zu besorgen, und von dort sollen Vorschläge für eine zweckmäßige Schmelzmethode erbeten werden;
auf dem Martinrodaer Stollen soll das Flöz dort, wo es normal und wo es gegenläufig einfällt, jeweils zwei Meter tief ausgehauen werden; Proben davon sind Schlotheim zuzusenden;
erweisen sich die Probeergebnisse als günstig, so kann mit dem Bau der Wäsche begonnen werden;
im andern Fall der Wäscheneubau noch nicht anzugreifen; stattdessen sind der Schacht zu gewältigen und die Örter zu dem steilstehenden Flöz zu treiben;
zur Bestreitung des Aufwandes für das Jahr 1794 wird eine Zubuße von 3 Rtlr, fällig zum 1. 8. 1794, erhoben;

Eintritt in preußische Dienste hatte gewinnen wollen. Er wollte indes in seine bayerische Heimat zurück und traf am 12. 5. 1794 in München ein (Hoffmann 1963, Bd. 15, 15; AdB 1875, Bd. 1, 725f.). Daraus ist zu schließen, daß ihn die Heimreise über das preußische Rotenburg führte, von wo ihn Gerhard Ende April mit nach Ilmenau nahm. Auch ist sehr zu vermuten, daß Baader als der „Arteperit" nach Ilmenau kam, um dessen Hersendung C. G. Voigt den Vater des Bergrats Gerhard, den Berliner Geh. Finanz- und Oberbergrat Carl Abraham Gerhard, am 10. 10. 1793 gebeten hatte (G–V 1, 118).

bis zum Eingang der Zubußen, mindestens jedoch bis zum 1. 7. 1794, sollen die Arbeiten auf dem Bergwerk ruhen;
nach Gewältigung ist von den Bauen im Flöz ein Riß anzufertigen und nachzutragen und
zu Ende Oktober/Anfang November 1794 ist ein neuer Gewerkentag auszuschreiben; bis dahin seien das Wäschegebäude vollendet, der Schacht gewältigt und der Riß fertiggestellt.

Voigt unterrichtete Goethe am 29. April: „Meine Republikaner haben was Rechtes deraisonniert; aber die Raisonnierenden behielten das Übergewicht" und am 2. Mai: „Denn ich merkte bald, daß die Herren Auswärtigen aufs Geldbewilligen nicht instruiert waren, sondern ad referendum zu nehmen". Er habe sie „aber glücklich in den Hafen einbugsiert", indem er bis zuletzt die Finanzierung nicht erwähnt und erst ganz zum Schluß die Frage gestellt habe, woher das Geld für die gründlich überlegten Vorschläge zu nehmen sei. Zum Schluß der Mitteilungen über den Gewerkentag schreibt Voigt noch: „Der Riß zu den neuen Anlagen wird Ihnen gefallen; D. Baader hat viele Verbesserungen vorgeschlagen, und nun wird ihn auch Herr Vent[158] noch monieren können" (G–V 1, 134–136).

Goethe beglückwünscht seinen Kollegen am 1. Mai zu den Ergebnissen und bereitet ihn zugleich auf den bevorstehenden Besuch des Herzogs in Ilmenau vor: *Noch späte sage ich Ihnen das lebhafteste Glück auf!* ⟨...⟩ *Nur so viel: der Herzog wünscht Sie in Ilmenau zu finden. Er kommt Sonntag Abend. Ich bleibe hier und warte Ihrer.* Am 15. Mai schreibt Herzog Carl August von Meiningen aus an Goethe: „In Illmenau habe ich alles in rechten guten Stande gefunden; ich wünsche unsern Gewercken immer das außdauernde Vertrauen auf unser gutes Glück" (G–CA 1, 195).

In der Notiz vom 31. 5. 1794 schreibt Bergrat Voigt, vom Schwingenort des zweiten Kunstrades sei ein Ort zum aufsteigenden Flöz belegt worden, obwohl die Kommission sich dagegen ausgesprochen habe (B 16350/208, Bl. 61). Er begründet seine Eigenmächtigkeit mit der Beschäftigung von auswärtigen Bergleuten, die sonst hätten abgelegt werden müssen. Das hätte dem Werk einen schlechten Ruf eingetragen. Außerdem habe er Gerhard und Schlotheim bei den Sessionen davon erzählt. Wir werden von diesem Schwingenort später noch hören.

Im übrigen wartet man in Ilmenau ungeduldig auf Verfügungen zur Gewältigung des Schachtes und zum Baubeginn für die Wäsche. Bergrat Voigt wendet sich am 9. Juni an F. J. Bertuch: „Jetzt könnten wir mit unserm Bau avancieren und muß die schöne Zeit mutwillig versäumen ⟨...⟩ Es ist als ob wir festgemacht wären, wollen immer fort und können nicht" (GSA 06/2555).

C. G. Voigt schickte Goethe am 20. Juni einen Brief von Schlotheim, in dem dieser dafür eintritt, vor dem Bau der neuen Wäsche erst bessere Anbrüche abzuwarten. Voigt kommentiert: „Sollte das der Gewerkschaft einfallen, ⟨...⟩ so

---

[158] Christoph Gottlob Vent war weimarischer Ingenieurleutnant und Mitarbeiter Goethes in der Wasser- und Wegebaukommission.

müssen wir bis zum nächsten Gewerkentage bloß abbauen" (G–V 1, 139). Die Auffassung Schlotheims, die von den Berliner Gewerken beeinflußt zu sein scheint, hat sich durchgesetzt. Im Jahre 1794 waren tatsächlich nur die Örter belegt und zwar auch nur während dreier Monate von Ende Juli bis Ende Oktober. Für die Wäsche wurde einiges Rohmaterial beschafft, mit dem Bau selbst aber noch nicht begonnen.

Die Gesundheit C. G. Voigts ist angegriffen. Vom 10.7.–10.8.1794 ist er wegen eines Kuraufenthaltes in Karlsbad von Weimar abwesend. Am Tage nach seiner Rückkehr meldet er Goethe: „Das Tarnowitzer Gutachten ist bis itzt noch nicht eingelaufen. Mögen die Gewerken dieses sich selbst verantworten" (G–V 1, 142). Und es wird noch ein Vierteljahr vergehen, ehe der Eingang gemeldet werden kann.

Kurze Zeit später erkrankt C. G. Voigt ernsthaft. Am 10.11.1794 kann er Goethe von leichten Besserungen seines Zustandes berichten. Schließlich, am 21. November, schreibt er seinem Bruder, dem Ilmenauer Bergrat, das Tarnowitzer Gutachten sei, „begleitet von einem verdrießlichen Schreiben Rosenstiels", endlich eingegangen und: „Du sollst am nächsten Dienstag ⟨25.11.⟩ mit Einfahrer Schreiber zur kommissarischen Deliberation hierher kommen. An uns soll kein Tag Versäumnis liegen". Voigt schreibt den Brief noch vom Krankenlager aus und bemerkt dazu, Geheimrat Goethe werde alles arrangieren (B 16350/208, Bl. 62).

Goethe hat während der Erkrankung Voigts, einer Zeitspanne, die weit in den Dezember hineinreichte und die zugleich eine Zeit eminent wichtiger planerischer Vorarbeiten für das Bergwerk war, die Aufgaben von C. G. Voigt in der Bergwerks-kommission mit übernommen. Die wenigen überlieferten Belege vermitteln einen guten Eindruck von dem Ausmaß des Goetheschen Einsatzes.

Dem Brief C. G. Voigts an den Bergrat war am Vortag, dem 20. November, ein Brief an Goethe vorausgegangen. Darin heißt es: „Was mir Kruse von Dero Meinung über den weitern Anstoß der Ilmenauer ruhenden Maschine hinterbracht hat, hat meinen vollkommenen Beifall" (G–V 1, 149). Protokolle über die Bespre-chungen, deren erste am 26. November stattfand, sind nicht überliefert. Wieder ist der Briefwechsel die einzige Quelle, und zwar Voigts Brief an Goethe vom 28. November, in dem es heißt: „Der Bergrat hat mir gestern nachmittag nebst dem Einfahrer referiert, mit wie vieler Bemühung Euer Hochwohlgeboren das Ganze dieses Geschäfts durchzunehmen und neuzubegründen suchen", und Goethes Brief an Voigt vom 3. Dezember: *Von meinen Verhandlungen mit den Berggeistern, denen ich mitunter das Leben sauer gemacht habe, werde ich ehstens mündlich Nachricht ertheilen, wenn ich nur erst auf Resultate der Einsicht und des Entschlusses gekommen bin.*

Im Goethe- und Schiller-Archiv konnte das Protokoll einer weiteren, bisher unbekannten Session erschlossen werden, die von Goethe am 7.12.1794 in Abwe-senheit seines Kollegen geleitet wurde (GSA 06/2556). Teilnehmer waren die Depu-tierten Bertuch und Osann, sodann Bergrat Voigt und Einfahrer Schreiber. Wir erfahren daraus, daß die Kommission und einige Deputierte beabsichtigt hatten, mit

dem Bau der Wäsche alleine auf Grund der günstigen Aussagen des schon Monate
zuvor eingegangenen Brühlschen Gutachtens, zu beginnen. Berliner Gewerken,
ohne deren Einverständnis auf dem Bergwerk nichts mehr zu bewegen war, hatten
jedoch ihren Entschluß bis zum Eingang des Birnbaumschen Gutachtens zurückgehalten. Mit ihm sei nun auch ihre Zustimmung zur Fortsetzung des Werks eingegangen.

Nachdem die Berliner Gewerken dem von ihnen selbst beantragten Gewerkentag
im Dezember 1793 ferngeblieben waren und deswegen die Deputierten vier Monate
später erneut zusammentreten mußten, verwundert es um so mehr, daß wegen des
Gutachtens weitere sieben Monate verstreichen mußten. Auf dem Gewerkentag im
April 1793 waren 6–8 Wochen dafür veranschlagt worden. Es kann vermutet
werden, daß die Ursache dieser Verzögerungen in einer Umorientierung der preußischen Wirtschaftspolitik nach der 2. Polnischen Teilung zu suchen ist. Anfang des
Vorjahres zwischen Preußen und Rußland beschlossen, hatte sie auch dem preußischen Handel eine neue Richtung gewiesen. Für die führenden Berliner Gewerken
war das Ilmenauer Bergwerk in den Hintergrund gerückt (Steenbuck 1992, 652f.).

In der Session vom 7. Dezember, einem Sonntag, beriet Goethe mit den Deputierten, wie der Geldbedarf des Jahres 1795, der auf 5000 Rtlr beziffert worden war, zu
decken sei. Die Erhebung einer neuen Zubuße schied aus. Bergrat Voigt hatte in den
vorangegangenen Wochen die Bitte an die Kommission gerichtet, weitere Zubußen
nicht mehr zu erheben (B 16350/174). Unter Berufung auf den umfangreichen
Briefwechsel, den er mit Gewerken führte, erinnerte er an die gegebene Zusicherung,
das Werk mit einer Zahlung von 20 Rtlr je Kux zur Ausbeute zu bringen. Weil bei
anderen Bergwerken das Ende der Zubußepflicht nicht abzusehen sei, habe diese
Aussage sie bewogen, in Ilmenau zu entrieren. Nun seien schon 50 Rtlr je Kux
bezahlt, und es bestehe immer noch Geldbedarf. Sollte er durch eine neue Zubuße
gedeckt werden, so würden viele Gewerken abspringen. Den Gewerken möge doch
versichert werden, das benötigte Geld werde in Form von Darlehen unter herzoglicher Garantie aufgenommen und sie würden zu weiteren Zubußen nicht mehr
herangezogen. Eine solche Zusicherung fördere die Bereitschaft, die noch ausstehenden Zubußen zu entrichten.

Herzog Carl August hatte aber einen Rahmen für die von ihm verbürgten
Darlehen gesteckt, und dieser war ausgeschöpft. Er schien nicht bereit gewesen zu
sein, den Rahmen auszuweiten.

In der Aussprache betonte Bertuch, das Werk werde schon im nächsten Jahr alle
Aufwendungen durch Erlöse für erschmolzene Metalle decken können. Die zu
Anfang des Jahres benötigten 5000 Rtlr gehörten somit nicht mehr zum Anlagekapi-
tal, sondern seien als ein kurzfristiger Vorschuß anzusehen, der schon im Jahr 1796
zurückgezahlt werden könne. Am besten werde dieser auf die Dauer von zwei Jahren
und aufgeteilt auf fünf Obligationen zu je 1000 Rtlr bei einem oder mehreren der
Berliner Gewerken aufgenommen. Als Sicherheit könne den Gläubigern statt der

herzoglichen Garantie eine Hypothek auf das gewerkschaftliche Vermögen eingeräumt werden. Bergrat Gerhard und Oberbergrat Rosenstiel könnten vermittelnd
tätig sein.

Bertuch begründet seinen Vorschlag damit, daß den beiden Berliner Bankiers
Isaac Daniel Itzig und David Ephraim als starken Gewerken am meisten an dem
raschen Fortgang des Werkes gelegen sein müsse. Als Kaufleute seien sie mit solchen
Finanzierungsmethoden vertraut; sie könnten sich überdies von Oberbergrat
Rosenstiel von der vollkommenen Sicherheit der Ilmenauer Unternehmung überzeu-
gen lassen.

Der zweite Deputierte, Regierungsrat Osann, stimmte den Bertuchschen Ausführungen zu. Darauf erklärte auch Goethe – im Protokoll tritt er als „Commissio" auf
– sein Einverständnis und erbot sich, Bertuch alle nötigen Unterlagen zuzustellen,
wenn dieser die Negotiationen übernehmen wolle. Bertuch war dazu bereit.

Goethe trug nun vor, das nächste Jahr werde für das Werk von entscheidender
Bedeutung sein. Bei allen Aktivitäten habe größte Genauigkeit und Sparsamkeit zu
walten. Am Ende dieses Hauptversuchsjahres müßten zuverlässige Daten für weitere
Berechnungen jedermann klar vor Augen stehen. Die Kommission wolle es an der
nötigen Aufsicht nicht fehlen lassen, und ihr stünden hierin auch die eifrigen
Bedienten des Bergbauamtes zur Seite. Jedoch habe sie den Wunsch, einer der
inländischen Deputierten möge ihr dabei dergestalt assistieren, daß er auf den
Gewerkentagen den übrigen Deputierten, und auch in der übrigen Zeit jedem, der es
verlangen könne, sachgemäß und unparteiisch Auskunft zu erteilen vermöge.

Für diese Aufgabe – so fährt Goethe fort – habe die Kommission Legationsrat
Bertuch ausersehen, den seine Geschäfte ohnedies einige Male im Jahr in die Gegend
von Ilmenau führten und dem in Weimar alle eingehenden Haushaltungsprotokolle,
Tabellen und Zechenregister unverzüglich vorgelegt werden könnten.[159]

Bertuch erklärt, er wolle sich dem Geschäft gern unterziehen. Das eigene Interesse
als namhafter Gewerke und die Pflicht gegenüber seinen Vollmachtgebern geböten
es ihm.[160] Auch Osann ist mit dem Vorschlag einverstanden.

Den beiden Deputierten wurde noch eröffnet, die Kommission wünsche ihre
Teilnahme an einer weiteren Session, die noch vor Ende des Jahres stattfinden
werde.[161] Bergrat Voigt und Einfahrer Schreiber wurden nach Ilmenau entlassen,
Schreiber jedoch mit der Maßgabe, sich Freitag, dem 12. Dezember, wieder in
Weimar zu einer Reise nach Rotenburg einzufinden.

---

[159] Friedrich Justin Bertuch hatte 1782 die Administration der Ilmenauer Porzellanfabrik übernommen, die der Fürstlichen Kammer verschuldet war (Kaiser, 10f.).

[160] F. P. Rosenstiel, einer der Wortführer der Berliner Gewerken, wird Bertuch später „Monitor
perpetuus" nennen (Brief vom 7. 3. 1795; GSA 06/2556). Ständig aufzupassen und zu mahnen, das ist in
der Tat die Aufgabe, die die Kommission Bertuch zugedacht hatte.

[161] Weder ist ein Protokoll dieser Session überliefert, noch auch nur der Tag bekannt, an dem sie
stattgefunden hat.

Vom 14.12.1794 stammt ein noch nicht veröffentlichter, eigenhändiger Brief Goethes an Bertuch (GSA 06/2556):

Ew. Wohlgeb. erhalten hierbey

1.) das Protokoll vom 7. Dez.

2.) und 3.) die Seidelischen Berechnungen über das allgemeine des künftigen Ertrages

4.) und 5.) die besonderen Seidelischen Berechnungen des Ertrages von 95 ⟨zu lesen: 1795⟩ und des erforderlichen Aufwandes nach einer monatlichen Folge.

Nunmehr bitte ich diese Copien mit einem Schreiben an Herrn Bergrath Gerhard zu begleiten u gefällig heute dem Einfahrer Schreiber, der sich im Erbprinzen befindet, die Depesche zustellen zu lassen, damit er morgen früh bey zeiten abgehen könne. – Noch heute abend erhalten Sie diese Copien noch einmal um solche an H. B. R. Rosenstiel mit der morgenden Post absenden zu können.

Dasselbe Faszikel, in dem das Protokoll vom 7.12.1794 und der Goethesche Brief vom 14. Dezember überliefert sind, enthält auch drei Berechnungen Seidels mit den Daten 6., 9. und 10.12.1794. Wahrscheinlich handelt es sich dabei um drei der vier Protokolle, die Goethe in seinem Brief nennt. Die drei Rechnungen sind sehr detailliert und von mustergültiger Präzision. Sie erweisen sich als Fundgruben ersten Ranges.

Alle Rechnungen gehen von 396 Ztr Sand- und Schalerzen aus. Diese Menge wurde im Durchschnitt aller bisherigen Fördertage zu Tage gebracht; sie wird der Kostenplanung für das Jahr 1795 zugrundegelegt. Zwar sind die Kosten des zugleich mit ausgeförderten Schiefers erfaßt; Erlöse erwartet man von ihm aber nicht. Im Folgenden werden die Rechnungen in stark zusammengefaßter Form und mit leicht gerundeten Zahlen erläutert.

Die Rechnung hat eine Belegung der Grube während eines halben Jahres zur Grundlage. Bei siebentägiger Förderung je Woche werden in 182 Arbeitstagen 72000 Ztr Sand- und Schalerze gefördert. Gewinnungs- und Förderkosten hierfür betragen 2579 Rtlr, Pochwerkskosten 125 Rtlr und Wäschekosten 711 Rtlr, die Kosten des fertigen Schlichs also 3415 Rtlr.

Bei den Waschversuchen im April 1794 waren aus 1 Ztr Sand- und Schalerz 5,71 Pfd Schlich gezogen worden. Aus 72000 Ztr sind demnach 4114 Ztr Schlich zu erwarten. Der Durchschnitt der in beiden Gutachten genannten Schmelzkosten beträgt 42 Rtlr 18 Gr je 100 Ztr Schlich, für 4114 Ztr somit 1759 Rtlr. Diese Kosten sind den Kosten des Schlichs hinzuzuschlagen, so daß sich in der Summe 5174 Rtlr ergeben.

Nach einer – nicht überlieferten – Rechnung vom 3.12.1794 sind aus 1000 Ztr Rohhaufwerk 82 Lot Silber und 8,25 Ztr Blei zu gewinnen, aus 72000 Ztr also 369 Mark Silber, die Mark zu 16 Lot, und 594 Ztr Blei.[162] Bei Erlösen von 13 Rtlr

---

[162] Auf den Zentner Schlich bezogen, errechnet sich das Ausbringen zu 1 Lot 5 Gr Silber und 14,5 Pfd Blei. Das in Geld bewertete Ausbringen des Rohhaufwerks wie des Schlichs darf jedoch nicht mit deren Gehalten gleichgesetzt werden. Diese sind deutlich höher. Von ihnen gehen ab die Metallgehalte in den

8 Gr je Mark Silber und 8 Rtlr je Ztr Blei betragen die Einnahmen 4920 Rtlr für Silber und 4752 Rtlr für Blei, die Gesamteinnahmen 9672 Rtlr.

Nach Abzug der Gestehungskosten – Seidel nennt sie „Spezial Ausgaben" – bleiben von den Einnahmen 4498 Rtlr. Sie sind noch um die während eines Jahres anfallenden Gemeinkosten – das sind Kosten für Berggraben, Treibhaus und Treibwerk, Stollen, Kunstzeuge, Bediente und Sonstiges – in Höhe von 3220 Rtlr zu mindern.

Der jährliche Überschuß beträgt danach 1278 Rtlr.

In einem Anhang dieses Nachweises ermittelt Seidel den Überschuß, der entstünde, wenn das ganze Jahr über gefördert und die gewonnene Menge auch gepocht, gewaschen und zugute gemacht werden könnte. Unter dieser Prämisse verdoppeln sich Erlöse und Gestehungskosten auf 19 344 Rtlr bzw. 10 348 Rtlr. Ihre Differenz beträgt 8996. Die Gemeinkosten bleiben als typische Fixkosten mit 3220 Rtlr unverändert. Der Überschuß beträge 5776 Rtlr. Seidel fügt hinzu, unter den Voraussetzungen dieser Rechnung bestünde Hoffnung, das Werk innerhalb von drei Jahren von seinen Schulden zu befreien und auf Ausbeute zu bringen.

Die Rechnung vom 9. 12. 1794 ermittelt die Erlöse bei einer Belegung der Grube während dreier Monate unter sonst gleichen Grundannahmen. Neben Sand- und Schalerzen, die während dieser Zeit in Höhe von 36 036 Ztr zutage gebracht werden, soll auch der auf Halde liegende Erzvorrat von 2796 Ztr gepocht und gewaschen und die aus beiden Posten gezogenen 2219 Ztr Schliche zusammen mit den schon früher erzeugten 100 Ztr Schlichen geschmolzen werden. Für die erzeugten Produkte sind an Erlösen 5455 Rtlr zu erwarten.

Dieses Ergebnis geht in die Rechnung vom 10. 12. 1794 ein, deren Ziel es ist, eine Betriebsweise für das Jahr 1795 zu finden, bei der mit geringsten Kosten ein ausgeglichenes Jahresergebnis erwirtschaftet wird. Die Rechnung weist zunächst die Ausgaben monatsweise aufgeschlüsselt nach. Dabei ist angenommen, daß im Januar gesümpft, von Februar bis April gefördert, von Juni bis Mitte Dezember gepocht und gewaschen und im Dezember geschmolzen wird. Bei dieser Betriebsweise entstehen Gesamtkosten in Höhe von 6126 Rtlr. Sie übersteigen die in der vorangegangenen Rechnung ermittelten Erlöse um 671 Rtlr. Wenn jedoch einen Monat länger gefördert werde, könnten Kosten und Erlöse ins Gleichgewicht gebracht werden.

Um die während dreier Monate geförderten Erze, vermehrt um die auf Halde liegenden Vorräte, durchzusetzen, muß die neue Wäsche spätestens am 1. Juni, wird dagegen vier Monate lang gefördert, muß sie schon am 1. April betriebsbereit sein.

Wäscheabgängen und in den Schlacken und der Restsilbergehalt im Blei. Außerdem wird beim Silber ein Abzug vorgenommen für die Kosten der Seigerung, die aus dem Silbergehalt bezahlt werden.

Das sind die *Resultate der Einsicht und des Entschlusses*, auf die Goethe am 3. Dezember noch hatte warten wollen. Eine Rechnung von solch zwingender Logik und überzeugender Klarheit entsteht nie im ersten Anlauf. Wie viele Versuche mit *den Berggeistern* mögen ihr vorausgegangen sein?

Über die mitgeteilten technischen und wirtschaftlichen Daten hinaus ist den Rechnungen ein Tatbestand von größter Tragweite zu entnehmen: Zum ersten Mal ist vom Zugutemachen von Kupfer überhaupt nicht mehr die Rede. Noch in der Anlage III der ‚Siebenten Nachricht‘, die auf die Ausarbeitung von J. C. W. Voigt vom 16. 1. 1794 zurückgeht (J. C. W. Voigt 1821, 67–70), waren Ansätze für gewinnbares Kupfer enthalten. Die beiden Gutachten, die auf dem Gewerkentag vom April des gleichen Jahres beschlossen worden waren und auf deren letztes so lange hat gewartet werden müssen, sind nicht erhalten. Hüttenmeister Schrader referiert zwar ausführlich über ihren Inhalt; er geht dabei aber nur auf die vorgeschlagenen Verfahren und nicht auf die Metallgehalte ein (B 16350/283). Wir werden jedoch folgern dürfen, daß die Kupfergehalte in den übersandten Schlichproben extrem niedrig waren und die beiden Gutachter unabhängig voneinander zu dem Ergebnis gekommen sind, auf die Gewinnung von Kupfer nichts mehr zu verwenden.

Statt auf Silber und Kupfer wie in der Zeit der Vorbereitung und des Schachtabteufens oder auf Silber, Blei und Kupfer wie in der Zeit nach der Auswertung der ersten Aufschlüsse sind von nun an die Hoffnungen nur noch auf Silber und Blei gerichtet.

Im Januar 1795 bricht strenge Kälte ein. C. G. Voigt schreibt am 15. Januar: „Ich sorge, daß man zu Ilmenau noch einmal einfriert und dadurch ein Stillstand nezessitiert wird" (G–V 1, 159). Der Berggraben friert in der Tat zu, und bei einsetzendem Tauwetter richten treibende Eisschollen zusätzliche Schäden an. Von ihnen war schon in Kapitel 2.3 die Rede. Die Gewältigung des Schachtes wird dadurch zurückgeworfen. Goethe schrieb dem Bergmeister am 27. März, er *wünsche bald zu hören, daß das Flöz wieder gewältigt sey* (WA IV 51, 110). Wenige Tage später werden die Örter wieder belegt. Zahlreiche Maschinenstillstände verhindern jedoch die volle Ausnutzung (B 16077a, Bl. 16). Wettermangel stellt eine weitere Behinderung dar. Ihm wird durch Einsatz einer Wettermaschine begegnet (ebd., Bl. 18).

Auch der Baubeginn des Poch- und Waschwerks verzögert sich wegen des harten und langandauernden Winters. Ausgaben für Bauarbeiten setzen erst zu Beginn des 2. Quartals ein (B 16350/427). Ende Juni ist das Haus fertig. Die Maschineninstallation nimmt weitere zwei Monate in Anspruch, so daß das Werk erst Ende August den Betrieb aufnehmen kann.

Die Anfrage wegen der Darlehensgewährung gemäß der Goetheschen Weisung war unverzüglich, und zwar am 15. 12. 1794, nach Berlin abgegangen. Auf die Antwort wird in Weimar mit Ungeduld gewartet. Anfang März 1795 bittet Goethe seinen Kollegen: *Käme von Berlin etwas wären Sie ja wohl so gütig mir ein Wort anzuzeigen* (WA IV 51, 110). Wenig später geht die Antwort ein: Der Brief Rosenstiels an Bertuch vom 7. 3. 1795, auch er eine Informationsquelle von hohem Wert (GSA 06/2556).

Sein fast viermonatiges Schweigen begründet Rosenstiel mit der langandauernden Abwesenheit des Hofbaurats Itzig, durch den das Darlehen hätte bewirkt werden können, mit der Unmöglichkeit, die übrigen Gewerken während der Abwesenheit Itzigs zu einem Beschluß zu vereinen, und mit der Absicht des Geheimen Finanzrats Graf Reden, sich von dem Ilmenauer Werk zurückzuziehen. Itzig kehre erst im April oder noch später zurück und habe dann so viel zu ordnen und zu entwirren, daß Ilmenau seine Aufmerksamkeit so schnell nicht finden könne.[163] Ephraim werde sich nur mit Itzig zusammen entscheiden. Beide seien Bankiers und kennten den Wert baren Geldes in dieser Zeit zu gut, um es gegen mäßige Zinsen nach Ilmenau zu leiten. Andere Mitgewerken wüßten ihr Geld ebenfalls besser zu nutzen, zumal der Staat, die Seehandlung (später: Preußische Staatsbank) und andere Institute Zinsen bis zu 5 % gewährten und Erhebung der Zinsen und Sorge um die Sicherheit sehr erleichtert hätten. Er, Rosenstiel, habe sich an einer Druckerei in Posen beteiligt, in die viel zu investieren sei. Von Berliner Gewerken seien somit Darlehen nicht zu erwarten, allenfalls die Genehmigung zu deren Aufnahme an anderen Orten oder, wenn dies nicht möglich sei, die Zustimmung zur Erhebung einer neuen, einer letzten Zubuße.

Rosenstiel drückt anschließend noch seine Freude darüber aus, daß Bertuch sich zum Monitor perpetuus habe kreieren lassen. Wäre dies zehn Jahre früher geschehen, so wären sicher nicht so viele Gewerken abgesprungen. Die Langsamkeit in den Beratungen und Ausführungen habe die Geduld vieler Gewerken, so auch die des Grafen Reden, getötet. Dann schreibt der Berliner Oberbergrat: „Das Streiten gegen Neptunismus, das Studium der Oryktognosie u. Geognosie, überhaupt die allzuviele Wissenschaftlichkeit hat unserm Ilmenauer Werke gewiß geschadet. Und ich sage das nicht als Empiriker, oder als Feind jener Wissenschaften".

Nachdem durch das Verhalten der preußischen Gewerken gerade ein neunmonatiger Stillstand auf dem Werk verursacht worden war, sind das schon eigenartig anmutende Vorwürfe. Ohne Zweifel zielten sie auf J. C. W. Voigt. Für seine wissenschaftlichen Ambitionen dürfte der Bergrat aber doch genügend Zeit während dieser Stillstandsperiode gefunden haben und während zahlreicher anderer, die ihr vorausgegangen sind.

Die Absage aus Berlin hat in Weimar Enttäuschung ausgelöst. Aber, wie der Brief C. G. Voigts an Goethe vom 11. 3. 1795 zeigt, sie hat nicht gelähmt: „Ich habe

---

[163] Isaac Daniel Itzig hielt sich zu dieser Zeit in der neugewonnenen Provinz Posen auf, wo ihn Lieferungen an die preußische Armee beschäftigten (Schnee, 173).

gestern mit Bertuch gesprochen; seine Meinung ist, daß er und die übrigen Deputierten Gelder ausfindig machen müßten, welches Antrieb genug erhalten würde, wenn in einer Zusammenkunft coram Commissione ihnen solches übertragen würde. Er wünscht, daß diese bald stattfinden möge" (G–V 1, 164). Die Verhandlungen mit potentiellen Geldgebern sind schwierig; es gelingt jedoch, das Geld aufzutreiben. Der Betrieb in Ilmenau kann weitergehen.

Goethe hatte Alexander von Humboldt, mit dem er bei seinem Aufenthalt in Jena vom 29. 3.–2. 5. 1795 mehrmals zusammen gewesen war, eingeladen, den Gewerkentag zu besuchen, der am 22. und 23. Juni stattfinden wird. Aber Humboldt wird die Freude, mit Goethe in Ilmenau sein zu können, verdorben. Er schreibt am 21. Mai: „Zwar gebe ich die Hoffnung nicht auf, jene interessanten Gegenden noch einmal mit Ihnen zu beobachten, aber wie ich vor dem Julius mich Ihnen nur nahen kann, weiß ich jezt nicht" und am 16. Juli: „nach Ilmenau sehne ich mich, um es mit Ihnen zu besuchen, unendlich" (Jahn/Lange, 420 u. 449).

Indessen muß auch Goethe dem Gewerkentag fernbleiben. Er antwortet Humboldt am 18. Juni: *Ein Übel, das ich mir wahrscheinlich durch Verkältung zugezogen habe, und das mich seit einiger Zeit an meinen Kinnladen plagt, konnte mich nur über Ihr Außenbleiben trösten, denn wenn Sie wirklich gekommen wären, und ich hätte die Reise nach Ilmenau nicht mit Ihnen machen können, so würde ich äußerst verdrießlich geworden sein.*

C. G. Voigt drückt am 20. Juni Goethe gegenüber sein Bedauern aus, „daß auch diesmal Ilmenau Ihro Gegenwart vermissen muß. So wenig ich das ersetzen kann, so angelegentlich soll Ihre Handelnsart mich leiten" (G–V 1, 187). Er trifft noch am Abend des gleichen Tages in Ilmenau ein. Am nächsten Tag, am Sonntag, dem 21., besichtigt er in Begleitung von Bergfaktor Engelhard, Legationsrat Bertuch, Regierungsrat Osann und Rentkommissar Seidel die Tagesanlagen am Johannes-Schacht und nimmt die Erläuterungen seines Bruders, des Bergrats, und der Bedienten des Bergbauamtes entgegen.

Den Gewerkentag eröffnet Voigt am Vormittag des 22. 6. 1795 in der Bergamtsstube des Rathauses. In der Akte B 16077 a ist eine Kopie des Protokolls überliefert (Bl. 25–32). Außer den schon genannten Personen sind die Ilmenauer Deputierten Stadtsyndikus Blumröder, Amtskommissar Paulsen, Amtmann Leffler und Hofkommissar Hetzer anwesend. Kammerrat von Schlotheim hatte sich entschuldigt. Vom Bergbauamt sind Bergmeister Schreiber, Bergrichter Hager, Hüttenmeister Schrader und Einfahrer Schreiber zugegen.

Im Eröffnungsvortrag bezieht sich Voigt zunächst auf die Beschlüsse des letzten Gewerkentages. Er beschreibt die seit Jahresanfang ausgeführten Arbeiten, erläutert die eingetretenen Verzögerungen und beziffert den bisherigen Aufwand. Sodann nennt er die Arbeiten, die in nächster Zukunft auszuführen sind:

Vollendung des Poch- und Waschwerks,
Pochen und Waschen der geförderten Erze,
Einrichtung eines zweckmäßigen Schmelzens, um das in den Schlichen enthaltene Blei und Silber zu
Geld zu machen. Dazu wünsche man, den Hüttenreuter Brühl aus Clausthal zu gewinnen.

Voigt führt dann aus, bis zum Ausbringen der Metalle müßten noch mehr als 3000
Rtlr aufgebracht werden. Auf die restierenden Zubußen in Höhe von rund 2000 Rtlr
sei nicht mit Sicherheit zu rechnen. Von den bewilligten Darlehen seien nur noch
2400 Rtlr verfügbar. Die Aufnahme darüber hinausgehender Darlehen belaste die
Hypothek des Bergwerks ungebührlich. Deswegen wünsche die Kommission, daß
für den Fall eintretenden Geldmangels eine weitere Zubuße genehmigt werde.
     Bertuch ergänzt die auszuführenden Arbeiten und Maßnahmen um

Fortführung der Erzförderung in stärkster Belegung,
Bereitstellung von Reserveteilen für Maschinen, an denen häufig Stillstände eintreten,
Wiederherstellung des mittleren Freibacher Teiches für Zwecke des Holzflößens durch die Kammer mit
der Maßgabe der Wassernutzung durch die Gewerkschaft in trocknen Zeiten gegen billige Berechnung,
Fertigstellung der schon im Vorjahr beschlossenen Bilanz, damit man den Wert der Hypothek, die das
Bergwerk gewähre, erkennen könne,
Eintreibung der restierenden Zubußen und Aussetzung der Kaduzierung bis Michaelis 1795.[164]

Es überrascht, daß der Vorschlag, die Erzförderung in stärkster Belegung fortzu-
führen, von Bertuch namens der Deputierten und nicht von Voigt namens der
Kommission vorgebracht wurde. Möglicherweise hat Voigt die Nennung dieser
Arbeit, von deren Notwendigkeit er nicht weniger überzeugt gewesen sein muß als
Bertuch, die aber mit den vorhandenen Mitteln schon gar nicht zu finanzieren war,
Bertuch überlassen wollen, um die Deputierten dadurch stärker in die Pflicht zur
Genehmigung einer Zubuße zu nehmen.
     Grundsätzlich hat Voigt gegen das Vorbringen Bertuchs nichts einzuwenden. Er
erneuert aber den Wunsch, einen weiteren Fonds zur Verfügung gestellt zu bekommen. Osann und Seidel stimmen dem zu. Die übrigen Deputierten – sie vertreten
zusammen mit Bertuch die Mehrheit der Kuxe – befürchten nachteilige Auswirkun-
gen auf den Kredit des Werks, wenn schon jetzt eine neue Zubuße beschlossen
werde. Sie bitten, damit zu warten, bis zu übersehen sei, in welchem Umfang noch
mit Resten alter Zubußen gerechnet werden könne. Trotz des höflichen Tenors: der
Antrag der Kommission verfällt der Ablehnung.
     Am Nachmittag des 22. Juni informieren sich die Deputierten weiter. Um 18 Uhr
kommt man wieder zusammen. Die Deputierten wünschen die Vergrößerung des
Schachtsumpfes, um das gefährliche Ansteigen des Wassers bei kleineren Störungen
der Kunstzeuge zurückzuhalten. Außerdem regen sie an, daß monatliche Berichte

---

164 Im Protokoll der Konferenz vom 5. 9. 1795 mit Bergrat Voigt, dem Bergmeister und dem Einfahrer
wird Goethe festhalten: *Ist der eingereichte Auswurf der Bedürfniße biß Michael auf genauste nochmals
durchzugehen und bey der Comm. einzureichen, auch der Betrag der Rückstände zu bemercken* (BG 4, 176).

über den Fortgang auf dem Werk abgefaßt und wenigstens bei den Weimarer Deputierten in Umlauf gesetzt werden.

Das Conclusum, das noch am Abend verabschiedet wird, faßt die Punkte, über die Konsens bestand, zusammen. Sie brauchen hier nicht wiederholt zu werden. Wegen der Aufbringung der benötigten Geldmittel wird die Kommission zunächst beauftragt, die Ursachen der restierenden Zahlungen zu erforschen und nach Michaelis die Kaduzierung der Kuxe derjenigen Gewerken, die ohne Grund im Rückstand seien, zu verfügen. Zwischen Michaelis und Weihnachten möge die Kommission mit den inländischen Deputierten beraten, ob mit dem zu erwartenden Gelde bis zur Erlangung von Einkünften aus den erschmolzenen Metallen auszukommen sei und was danach zu geschehen habe.

Nach beendetem Gewerkentag trifft noch spät am Abend Bergrat und Oberbergmeister Gerhard aus Rotenburg, der Vertreter der Berliner Gewerken, zusammen mit Bergrat La Roche aus Schönebeck[165] ein. Sie erhalten im Beisein von Bergrat J. C. W. Voigt alle Auskünfte über Verhandlungen und Ergebnisse der beiden verflossenen Tage. Gerhard will sich am nächsten Tag auf dem Werk umsehen, besondere Feststellungen zu Papier bringen und auf der Rückreise in Weimar mit der Kommission darüber konferieren.

Seine Eindrücke, Meinungen und Wünsche faßt Gerhard im Schreiben an die Kommission vom 23. Juni zusammen (B 16350/208, Bl. 64–67). Jährlich stattfindende Gewerkentage, schreibt er dort, seien zu viel. Da Bertuch und Osann als Generalbevollmächtigte eingeschaltet seien, genüge ein Zweijahresturnus. Den Bevollmächtigten sei alle Vierteljahre schriftlich Bericht zu erstatten. Ebenso sei ihnen ein Riß der Baue auf dem Flöz auszuhändigen, der alle zwei Jahre nachgetragen werden müsse. Weiterhin möge die Kommission den Bevollmächtigten die Beratungspunkte der Gewerkentage vorher zusenden. Unter einer ganzen Reihe von Punkten, die die Ausführung der Untertagearbeit betreffen, verdient hier der Gerhardsche Wunsch Erwähnung, mit den Auffahrungen so schnell wie möglich das aufsteigende Flöz zu erreichen. Im Auftrag der Kommission nimmt Bergrat Voigt schriftlich Stellung zu dem Gerhardschen Vorbringen (ebd., Bl. 58–60). Über die Besprechung Gerhards in Weimar konnte nichts ermittelt werden.

Goethe verläßt die Residenzstadt am 29. 6. 1795. Er bleibt drei Tage in Jena und bricht am 2. Juli zur Kur nach Karlsbad auf. Wenige Tage vor seiner Abreise schreibt er dem Kollegen: *Dürfte ich um Mittheilung der Krusischen Anmerkungen bitten, die er in den Sessionen aufgezeichnet hat; ich wollte alsdann sogleich das Schema zu den Protokollen machen.*

---

[165] Carl von La Roche, geboren 1766, war Sohn von Sophie la Roche und Onkel von Bettina von Arnim, geb. von Brentano. Er wurde ein bekannter Salinenfachmann. Die preußische Saline Schönebeck südlich von Magdeburg war eine seiner ersten beruflichen Stationen.

Auch C. G. Voigt bleibt nicht in Weimar. Anfang Juli geht er nach Dresden, wo er einige offizielle Visiten absolviert. Nebenher besucht er auch Freiberg und besichtigt die Gruben Kurprinz und Halsbrücke und die nahebei gelegene Amalgamieranstalt. Er trifft Berghauptmann von Charpentier und Bergkommissionsrat Werner und berichtet am 17. Juli Goethe: „Ich bin von meinem dortigen Aufenthalt sehr zufrieden und denke nicht, daß wir wieder Schwürigkeit haben sollen, wenn wir irgend dorther etwas brauchen sollten" (G–V 1, 193).

Voigt kehrt Ende Juli wieder zurück, Goethe 14 Tage später. In Ilmenau geht indessen das Poch- und Waschwerk seiner Vollendung entgegen. Die beiden Kollegen bereiten sich darauf vor, die Anlage Ende des Monats zu inspizieren. Goethe stellt am 24. und am 27. August die Punkte zusammen, denen die Aufmerksamkeit der Kommission bei dieser Expedition gelten soll. Es sind 22 Punkte, die den Schacht und die Grubenbaue, und 23 Punkte, die das Poch- und Waschwerk betreffen. Zu jedem einzelnen Punkt wird er in Ilmenau die zugehörigen Beobachtungen und deren Folgerungen notieren (B 16077a, Bl. 17–24).[166]

Die beiden Kollegen treffen am 25. August in Ilmenau ein. Der Herzog sandte am 28. August Grüße: „Zur Expedition in Illmenau wünsche ich Glück und gutes Wetter, was giebt's denn dorten?" (G–CA 1, 200) Voigt muß am 30. August wieder nach Weimar zurück, während Goethe bis zum 5. September bleibt. Trotz Fehlens der Kommissionsakten sind wir über die Vorfälle dieses Aufenthalts vergleichsweise gut unterrichtet. Neben der Goetheschen Punktation hilft am meisten ein zusammenfassender Bericht der Kommisssion vom 1. Oktober, der zur Unterrichtung des Herzogs und der Bevollmächtigten dient (B 16040, Bl. 392–397' f.). Da einige Wendungen und Formulierungen dieses Berichtes wörtlich übereinstimmen mit Formulierungen des Goetheschen Briefes an C. G. Voigt vom 2. September, dürfte die Urheberschaft Goethes gesichert sein. Außerdem ist das Protokoll einer Konferenz überliefert, die Goethe noch am 5. September mit den Ilmenauer Bedienten gehalten hat (GSA 62/18; BG 4, 174–176).

Das Pochwerk war mit sechs Stempeln ausgestattet.[167] Es setzte mehr Haufwerk durch, als in der Wäsche verarbeitet werden konnte. Dort waren zwei Stoßherde in

---

[166] Die Punktationen umfassen zehn größtenteils eng beschriebene Seiten. Sie stellen einen bedeutenden Nachweis des Goetheschen Wirkens in der Bergwerkskommission nach der Wiederaufnahme des Betriebs im Jahre 1784 dar. Die Punktationen liegen nicht gedruckt vor. J. Voigt erwähnt sie nur in einem kurzen Satz (S. 243). Ihr Inhalt wird in den beiden folgenden Kapiteln verwertet. Die vollständige Transkription ist auch im Rahmen dieser Arbeit nicht möglich. – WA II 13 bringt auf den Seiten 354 und 355 eine Punktation Goethes wesentlich geringeren Umfangs. In LA I 1 ist sie mit dem Titel *Inspektion des Ilmenauer Bergwerks* auf den Seiten 225 und 226 zwischen dem 12. 4. 1793 und dem 9. 12. 1793 eingeordnet. Verschiedene Zusammenhänge, auf die noch eingegangen werden wird, erweisen diese Punktation jedoch als Vorarbeit zu den beiden größeren Punktationen Goethes vom August 1795. Sie kann somit nur kurze Zeit vor diesen entstanden sein.

[167] In den Angaben zum Poch- und Waschwerk stimmen die Vorarbeit Goethes (LA I 1, 226) und seine Punktation vom 27. 8. 1795 besonders gut überein.

Betrieb, deren Fahrweise aber noch optimiert werden mußte. Für die zäheren Schlämme war ein Rührwerk in Vorbereitung. In der Hütte sollte ein Röstofen errichtet werden.

Die noch sehr unbefriedigenden Ergebnisse des Waschens ließen das für den Monat Dezember vorgesehene Schmelzen nicht zu. Es sei vorauszusehen, so schreibt Goethe am 2. September an C. G. Voigt, *daß sowohl Wäschen als Schmelzen nicht Proben des Ertrags, sondern nur Proben der Behandlung seyn werden.* Voigt erwidert am 3. September: „Daß Ihnen alles Vertrauen auf die Aufbereitung unsres Sand- und Schalerzes hinfällt, ist mir desto betrübter, weil ich so sehr gewohnt bin, daß Sie sich nicht obenhin, sondern von Grund aus zu dezidieren pflegen ⟨...⟩ Ich bin verlänglich auf den weitern Plan, den Sie im Sinne haben, den ich freilich wohl in etwas ahnde, nämlich – mit guter Muße aufzubereiten zum Schlich und so frisch als möglich dem bezauberten Rücken zuzueilen??" (G–V 1, 201).

Nach der Abreise Voigts befuhr Goethe – wohl nur in Begleitung der Ilmenauer Bedienten – den Johannes-Schacht und die Grubenbaue. An einer kritischen Stelle des Martinrodaer Stollens ordnete er eine Umfahrung, einen Umbruch an.[168] Im Tiefsten der Grube war die Erweiterung des Schachtsumpfes noch nicht in Angriff genommen. Das Carl-August-Ort war 100 m weit vorgerückt. Es war mit 6 Mann belegt. In den Streben arbeiteten 20 Mann.

C. G. Voigt setzt sich in Weimar sofort wieder ein. Er unterrichtet Goethe am 31. August: „Heutigen Vormittag habe ich erst den Herrn Legationsrat Bertuch allein und nachmittags zugleich mit Herrn Rentsekretär Seidel bei mir gehabt und nach beiliegendem Entwurf mit ihnen konferiert ⟨...⟩ Ich denke, daß alles zu unsrer Absicht sich hinneigen wird, besonders weil Herr Seidel die Sache nicht allein verständig, sondern auch klug betrachtet. – Ich hoffe, daß er morgen nebst Vent und Steiner zu Ihnen kommen wird ⟨..⟩ – Das Geldnegoziieren will ich mir indes angelegen sein lassen ⟨...⟩ – Der Unterschied des Aufwandes, wenn der Schacht, auch nur mit einem Orte, fortgeht, wird leicht zu berechnen sein" (G–V 1, 198).

Goethe antwortete am 2. September: *Die Gesellschaft Rathgeber ist gestern ange-kommen ⟨...⟩ Vent werde ich gleich mit nach den Freybächen nehmen ⟨...⟩ Daß Seidel mitkommt ist mir sehr angenehm, er kann meine Vorarbeiten durchgehen und noch einiges nachtragen, indeß ich die Zeit anders anwende. Ich habe Sie in diesen Tagen sehr vermißt, es ist ein böses Geschäft diese Danaiden Familie zu kontrolliren, doch bin ich ziemlich aufs Klare ⟨...⟩ Vielleicht nehmen unsre Entschließungen eine*

---

[168] Bei einem Gewitterregen war Wasser in eine Kalkschlotte eingedrungen und hatte den Stollen zugeschlämmt. Die Stelle ist auf der Schreiberschen Bergwerkskarte unter der Nummer 15 eingetragen. Der angeordnete Umbruch wird in den Akten noch einige Male erwähnt (s. auch BG IV, 175). Auch er ist ein Indiz für die oben vorgenommene Datierung der Goetheschen Merkpunkte (LA I 1, 225). – Das Original mit den Merkpunkten ist überliefert (GSA 26/LXIV, 3,2). Das Blatt enthält außerdem zwei Handskizzen Goethes, die ebenfalls den Stollen mit dem Umbruch darstellen. Die Deutung der Skizze auf der Rückseite des Blattes in Corpus V b, 82, dürfte nicht zutreffen.

andere Richtung ⟨...⟩ Daß Bertuch und Seidel das C. A. Ort wollen fortgetrieben haben ist sehr gut und wir wollen unsre Plane darnach richten.

Als vordringliches Ziel hatten Kommission, Deputierte und Bergbauamt die weitere untertägige Aufklärung erkannt. *Alles ja alles kommt auf ansehnliche Verbesserung der Anbrüche an, man hat das lange gesagt, aber ich möchte sagen: man hat sichs noch nicht genug gesagt,* schrieb Goethe dazu in obigem Brief.

Obwohl die Stelle, an der man das aufsteigende Flöz vermutet hatte, schon lange überfahren war, wollte man es immer noch erreichen, vermutete man immer noch dort die besseren Anbrüche. Das Carl-August-Ort war am weitesten vorangekommen. In den letzten Monaten des Jahres sollte wenigstens dieses Ort weitergetrieben werden. Dem Bericht an den Herzog und die Deputierten vom 1. Oktober entnehmen wir jedoch, daß Geldmangel auch das verhindert hat. Ende September wurden alle Auffahrungen eingestellt. Goethe mußte noch kurz zuvor bei C. G. Voigt anmahnen: *Zugleich wollte ich bemerken, daß die Ilmenauer noch keine Verordnung haben mit Michael den Grubenbau zu sistiren* (WA IV 18, 69). Das Poch- und Waschwerk blieb in Betrieb.

Zur Finanzierung der Arbeiten des Jahres 1796 wurden zwei Zubußen zu je 6 Rtlr beschlossen. Die erste war zu Weihnachten 1795, die zweite zu Johannis 1796 fällig. Mit dem eingehenden Geld sollten alle drei Örter, nämlich Carl-August-, Luisen- und Prinz-Bernhard-Ort, dem „Rücken" entgegengetrieben, die Poch- und Wascharbeit verbessert und die Schmelzmethode weiterentwickelt werden.

Der Bericht vom 1. 10. 1795 geht auch auf die Schwierigkeiten ein, eine Bilanz aufzustellen. Für Vermögensgegenstände, die während der jetzigen Betriebsperiode angeschafft worden waren, wie Schacht, Treibwerk und Pumpenkünste, konnten Herstellungskosten als Wertansatz gelten. Für ältere Objekte, wie Stollen, Graben, Hütte und Zechenhaus fehlte jeglicher Anhalt. Auch der Wert der Berechtsame war nicht zu schätzen.

Ein letzter Beschluß betraf die ausstehenden Zubußen: Kuxe, für die bisher ausgeschriebene Beträge Ende des Jahres 1795 noch ausstehen werden, sollen kaduziert werden.

C. G. Voigt gedachte Ende September des Goetheschen Einsatzes während dieser Tage: „Ich statte verbindlichen Dank ab für viele Bemühung in der ⟨...⟩ Bergwerkssache" (G–V 1, 203).

Goethe hatte seinen sechsjährigen Sohn August mit nach Ilmenau genommen. Am 3. September fand das Ilmenauer Bergfest[169] statt. Am Vortag schrieb der Vater an Christiane Vulpius: *Der Kleine ist gar zu artig ⟨...⟩ Ich hab ihm einen Berghabit machen lassen und morgen da die Bergleute einen Aufzug haben soll*

---

[169] Das Ilmenauer Bergfest wurde seit Anfang des 18. Jahrhunderts alljährlich an Fastnachtdienstag gefeiert. Am 3. 9. 1792, dem Tag, an dem das Flöz angehauen worden war, hatten in Ilmenau große Feierlichkeiten stattgefunden. Seitdem wurde das Bergfest in Erinnerung an das glückliche Ereignis jeweils am 3. September gefeiert (B 16302, Bl. 287 u. 290). Daß dieser Tag zugleich der Geburtstag von

er mit gehen. Das macht ihm großen Spas aber in die Kirche will er nicht mit hinein. Und in dem Brief an C. G. Voigt vom selben Tag fügt er der entsprechenden Passage hinzu: *Es scheint das entschiedne Heidenthum erbt auf ihn fort.*

Zwei Briefe Voigts – von Ende September und vom 2. Oktober – lassen erkennen, daß Goethe vorhatte, Anfang Oktober 1795 wieder nach Ilmenau zu gehen (G–V 1, 202 f.). Ein Auftrag des Herzogs hielt ihn davon ab (WA I 35, 43). Die nächsten Monate sind geprägt von der Geldnot in Ilmenau. Anfang Oktober muß sogar eine fällige Lohnzahlung um acht Tage verschoben werden (G–V 1, 203).

Obwohl die Darlehen des Jahres 1795 nicht vom Herzog garantiert, sondern durch die Hypothek des Bergwerks gesichert sind, will Voigt „ein Approbatorium auswirken, damit wir doch in der Form immer gedeckt sein mögen" (G–V 1, 208). Als Reaktion hierauf verlangt Herzog Carl August am 13. November Rechenschaft über die Verwendung der aufgenommenen Gelder (B 16279, Bl. 31). Man beschließt, Kammerarchivar Kruse Anfang Dezember nach Ilmenau zu entsenden. Goethe schreibt dazu: *Übrigens meditire ich ein Schema zur Instrucktion. Man kan das Anhalten an die letzte Verordnung nehmen die ich in Ilmenau hinterlies ⟨...⟩ Ich hoffe viel gutes von dieser Expedition* (WA IV 10, 133; zur Datierung s. G–V 1, 211 u. 482). Die Instruktion vom 5. Dezember ist, mit den Paraphen von Goethe und Voigt versehen, überliefert, ebenso der Bericht Kruses vom 9. Dezember (B 16279, Bl. 58 u. 69).

Am 29. Dezember erhält das Bergbauamt Weisung, sobald genügend Geld eingegangen sei, die Wiedergewältigung vorzunehmen und bei Erreichen des Tiefsten den Sumpf unter dem Schacht zu vergrößern. Zugleich habe das Amt zu berichten, ob nur das Carl-August-Ort oder alle drei Örter zugleich vorgetrieben werden sollen. Auch wird um Stellungnahme gebeten, ob das Versuchsort aus der 2. Radstube statt wie bisher mit Bittschichten[170] künftig mit regulären Schichten betrieben werden soll (ebd., Bl. 96). Schließlich will man wissen, ob bei dem Umbruch auf dem Martinrodaer Stollen, den Goethe Ende August angeordnet hatte und für den im Jahre 1796 Kosten in Höhe von 890 Rtlr vorgesehen waren, durch geringere Belegung etwa 300 Rtlr eingespart werden könnten.

In seiner Antwort vom 16. 1. 1796 schlägt das Bergbauamt vor, alle drei Örter zu betreiben. Es habe große bergmännische Vorteile, mit mehreren Örtern zugleich am „Rücken" anzukommen. Da die Kosten der Wasserhaltung mit 236 Rtlr je Quartal in jedem Fall aufzubringen seien und die Kosten eines Ortes 130 Rtlr je Quartal betrügen, sei der Unterschied so groß nicht, ob nun nur ein, oder mehrere Örter

---

Herzog Carl August war, war Zufall (s. dazu Kapitel 2.2). Das Zusammentreffen hat dem Fest aber eine zusätzliche Bedeutung verliehen.

[170] Bittschichten waren die frühe Form der Mehrarbeit. Sie wurden außerhalb der regulären Schichtzeit verfahren.

zugleich aufgefahren würden.[171] Im Schwingenort sei man durch Bittschichten 4 m vorangekommen. Wie weit der „Rücken" noch entfernt sei, könne nicht gesagt werden. Der Umbruch auf dem Stollen müsse wie bisher belegt bleiben. Allenfalls könne das benötigte Holz von der Kammer auf Kredit bezogen werden (ebd., Bl. 106).

Hüttenmeister Schrader war von der Kommission für einige Wochen zum Harz entsandt worden, damit er sich auf der Altenauer Hütte mit dem Reicherz- und Schlichschmelzen vertraut machen könne. Über seine Beobachtungen legte er am 19. 12. 1795 einen umfangreichen Bericht vor (B 16279, Bl. 133–143). Sein endgültiges Gutachten über die künftige Ilmenauer Schmelzmethode ist vom 10. 2. 1796 (ebd., 150–156). Goethe nahm es Ende April 1796 zur Durchsicht mit nach Jena (WA IV 11, 59).

Die Aufsicht über das Schmelzen auf der Tagschicht wollte Schrader selbst übernehmen. Zur Beaufsichtigung der Nachtschicht bat er, den Hüttenschreiber C. C. Schreiber einzusetzen. Der Sohn des Bergmeisters J. G. Schreiber hatte nach Beendigung des Versuchsschmelzens in Ilmenau Ende 1793 zwei Jahre lang praktische Kenntnisse in der Bleiarbeit auf der Lautenthaler Hütte im Harz erworben und war dann nach Ilmenau zurückgekehrt. Dort war ihm die Aufsicht über die Poch- und Wascharbeit übertragen worden.

C. G. Voigt berichtet Goethe am 27. Februar: „In 14 Tagen wird man in Ilmenau nichts mehr zu waschen haben" (G–V 1, 223). Mit einem Anflug von Fatalismus erwidert Goethe am 7. März: *Da man keinen Vorrath zum Pochen mehr hat; so müssen also wohl die großen ehemals als Vorrath angegebenen Haufen gänzlich vor unnütz erklärt worden seyn.* Vorher, am 3. März, hatte er geschrieben: *leider sieht die Unternehmung einer auslöschenden Lampe immer ähnlicher.*

Die Lage ist in der Tat verzweifelt. Die Wirkung der mit hohem Aufwand errichteten Wäsche ist unbefriedigend. Nun muß sie stillgesetzt werden, weil Erzvorräte nicht mehr vorhanden sind. Neue Erzmengen können nicht gewonnen werden, weil die Zubußen so schleppend eingehen, daß noch nicht einmal mit der Gewältigung des Schachtes begonnen werden kann. Um das Werk nicht in gänzliche Untätigkeit fallen zu lassen, verfügt die Kommission am 23. März die reguläre Belegung des Ortes aus der 2. Radstube (B 16279, Bl. 167).

In seinem Brief vom 7. März hatte Goethe auch nach dem Geldeingang gefragt. Er ist so unbefriedigend, daß Voigt trotz der enttäuschenden Antwort aus Berlin vom März des Jahres 1795 nun keinen anderen Rat weiß, als dort noch einmal einen

---

[171] Das Bergbauamt wäre berechtigt gewesen, den Kosten der Wasserhaltung auch die sonstigen Kosten (Graben, Stollen, Treibhaus, Treibwerk und Gehälter der Bedienten) zuzuschlagen. Sie waren typische Fixkosten, d. h. die Aufwendungen waren unabhängig davon, ob die Grube belegt war oder nicht. P. F. Seidel hatte sie im Dezember 1794 durchaus in diesem Sinne mit 3200 Rtlr je Jahr in seine Berechnungen eingestellt.

Versuch zu wagen: „Bertuch muß insonderheit den Ephraim und Itzig noch einmal anstoßen" (G–V 1, 229). Aber – die Dramatik könnte kaum größer sei – am 13. März bricht in Berlin das Bankhaus Itzig zusammen (Schnee, 173). Der Konkurs erschüttert die Berliner Finanzwelt. Auch diese letzte Hoffnung, Fremdkapital heranzuziehen, muß begraben werden.

Nun muß eine Konferenz mit den Deputierten gehalten werden. Dazu will man die Rückkehr des abwesenden Bertuch abwarten. Goethe schreibt am 25. März an Voigt: *Sie haben ja wohl die Güte eine Bergwercks Besprechung vorzubereiten* (WA IV 11, 51; zur Datierung s. G–V 1, 241 u. 493). Er selbst wurde von *theatralischen Abenteuern* abgehalten. Am 30. März legt Voigt eine Liste mit den Besprechungs-punkten vor und vermerkt dazu: »Ich will aber bedacht sein, daß alles nur delibera-torisch sei und nichts ohne Dero Entscheidung konkludiert werde. Vielleicht daß man doch alsdann in Dero Gegenwart noch ein wenig über die Sache spricht und sich dezidiert" (G–V 1, 242f.).

Die Konferenz findet am 31. März in Gegenwart von Bertuch und Osann statt. Das Protokoll weist aus, daß die zu Weihnachten fällig gewesene Zubuße von 6 Rtlr je Kux nur für 166 Kuxe bezahlt war. Wenn der Schacht gewältigt und das Flöz belegt werden sollen, sei damit Johannis, der Termin der nächsten Zubuße, nicht zu erreichen. Beide Deputierte votieren für eine baldige Kaduzierung der Kuxe mit re-stierenden Zubußen, da nur so die Beträge ermittelt werden könnten, mit denen noch sicher gerechnet werden könne (B 16279, Bl. 174). Am gleichen Tag ergeht eine Ankündigung, in der der 2. Mai zum Kaduzierungstermin bestimmt wird (B 16072 m, Bl. 94).

Mitte April fragt Goethe voller Ungeduld bei C. G. Voigt an: *Es wäre vor allem nöthig zu wissen wie unsre Bergwercks Kasse beschaffen ist und ob wir anfangen könnten zu gewältigen* (WA IV 11, 52). Jedoch, der Kaduzierungstermin verstreicht, ohne daß die Gewerken sich bekehren. Voigt unterrichtet Goethe am 9. Mai: „Bertuch verlangt, daß nun etwas Strenges geschehn müßte. Osann akkusiert alle mögliche contumacias, während die vortrefflichen Herrn Deputierten zu Ilmenau ihr Zeter über die Kaduzität ausschreien" (G–V 1, 247).

Den Berliner Gewerken war das Avertissement vom 31. März über Bergrat Gerhard, Rotenburg, zugeleitet worden. C. G. Voigt hatte wegen der Kaduzierung selbst nach Berlin geschrieben, von dort aber keine Antwort erhalten (G–V 1, 240). Am 4. Juni meldet er Goethe, der sich von Ende April ab auf die Dauer von sechs Wochen in Jena aufhielt: „Die Berliner Gewerken haben ihre desideria nun in einem förmlichen Memorial vorgelegt, ziemlich nach Rosenstiels Ideen" (G–V 1, 262).

P. F. Rosenstiel hatte C. G. Voigt mit Begleitschreiben vom 24.5.1796 eine geharnischte Beschwerde seiner Berliner Mitgewerken übersandt, die diese schon unter dem 11.1.1796 ausgefertigt hatten. Sie trug elf Unterschriften, an erster Stelle die von Rosenstiel, auch die von Ephraim und Itzig. In dem Schreiben wird Klage darüber geführt, daß auf dem Bergwerk viele wichtige Vorkehrungen teils ganz unterblieben, teils „sehr langsam und schläfrig" veranstaltet worden seien. Dadurch sei ein Mißverhältnis entstanden zwischen dem allgemeinen Aufwand und dem, was zur Erreichung der gesteckten Ziele tatsächlich geleistet worden sei. Die Gewerken beantragen, sowohl die Örter schwunghaft zu dem „Rücken" vorzutreiben, als auch die Vorbereitungen für erneute Schmelzversuche schleunigst zu treffen. Außerdem seien die schon vor langer Zeit verlangte Bilanz und ein Betriebs- und Haushaltplan anzufertigen, auf dessen Ausführung das Bergbauamt verpflichtet werden müsse. Werde dies nicht erfüllt, so sähen sich die Berliner Gewerken veranlaßt, „einen tüchtigen Bergverständigen, von Thätigkeit, Entschlossenheit und geprüfter Rechtschaffenheit aufzusuchen, und zur Anstellung in Ilmenau in Vorschlag zu bringen" (B 16279, Bl. 250).

Rosenstiel mag das Schreiben so lange zurückgehalten haben, weil auch ihm bekannt gewesen sein muß, daß zur Erfüllung der aufgestellten Forderungen in erster Linie Geld gehörte. Nun, Ende Mai, war wieder ein kleiner Geldvorrat zusammengekommen. Rosenstiel kann konkreter werden. Im Begleitschreiben regt er an, durch das Bergbauamt einen Betriebsplan aufstellen zu lassen, der die in der zweiten Jahreshälfte auszuführenden Arbeiten enthalten müsse. Seine Einhaltung sei dem Amt, das den Generaldeputierten monatlich darüber Bericht zu erstatten habe, zur Pflicht zu machen. Ende des Jahres habe das Bergbauamt der Kommission zu beweisen, daß der Betrieb dem Plan entsprechend zweckmäßig und tätig geführt worden sei. Andernfalls werde die Anstellung eines fremden Offizianten notwendig. Eine Kopie dieser Erklärung wolle er, Rosenstiel, auch an Bertuch und Osann senden. Er sei überzeugt, diese stimmten in den vorgebrachten Klagen über die Vergangenheit und in den Wünschen für die Zukunft mit ihm überein. Die Berliner Gewerken erwarteten von der Bergwerkskommission, „gegen welche das Vertrauen der Gewerkschaft unbegränzt ist, ⟨...⟩ die Erfüllung dieser Bitten und die baldige Hinführung zum Ziel ihrer langgenährten Hoffnungen" (ebd., Bl. 249).

Goethe und Voigt einigen sich darauf, zunächst Kriegssekretär Seeger, den gewerkschaftlichen Rechnungsführer, und Kammerarchivar Kruse nach Ilmenau zu entsenden. Die Emissäre werden instruiert, die Gewerkenbücher auf ausstehende Zubußreste zu kontrollieren, damit Kaduzierungen desto sicherer vorgenommen werden könnten. Sie haben weiter mit Bergmeister Schreiber und Einfahrer Schreiber die Bilanz und mit ihnen und mit Bergrat Voigt den Betriebsplan aufzustellen (ebd., Bl. 264).

Seeger und Kruse sind am 18. Juni wieder in Weimar. Die Bilanz, die sie mitbringen, weist per 30. 6. 1796 Aktiva in Höhe von 61 787 Rtlr aus, darunter der Schacht mit 10 000, der Stollen mit 24 000 und die Kunstzeuge mit 12 000 Rtlr. Ihnen stehen Passiva gegenüber in Höhe von 15 358 Rtlr, davon 12 737 Rtlr Darlehen und 2621 Rtlr Schulden aus Holzlieferungen. Die Aktiva übersteigen die Passiva um 46 429 Rtlr (GSA 06/ 2555). Summiert man die Zahlungen, die die Gewerken bis zu diesem Zeitpunkt geleistet hatten, so kommt man zu einem Betrag in gleicher Höhe

(Eberhardt, 60f.). Mit anderen Worten: Der Saldo der Bilanz stellt das eingezahlte „Eigenkapital" dar. Daraus ist zu folgern, daß die eingesetzten Vermögenswerte weder Herstellungskosten noch Handelswerte darstellten, sondern so gewählt wurden, daß ihre Summe nach Abzug der Schulden den Einzahlungen der Gewerken entsprachen. Man versteht nun, warum die Aufstellung der Bilanz so lange Zeit in Anspruch nahm. Schließlich war schon auf dem Gewerkentag vom April 1794 „ein Status activorum et passivorum der Gewerkschaft, und eine darauf zu gründende Bilance des gewerkschaftl. Vermögens" gefordert worden.

Der Betriebsplan des Bergrats vom 18. 6. 1796 sieht die Belegung von zwei Örtern während des 2. Halbjahrs und Pochen und Waschen des gewonnenen Haufwerks während der letzten zwölf Wochen des Jahres vor. Einschließlich der Kosten der Wasserhaltung und der Herstellung des Schachtsumpfes sind dafür 1896 Rtlr auszugeben. Einen Ansatz für die allgemeinen Kosten macht J. C. W. Voigt nicht. Der Betriebsplan sieht ein erneutes Schmelzen für den Herbst vor (ebd., Bl. 266ff.).

Bergrat Voigt und Einfahrer Schreiber kommen am 1. Juli nach Weimar. Die Kommission hält am Tag danach eine erste Konferenz mit den Deputierten ab. Die *Ilmenauer Ankömmlinge* sind dabei zugegegen. Am 3. Juli sind sie allein bei Goethe, am 4. ist erneut Konferenz, am 5. spricht Goethe mit Seidel über das Bergwerk, und am 6. findet die dritte Session statt (WA III 2, 45). Die Akten enthalten nur den Entwurf eines Vortrags, den Goethe am 6. Juli gehalten hat. Dort heißt es: *Die Frage, die wir an die Natur zu tun haben, kann bloß dadurch beantwortet werden, daß wir uns dem Rücken nähern und denselben erreichen; die mechanischen Mittel hierzu sind im besten Stande; das teils vorrätige, teils nächstens zu hoffende Geld wird hinreichen, bis Weihnachten die nötigen Arbeiten zu verrichten, und unsere fernern Überlegungen werden zum Zwecke haben, eine weitere Tätigkeit möglich zu machen. – Es wird daher der Sache am angemessensten sein, ⟨...⟩ wegen des Angriffs eine Verordnung an das Bergbauamt zu geben.* Die bisher schon üblichen wöchentlichen Betriebsberichte und monatlichen Kostenauszüge seien genauestens fortzuführen, um Kommission und Deputierte in ständiger Kenntnis über den Zustand des Werks zu halten. Außerdem seien fortan monatliche Sessionen abzuhalten, auf denen alle Eingaben durchzugehen und zu beurteilen seien, *denn es kann niemand verborgen bleiben, daß, bei der im Grunde nicht ungünstigen Lage des Werks, alle Kräfte gemeinschaftlich aufzubieten sind, um die Ehre desselben aufrecht zu erhalten und seine Existenz zu sichern* (zit. nach LA I 1, 250f.).

Bergrat Voigt und Einfahrer Schreiber werden noch am gleichen Tag nach Ilmenau entlassen. Am Tag danach, dem 7. Juli, ergeht die angekündigte Verordnung, den Schacht zu gewältigen und Carl-August- und Luisen-Ort in der bisherigen Richtung nach dem Aufsteigen des Flözes fortzutreiben (B 16283, Bl. 5f.).

Die vierte Session faßt am 15. 7. 1796 Beschlüsse, über die Goethe eine Niederschrift angefertigt hat (LA I 1, 251f.):

1. Zur Fortsetzung des Werkes über das Jahr 1796 hinaus werden zwei Zubußen zu je 6 Rtlr je Kux, fällig an Weihnachten 1796 und an Johannis 1797, erhoben,
2. der verflossene Johannes-Termin ist beizutreiben,
3. die Kaduzierung ist vorzunehmen, wobei
4. die jetzt nicht repräsentierten Kuxe noch einmal geschont werden sollen,
5. fünfzig schon früher kaduzierte Kuxe werden gegen den Betrag der letzten beiden Zubußen – gegen 12 Rtlr also – erneut ausgegeben,
6. für den Fall nicht rechtzeitig eingehender Kuxgelder ist der Herzog um die Garantie für ein Darlehen anzugehen.

C. G. Voigt wird noch am Tage der vierten Session zur Begleitung des Herzogs nach Eisenach befohlen. Goethe schickt ihm am 25. Juli einige Bergwerkssachen und schreibt dazu: *Die Gewährscheine haben Sie die Güte mir unterzeichnet zurück zu schicken, ich will sie sodann gleichfalls unterschreiben, besiegeln und mit einer Art von Verordnung an Bertuch, Seidel und den Bergrath abgeben ⟨...⟩ Wenn wir recht thätig sind so wohl mit Anspornen der alten Gewerken, als mit Beyziehung neuer, so hoffe ich sollen wir nicht nöthig haben zuzuschießen.*

Bertuch erhält 15 von Goethe und Voigt unterschriebene Blanko-Kuxscheine mit einem Begleitbrief Goethes: *Nachdem bei der letzten gewerkschaftlichen Zusammenkunft man eine neue Vergewerkung einer Anzahl Kuxe um den Betrag der zwei letzten Termine für rätlich angesehen und Herr Legationsrat Bertuch sich bereitwillig erklärt, eine Anzahl derselben zu gelegentlicher Unterbringung zu übernehmen, als werden demselben hiermit fünfzehn ausgefertigte Gewährscheine zu gestellt, mit dem Ersuchen, zu seiner Zeit sowohl die Namen der Personen, die solche aquiriert bei Fürstl. Commission anzuzeigen als auch das deshalb erlöste Geld an die Casse abzugeben. Weimar den 4. 8. 1796* (Schreiberhand, eigenhändig unterzeichnet; GSA 06/2560; ungedruckt).

Die nächste monatliche Session mit den Deputierten findet am 9. August statt. Ende Juli hatte Goethe erneut einige *Ilmenaviensia* nach Eisenach geschickt und dazu bemerkt: *Das übrige werde ich zu dem berühmten 9. folgenden Monats so gut als möglich vorbereiten, bis dahin hoffe ich, besitzen wir Sie wieder.* Auch Voigt glaubte an seine Rückkehr vor dem 9. August. Er muß jedoch an Goethe schreiben: „Ihro Durchlaucht meinten aber, Sie könnten mich noch nicht entbehren, und trugen mir Komplimente an Euer Hochwohlgeboren auf, indem ich Sie ersuchen sollte, den Monatstag den 9. August zu besorgen" (G–V 1, 290).

Goethe leitet die Session in Abwesenheit von C. G. Voigt. Am 14. August notiert er im Tagebuch: *Promem. wegen Ilmenau* und am 17. schreibt er an C. G. Voigt: *Hierbey folgen die Verordnungen und der Erlaß an die Deputirten.* Nichts davon ist überliefert.

Der Brief Goethes an Voigt vom 22. August enthält einen interessanten Hinweis auf die Kaduzierung, die nun in die Tat umgesetzt wird: *Ich bin sehr für Ihren zweyten Entschluß die Caducität nur simpliciter zu verfügen; wir haben so vielerley Arten die reuigen zu rehabilitieren. Haben Sie nur die Güte, die Nummern, sobald als möglich, mit der von mir zurückgelassnen Erklärung, an die weimarischen benannten Deputirten, vielleicht auch an die ilmenauischen, gelangen zu lassen, damit Sie nur Anlaß haben den Johannistermin beyzutreiben.* [172]

Die nächste gewerkschaftliche Zusammenkunft findet am 13. September statt. Goethe hatte am 5. (oder 6.) September von Jena aus an C. G. Voigt geschrieben: *es wird sich alsdenn ausweisen ob ich zu dem fürtrefflichen Dienstage kommen werde. Sollte ich ausbleiben, so schicke ich einige Notamina über die Proponenda und Resolvenda.* Diese *Notamina* Goethes bergen die einzigen Hinweise auf die Verhandlungen, die C. G. Voigt am 13. September geführt hat.

Wir erfahren, daß sich die Deputierten eine nochmalige Erklärung zu den Beschlüssen vom 15. Juli vorbehalten hatten. Dazu waren sie nun zu hören. Alle Mittel und Wege, die Zahlungen des Johannis-Termins zu beleben, sollten bedacht werden. Goethe wollte das Poch- und Waschwerk wegen Geldmangel weiter ruhen lassen. Für die Ausschreibung des am 15. Juli beschlossenen Weihnachtstermins schien es ihm noch zu früh zu sein; länger als bis Ende Oktober wollte er damit allerdings auch nicht warten. Schließlich sollte etwas über die Aufnahme der erneut auszugebenden Kuxe in Erfahrung gebracht werden (LA I 1, 253).

In Ilmenau war der Schacht am 8. 8. 1796 gewältigt; die beiden Örter werden wieder belegt (B 16283, Bl. 18 u. 22). Übertage hatte sich wieder ein kleiner Sanderzvorrat angesammelt, als Bergrat Voigt Ende August das Poch- und Waschwerk, das seit März stillstand, ohne entsprechende Weisung der Kommission wieder in Betrieb setzen ließ. In seinem Brief an C. G. Voigt vom 11. September reagiert Goethe in scharfer Form darauf: *Daß der Bergrath das Pochen erlaubt hat, ist schon wieder gegen alle Zucht und Ordnung, ich wünschte Sie sagten ihm privatim etwas darüber. Was sollen alle unsere Sessionen und Consultationen, wenn man oben in Ilmenau immer in dem Schlendrian der Insubordination und des unzeitigen Geldausgebens verharren will, und was spielen wir vor wie nach vor eine Figur gegen die Deputirten? Ich hielte deswegen dafür, man untersagte die Pocharbeit sogleich, die wahrscheinlich jetzt nur angefangen worden, weil man einige Leute ernähren will.*

Die beiden Kollegen müssen sich schon vor der Session vom 13. September darauf verständigt haben, hart durchzugreifen; denn Goethe schreibt Voigt am Vortag: *Mit Ilmenau wird es auf die Weise recht gut gehen, sie werden Mores lernen.* Einen Tag nach der Session erläßt C. G. Voigt die Verfügung: „Zugleich wird obgedachtem Berg-Amte anbefohlen, alles Pochen und Waschen der Sanderze sofort einzustellen und dergleichen ohne ausdrückliche Erlaubniß der Commission nicht wieder aufzunehmen" (B 16350/213, Bl. 1).

---

[172] Die Gewerkenbücher weisen aus, daß am 7. 8. 1796 weitere 123 Kuxe kaduziert wurden (B 16350/175–178). Der Termin wurde nicht öffentlich bekanntgegeben, die Kaduzierung lediglich *simpliciter* verfügt. Die Verfügung ist nicht erhalten. In welchem Umfang die Möglichkeit genutzt wurde, *die reuigen zu rehabilitiren*, war nicht zu ermitteln.

Mit ähnlicher Schärfe reagiert Goethe auch auf den Antrag des Bergrats vom 12. September, zur Entlastung der Kunstzeuge Gegengewichte an den Kunststangen anzubringen. Zunächst sagt er am 15. September noch ein wenig einschränkend: *Ich bin vielleicht zu sorglich, aber dieses Geschäft hat uns schon so viel Unannehmlichkeiten gemacht, daß es uns zu verzeihen ist, wenn wir nicht einen Schritt mehr trauen.* Goethe will die Angelegenheit sogar bei der nächsten Zusammenkunft mit den Deputierten beraten: *Ich sehe zwar recht gut, daß diese löblichen Zusammenkünfte uns die Sorge für die Mittel und die Entscheidung in wichtigen Fällen immer auf dem Halse lassen werden; da wir aber einmal diese Herren Conscios und Complices herbeigezogen haben, so ist es doch gut und nöthig, daß man nichts ohne ihre Mitwirkung thue.*

In einem zweiten Brief vom gleichen Tage wird Goethe deutlicher: *Wir kennen leider durch die traurige Erfahrung die Art, wie man oben zu Werke geht, ihre Berathungen sind meist übereilt, ihre Anschläge unzuverlässig, und der Kostenaufwand ist nicht zu übersehen* (B 16283, Bl. 32; WA IV 51, 115).

Wie im nächsten Kapitel gezeigt werden wird, war der Vorschlag des Bergrats in technischer Sicht wohlbegründet. Die Gegengewichte haben sich in der Folge auch sehr bewährt. Goethe verwahrte sich aber dagegen, daß in einem Augenblick größter wirtschaftlicher Anspannung des Werkes eine kostenträchtige Maßnahme ohne ausreichende vorherige Prüfung in großer Eile durchgeführt werden sollte. Er fuhr fort: *Überhaupt seh ich nicht ein, wie eine solche Vorrichtung, da die Maschinen so lange ohne dieselbe gegangen, jetzt auf einmal so ganz unumgänglich nöthig werden soll.*

Nun fallen in Zeiten schlechter Betriebsergebnisse fast immer Schatten auf die Arbeitsweise der Verantwortlichen. Bei den zahlreichen Störungen an den Kunstzeugen, die meist mit empfindlichen Behinderungen des Betriebes verbunden waren, wäre es aber die gemeinsame Pflicht von Bergrat Voigt, dem Subdelegierten der Kommission in Ilmenau, und von Bergmeister Schreiber, dem verantwortlichen Leiter des Bergbauamtes, gewesen, der Kommission schon viel früher die Zweckmäßigkeit der Maßnahme nahezubringen.

Aber – und hier liegt wohl die eigentliche Ursache – das Verhältnis zwischen Bergrat und Bergmeister war nicht gut. Die Spannung zwischen dem ‚Theoretiker‘ und dem ‚Praktiker‘ zu überwinden und in gegenseitiger Ergänzung für das Werk fruchtbar zu machen, wäre in der Anfangszeit der theoretischen Durchdringung des Bergbaus alleine schon schwer genug gewesen. Das Verhältnis war aber weiteren Belastungen ausgesetzt. Der Bergmeister war verantwortlicher Leiter des Bergbauamtes; der Bergrat, Inhaber des höheren Dienstgrades, war ohne eigene Verantwortung nur mit Kontrollbefugnissen ausgestattet. Eine solche Konstellation führt selten zu reibungsloser Zusammenarbeit. Die enge Verbindung des Bergrats nach Weimar – zu seinem Bruder und zu Goethe, der an seinen geologischen Arbeiten regen Anteil nahm – kam erschwerend hinzu. So hat sich eine

Atmosphäre entwickelt, die nicht frei von gegenseitigem Mißtrauen war, die den Meinungsaustausch behindert und auf Dauer zu einer gewissen Resignation des Bergmeisters geführt hat.

Auch wenn in den nächsten Wochen die Behandlung der Gegengewichte breiten Raum einnimmt – der Briefwechsel zwischen Goethe und Voigt und die Akten legen beredtes Zeugnis davon ab –, treten die Bemühungen um die Geldbeschaffung nicht zurück. C. G. Voigt wirkt Ende September auf Bertuch ein, sich auf der Messe in Leipzig bei seinen Geschäftspartnern für die Beibringung des Johannis-Termins und für den Neuverkauf der kaduzierten Kuxe einzusetzen.

Und sicher wird dieses Thema auf der Session mit den Deputierten am 11. 10. 1796 im Vordergrund der Beratungen gestanden haben. Daß sie überhaupt stattgefunden und daß Goethe daran teilgenommen hat, erfahren wir nur aus dessen Tagebuch (WA III 2, 48). Akten und Briefe geben uns keinen Fingerzeig auf den Inhalt der Beratungen.

Im Bericht über die Woche, die mit Sonntag, dem 23. Oktober, zu Ende ging, meldet das Bergbauamt, daß im Carl-August-Ort eine Auffahrlänge von 132 m und im Luisen-Ort eine solche von 118 m erreicht sei. Seit der Wiederbelebung der Örter Mitte August waren in 10 Wochen im Carl-August-Ort 22 m und im Luisen-Ort 25 m aufgefahren worden. Damit konnte man zufrieden sein. J. C. W. Voigt hatte seinem Betriebsplan für jedes Ort eine Wochenauffahrung von 2 m zugrundegelegt.

Aber mit den Auffahrungen war sechs Wochen später begonnen worden, als es dem Betriebsplan entsprach. Die Anbrüche hatten sich nicht verbessert. Und, weit schlimmer noch: Samstag, der 22. Oktober, war der letzte Tag, an dem im Tiefsten gearbeitet werden konnte. Am Abend dieses Tages fiel im Martinrodaer Stollen ein Bruch, der dem hochgepumpten Wasser den Ablauf versperrte. Das Pumpen mußte eingestellt werden. Die Bergleute konnten sich mit knapper Not retten. Flöz und Schacht ersoffen erneut – und dieses Mal für immer.

Nach den vielen Rückschlägen, von denen gerade dieses Kapitel berichtet hat, hätte man erwarten sollen, daß der Bruch im Stollen das Ende des Bergwerks bedeutet hätte. Aber die Kommission gibt nicht auf, und in Ilmenau werden die Bergleute 18 Monate lang darum ringen, den Stollen wieder in befahrbaren Zustand zu bringen. Davon wird noch ausführlich die Rede sein. Doch zunächst gilt es, zwei technische Komplexe aus den Jahren 1792–1796 näher zu betrachten: Die Arbeit der Bergleute im Flöz und die Weiterbehandlung des gewonnenen Haufwerks in Aufbereitung und Hütte.

3.2 Streckenauffahrungen und Abbau

Das Kapitel über das Schachtabteufen wurde abgeschlossen mit einer kurzen Betrachtung über die Stelle, an der das Wasser in den Schacht übertrat. Dort war es in einem Bassin gefaßt worden, aus dem es mit drei Künsten abgepumpt wurde. Die vierte Kunst war in einen kleinen Sumpf im Liegenden des Flözes gerichtet, wo sich das Tropfwasser des Schachtes sammelte. Ende September wurde das erste Ort in südwestlicher Richtung zu dem aufsteigenden Flöz angesetzt.

Als C. G. Voigt den Schacht am 8. 10. 1792 befuhr, stellte er fest, daß die Kunsträder bei 4½ Umdrehungen je Minute sehr leicht gingen. Das Aufschlagwasser wurde in einer hölzernen Rohrleitung, die im Fahrschacht verlegt war, zu dem obersten Rad geführt. Das von einem Rad abfallende Wasser wurde zu dem nächst tieferen geleitet, bis es von dem untersten Rad zum Martinrodaer Stollen ablief. Zwischen Stollen und Bassin, in dem das austretende Gebirgswasser gefaßt wurde, standen 14 vierfache Kunstsätze übereinander. Ein weiterer Satz, der 57., war in den Sumpf im Liegenden des Flözes gerichtet (LA I 1, 219).

Im Tiefsten war das Flöz ringsum freigelegt, ein Ort in südwestlicher Richtung angesetzt. Voigt vermerkt, das Flöz eigne sich sowohl zu Streckenauffahrungen – Voigt nennt sie „Krummhälserarbeit" – als auch zum Verhieb in Streben, in denen das unhaltige Haufwerk versetzt werden könne. Von Zeit zu Zeit müsse eine Bergefeste stehen bleiben (B 16268, Bl. 125–1271).

In seinem Brief an Goethe vom 15. Oktober faßt C. G. Voigt seine Eindrücke zusammen: „Im Winter bleiben die Wetter noch auslangend im Schacht; die Maschinen gehen trefflich, Aufschlagewasser ist übrig da. Also haben wir beschlossen, diesen Winter auszufürdern, was möglich ist, und in allen Gegenden Örter vom Flöz zu treiben, um vielleicht noch reichere Mittel zu treffen ⟨...⟩ – Ich habe das Flöz 4 Stunden lang betrachtet; der Schacht mit den 4 Zeugen bleibt immer ein opus stupendum ⟨...⟩ Das Flöz gibt einen wundersamen Anblick; man sieht die großen Streifen, die sich alle dem Auge unterscheiden, über das Ort hinlaufen. Das Ort, nach dem aufsteigenden Flöz zu, ist 2 Lachter lang und 1 Lachter hoch und tief verhauen" (G–V 1, 84f.).

Dieses Ort erhielt den Namen Carl-August-Ort. Kurze Zeit später wurden vom Schacht aus zwei weitere Örter angesetzt, das Luisen-Ort nach Südosten und das Carl-Friedrich-Ort nach Nordosten. Das Luisen-Ort stieg mit dem Flöz im Verhältnis von ungefähr 1:10 nach Südosten an. Carl-August-Ort und Carl-Friedrich-Ort wurden ungefähr im Streichen des Flözes, das SW – NO gerichtet war, aufgefahren. Geringe Abweichungen von dieser Richtung sollten eine leichte Neigung der Strecken zum Schacht hin bewirken. Auf diese Weise wurden die Arbeiten im Flöz von Behinderungen durch zulaufendes Wasser freigehalten.

Ende des Monats Dezember meldet das Bergbauamt, das Carl-August-Ort sei 22 m und Luisen- und Carl-Friedrich-Ort seien je 14 m weit aufgefahren. Vom

Luisen-Ort zweigt ein weiteres Ort, das Prinz-Bernhard-Ort, in südlicher Richtung ab. Zwischen den Strecken waren Streben entwickelt worden, in denen Hauer Schiefer und Sanderz hereingewinnen. Auf dem Bergwerk arbeiten 56 Mann (B 16350/210, Bl. 10–121).

Nach dem Riß des Geschworenen J. G. Schreiber vom 26. 9. 1780 sollte der Fuß-punkt des Schachtes von dem Knick, dem Übergang vom flach gelagerten zum steil stehenden Flöz, 32 m entfernt sein (B 16228, Bl. 143). Anfang April 1793 ist das Carl-August-Ort, das diesem Knick entgegenfährt, schon 43 m vom Schacht ent-fernt, ohne daß auch nur Anzeichen einer Aufrichtung des Flözes bemerkbar gewesen wären (B 16350/211, Bl. 5).

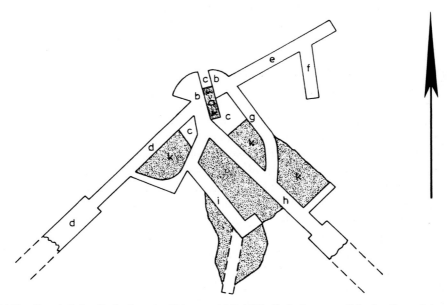

Bild 53: Grundriß der Grubenbaue im Flöz vom 14. 3. 1793. Es bedeuten: a. Schacht ,Neuer Johannes', b. Füllort, c. Bergfesten zur Sicherheit des Schachtes, d. Carl-August-Ort, e. Carl-Friedrich-Ort, f. ein Feldstreckenort zum Luisen-Ort, g. wie f., h. Luisen-Ort, i. ein Feldstreckenort, k. ausgehauenes und versetztes Feld.

Bergrat Voigt hatte der Kommission am 27. 3. 1793 einen Bericht vorgelegt (B 16270, Bl. 97–102) mit einem beigefügten Riß des Bergakademisten C. C. Schrei-ber vom 14. des gleichen Monats. Der Riß ist die erste zuverlässige zeichnerische Darstellung des Verlaufes der Strecken (Bild 53). Das Carl-August-Ort weist eine Länge von 34 m auf. Vom aufsteigenden Flöz, heißt es, sei man noch 60 m entfernt. Wie diese Zahl entstanden ist, war nicht zu ermitteln. Jedenfalls rechnete man jetzt mit einer Entfernung zwischen Schacht und aufsteigendem Flöz von 94 m statt wie früher mit einer solchen von 32 m. J. C. W. Voigt vermerkt, nachdem man die ursprünglich angenommene Lage der Aufrichtung überfahren habe, „ist es gewiß genug, daß man bisher im Irrtum" gewesen sei. Der unwiderlegliche Aufschluß in dem flach gelagerten Flöz hatte die Theorie J. C. W. Voigts, die 1781 geradezu dogmatisch verteidigt worden war, ins Wanken gebracht.

Schon Ende des Vorjahrs war festgestellt worden, daß vom Kehrrad ablaufendes Wasser sich einen Weg zum Schacht gebahnt und Gesteinsmaterial, das hinter dem Schachtausbau anstand, ausgewaschen habe (B 16350/210, Bl. 10). In der Folge setzte sich die Radstube so weit, daß das Kehrrad am 30. 4. 1793 auf der Sohle der Stube auflag und dort blockiert wurde. Der Förderbetrieb mußte eingestellt werden. Im Carl-August-Ort waren zu diesem Zeitpunkt 51 m, im Luisen-Ort 41 m und im Prinz-Bernhard-Ort 32 m aufgefahren (B 16350/211, Bl. 8). Steiger Schreiber nahm die Gedinge ab und kündigte den Bergleuten an, „daß es Schicht sey" (B 16270, Bl. 161–163').

Im Carl-August-Ort war auch zu diesem Zeitpunkt von einer Annäherung an das aufsteigende Flöz nichts zu merken, und auch die Metallgehalte, die sich ja mit der Annäherung verbessern sollten, waren noch immer schlecht.

Während des Winterhalbjahrs hatten sich einige Störungen an den Maschinen ereignet. Das Tagebuch des Bergrats enthält unter dem 8. 12. 1792 eine Eintragung, in der es heißt, der Bergbau habe „eine Reihe von Fatalitäten" erlitten, an die man sich aber bei solch großen Maschinen gewöhnen müsse. Am 25. November sei die Welle des 2. Kunstrades gebrochen. Fällen eines geeigneten Baumes, seine Bearbeitung in der Schneidemühle und Anlieferung der neuen Welle zur Schachthalde hätten einen Tag, Anheben des Rades und Auswechseln der Wellen acht weitere Tage in Anspruch genommen. In dieser Zeit sei das Wasser von den drei anderen Kunstzeugen kurz gehalten worden. Erst nachdem sich im Berggraben Grundeis gebildet und dem Grabenwasser den Weg zum Schacht versperrt habe, sei das Grubenwasser in den Flözbauen und im Schacht angestiegen (B 16268, Bl. 201 ff.). Das erneute Sümpfen habe nur wenige Tage gedauert.

Ende Januar 1793 wird gemeldet, die abwärtsgehende leere Fördertonne sei schon dreimal im Schacht hängengeblieben. Dabei habe sich jedes Mal das nachlaufende Seil auf die Tonne gelegt, die unter seinem Gewicht wieder frei geworden und in den Schacht gestürzt sei. Die Führungen der Tonne an den Leitbäumen hätten nur 6 mm Spiel. Wenn an den Leitbäumen sich ein Splitter oder ein Nagel löse, wiederhole sich das Ereignis (B 16270, Bl. 39). Wir erinnern uns, daß im Mai des Vorjahres ein Zeugarbeiter bei einem ähnlichen Vorfall einen schweren Unfall erlitten hatte.

Mit der wärmer werdenden Jahreszeit hatte sich in den Örtern Wettermangel eingestellt. Bei höheren Außentemperaturen und zunehmenden Entfernungen der Örter vom Schacht hätten auch ohne den Schaden am Treibrad die Arbeiten eingestellt werden müssen, weil eine hinreichende Wetterversorgung nicht mehr gegeben gewesen wäre (ebd., Bl. 163).

Dem Wettermangel wollte J. C. W. Voigt mit einer zusätzlichen Wetterverbindung zwischen dem Martinrodaer Stollen und dem Flöz entgegenwirken. Ihm schwebte vor, von dem Stollen aus einen Querschlag zum aufsteigenden Flöz zu treiben und – dessen Einfallen folgend – ein tonnlägiges Gesenk bis zu dem flach gelagerten Flöz abzuteufen. Mit dieser Maßnahme werde zugleich, so führte er in seinem Aufsatz vom 8. 10. 1793 aus, die Ausbildung des aufsteigenden Flözes auf ganzer Länge aufgeklärt (B 16350/212, Bl. 1–3').

Die Kommission fordert am 22. Oktober das Bergbauamt auf, zu dem Vorschlag des Bergrats Stellung zu nehmen. Das Gutachten liegt am 30. Oktober vor (ebd., Bl. 6–9'). Auch das Bergbauamt ist von der Notwendigkeit eines weiteren Schachtes überzeugt. Wettermaschinen, so legt sein Leiter, Bergmeister J. G. Schreiber, dar, seien nur dort zu empfehlen, ,,wo ein baldiger Durchschlag den Wettermangel zu verlieren verspricht'': Eine Aussage, die in jedem modernen Lehrbuch der Bergbaukunde ihren Platz finden könnte.

Auch die Ausführungen über das Abteufen von Schächten im Einfallen der Lagerstätte können noch heute Geltung beanspruchen. Der Flözbergbau, so ist zu lesen, habe sich sehr vor ihnen zu hüten, und auch der Gangbergbau suche sie zu meiden, indem er auf tief gelegene Gangteile Seigerschächte abteufe (Bild 31a). Das Flöz falle auf dem Stollen widersinnig nach Südwesten ein. Diese Irregularität werde zur Teufe hin nicht die einzige bleiben. Setze sich das Einfallen aber regelmäßig zur Teufe fort, so treffe ein Schacht, der diesem Einfallen folge, das flach gelagerte Flöz 168 m vom jetzigen Stand des Carl-August-Ortes entfernt.[173] Diese Entfernung könne mit dem Ort, das schon bei einer Länge von nur 52 m unter Wettermangel zu leiden gehabt habe, nicht überwunden werden.

J. G. Schreiber will statt des tonnlägigen Schachtes vom Martinrodaer Stollen her einen Seigerschacht von über Tage her abteufen. Sein Standort müsse so gewählt werden, daß er das Flöz kurz vor dem jetzigen Stand des Carl-August-Ortes treffe. Aufzuwendende Kosten und benötigte Zeit schätzt Schreiber nicht höher ein als beim tonnlägigen Schacht. Der Seigerschacht biete jedoch die Möglichkeit, zum Förderschacht ausgebaut zu werden. Der Johannes-Schacht könne dann reiner Kunstschacht werden. Träten an seinen Pumpeinrichtungen Brüche auf, was zuletzt in jeder Woche passiert sei, so könne der Förderbetrieb in dem neuen Schacht ungehindert weiterlaufen und müsse nicht, wie zuletzt im Johannes-Schacht, wegen Gefährdung der Kunstarbeiter eingestellt werden.[174]

---

[173] Leider läßt J. G. Schreiber die Annahmen, von denen er bei der Ermittlung dieser Zahl ausgegangen ist, nicht erkennen.

[174] Nebenbei ist dieser Argumentation zu entnehmen, daß man aus dem Unfall vom Mai 1792 und den zahlreichen Seilrissen die Konsequenz gezogen hatte, bei Reparaturarbeiten an Kunststangen und Kunstsätzen den Förderbetrieb ruhen zu lassen. Die Sicherheit der Kunstarbeiter ging vor.

Auf den Gewerkentagen der Jahre 1793, 1794 und 1795 versuchten die Deputierten immer von neuem und immer wieder vergeblich, eine klarere Vorstellung von dem Flözverlauf unter dem Stollen zu gewinnen. Nur wenn dieser den Vorstellungen von J. C. W. Voigt entsprochen hätte, wäre es zu verantworten gewesen, sich dem tonnlägigen Schacht zuzuwenden. Bei der Kassenlage der Gewerkschaft hatte jedoch der eine Vorschlag so wenig Chancen, verwirklicht zu werden, wie der andere.

Die Reparaturarbeiten an Radstube und Kehrrad waren Mitte November des Jahres 1793 abgeschlossen. Zwei Wochen später war der Schacht gesümpft. Die Örter ‚Carl August‘, ‚Luise‘ und ‚Prinz Bernhard‘ wurden wieder belegt. Dort waren 6, 4 und 5 m zusätzlich aufgefahren, als die Kommission nach Schluß des Gewerkentages, der weitere Gelder nicht bewilligt hatte, am 12. Dezember die Arbeiten wieder einstellen mußte (B 16350/211, Bl. 2 ff.). Das Carl-Friedrich-Ort war wegen niedriger Metallgehalte im Schiefer und im Sanderz und wegen starker Wasserzuläufe endgültig gestundet und mit Bergen versetzt worden (B 16350/208, Bl. 58).

Der Gewerkentag vom April 1794 beschloß eine Zubuße zur Finanzierung der Arbeiten des Jahres 1794 mit der Maßgabe, die Örter erst dann wieder zu belegen, wenn genügend Geld in der Kasse sei. Der genaue Zeitpunkt der Wiederaufnahme der Arbeiten kann mangels zuverlässiger Belege nur geschätzt werden. Das Haushaltungsprotokoll für das Jahr 1794 (B 16350/426) weist Ausgaben aus, die darauf schließen lassen, daß mit der Gewältigung des Schachtes Mitte Juni begonnen wurde und Ende Juni die Örter im Flöz wieder belegt waren. Die Zubußen gehen aber so schleppend ein, daß die Arbeiten gegen Ende des Monats Oktober wieder eingestellt werden. Die Auffahrlängen dieser Zeitspanne anzugeben, ist nicht möglich.

Während des Winters 1794/1795 stehen Grubenbaue und Schacht wieder unter Wasser. Die nächste Gewältigung beginnt Anfang März des Jahres 1795. Die aufgenommenen Darlehen haben es möglich gemacht. Ende des Monats ist der Schacht gesümpft. Örter und Streben werden erneut belegt. Nun beginnt die Periode mit der größten Betriebsamkeit auf dem Bergwerk. Ende September 1795 weist die Belegschaft über und unter Tage mit rund 100 Mann ihren Höchststand auf (B 16279, Bl. 16).

Zur Behebung des Wettermangels in den Örtern war eine Wettermaschine gebaut worden und auf dem Füllort des Martinrodaer Stollens zum Einsatz gekommen. Sie bestand aus zwei Wettersätzen, deren Kolben durch die beiden Kunststangen einer Pumpenkunst in Bewegung gesetzt wurden.[175] An die Sätze war eine hölzerne

---

[175] In den Feststellungen, die Goethe bei seinem Aufenthalt in Ilmenau vom 25. 8.–3. 9. 1795 eigenhändig niedergelegt hat, ist zu lesen: *Da die Wettermaschine das Füllort auf dem Stollen verengert hat, so ist solches in der Folge noch zuzuführen* (B 16077 a, Bl. 18‘). Die Wettermaschine nahm im Füllort des Martinrodaer Stollens so viel Raum ein, daß Goethe die Erweiterung des Füllorts als notwendig angesehen hat. – Die Arbeitsweise der Wettermaschine ist analog derjenigen Maschine, die auf Bild 65

Rohrleitung angeschlossen, die im Schacht zum Flöz herunterführte. Dort teilte sie sich in drei Stränge für die Örter auf. Während sich die eine Kunststange aufwärts bewegte, wobei Luft in den zugehörigen Satz gesaugt wurde, drückte die andere Stange bei ihrer Abwärtsbewegung die Luft des anderen Satzes in die Rohrleitung. Durch die gegenläufige Bewegung der beiden Stangen kam vor Ort immer ein einigermaßen gleichmäßiger Luftstrom an. Goethe wird Ende August in Ilmenau zu der Wettermaschine bemerken: *Mit der Wirkung ist man sehr zufrieden* (B 16077 a, Bl. 19, Pkt. 16).

Arbeitshub der Pumpensätze und Arbeitshub des Wettersatzes fanden immer in entgegengesetzten Bewegungsphasen der zugehörigen Stange statt. Der Betrieb der Wettermaschine bedeutete daher keine zusätzliche Belastung während des Arbeitshubs der Pumpensätze, der alleine die Kunststangen bis an die Grenze ihrer Zugfestigkeit beanspruchte (B 16350/208, Bl. 58).

Der gleichen Quelle – es ist die Entgegnung des Bergrats Voigt auf die Anmerkungen, die Bergrat Gerhard nach dem Gewerkentag vom Juni 1795 der Bergwerkskommission vorgelegt hatte – ist zu entnehmen, daß das Carl-August-Ort 92 m vom Schacht entfernt war. Das Ort war etwas nach Westen abgeknickt worden und stand nun in der gleichen Richtung wie Luisen- und Prinz-Bernhard-Ort, die schon früher in diese Richtung eingeschwenkt waren. J. C. W. Voigt erwartete, mit dem Carl-August-Ort täglich das aufsteigende Flöz anzufahren. Auf eine beginnende Aufrichtung konnte er diese Erwartung nicht gründen – und auch nicht auf bessere Metallgehalte. In der damaligen Vorstellung hätten, wenn schon das Flöz die beginnende Aufrichtung nicht erkennen ließ, nur sie ein Anzeichen der Annäherung sein können. Aber J. C. W. Voigt bezeichnet die vor Ort anstehenden Schiefer als unschmelzwürdig und die Sanderze als geringhaltig.

Auf dem Gewerkentag vom Juni 1795 war den Deputierten ein neuer Riß der im Flöz angelegten Grubenbaue vorgelegt worden (B 16077 a, Bl. 27). Der Riß gilt als verschollen. Der Verfasser hat jedoch im Bertuch-Nachlaß des Goethe- und Schiller-Archivs eine bis zum 1. 9. 1795 nachgetragene Kopie des Risses gefunden. Sie ist für diese Arbeit von hohem Wert, weil sie Verlauf und Stand der Strecken, die oben alleine auf Grund von Aktenaussagen beschrieben wurden, erkennen läßt (Bild 54). Bild und Legende sprechen weitgehend für sich. Die hufeisenförmige Schraffur um den Johannes-Schacht deutet die Schachthalde an. Die braunen Flächen stellen abgebaute Flözflächen dar. An der mit bb bezeichneten Stelle war ein neuer Strebbau angesetzt worden.

Kurz vor dem Ende des Carl-August-Ortes fällt ein dicker brauner, unregelmäßig begrenzter, das Ort senkrecht schneidender Strich auf. Seine Bedeutung bliebe

---

dargestellt ist. An die Stelle des Antriebs der Kolben durch Treibrad und Kunstkreuz tritt hier der Antrieb durch die Kunststangen.

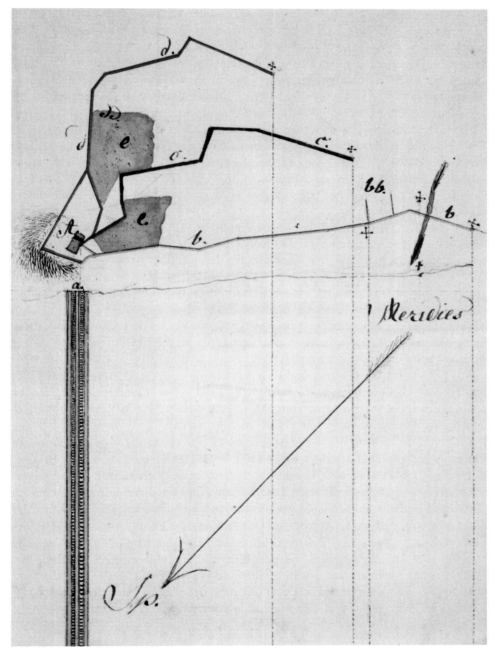

Bild 54: Grundriß der Grubenbaue im Flöz vom 7. 9. 1795. Es bedeuten: A. Schacht ‚Neuer Johannes‘, b. Carl-August-Ort, c. Prinz-Bernhard-Ort, d. Luisen-Ort, e. abgebaute Flächen

rätselhaft, erführen wir nicht Näheres von – Goethe. Punkt 13 seiner Punktation von Ende August 1795 heißt: *Verhalten des Flözes, der Sanderze* und seine Antwort darauf: *Die Schiefer sind 3–4½–4 Fus hoch die Sanderze 16 Zoll. 1 Schuh. Wo sich Letztere verbessern ist auf dem Riß mit Farbe angedeutet* (B 16077 a, Bl. 18'). An der markierten Stelle waren also Sanderze von besserem Gehalt angetroffen worden. Goethe legte der Verbesserung solche Bedeutung bei, daß er wenige Tage später, am 5. September, Bergrat Voigt und das Bergbauamt mit den Worten anwies: *Es wird genaue Beobachtung der Sanderze vor dem Carl Aug. Ort empfohlen Es sind selbige von Zeit zu Zeit zu probiren und Stufen davon zu konserviren* (BG 4, 176). Auch in dem Bericht vom 1. 10. 1795 (B 16040, Bl. 394–397') ist davon die Rede: *Im Tiefsten fand man das Karl Auguster Ort auf 50 Lachter vorgerückt und vor demselben die bessern Sanderze, welche schon vor einigen Tagen probirt worden waren, anstehend* (zitiert nach GSA 06/2556).

Alle drei Örter fuhren jetzt dem mysteriösen „Knick" entgegen. Es bestand die Absicht, sie dort miteinander zum Durchschlag zu bringen. Die Durchschläge würden, so hoffte man, mit einem Schlage alle Bewetterungsprobleme lösen. Und da erste Anzeichen höherer Metallgehalte erkennbar waren, glaubte man, sofort einen großflächigen Abbau einleiten zu können. Bergwerkskommission und Bergbauamt stimmten darin überein, daß das Bergwerk nur auf diesem Wege gerettet werden konnte. Auch die Deputierten und selbst die immer besonders kritischen Berliner Gewerken dachten so. Auf dem Gewerkentag im Juni 1795 war die Auffassung eindrucksvoll bestätigt worden (B 16077a, Bl. 30 u. B 16350/208, Bl. 64)).

Aus der Punktation Goethes und seinen Antworten dazu von Ende August 1795, auf die sich die vorstehenden Ausführungen über Wettermaschine und bessere Anbrüche im Carl-August-Ort zum guten Teil stützen, sollen noch vier weitere informative Punkte wiedergegeben und erläutert werden.

Punkt 4: *Stummer Nachzähler – Ist dadurch in Unordnung gerathen weil die Welle dünner ist und drey Umdrehungen mehr macht. Wird aber sogleich verbessert.* Bei dem stummen Nachzähler handelt es sich um den Vorgänger des heutigen Teufenzeigers. Dies ist eine Vorrichtung, die beim Treiben anzeigt, in welcher Teufe sich die beiden Förderkörbe befinden. Als Analogon dient dabei die Zahl der Umdrehungen der Fördermaschinenwelle. Kurz vor der Goetheschen Befahrung war die Welle des Treibwerks gebrochen (B 16077 a, Bl. 16). Die neue Welle hatte einen geringeren Durchmesser als die alte. Da sie deswegen für ein vollständiges Treiben drei Umdrehungen mehr machen mußte als die alte Welle, konnte der Nachzähler, der nicht nachgestellt worden war, die Stellung der Förderkörbe nicht richtig anzeigen.

Punkt 9: *Liederung – Die Liederung geht sehr gut. Wenn das innere aus Leder ist so hält die außen aufgebrachte Rinde auch. Wie sie jetzt gehen 14 Tage. Ein lederner hält auch nicht viel länger. Bey den rauhen Sätzen ist noch immer eine stärkere Consumtion.* Unter der Liederung verstand man Lederscheiben, die auf den Kolben der Kunstsätze so angebracht waren, daß sie beim Niedergehen der Kolben Wasser in die

Zylinder einströmen ließen, während sie beim Aufgehen die Bohrungen für den Wasserdurchlaß verschlossen. Der Verschleiß der Lederscheiben war von der Rauhigkeit der Zylinderwandungen abhängig. Im Freiberger Revier wurde seit 1792 neben Leder auch Eichenrinde zum Liedern verwendet (BJ 1794, 437). Auch Ilmenau hat sich dieses weit billigeren Materials bedient.

Punkt 11: *Sumpf. – Wäre der jetzige Sumpf um 2 ⟨Quadrat⟩ Lachter*[176] *zu erweitern, welches 25 Rtlr kosten könnte.* Das Fassungsvermögen des Sumpfes, der nach Beendigung des Schachtabteufens im Liegenden des Flözes angelegt worden war, war so gering, daß schon bei kurzzeitigen Stillständen der Kunstzeuge das Wasser im Flöz anstieg und die Bergleute zum Rückzug zwang. Um mehr Sicherheit bei solchen Vorfällen zu gewinnen, ordnete Goethe an, den Querschnitt des Sumpfes um 8 Quadratmeter zu vergrößern.

Punkt 14: *Art das Flöz abzubauen. – Wird mit liegenden Strossen gearbeitet und da es der Vortheil der Bergleute selbst ist, braucht man es eigentlich nicht anzuordnen.* Das übliche Verfahren für den Abbau steil stehender Gänge war der Strossenbau. Auch das steil stehende Flöz in Roda, der „Rodaer Gang" war so abgebaut worden. Bei diesem Verfahren wird die Lagerstätte in mehreren treppenförmig angeordneten Absätzen von 2–4 m Höhe abgebaut. Die Absätze heißen Strossen. Die jeweils tiefere Strosse folgt der darüber befindlichen in einem Abstand, der mindestens so groß ist, daß sich die Hauer nicht gegenseitig behindern. Stellt man sich die Ebene treppenförmig angeordneter Strossen einer steil einfallenden Lagerstätte in die Horizontale gekippt vor, so entsteht das Bild eines Abbaus mit *liegenden Strossen*, wie Goethe es bei seiner Befahrung gesehen hat. In dem schon mehrfach genannten Bericht vom 1. 10. 1795 spricht Goethe davon, daß *die Erze durch die sogenannte Eckarbeit gewonnen* werden, was nur eine andere Bezeichnung für *liegende Strossen* ist.

Seit dem Bericht des Bergrats von Ende Juni, in dem er seiner Erwartung Ausdruck gegeben hatte, das Carl-August-Ort werde das aufsteigende Flöz jeden Tag erreichen, waren fast drei Monate vergangen, in denen das Ort rund 25 m vorangekommen war. Goethe gibt im Bericht vom 1. 10. 1795 an, es stehe jetzt 100 m vom Schacht entfernt. Trotzdem erwartet er den „Rücken" erst nach einer weiteren Auffahrung von mehr als 80 m. Auch für diese erneut korrigierte Annahme konnte eine Erklärung nicht gefunden werden.

Die Arbeiten im Flöz müssen zunächst aber, und wieder wegen Geldmangel, gestundet werden. Denn die Gewerken halten sich mit der Entrichtung der Zubußen, die zu Weihnachten 1795 fällig sind, sehr zurück. An die Gewältigung des Schachtes war noch lange nicht zu denken. Um das Werk nicht in gänzliche Untätigkeit fallen zu lassen, wendet man sich einem Vorhaben zu, das schon im April des Vorjahres in

---

[176] In der Handschrift ist zwischen *2* und *Lachter* ein kleines Quadrat eingefügt.

Angriff genommen, seither aber ohne rechten Elan betrieben worden war: Der Auffahrung eines Ortes, das aus dem Schwingenort der 2. Radstube das aufsteigende Flöz erreichen sollte. Die 2. Radstube lag westlich des Schachtes. Das westliche Ende ihres Schwingenortes, von wo die Auffahrung ihren Ausgang genommen hatte, war dem „Rücken" um rund 10 m näher als der Schacht. Das Ort hatte im Januar 1796 eine Länge von 18 m erreicht. Wie weit es noch vom „Rücken" entfernt war, vermochte das Bergbauamt nicht anzugeben (B 16279, Bl. 106–110).

Am 3. März schreibt Goethe an C. G. Voigt [177]: *Da die Summe, so viel ich vermuthe, noch nicht so stark ist, daß man die Gewältigung hat verordnen können; so fragt sich, ob man nicht solle einstweilen das Ort aus der Radstube forttreiben, oder ist vielleicht deßhalb schon Verfügung geschehen?* Voigt antwortet am 8. März: „Das Ort könnten wir inzwischen anordnen. Wenn dieses einmal noch gut gelänge, so wäre das ein Fall, der uns radicaliter kurieren würde. Lassen Sie uns noch etwas hoffen!" An anderer Stelle des gleichen Briefes sagt er, das Ort aus der Radstube koste so viel nicht und erhielte doch gewissermaßen den Fortgang des Werks (G–V 1, 233f.). Am 23. März ergeht entsprechende Verfügung, und am 26. meldet das Bergbauamt, das Ort werde in der folgenden Woche mit 4 Mann belegt (B 16279, Bl. 167 u. 169).

Im Juni kann man endlich an das Sümpfen des Schachtes denken. Dem Brief C. G. Voigts an Goethe vom 15. 6. 1796 entnehmen wir: „Die Verordnung zur Wiedergewältigung usw. ist beigehend vorläufig entworfen worden ⟨...⟩ Was an der Verordnung zu mindern oder zu mehren ist, wird ganz anheimgestellt" (G–V 1, 268).

Der Betriebsplan des Bergrats vom 18. Juni sieht für die Gewältigung des Schachtes drei Wochen vor. Danach sollen zwei Örter, das Carl-August-Ort und das Luisen-Ort, vorgetrieben werden. Um die knappen Mittel zeitlich zu strecken, wollte man sich auf die Auffahrung von zwei Örtern beschränken. Dazu hatte man diejenigen ausgewählt, die sich dem „Rücken" am stärksten genähert hatten. J. C. W. Voigt merkte an: „Wenn wider alles Vermuthen das aufsteigende Flöz im 45sten Grade verbleiben und bis ins Tiefste niedergehen sollte, so hätte man aus dem Schachte weg nach demselben ohngefähr 89 Lachter aufzufahren. Das Carl-Auguster-Ort ist bereits 52 L erlängt, wenn man nun in den nächsten 6 Monaten noch 26 L damit fortrückte, so näherte man sich dem aufsteigenden Flöz bis auf 11 L" (B 16279, Bl. 266).

Hier begegnet uns zum ersten Mal eine in sich schlüssige Projektion. Das mit 45° nach Südwesten gerichtete, widersinnige Einfallen des „Rückens" war durch Beobachtung auf dem Martinrodaer Stollen gesichert. Ebenso gesichert war die horizon-

---

[177] In WA IV 11, 43 ist das undatierte Schreiben „etwa 7. März" (1796) datiert. In G–V 1 ist es in Anschluß an Goethes Brief vom 3. März eingeordnet (S. 224f.). In diesem Brief bittet Goethe seinen Kollegen um *Beantwortung beyliegender, das Bergwerk betreffender Anfragen,* worunter sich die Frage wegen des Ortes aus der Radstube befindet.

tale Lagerung des Flözes im Carl-August-Ort.[178] Das bekannte Verhalten des Flözes im steilen wie im flachen Bereich war in die angrenzenden, unbekannten Bereiche hinein extrapoliert worden. So hatte man ermittelt, die Umbiegung des flachen Flözes ins Steile, der „Knick" J. C. W. Voigts, müsse 89 Lachter oder 178 m vom Schacht entfernt sein. Anders konnte nach Lage der Dinge nicht projektiert werden. Bei solchen Projektionen darf aber nie aus dem Auge verloren werden, daß die Wirklichkeit auch ganz anders aussehen kann.

Wenden wir uns nun wieder dem Ort aus der 2. Radstube zu, dem „Hoffnungs-Ort" der Bergwerkskommission, das Ende März des Jahres 1796 bei einer schon erreichten Auffahrlänge von 18 m wieder belegt worden war. Das Ort wurde querschlägig ins Liegende, d. h. aus dem Gips zum Kupferschiefer getrieben. Mitte Juli fuhr es nach einer Gesamtauffahrlänge von 50,5 m das Flöz an. Bergrat und Bergbauamt erstatten aufschlußreiche Berichte über die Ausbildung des Flözes und seiner Begleitschichten (B 16283, Bl. 2 u. 7–9').

Im Hangenden des unteren Zechsteins war ein mit Letten verunreinigter Gipsklumpen durchfahren worden. Der Zechsteinkalk war nicht als zusammenhängende Schicht, sondern als „loses Gemenge von kalkartigen Letten und einzelnen Zechsteinstücken" ausgebildet. Das Schieferflöz wurde zuerst in der Streckenfirste, mit widersinnigem Einfallen also, angefahren. In halber Streckenhöhe bog das Einfallen in die Senkrechte um. Der Schiefer war nur zwischen 20 und 40 cm mächtig und ohne jede Festigkeit, das Sanderz „mehr ein naß zusammengepochter Sand als ein Sandstein". Augenscheinlich enthielten Schiefer und Sanderz kein Metall. Das Bergbauamt fügt noch hinzu, daß der Schiefer das gleiche Aussehen habe wie an „dem Punkte, wo es mit dem Stollen durchfahren worden ist".

Anschaulicher als in den beiden Berichten kann eine Zone intensiver tektonischer Zerrüttung nicht beschrieben werden. Von diesem Ort „radicaliter" kuriert zu werden, durfte man nun nicht mehr hoffen. C. G. Voigt kommentiert den Aufschluß am 26. Juli: „Das faule Hoffnungsorts-Flöz verdient wohl keine weitere Untersuchung, denn so geschwind wird es sich doch nicht besser aufführen und weit nachzugehen wäre zu kostbar und zweckwidrig" (G–V 1, 284).

Die Gewältigung des Schachtes wurde am 7. 7. 1796 verfügt. Nach Erreichen des Flözes sollen Carl-August-Ort und Luisen-Ort sofort belegt und in der alten Richtung weitergetrieben werden (B 16283, Bl. 5). Dem Sümpfen erwachsen viele Hindernisse. Das Wasser hatte den Gips aufgeweicht, so daß Einstriche locker geworden waren und neu verlegt werden mußten. Auch die Kunststangen hatten im Wasser gelitten und sich so verdreht, daß viele Gestängebrüche auftraten. Am

---

[178] Von dem geringfügigen Ansteigen, das bei der bisherigen Auffahrung festgestellt worden war, soll hier abgesehen werden.

8. August ist die Schachtsohle trocken. Man erkennt, daß die Rohre der Wettermaschine abgebrochen und zugeschlämmt sind (ebd., Bl. 18).

Während der Auffahrung können die Wochenberichte des Bergamtes die erhoff-
ten Verbesserungen der Anbrüche nicht vermelden. Im Luisen-Ort zeigen sich im
Gegenteil die Schiefer nach 10 m Neuauffahrung nur noch 30 cm mächtig; die
Schalerze waren ganz abgeschnitten. Über Metallgehalte schweigen sich die Berichte
aus (ebd., Bl. 24).

Und immer wieder treten Brüche an den Kunstzeugen auf. Das Wasser vertreibt
wiederholt die Bergleute aus den Örtern. Am 12. 9. 1796 unterbreitet Bergrat Voigt
der Kommission den Vorschlag, zur Erleichterung der Pumparbeit an den Kunstzeugen Gewichtskästen – besser: Gegengewichte – anzubringen (ebd., Bl. 26f.). Sie
sollen bei dem wenig belasteten Abwärtshub der Kunststangen angehoben werden
und ihre potentielle Energie während des stark belasteten Aufwärtshubes wieder an
die Stangen abgeben. Die Kosten schätzt der Bergrat nicht hoch ein, weil die Kästen
der 2. und 4. Maschine in den Kreuzörtern der 4. Maschine, die seit deren Umbau
auf Balanciers im Jahre 1790 leer stehen, untergebracht werden können.

Im vorangegangenen Kapitel wurde gezeigt, daß Goethe Gründe hatte, ungehal-
ten auf den Antrag zu reagieren. Es will scheinen, daß auch die vorstehend
geschilderte, lange Reihe ernster Rückschläge zu der ungewohnten Schärfe beigetragen hat.

Am 14. September weist C. G. Voigt das Bergbauamt an, den Antrag erneut zu
beraten und, wenn sich die Anbringung der Gegengewichte „nach Pflicht und
Gewissen" als unvermeidlich heraustelle, deren Bau mit größter Sparsamkeit anzugreifen. Außerdem seien das Beratungsprotokoll und ein Kostenanschlag einzusenden (B 16350/213, Bl. 1). Goethe will am 15. September die Anweisung erweitert
sehen um eine *Zeichnung, woraus man sich einen deutlichen Begriff der vorhabenden
Arbeit machen könne. – Dabei aber beschränkte man die ihnen in der Verordnung vom
14ten Sept. gegebene Erlaubniß ⟨...⟩ blos auf Eine Maschine, und verordnete daß sie
nicht eher an den übrigen fortführen, als bis sie den Kostenbetrag der ersten eingemeldet
haben* (B 16283, Bl. 32; WA IV 51, 115f.; G–V 1, 303). Die entsprechende Verordnung geht am 16. September nach Ilmenau ab (B 16350/213, Bl. 2).

Die Sitzung des Bergbauamtes findet am Samstag, dem 17. September, statt. Die
Verfügung vom Vortag ist noch nicht eingetroffen. „Unter gemeinschaftlicher
Einstimmung" kommt man zu dem Ergebnis, acht Gewichtskästen anzufertigen, für
jede Maschine zwei. Die angeführten Begründungen überzeugen (ebd., Bl. 3). Man
verspricht sich, daß

1. die Kunsträder sich nicht mehr aus ihren Lagern heben,
2. die Walzen sich nicht mehr in die Schwingen eindrücken,
3. Kugeln und Kappeneisen (Verbindung zwischen Pleuel und Schwingen) und
4. die Kunststangen über den Gegengewichten entlastet werden,
5. die Krummzapfen sich nicht mehr so häufig lösen.

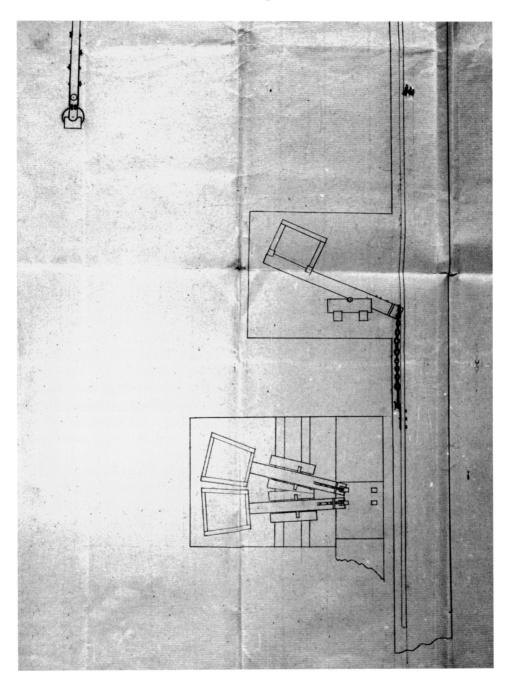

Bild 55: Gewichtskästen als Gegengewichte für die Kunstgezeuge

Man habe im übrigen „die Meinung Baldaufs zur Seite, der bei Anlegung der Räder schon gesagt habe, daß wenn die Räder sich ausheben würden, Gewichtskästen anzubringen seien".

Bergrat Voigt reicht am 24. September eine Zeichnung zweier Gewichtskästen ein (B 16283, Bl. 35; hier: Bild 55). Am 8. Oktober meldet er, die dritte Maschine von oben sei mit Kästen ausgestattet. Auf der einen Seite hebe sich das Rad gar nicht mehr und auf der anderen nur noch sehr wenig. Gegenüber acht Umdrehungen je Minute früher mache das Rad jetzt deren neun. Nun solle auch die unterste Maschine entsprechend ausgerüstet werden. Die Kommission erteilt am 17. Oktober ihre Genehmigung hierzu (ebd., Bl. 45 f. u. 50).

Bergrat Voigt befährt am 15. Oktober den Schacht und die Örter – zum letzten Mal, wie sich erweisen sollte (ebd., Bl. 47). Im Carl-August-Ort stehen Schiefer, Schalerz und Sanderz in normaler Mächtigkeit an. Im Luisen-Ort jedoch ändert sich die Ausbildung der drei Horizonte noch immer auf kurzen Entfernungen. Das anstehende Gestein beider Örter zeigt nur wenig eingesprengte Erzteilchen.

Am 22. 10. 1796 wird das Bergwerk von einem Schlag getroffen, von dem es sich nicht wieder erholen wird. Im Martinrodaer Stollen fällt ein Bruch, der dem Wasser den Ablauf versperrt. Die Bergleute, die im Flöz arbeiten, können sich zwar in Sicherheit bringen. Aber Flöz und Schacht ersaufen erneut. Dieses Mal wird es endgültig sein. Bergwerkskommission, Bergbauamt und Bergleute geben das Werk jedoch noch nicht verloren. Sie setzen vielmehr alles daran, das Schicksal noch einmal abzuwenden. Davon werden die Kapitel 4 und 5 handeln.

Der Wochenbericht des Bergbauamtes für die 4. Woche des Quartals Luciae, das ist die Woche, die mit dem 22. Oktober endet, weist die erreichten Auffahrlängen für das Carl-August-Ort mit 132 m und die des Luisen-Orts mit 118 m aus. Das sind die letzten gesicherten Flözaufschlüsse, die der Bergbau der Goethe-Zeit geliefert hat (B 16283, Bl. 53).

Bild 56 stellt einen maßstabsgerechten Schnitt durch den Schacht ‚Neuer Johannes' und durch das Carl-August-Ort dar. Außerdem sind Martinrodaer Stollen und das Ort aus der 2. Radstube mit den beiden Punkten, an denen das Flöz angetroffen wurde, eingezeichnet. Um einen Gesamteindruck von dem Schacht mit seinen vier Kunsträdern zu vermitteln, sind auch diese in die Zeichnung übernommen worden. Carl-August-Ort und die beiden anderen Aufschlüsse sind mit dicken Strichen kenntlich gemacht. Auf dieses Bild sind ebenfalls maßstabsgerecht – gestrichelt und strichpunktiert – die beiden Flözprojektionen von 1779 und 1821 gelegt, die J. C. W. Voigt in sein Buch „Geschichte des Ilmenauischen Bergbaues" aufgenommen hat (Tab. I, Fig. 1 u. 2).

Bild 56 zeigt, daß auch die korrigierte Voigtsche Projektion von 1821, die Bild 57 noch einmal alleine wiedergibt, mit den realen Aufschlüssen nicht vereinbar ist. Warum J. C. W. Voigt diese Aufschlüsse 1821 nicht berücksichtigt hat, konnte nicht geklärt werden. In seinen Berichten von 1796 hat er sie jedenfalls in Übereinstim-

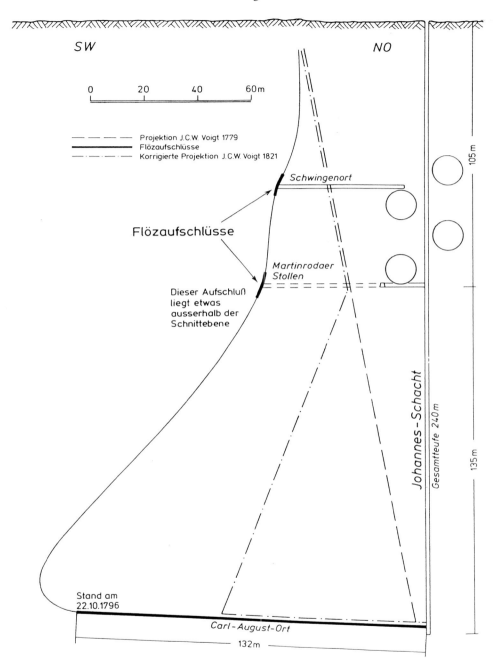

SW

NO

0   20   40   60m

— — — — — Projektion J.C.W. Voigt 1779
—————————— Flözaufschlüsse
—·—·—·—·— Korrigierte Projektion J.C.W. Voigt 1821

Schwingenort

Flözaufschlüsse

Martinrodaer
Stollen

Dieser Aufschluß
liegt etwas
ausserhalb der
Schnittebene

Johannes-Schacht

Gesamtteufe 240 m

105 m

135 m

Stand am
22.10.1796

Carl-August-Ort

132m

Bild 56: Verschiedene Flözprojektionen und die Flözaufschlüsse am Johannes-Schacht

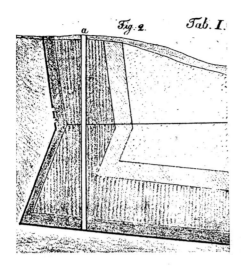

Bild 57: Korrigierte
Flözprojektion von
J. C. W. Voigt (1821)

mung mit den Berichten des Bergbauamts korrekt beschrieben. Diese unzutreffend korrigierte Voigtsche Projektion wurde aber von der Fachwelt übernommen und ist selbst in der neueren Ilmenau-Literatur wiederzufinden.

Kein projektierender Geologe darf sich indessen über bekannte Aufschlüsse hinwegsetzen. Sie bilden die unverrückbare Basis jeder Projektion. Nur die zwischen den Aufschlüssen liegenden, noch unbekannten Lagerstättenbereiche können einer – notgedrungen spekulativen – Interpretation unterworfen werden. Eine sichere Aussage über den tatsächlichen Flözverlauf ist nämlich auch bei angemessener Berücksichtigung der Aufschlüsse nicht möglich.

Daß das Flöz sich vor dem Endpunkt der Auffahrung in einem scharfen Knick, wie ihn Voigt auch in seiner korrigierten Projektion angenommen hat, aufrichten könnte, ist schwer vorstellbar. Die Gebirgsbewegung hätte dann Flöz und Begleitschichten über den rechten Winkel weit hinaus in die Position führen müssen, die der gradlinigen Verbindung zwischen dem Endpunkt des Carl-August-Orts und dem Aufschluß auf dem Martinrodaer Stollen entspricht.

Auch eine allmähliche Umbiegung, die, wie in Bild 56 vorsichtig angedeutet, stetig zu dem Fixpunkt auf dem Martinrodaer Stollen übergeht, ist nicht viel wahrscheinlicher. Immerhin hat J. C. Freiesleben 1809 und 1815 ähnliche Faltenbildungen aus dem Mansfelder Revier beschrieben und abgebildet. Je weiter aber das Carl-August-Ort vorangekommen wäre, ohne einen Knick oder eine Umbiegung anzufahren – und nichts spricht dafür, daß es schon nach wenigen Metern so weit gewesen wäre –, desto unwahrscheinlicher wären beide Deutungen geworden. Am wahrscheinlichsten ist daher auch hier die Annahme einer oder mehrerer Überschiebungen in Analogie zu der Deutung, wie sie in Kapitel 1.4 für den südwestlichen Abbaurand der Sturmheide vorgenommen wurde.

Der Stollenbruch im Oktober 1796 hat den Arbeiten im Flöz ein jähes Ende bereitet und den Untergang des Bergwerks eingeleitet. Damit hat er auch die weitere Aufklärung vereitelt. Hätten die Örter weiter aufgefahren werden können, so wäre – früher oder später – ein Aufschluß gewonnen worden, der viel zur frühzeitigen Klärung des Gebirgsbaus am Nordrand des Thüringer Waldes beigetragen hätte.

Daß auf dem Weg dorthin, der allgemeinen Erwartung entsprechend, höhere Metallgehalte angetroffen worden wären, darf keinesfalls als sicher gelten. Man hätte sie hier nicht mit höherer Wahrscheinlichkeit erwarten dürfen, wie sie am südwestlichen Abbaurand der Sturmheide rund 60 Jahre zuvor angetroffen worden sind.

Im Abbaubereich der Sturmheide waren Zonen der Metallanreicherung ohne erkennbare Gesetzmäßigkeit über die gesamte Fläche des flach gelagerten Flözes verteilt und keineswegs nur am südwestlichen Abbaurand konzentriert. Unterstellt man dies auch für das Flöz am Johannes-Schacht, so hätte das ursprüngliche Vorhaben, „in allen Gegenden Örter vom Flöz zu treiben", wie es C. G. Voigt 1792 formuliert hatte, größere Chancen gehabt, gute Flözpartien aufzuschließen als die drei Örter, die später in kurzen Abständen voneinander in die gleiche Richtung geschwenkt worden waren.

Ganz gewiß aber waren die erreichten Auffahrlängen viel zu kurz, um das Vorhandensein reicherer Flözpartien irgendwo ‚im Dunkel vor der Hacke' mit Sicherheit ausschließen zu können. Fachleute des Kupferschieferbergbaus haben noch zu Anfang dieses Jahrhunderts im Hinblick auf Ilmenau befunden, daß die Untersuchungsstrecken mehrere hundert Meter weit hätten aufgefahren werden müssen. Und sie haben hinzugefügt, daß dann der Erfolg in Gestalt guter Aufschlüsse nicht ausgeblieben wäre (Erdmann, 112).

3.3 Aufbereiten und Verhütten

In allen Revieren des Kupferschieferbergbaus und zu allen Zeiten zeichnete sich die Weiterverarbeitung der zu Tage geförderten Schiefer und Erze bis hin zu den fertigen Metallen durch große Komplexität aus. Schwankende, zumeist aber niedrige Metallgehalte, geringe Korngrößen der metallhaltigen Mineralien und deren enge Verwachsung mit dem Begleitgestein stellten hohe Anforderungen an Aufbereitung und Verhüttung.

Natürlich war man bemüht, nicht das gesamte Rohhaufwerk den teuren hüttenmännischen Prozessen zu unterziehen. Das Bemühen begann schon in der Grube, wo ärmere oder unhaltige Flözabschnitte in Form von Festen stehenblieben und wo die Hauer aus dem hereingewonnenen Haufwerk metallhaltige Teile von Hand aushielten und unhaltige zurückließen und versetzten. Über Tage wurde das Haufwerk erneut durchgearbeitet und die reicheren Partien von Hand ausgeschlagen.

Mehrere Versuche im Ilmenauer Bergbau der Vor-Goethe-Zeit, die metallischen Mineralien auf andere Weise zu konzentrieren, scheiterten, und zwar zumeist an deren inniger Verwachsung und an den geringen Unterschieden im spezifischen Gewicht. In einem Bericht des Bergamtes vom 23. 12. 1743 heißt es, durch Pochen und Waschen sei eine Anreicherung nicht zu erzielen, weil „das Metall in den Erzen zu sehr distrahiert liegt und folglich leicht ist, das meiste und beste samt der Berg Unart in der Flut mit fortgehe" (B 15893, Bl. 209ff.). Bergmeister Johann Gottlob Gläser berichtet in seinem Gutachten vom 4. 2. 1766 (B 16038, Bl. 135–146), daß auf dem Schacht ‚Neue Hoffnung' ein Pochwerk und eine Wäsche in Betrieb seien. Die Anlagen hatten jedoch aus dem metallarmen Rohhaufwerk ein schmelzwürdiges Konzentrat nicht herzustellen vermocht.

Zumeist war das Fördergut ohne maschinelle Aufbereitung der Verhüttung zugeführt worden, wofür die Rohhütte, auf dem linken Ufer der Ilm südlich der Sturmheide gelegen, und die Seigerhütte, knapp 2 km ilmabwärts der Rohhütte, zur Verfügung standen. Für die Arbeitsvorgänge beider Hütten wurde auf der Grundlage der Hüttenrechnung für das Quartal Reminiscere 1726 (OBA ClZ, 466/23) und unter Zuhilfenahme der Beschreibungen von C. A. Schlüter (1738) ein Verfahrensstammbaum entworfen. Er zeigt den langen Weg vom Erz bis zu den Metallen auf (Bild 58).

Der Schiefer wurde noch auf der Schachthalde einer einmaligen Röstung unterworfen. Dabei brach sein Gefüge auf. Ein Teil des Schwefels und der größte Teil der bituminösen Bestandteile verbrannten. Gerösteter Schiefer und gepochtes Sanderz wurden auf der Rohhütte mit Holzkohle im Hohen Ofen (Bild 59) reduzierend geschmolzen. Holzkohle war Wärmeträger und Reduktionsmittel zugleich. Ein Blasebalg blies über die ‚Form' Luft ein. Die Beschickung durchlief die Reduktionszone und wurde in Höhe der ‚Form' geschmolzen. In der Schmelze sank das schwerere Metall nach unten, so daß nach dem Erkalten auf den Vorherden eine metallarme Schlacke abgehoben werden konnte, unter der der Rohstein zum Vorschein kam. In ihm war Kupfer, zum Teil noch in sulfidischer Form, auf etwa 50 % angereichert. Die Schlacke wurde zum Teil repetiert und, wenn ausreichend rein, auf der Schlackenhalde deponiert.

Nach mehrfacher Röstung, der sogenannten Toträstung, gelangte der Rohstein zu einem erneuten reduzierenden Schmelzen in einen Niederen oder Krummen Ofen. Bei diesem Vorgang sammelte sich in den Vorherden zuunterst Schwarzkupfer, das 90 bis 95 % Kupfer enthielt und außerdem den Silberinhalt des Rohsteins an sich gezogen hatte.

Die Einleitung des sehr aufwendigen Seigerprozesses, in dem Kupfer und Silber voneinander getrennt wurden, lohnte erst bei Silbergehalten im Schwarzkupfer von mindestens 8 Lot (ca. 120 g) je Zentner. Die Gehalte hatten im Schnitt bei 12 Lot gelegen. Die Ilmenauer Schwarzkupfer der Vor-Goethe-Zeit sind also durchaus

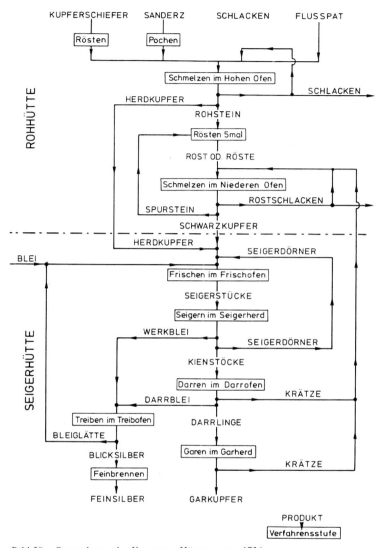

Bild 58: Stammbaum des Ilmenauer Hüttenwesens 1726

seigerwürdig gewesen. In der ersten Stufe des Seigerprozesses wurden sie mit Blei zusammen im Frischofen verschmolzen. Dabei nahm das Blei das Silber auf. Das beim Frischen erschmolzene Gemisch aus Kupfer und silberhaltigem Blei kam in Form der Seigerstücke in den Seigerherd. Bei vorsichtiger Erhitzung tropfte aus ihm das leichter schmelzbare Blei als Werkblei heraus. Das Kupfer blieb in den Kienstök-ken zurück.

Längsschnitt

Querschnitt

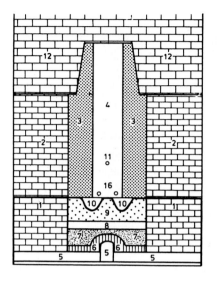
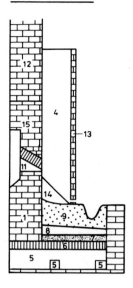

Grundriß

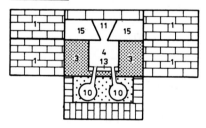

1 Fundament
2 Stützpfeiler
3 Futtermauern
4 Schmelzschacht
5 Abzucht
6 Abdeckung der Abzucht
7 Schlacken
8 Lehmherd
9 Sohlenstein
10 Vorherde
11 Form
12 Hintermauer
13 Vorwand
14 Gestübe
15 Brandmauer
16 Abstichauge

Bild 59: Ilmenauer Hoher Ofen

Zur Abtrennung des Silbers aus dem Werkblei bediente man sich des Treibvorgangs, bei dem Blei durch oxidierendes Schmelzen im Treibherd in Bleiglätte (Bleioxid) überführt wurde. Dabei ließ das Blei das Silber wieder fallen, das sich nach wiederholtem Abziehen der Glätte als ‚Silberblick' zeigte. Bleiglätte wurde auf der Rohhütte wieder zu metallischem Blei reduziert. Im letzten Arbeitsgang wurde Silber auf die gewünschte Feinheit gebrannt. Dabei entstand als Endprodukt Feinsilber.

Den Kienstöcken wurde im Darrofen das Restblei entzogen, das ebenfalls im Treibherd entsilbert wurde. Aus dem Garschmelzen der entbleiten Darrlinge ging schließlich das andere Endprodukt, Garkupfer[179], hervor.

Die aufwendige Technik der Verhüttung von silberhaltigem Kupferschiefer, wie sie vorstehend für die Vor-Goethe-Zeit beschrieben wurde, insbesondere der sehr teure Seigerprozeß, hatten sich bis 1784, dem Jahr der Wiederaufnahme des Betriebes, nicht wesentlich verändert. Bei gleichem Mineralinhalt des Rohhaufwerks wäre sie in der beschriebenen Form wieder zur Anwendung gekommen, wenn die betriebliche Entwicklung eine reguläre Verhüttung überhaupt zugelassen und wenn nicht Mitte der 80er Jahre die Nachricht von einem neuen Verfahren der Silbergewinnung die Runde gemacht hätte.

In den Ilmenauer Akten tauchen Anfang 1786 erste Hinweise auf das Verfahren der Amalgamation auf. Das Verfahren machte sich die Löslichkeit von Edelmetallen – von Gold und Silber vor allem – in Quecksilber zunutze. Erste Anwendungen reichen bis in das Altertum zurück. In Europa hatte man sich des Verfahrens nur dort bedient, wo es galt, feinste Partikel gediegener Edelmetalle aus dem Begleitgestein zu extrahieren.

Der in habsburgischen Diensten stehende Hofrat Ignaz von Born hatte Anfang der 80er Jahre in langwierigen Versuchen die Eignung der Amalgamation für die sulfidischen Silbererze von Schemnitz im damaligen Oberungarn herausgefunden und eine Betriebsanlage dafür errichtet. Born stand mit den bedeutendsten Montanisten seiner Zeit, so auch mit Trebra, in Verbindung und ermutigte sie zu eigenen Versuchen. Trebra stellte Ende 1785 sehr erfolgreiche Versuche mit der Amalgamation Oberharzer Erze an. Davon berichtet er am 5. 1. 1786 seinem alten Freund C. G. Voigt. Er schreibt, einfacher und geringer an Kosten könne man sich keine Arbeit denken und setzt hinzu: „Für Ilmenau gibt sie die besten Aussichten. Nun erst soll uns bei diesem Bergwerk das Silber heben. Das Kupfer mag alsdann gelten, was es will" (B 16242, Bl. 13).

Trebra nimmt im Sommer 1786 eine Einladung zur Besichtigung der Bornschen Anlage in Schemnitz an. Dort trifft er sich mit Sachverständigen aus allen europäischen Bergbauländern.[180] Anfang November ist er zurück und hält sich einige Tage

---

[179] Garkupfer, das aus silberhaltigem Schwarzkupfer erhalten wurde, war nie ganz von dem zugesetzten Blei zu befreien. Das restliche Blei machte das Kupfer spröde und für manche Verwendungszwecke ungeeignet. Der Handel nahm daher Kupfer, das aus nicht silberhaltigen Erzen hergestellt wurde, lieber ab. Dieser Hintergrund erklärt eine Stelle in dem Brief von C. G. Voigt an Goethe vom 10. 6. 1793, in dem es heißt: „Frege zu Leipzig meldet sich schon zu unsern Ilmenauer Kupfern, besonders wenn sie nicht seigewürdig wären" (G–V 1, 93). Christian Gottlob Frege, mit dem Goethe wiederholt in Verbindung gestanden hat, war Bankier und bedeutender Handelsherr in Leipzig. Als Eigentümer der Kuxe 851 und 852 war er auch Ilmenauer Gewerke.

[180] Bei Gelegenheit dieser Zusammenkunft wurde der Beschluß zur Gründung der „Societät der Bergbaukunde" gefaßt, des ersten Zusammenschlusses von Montanwissenschaftlern aus aller Welt. An

in Allstedt auf. C. G. und J. C. W. Voigt suchen ihn am 3. 11. 1786 dort auf, um die neuesten Informationen einzuholen.

Trebra bestätigt, daß die Amalgamation für Ilmenau alleine wegen der Holzersparnis von großem Vorteil sei. Wenn das anzuquickende Gemenge mehr als 4 Lot Silber je Zentner enthalte, könne das Silber ganz rein gewonnen werden. Schon der Ilmenauer Rohstein habe in der Vergangenheit mehr Silber enthalten, also könne schon auf dieser Verfahrensstufe mit dem Anquicken begonnen und nicht nur die Seigerarbeit, sondern auch das Erschmelzen von Schwarzkupfer erspart werden. Auch die Amalgamation von Kupfer habe er, Trebra, weiterentwickelt. Dazu müsse das geröstete Gemenge, aus dem zuvor das Silber durch Amalgamation entfernt worden sei, gelaugt und das Kupfer der Lauge unter Eisenzugabe gefällt werden. Werde zugleich Quecksilber zugegeben, so werde das sich bildende Zementkupfer sofort amalgamiert. Aus den Quecksilberkügelchen erhalte man das Kupfer, wie zuvor das Silber auch, durch Ausglühen. Auf diese Weise könne ein großer Teil des Kupfers gewonnen werden. Das im Rückstand verbleibende Kupfer werde in üblicher Weise gargemacht (B 16248, Bl. 22–28').

Die Information geht ausführlich in die ‚Zweite Nachricht' vom 1. 2. 1787 ein. Dort wird sogar in Aussicht gestellt, mit der ‚Nachricht' des nächsten Jahres „gründlich vorbereitete Anschläge zu Errichtung einer Roh- und Amalgamier-Hütte vorzulegen" (LA I 1, 178). Der Herzog läßt sich von Trebra und von C. G. Voigt mehrfach über das neue Verfahren unterrichten. Trebra meldet, er habe auch bei armen Erzen Erfolge erzielt (B 16249, Bl. 65'). Die Akten weisen aus, daß alle bedeutenden Bergbauländer von einem wahren Amalgamationsfieber befallen waren (B 16253, Bl. 45–80). C. G. Voigt besucht am 7. 7. 1787 von Karlsbad aus die Amalgamierhütte in Joachimsthal in Böhmen. J. C. W. Voigt wohnt im Mai 1788 Amalgamierversuchen im preußischen Rotenburg bei. Unter der Leitung des kursächsischen Berghauptmanns F. W. von Charpentier entsteht in Halsbrücke nördlich von Freiberg eine musterhaft eingerichtete Amalgamieranstalt, die C. G. Voigt im Juli 1795 besuchen wird. [181]

Bei Goethe lesen wir zum ersten Mal im Oktober 1790 von der Amalgamation. Auf seiner Schlesischen Reise hatte er am 4. 9. 1790 auf der Friedrichsgrube in Tarnowitz das Pochen und Schlämmen sulfidischer Bleierze kennengelernt. Nach nur bruchstückhaft überlieferten Vorüberlegungen stellte er die Frage, *ob man nicht das Kupfer und Silber, aus den Ilmenauer Schiefern blos auf dem nassen Weg blos durch Pochen und Schlemmen gewinnen einen reinen metallischen Schlich daraus ziehn und*

---

den Vorüberlegungen zu dieser Gründung hatte Goethe wesentlichen Anteil. Trebra bezeichnet Goethe sogar als denjenigen, der die erste Idee hierzu geliefert habe (Steenbuck 1986).

[181] Toussaint von Charpentier, der Sohn des Erbauers, hat eine ausführliche Beschreibung des Halsbrücker Werkes mit seinen technischen Einrichtungen und seinen Verfahrensstufen hinterlassen (T. v. Charpentier 1802).

solche ohne die höchst beschwerliche rohe Arbeit sogleich zur ⟨Am⟩algamirung bringen könnte (GSA 26/LXVIII, 5; vgl. LA I 11, 33f.). Am 15. Oktober schreibt Goethe an C. G. Voigt: *Da mich der Gedancke die Schiefer durch Pochen und Schlemmen zu bearbeiten sehr verfolgt und mir die Möglichkeit jelänger ich ihm nachhänge immer wahrscheinlicher wird, so habe ich ein P. N. entworfen und zugleich eine Verordnung ans Bergbauamt mit beygefügt.* Goethe bittet Voigt, beides nach Ilmenau befördern zu lassen und *die Sache noch besonders in einem Schreiben dem Bergrath ans Herz zu legen.*

Dieser nimmt im Tagebuch dazu Stellung: „Die Idee vom Pochen und Waschen der Schiefer und dem Anquicken der Schliche stehet mit mir auf und legt sich mit mir nieder. Sie ist vortrefflich und läßt großen Nutzen hoffen''. Doch dann folgt das große ‚Aber'. Das Schmelzen müsse, so schreibt er, zunächst auf die herkömmliche Weise eröffnet werden. Einem Brief aus Freiberg habe er entnommen, daß man dort die Amalgamation von Schwarzkupfer aufgegeben habe (B 16263, Bl. 225'). Auch J. G. Schreiber, der Geschworene, spricht zunächst von den großen Vorteilen der Idee. Jedoch dürfe Schiefer niemals mit Sanderz zusammen gepocht und gewaschen werden, weil Schieferschlamm sehr zäh und nur schwer zu waschen sei (B 16258, Bl. 226–228').

Kritische Stimmen kommen auch aus Clausthal und Berlin. Trebra schreibt am 28. 10. 1790, Schiefer könne wegen seiner zähen Schlämme nicht mit Vorteil gewaschen werden. Auch habe Kupfer ein zu geringes spezifisches Gewicht, um auf nassem Wege von den Beimengungen getrennt werden zu können (ebd., Bl. 237f.). Ähnlich klingt es in dem Brief von C. A. Gerhard vom 13. November. Es heißt darin, Versuche in Rotenburg hätten bewiesen, daß der Kupfergehalt des Schiefers zu gering, das Kupfer zu leicht und das Pochmehl zu schlammig seien. Wohl könne Sanderz vorteilhaft naß gepocht werden (ebd., Bl. 248–249').

Tatsächlich war der nassen Aufbereitung von Schiefer zu keiner Zeit, weder in der Vergangenheit noch in der Zukunft und weder in Ilmenau noch andernorts, dauerhafter Erfolg beschieden. Aber auch der zweite Teil des Goetheschen Gedankens, nämlich Schliche mit stark angereichertem Metallinhalt ohne vorausgehende Rohrarbeit zur Amalgamation zu bringen, hätte in die Irre geführt. Auf diesem Wege hätten nur die geringen Mengen an gediegen vorliegendem Silber und nicht Silber in sulfidischer Form und schon gar nicht sulfidisches Kupfer gewonnen werden können.

J. C. W. Voigt hat knapp zwei Jahre später im August 1792 durchaus den richtigen Weg gewiesen, wenn er kurz vor dem Erreichen des Flözes schreibt, der Schiefer sei im Schmelzofen zu Schwarzkupfer zu verarbeiten. Die Entscheidung über dessen weitere Behandlung hänge von seinem Gehalt an Kupfer und Silber ab (B 16268, Bl. 35). Für den Weg, mit Hilfe der Schmelzarbeit in der Rohhütte zunächst Schwarzkupfer zu erzeugen und erst dieses der Amalgamation zu unterwerfen, kommt Ende September 1792 Zuspruch aus Berlin. P. F. Rosenstiel teilt mit, in

Rotenburg sei bei Großversuchen mit der Amalgamation von Schwarzkupfer dreimal soviel Silber ausgebracht worden wie bei der Seigerarbeit (ebd., Bl. 117f.).

Praktische Bedeutung hat die Amalgamation in Ilmenau aber nie erlangen können, so viele Gedanken in Weimar und in Ilmenau auch darauf verwendet worden
sind. Die Schmelzversuche sind über die erste Stufe, das Rohschmelzen, nie hinaus-
gekommen.

Am 13. 10. 1792 verliest J. F. Schrader vor C. G. Voigt, den Bediensteten des
Bergbauamtes und J. C. W. Voigt sein Gutachten über die Veranstaltung des Probe-
schmelzens. Schiefer soll auf der Schachthalde geröstet und dann im Hohen Ofen
geschmolzen werden, Schalerz und Schlich dagegen ungeröstet im Niederen Ofen.
Da Schalerz und Schlich viel Blei enthielten, falle bei ihrem Schmelzen auch
Werkblei an. Der Rohstein vom Schiefer- und Schlichschmelzen werde mehrfach
geröstet und in einem erneuten Schmelzen zu Schwarzkupfer verarbeitet. Dieses sei
schließlich zu frischen, zu seigern, zu darren und zu garen. (B 16268, Bl. 147–155).

Sieht man davon ab, daß jetzt auch auf das Erschmelzen von Werkblei Rücksicht
genommen werden soll, ist dies das seit 1725 in Ilmenau geübte Schmelzverfahren.
Die Amalgamation wird von Schrader nicht erwähnt.

Ende des Jahres 1792 legt Zimmermeister S. G. Hasse den Riß für ein Poch- und
Waschwerk vor, das auf dem Gelände der Rohhütte errichtet wird. Der Riß zeigt ein
trockenes Pochwerk mit drei und ein nasses Pochwerk mit neun Stempeln. Die
Wäsche weist zehn Planherde auf (B 16270, Bl. 18).

Die gut zwei Meter hohen Pochstempel, die mit kräftigen Eisenschuhen beschwert
sind, werden von Mitnehmern der Pochwerkswelle angehoben und zerkleinern bei
ihrem Fall das Haufwerk in den Pochtrögen. Schalerz und die besseren Sanderze
werden trocken, die übrigen Sanderze naß gepocht. Das zerkleinerte Haufwerk des
trocknen Pochwerks wird von Hand aufgenommen. Im nassen Pochwerk spült ein
schwacher Wasserstrom die ausreichend zerkleinerten Teilchen in die Schlammgräben, wo sich bei verminderter Wassergeschwindigkeit schwerere Teilchen absetzen.
Der Rest sedimentiert in den Schlammsümpfen.

Die Schlämme der Gräben und Sümpfe werden mit Zusatzwasser auf die Herde
aufgetragen. Auf der leicht geneigten Herdfläche tritt ein Sortiereffekt ein. Die
schwereren Teilchen sammeln sich am oberen, die leichteren am unteren Ende des
Herdes. Die unhaltigen Schlämme werden mit der Herdflut weggespült. Der Sortiereffekt ist um so vollständiger, je geringer die Kornspanne des aufgegebenen Poch-
gutes und je größer die Unterschiede im spezifischen Gewicht sind.

Das Poch- und Waschwerk nimmt zu Beginn des 3. Quartals 1793 den Betrieb auf.
Die qualitativen Ergebnisse ermutigen; aber die Durchsatzleistung erweist sich als zu
gering. C. G. Voigt teilt die Gehalte der Schliche am 12. 8. 1793 Goethe mit und
bemerkt dazu: „Der Bergrat zeigt hieraus die Erwartung für unser Werk, was so
unerschöpfliche Sanderze hat, (wovon diese Schliche sind). Nur muß das Waschen
verstärkt und verbessert werden" (G–V 1, 111).

Mittlerweile sind in der benachbarten Hütte zwei Hohe Öfen fertiggestellt. Das Versuchsschmelzen beginnt am 19. 8. 1793 mit dem „Anhängen", d. h. dem Anblasen der Öfen. Vom 20.–26. 8. wird Schiefer und vom 1.–5. 9., vom 11.–18. 9. und vom 25. 9.–3. 10. 1793 Schalerz und Schlich geschmolzen. Die überaus schlechten Ergebnisse des Schmelzens wurden schon im Kapitel 3.1 mitgeteilt. Sie müssen hier nicht wiederholt, wohl aber erklärt werden.

Schrader hatte schon in seinem Gutachten vom Oktober des Vorjahres für das Schlichschmelzen den Niederen Ofen vorgeschlagen. Wegen seiner geringeren Höhe entwickelt sich sein Feuer nicht so heftig, wie das bei dem Hohen Ofen der Fall ist. Warum entgegen dem Schraderschen Vorschlag für das Schlichschmelzen ein Hoher Ofen vorgerichtet wurde, hat sich nicht klären lassen. In seinem Abschlußbericht wiederholt Schrader seinen Vorschlag für das Schlichschmelzen. Er hält den Niederen Ofen aber auch beim Schieferschmelzen für geeigneter. Generell habe wegen seines weniger heftigen Feuers das Metall mehr Zeit, in der Schmelze nach unten zu sinken. Bei sehr armen Erzen, wozu der Ilmenauer Kupferschiefer gehöre, sei dies von besonderem Vorteil. Außerdem reiße das Feuer beim Schmelzen bleihaltiger Schliche im Niederen Ofen nicht so viel Blei heraus wie im Hohen Ofen (B 16350/280).

Auch wenn immer noch gehofft wurde, die Metallgehalte des Flözes verbesserten sich mit Annäherung an den „Rücken", will Bergrat Voigt darauf nicht warten. Er wendet sich nun auch dem Pochen und Waschen von Schiefer zu, dem Vorschlag Goethes aus dem Jahr 1790. Und er scheint Erfolg damit zu haben. Aus insgesamt acht Flözlagen läßt er Haufwerk im Gewicht von jeweils einem Zentner unter genauester Aufsicht pochen und waschen. Die Ergebnisse teilt er am 5. 10. 1793 mit (B 16350/281, § 3). Im Durchschnitt der acht Proben erhält er 8 Pfd Schlich je Ztr. Die Schliche läßt Voigt im Ilmenauer Laboratorium und zur Kontrolle in Clausthal, Freiberg und Bieber analysieren (J. C. W. Voigt 1821, 70).[182] Sie enthalten 25 Pfd Blei, 2 Pfd Kupfer und 3 Lot Silber je Ztr.

Die geringe Kapazität des Poch- und Waschwerks auf dem Hüttenhof reichte aber nicht aus, um neben dem Sanderz auch Schiefer zu Schlich zu ziehen. Statt jedoch die bestehende Wäsche zu diesem Zweck zu erweitern, schlägt J. C. W. Voigt in seiner Ausarbeitung vom 5. 10. 1793 vor, eine ganz neue Wäsche auf der Halde des Schachtes ‚Neuer Johannes' zu bauen (B 16350/281, Bl. 12–19). Die Wäscheabgänge, die über 90 % des Rohhaufwerks ausmachen, könnten dann an Ort und Stelle auf Halde gekippt und brauchten nicht mehr zur Hütte transportiert zu werden. Die Einrichtungen der alten Wäsche seien zum größten Teil in der neuen

---

[182] Im ThHStA sind unter der Signatur B 16077 t, in Papierbeutelchen verpackt, 10 Schlichproben überliefert. Vermutlich stammen sie von diesem Waschversuch, bei dem noch eine 9. Probe aus Haldenschiefer des Schachtes ‚Neue Hoffnung' gezogen wurde. Es wäre nicht aufwendig, aber sehr aufschlußreich, diese Proben unter dem Mikroskop auf ihren Mineralinhalt zu untersuchen.

weiterzuverwenden, und im Gebäude der alten Wäsche könnte die Seigerhütte eingerichtet werden.

Statt der feststehenden Herde der alten Wäsche sollten in der neuen Wäsche – offensichtlich wegen ihrer größeren Durchsatzleistung – Stoßherde zum Einsatz kommen. Den ersten Hinweis hierauf enthält der Brief von C. G. Voigt an Herzog Carl August vom 11. 11. 1793: „Nach unserem Plan wird alles Erz und Schiefer auf Stoßheerden gewaschen und mit 400 Kl.[183] Holz jährlich werthaft so viel ausgeschmolzen als die Vorfahren bey Schmelzung der ganzen rohen Masse nicht mit 4000 Kl. ausrichten konnten" (A 442 a, Bl. 249'). Anfang 1794 begibt sich Einfahrer Schreiber ins Erzgebirge. Dort wird er auch die Handhabung von Stoßherden studieren (B 16350/208, Bl. 48).

Stoßherde waren in anderen Bergbaurevieren schon seit längerem im Einsatz.[184] Von feststehenden Herden unterschieden sie sich dadurch, daß sie in vier Ketten beweglich aufgehängt waren. Mitnehmer einer Antriebswelle schoben sie langsam nach vorne und hoben sie dabei leicht an. Nach Durchgang des Mitnehmers fielen sie gegen einen Prellkopf zurück (Bild 60). Zum Abheben der Schliche mußten die Herde stillgesetzt werden. In Marienberg war bei vergleichbarem Sortiereffekt die Durchsatzleistung eines Stoßherdes drei- bis fünfmal so groß wie die eines feststehenden Herdes (Trebra 1785, 219).

Die Welle, die Pochstempel und Herde in Bewegung zu setzen hat, soll nach J. C. W. Voigt von einem Wasserrad neben dem Kehrrad des Treibwerks angetrieben werden. Der Berggraben führe, so Bergrat Voigt, so viel Wasser, daß ein Teilstrom ohne Nachteil für das Kehrrad auf das Rad der Wäsche gelenkt werden könne. Nach dem Abfall von den Rädern seien die beiden Ströme wieder zusammenzuführen, so daß den Kunsträdern im Schacht nichts entzogen werde.

Der Plan, Schiefer und Sanderz in einer neuen Wäsche auf Stoßherden zu Schlich zu ziehen, wird auf den Gewerkentagen vom Dezember 1793 und vom April 1794 ausgiebig diskutiert, seine Ausführbarkeit in loco geprüft und gutgeheißen. Aber er kann nicht ausgeführt werden, weil der Gewerkentag von 1793 nur der Beratung dient und der des nächsten Jahres keine diesbezüglichen Beschlüsse faßt, sondern Gutachten über eine vorteilhafte Schmelzmethode in Auftrag gibt. Das letzte Gutachten trifft erst im November 1794 in Weimar ein. Es kommt zwar zu günstigen Ergebnissen, aber nun ist die Kasse leer. Mittel für den Neubau stehen erst im Frühjahr 1795 zur Verfügung. Nach dreimonatiger Bauzeit ist das Wäschegebäude

---

[183] Kl. = Klafter: Volumenmaß für Brennholz. In Preußen war 1 Klafter 4 Fuß lang, 6 Fuß breit und 4,5 Fuß hoch, entsprechend 3,339 Kubikmeter (Kahnt/Knorr, 143).

[184] Im Marienberger Revier waren Stoßherde schon im Jahre 1774 im Einsatz (Trebra 1785, 220). Goethe hatte im August 1786 in Schneeberg aufgezeichnet: *Es ist hier ein ungarischer Stoßherd angebracht* (LA I 1, 117). Woher die Anregung kam, Stoßherde auch in Ilmenau zum Einsatz zu bringen, hat sich nicht klären lassen.

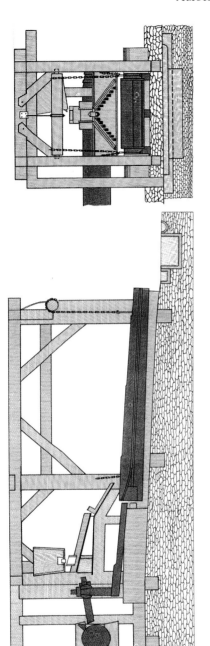

Bild 60: Stoßherd; Längsschnitt (oben links), Grundriß (unten) und Querschnitt (oben rechts)

zur Jahresmitte fertig. Die Installation der Maschinen nimmt zwei Monate in Anspruch, so daß der Betrieb erst Ende August 1795 aufgenommen werden kann.

Der ‚Siebenten Nachricht' vom 20. 2. 1794 ist als Anlage 3 ein Auszug aus einer Ertragsrechnung beigegeben, die J. C. W. Voigt am 16. 1. 1794 auf der Grundlage der oben wiedergegebenen Metallgehalte in den Schlichen seiner Waschversuche aufgestellt hat (LA I 1, 238–240). Die Rechnung, die er 1821 vollständig zum Abdruck bringt, weist bei sehr vorsichtigen Annahmen einen jährlichen Überschuß von 6000 Rtlr aus (J. C. W. Voigt 1821, 67–71). In der ‚Nachricht' wird der zu erwartende Überschuß sogar mit 8157 Rtlr nachgewiesen (LA I 1, 238 f.). Bergrat Voigt schreibt dazu: ,,Eine solche Aussicht konnte schon den Muth des Bergmanns anfeuern'' (1821, 71). Als er sich am 14. 2. 1794 bei Herzog Carl August für eine ,,gnädigste Besoldungszulage'' bedankt, fügt er an, der Überschuß werde sich verdoppeln, wenn die Grubenbaue das ganze Jahr über belegt gehalten werden könnten. Eine weitere Verdoppelung trete ein, ,,wenn sich die Anbrüche veredeln, wozu wir nicht bloße Bergmanns- sondern gegründete Hoffnung haben'' (B 16040, Bl. 382).

Aber noch kennt man die Methode nicht, mit der die Metalle am vorteilhaftesten aus den Schlichen erschmolzen werden können. Hüttenmeister Schrader hatte am 6. 12. 1793, wenige Tage vor dem Gewerkentag, einen Entwurf hierfür vorgelegt. Die Kommission betrachtet ihn als Diskussionsgrundlage und will ihn von auswärtigen Sachverständigen prüfen lassen. Der Entwurf ist in einem Auszug erhalten (GSA 06/2556).

Schrader schlägt vor, das Blei in den Schlichen stärkstmöglich – bis auf 30 Pfd Blei je Ztr – zu konzentrieren. Die Schliche seien im Schmelzofen vom Schwefel zu befreien. Dabei erhalte man schwefelfreies Werkblei und schwefelhaltigen Rohstein. Dieser werde nach mehrmaligem Rösten unter Kalkzusatz in einem Niederen Ofen geschmolzen. Der hierbei anfallende Stein enthalte neben Blei auch Kupfer. Das Blei sei durch vorsichtiges Seigern vom Kupfer zu trennen. Die Verarbeitung des Werkbleis zu Silber und Blei und die Verarbeitung der beim Seigern zurückbleibenden Kienstöcke zu Garkupfer habe auf herkömmliche Weise zu geschehen.

Auch die Gewerken wollen ihre Entscheidung auf Gutachten fremder Sachverständiger stützen. Auf dem Gewerkentag vom April 1794 beschließen sie, doppelte Proben von Schlichen aus Schiefer und aus Sanderz zu ziehen, diese von Hüttenreiter Brühl in Zellerfeld und Probierer Birnbaum in Tarnowitz/Oberschlesien analysieren zu lassen und von ihnen Vorschläge über die geeignete Schmelzmethode zu erbitten (B 16350/171). Weder das Brühlsche noch das Birnbaumsche Gutachten – dieses trifft erst im November 1794 in Weimar ein – sind überliefert.

Hüttenmeister Schrader nimmt am 23. 2. 1795 zu den Gutachten Stellung (B 16350/283). Er geht aber nur auf die vorgeschlagenen Verfahrensstufen und nicht auf die Analysenergebnisse ein. Ein Hinweis auf die Gehalte der Proben ist den Berechnungen zu entnehmen, die Goethe nach Eingang des Birnbaumschen Gutachtens im November und Dezember 1794 mit den Ilmenauer *Berggeistern* aufgestellt hat (GSA 06/2556).

Die Rechnungen gehen von der Annahme aus, den Schiefer in der Grube zurückzulassen und nur das Sanderz zu Tage zu fördern. Folglich müssen in den Proben, die den Gutachtern übersandt worden waren, die Gehalte der aus dem Schiefer gezogenen Schliche so gering gewesen sein, daß es wirtschaftlicher erschien, den Schiefer in der Grube zu lassen, als ihn zu Tage zu fördern, zu pochen und zu waschen, und die Schliche anschließend zur Verhüttung zu bringen.

Aber auch aus den Schlichen des Sanderzes kann nach den Rechnungen vom Dezember 1794 längst nicht so viel Metall ausgebracht werden, wie J. C. W. Voigt in seine Rechnung vom 16. 1. 1794 eingestellt hat. Statt 25 Pfd Blei je Ztr bei J. C. W. Voigt nimmt die neue Rechnung nur 15 Pfd und statt 3 Lot Silber je Ztr nur 1½ Lot an. Von Kupfer ist überhaupt nicht mehr die Rede.

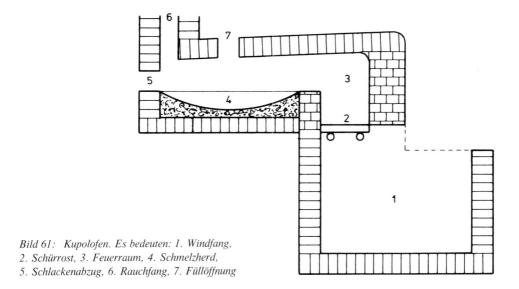

Bild 61: Kupolofen. Es bedeuten: 1. Windfang,
2. Schürrost, 3. Feuerraum, 4. Schmelzherd,
5. Schlackenabzug, 6. Rauchfang, 7. Füllöffnung

Die folgende Kurzwiedergabe des Inhalts der Gutachten konnte nur auf die Schradersche Stellungnahme gestützt werden (B 16350/283). Beide Gutachter empfehlen die sogenannte Niederschlagsarbeit, einen Schmelzprozeß, bei dem Eisenkörner zugegeben werden, die den Schwefel an sich ziehen. Brühl glaubt jedoch nicht, Ilmenauer Schliche im Gebläseschachtofen – gleich von welcher Höhe – verschmelzen zu können. Die geschmolzene Materie könne in ihrem Feuer nicht in ausreichend ruhigem Fluß gehalten werden, um das Absinken des Metalls zu gewährleisten.

Er schlägt daher vor, die Schliche nach vorheriger Röstung in einem englischen Kupolofen (von lat.: cupulo = kleine Kuppel) zu schmelzen. Darunter wurde im

18. Jahrhundert ein Flammofen mit vorgeschaltetem Windofen verstanden. Seine kuppelartige Abdeckung strahlte die Wärme auf den Herd zurück (Schlüter, 15, 110, 316 u. Tab. 42; hier: Bild 61).[185] In dem Ofen sollte der Schwefel zu einem Teil verbrennen und mit den Rauchgasen abziehen; zum andern Teil sollte er sich mit dem Eisen verbinden und in die Schlacke oder den Rohstein wandern. Dieser war nach mehrmaliger Röstung in einem Niederen Ofen zu schmelzen. Das begehrte Werkblei, das sich im Kupolofen und im Niederen Ofen bildet, sollte in der gewohnten Weise im Treibofen zu Silber und Bleiglätte verarbeitet werden.

Schrader hat kein rechtes Vertrauen zu diesem Verfahren. Er vermutet, daß es sich noch im Versuchsstadium befinde und sich noch nicht ausreichend bewährt habe. Er neigt daher dem Vorschlag Birnbaums zu, der die Schliche ohne vorheriges Rösten in einem niedrigen Gebläseschachtofen mit Eisengranulat zu treibwürdigem Werkblei verschmelzen will. Dabei falle nur ein Teil des Bleis als Rohstein an, der erneut ‚durchgeschlagen' werden müsse. Schrader konnte mit dieser Meinung jedoch nicht durchdringen. Am 22. 6. 1795 beschloß ein Gewerkentag, mit Hüttenreiter Brühl eine Vereinbarung über die Einrichtung des Ilmenauer Schmelzwesens zu treffen (B 16077 a, Bl. 30').

Wegen der Lücke in den Akten der Bergwerkskommission haben sich die Vorüberlegungen, die zu diesem Entschluß geführt haben, nicht sicher rekonstruieren lassen. Es kann vermutet werden, daß die Möglichkeit, Steinkohle statt Holzkohle zum Einsatz zu bringen, die Entscheidung für den Kupolofen begünstigt hat. Die Vermutung findet eine Stütze in den Versuchen, die der französische Emigrant Ignaz von Wendel – von Goethe lebhaft gefördert – im Frühjahr 1795 mit dem Umschmelzen von Alteisen zu Gußeisen in Ilmenau beginnen wollte. Wendel sah hierfür einen Reverberierofen[186] vor, in dem ebenfalls Steinkohle zum Einsatz kommen sollte (Tümmler 1964, 77–103).

Goethe hat den Nutzen dieser Versuche für das Ilmenauer Schmelzwesen mehrmals zu erkennen gegeben. Dem Ilmenauer Amtmann E. C. W. Ackermann schreibt er am 27. 3. 1795, daß die Versuche, *wobey besonders auch Steinkohlen angewendet werden können ⟨...⟩ uns sowohl im Ganzen als auch besonders bey dem Bergwerke zustatten kommen werden*, und an Bergrat Voigt am gleichen Tage: *die Gegenwart des Herrn von Wendel soll uns über manche chemische Arbeiten aufklären, und uns auch bey unserem Bleyschmelzen von gutem Nutzen seyn* (WA IV 51, 109). Seinem Kollegen C. G. Voigt gegenüber äußert er am 10. April: *Da wir mit unserm Schmelzwesen noch*

---

[185] Schlüter gibt an (S. 318), der Kupolofen werde in England mit Steinkohle befeuert. Schon im Brief an den Herzog vom 14. 2. 1794 hatte J. C. W. Voigt eine zusätzliche Vergrößerung des errechneten Überschusses durch „die Einführung des Cupolofens, in welchem mit Reißig, Torf u. Steinkohlen geschmolzen" werde, versprochen (B 16040, Bl. 382').

[186] réverbérer (frz): zurückwerfen, zurückstrahlen. Der Reverberierofen ist, wie der Kupolofen, ein Flammofen mit vorgeschaltetem Windofen.

so sehr im Dunckeln sind, so kann es der Gewerckschaft angenehm seyn, wenn wir ohne ihre Kosten, Versuche in ähnlichen Arbeiten anstellen lassen.

Die Bergwerkskommission hatte sich darauf eingestellt, das Hüttenwesen auf das Erschmelzen von Blei – und nicht mehr von Kupfer – auszurichten. Auf dem Gewerkentag vom Juni 1795, dem Goethe wegen Krankheit fernbleiben mußte, spricht C. G. Voigt davon, „das in den Schlichen enthaltene Bley und Silber zu Geld zu bringen" (B 16077a, Bl. 27'). Auch er erwähnt Kupfer nicht mehr. Und in seinem Vortrag *Über die verschiedenen Zweige der hiesigen Thätigkeit*, den er wohl Ende des Jahres 1795 gehalten hat, führt Goethe aus: *Unser nächstes Bleischmelzen in Ilmenau wird auch der Aufmerksamkeit in mehr als Einem Sinne werth sein* (WA I 53, 189).

Das Poch- und Waschwerk stand zur Zeit des Gewerkentages kurz vor der Vollendung. Ende August nimmt es den Betrieb – wenn auch noch in eingeschränktem Umfang – auf. Goethe und C. G. Voigt begeben sich nach Ilmenau. Die eigenhändigen Notizen Goethes über seine Feststellungen bei diesem Besuch vermitteln uns auch für das Poch- und Waschwerk wertvolle Informationen, die aus anderen Quellen nicht zu erlangen sind. Sie werden stark zusammengefaßt wiedergegeben (B 16077a, Bl. 22–24).

Mehrmals vergleicht Goethe die Ausführung des Werkes mit den Vorgaben eines Risses. Leutnant Vent, der zusammen mit Hofbaumeister Steinert nach Ilmenau gekommen war, hatte ein Gutachten über den Riß erstattet. Riß und Gutachten sind nicht erhalten.

Das Gebäude stand südlich des Treibhauses, mit dem es durch eine Brücke verbunden war. Der Boden beider Gebäude sollte ursprünglich auf gleicher Höhe liegen, um das Fördergut vom Schacht auf einem Hundslauf[187] in die Wäsche bringen zu können. Dabei hätte das Gebäude in das nach Süden ansteigende Gelände eingegraben werden müssen. Um dies zu vermeiden, war sein Boden um drei Fuß angehoben und auf den Hundslauf verzichtet worden. Goethe schreibt: *Es ist zwar noch das Mittel den Boden des Treibehauses um 3 Fus zu erhöhen und den Hund noch anzubringen. Allein ist zu überlegen was man gegen das jetzige Fördern gewinnt.* Wenn beim Stürzen einer Fördertonne – so führt Goethe weiter aus – drei Schubkarren bereitstünden, werde die Tonne nicht aufgehalten. Der Bergmann habe Zeit, die Karren über die ansteigende Brücke zum Pochwerk zu fördern, ehe die nächste Tonne aus dem Schacht herauskomme, *es müßte nur um bey bösem Wetter ihm Erleichterung zu verschaffen die Brücke solider gemacht werden.*

Wir lesen weiter: *Das Strusrad ist nach dem Gutachten des Leutnant Vent nicht vorgerichtet, sondern ein ordentlich unterschlächtig Rad gewählt worden.* Der Satz ist

---

187 Ein Hundslauf ist eine Folge von paarweise nebeneinander liegenden Bohlen, in deren Zwischenraum der Spurnagel eines Förderwagens, eines Hunds, geführt wird.

schwer zu deuten, insbesondere war die Bedeutung von *Strusrad* nicht zu ermitteln. Denkbar ist, daß die Maschinen des Pochwerks und des Waschwerks von zwei Rädern angetrieben wurden – dem Rad des Pochwerks, der Intention von J. C. W. Voigt gemäß als oberschlächtiges Rad im gleichen Gefälle wie das Kehrrad, und dem Rad des Waschwerks, als unterschlächtiges Rad von dem vom Pochwerksrad abfallenden Wasser angetrieben. Später notiert Goethe in anderem Zusammenhang (Punkt 10 c und d), daß Poch- und Waschwerk räumlich voneinander getrennt und (mindestens zwei) Räder vorhanden waren.

Das Pochwerk mit seinen sechs Stempeln arbeitete gut. In den hintereinandergeschalteten Schlammgräben setzten sich Schlämme unterschiedlicher Beschaffenheit ab: *Im dritten und vierten sind die besten. In dem ersten Gefälle setzen sich die gröberen Sandtheile zuerst. In den letzten Sümpfen wird, wie versichert wird, nichts mehr gefunden.* Für die zähen Schlämme war ein Rührwerk in Bau. Die beiden Stoßherde bereiteten noch Schwierigkeiten: *Theils bleibt der Schlich nicht genug oben sitzen, theils geht er wieder mit durch.* Wegen zu geringer Durchsatzleistung der Herdwäsche ordnet Goethe die Errichtung des Gerüstes für zwei weitere Stoßherde an, von denen einer sofort in Angriff genommen werden soll.

Die Anlage war auf zwei zwölfstündigen Schichten belegt. Auf jeder Schicht arbeiteten ein Pocher, ein Wäscher und zwei Jungen. Goethe beschreibt die Aufgabe jedes einzelnen und gibt eine Fülle von weiteren Details an, die hier nicht wiedergegeben zu werden brauchen.

Für das Rösten der Schliche war von Hüttenreiter Brühl ein Röstofen empfohlen worden. Hofbaumeister Steinert fertigte einen Riß davon an. Röstofen, Schmelzofen und Treibofen waren in der Hütte unter noch intakten Schloten mit geringen Kosten zu errichten.

Zusammenfassend schrieb Goethe am 1. 10. 1795: *Man konnte also sowohl mit dem Zustande des Werks überhaupt, als auch mit den zur Poch- und Wascharbeit vorräthigen Erzen zufrieden seyn und mit der Aufbereitung derselbigen einem Schmelzen entgegen gehen; allein da das unvollkommene Pochen und Waschen in diesem Jahre kein Schmelzen voraussehen läßt, auch unter gegenwärtigen Umständen das Waschen und Schmelzen mehr eine Probe der Behandlung als des Ertrags werden kann; so drängte sich die schon lange anerkannte Wahrheit aufs neue wieder auf, daß die verbesserten Erze an dem Rücken, dem so weit eingerichteten Werke dem künftigen Ertrag sichern müssen* (B 16040, Bl. 395').

Die Niederschrift über die Konferenz, die Goethe zum Abschluß seines Ilmenauer Aufenthaltes am 5. September mit Bergrat Voigt, Bergmeister Schreiber und Einfahrer Schreiber hielt, informiert darüber, daß Hüttenmeister Schrader am 16. ds. Mts. eine Reise zum Harz antreten wird. Schrader wird auf der Altenauer Hütte das Schmelzen von Reicherzen und Schlichen studieren. Der Briefwechsel mit Hüttenreiter Brühl soll der Kommission zur Weiterleitung eingesandt werden. Die Kommission werde Kopien des Steinertschen Risses und der Ofengrundrisse fertigen lassen

(GSA 62/18; BG 4, 175). Auch diese Risse sind, wie der Briefwechsel, nicht überliefert.

Anfang November schrieb Goethe an C. G. Voigt: *Mit der Wäsche scheint es etwas
besser zu gehen, doch bleibt es immer ausser Proportion.*[188] Das Bergbauamt erhält
einen Monat später Weisung, auch den vierten Stoßherd vorzurichten (B 16279,
Bl. 96). Zuvor war festgestellt worden, daß mit sechs Stempeln und vier Herden bis
Johannis 1796 400 Ztr Schliche erzeugt werden können. Zusammen mit den vorhandenen Schlichen im Gewicht von 300 Ztr reiche dies für ein neues Schmelzen, das
zu diesem Zeitpunkt stattfinden könne (ebd., Bl. 88–91').

Johann Friedrich Schrader erstattet am 19. 2. 1796 sein Gutachten über die
Einrichtung dieses Schmelzens (ebd., Bl. 150–156). Er war Anfang Dezember vom
Harz zurückgekehrt und hatte am 19. 12. 1795 einen umfangreichen Bericht über das
Altenauer Bleischmelzen verfaßt. Schrader ist etwas umständlich im Ausdruck.
C. G. Voigt hatte ihn 1793 „empirisch und mysteriös" genannt (G–V 1, 118). Inhalt-
lich überzeugt sein Gutachten gleichwohl. Bild 62 ist von ihm abgeleitet.

Nach dem Gutachten soll der geröstete Schlich im Niederen Ofen mit den
Zuschlägen Herdblei, Bleistein, Schlacke und Flußspat reduzierend geschmolzen
werden. Schmelzprodukte seien Werkblei, Bleistein und Schlacke. Herdblei und
Bleistein dienten der Anreicherung von Blei in der Schmelze. Flußspat mache die
Schmelze leichtflüssig.

Werkblei sei im Treibherd zu Blicksilber und Bleiglätte zu verarbeiten. Aus Blicksilber gewinne man durch Feinbrennen Feinsilber. Bleiglätte werde durch Frischen, d. h.
durch reduzierendes Schmelzen im Schachtofen zu Reinblei verarbeitet.

Bleistein, der noch viel sulfidisches Blei enthalte, gehe nach mehrmaliger Röstung
zum Teil zum Rostschmelzen zurück, zum Teil werde er für ein eigenes Steinschmelzen zurückgehalten. Auch der Vorgang des Steinschmelzens finde im Niederen Ofen
statt; er werde solange wiederholt, bis der Stein sein gesamtes Blei abgegeben habe,
das als Werkblei ebenfalls dem Treibvorgang zu unterwerfen sei.

Neben dem Werkblei falle beim Steinschmelzen der Neue Stein an. Wenn die
Schliche überhaupt Kupfer enthielten, sammle sich dieses in dem Neuen Stein, der
dann auf Kupfer weiterverarbeitet werden müsse.

Zum Schluß des Gutachtens plädiert Schrader dafür, bei der Einrichtung des
Schmelzens auswärtige Sachverständige nicht heranzuziehen. Es genüge, ihm den
Hüttenschreiber Carl Christian Schreiber zur Beaufsichtigung der zweiten Schicht
zur Seite zu stellen.

Der Sohn des Bergmeisters war nach seiner Rückkehr von der Lautenthaler Hütte
zur Beaufsichtigung der Poch- und Wascharbeit eingesetzt worden. Und mit den

---

[188] Der Brief ist in WA datiert: Jena, etwa 20. August (1796). Tümmler weist nach, daß der Brief
zwischen dem 8. und 10. 11. 1795 geschrieben sein muß (G–V 1, 482).

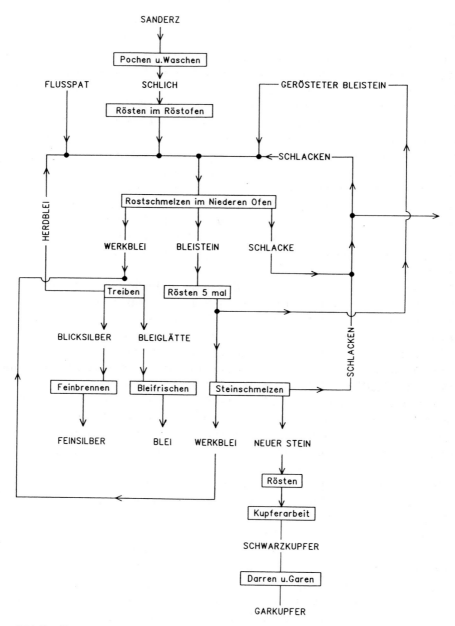

Bild 62:   Stammbaum des geplanten Ilmenauer Bleischmelzens 1796

schlechten Ergebnissen dieser Arbeit macht er ausgerechnet an dem Tage, an dem Schrader sein Gutachten über das Schmelzen vorlegt, am 19. 2. 1796, alle Hoffnung auf ein baldiges Schmelzen zunichte. Er schreibt, das Pochen und Waschen der jetzigen schlechten Sanderze scheine ohne Nutzen zu sein und nur Aufwand zu verursachen. Eine Schlichprobe habe nichts Metallisches ergeben. Dagegen enthalte der fortgejagte Sand im Zentner mehr als 2 Pfd Blei (B 16279, Bl. 148).

Auch Stoßherde vermochten somit eine befriedigende Konzentration der Metall-teilchen im Schlich nicht zuwege zu bringen. Und dies selbst bei Sanderz, das leichter aufzubereiten war als Schiefer! Lag es an extrem niedrigen Metallgehalten im Erz, lag es an einer mangelhaften Beherrschung der Arbeit mit den Herden? Könnte es gar daran gelegen haben, daß die schon abgesetzten Metallteilchen bei den heftigen Stößen des Herdes erneut aufschwammen und schließlich vom Wasser weggespült wurden? War der alte, feststehende Planherd – wenn auch bei geringerer Durchsatzleistung – für die Aufbereitung von Sanderz und Kupferschiefer besser geeignet? So sehr diese Fragen sich aufdrängen: sie können nicht sicher beantwortet werden, weil die vorhandenen Erzvorräte Ende März 1796 verarbeitet waren und das Poch- und Waschwerk seinen Betrieb danach nur kurzzeitig wiederaufgenommen hat. Jüngere Analysenwerte liegen jedenfalls nicht mehr vor.

In seinem Gutachten vom 24. 8. 1804 wird Kammerjunker und Landkammerrat Johann Ludwig von Herda zu Brandenburg aussagen: „Man kam mit dem Verwaschen und Konzentrieren der Erze und Schiefer in Ilmenau nicht weiter als man an anderen Orten auch gekommen ist, sondern überzeugte sich von der Ungültigkeit dieses Projektes" (B 16302, Bl. 135').

Auch nach diesem Rückschlag hat sich Goethe weiter mit Fragen der Verhüttung beschäftigt. Die Belege dafür sind lückenhaft. Sie lassen aber erkennen, daß zwischen den belegten Aktivitäten andere stattgefunden haben müssen, die unbelegt geblieben sind. Als die Deputierten Bertuch und Osann in der Konferenz, die C. G. Voigt am 31. 3. 1796 in Abwesenheit von Goethe abhielt (B 16279, Bl. 174ff.), vorschlugen, ein Probeschmelzen mit einem kleinen Ofen zu veranstalten, äußerte C. G. Voigt Bedenken, weil noch kein Röstofen vorhanden war. Am Vortag der Konferenz hatte er Goethe geschrieben, daß „nichts ohne Dero Entscheidung konkludiert werde" (G–V, 242f.).

Am 28. 4. 1796 schrieb Goethe an C. G. Voigt: *Schraters Gutachten will ich mit nach Jena nehmen und es durchgehen.* Sein Kollege schickt ihm am 15. Juli einen Aktenauszug: „Ich habe die Ehre, einen kleinen Extrakt darüber, was in den Akten wegen des Schmelzens vorkommt, zu übersenden" (G–V 1, 271). Die beiden Brief-stellen sind die letzten, die den Meinungsaustausch zwischen den beiden Kollegen in Fragen der Verhüttung bezeugen. Für sie trat nun die Wiederbelebung der Strecken-auffahrungen im Flöz in den Vordergrund. Am 23. 10. 1796 bereitete der Bruch auf dem Martinrodaer Stollen diesen Arbeiten und mit ihnen auch allen Überlegungen über die Einrichtung des Schmelzwesens ein endgültiges Ende.

4. Bruch und Aufwältigung des Martinrodaer Stollens (1796–1798)

Die Ereignisse nach dem Bruch auf dem Martinrodaer Stollen sind von J. C. W. Voigt (1821) und besonders von J. Voigt ausführlich geschildert worden. Versucht man jedoch, an Hand der beiden Berichte etwas tiefer in das Geschehen einzudringen, so bleiben wichtige Fragen ohne befriedigende Antwort. Die zum Teil dramatischen Vorgänge während der Aufwältigung verdienen daher eine detaillierte und zutreffende Wiedergabe an dieser Stelle.

Die Schilderung stützt sich wesentlich auf die Akte B 16283, die in ihrem ersten Teil überwiegend Wochenberichte des Bergbauamtes (Bl. 1–153) und in ihrem zweiten Teil, von Goethe mit *Acta den Stollenbruch zwischen dem Johannis Schacht und dem Treuen Friedrich betr.* beschriftet, Protokolle und Verfügungen der Kommission und ausführlichere Berichte des Bergrats und des Bergbauamtes enthält (Bl. 155–288). Die Schriftstücke beider Teile sind chronologisch geordnet. Ein Einzelnachweis dieser Quellen ist daher nicht erforderlich.

Unter Zuhilfenahme eines Risses aus dem Jahr 1793 (B 16270, Bl. 101), einer Skizze aus dem Jahr 1797 (B 16283, Bl. 248) und verschiedener Aktenaussagen wurde eine Zeichnung angefertigt, die – den Text dieses Kapitels durchgängig ergänzend – die örtlichen Zusammenhänge deutlich macht (Bild 63). Auf dem Bild ist oben ein Grundriß des Martinrodaer Stollens zwischen den Schächten ‚König David' und ‚Johannes' und unten ein Aufriß des gleichen Bereiches mit einem Teil des ‚Nassen Ortes' zu sehen. Im Aufriß ist der Johannes-Schacht nur mit dem hier interessierenden Abschnitt dargestellt. Von dem verbrochenen und nicht mehr zugänglichen Schacht ‚König David' ist nur das Gesenk gezeigt, das der Verbindung zwischen eigentlichem Schacht und Stollen gedient hatte.

Der Bruch ist in den Abendstunden des 22. 10. 1796, einem Samstag, gefallen. Dem im Johannes-Schacht hochgepumpten Grubenwasser und dem von dem untersten Kunstrad abfallenden Aufschlagwasser war der freie Ablauf über den Stollen versperrt. Das Wasser staute sich im Stollen zurück und erreichte morgens um 2 Uhr den Johannes-Schacht, wo es herunterstürzte. Zwei Bergleute, die im Schachtsumpf unterhalb des Flözes arbeiteten, wurden dadurch alarmiert. Sie verständigten ihre Kameraden in den Örtern, denen das ansteigende Wasser unweigerlich den Rückweg abgeschnitten hätte. Die beiden Örter waren mit je 6 Mann belegt. Alle Bergleute versammelten sich im Füllort des Schachtes, warteten dort noch eine Weile und fuhren

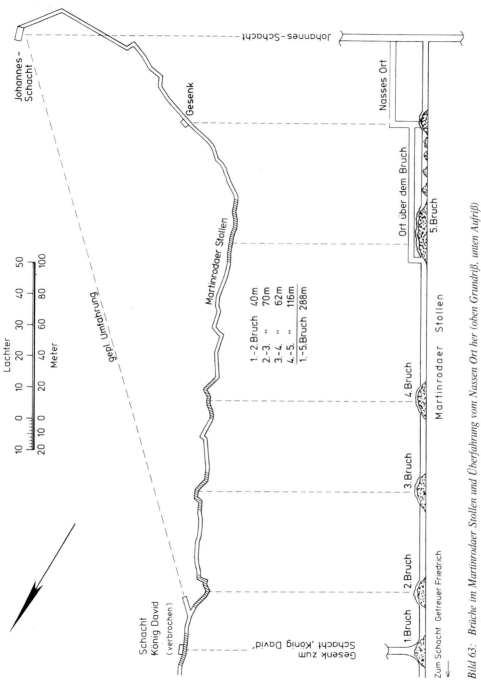

Bild 63: *Brüche im Martinrodaer Stollen und Überfahrung vom Nassen Ort her (oben Grundriß, unten Aufriß)*

aus, als ihnen das Wasser bis zum Leib stand. Ein Kunstknecht hatte inzwischen alle Kunstsätze von unten herauf kontrolliert und festgestellt, daß das Wasser vom Stollen herkam. Er fuhr zu Tage aus und schlug das Aufschlagwasser der Künste ab.

Das im Flöz zulaufende Gebirgswasser hatte am 23. Oktober morgens um 10 Uhr die Firste des Füllorts erreicht und war 104 Stunden später, am 27. um 18 Uhr, im Schacht bis zur Sohle des Martinrodaer Stollens angestiegen.

Der Bruch lag etwa 500 m vom Johannes-Schacht entfernt. Einfahrer Schreiber hatte sofort versucht, von diesem Schacht aus an den Bruch zu kommen. Da der Stollen eine leichte Neigung aufwies, hatte der Wasserspiegel aber schon vor dem Bruch die Firste des Stollens erreicht. Zwei Bergleute waren zur gleichen Zeit im Schacht ‚Getreuer Friedrich‘ zum Stollen gefahren und von der anderen Seite an den Bruch herangekommen. Sie berichteten, der Bruch bestehe aus großen „Wänden“ und lasse einen starken Wasserstrom durch. Daraus schöpfte man die Hoffnung, der Wasserspiegel im Stollen werde nach Abschlagen des Aufschlagwassers wieder sinken, so daß man den Bruch auch vom Johannes-Schacht aus erreichen und gefahrlos wegräumen könne. Einfahrer Schreiber glaubte, die Örter könnten nach 14 Tagen wieder belegt werden.

Goethe und Voigt, in Weimar sofort verständigt, wiesen das Bergbauamt noch am Sonntag an, den Bruch unverzüglich zu öffnen und täglich über die Fortschritte zu berichten. Die Arbeiten zur Aufwältigung des Bruches vom ‚Treuen Friedrich‘ her wurden am gleichen Tag belegt.

Im Stollen fiel der Wasserspiegel in den ersten acht Stunden nach dem Abschlagen des Aufschlagwassers um 20 cm, in den nächsten acht Stunden nur noch um 7 cm. Man befürchtete, im Schacht könne von unten mehr Wasser zuströmen, als oben im Stollen ablaufe, was den Anstieg des Wassers über das Niveau des Stollens hinaus zur Folge gehabt hätte. Ein Versuch, den Bruch zu durchbohren und das Wasser auf diese Weise abzuzapfen, blieb ohne Erfolg.

Am 24. Oktober abends berichtete der Bergrat, der Bruch weite sich stündlich aus. Man könne das Hereinstürzen des Gesteins vom ‚Johannes‘ und vom ‚Treuen Friedrich‘ aus hören. Der Wasserspiegel im Stollen sei in 12 Stunden nur noch um 3 cm gefallen. Einfahrer Schreiber nehme noch einen zweiten Bruch, etwa 300 m vom ‚Johannes‘ entfernt, an.

War der Zugang zum Bruch von der einen Seite, vom ‚Johannes‘ her, durch das Wasser gänzlich versperrt, so drohte ihm von der anderen Seite, vom ‚Treuen Friedrich‘ her, große Gefahr. Dieser Schacht war in solch schlechtem Zustand, daß er einzustürzen drohte. Er mußte für die Befahrung gesperrt werden. Dienstag, am 25., beschlossen die Bediensteten des Bergbauamtes, den Schacht notdürftig zu sichern. Sobald dies geschehen sei, sollten am Bruch drei starke Türen gestellt werden, die sich zum Bruch hin öffnen. Dann könne die Arbeit am Bruch wieder aufgenommen werden. Breche das Wasser durch, so könnten die Bergleute im Schutz der Türen den ‚Treuen Friedrich‘ erreichen.

Die Sicherungsarbeiten im Schacht, für die vier Tage veranschlagt wurden, waren sehr gefährlich. Im Protokoll heißt es: „Das Schicksal der Bergleute muß in diesem Notfall der Vorsehung überlassen bleiben". Nur junge Burschen ohne Familie seien dazu bereit. Aber auch sie weigerten sich schließlich, so daß mit der systematischen Sicherung des Schachtes begonnen werden mußte. Dazu war aber die doppelte Zeit erforderlich. In dieser Zeit, so wurde gefolgert, steige das Wasser im ‚Johannes' über den Stollen an; dadurch vergrößere sich der Wasserdruck am Bruch, was die Wahrscheinlichkeit eines plötzlichen Durchbruchs erhöhe. Da Gefahr im Verzuge sei, müsse mit der Wegräumung des Bruches sofort begonnen und die Befahrung im ‚Treuen Friedrich' für diesen Zweck wieder freigegeben werden.

Am 29. Oktober stand das Wasser im ‚Johannes' etwa 30 cm über der Stollensohle, nachdem es diese zwei Tage zuvor erreicht hatte. Wegen des höheren Druckes ließ der Bruch wieder etwas mehr Wasser durch. Ein weiterer Anstieg mußte verhindert werden. Deswegen begann man, mit Fördertonnen, die zu diesem Zweck umgebaut worden waren, Wasser nach über Tage zu fördern. Es gelang, den Spiegel 45 cm über der Sohle zu halten.

Goethe begab sich am 30. Oktober nach Ilmenau. Am nächsten Tag fuhr er mit dem Bergrat, dem Bergmeister und dem Einfahrer zu den Schächten ‚Treuer Friedrich' und ‚Johannes'. In der Nacht zuvor war Hüttenmeister Schrader verstorben. Goethe übertrug die Verantwortung für die Hütte vorläufig dem Bergmeister. Am Abend hielt er seine Beobachtungen in einem Brief an C. G. Voigt fest (G–V 1, 321).

Wie konnte es zu einem Bruch solchen Ausmaßes am Fuße des ‚König David' und gleichzeitig zu dem gefährlichen Zustand im ‚Treuen Friedrich' kommen? Bergrat Voigt gibt am 2. November eine plausible Erklärung. In den Tagen vor dem 22. Oktober war starker Regen gefallen. Im ‚Treuen Friedrich' hatte der Ausbau seinen Halt verloren, weil Oberflächenwasser zugelaufen war und das Gestein hinter dem Ausbau ausgewaschen hatte. Im Stollen, der viel mehr Wasser hatte abführen müssen als gewöhnlich, war das Wasser über die Sohle angestiegen, hatte die Stöße aufgeweicht und sie ebenfalls ausgewaschen.

Am 3. November findet eine Session mit denselben Teilnehmern wie bei der Befahrung vom 31. Oktober statt. Goethe hatte dazu einen Fragenkatalog mit 25 Fragen vorbereitet (B 16283, Bl. 177–179'. Die Bediensteten erklären u. a., daß das zu Bruch gegangene Stollenstück häufig befahren und schadhafter Ausbau regelmäßig ausgewechselt worden sei. Der Ausbau habe in der Firste kein natürliches Widerlager gehabt, weil bei der Stollenauffahrung sich an dieser Stelle zwei Gegenörter in der Höhe verfehlt hatten und die Sohle des einen deswegen hatte vertieft werden müssen. Außerdem komme hier ein Gesenk vom Nassen Ort herunter. Die Sicherungsarbeiten im ‚Treuen Friedrich' seien, so wird berichtet, gut vorangekommen. Beim Wassertreiben mit den Fördertonnen werde in einer Stunde etwa ein

Kubikmeter gehoben. Schließlich wird Einfahrer Schreiber beauftragt, den Punkt, an dem der Bruch liegt, sorgfältig zu vermessen.

Den Fragenkatalog mit den Antworten schickt Goethe am gleichen Tag mit einer *ostensibel* geschriebenen Beilage an C. G. Voigt. Im Begleitbrief bittet er, die Deputierten in die Sache einzuführen, *denn sie sieht sehr weitschichtig und zweifelhaft aus. Die Muthmaßung wegen des zweiten Bruchs ist das allerschlimmste.* In der Beilage stellt Goethe zu Anfang fest: *Zwei Hauptpuncte müssen erst ganz ins Reine; denn sie machen das Fundament unserer Hoffnung: 1. Die Zugänglichkeit durch den Treuen Friedrich zum Bruche von unten und 2. die Verminderung der Wasser durch den Johannes von oben.* Die Beilage schließt mit der Frage, *ob man durch einen Umbruch oder durch Abbauung des Bruches den Stollen wieder in Gang setzen wolle? Wenn diese Frage ins gehörige Licht gesetzt ist, schicke ich sie nebst meinem Voto zur Entscheidung ein; denn ich wünschte, daß das, was geschieht, sowol von Ihnen als den Herrn Deputirten gebilligt werde, ja daß Serenissimus darum wisse; denn niemand kann für den Event stehen.* Der Ernst der Lage war erkannt.

Mit der gestellten Frage befaßt sich eine weitere Session am 4. Oktober. Bergmeister und Einfahrer sind gegen die Aufwältigung des Bruches. Sie sei teurer als ein Umtrieb. Nach eingehenden Erörterungen treten Goethe und Bergrat Voigt dieser Meinung bei, *umso mehr als aus Akten ersichtlich, daß 1755 auf gleiche Art geurtheilt und gehandelt wurde.*[189]

In Weimar erörtert C. G. Voigt am 6. November die Lage mit den Deputierten F. H. G. Osann und P. F. Seidel. Goethes Berichte und sein Schema dienen dabei als Grundlage. Die Erörterung bleibt zwar ohne rechtes Ergebnis; Voigt schreibt aber am gleichen Tag an Goethe: „Solange die Extension des Bruchs nicht sicher bestimmt werden kann, scheint die Treibung eines Umbruchs vorläufig immer sehr problematisch". Vielleicht müsse man die Gewältigung noch so lange weiter versuchen, wie das nachbrechende Gebirge es zulasse (G–V 1, 325). Am 7. 11. 1796 wird der Herzog über die Lage auf dem Stollen unterrichtet. Er vermerkt am Rande: „ich kann nicht leugnen, daß mir nicht ganz wohl bey der Sache ist" (zit. n. J. Voigt, 261).

In der Sitzung vom 8. November, der letzten während Goethes Aufenthalt, berät man nochmals die Frage des Umtriebs und beschließt, wenigstens zunächst noch einen Versuch mit der Aufwältigung des Bruchs zu machen. Sorge bereitet die

---

[189] Am 31. 12. 1753 war etwa an der gleichen Stelle wie im Jahre 1796 ein Bruch in dem Stollen gefallen. In seinem Gutachten vom 30. 8. 1755 hatte das Bergamt geurteilt, die Aufwältigung des Bruches von unten sei nur unter äußerster Lebensgefahr möglich, und statt dessen vorgeschlagen, sich dem Bruch vom Nassen Ort her von oben zu nähern (B 16350/163, Bl. 72). Die spätere Aufwältigung ist diesem Vorschlag allerdings nicht gefolgt, sondern dem Gutachten des Bergrats C. F. Baum vom 12. 12. 1755 (B 16037, Bl. 8–18), dessen Inhalt die Argumente, mit denen 41 Jahre später Bergmeister und Einfahrer ihre Auffassung begründen, vorwegnimmt. Damals hatte es 12 Jahre gedauert, ehe der Stollen wenigstens bis zum Schacht ‚Alter Johannes' wieder befahrbar war.

Zufuhr frischer Wetter zur Bruchstelle. Im ‚Treuen Friedrich' zog ein leichter, von Nordwesten her kommender Wetterstrom zu Tage aus. Man hatte versucht, durch Stellen einer Wettertür kurz vor dem Schacht den Luftstrom in der Wasserseige an dem Schacht vorbei zu dem Bruch zu zwingen. Das war nur unvollkommen gelungen.

Dem Protokoll fügt Goethe *einen nach der Beschreibung gezeichneten Riß* bei, eine Handzeichnung, die die Örtlichkeit des Bruches und den Stand der Aufwältigungsarbeiten am 8. November wiedergibt (B 16283, Bl. 199' u. 200; hier: Bild 64). [190] Dazu hatte er eine Erläuterung angefertigt, aus der mitzuteilen ist, daß das hinter dem Bruch stehende Wasser durch Wegräumen des Bruches von oben nach unten kontrolliert abgezogen wurde (LA I 1, 253f.). Nur so konnte ein plötzliches Durchbrechen der Wassermassen sicher vermieden werden.

Am 8. November sind die Sicherungsarbeiten im ‚Treuen Friedrich' abgeschlossen. C. G. Voigt hatte zwei Tage zuvor geschrieben: „Daß der Treue Friedrich so bald wieder in den brauchbaren Stand gesetzt wird, ist ein wahres Glück; der Notfall hat dieses erzwingen müssen, da man ihn vorher gar nicht anzurühren getraute" (G–V 1, 326). Goethe verläßt Ilmenau am 9. November.

Es kam nun darauf an, die Ausdehnung des Bruches zu erfahren. Daran hatten sich die weiteren Entscheidungen zu orientieren. Am 6. November hatte Goethe dem Kollegen nach Weimar geschrieben: *es ist ein Kriegszustand und ich weiß noch nicht, was morgen räthlich und thunlich sein wird.* Einen Bericht vom Tage der Goetheschen Abreise kommentiert C. G. Voigt: „Anliegender Bericht aus Ilmenau ist nicht eben tröstlich. Das ganze schlimme Stollenstück scheint sukzessiv herunterzugehen" (G–V 1, 330).

Nachdem das hinter dem Bruch stehende Wasser abgezapft war, dringt man am 15. November weiter vor. Nach rund 40 m wird ein zweiter Bruch festgestellt. Die Situation ist gefährlich, weil das Wasser dahinter bis zur Firste steht und die Luft davor so schlecht ist, daß die Lampen erlöschen. Am ‚Treuen Friedrich' schließt man zwei Blasebälge, die von der Hütte herangeschafft werden, an hölzerne Rohrleitungen an und bläst mit ihrer Hilfe Frischluft nach vorne. Am 17. Dezember ist auch der zweite Bruch aufgewältigt. Eine Woche später gelangt man vor einen dritten Bruch. Er ist am 31. Dezember beseitigt.

Das weitere Vordringen bereitet größere Schwierigkeiten. Die Blasebälge zeigen kaum noch Wirkung. Am ‚Treuen Friedrich' wird daraufhin eine Wettertrommel

---

[190] Goethe hat die Zeichnung nicht aus eigener Anschauung sondern *nach der Beschreibung* angefertigt (LA I 1, 253f.). Am 31. 10. 1796, dem einzigen Tag, an dem er während dieses Aufenthaltes am Schacht ‚Getreuer Friedrich' war, befand sich der Schacht noch in solch schlechtem Zustand, daß die Anfahrt von Personen, die nicht unmittelbar mit den Sicherungsarbeiten zu tun hatten, nicht verantwortet werden konnte. Um so größeren Respekt verdient die einfühlsam-realistische Darstellung.

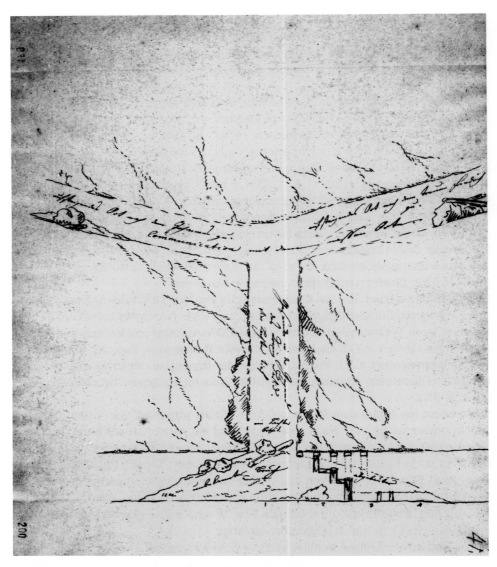

Bild 64: Zeichnung Goethes zum 1. Bruch im Martinrodaer Stollen

aufgestellt und an die Rohrleitung angeschlossen. [191] Es gelangt zwar Frischluft nach vorne, aber nur in solch geringem Umfang, daß es nach dem Verlängern der Rohrleitung immer einige Tage dauert, bis die von der Frischluft verdrängte, verbrauchte Luft zum ‚Treuen Friedrich‘ abgezogen ist. Mitte Januar kommt man wieder weiter. Bergrat Voigt meldet nach Weimar, durch die ausgestandene Gefahr sei ein Gemeingeist unter den Bergleuten entstanden, der alles von ihnen erwarten lasse.

Am 31. 1. 1797 erreichen die Bergleute, 172 m von dem Bruch am ‚König David‘ entfernt, den vierten Bruch. Sie klettern auf der Böschung des Bruchhaufwerks hoch. Kurz unterhalb der Stollenfirste erlöschen ihre Lampen. Im Dunkeln tasten sie sich in die Bruchglocke vor und stellen fest, daß hinter dem Bruch Wasser 3 m über der Stollensohle steht. Diese Höhe stimmt mit dem Wasserstand am ‚Johannes‘ überein.

Erst nach Verlängerung der Rohrleitung kann mit dem Abzapfen des Wassers hinter dem Bruch begonnen werden. Am 4. Februar ist es abgelaufen. Man hatte erwartet, daß nun der Wasserspiegel am ‚Johannes‘ sinken werde. Aber dort bewegte sich nichts. Hinter dem vierten mußte sich somit noch ein weiterer Bruch befinden, der das Wasser zurückhielt. Dorthin war aber vom ‚Treuen Friedrich‘ aus nicht vorzudringen.

Die Kommission weist Einfahrer Schreiber an, sich am 6. Februar in Weimar einzufinden, um über die Lage auf dem Stollen zu berichten und um „ihn zum allenfallsigen Gebrauch der von dem Herrn von Humbold neu erfundenen Lampe welche das Licht auch in den ⟨matten⟩ Wettern einige Zeit brennend erhält, zu instruiren‘‘. Goethe vermerkt in seinem Tagebuch unter dem 7. Februar: *Der Einfahrer von Ilmenau* und unter dem 8.: *Geh.R. Voigt wegen der Bergwerkssachen.*

Alexander von Humboldt, bis Ende 1796 preußischer Oberbergmeister in den fränkischen Fürstentümern, hatte eine Lampe entwickelt, die auch in einer Umgebungsluft weiterbrannte, welche den für die Verbrennung notwendigen Sauerstoffgehalt nicht aufwies (Humboldt 1799, 249–329). Im Oktober 1796 ist Humboldt von der Eignung seiner Lampe für den untertägigen Einsatz überzeugt (Jahn/Lange 1973, 533). Die Lampe war über einen Schlauch mit einem Sauerstoffbehälter verbunden. Der Sauerstoff wurde durch herabtropfendes Wasser aus dem Behälter verdrängt und der Lampe zugeführt. Brennstoff war das übliche Unschlitt.

In Jena beschäftigt sich der Chemiker Professor Johann Friedrich August Göttling mit dem Humboldtschen „Lichterhalter‘‘ Ihm schreibt Goethe am 7. 12. 1796 wegen der Lampe: *ich wünschte gar sehr zu vernehmen, in wie fern Sie glaubten daß der*

---

[191] Bei der Wettertrommel reißt ein Wasserstrahl in einem senkrechten Rohr Luft mit sich. Während das Wasser am Fuße des Rohres in der Trommel aufgefangen wird, entweicht die Luft in eine Rohrleitung, die in das zu bewetternde Ort führt. – Im ‚Treuen Friedrich‘ lief auf einer Kluft Gebirgswasser zu, das zu diesem Zweck genutzt werden konnte.

Gedanke ausführbar sey. Es findet sich eben jetzt eine Gelegenheit, wo wir sie, nicht zum arbeiten, sondern zum recognosciren an Orten wo die Lichter nicht lange brennen, brauchen möchten. Man hat bey dieser Gelegenheit bemerkt, daß die Menschen noch lange und bequem athmen wo die Lichter schon auslöschen, es wäre also um so mehr der Mühe werth die Brauchbarkeit dieser Lampe zu constatiren. Göttlings Antwort ist nicht bekannt. Humboldt ist aber Anfang Januar 1797 in Jena und wird Göttling von den Vorzügen seiner Lampe überzeugt haben.

Goethe läßt sich am 7. Februar von Schreiber berichten. In einer Notiz vom gleichen Tag legt er fest, daß nach Aufräumen des vierten Bruches die Rohrleitung vorzustecken und der nächste Bruch zu suchen sei. *Um nun bei noch ermangelnden Wettern weiter vorwärts zu kommen, so wurde die Humboldtische Lampe in nähere Betrachtung gezogen, eine Vergrößerung derselben durch zwei übereinander gestellte Fäßchen verabredet und der Versuch mit atmosphärischer Luft erwogen.*

Der Notiz über die Besprechung vom 8. Februar, an der auch C. G. Voigt teilnahm, ist zu entnehmen, daß Schreiber am Vortag von Bergrat Buchholz, dem Weimarer Arzt und Apotheker, im Gebrauch der Lampe unterrichtet worden war. Goethe verfügte, *daß der bei dem BR Buchholz befindliche Apparat zur Humboldtischen Lampe dem Einfahrer Schreiber mitgegeben werden soll.*

Die offene Flamme einer mit Unschlitt oder mit Öl gespeisten Lampe, wie sie in Ilmenau und andernorts verwendet wurde, ist ein guter Indikator für die Qualität der Umgebungsluft. Wenn deren Sauerstoffanteil von seinem Normalwert von 20,94 % absinkt, beginnt die Flamme sich zu verfärben. Sie erlischt bei einem Sauerstoffanteil von etwa 17 %. Für die menschliche Atmung ist ein Anteil von 17 % aber noch ausreichend. Diesen Umstand hatten sich die Ilmenauer Bergleute zunutze gemacht, die im Dunkeln bei erloschenen Lampen zum 4. Bruch vorgedrungen waren. Natürlich waren ihre Feststellungen in hohem Maße unsicher. Für solche Situationen sollte, wie es C. G. Voigt einige Wochen später formulierte, Herr von Humboldt „uns doch ein Lichtchen in der Stollendunkelheit" geben (G–V 1, 338).

Aber die Hilfe war nur von begrenztem Wert. Bei Sauerstoffanteilen von weniger als 15 % beginnt die Gefährdung für den Menschen. Sind zunächst nur körperliche und geistige Leistungsfähigkeit eingeschränkt, so tritt bei etwa 10 % Bewußtlosigkeit, bei noch tieferen Werten sofortiger Tod ein. Indikatoren, die nach Verlöschen der normalen Grubenlampe ein weiteres Absinken des Sauerstoffanteils hätten erkennen lassen, standen nicht zur Verfügung. Die Humboldtsche Lampe brannte dank ihres eigenen Sauerstoffvorrats auch bei noch schlechterer Umgebungsluft weiter.

In der Frühzeit des Bergbaus haben nicht wenige Bergleute, die versucht hatten, in matten Wettern ohne Licht vorzudringen, ihren Mut mit dem Leben bezahlen müssen. Humboldt selbst war bei der Erprobung seiner Lampe im Alaunbergwerk von Berneck im Vorjahr ohnmächtig geworden und von seiner Begleitung aus dem gefährdeten Bereich herausgezogen worden. In dem Brief an seinen Freund

C. Freiesleben vom 18. 10. 1796 hatte er geschrieben, er sei durch das häufige Fahren in matten Wettern dreist geworden. Beim Erwachen habe er aber seine Lampe, die zurückgeblieben war, noch brennen sehen. „Das war wohl der Ohnmacht werth" hatte er hinzugefügt (Jahn/Lange, 533). Dieser Erfinderehrgeiz hätte leicht tödliche Folgen für ihn und seine Retter haben können!

Humboldt hat die Sauerstoffzufuhr zu der Flamme in zahlreichen Schritten weiterentwickelt (Humboldt, 269–279). Zumeist wurde der Sauerstoff durch ein Messingröhrchen, über das ein gestrickter Baumwolldocht gezogen war, von unten in die Flamme geblasen. Bei schlechterer Außenluft umgab Humboldt die Flamme mit einem durchlöcherten Ring, bei dem der Sauerstoff die Flamme auch von außen anblies. Welche Ausführung in Ilmenau zum Einsatz kam, ist nicht bekannt. Bei den beiden „Fäßchen", von denen am 7. Februar die Rede war, wie bei dem „Apparat", der dem Einfahrer am nächsten Tag mitgegeben wurde, wird es sich um Einrichtungen zur Vergrößerung des Vorrats an Sauerstoff und zu dessen besserer Dosierung gehandelt haben.

Wie notwendig dies war, zeigt der Bericht des Bergrats vom 11. Februar. Ein Bergmann war mit der Humboldtschen Lampe über den vierten Bruch hinaus zum fünften Bruch vorgestoßen. Nach Schritten gemessen, lag er 116 m vor dem vierten. Der Bergmann konnte lediglich beobachten, daß über der Stollensohle Wasser aus dem Bruch heraustrat. Dann mußte er den Rückweg antreten, weil der Sauerstoff verbraucht und die Lampe erloschen war.

J. C. W. Voigt teilt in dem gleichen Bericht noch mit, daß vor dem ersten Einsatz der Lampe die Zubereitung „dephlogisierter Luft" Schwierigkeiten bereitet habe. Der Begriff geht auf die Phlogistontheorie zurück, die, von G. E. Stahl Ende des 17. Jahrhunderts aufgestellt, die Verbrennung eines Stoffes mit der Abgabe eines unbekannten Stoffes, des „Phlogistons" (griech.: phlogiston = das Verbrannte) zu erklären versuchte. Als J. Priestley 1774 durch Erhitzen von Quecksilberoxid den Sauerstoff entdeckte, nannte er ihn, noch auf dem Boden der Phlogistontheorie stehend, „dephlogisierte Luft»[192] (Wußing 279).

Dem Gebrauch der Humboldtschen Lampe hatte also die Erzeugung von Sauerstoff vorauszugehen. Die Weimarer Akten sagen über den obigen Hinweis hinaus nichts darüber aus. Humboldt schrieb 1799 (S. 266), daß Lebensluft – eine andere Bezeichnung für „dephlogisierte Luft" oder Sauerstoff – durch Glühen von Salpeter oder Braunstein (Eisenoxid) leicht gewonnen werden könne. Daß es ganz so leicht nicht werden würde, scheint man schon bei der Besprechung vom 7. 2. 1797 in

---

[192] Obwohl A. L. Lavoisier schon 1787 der französischen Akademie sein „antiphlogistisches" System vorgelegt hatte, in dem er den Verbrennungsvorgang richtig als Sauerstoffaufnahme – und nicht als Phlogistonabgabe – erklärte, hat sich die Bezeichnung „dephlogisierte Luft" für Sauerstoff noch lange gehalten. A. von Humboldt spricht noch 1799 von „dephlogistischer Luft" (S. 258) und von „dephlogistisirter Luft" (S. 267).

Weimar geahnt zu haben. Anders wäre es nicht zu erklären, daß ein *Versuch mit atmosphärischer Luft erwogen* wurde.

Am 13. Februar wollte, immer noch nach dem Bericht des Bergrats vom 11., der Einfahrer einen zweiten Versuch unternehmen, zum fünften Bruch vorzudringen. Dazu hatte er sich einige „Bouteillen" anfertigen lassen, aus denen er unterwegs den Sauerstoffbehälter der Lampe nachfüllen konnte. Die Luft im Stollen verschlechterte sich jedoch so stark, daß vom ‚Treuen Friedrich' noch nicht einmal zum ersten Bruch zu kommen war; sie stand „in guten und schlechten Propfen" im Stollen. Einige Wochen konnte dort praktisch nicht gearbeitet werden.

Nachdem er sich von Einfahrer Schreiber mündlich über die Lage auf dem Stollen hatte berichten lassen, bittet C. G. Voigt in einem Privatbrief vom 24. Februar den Schwiegervater des Einfahrers, den Bergmeister Schreiber, um „seine aufrichtigen Gedanken" (B 16350/214). Dessen Antwort vom 27. beschreibt die schon bekannte verzweifelte Situation. Die Wettertrommel blase vom ‚Treuen Friedrich' her Frischluft, den vielen Krümmungen des Stollens folgend, vor den letzten Bruch. Dort komme aber nur sehr wenig Luft an und diese sei schon „abgemattet". Man beabsichtige eine Verstärkung dieser Einrichtung. Versage die Maßnahme, so bleibe nur übrig, das Nasse Ort aufzumachen und sich dem Bruch von oben zu nähern.

Die Humboldtsche Lampe erweist sich wegen ihres kleinen Vorratsbehälters als unzureichend. Man läßt deswegen beim Böttcher „sehr große Behälter" fertigen. Die Bergleute hatten das empfindliche Messingröhrchen durch einen Pfeifenstiel ersetzt und den Docht über diesen gezogen.

Am 4. 3. 1797 meldet das Bergbauamt, die Lage werde immer bedrohlicher; die Wetter seien noch nie so schlecht gewesen. Die Humboldtsche Lampe gebe zwar Licht, aber nun würden die Bergleute krank und sträubten sich, in der schlechten Luft zu arbeiten. Man wolle jetzt nur noch die genaue Lage des 5. Bruches feststellen, dann das Nasse Ort aufwältigen und von oben herunter bohren, um so einen Wetterzug herzustellen. Vier Tage später verliert ein Bergmann das Bewußtsein. Seine Kameraden haben größte Mühe, ihn ohne eigene Gefährdung zu bergen. Selbst die Humboldtsche Lampe versagt. Wieder kann einige Wochen vor dem Bruch nicht gearbeitet werden.

Ganz im Sinne dieses Berichtes schreibt C. G. Voigt am 6. März an den Herzog: „In Ilmenau sieht es auf dem Stollen fatal aus ⟨...⟩ Noch erwarteten wir Humboldts größere Lampe. Vielleicht thun auch die verstärkten Wetter Vorrichtungen etwas. Wäre das nicht, so ist kein Mittel als das Nasse Ort vom Schacht aus aufzuwältigen und mit Hilfe eines Durchsinkens den Wetterzug herzustellen" (I 289, Bl. 6).

Wegen der Öffnung des ‚Nassen Orts' ist der Bergrat anderer Meinung als sein Bruder und das Bergbauamt. C. G. Voigt schreibt am 13. März an Goethe: „Der Bergrat scheint ganz zu verzagen und an den Vorschlag, das nasse Ort aufzumachen, auch nicht einmal mit einer Deliberation oder vorläufigem Anschlag gehen zu wollen. Am Ende muß man es förmlich verordnen, und sollte es nur sein, daß sie über die Sache nachzudenken genötiget werden" (G–V 1, 346).

Die Kommission erläßt die Verfügung am 15. März. Drei Tage danach erleidet der Einfahrer in den matten Wettern einen Schwächeanfall. Die Einsicht wächst, daß dem Bruch vom ‚Treuen Friedrich' her nicht beizukommen sei und das ‚Nasse Ort' aufgewältigt werden müsse. In seiner Beratung vom gleichen Tag kommt das Bergbauamt zu dem Ergebnis, daß es 15 Wochen dauern werde, das Ort auf 100 m Länge zu öffnen. Statt der Bohrung zum Stollen will man ein 20 m tiefes Gesenk niederbringen, was weitere drei Wochen in Anspruch nehme. Die Kosten der Maßnahme werden auf 321 Rtlr geschätzt.

Ende März 1797 werden die Arbeiten auf dem Nassen Ort aufgenommen, das bis zu einem 70 m vom ‚Johannes' entfernten Gesenk noch offen ist. Mitte April ist man 35 m darüber hinaus. Hier werden ebenfalls matte Wetter angetroffen. A. von Humboldt, der sich zu dieser Zeit in Jena aufhält und auch einige Male in Weimar ist, rät, vom Stollen aus ein Gegenort aufzufahren. C. G. Voigt meint dazu, das ‚Nasse Ort' sei nichts anderes als ein Gegenort. Und er fügt hinzu: „Sollte man mittelst des Treiberades nicht ein leichtes mechanisches Hülfsmittel erlangen können, Wetter ins nasse Ort zu blasen?" (G–V 1, 356). Der Gedanke kommt zur Ausführung. Anfang Mai beginnt man mit dem Bau eines doppelten Wettersatzes, der durch eine Rohrleitung Luft von über Tage 86 m tief bis zum ‚Nassen Ort' und dort bis zur Arbeitsstelle blasen wird (B 16283, Bl. 231; hier: Bild 65).[193]

Inzwischen unterhält Humboldt die Hofgesellschaft. Schon am 11. März hatte C. G. Voigt an Goethe geschrieben: „Über den Reichtum an Kenntnissen und Ideen und über die Empfindsamkeit des Herrn von Humboldt waren Serenissimus sehr bezaubert" (G–V 1, 341). Goethes Tagebuch weist für den Monat März sieben Begegnungen mit Humboldt aus. Am 24. April schreibt Carl August an Goethe: „Ich wünschte Humbold, der mit dir bey uns ißet, ließe nach Tisch seine Lampe heraufbringen; sie würde meiner Frau Vergnügen machen und das höchst ansehnliche Publikum instruendo belustigen" (G–CA 1, 219).

Goethe lud Humboldt erneut zu einer Reise nach Ilmenau ein, damit er dort die Lampe erproben und dem Ilmenauer Personal Anweisungen zu ihren Gebrauch geben könne (WA IV 12, 116). Auch dieses Mal sagt Humboldt ab. Er schreibt am 4. Mai an Goethe: „So unendlich gern ich Ihre Einladung annehme, Sie nach Ilmenau zu begleiten, so unendlich kümmert es mich auch, Ihren Wunsch diesmal nicht erfüllen zu können" (Jahn/Lange, 577). Goethe unterrichtet Voigt am 6. Mai: *Oberbergrath von Humboldt hat meinen Antrag, wenigstens für den Moment, abgelehnt; vielleicht gewinne ich ihn noch für diese Expedition, wenn ich, in etwa 8 Tagen, nach*

---

[193] Die hier dargestellte Anordnung war von Einfahrer Schreiber für den Einsatz am ‚Treuen Friedrich' vorgeschlagen worden (statt der Wettertrommel). Am ‚Johannes' wurden die Wettersätze von dem sehr viel größeren Kehrrad angetrieben.

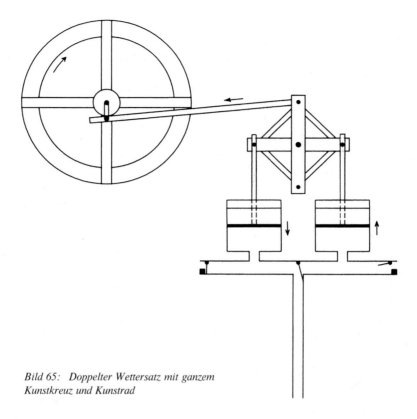

Bild 65: Doppelter Wettersatz mit ganzem Kunstkreuz und Kunstrad

Jena komme. Auch dieser Versuch schlug fehl. Humboldt hatte die verbesserte Lampe nach Weimar geschickt. Sie trifft auch samt einem „Apparat" in Ilmenau ein. Über einen neuerlichen Einsatz der Lampe teilen die Akten nichts mit.

Mitte Juli 1797 erreicht die Aufwältigung des Nassen Ortes, 138 m vom ‚Johannes' entfernt, einen Punkt, von dem man glaubt, er liege über dem Anfang des Bruches. Hier beginnt das Abteufen des Gesenks. Mit ihm wird am 23. September in einer Tiefe von 15 m ein Hohlraum angefahren: Die Bruchglocke über hereingebrochenem Haufwerk. Es wird noch drei Meter im Bruchhaufwerk weitergeteuft. Dort wird das Haufwerk naß, das heißt, das Wasser ist immer noch gestaut: Der Anfang des Bruches (vom ‚Treuen Friedrich' aus gesehen) war noch nicht erreicht. Man entschließt sich, aus dem Gesenk ein Ort über dem Bruch in Richtung auf den ‚Treuen Friedrich' aufzufahren (Bild 63). Auch hier treten wiederholt Behinderungen durch matte Wetter auf.

Endlich, am 1. 3. 1798, stoßen die Bergleute, 84 m von dem Gesenk entfernt, in den Stollen vor dem Bruch. C. G. Voigt schreibt an Goethe: „Die Wetter drangen so dick herauf, daß die Bergleute sich schleunigst retirieren mußten. In 48 Stunden waren sie völlig ausgezogen. Man befährt den Stollen bis vor den Bruch ⟨vom Treuen Friedrich her⟩, 80 Lachter weiter, als man mit der Lampe kommen konnte" (G–V 2, 50). Nachdem die Brücke zwischen Ort und Stollen durchschlagen ist, kann am 19. März vom ‚Johannes' zum ‚Treuen Friedrich' gefahren werden, und zwar über das Nasse Ort, das neue Gesenk mit dem daran anschließenden Ort und den Martinrodaer Stollen (B 16291, Bl. 34 u. 37).

Aber noch liegt unter dem Ort der Bruch, der das Wasser bis zum ‚Johannes' zurückstaut. Mit Getriebezimmerung arbeitet man sich über dem Bruch auf einer Länge von 20 m in Richtung auf das Gesenk vor und verschafft zunächst dem Wasser über dem Bruch Abfluß. Der Spiegel am ‚Johannes' fällt dadurch um über einen Meter. Dann wird das Bruchhaufwerk vorsichtig von oben nach unten weggeräumt. Am 14. 5. 1798 ist – erstmalig nach 19 Monaten – der Martinrodaer Stollen wieder auf ganzer Länge befahrbar.

Schon am 3. März hatte der Bergrat nach Weimar gemeldet, der Weiterarbeit stehe nichts entgegen als das fehlende Geld. Die Bergleute hatten sich geweigert, ihren Dienst zu tun, weil sie sechs Wochen keinen Lohn erhalten hatten. Der Ilmenauer Rentkommissar gibt kein Brotkorn mehr an sie aus, weil Abzüge vom Lohn dafür nicht vorgenommen werden können. Die Kommission kann immer nur kleine Beträge verfügbar machen.

Und noch eine Unglücksnachricht hält der Bergrat bereit. Am 19. Mai meldet er, die Gewältigung werde dieses Mal teurer als je zuvor. Die meisten erfahrenen Bergleute seien abgekehrt, und die Maschinen hätten unter dem langen Stillstand sehr gelitten. Die Aussichten sind trostlos.

Anfang Dezember 1797 war Bergmeister Johann Gottfried Schreiber verstorben. Mit herzoglicher Verfügung vom 8. 1. 1798 wurde dem Einfahrer die „Incumbenz" [194] seines verstorbenen Schwiegervaters übertragen: Neben der Aufsicht über den gewerkschaftlichen Kupferschieferbergbau auch die über den herrschaftlichen Steinkohlenbergbau in Kammerberg und in Kaltennordheim. Der Einfahrer erhält die Dienstbezeichnung ‚Geschworener' (B 16291, Bl. 4).

Goethe hat seine Erinnerung an den Stollenbruch im Abstand eines Vierteljahrhunderts in den Tag- und Jahresheften festgehalten. Zwar ordnet er dort das Ereignis in das Jahr 1795 ein, in dem er sich vom 4. Juli bis zum 8. August in Karlsbad aufhielt. Er schreibt: *Kaum war ich zurück, als von Ilmenau die Nachricht einlief, ein bedeutender Stollenbruch habe dem dortigen Bergbau den Garaus gemacht. Ich eilte hin, und sah nicht ohne Bedenken und Betrübniß ein Werk, worauf so viel Zeit, Kraft und Geld verwendet worden, in sich selbst erstickt und begraben* (WA I 35, 43).

---

[194] von lat. incumbere = im übertragenen Sinne: obliegen, etwas sich angelegen sein lassen; Incumbenz also: (amtliche) Obliegenheit.

Es mag reizvoll sein, die Frage aufzuwerfen, ob das Bergwerk unausweichlich in diesen Zustand hat geraten müssen und ob nicht Möglichkeiten bestanden haben, es vor dem verhängnisvollen Stollenbruch zu bewahren? Um uns diesen Fragen zu nähern, soll die Antwort des Bergmeisters auf den Privatbrief, den C. G. Voigt Anfang des Vorjahres, am 24. 2. 1787, an ihn gerichtet hatte, wieder aufgegriffen werden (B 16350/214, Bl. 1 f.).

Seinem Bericht über die aktuelle Lage hatte der Bergmeister ein Geständnis folgen lassen, das ihn offenbar schon lange bewegte: Das schlechte Stollenstück zwischen dem ‚König David‘ und dem ‚Johannes‘ sei vom Beginn des neuen Bergbaus an „vor beständig ein nagender Wurm in meinem Herzen gewesen“. Schreiber erinnert Voigt an einen Riß, den er der Kommission im Dezember 1783 (!) vorgelegt habe. Dort sei ein unweit des ‚König David‘ vom Stollen abzweigendes Ort eingetragen, das, in gerader Linie im festen Gips aufgefahren, nach 366 m den ‚Neuen Johannes‘ erreichen sollte (Bild 63). Nach seinem Durchschlag hätte man das 600 m lange, krumme und schlechte Stollenstück abwerfen können. So besage es der damalige Bericht.

Der Bergmeister fährt fort, diese Umfahrung müsse getrieben werden, sobald der Stollen wieder frei sei. Unterlasse man es, so sei man vor Wiederholungen nicht sicher: „So wie der Stollen die Seele von dem zu treibenden Bergbau ist und geht dieser zu Grunde, so ist auf ewig Schicht“. Die Umfahrung koste 1000 Rtlr. „Mit wenigem ist nicht viel auszurichten. Der Bergbau hat zwar sein Gutes, aber auch eine Menge Beschwerlichkeiten zu übersteigen und nichts kann helfen als Zeit, Geduld und viel Geld“.

Das sind goldene Worte! Leider helfen sie in einer Zeit permanenter Geldnot überhaupt nicht. Aber es lohnt, einmal zurückzublicken. Der Bericht, von dem der Bergmeister spricht, stammt vom 5. 1. 1784 (B 16228, Bl. 295'). Die Kommission hatte am 12. 1. 1784 den Bescheid erteilt, wegen des Vorschlags würden nähere Resolutionen gefaßt werden (ebd., Bl. 296). In dem Bericht an den Herzog vom 7. Februar beantragt sie, für eine dauerhafte Umfahrung im Gips einen Betrag von 200 Rtlr je Jahr bereitzustellen (B 16040, Bl. 93–97). Eine Reaktion des Herzogs ist nicht bekannt. Bei der Befahrung des Stollens am 26. Februar überzeugen sich Goethe und Voigt von der Notwendigkeit, den Umtrieb zu fahren und das schlechte Stollenstück abzuwerfen (B 16232a, Bl. 43–46). Am 18. 8. 1784 erinnert der Geschworene an die in Aussicht gestellte Resolution (ebd., Bl. 219). Die Kosten der Auffahrung werden am 7. Oktober auf 1440 Rtlr, ihr Zeitbedarf auf drei Jahre geschätzt (ebd., Bl. 231). Am 12. 10. 1784 schließlich stellt die Kommission das Vorhaben bei unveränderter grundsätzlicher Billigung vorläufig zurück (ebd., Bl. 253). In der ‚Nachricht‘ vom 24. 2. 1785 findet sich der Satz: „Hoffentlich wird die Zukunft einige für den Bergbau sehr nützliche Vorrichtungen bei diesem wichtigen Stollen gestatten“ (LA I 1, 88). Damit war ohne Zweifel die Umfahrung gemeint.

Aber die wirtschaftliche Lage des Bergwerks hat diese „sehr nützliche Vorrichtung" nie auszuführen gestattet. Der Umtrieb war im Aufschlußplan vom 28. 8. 1783 nicht vorgesehen; aus den Kuxgeldern der Gewerken konnte er daher nicht finanziert werden. Der Herzog hatte der Gewerkschaft zwar die lastenfreie Übergabe des Stollens zugesichert; zur Finanzierung des Umtriebs hatte er sich aber nicht auch noch in die Pflicht nehmen lassen. In dieser Lage sahen Goethe und Voigt nur die Möglichkeit, die Inangriffnahme des Vorhabens in eine Zeit zu verschieben, in der seine Kosten aus Erlösen für gewonnene Metalle bestritten werden konnten. Dazu ist es nie gekommen.

Nach den Haushaltungsprotokollen des Bergwerks wurden für die Unterhaltung des Martinrodaer Stollens in den Jahren 1784–1796 durchschnittlich 750 Rtlr je Jahr ausgegeben (B 16350/414–429). Der schlechte Abschnitt nahm davon etwa 500 Rtlr je Jahr in Anspruch, doppelt soviel wie der ganze übrige Stollen (B 16248, Bl. 42).

Wäre mit der Auffahrung des Umtriebs, wie von dem Geschworenen vorgeschlagen, Anfang 1784 begonnen worden, so hätte er nach drei Jahren, Anfang 1787, den ‚Johannes' erreicht. Das schlechte Stollenstück hätte man dann abwerfen können; der Aufwand für seine Unterhaltung wäre weggefallen. Nach drei weiteren Jahren, Anfang 1790, hätten die eingesparten Unterhaltungskosten die Höhe der Auffahrkosten erreicht. Danach wären die eingesparten Kosten als Minderausgaben in Höhe von 500 Rtlr je Jahr, bis zum Stollenbruch Ende Oktober 1796 in der Gesamthöhe von rund 3500 Rtlr, in Erscheinung getreten.[195]

Mit diesem Betrag hätte die Auffahrung von zwei Örtern im Flöz, einschließlich aller Nebenkosten, mehr als zwei Jahre lang finanziert werden können. Vielleicht wären gerade dabei die lange erwarteten besseren Metallgehalte angetroffen worden. Gewiß aber wären dem Bergwerk der Stollenbruch mit seinen immensen Aufwältigungskosten und den Bergleuten die Aufräumungsarbeiten mit ihren dramatischen Begleitumständen erspart worden.

Das Zurückstellen der Umfahrung im Jahre 1784 hatte somit fatale Folgen: Der Geldmangel der Gegenwart hat die Not der Zukunft geboren. Oder – in der Rückschau – die unsägliche Not, die mit dem Stollenbruch im Oktober 1796 über das Bergwerk hereinbrach, war in der knappen Finanzdecke des Jahres 1784 begründet.

---

[195] Der Martinrodaer Stollen wies in dem Bereich zwischen dem ‚König David' und dem ‚Johannes' ein Ansteigen auf, das weit hinausging über das Maß, das für eine gesicherte Abführung des Wassers notwendig gewesen wäre. Die Umfahrung hätte mit geringerem Ansteigen aufgefahren werden können. Sie hätte den ‚Johannes' 6 m unter dem Stollen getroffen und dadurch auch zu einer Verringerung der Wasserhebungskosten beigetragen.

Nach Beendigung der Aufwältigungsarbeiten im Mai 1798 konnte die Umfahrung schon gar nicht in Angriff genommen werden. Nun wurde Geldmangel in weit spürbarerem Ausmaß zum ständigen Begleiter in Ilmenau. Da man aber bis zum Jahre 1814 das Bergwerk für eine Wiederaufnahme offenhielt, mußte auch der Martinrodaer Stollen, elementare Grundvoraussetzung jeder Wiederaufnahme, bis dahin unterhalten werden. Leider fehlen zusammenhängende Nachweisungen für den gesamten Zeitraum. In ihrer Größenordnung sind die Kosten trotzdem anzugeben.

Die Quartalsberichte des Bergbauamts lassen erkennen, daß der Stollen in diesem Zeitraum durchgehend mit 12–15 Mann belegt war. Dazu kam die Bedienung an den Schächten ,Johannes' und ,Treuer Friedrich', die dazu berechtigt, mit insgesamt 15 Mann zu rechnen. Bei einem Lohn von 1 Rtlr je Mann und Woche haben die Arbeitskosten 780 Rtlr je Jahr betragen. Unter Einschluß der Sachkosten, die im wesentlichen Grubenholz umfassen, werden die jährlichen Unterhaltungskosten bei 1000 Rtlr zu suchen sein.

Dieser Überschlag wird bestätigt durch eine Meldung der Kammer, auf die sich der Herzog in seinem Reskript vom 3. 7. 1812 bezieht (B 16082 b, Bl. 118). Dort werden die Kosten der Stollenunterhaltung für den Zeitraum von Ostern 1804 bis ,,dato", für etwas mehr als 8 Jahre also, mit 9171 Rtlr genannt. In dem 16-Jahres-Zeitraum von Mai 1798 bis April 1814 sind somit für die Unterhaltung des Stollens rund 18 000 Rtlr ausgegeben worden. Vorsichtig geschätzt ist etwa die Hälfte davon auf das schlechte Stück zwischen ,Johannes' und ,Treuer Friedrich' gefallen. Über die obengenannten Einsparungen von 3500 Rtlr hinaus hätten weitere 9000 Rtlr gespart werden können, wenn mit der Umfahrung im standfesten Gips 1784 begonnen worden wäre.

Kammerjunker und Landkammerrat Johann Ludwig von Herda zu Brandenburg, der im Jahre 1804 beauftragt war, ein Gutachten über das Bergwerk anzufertigen, schildert ausführlich den Zustand des Stollens. Zwischen dem ,Treuen Friedrich' und dem 10. Lichtloch war auf immerhin zwei Drittel der gesamten Stollenlänge keine weitere Verbindung zur Tagesoberfläche vorhanden. Herda führt vor Augen, ,,wieviel Zeit verloren geht, wenn der Bergmann das benötigte Holz erst in den Schacht hängen und dann durch den krüppelhaft niedrigen, engen und krummen Stollen ⟨...⟩ fortschleppen soll", den er im übrigen drastisch, aber zutreffend als ,,ein irreguläres holzforderndes Wesen, merkwürdig als Antiquität und als Denkmal menschlichen Kraftaufwandes" bezeichnet (B 16302, Bl. 130).

Ende des Jahres 1811 wies J. C. W. Voigt nach, daß ein Neuangriff des Bergwerks nur denkbar sei, wenn er sich auf einen anderen Stollen stützen könne. Dessen Mundloch sollte bei Neusiß auf dem rechten Ufer der Gera liegen. Dieser Stollen wäre, in gerader Richtung aufgefahren, 8,8 km lang geworden. Er hätte den Johannes-Schacht 90 m unterhalb des Martinrodaer Stollens und das Flöz am nordwestlichen Abbaurand der Sturmheide getroffen. Trotz seiner größeren Länge hätte er kaum Unterhaltungskosten verursacht und außerdem die Kosten der Wasserhaltung entscheidend verringert. Die Auffahrkosten schätzte der Bergrat auf 50000 Rtlr. Dieser immense Betrag wäre allerdings auf die Auffahrzeit von 30 Jahren verteilt aufzubringen gewesen (J. C. W. Voigt 1821, 101–109).

Ein Vorhaben dieses Ausmaßes ist nur ausführbar, wenn es sich auf einen nach Quantität und Qualität angemessenen Metallvorrat stützen kann. Die bisherigen Untersuchungsarbeiten hatten zu einer solchen Annahme keinen Anlaß gegeben. Folgerichtig schrieb C. G. Voigt seinem Bruder am 29. 1. 1812: „Ich habe den Plan mit Interesse gelesen und mich in die Jahre verfolgt, wo wir uns auch so angenehme Hoffnungen machten. Schwerlich wird jemals so etwas wieder angegriffen werden; es war doch gut, die Möglichkeit gezeigt zu haben" (I 401, 5). Goethe schickte den Plan, der ihm von C. G. Voigt zugeleitet worden war, am 16. 4. 1813 mit den Worten zurück: *Folgen des guten Bergraths Hoffnungen, der sehr zu loben ist, daß er auch da noch sperirt, wo nicht mehr zu speriren ist.*

5. Abspringen der Gewerken und Auflassung des Bergwerks (bis 1814)

Die letzten Zubußen vor dem Stollenbruch waren am 1. 10. 1795 ausgeschrieben worden. Sie waren mit je 6 Rtlr zu Weihnachten 1795 und zu Johannis 1796 fällig. Mit ihnen sollten die Arbeiten des Jahres 1796 finanziert werden. Bis zum 31. 3. 1796 war die an Weihnachten fällige Zubuße, die 6. insgesamt, nur für 166 Kuxe bezahlt. Die Gelder des Johannis-Termins, der 7. Zubuße, gehen noch schleppender ein. Die Kommission hat alle Anstrengungen darangesetzt, die Gelder einzutreiben, und mehrfach die Kaduzierung der Kuxe angedroht, für die Beiträge zurückstanden. Nachdem schon im Jahre 1793 147 Kuxe kaduziert worden waren, erklärt sie am 7. 8. 1796 *simpliciter*, d. h. ohne öffentliche Bekanntgabe, weitere 123 Kuxe, für verfallen (B 16350/175–178). Die 6. Zubuße wird schließlich nur für 519 Kuxe, die 7. nur für 476 Kuxe bezahlt (Eberhard, 60).

Mit der Eingabe an den Herzog vom 2. 5. 1797 berichtet die Kommission über den Zustand des Stollens. Dabei stellt sie heraus, daß der Bruch zu einer Stockung der Zahlungen geführt habe und trotz mehrmaliger Mahnungen keine Aussicht bestehe, diese wieder zu beleben. Die gewerkschaftliche Kasse sei leer. „Da aber das Werk unmöglich in dem jetzigen Zufall verlassen, oder die Hauptsache über einen Nebenumstand aufgegeben werden kann, so hat unsre Pflicht erfordert, seither der Hülfsmittel wider ein solches Erliegen nachzudenken" (B 16040, Bl. 402).

Zunächst wolle man die restlichen 617 Rtlr, die aus dem Kredit von 1795 noch nicht in Anspruch genommen worden seien, aufnehmen. Für diesen Kredit sollte, das ist schon ausgeführt worden, das Bergwerkseigentum mit herzoglicher Genehmigung hypothekarisch haften. Es waren aber Zweifel über den Charakter der Genehmigung aufgetaucht. Die Kommission bat daher um die Bestätigung, daß darunter eine herzogliche Garantie „allerdings verstanden worden sey". So war es seinerzeit weder beantragt noch genehmigt worden. Offensichtlich hatten aber Darlehensgeber seither das Vertrauen in den Wert der Hypothek des Bergwerks verloren, so daß sie zusätzlich die Garantie des Herzogs gefordert hatten.

Zur Deckung des weiteren Geldbedarfs wollte die Kommission neuerliche Zubußen ausschreiben. Die Deputierten meinten jedoch, Zubußen könnten den Gewerken erst dann angesonnen werden, wenn die Landesherrschaft zuvor „einige bedeutende Beyhilfe" geleistet habe. Der Herzog wird daher gebeten, die Zinsen für die aufgenommenen Fremdmittel, die zu diesem Zeitpunkt 13 339 Rtlr betrugen, zu übernehmen. Verstehe er sich dazu, so wolle die Kommission alles in die Wege leiten, um die Rückstände beizutreiben und die Gewerken zur Entrichtung neuer Zubußen zu veranlassen. Die Androhung der Kaduzität alleine werde keine Wirkung haben. Die Eingabe schließt: „Ew. Hochfürstl. Durchl. werden nach eigenen Höchsten Einsichten die Pflichtmäßigkeit und Rathsamkeit unsres Vorschlags gnädigst zu beurtheilen, und, wenn wir es zu sagen uns erkühnen dürfen, die Beschwerlichkeit und Sorgfalt unserer Direction auf diese Weise zu unterstüzen geruhen" (ebd., Bl. 403 f.).

Der Offizialbericht war im Geheimen Rat zum Vortrag zu bringen. Goethe und Voigt sahen aber voraus, daß es nicht gelingen werde, dort in ausreichendem Maße Verständnis für die Situation zu finden. Deshalb baten sie ihren Landesherrn am 3. Mai, nicht auf dem Vortrag im Conseil zu bestehen (B 16077, Bl. 139 f.). Die Lage des Werks sei wiederholt mündlich vorgetragen worden. „Wir können aber solche in dem zu den Acten und in die Canzley kommenden Berichte nicht einmal ⟨...⟩ so gefährlich schildern, als wir sie wirklich einsehen ⟨...⟩ Selbst bey einem mündlichen Vortrage im Geh. Consilio kann man, bey Abgang der Sachkenntniß, sich nicht so klar machen, als die Überzeugung eines Entschlusses es erfordern möchte". Dieser sei eine Sache der Gnade und der Klugheit. Verließen die Gewerken das Werk, so fielen dem Herzog höhere Lasten zu. Alles komme darauf an, wie er das Unternehmen aufrecht zu erhalten gedenke. Dazu bedürfe es keiner weitläufigen Diskussion. „In jedem Falle werden wir uns äusserst angelegen sein lassen, die Gewerkschaft in den Interessen des Werkes zu erhalten".

Der Herzog sah sich nicht in der Lage, dem Wunsch zu entsprechen. An Goethe schrieb er: „Die Bergwerckssache habe ich an Voigten geschickt, damit er sie heute in der Seßion bey mir zum Vortrage bringe" (G–CA 1, 221). Die Sitzung fand am 4. 5. 1797 statt. Goethe hat an ihr nicht teilgenommen. In der Gewißheit, daß *wir denn wohl, zwar nicht ohne Ihre besondere Unbequemlichkeit, über diese Epoche hinauskommen*, hatte er dem Kollegen vor der Sitzung einige Hinweise gegeben: *Lassen Sie fühlen, daß wir nothwendig bei der montägigen Monatssession ein solches Argument haben müssen, um den Deputirten, und durch sie den Gewerken die ungesäumte Bezahlung der rückständigen Termine zwischen hier und Johannis ernstlich anzusinnen, um bis Michael einigermaßen auszulangen, auf welche Zeit sich ein abermaliger Termin unausbleiblich nöthig macht.*

In dem ‚Publicandum‘ vom 14. 7. 1797 heißt es, daß „von Seiten der höchsten Landesherrschaft erst neuerlich eine ansehnliche Unterstützung des Ilmenauer Bergwerks, unter der Voraussetzung, daß die Gewerkschaft dasselbe standhaft hinausführen werde, gnädigst bewilliget" wurde (B 16072 m, Bl. 95’). Konkreter nimmt das Schreiben der Kommission an die Deputierten vom 30. 11. 1797 darauf Bezug. Dort ist zu lesen, der Landesherr habe „die Interessen des Passivstandes", das heißt die Zinsen für die Fremdmittel, übernommen (GSA 06/2555). Die Beratung im Conseil am 4. Mai hatte trotz der anfänglichen Befürchtungen von Goethe und Voigt das gewünschte Ergebnis hervorgebracht.

Nicht so die Beratung mit den Deputierten, die am 8. Mai stattfand. Hierfür ist das ‚Publicandum‘ vom 14. 7. 1797 die einzige Quelle. Daß Goethe an der Session teilgenommen hat, ist nicht sicher, aber wahrscheinlich. Im Tagebuch hat er unter diesem Datum vermerkt: *Früh im Schlosse* ⟨...⟩ *dann mit Geh.R. Voigt in seinem neuen Hause. Dann Geschäfte.* Die Deputierten widersprachen dem Ansinnen, den Termin für die Entrichtung der 6. und 7. Zubuße auf Johannis festzusetzen. Sie brachten vor, daß für einige Kuxe sogar ältere Beiträge noch nicht bezahlt seien. Ehe Schritte gegen die Schuldner der 6. und 7. Zubuße eingeleitet würden, müßten erst diese Kuxe kaduziert werden.

Dem folgt die Kommission. Das ‚Publicandum‘ erklärt 73 Kuxe für verfallen.[196] Die Bezahlung der 6. und 7. Zubuße wird erneut angemahnt und nunmehr zum 1. Oktober befristet. Die Abtragung der Außenstände – so heißt es weiter – werde die Bergwerkskommission in den Stand setzen, „die in der Fortsetzung der Baue vorkommenden Hindernisse" zu beheben. Informationen über den Zustand des Werkes enthält das ‚Publicandum‘ nicht. Der Erhebung einer neuen Zubuße zu Michaelis, wie von Goethe gewünscht, hatten sich die Deputierten verweigert. C. G. Voigt mußte an Goethe schreiben: „Ich sehe nicht, wie wir ohne weitere Erborgung bis Michaelis durchkommen werden" (G–V 1, 374f.).

In Reaktion auf das ‚Publicandum‘ schreibt am 29. 7. 1797 Oberbergrat Rosenstiel seinem Geschäftsfreund F. J. Bertuch, dem Bevollmächtigten der Berliner Gewerken, einen zornigen Brief (GSA 06/2558). Im Mittelpunkt seiner Kritik steht Bergrat Voigt: „Der Mann hat auch meine Erwartung sehr getäuscht. Das Ilmenauer Werk schläft wohl schon? Wenigstens läßt weder das Bergamt, noch die Bergw. Commission, noch einer der General-Deputirten etwas davon hören. Ich weiß nicht, wie Voigt sich erlauben mag, so gar alle Reputation, die er sich durch lebhaften Betrieb dieses Werks erwerben konnte, hinzugeben. Und daß man auch die Hoffnung des Herzogs zu erfüllen, sich gar nicht angelegen seyn läßt! Ist denn nicht wenigstens ein Nachtwächter da, der das: Schlaft wohl! den Gewerken zu tuten? Einmahl müssen Sie's ja doch hören, daß nichts ist, und sehr verkehrte Wirtschaft gewesen ist. Für mein vieles Geld, das ich mit in diese verkehrte Wirthschaft gegeben habe, darf ich doch wenigstens ein bischen schreien ⟨...⟩ Es ist wirklich unerhört, wie man da zu Werk gegangen".

Solche Vorwürfe lassen sich aus der Ferne leichter erheben, als vor Ort im Angesicht der Probleme aufrechterhalten. Sie muten befremdlich an, nachdem es

---

[196] Unter den 73 Kuxen befindet sich auch der Kux Nr. 100, im Gewerkenbuch auf Goethes Namen ausgestellt (B 16350/175, Bl. 100). Der Eintragung über die Kaduzierung zum 14. 7. 1787 ist der Vermerk hinzugefügt, daß auf den Kux Zahlungen für fünf Termine geleistet waren. Die ersten drei Termine – 1784, 1785 und 1786 – umfaßten das Kaufgeld in Höhe von 20 Rtlr. Von den sieben Zubußen, die danach bis zur Kaduzierung in der Gesamthöhe von 39 Rtlr 12 Gr ausgeschrieben worden waren, hatte Goethe auf seinen Kux somit nur die Zubuße des Jahres 1788 in Höhe von 5 Rtlr und die erste Zubuße des Jahres 1791 in Höhe von 6 Rtlr bezahlt.

gerade das Verhalten der Berliner Gewerken war, das in den Jahren 1793 bis 1795 mehrere längere Stillstände auf dem Werk hervorgerufen hat. Zudem war die Art des untertägigen Vorgehens von dem Berliner Vertreter auf mehreren Gewerkentagen ausdrücklich gebilligt worden. Und wie ausgerechnet J. C. W. Voigt bei dem permanenten Geldmangel dem Werk zu einem lebhafteren Betrieb hätte verhelfen können, bleibt unerfindlich.

Aber – das Bergwerk, das mit 20 000 Rtlr innerhalb von drei Jahren zur Ausbeute gebracht werden sollte, hatte in 13 Jahren – Zubußen und Darlehen zusammengenommen – über 60 000 Rtlr verschlungen, und es war nicht vorauszusagen, welche weiteren Mittel noch benötigt würden. Daß vor diesem Hintergrund selbst die standhaftesten Gewerken unruhig werden mußten, kann niemanden wundernehmen.

Mit dem Schreiben an die Deputierten Bertuch, Osann und Seidel vom 30. 11. 1797[197] bereitet die Kommission die nächste gewerkschaftliche Zusammenkunft vor (GSA 06/2555). Sie teilt mit, seit der letzten Besprechung seien die Mittel beschafft worden, den gebrochenen Stollen „auszurichten". Nun könne die Fortsetzung der Baue im Tiefsten empfohlen werden. Aber die Kasse sei leer. Nachdem der Oktober-Termin verstrichen sei, müßten die Kuxe mit zurückstehenden Zahlungen kaduziert werden. Auch mit 530 verbleibenden Kuxen sei die Gewerkschaft noch stark genug, das Werk an den entscheidenden Punkt, das ansteigende Flöz, zu bringen. Dieses Ziel könne innerhalb eines Jahres erreicht werden, wenn man annehme, daß in zwei Monaten das Wasser gewältigt und die Arbeiten am Bruch beendet seien. Der Aufwand für dieses Jahr betrage 5600 Rtlr.

Wann die Kommission mit den Deputierten zusammenkam, war nicht genau zu ermitteln. Nach einem Brief von C. G. Voigt an Goethe könnte die Session in den Tagen um den 10. Dezember stattgefunden haben (G–V 1, 410). Ein Protokoll ist nicht überliefert. Wieder ist ein ‚Publicandum' die einzige Quelle. Es wird am 28. 12. 1797 erlassen und verkündet die Kaduzierung von 182 Kuxen[198] (B 16072m, Bl. 96). Zugleich schreibt es für das Jahr 1798 eine Zubuße in Höhe von 12 Rtlr aus, zahlbar in vier Quartalsraten zu je 3 Rtlr am 27. Januar, 27. April, 27. Juli und 27. Oktober. Auch dieses Ausschreiben enthält keine Information über die Lage des Werks. Den Gewerken wird anheimgestellt, sich von ihren Deputierten oder auch von der Kommission unterrichten zu lassen.

---

[197] Goethe war vom 30. 7. – 20. 11. 1797 verreist (3. Schweizer Reise mit vor- und nachgeschalteten Aufenthalten in mehreren südwest- und süddeutschen Städten). Mit seinen Geburtstagswünschen teilte C. G. Voigt ihm am 28. August mit: „In diesen Tagen war auch der Bergrat von Ilmenau hier; er hat mir nicht viel Trostreiches erzählen können und fürchtet, daß die Kunstzeuge unter dem itzigen Stillstand leiden werden" (G–V 1, 385).

[198] Das ‚Publicandum' spricht irrtümlich von zurückstehenden Beiträgen des 10. und 11. Termins. In Wirklichkeit handelte es sich um Beiträge des 9. und 10. Termins (6. und 7. Zubuße), die – Ende 1795 und Mitte 1796 fällig – auch bis zum 1. 10. 1797 nicht nachentrichtet worden waren.

Das Anschreiben, mit dem Bertuch das ‚Publicandum' an seine Gewerken weiter-leitet, schildert die Situation im Stollen. Es merkt an, daß zwar das Schlimmste überstanden sei, jedoch immer noch nicht genau gesagt werden könne, wann der Stollen wieder befahrbar sein werde. Es schließt mit den Sätzen: „Übrigens muß ich meinen hochzuverehrenden Commitenten lediglich überlassen, ob sie bei dem Fortbau halten, und in diesem Fall die von Fürstl. Commission ausgeschriebenen Beiträge bezahlen, oder davon abgehen wollen, welches völlig jedem Interessenten frei gestellt bleibt ⟨...⟩ Von Ihrer diesfallsigen Entschließung wird zugleich mein weiteres Benehmen bei diesem Bergbau abhangen; jedoch nicht die Hochachtung, mit welcher ich immer verharren werde" (GSA 06/2555).

Aus diesen Sätzen konnten die Bertuchschen „Committenten" beim besten Willen eine Ermutigung nicht herauslesen. Zum größten Teil waren sie selbst schon längst zweifelnd geworden. So verweigert denn die mächtigste und einflußreichste Gewer-kengruppe, die Gruppe der Berliner Gewerken, die Zahlung der ausgeschriebenen Zubußen. Auch Bertuch selbst ist als Eigentümer von 10 Kuxen zu weiteren Zahlungen nicht mehr bereit. Für die drei Kuxe seiner Ehefrau waren schon die beiden vorausgegangenen Zubußen nicht erlegt worden.

Die Akte B 16283, der – soweit nicht durch Angabe anderer Quellen belegt – die Informationen über die Ereignisse seit Beginn des Stollenbruches entnommen wurden, schließt mit dem 31. 12. 1797 ab. Sie findet ihre Fortsetzung in der Akte B 16291, einer Akte mit recht lückenhaftem Inhalt. Aktivitäten der Begwerkskommis-sion sind nicht mehr in der gleichen Dichte belegbar wie zuvor. Angelegenheiten des Bergwerks tauchen auch im Briefwechsel der beiden Kollegen nur noch selten auf. Ihre nachweisbare Tätigkeit beschränkt sich so gut wie ausschließlich auf die Geldbeschaffung.

Am 19. 5. 1798 konnte der Stollen erstmalig wieder auf ganzer Länge befahren werden. C. G. Voigt übermittelt die Kunde am 23. Mai nach Jena, wo Goethe sich seit einigen Tagen aufhält. Er teilt mit, daß der Bergrat bei dessen privatem Besuch in Jena Goethe seine Aufwartung machen und von dem Zustand des Werkes mündlich Bericht erstatten werde. Aber Voigt dämpft mögliche Erwartungen: „Es ist gefährlich weiterzugehen ⟨mit der Gewältigung zu beginnen⟩, solange die Gewerken nicht besser zahlen ⟨...⟩ Aber welche Mittel, sie dazu zu bewegen? Ich weiß keins, als daß man wieder auf einem gedruckten Blatte an sie schreibt. Könnte das mit etwas besserm als Kaduzitätsstil geschehen, so wäre es wohl gut. – Eine Wendung, warum man gegen die Säumigen itzt nicht streng verfahren kann, wäre daher zu nehmen, daß doch die Herren Deputierten zur sukzessiven Beibringung der Beiträge Hoffnung gemacht haben und daß die gegenwärtigen Zeiten ⟨...⟩ die Ordnung aller Dinge erschweren pp" (G–V 2, 64).

In einer amtlichen Notiz vom gleichen Tage, dem 23. 5. 1798, stellt C. G. Voigt fest, die zum 27. Januar fällige Zubußrate sei nur für 114, die zum 27. April fällige Rate des zweiten Quartals sogar nur für 71 Kuxe bezahlt worden. Mit den eingegan-

genen Geldern könne die Gewältigung nicht in Angriff genommen werden. Die
Gewerken seien in einer neuen ‚Nachricht' an die ausstehenden Zahlungen zu
erinnern. Weitere Verzögerungen seien wegen des weiterlaufenden Generalaufwandes schädlich. Goethe versieht die Notiz mit dem Vermerk *accedo G. Jena d. 25 May
1798.*

Voigt schickt am 27. Mai das Konzept der ‚Nachricht' an Goethe und schreibt
dazu: ,,Es sollte mich freuen, wenn Sie sich die Mühe nehmen wollten, in Materie
und Form etwas zu verbessern" (G–V 2, 71). Goethe antwortet zwei Tage danach:
*An der Nachricht könnte man vielleicht den enclavirten Schluß weglassen und wie ich mit
Bleistift bemerkt habe schließen.*

Die ‚Nachricht' trägt das gleiche Datum wie die Goethesche Antwort: 29. 5. 1798.
Die Kommission fordert darin die Gewerken auf, die Rückstände auszugleichen. Sie
erläutert, daß, ehe mit der Gewältigung begonnen werden könne, genügend Geld in
der Kasse sein müsse, um damit die Kosten des nächsten Vierteljahres zu decken.
Die Kuxe säumiger Gewerken hätten auch ohne diese Aufforderung kaduziert
werden können. Die Zeitumstände erforderten jedoch Nachsicht, zumal viele
Gewerken darum nachgesucht hätten. Man wolle daher auch noch den Termin des
3. Quartals, den 27. Juli, abwarten. Gingen bis dahin die fälligen Beträge ein, so
würde der Fortbau unverzüglich ins Werk gesetzt. Dazu stehe alles in Bereitschaft:
,,Die gesamte Berggewerkschaft, die schon so viel geleistet hat, wird hoffentlich zu
eigener Erreichung des nächsten Zweckes gegenwärtig die Mittel nicht zurückhalten
wollen" (B 16072m, Bl. 98–99').

Am 7. 6. 1798 erstattet das Bergbauamt Bericht über den Zustand der Kunstzeuge, die erhebliche Reparaturen erfordern (B 16291, Bl. 66f.). Ein später erstellter
Kostenanschlag für die Wiedergewältigung des Flözes und für den Vortrieb des
Carl-August-Orts um 40 m schließt mit 1460 Rtlr ab. Davon macht der Vortrieb,
um dessentwillen der Gesamtaufwand betrieben werden muß, nur 305 Rtlr aus.
Bergrat Voigt merkt an, daß das Vorhaben leicht auch 3000 Rtlr kosten könne (ebd.,
Bl. 101).

Obwohl praktisch nur noch Reparaturarbeiten auf dem Martinrodaer Stollen
ausgeführt werden, ist mit der Löhnung zur Mitte des ersten Quartals 1799 die
gewerkschaftliche Kasse wieder leer. Vier Wochen lang können keine Löhne gezahlt
werden. Um die Rückstände auszugleichen, werden Mitte März der Ilmenauer und
der Kaltennordheimer Knappschaftskasse je 60 Rtlr entnommen. Für die entnommenen Beträge stellt die Kommission Obligationen aus.

Am 19. 3. 1799 richtet die Kommission eine Eingabe an den Herzog. Sie ist, mit
den Paraphen von Goethe und C. G. Voigt versehen, im Entwurf in der Kommissionsakte und, von Goethe und Voigt unterschrieben, in der behändigten Ausfertigung in der Regierungsakte überliefert (B 16291, Bl. 115–117 u. B 16040,
Bl. 419–421). Die Eingabe ist meisterhaft formuliert. Sie eröffnet dem Herzog, daß
die im Vorjahr fälligen Zubußen, die 6000 Rtlr hätten einbringen sollen, nur mit

1156 Rtlr bezahlt worden seien. Damit habe man die Gewältigung nicht aufnehmen können. Den Gewerken sei, auch in der Hoffnung auf einen allgemeinen Reichsfrieden, mehr Geduld entgegengebracht worden als vorgeschrieben. Jetzt aber müßten alle im Retardat befindlichen Kuxe kaduziert werden.

Mit den „standhaften“ Gewerken sei sodann zu beraten, wie das Werk fortgesetzt werden könne. Wollten oder könnten sie den Aufwand nicht alleine tragen, so seien die verbleibenden Gewerken in einer neuen Gewerkschaft durch andere Mitglieder zu verstärken. Dazu wolle die Kommission einen Aufstand vorbereiten: „Es würden hieraus die Vorteile erhellen, in welche eine neue Gewerkschaft auf Kosten der alten eingesetzt würde, und das geringe Verhältnis des Aufwandes, mit dem man das, was noch zu tun ist, ausführen kann, gegen den, was die bisherigen Arbeiten gekostet haben“. Dieser Aufstand müßte neue Gewerken interessieren und alte pflegen.

Über einem derartigen Vorhaben vergehe aber ein Jahr, in dem Generalaufwand und Stollenunterhaltung weiterlaufen. Deswegen sei eine baldige herzogliche Entschließung erwünscht. Goethe und Voigt tragen jetzt auch den Wunsch vor, über den sie schon im Jahre 1793 Einvernehmen erzielt hatten, nämlich Regierungsrat Friedrich Heinrich Gotthelf Osann als drittes Mitglied zur Kommission zu ziehen. Der Herzog genehmigt am 29. März den Aufstand zur Gewinnung neuer Gewerken, „als Wir sehr wünschen, daß, nach allen gehobenen Hindernissen des Fortbaues, derselbe nicht länger erliegen möge“. Er ist bereit, den Generalaufwand für ein halbes Jahr auf die Kammer zu übernehmen, und stimmt auch der Berufung Osanns zu (B 16291, Bl. 123).

Am 20. 12. 1799 muß sich die Kommission erneut an den Herzog wenden. Wir erfahren, daß der Aufstand nicht angefertigt worden ist. Wieder hatten namhafte Gewerken gebeten, nichts zu übereilen. Auch mit der Suche nach neuen Gewerken hatte man keinen Erfolg gehabt. Wohl waren weitere Zubußen eingegangen. 3200 Rtlr standen aber noch zurück. Das Publikum war gleichgültig geworden, und die Gewerkschaftskasse war wieder leer. Den Aufwand für die beiden ersten Quartale des Jahres 1799 in Höhe von 650 Rtlr hatte die Kammer übernommen. Auf die entsprechende Bitte entschied der Herzog am 10. 1. 1800, auch den Aufwand von Mitte des Jahres 1799 ab vorschußweise zu übernehmen, allerdings definitiv befristet bis Ostern 1800 (ebd., Bl. 171 u. 173).

Die letzten Seiten der Akte B 16291 sind angefüllt mit Klagen des Bergbauamtes über zurückgebliebene Lohnzahlungen und über Schwierigkeiten bei der Versorgung des gewerkschaftlichen Personals mit Brotkorn. Das Bergwerk geht dem Untergang entgegen. Potente Darlehensgeber sind nicht mehr in Sicht. Die meisten Gewerken entziehen sich ihrer Zubußpflicht. Sie wehren sich aber auch gegen die Kaduzierung ihrer Kuxe, weil sie doch noch nicht alle Hoffnung aufgegeben haben. Die wenigen standhaften Gewerken verlangen Klarheit über die Höhe der zukünftigen Beiträge. Der Herzog will die Möglichkeit des Neubeginns offenhalten, vermag aber weitere Hilfen nicht zu leisten.

Anfang April schreibt C. G. Voigt seinem Kollegen einen aufschlußreichen Brief: Der Ostertermin (13. 4. 1800), bis zu dem der Herzog seine Zahlungen befristet habe, rücke heran. Nun gelte es, die ausstehenden Zubußen energischer einzutreiben als bisher. Mit der Bekanntgabe eines neuerlichen Kaduzierungstermins sei nichts auszurichten. Voigt sinnt auf wirkungsvollere Mittel, die Zahlungsbereitschaft zu beleben: „Unter allen sich mir darstellenden Ideen ging die voraus, daß man, ehe an ein Auferstehungsfest zu denken sei, erst sterben müsse. Um diese Mortifikation methodisch vorzunehmen, wie jeder gute Arzt tut, so setzte ich mich gestern hin, repetierte unsre Geschichte aus den Akten und schrieb dann auf, wie beiliegt ⟨...⟩ Möchten die guten Götter Ihrer Weisheit und Erfindungskraft was Besseres eingeben als mir" (G–V 2, 220).

Die erwähnte Beilage zu diesem Brief war der Entwurf für das ‚Publicandum‘ vom 2. April 1800. Ob Goethe daran Verbesserungen vorgenommen hat, wissen wir nicht. Das ‚Publicandum‘ spricht die vorläufige Kaduzierung von 388 weiteren Kuxen aus. Auch die Kuxe der Berliner Gewerken befinden sich darunter. Zugleich wird zugesagt, auf einem Gewerkentag, der auf den 29. Mai terminiert wird, diejenigen Kuxe wieder aus der Kaduzität zu lösen, deren Eigentümer zur Nachzahlung bereit seien (B 16072m, Bl. 100f.).

Das Vorgehen war ungewöhnlich. Ein kaduzierter Kux konnte nicht wieder „auferstehen"; eine vorläufige Kaduzierung sah das Bergrecht nicht vor. Voigt wollte aber ohne vorherige Ankündigung vollendete Tatsachen schaffen und den Gewerken die Gelegenheit nehmen, mit den verschiedensten Begründungen für einen Aufschub zu plädieren. Entweder zahlten die Gewerken bis zum 29. Mai, oder die vorläufige Kaduzität verwandelte sich in eine endgültige.

Goethe hat an dem Gewerkentag, der vom 29.–31. 5. 1800 stattfand, nicht teilgenommen. Vier Wochen zuvor war er in Leipzig mit Graf Reden zusammengetroffen. Reden muß zu diesem Zeitpunkt schon gewußt haben, daß seine und seiner Mitgewerken Kuxe kaduziert waren. Goethes Tagebuch entnehmen wir, daß Reden von Erfolgen bei Erschließung und Verwendung oberschlesischer Steinkohlen berichtete (WA III 2, 289). Ilmenau wird weder im Tagebuch noch in anderen Quellen erwähnt. Und doch ist es schwer vorstellbar, daß der Vorsitzende der sachsen-weimarischen Bergwerkskommission und der erfahrenste Bergmann unter den Berliner Gewerken in dieser kritischen Phase nicht über das Ilmenauer Bergwerk gesprochen haben.

Das Protokoll des Gewerkentages, der unter dem Vorsitz von C. G. Voigt in Weimar stattfand, ist erhalten (B 16296, Bl. 71ff.). Die Gewerkschaft war am 29. Mai durch Gerichtssekretär Rentsch und Rentkommissar Seidel, beide Weimar, und Stadtsyndikus Blumröder und Hofkommissar Hetzer, beide Ilmenau, vertreten. In der Aussprache wollen sie wissen, wieviele Kuxe stehenbleiben, mit welchem weiteren Aufwand in welchen Fristen gerechnet werden müsse und wie die Gewerkschaft sich durch neue Interessenten ergänzen könne.

Zu diesem Zeitpunkt waren 802 Kuxe kaduziert. Für lediglich 107 Kuxe waren alle Zubußen bezahlt; für weitere 67 wurden Zahlungen noch erwartet. Der Aufwand für notwendige Reparaturen wurde mit 3000 Rtlr, der für Fortsetzung der Arbeiten im Flöz mit 6000 Rtlr genannt. Für jeden der verbleibenden 174 Kuxe hätte somit ein Betrag von rund 52 Rtlr aufgebracht werden müssen. Dazu waren auch die standhaftesten Gewerken nicht bereit.

Für neu auszugebende Kuxe, so argumentierten die Deputierten, könnten Interessenten unmöglich gewonnen werden, wenn ihnen alle bisherigen Zahlungen abverlangt würden. Nur die Zahlung der letzten Beiträge könne ihnen angesonnen werden. Das sei zwar ungerecht gegenüber den alten Gewerken, stelle aber das einzige Mittel dar, diesen zur Erreichung des Unternehmensziels zu verhelfen. Jedoch könnte bei dem Versuch, die Gewerkschaft auf diese Weise auf etwa 400 bis 500 Kuxe zu ergänzen, durchaus der Fall eintreten, daß alte Gewerken ihre Beiträge hergäben, neue Interessenten sich aber nicht in genügender Zahl einfänden und das Ziel doch nicht erreicht würde. Der sicherere Weg sei daher, der Herzog übernehme die fehlenden Kuxe zunächst selbst.

C. G. Voigt kann dazu nicht viel Hoffnung machen. Die Landesherrschaft habe auf andere wichtige Zahlungen – Wiederaufbau des Schlosses und Neubau des Theaters – Bedacht zu nehmen. Überdies sei der Herzog mit eigenen Kuxen an dem Bergwerk beteiligt und habe auch darüber hinaus viel dafür getan. Da Serenissimus aber eine Vorliebe für das Werk besitze, wolle er – Voigt – die Idee vortragen. Seine Eingabe an den Herzog schließt er mit der Aussage, die Gewerken wollten dem Landesherrn neue Lasten aufbürden und seien im Versagungsfall nicht gesonnen, das Werk fortzuführen (B 16296, Bl. 90–93).

Der Herzog fordert am 27. Juli Bericht darüber an, wieviel Kuxe unter den vorgeschlagenen Umständen stehen bleiben. Bis dahin „wollen Wir die äußerste Notwendigkeit des Bergwerks und die Bezahlung der Interessen von dessen Passiva annoch übernehmen und leisten lassen" (ebd., Bl. 101).

Die Kommission gibt den Inhalt des herzoglichen Reskripts im Rundschreiben vom 18. 8. 1800 an die Deputierten weiter. Das Rundschreiben ist unterschrieben von Goethe, C. G. Voigt und Osann (ebd., Bl. 107). Dieses Schriftstück – und nicht, wie J. Voigt sagt, das ‚Publicandum' vom 2. 4. 1800 – ist das letzte, mit dem sich das Wirken Goethes in der Bergwerkskommission nachweisen läßt. Über die Beendigung seiner Zugehörigkeit zur Kommission sind amtliche Zeugnisse nicht überliefert. Goethe hat seinen Rückzug aus der Bergwerkskommission offensichtlich ohne alle Formalien zu einem Zeitpunkt vollzogen, an dem für das Bergwerk keinerlei Hoffnung mehr bestand.

Die Deputierten reagieren nicht auf das Rundschreiben, so daß die Kommission – von nun ab nur durch C. G. Voigt und Osann repräsentiert – am 21. Oktober mahnen muß (GSA 06/2559). Am 11. 12. 1800 findet eine erneute Sitzung mit den Deputierten statt (B 16296, Bl. 136). Sie bringen Zusagen für ganze 23 Kuxe mit.

Bertuch war an der Teilnahme verhindert. In seiner Notiz vom 10. 1. 1801 legt er nieder, keiner der von ihm vertretenen Gewerken habe sich bestimmt erklärt. Vier seien nicht abgeneigt, bäten aber um genaue Kostenanschläge; zwei andere bestünden darauf, der Herzog möge den Bergbau ganz selbst übernehmen und bei glücklichem Ausgang die Gewerken für ihre Aufwendungen entschädigen (ebd., Bl. 152).

Viel deutlicher konnte die Absage der Gewerken nicht ausfallen. Spätestens zu diesem Zeitpunkt waren die Versuche, die Gewerkschaft zu retten, gescheitert. Die Gewerken waren ‚auseinandergelaufen‘, oder, um im Goetheschen Bild zu bleiben, die *auslöschende Lampe*, der die Unternehmung vier Jahre zuvor *immer ähnlicher* gesehen hatte, war erloschen.

Zwar findet sich in der Akte B 16296 noch ein ‚Plan zur Rettung des Ilmenauer Bergwerks‘ vom 9. 11. 1801 (Bl. 205–207). Verfasser ist Kammerarchivar Kruse. Der Plan ist nicht nach außen gedrungen, so daß es sich erübrigt, hier darauf einzugehen.

In Ilmenau spielte sich in dieser Zeit eine andere Tragödie ab. Auf dem Martinrodaer Stollen waren noch immer 12–15 Bergleute mit Reparaturen beschäftigt. Wiederholt hatte das Bergbauamt darauf verweisen müssen, daß fällige Löhne nicht gezahlt werden konnten. Am 20. 9. 1800 meldet der Geschworene, die Bergleute hätten im ganzen dritten Quartal noch keinen Lohn erhalten. Sie ließen sich nun nicht länger beruhigen und seien entschlossen, an den Herzog zu schreiben. Drei derartige Schreiben – vom 20. 9., 20. 10. und 1. 12. 1800 – sind überliefert (ebd., Bl. 111, 129 u. 154). Die Bergleute schildern ihre Not recht drastisch: Sie ernährten sich und ihre Familien schon lange von Wasser und trocknem Brot. Aber auch Brotkorn erhielten sie nun nicht mehr. Und Unschlitt – Brennstoff für ihr Geleucht, den sie selbst bezahlen mußten – borge ihnen niemand mehr. Am 27. 9. 1800 scheinen wieder Lohngelder zur Verfügung gewesen zu sein, denn am 1. Dezember schreiben die Bergleute, sie seien seit jenem Tag erneut ohne Lohn geblieben.

Den Bergleuten ist bewußt, daß der Stollen zugrundegehen müsse, wenn sie die Arbeit einstellten. Mit dem Stollen stürbe auch das Werk, und mit diesem verlören sie jede Verdienstmöglichkeit in Ilmenau. Deswegen arbeiten sie weiter und setzen ihr Vertrauen in den Herzog. Carl August hatte aber andere Sorgen. Ende des Jahres 1804 sollte der frischvermählte Erbprinz Carl Friedrich mit seiner jungen Gemahlin, der Zarentochter Maria Pawlowna, in Weimar Einzug halten. Dann mußte der gewaltige Schloßbau fertiggestellt und bezogen sein. Pünktliche Lohnzahlung an Weimarer Bauhandwerker hatte Vorrang vor pünktlicher Lohnzahlung an Ilmenauer Bergleute. Diese müssen in den nächsten Jahren noch häufiger auf ihren Lohn warten.

Mitte Juni des Jahres 1803 meldet die Kammerkasse, sie habe seit 6 Jahren 7831 Rtlr für das Bergwerk hergegeben (B 16302, Bl. 7). An Fremdmitteln sind Ende des Jahres 1803 darüber hinaus 11 887 Rtlr aufgenommen. Am 20. 4. 1804 fordert der Herzog den eisenachschen Landkammerrat Johann Ludwig von Herda zu Brandenburg als Mitglied der Fürstlichen Bergwerks- und Salinenkommission zu einer Besichtigung des Ilmenauer Bergwerks auf und verfügt, daß Wilhelm Schrader, Fürstlicher Salineninspektor der Saline Wilhelmsglücksbrunn, dabei zuzuziehen sei (ebd., Bl. 74).[199]

Das herzogliche Dekret wird Schrader mit Schreiben der Kommission vom 13. 5. 1804 bekanntgemacht (B 16082 b, Bl. 1). Dieses Schreiben ist das erste, dem wir Hinweise auf eine Umbildung der Bergwerkskommission – ursprünglich nur für den Ilmenauer Bergbau und nun offenbar für das Berg- und Salinenwesen des Herzogtums zuständig – entnehmen können. Das Amt des Vorsitzenden hatte C. G. Voigt übernommen; weiteres Mitglied war Herda zu Brandenburg.

Spätestens von diesem Augenblick an stand das Ilmenauer Bergwerk auch offiziell nicht mehr unter der Leitung Goethes. De facto hatte er sich, wie wir gesehen haben, schon vier Jahre zuvor zurückgezogen. Trotzdem soll das Schicksal des Werkes noch bis zu der amtlichen Auflassung verfolgt werden.

Am 25. 5. 1804 befahren Herda und Schrader die Schächte ‚Johannes' und ‚Treuer Friedrich' und den Martinrodaer Stollen. Sie überzeugen sich, daß die Unterhaltungsarbeiten nicht eingeschränkt werden können. Einsparungen beim Grubenholz seien nur möglich, wenn die schlechten Stollenabschnitte umfahren würden (B 16302, Bl. 105).

Schrader liefert am 8. 6. 1804 einen Bericht über den Zustand des Werkes. Er resümiert die letzten Beobachtungen vor dem Stollenbruch im Oktober 1796 und stellt heraus, daß die Schiefer sich als unbauwürdig erwiesen und die Sanderze zu wenig Schlich geliefert hatten. Der Johannes-Schacht sei auf einem faulen Mittel niedergekommen. Hoffnung auf bessere Anbrüche bestehe nur bei Ausdehnung des Abbaus zum „Rücken". Dort könne eine Flözfläche von 600 m Länge und 20 m Breite als bauwürdig angesehen werden. Die irrige Vorstellung von J. C. W. Voigt aus dem Jahr 1779 war auch nach einem Vierteljahrhundert noch lebendig. In seinem Gutachten vom 25. Juli über das weitere Vorgehen (B 16082b, Bl. 4–10) ermittelt er Kosten einer Wiederaufnahme. Einschließlich eines weiteren Schachtes schätzt er diese auf 45000 Rtlr und folgert daraus: „Diese Kosten würden bei dem noch nicht einmal mit Sicherheit zu vermuthenden bauwürdigen Felde ⟨...⟩, bei dem beschwerlichen und kostspieligen Abbau durch die ausgeschmolzenen Produkte sicher nicht amortisirt werden. Alle diese Prämissen führen das Resultat herbei ⟨...⟩, daß es daher nicht räthlich sein dürfte, noch fernere BauKosten anzuwenden, zu deren Ersatz nicht die mindeste gegründete Hoffnung gesetzt werden kann".

---

[199] J. L. von Herda hatte 1794 mit dem Studium des Bergfachs an der Bergakademie Freiberg begonnen (B 25951). – W. Schrader könnte ein Sohn des 1796 verstorbenen Ilmenauer Hüttenmeisters Johann Wilhelm Schrader gewesen sein.

Das Herdasche Gutachten stammt vom 24. 8. 1804 (B 16302, Bl. 124–143). Darin sind die Charakterisierung des Martinrodaer Stollens und die Beurteilung der Aufbereitbarkeit des Ilmenauer Roherzes enthalten, die als negative Aussagen schon in vorangegangene Kapitel eingegangen sind. Eine sehr positive Beurteilung erfährt dagegen der Johannes-Schacht, von dem Herda sagt, er sei „musterhaft eingerichtet, so daß er jedem Bergbau Ehre machen würde".

Herda beziffert den Aufwand, der betrieben werden müßte, um ein endgültiges Urteil über die Bauwürdigkeit zu gewinnen, mit 12000 Rtlr. Seine Schlußbetrachtung lautet: „Unter diesen Umständen halte ich die Fortsetzung der noch unvollendeten Versuchsarbeit auf dem Neuen Johannes für unratsam und glaube, daß wenn dieses Werk auch in bergmännischer Hinsicht noch einige Aufmerksamkeit verdiente ⟨...⟩, so würden doch die cameralistischen Rücksichten und der damit verbundene Geldaufwand abschrecken müssen".

In einem Pro memoria vom 22. 11. 1804 legt Herda seine Gedanken über die offizielle Beendigung des Unternehmens nieder. Er plädiert für die Einberufung eines Gewerkentages, auf dem sich die Gewerken zu erklären hätten, ob sie bereit seien, die Vorschüsse des Landesherrn zu tilgen und dann die erforderlichen 12000 Rtlr zu tragen. Daraus folgert er: „Entweder werden die benöthigten Summen aufgebracht, um dem Werk wieder aufzuhelfen, oder es fällt mit Beobachtung aller Cautelen und einer anständigen Rechtlichkeit ins Freye, in welchem Falle die gnädigste Landesherrschaft sich an den Überresten dieses Werkes zu ihrer Entschädigung wegen der gethanen Vorschüsse halten würde" (ebd., Bl. 144).

Der Herzog ist den Vorschlägen nicht gefolgt. Nach den eindeutigen Aussagen der beiden Gutachten fällt es schwer zu begreifen, warum dies nicht geschehen ist. Spätestens jetzt hätten die Unterhaltung des Stollens eingestellt und die Auflassung des Bergwerks eingeleitet werden müssen. Aber die Unterhaltungsarbeiten werden, ungeachtet ihrer hohen Kosten, noch ein ganzes Jahrzehnt fortgeführt. C. G. Voigt und auch dessen Amtsvorgänger Goethe konnten doch unmöglich dem Herzog dazu geraten haben. Ob Carl August Schwierigkeiten hatte, sich von dem Lieblingsprojekt seiner ersten Regierungsjahre endgültig zu trennen? Waren es andere Gründe? Wir wissen es nicht.

Am 7. 12. 1806 verstarb Einfahrer Johann Gottfried Schreiber, der Schwiegersohn des 9 Jahre zuvor verstorbenen Bergmeisters gleichen Namens (B 16302, Bl. 237). Seine Geschäfte werden mit herzoglichem Reskript vom 3. 4. 1807 auf Bergrat Johann Carl Wilhelm Voigt übertragen. Für das Kupferschieferbergwerk gab es indessen nicht mehr viel zu tun. Die Berichte des Bergrats befassen sich in den nächsten Jahren im wesentlichen mit der Verwertung von Maschinen- und Gebäudeteilen, die andernfalls verkommen wären. Das alljährliche Bergfest, für das bisher die Knappschaftskasse aufgekommen war, wird suspendiert (ebd., Bl. 287–293), über das Bergmannsgestühl auf der südlichen Empore der Stadtkirche anderweitig verfügt (B 16082b, Bl. 41).

Auch über zwei – erfolglose – Versuche, neue Gewerbe anzusiedeln, berichtet der Bergrat. Ein Chemiker will im Jahre 1809 in der Schmelzhütte Bleiweiß herstellen (ebd., Bl. 20) und etwas später im Pochwerk Runkelrüben zerstampfen, den Brei zu Rübensaft verkochen und daraus Zucker sieden. Im Juli 1811 werden die ersten Produkte – Kandiszucker und weißer Zucker – vorgeführt (ebd., Bl. 74 u. 96). In allen Verträgen wird betont, daß die überlassenen Räumlichkeiten im Eigentum der Gewerkschaft verbleiben und bei Wiedererhebung zurückzugeben seien.

Und selbst dies bleibt dem Bergwerk nicht erspart: Im November 1813 kamen einzelne Kosakentrupps zum Schacht, „die vom Hutmann Branntwein und andere Lebensmittel" verlangten. Der Hutmann wurde mehrere Male mißhandelt. Vor der Ankunft eines besonders gewalttätigen Trupps konnte er sich mit seiner Familie in den Schacht retten. Die Kosaken plünderten seine Wohnung, schlugen im Treibhaus und im Poch- und Waschwerk Fenster und Türen ein und ließen ein eisernes Förderseil und anderes Vorratsmaterial mitgehen (ebd., Bl. 169).

Anfang des Jahres 1812 hatte Christian Gottlob von Voigt – er war im Jahr 1807 geadelt worden – die Angelegenheit des Bergwerks wieder angestoßen. Als Präsident der Kammer hatte er seinen Landesherrn auf die hohen Vorschüsse für die Stollenunterhaltung aufmerksam gemacht. Dieser will am 3. 7. 1812 von der Bergwerkskommission wissen, ob es unbedenklich und ratsam sei, den Stollen ganz eingehen und den bisherigen gewerkschaftlichen Bergbau auflässig werden zu lassen (B 16082b, Bl. 118). Einziges Mitglied der Kommission war nach dem Tod Osanns am 29. 3. 1803 und nach dem Ausscheiden Herdas aus eisenachschem Dienst – C. G. von Voigt. In dieser Eigenschaft fordert er seinen Bruder, den Ilmenauer Bergrat, zur Stellungnahme auf. Der aber weicht einem eindeutigen Urteil aus: „Mit einem zu geschwind ausgesprochenen Ja dürfte man sich leicht den Verwünschungen der Nachkommenschaft, mit einem Nein aber der Verantwortlichkeit gegen die Zeitgenossen aussetzen" (ebd., Bl. 133 f.). C. G. von Voigt steht allein. Am 18. 2. 1813 schreibt er seinem Bruder: „Mir graut für den Abschluß der Sache, bei den schweren Schulden. Ich will ruhiger mein Tagewerk beenden, wenn dieses Mißgeschick vollendet ist. Eine Quelle vieler Freuden ist das Werk für mich gewesen; davor muß ich das Bittere allein verschlingen, indem ich allein in loco peccatorum stehen bleibe. So ist es denn überhaupt mit dem redlichsten Geschäftsleben beschaffen. Wenn man hinüber ist, wird nur das Gute vergessen" (I 401, 5).

Nach vielen Jahren schickt C. G. von Voigt nun wieder einige Ilmenauer Akten an Goethe. Im Brief vom 29. 3. 1813 an seinen Bruder, den Bergrat, bemerkt er: „Die Ilmenauensia hat H. Geh Rat Goethe noch bey sich. Ich ließ das Bergwerk damit förmlich und feierlich bey ihm Abschied nehmen" (ebd.). Goethe bedankt sich am 11. April mit eindrucksvollen Worten: *Es ist freylich ein Unterschied, ob man in unbesonnener Jugend und friedlichen Tagen, seinen Kräften mehr als billig ist vertrauend, mit unzulänglichen Mitteln Großes unternimmt und sich und Andre mit eitlen Hoffnungen hinhält, oder ob man in späteren Jahren, in bedrängter Zeit, nach aufge-*

drungener Einsicht, seinem eignen Wollen und Halbvollbringen zu Grabe läutet. Was ich im vorliegenden Falle E. E. schuldig geworden, bleibt mir unvergeßlich, höchst angenehm die Erinnerung des Zusammenlebens und Wirkens, wechselseitiger Aufmunterung und Ausbildung. Wenn das Äußere dabey nicht gefruchtet hat, so hat das Innere desto mehr gewonnen. Auch erkenne ich mit vollkommenem Danke, daß Sie alle das Unangenehme, was die Beendigung des Geschäfts mit sich führt, übernehmen wollen. Möchte ich nur irgend etwas Freundliches und Nützliches dagegen erweisen können. Des guten Bergraths Aufsatz erbitte mir noch auf kurze Zeit.

Am 24. 6. 1813 wird der Bergrat unter Hinweis darauf, daß „nach dem Abgang der gewerkschaftlichen Teilnahme das Ilmenauer Bergwerk nunmehr als völlig auflässig angesehen und behandelt werden muß", zur Vorlage eines Berichtes über zu treffende Maßnahmen aufgefordert. J. C. W. Voigt zählt in seiner Eingabe vom 13. Juli alle Gegenstände des Bergwerkseigentums von der Fassung des Berggrabens bis zum Mundloch des Martinrodaer Stollens auf und gibt an, wie am zweckmäßigsten mit ihnen verfahren werden könne. Für die späteren Bezüge der drei Bediensteten – sich selbst schließt er dabei ein – macht er Vorschläge, die Härten vermeiden sollen. Indessen müßten es sich die sechs anfahrenden Bergleute wohl gefallen lassen, andere Arbeit zu suchen. Nach der Schilderung ihrer bescheidenen Lebensverhältnisse schließt der Bergrat: „Doch will ich hiermit keineswegs den menschenfreundlichen Gesinnungen einer hohen Bergwerkskommission vorgreifen" (B 16082b, Bl. 164–168').

Fast zwei Jahre nach dem Reskript vom 3. 7. 1812, am 28. 3. 1814 nämlich, legt C. G. von Voigt das angeforderte Gutachten vor. Er begründet den Verzug mit vielen zeitraubenden Erörterungen und Erkundigungen, die erforderlich waren, ehe eine definitive Erklärung möglich wurde. Zur Sache führt er aus, eine Wiederaufnahme des Bergbaus am Standort des Johannes-Schachtes sei nach den gewonnenen Erkenntnissen über Beschaffenheit und Lage des Flözes nicht anzuraten. Damit verliere die Unterhaltung des Martinrodaer Stollens, dessen gänzliche Vernachlässigung man bisher immer – auch der herzoglichen Intention gemäß – gescheut habe, ihren Sinn.

Ein neuer Bergbau müsse an ganz anderer Stelle aufgenommen werden; ihm habe der von Bergrat Voigt vorgeschlagene, tiefere Stollen zu dienen. Dieses Objekt aber könne die alte Gewerkschaft, unerachtet sie als nicht mehr existent anzusehen sei, seiner hohen Kosten wegen nicht auf sich nehmen. Bei günstigeren Zeitumständen werde vielleicht in weiter Zukunft eine ganz neue Gewerkschaft dazu imstande sein.

Der Martinrodaer Stollen – so fährt C. G. von Voigt fort – könne somit aufgegeben und die Auflässigkeit des Werkes erklärt werden. Was in Ansehung des noch vorhandenen Bergwerkseigentums zu beschließen und zu Gunsten des Personals zu verfügen sei, müsse nicht jetzt geschehen. Zur Abkürzung des Verfahrens schlägt er vor, „daß Euer Durchlaucht uns von dieser Commission nunmehr dispensiren, und den ganzen Activ- und Passivzustand an Herzogl. Cammer verweisen".

Es folgen nun Einzelheiten der Übergabe, die uns hier nicht zu interessieren brauchen. Die Schlußpassage aus dem Schreiben des alleinigen Repräsentanten der

Bergwerkskommission soll indessen im vollen Wortlaut eingerückt werden: „Wir schließen durch dieses unterth. Gutachten ein Werk, das mit der schönsten Hoffnung angefangen, und mit ganz besonderem Eifer, Vorliebe und Uneigennützigkeit betrieben, und worauf eine unglaubliche Arbeit gewendet wurde, wie die große Anzahl der geführten Actenbände bezeugen. – Der anfängliche Mitcommissarius Geheime Rath, von Goethe, war vorlängst von dem Werke geschieden und die in der Folge zur Assistenz der Commission bestimmten Männer, als der Regierungsrath Osann, und vormahlige Cammerrath, von Herda, sind bekanntlich früh mit Tod abgegangen, oder haben die hiesigen Dienste und die Commission, ohne Beystand verlassen; und so war das übriggebliebene Glied der Commission allein bestimmt, von einer Unternehmung das Ende zu erleben, an welche er, wie die Acten beweisen, allen Pflichteifer, mit besonderer Neigung verwendet hatte" (B 16082b, Bl. 173–178).

Das herzogliche Reskript vom 7. 4. 1814 über die Auflösung der Bergwerkskommission und die Auflassung des Bergwerks ist nicht überliefert, [200] wohl aber das Begleitschreiben vom 13. April, mit dem C. G. von Voigt seinem Bruder eine Kopie des Reskripts zustellt. Er schreibt: „Nachdem die Aufhebung der zu dem bisherigen Bergbau verordnet gewesenen Kommission bei erfolgter Auflässigkeit desselben durch höchstes Reskript vom 7. d. Monats, wovon eine Abschrift beiliegt, anbefohlen worden ist, so hat dieses dem Herrn Bergrat Voigt, als erstem Offizianten des Werkes hierdurch eröffnet und demselben aufgetragen werden sollen, dieses dem übrigen Bergpersonal bekannt zu machen, und solche insgesamt für die Zukunft in allen das Bergwerk betreffenden Angelegenheiten an Hzgl. S. Weimar. Eisen. Kammer zu verweisen. Hierbei soll zugleich von Seiten der nunmehr aufhörenden Kommission die aufrichtigste Danksagung für alle geleisteten treue Dienste ausgesprochen werden" (ebd., Bl. 182).

Mit diesem Schreiben werden die Akten der Bergwerkskommission geschlossen. Am 14. 11. 1777 war die Verantwortung für das Bergwerk von der Kammer auf die neugebildete Bergwerkskommission übergegangen. Nun, annähernd 37 Jahren später, wird das hochverschuldete Werk der Kammer zurückgegeben.

Auch wenn Auflösung der Kommission und Auflassung des Werks Goethes Kollegen schmerzlich berühren mußten, im Rahmen seiner vielfältigen amtlichen Aufgaben war der Vorgang wohl nur eine Marginalie. Er fiel in eine Zeit, in der der

---

[200] Da der Herzog sich als Kommandierender General eines Armeekorps in Belgien aufhielt, ist zu vermuten, daß das Reskript nicht seine Unterschrift trug, sondern, wie bei früheren auswärtigen Verpflichtungen des Herzogs, ad mandatum Serenissimi speciale vom Geheimen Rat ausgefertigt wurde. An dessen Spitze stand C. G. von Voigt, der dann bei der Auflassung in dreifacher Funktion agiert hätte: Als alleiniges Mitglied der Bergwerkskommission, als Kammerpräsident und als erster Minister des Herzogtums.

Ausgang des großen Krieges keineswegs sicher vorausgesagt werden konnte, in der Weimar Durchzugsgebiet der Truppen beider Seiten war und in der Voigt wegen der Abwesenheit des Herzogs in besonderem Maße Verantwortung für die Staatsgeschäfte zu tragen hatte.

Nach seinem Aufenthalt während des Stollenbruchs im Oktober und November 1796 hat Goethe Ilmenau lange gemieden. Am 26. 8. 1813, nach 17 Jahren – das Bergwerk hatte, wie sein Kollege formulierte, bei ihm Abschied genommen – bereitet Voigt seinen Bruder, den Bergrat, auf Goethes Besuch in Ilmenau vor: „Der Herr Geh. Rat Goethe resolvirt sich, nach Ilmenau zu gehen ⟨...⟩ Er hat Deinen Plan eines tiefen Stollens gelesen und kann also darüber sprechen. Überhaupt käme vielleicht etwas vor, was Deine Gegenwart nutzbar machte. Z. E. sollte man mit den Schlichen gar nichts nützliches anfangen können?" (I 401, 5). Der Herzog, schon vorher in Ilmenau anwesend, unterrichtet C. G. von Voigt am nächsten Tag: „Goethe ist gestern abend ganz unverhofft angekommen. Heute ist er mit mir 4 Stunden geritten! Morgen wollen wir seinen Geburtstag mit allerlei Gereimtheiten begehen" (I 289, Bl. 163). Darüber ist viel geschrieben worden.

Ob J. C. W. Voigt im Sinne der Anregungen seines Bruders auf Goethe einwirken konnte, ist nicht mehr auszumachen. Tagebuch und Briefe enthalten keine eindeutigen Belege. Immerhin war Goethe wiederholt mit dem Bergrat zusammen. Die Besuche werden in erster Linie dessen bedeutender Mineraliensammlung gegolten haben. J. C. W. Voigt war dem Bergwerk aber so eng verbunden, daß es schwerfällt, sich vorzustellen, der frühere Vorsitzende der Bergwerkskommission wäre diesem Thema aus dem Wege gegangen.

Von Goethe liegen aus späterer Zeit nur wenige Stellungnahmen zu dem Ilmenauer Geschehen vor. Sie vermögen weder die objektive Situation zu erhellen, noch sagen sie Wesentliches über seine eigene Einschätzung aus – mit einer Ausnahme. Sie findet sich in den Tag- und Jahresheften unter dem Jahr 1794 (WA I 35, 36). [201] Goethe selbst hat in dieser Passage die Gründe für die eingetretenen Rückschläge und – aus der Sicht des Jahres 1794: den Ereignissen vorgreifend – auch für das Scheitern in eine denkbar knappe Form gebracht. Sie soll am Schluß dieser Arbeit stehen:

An dem Bergbaue zu Ilmenau hatten wir uns schon mehrere Jahre herumgequält; eine so wichtige Unternehmung isolirt zu wagen, war nur einem jugendlichen, thätig-frohen Übermuth zu verzeihen. Innerhalb eines großen eingerichteten Bergwesens hätte sie sich fruchtbarer fortbilden können; allein mit beschränkten Mitteln, fremden, obgleich sehr tüchtigen, von Zeit zu Zeit herbeigerufenen Officianten konnte man zwar in's Klare kommen, dabei aber war die Ausführung weder umsichtig noch energisch genug, und das Werk, besonders bei einer ganz unerwarteten Naturbildung, mehr als einmal im Begriff zu stocken.

---

[201] Nach den Angaben in WA I 35, 279 bearbeitete Goethe das Jahr 1794 für die Tag- und Jahreshefte in den Jahren 1819 und 1823.

Literaturverzeichnis

Agricola, Georg: Zwölf Bücher vom Berg- und Hüttenwesen. Neudruck Düsseldorf 1977

Arndt, Adolph: Zur Geschichte und Theorie des Bergregals und der Bergbaufreiheit. Halle 1879

Arnold, Paul u. Werner Quellmalz: Sächsisch-thüringische Bergbaugepräge. Leipzig 1978

Arnold, Paul: Die Münzen des Bergwerkes von Ilmenau (1691–1702). Geldgeschichtliche Nachrichten 1985, 167–175

Bachmann, Hans-Gert: Vom Erz zum Metall (Kupfer, Silber, Eisen). Die chemischen Prozesse im Schaubild. In: Alter Bergbau in Deutschland. Stuttgart 1993

Baumgärtel, Hans: Alexander von Humboldt, Gedenkschrift. Berlin 1959

Benn, Gottfried: Gesammelte Werke. München 1968

Boehm, Albert: Goethe und der Bergbau. In: Zeitschrift für das Berg-, Hütten- und Salinenwesen, 1932, B 507–B 555

ders.: Zum Goethe-Jahr 1949. Glückauf 1/2,1949, 1–5

Born, Ignaz von: Über das Anquicken der gold- und silberhaltigen Erze, Rohsteine, Schwarzkupfer und Hüttenspeise. Wien 1786

Born, Ignaz v. u F. W. H. v. Trebra (Hrsg): Bergbaukunde, 2 Bde. Leipzig 1789 u 1790

Botzenhart, Erich (Bearb.), neu hrsg. v. Walther Hubatsch: Freiherr vom Stein, Briefe und amtliche Schriften, 10 Bde. Stuttgart, Berlin, Köln, Mainz 1957–1974

Brassert, Hermann (Hrsg.): Berg-Ordnungen der Preußischen Lande. Köln 1858

Brosin, Paul: Sidonia Hedwig Zäunemann und ihre Befahrung des Ilmenauer Bergwerks 1737. In: Aus der Vergangenheit der Stadt Erfurt, Neue Folge, Heft 7. Erfurt 1989

Bruckmann, Franz Ernst: Magnalia Dei in locis subterraneis, 2. Teil. Wolfenbüttel 1730

Brückner, Georg: Hennebergisches Urkundenbuch. Meiningen 1861

Bruer, Albert: Geschichte der Juden in Preußen (1750–1820). Frankfurt/M 1991

Burkhardt, C. A. H. (Hrsg.): Goethes Unterhaltungen mit Friedrich Soret. Weimar 1905

Calvör, Henning: Historisch-chronologische Nachricht und theoretische und praktische Beschreibung des Maschinenwesens und der Hülfsmittel auf dem Oberharz, 2. Bde. Braunschweig 1763/1763

Cancrinus, Franz Ludwig: Beschreibung der vorzüglichsten Bergwerke in Hessen, in dem Waldekkischen, an dem Haarz, in dem Mansfeldischen, in Chursachsen, und in dem Saalfeldischen. Frankfurth 1767

Charpentier, Johann Friedrich Wilhelm: Mineralogische Geographie der Chursächsischen Lande. Leipzig 1778

ders.: Beitrag zur Naturgeschichte des Bottendorfer Flözgebirges. Archiv OBA ClZ 479/88

Charpentier, Toussaint von: Kurze Beschreibung sämmtlicher, bey dem Churfürstl. Sächsischen Amalgamirwerke auf der Halsbrücke bey Freyberg vorkommenden Arbeiten. Leipzig 1802

Cotta, Bernhard von: Die Lehre von den Erzlagerstätten, 2. Teil. Freiberg 1861

Czaya, Eberhard: Der Silberbergbau. Leipzig 1990

Delius, Christoph Traugott: Anleitung zu der Bergbaukunst. Wien 1773/1806

Denecke, Rolf: Goethes Harzreisen. Hildesheim 1980

Dennert, Herbert: Bergbau und Hüttenwesen im Harz. Clausthal-Zellerfeld 1986

Eberhardt, Hans: Goethes Umwelt. Weimar 1951

Erdmann, Ernst (Hrsg.): Jahrbuch des Halleschen Verbandes für die Erforschung der mitteldeutschen Bodenschätze und ihrer Verwertung, Bd. 3. Halle (Saale) 1922

Flach, Willy: Goetheforschung und Verwaltungsgeschichte. Goethe im Geheimen Consilium 1776–1786. Weimar 1952

Freiesleben, Johann Carl: Geognostische Beobachtungen auf einer Reise durch Saalfeld, Camsdorf und einen Teil Thüringens. In: Lempes Magazin für die Bergbaukunde. Dresden 1793

ders.: Geognostischer Beytrag zur Kenntnis des Kupferschiefergebirges, mit besonderer Hinsicht auf einen Theil der Grafschaft Mannsfeld und Thüringens, 2. u. 3. Teil. Freyberg 1807/1815

Fürer, Gotthard: Bergbau, Bergverwaltung und Kirche im Oberharz über vier Jahrhunderte. Der Anschnitt 2/1991, 63–74

Grimm, Jacob u. Wilhelm: Deutsches Wörterbuch (Nachdruck München 1984)

Grumach, Ernst und Renate: Goethe. Begegnungen und Gespräche. Bish. ersch.: 5 Bände (1749–1805). Berlin 1965–1985

Günther, Gitta et al. (Hrsg.): Weimar. Lexikon zur Stadtgeschichte. Weimar 1993

Hartmann, Carl: Mechanische Aufbereitung der silberhaltigen Bleierze. Weimar 1853

Herrmann, Walter: Goethe und Trebra. Freiberger Forschungshefte, D 9. Berlin 1955

Heß von Wichdorf, Hans: Beiträge zur Geschichte des Thüringer Bergbaus und zur montan-geologischen Kenntnis der Erzlagerstätten und Mineralvorkommen des Thüringer Waldes und des Frankenwaldes. Kgl. Preuß. Geol. Landesanstalt (Hrsg). Berlin 1914

Hoffmann, Dietrich: Der Tiefe Georg-Stollen. Der Anschnitt 3/1975, 21–29

Hoffmann, Franz: Franz Xaver von Baader, Sämtl. Werke (hier: Bd. 15). Leipzig 1857 (Neudruck: Aalen 1963)

Hoppe, Walter u. Gerd Seidel: Geologie von Thüringen. Gotha 1974

Houben, H.H. (Hrsg.): Frédéric Soret: Zehn Jahre bei Goethe. Erinnerungen an Weimars klassische Zeit, 1822–1832. Leipzig 1929

Humboldt, Alexander von: Über die unterirdischen Gasarten und die Mittel, ihren Nachteil zu vermindern. Braunschweig 1799

Jahn, Ilse u. Fritz G. Lange (Hrsg): Die Jugendbriefe Alexander von Humboldts, 1787–1799. Berlin 1973

Jauernig, R.: Die alten in Thüringen gebräuchlichen Maße und ihre Umwandlung. Gotha 1929

Juncker, Christian: Ehre der gefürsteten Grafschaft Henneberg (hdschr.). Schleusingen ungef. 1705

Kahnt, Helmut u. Bernt Knorr: Alte Maße, Münzen und Gewichte. Leipzig 1986

Kaiser, Paul: Das Haus am Baumgarten. Weimar 1980

Karsten, Dietrich Ludwig Gustav: Beschreibung der Erzaufbereitung auf dem Kurprinz Friedrich August Erbstolln zu Großschirma, ohnweit Freyberg. Magazin für die Bergbaukunde, 3. Teil; Dresden 1786

Klotzsch, Johann Friedrich: Gedanken von der Erfindung des Bergwerks zu Freyberg. Chemnitz 1763

Knitzschke, Gerhard u. Joachim Kahmann: Der Bergbau auf Kupferschiefer im Sangerhäuser Revier. Glückauf 11/12/1990, 528–548

Koch, Ernst: Urkundliche Nachrichten zur älteren Geschichte des Ilmenauer Bergbaus, 1. Teil (1444–1479). Schriften des Hennebergischen Geschichtsvereins Nr. 17. Schleusingen 1917

Koch, M.: Oberstbergrat Joseph von Baader. Der Anschnitt, 4/1961, 28f.

Köhler, Alexander Wilhelm u. C. A. Hoffmann (Hrsg): Bergmännisches Journal, Jg. I–VII. Freiberg 1788–1794

dieselben: Neues bergmännisches Journal, Bd. I–VI. Freiberg 1795–1816

Köhler, G.: Lehrbuch der Bergbaukunde. Leipzig 1892

Kuck, Detlev et al.: Ergebnisse von Schmelzversuchen in der rekonstruirten Kupferschmelze in Fischbach/Nahe. Erzmetall 9/1991, 463–468

Kullmann, Ulrich: Die Oberharzer Berggerichte im 16. Jahrhundert. Der Anschnitt, 3/1975, 30–34

Lempe, Johann Friedrich (Hrsg.): Magazin für die Bergbaukunde, 6 Bde. Dresden 1785–1799

Laub, Gerhard: Zur Betriebsgeschichte der Wildemanner Silberhütte. Der Anschnitt 1/1994, 20ff.

Malsch, Simon: Fahrbericht vom 11. 10. 1782. In: J.E. Fabrius: Neues Geographisches Magazin, 2. Bd., 1. Stück. Halle 1786

Minerophilus Freibergensi: Neues und curieuses Bergwercks-Lexicon. Chemnitz 1730

Mück, Walter: Der Mansfelder Kupferschieferbergbau in seiner rechtsgeschichtlichen Entwicklung, 2 Bde. Eisleben 1910

Murawski, Hans: Geologisches Wörterbuch. Stuttgart 1977

Nietzel, Hans-Hugo: Historisches Kunst- und Kehrrad. Clausthal-Zellerfeld 1993

Nietzel, H.-H. u. Christian Vetter: Ein historisches Kunstgezeug. Clausthal-Zellerfeld 1986

N. N.: Rechts-gegründetes Gutachten über … die Einrichtung der Bergamts-Jurisdiction zu Illmenau. Juristische Fakultät zu Altorff, Erfurt 1703; Anl. A: Utterodtsches Privileg v. 18. 8. 1684

N. N.: Bemerkungen das Kupferbergwerk und den Hüttenbetrieb im Mansfeldischen Chursächsischen Antheils betreffend. Archiv OBA ClZ 466/25 (ohne Datum)

N. N.: Kurze Beschreibung des Stoßherdes. Magazin für die Bergbaukunde, 3. Teil. Dresden 1786

N. N.: Schwazer Bergbuch, 1556. Nachdruck Lünen 1956 (Hrsg.: Eisenhütte Westfalia Lünen, Wethmar/Post Lünen)

Oppel, Friedrich Wilhelm von: Anleitung zur Markscheidekunst nach ihren Anfangsgründen und Ausführungen. Dresden 1749

Patze, Hans u. Peter Aufgebauer (Hrsg): Handbuch der historischen Stätten Deutschlands, 9. Band (Thüringen). Stuttgart 1989

Pellender, Heinz: Chronik der Stadt und der Veste Coburg (darin: vollst. Genealogie der ernest. Wettiner und ihrer Vorfahren). Coburg 1984

Prescher, Hans: Goethes Sammlungen zur Mineralogie, Geologie und Paläontologie. Liechtenstein 1978

ders. (Hrsg.): Leben und Wirken deutscher Geologen im 17. und 18. Jahrhundert. Leipzig 1985

Rausch, Carl August (Hdschr.): Beschreibung der Schiefer Flöz Bergwerke im Mansfeldischen, zu Rothenburg, zu Bottendorf und der Steinkohlenbergwerke zu Wettin, Lobejun und Delau. Reisebericht 1779. Bibl. TU Clausthal, Sign. IV B 1 b, 10

Reinhard, Johann Paul: Beyträge zu der Historie Frankenlandes und der angränzenden Gegenden, 3. Teil. Bayreuth 1762

Schellhas, W.: Vom erzgebirgischen Bergjungen zum französischen Inspecteur générale honoraire. In: Prescher 1985

Schennen-Jüngst: Lehrbuch der Erz- und Kohlenaufbereitung, bearb. v. Ernst Blümel. 1930

Schleicher, Kurt: Alexander von Humboldt. Darmstadt ca. 1980

Schlüter, Christoph Andreas: Gründlicher Unterricht von Hütte-Werken. Braunschweig 1738

Schmidt, Martin: Die Wasserwirtschaft des Oberharzer Bergbaues. Schriften der Frontinus-Gesellschaft, Heft 13, 1989

ders.: Die Oberharzer Bergbauteiche. Stuttgart 1988

Schnee, Heinrich: Die Hoffinanz und der moderne Staat, 1. Bd. Berlin 1953

Schultes, J. A.: Diplomatische Geschichte des gräflichen Hauses Henneberg, 2 Tle. Leipzig 1788 u Hildburghausen 1791

Spier, Heinfried: Historischer Rammelsberg. Wieda/Hornburg 1988

Steenbuck, Kurt: Friedrich Wilhelm Heinrich von Trebra, Johann Wolfgang von Goethe und die Societät der Bergbaukunde. In: Mitteilungsblatt der TU Clausthal, Heft 62, 1986, 35–41, u. Erzmetall 12/1986, 605–613

ders.: Lagerstätte, Bergtechnik und Bergrecht des Ilmenauer Kupferschieferbergbaus, dargestellt an Marksteinen seiner Entwicklung im 17. und 18. Jahrhundert. Diss. TU Clausthal 1987

ders.: Die Ilmenauer Gewerkschaft der Goethe-Zeit und ihre Berliner Gewerken. Erzmetall 12/1992, 645–657

Steiger, R.: Goethes Leben von Tag zu Tag, 8 Bände (bish. ersch: 6 Bde). Zürich 1982–1993.

Trebra, Friedrich Wilhelm Heinrich von: Erfahrungen vom Innern der Gebirge. Dessau u. Leipzig 1785

ders.: Lebensverhältnisse mit Ober-Berghauptmann von Trebra. 1813. In: GJb 9. Frankfurt/M 1888

ders.: Bergmeister-Leben und Wirken in Marienberg, vom 1. Decbr. 1767 bis August 1779. Freiberg 1818 (Neudruck 1990)

Tümmler, Hans (Hrsg.): Goethes Briefwechsel mit Christian Gottlob Voigt, 4 Bde. Weimar 1949–1962

ders.: Goethe der Kollege. Sein Leben und Wirken mit Christian Gottlob von Voigt. Köln 1970

ders.: Carl August von Weimar, Goethes Freund. Stuttgart 1978

ders.: Goethe und die Tragödie des Emigranten de Wendel in Ilmenau (1795). In: H. Tümmler: Goethe in Staat und Politik. Köln u. Graz 1964

Vehse, Carl Eduard: Der Hof zu Weimar. Nachdruck Leipzig und Weimar 1991

Veith, Heinrich: Deutsches Bergwörterbuch, 1871. Neudruck Wiesbaden 1968

VEB Mansfeld Kombinat (Hrsg.): Zur Geschichte der ersten deutschen Dampfmaschine. Eisleben 1987

Voigt, Christian Gottlob: Ueber das ehemalige Goldbergwerk zu Steinheide auf dem Thüringer Walde. In: Born/Trebra, 1. Bd. Leipzig 1789

Voigt, Johann Carl Wilhelm: Mineralogische Reisen durch das Herzogtum Weimar und Eisenach, 2 Bde. Dessau 1782 u. Weimar 1785

ders.: Praktische Gebirgskunde. Weimar 1792

ders.: Geschichte des Ilmenauischen Bergbaues. Sondershausen und Nordhausen 1821

Voigt, Julius: Goethe und Ilmenau. Leipzig 1912

Wagenbreth, Otfried: Johann Carl Freieslebens geologisches Lebenswerk. In: Geologen der Goethe-Zeit. Essen 1981

ders.: Goethe und der Ilmenauer Bergbau. Weimar 1983

ders.: 200 Jahre erste deutsche Dampfmaschine Wattscher Bauart – ein Jubiläum in Hettstedt im Mansfelder Revier. Der Anschnitt 2/1986, 98–101

Wagenbreth, O. u. W. Steiner: Geologische Streifzüge. Leipzig 1990

Wagner (Finanzrat in Dresden): Ueber den Beweiß der Regalität des teutschen Bergbaues. In: Bergmännisches Journal 1, 2. Bd. Freiberg 1788

Wahl, Hans (Hrsg.): Briefwechsel des Herzogs/Großherzogs Carl August mit Goethe, 3 Bde. Berlin 1915–1918

Weber, Wolfhard: Innovationen im frühindustriellen deutschen Bergbau und Hüttenwesen. Göttingen 1976

Wiese, A.: Die Bergdankfeste im Oberharz. In: Allgemeiner Harz Bergkalender für das Jahr 1984. Clausthal-Zellerfeld

Wilsdorf, Helmut: Montanwesen, eine Kulturgeschichte. Leipzig 1987

Winckler, C. J.: Practische Beobachtungen über den Betrieb des Grubenbaus auf Flötzgebirgen, besonders der Kupferschiefern. Berlin 1794

Wußing, Hans (Hrsg.): Geschichte der Naturwissenschaften. Leipzig 1983

Zäunemann, Sidonia Hedwig: Das Ilmenauische Bergwerk, wie solches den 23sten und 30sten Jenner des 1737. Jahres befahren. Erfurt 1737

Glossar

(unter Benutzung von Grimm, Murawski und Veit)

ablegen Bergleute entlassen
abschützen wasserbetriebene Maschinen stillsetzen
abteufen, absinken Niederbringen eines Schachtes
Amalgamation Extraktion von Edelmetallen aus Erzen mit Quecksilber
Anbruch auf natürlicher Lagerstätte aufgefundene Mineralien
anfahren sich in ein Bergwerk begeben; auch: einfahren
Anhydrit wasserfreier Gips
anlegen Bergleute einstellen
anschützen Maschinen mit Hilfe von Wasserkraft in Gang setzen
Ansatzpunkt Stelle, an der ein Grubenbau begonnen wird
anquicken s. Amalgamation
ansetzen mit der Auffahrung eines Grubenbaus beginnen
Aufbereitung Konzentration des Mineralinhalts eines Erzes
auffahren einen Grubenbau vortreiben
Auflassung Aufgeben eines Bergwerks durch die Eigentümer
Aufschlagwasser Wasser zum Antrieb von Bergwerksmaschinen
aufschließen den Zugang zu einer Lagerstätte schaffen
Aufschluß zugänglicher Teil der Lagerstätte
Aufstand amtlicher Bericht über den Zustand eines Bergwerks
aufwältigen Reparatur eines zu Bruch gegangenen Grubenbaus (auch: gewältigen)
Ausbau Abstützen eines Grubenbaus durch Holz, Eisen, Mauerung
Ausbeute Produktion eines Bergwerks; auch Überschuß
Ausbeutetaler Münzprägungen aus der Ausbeute eines Bergwerks
ausfällen Niederschlag einer gelösten chemischen Substanz
Ausgehendes Austritt einer Gebirgsschicht an der Erdoberfläche
Auslenken Abzweigen eines Grubenbaus von einem andern
Avertissement Bekanntmachung, Information

Balancier zweiarmiger Hebel zur Umsetzung von Bewegungen
belegen Bergleute in einem Grubenbau beschäftigen
Berechtsame verliehenes Grubenfeld
Bergakademist Student oder Absolvent einer Bergakademie
Bergefeste s. Feste
Berghauptmann oberster Bergbeamter eines Bergreviers
Bergregal Bergwerksrechte, die den souveränen Landesherrn zustehen
Bergquartale Reminiscere, Trinitatis, Crucis, Luciae; Abrechnungszeiträume, etwa mit den Quartalen des Kirchenjahres identisch; 13 Wochen; 1 Jahr zu 364 Tagen; Ausgleich alle 4 oder 5 Jahre durch ein Quartal mit 14 Wochen

Bitumen hochmolekulare Kohlenwasserstoffe

Bleistein Eisen- und schwefelhaltiges Zwischenprodukt der Bleiverhüttung

Bolzenschrotzimmerung Ausbau eines Schachtes mit horizontal liegenden Gevierten aus ineinander gefugten Hölzern, die mit Spreizen (s. d.) abgestützt und mit Brettern verzogen werden.

Bruch Einsturz eines Grubenbaus

Conclusum Beschluß (eines Gewerkentags)

Crucis s. Bergquartale

Darren Brennen des entbleiten Kupfers zum Absondern von restlichem Blei und Silber

Deliberation Beratung

dreimännisch Betätigung (eines Haspels) durch drei Mann

durchörtern Durchqueren von Gebirgsschichten mit Grubenbauen

Durchschlag Herstellen einer Verbindung zwischen Grubenbauen

einfahren s. anfahren

Einfallen Neigung einer Gebirgsschicht

Einstrich Holzriegel zur Unterteilung von Schächten

entrieren in eine Unternehmung eintreten

Erbstollen tiefster Wasserlösungsstollen eines Bergreviers

Erosion natürliche Abtragung von Gesteinsmaterial durch fließendes Wasser, untergeordnet auch Wind

ersinken Erreichen eines Lagerstättenteils mit einem Schacht

fahren jegliche Bewegung von Menschen in Grubenbauen

Fahrte Leiter in einem Schacht zum Ein- und Ausfahren

Fazies petrographischer Aufbau einer Gesteinsschicht oder einer einheitlichen Schichtenfolge

Feldgestänge hin- und hergehendes Gestänge zur Kraftübertragung von Kehr- oder Kunsträdern zu entfernt liegenden Förder- oder Pumpenanlagen

Feste beim Abbau stehenbleibender Lagerstättenteil

Firste Begrenzung eines Grubenbaus nach oben; Ggs.: Sohle

Firstenbau Abbaumethode für steilstehende Lagerstätten, bei dem übereinander angeordnete Absätze einander folgen

Flexur S-förmige Schichtenverbiegung, durch Stauchung entstanden (Bild 21a)

Flöz plattenförmige Lagerstätte großer flächenhafter Ausdehnung und relativ geringer Dicke, eingebettet in eine Schichtenfolge mit demselben Streichen und Einfallen (s. d.)

Fördertrum der für die Förderung reservierte Teil des Schachtes

Freikuxe frei gewährte Kuxe, die an der Ausbeute teilnehmen, aber nicht zubußepflichtig sind

Frischen Aufschmelzen von silberhaltigem Kupfer mit Blei

Füllort Grubenraum um einem Schacht zum Umschlag des Fördergutes

Gang Ausfüllung einer Gebirgsspalte; plattenförmige Lagerstätte großer flächenhafter Ausdehnung und geringer Dicke

Garkupfer Endprodukt der Verhüttung kupferhaltiger Erze

Gefälle Höhenunterschied eines Wasserlaufs zwischen zwei Punkten; Höhenunterschied zwischen Wasserzu- und ablauf bei einem Wasserrad

Gefluter künstliche Rinne zur Führung eines Wasserstroms

gegenläufig s. überkippt

Gegenort Grubenbau, der einem anderen entgegenfährt

Gegentrum Fortsetzung eines Gangs auf dem andern Talhang

Generaleinfallen Hauptrichtung und -neigung, der das Einfallen einer Schicht oder eines Gebirgskörpers folgt

Geschworener vereidigtes Mitglied eines Bergamtes, das die Betriebe leitet

Gesenk kleiner Schacht ohne Verbindung zur Erdoberfläche

Getriebezimmerung Sicherung der Firste bei der Streckenauffahrung durch Vortreiben von Pfählen über den Bauen

Gewährschein Urkunde über die Zuteilung eines Bergwerksanteils

gewältigen 1.Grubenbaue, die eingestürzt oder verbrochen sind, wieder zugänglich machen (auch: aufwältigen); 2. Wasser abpumpen (auch: wältigen, sümpfen)

Gewerke Teilhaber an einem Bergwerk

Gewerkentag Versammlung der Gewerken zur Beratung und Beschlußfassung über die Verwaltung des Bergwerks

Gewerkschaft die Gesamtheit der Teilhaber an einem Bergwerk

Gewinnung Lösen des Minerals aus dem Gesteinsverband

Göpel von Pferden oder Wasserkraft getriebene Fördermaschine

Grubenriß zeichnerische Darstellung von Grubenbauen

Grubenwasser in den Grubenbauen zulaufendes Gebirgswasser

Halde Aufschüttung von meist taubem Gestein

haltig Erzmineralien enthaltend

Hangendes bei Flözen: jüngere, unmittelbar aufliegende Gebirgsschicht; bei Gängen: Gebirge, das einen (nicht senkrecht einfallenden) Gang bedeckt

Haspel durch Menschen betätigter, horizontal liegender Rundbaum zum Auf- und Abwickeln von Förderseilen

Haufwerk aus dem natürlichen Verband gelöste Gesteinsmassen

Herd tischartige, leicht geneigte Vorrichtung, auf der Mineralschlämme nach dem spezifischen Gewicht sortiert werden

Hochofen aufrecht stehender Gebläseofen zum Schmelzen von Erzen

höffig Eigenschaft unbekannter Lagerstättenteile, deren Abbau gute Gewinne versprechen

Horizont bergmännisch: Teufe oder Teufenabschnitt; geologisch: markante Schicht mit einheitlicher Fossilführung oder einheitlichem Gesteinsaufbau

Hutmann Aufseher am Schacht

Hütte Betriebsanlage zum Schmelzen von Erz

ins Freie fallen aufgelassenes Grubenfeld, das für eine neue Verleihung frei wird

Interimskunst vorläufige Pumpenkunst (s.: Kunst)

Johannis 24. Juni

kaduzieren (einen Kux) für verfallen erklären

Kalkschlotte infolge Auslaugung durch Sickerwässer entstandener Hohlraum im Kalkgebirge

Kammer oberste Finanzbehörde eines Fürstentums

Kaue kleines Bauwerk über einem Schacht zum Schutz von Menschen

Kehrrad doppelt geschaufeltes Wasserrad zum Antrieb eines Göpels

Klanke Schlinge in einem spannungslos gewordenen Förderseil

Knappschaft die Gesamtheit der Beschäftigten eines Bergwerks

Konglomerat Gestein mit eingelagerten Geröllen

Krummhälser Bezeichnung für Kupferschieferbergleute; die Arbeit in dem dünnen Flöz zwang zu einer schiefen Kopfhaltung

Krummzapfen eine Kurbel am Ende einer Maschinenwelle

Kunst, Kunstgezeug Gesamtheit der Teile einer Pumpenanlage

Kunstkreuz Winkelhebel zur Änderung der Bewegungsrichtung von Kunstgestängen (Bild 40)

Kunstrad wasserbetriebenes Rad zum Antrieb von Pumpenanlagen

Kunstsatz Zylinder und Saugröhren einer Pumpeneinheit

Kunstgestänge Zugstangen zur Bewegung der Pumpenkolben

Kunststeiger Steiger zur Überwachung und Wartung von Künsten

kurzhalten die Wasserzuläufe einer Grube werden durch Pumpen beherrscht

Kux Anteil an einem Bergwerk

Lachter Längenmaß; in Sachsen-Weimar: 2 m

Leitbaum senkrechte Latte zur Führung der Fördergefäße im Schacht

Lichtloch kleiner Schacht von über Tage zu einem Stollen

Liederung Dichtung für den Kolben eines Kunstsatzes

Liegendes nächstältere Gebirgsschicht unter einem Flöz; Gebirgsmasse unter einem nicht senkrecht einfallenden Gang

Luciae s. Bergquartale

Markscheider für die Vermessung zuständiger Grubenbeamter

Mergel kalkig-toniges Sedimentgestein

Michaelis 29. September

Mittel Teil einer Lagerstätte mit bestimmten Eigenschaften

Mortifikationsschein Urkunde, durch die eine andere, meist verlorengegangene Urkunde für ungültig erklärt wird

Mundloch Eingang eines Stollens an der Tagesoberfläche

Mutung Antrag auf Verleihung eines Grubenfeldes

Neptunismus von A. G. Werner begründete Lehre; erklärt die Entstehung der Erdoberfläche als Niederschlag des Meerwassers

Offiziant Bediensteter, Beamter

Ort das Ende eines Grubenbaus, besonders bei der Auffahrung

Oryktognosie heute: Mineralogie

Planherd feststehender, mit Planen bedeckter Herd (s. d.)

Pochen Zerkleinerung von Erzen durch niederfallende Stempel

Projektion Entwurf für die Ausbildung einer Lagerstätte in nicht aufgeschlossenen Bereichen

Publicandum öffentliche Bekanntmachung

Pumpenkunst s. Kunst

Punktation Auflistung von Merkpunkten

Querschlag Grubenbau, der senkrecht zum Streichen der Lagerstätte entweder ins Hangende (in jüngere Schichten) oder ins Liegende (in ältere Schichten) getrieben wird

Refundieren Abtragung einer Darlehensschuld

Regalabgaben Abgaben an den Regalherrn (Lehensherrn) für die Gewährung eines Lehens, z. B. der Zehnte

Reminiscere s. Bergquartale

Renuntiation Widerruf

Retardat Verfahren gegen Gewerken, die mit der Zahlung von Zubußen im Rückstand sind; geht der Kaduzierung (s. d.) voraus

Revenuen Einkünfte

Rezeß Vertrag, Abkommen

Riß zeichnerische Darstellung von Bauwerken, auch Grubenriß

Rohhaufwerk Gesteinsmassen, die noch keiner weiteren Behandlung, wie Pochen oder Waschen, unterworfen wurden

Rohhütte   Teil eines Hüttenwerkes, in dem die Erze nur bis zu Zwischenprodukten und nicht zu Endprodukten verarbeitet werden

Rohstein   Zwischenprodukt der Verhüttung

Rösche   Stollen zur Zu- oder Abführung von Wasser

Rösten   Vorstufe des Schmelzens zur Verbrennung von Schwefel und bituminösen Bestandteilen

Rotliegendes   geologische Formation, zum Perm gehörig

Rücken   Bezeichnung für Gebirgsverwerfungen, besonders im Mansfelder Kupferschieferbergbau gebräuchlich gewesen

Sanderz   heller Sandstein im Liegenden des Kupferschiefers

Schacht   senkrechter oder stark geneigter Grubenbau

Schachthalde   Aufschüttung von taubem Gestein rund um einen Schacht

Schachtscheibe   Querschnitt eines Schachtes

Schachtstoß   s. Stoß

Schalerz   sehr dünne, meist metallreiche Gesteinsschicht zwischen Kupferschiefer und Sanderz

Schlagschatz   Regalabgabe (s. d.) für die Prägung von Münzen; meist erhoben in Höhe der Differenz zwischen dem Nennwert der Münzen und dem Preis des Metalls, einschl. der Münzkosten

Schlich   Konzentrat der Erzaufbereitung

Schlämmen   primitives Aufbereitungsverfahren, bei dem sich die schwereren Metallteilchen einer Aufschlämmung von fein gepochtem Erz in Schlämmgraben absetzen

Schram   schichtparallele Vertiefung, in einer besonders weichen Schicht zur Erleichterung der Gewinnung hergestellt

Schützer   Bergarbeiter, dem das An- und Abschützen (s. d.) obliegt

Schwarzkupfer   silberhaltiges Rohkupfer

Schwinge   s. Balancier

seiger   senkrecht

Seigerhütte   Teil einer Kupferhütte, in dem die Endprodukte Feinsilber und Garkupfer erzeugt werden

seigern   Abtrennung des silberhaltigen Bleis vom Kupfer

Seigerschacht   senkrecht niedergebrachter Schacht

Session   Sitzung zur Beratung und Beschlußfassung

Silberblick   Aufscheinen des Silbers im Treibherd nach Entfernung der Bleiglätte (Bleioxid)

Sohle   Begrenzung eines Grubenbaus nach unten; Ggs.: Firste

söhlig   horizontal

Spreizen   zur Abstützung von Grubenbauen oder des Gebirges eingetriebene Hölzer

Sprung   durch Zerrung entstandene Gebirgsspalte, an der eine Gebirgsscholle relativ zur benachbarten abgesunken ist

Spurnagel   nach unten gerichteter Nagel an Förderwagen zur Führung der Wagen zwischen zwei auf der Sohle verlegten Bohlen

stehendes Flöz, stehende Schichten   steil gelagert

Stollen   ein von der Erdoberfläche horizontal oder fast horizontal in das Gebirge führender Grubenbau

Stoß   die vertikale Begrenzung eines Grubenbaus

Stoßherd   ruckartig hin- und herbewegter Herd (s. d.)*Stratigraphie*   Ordnung der Gesteine nach ihrer zeitlichen Bildung

Streb   freigelegte Flözfront, mit der Gewinnung fortschreitend

Strecke   gestreckter Grubenbau, horizontal oder mäßig geneigt

Streichen Richtung horizontaler Linien auf einer Flözebene

Strosse stufenförmiger Absatz in einem Grubenbau

Strossenbau Gewinnungsverfahren für steilstehende Lagerstätten, bei dem untereinander angeordnete Strossen einander folgen

Stufen Handstück von Gestein oder Erz

Stunde Richtungsangabe; der Vollkreis hat 24 Stunden; z. B. Richtung nach Osten = hor. 6

stunden Gewinnung oder Vortrieb in einem Grubenbau einstellen

Subdelegierter einem Gremium nachgeschalteter Delegierter

Subrepartition weitere Aufteilung von Anteilen

sümpfen Wasser aus einem Grubenbau oder einer Grube abpumpen

Teufe Tiefe

Tiefste, das tiefster Aufschluß einer Grube

tonnlägig geneigt; dem Einfallen von Gang oder Flöz folgend

treiben 1. in einem Schacht fördern; 2. Verfahren zur Abtrennung von Silber und Blei im Treibherd

Treibhaus Fördermaschinengebäude

Treibwerk Fördermaschine

Trinitatis s. Bergquartale

Trum 1. von einem Gang abzweigender Nebengang; 2. Abteilung eines Schachtes, wie Fahrtrum, Fördertrum, Pumpentrum

überkippt Aufrichtung von Schichten über die Senkrechte hinaus

Überschiebung eine Gebirgsscholle ist durch Stauchung über eine andere geschoben

über Tage auf der Erdoberfläche

Umbruch, Umfahrung, Umtrieb bogenförmiges Nebenort zur Umgehung eines Streckenbruches

unhaltig s. haltig

unverritzt vom Bergbau noch nicht berührt; Ggs.: verritzt

verbrochen eingestürzt

verritzt s. unverritzt

verhauen, Verhieb abbauen, Abbau

verhütten Verfahren zum Ausbringen von Metallen aus Erzen

Verlag im Wege der Vorfinanzierung vorgelegter Geldbetrag

Verleger Darlehensgeber, der eine bestimmte Leistung vorfinanziert

Verwurf bei einem Sprung: Ausmaß des Absinkens einer Gebirgsscholle gegenüber der benachbarten

Versatz Material zum Verfüllen bergmännischer Hohlräume

versetzen Verfüllen von Hohlräumen mit Versatz

Vorflut Abführung von Wasser in die natürliche Entwässerung

wältigen Abpumpen von Wasser aus einem ersoffenen Grubenbau; auch verbrochenen Grubenbau wieder zugänglich machen

Waschen Scheidung von Mineralien auf nassem Wege

Wasserhaltung Einrichtungen, die Gruben von Wasser freihalten

Wasserseige grabenartige Vertiefung in einem Grubenbau, in der Grubenwasser abfließt

Weißliegendes Sandstein im Liegenden des Kupferschiefers

Werkblei silberhaltiges Rohblei

Wetter die Luft in den Grubenbauen

Wetterführung alle Vorrichtungen, die der Versorgung der Grube mit atembaren Wettern dienen

Wettermangel Mangel an atembaren Wettern

Wettermaschine Vorrichtung, die Luft in Grubenbaue bläst

Wettersatz Zylinder zum Ansaugen und Fortleiten von Luft

Wettertrommel Vorrichtung, in der Wasser von mitgerissener Luft befreit wird, die in eine
    Leitung entweicht

Wettertür in einem Grubenbau gestellte Tür, die die Wetter zwingt, einen anderen Weg zu
    nehmen

Wetterverbindung durchgehender Wetterstrom zwischen verschiedenen Punkten eines Gru-
    bengebäudes;

widersinnig Einfallen; s. überkippt

Zechstein geologische Formation, zum Perm gehörig; darin das Kupferschieferflöz

Zechsteinkalk Kalkgestein im Hangenden des Kupferschiefers

Zession Abtretung

zweimännisch Bedienung (eines Haspels) durch zwei Mann

Zubuße Beitrag der Gewerken zu den Betriebskosten

zugute machen den Metallinhalt eines Erzes in ein verkaufsfähiges Produkt verwandeln

zusitzen von Grubenwassern: zudringen, zuströmen

Nachweis der Bilder und Anlagen

Strichzeichnungen und Anlagen wurden gezeichnet von F. Prüsener ⟨Prü⟩, Herten, und F. Sobuts ⟨So⟩, Marl. Soweit andere Vorlagen nicht angegeben sind, liegen den Zeichnungen Entwürfe des Verfassers zugrunde

Vordere Umschlagseite: Treibhaus mit Treibwerk am Johannes-Schacht; J. G. Otto, 1785 (B 16236, Bl. 29)

Frontispiz: Grund- und Seigerriß der Grubenbaue am Johannes-Schacht; C. G. Uhlig, 1795 (GSA 06/2556)

Faksimile, Seite 12: Neujahrsglückwunsch Goethes an F. A. Schmid, 1828 (GMD)

Bild 1: Herzog Carl August von Sachsen-Weimar; Gemälde von J. E. Heinsius um 1781 (SWK)
Bild 2: Johann Wolfgang von Goethe; Ölgemälde von J. F. A. Darbes, 1785 (SWK)
Bild 3: Paraphen des Herzogs und der Mitglieder des Geheimen Rats auf dem Konzept zu einem Reskript (B 16040, Bl. 123)
Bild 4: Jacob Friedrich Freiherr von Fritsch; nach einem Ölgemälde von Anton Graff um 1766/67 (SWK)
Bild 5: Johann August Alexander von Kalb (SWK)
Bild 6: Christian Gottlob Voigt; Gemälde von J. W. C. Roux (SWK)
Bild 7: Johann Carl Wilhelm Voigt; reproduziert nach J. C. W. Voigt 1821
Bild 8: Intitulation auf der Eingabe der Bergwerkskommission an Herzog Carl August vom 7. 2. 1784 (B 16040, Bl. 97')
Bild 9: Nicolaus Freiherr von Gersdorff (AHhut)
Bild 10: Henriette Catharina Freifrau von Gersdorff, geb. von Friesen (AHhut)
Bild 11: Henriette Sophie Freiin von Gersdorff (AHhut)
Bild 12: Normalprofil des unteren Zechsteins bei Ilmenau ⟨Prü⟩
Bild 13: Lagerstätten des mitteldeutschen Kupferschiefers; nach Wagenbreth 1981
Bild 14: Kupferschieferflöz bei verschiedenem Einfallen ⟨So⟩
Bild 15: Lageplan des Martinrodaer Stollens und wichtiger Schächte ⟨Prü⟩
Bild 16: „Flöz im Liegenden des Ganges" ⟨Prü⟩
Bild 17: a. sich kreuzende Gänge, b. „Rücken" im Kupferschiefer ⟨So⟩
Bild 18: Gebirgsprofil am Schacht ‚Getreuer Friedrich; reproduziert nach J. C. W. Voigt 1782, Tab. I
Bild 19: Gebirgsprofil am Schacht ‚Wilhelm Ernst'; nach J. C. W. Voigt 1821, Tab. I, Fig. 3
Bild 20: Überschiebung am Schacht ‚Gottes Gabe' ⟨Prü⟩
Bild 21: Überschiebung (b), entwickelt aus einer Flexur (a) ⟨So⟩
Bild 22: Gebirgsbau an der Sturmheide ⟨So⟩
Bild 23: Friedrich Wilhelm Heinrich von Trebra; Kreidezeichnung von A. Graff; reproduziert nach Herrmann 1955

Bild 24: Lage der Schächte ‚Alter Johannes' und ‚Neuer Johannes' ⟨Prü/So⟩
Bild 25: Gewährschein für den Kux Nr. 70 (DBM)
Bild 26: Bergstadt Ilmenau 1788; von H. Mahr 1888 (GSA 62/6)
Bild 27: Friedrich Wilhelm Graf von Reden (DBM)
Bild 28: Carl Abraham Gerhard (DBM)
Bild 29: Friedrich Philipp Rosenstiel (KPM)
Bild 30: Isaac Daniel Itzig; Pastellzeichnung von J. F. A. Darbes (BPK)
Bild 31: Schächte im Gangerzbergbau, in der Mansfelder Mulde und in Ilmenau ⟨Prü⟩
Bild 32: Vertikalschnitt durch den Schacht ‚Neuer Johannes' ⟨Prü⟩
Bild 33: Bolzenschrotzimmerung für den oberen Schachtabschnitt im Lockergestein (B 16232, Bl. 127)
Bild 34: Bohrungen auf dem Nassen Ort zur Ortung des Schachtes ‚Neuer Johannes' ⟨Prü⟩; nach B 16236, Bl. 8
Bild 35: Verbindungsstrecken zum Schacht ‚Neuer Johannes' auf dem Nassen Ort und dem Martinrodaer Stollen ⟨Prü⟩; nach B 16236, Bl. 145 u. B 16270, Bl. 96
Bild 36: Gersdorf-Maschine: Kehrrad unter Tage mit Kraftübertragung zu einem Göpel über Tage (B 16228, Bl. 250ff.)
Bild 37: Pferdegöpel; Riß von J. G. Otto (B 16232, Bl. 110)
Bild 38: Untertägiges Kehrrad mit Göpel und Krummzapfen auf einer Welle; Riß von J. C. W. Voigt (B 16228, Bl. 317)
Bild 39: Treibhaus mit Treibwerk; Aufriß mit einem Teil des Gefluters und Grundriß von J. G. Otto (B 16236, Bl. 29)
Bild 40: Treibwerk mit Interimskunstzeug ⟨Prü⟩; nach dem Riß von M. J. Herzer (B 16249, Bl. 91)
Bild 41: Durchgehende Kunststangen für das Interimsgezeug; Riß von J. C. W. Voigt (B 16249, Bl. 94)
Bild 42: Kunstsatz mit Kunststange und Übergabe zum Wasserkasten des nächsthöheren Satzes ⟨Prü⟩; nach Köhler, 580
Bild 43: Untertägiges Kunstrad mit vier ganzen Kunstkreuzen; Riß von M. J. Herzer (B 16249, Bl. 290)
Bild 44: Kunstsätze im Schacht ‚Neuer Johannes' nach Einbau des ersten Kunstrades ⟨Prü⟩
Bild 45: Balancier zur Kraftübertragung vom Kunstrad zur Kunststange ⟨Prü⟩; nach C. G. Baldauf (B 16283, Bl. 35)
Bild 46: Neue Schachtscheibe ⟨Prü/So⟩; nach Baldauf (B 16258, Bl. 290)
Bild 47: Führung von Fördertonnen mit Spurnägeln und mit Spurschuhen ⟨Prü⟩
Bild 48: Neue Führung der Förderseile ⟨Prü⟩; nach Baldauf (B 16265, Bl. 20 u. 21)
Bild 49: Querprofil mit Schacht ‚Neuer Johannes' und Querschlag zum steilstehenden Flözflügel ⟨Prü⟩
Bild 50: Anordnung der vier Kunsträder im Schacht ‚Neuer Johannes' ⟨Prü/So⟩; nach C. G. Baldauf (B 16258, Bl. 290f.)
Bild 51: Johann Carl Ludwig Gerhard (DBM)
Bild 52: Friedrich Johann Justin Bertuch; Pastell von J. C. P. Gutbier (SWK)
Bild 53: Grundriß der Grubenbaue im Flöz vom 14. 3. 1793 ⟨Prü⟩; nach C. C. Schreiber (B 16270, 97)
Bild 54: Grundriß der Grubenbaue im Flöz von Christian Gotthelf Uhlig vom 7. 9. 1795 (GSA 06/2556)
Bild 55: Gewichtskästen als Gegengewichte für die Kunstgezeuge (B 16283, Bl. 34)
Bild 56: Verschiedene Flözprojektionen und die Flözaufschlüsse am Johannes-Schacht ⟨So⟩
Bild 57: Korrigierte Flözprojektion (J. C. W. Voigt 1821, Tab. I, Fig. 2)

Bild 58: Stammbaum des Ilmenauer Hüttenwesens 1726 ⟨Prü⟩
Bild 59: Ilmenauer Hoher Ofen ⟨Prü⟩; nach Schlüter, Tab. XLI
Bild 60: Stoßherd ⟨Prü⟩; nach MBbkde 1786, 52–54
Bild 61: Kupolofen ⟨So⟩; nach Schlüter, Tab. XLII D
Bild 62: Stammbaum des geplanten Bleischmelzens 1796 ⟨So⟩
Bild 63: Brüche im Martinrodaer Stollen und Überfahrung vom Nassen Ort her ⟨So⟩
Bild 64: Zeichnung Goethes zum 1. Bruch im Martinrodaer Stollen (B 16283, Bl. 200)
Bild 65: Doppelter Wettersatz ⟨So⟩; nach B 16283, Bl. 231

Anlage 1: Teiche, Gräben und Entwässerungsstollen ⟨Prü/So⟩; nach markscheiderischen Aufnahmen von J. G. Schreiber (1776/1777), gezeichnet von F. L. Güssefeld, gestochen von A. Zingg, gedruckt in J. C. W. Voigt, 1821 (überarbeitet, vereinfacht und nach Südwesten erweitert vom Verfasser)
Anlage 2: Bergwerk Sturmheide; Hauptgrubenbaue, Flözstrecken und abgebaute Flözflächen ⟨Prü/So⟩; nach C. F. Trommler 1730–1740 und Ergänzungen von A. L. Hartzig 1726/1728, C. von Imhof 1736 und K. F. Krauß 1742 (überarbeitet und vereinfacht vom Verfasser)

Benutzte Archivalien

1. Thüringisches Hauptstaatsarchiv Weimar

A 442 a	B 15902	B 16232 a	B 16279	B 16350/209
B 15832	B 15949	B 16235 a	B 16283	B 16350/210
B 15841	B 15951	B 16236	B 16291	B 16350/211
B 15852	B 15954	B 16237	B 16296	B 16350/212
B 15857	B 16037	B 16241	B 16302	B 16350/213
B 15861	B 16038	B 16242	B 16350/163	B 16350/214
B 15867	B 16039	B 16243	B 16350/171	B 16350/225
B 15883	B 16040	B 16248	B 16350/172	B 16350/280
B 15885	B 16060	B 16249	B 16350/175–178	B 16350/281
B 15891	B 16063	B 16253	B 16350/182	B 16350/283
B 15892	B 16064	B 16254	B 16350/183	B 16350/379
B 15893	B 16072 m	B 16258	B 16350/191	B 16350/414–429
B 15894	B 16077 a	B 16262	B 16350/200	B 25951
B 15895	B 16077 t	B 16263	B 16350/201	F 193
B 15896	B 16082 b	B 16265	B 16350/204	I 288
B 15897	B 16228	B 16268	B 16350/205	I 289
B 15899	B 16229	B 16270	B 16350/208	I 401,5
B 15900				

2. Goethe- und Schiller-Archiv Weimar

06/2555	26/LXVIII, 5
06/2556	62/6
26/LXIV, 3,2	62/18

3. Sächsisches Hauptstaatsarchiv Dresden

Loc 6006

4. Bayrisches Staatsarchiv Coburg

LAF 10586	LAF 10617
LAF 10616	LAF 10690

5. Niedersächsisches Staatsarchiv Wolfenbüttel

1 Alt 5, Nr. 709 a	1 Alt 5, Nr. 749
1 Alt 5, Nr. 733	1 Alt 5, Nr. 754

6. Archiv Oberbergamt Clausthal-Zellerfeld

465/22
466/23

7. Archiv Brudergemeine Herrnhut

R.20.C.Nr. 12
R.20.B.27.4

Register der Personen- und Ortsnamen

Die Namen ‚Herzog Carl August' und ‚Johann Wolfgang von Goethe', sowie ‚Ilmenau' und ‚Weimar' sind im Register zwar aufgeführt, wegen ihrer häufigen Nennung aber nicht mit Seitenziffern belegt.

Ackermann, Ernst Christian Wilhelm (1761–1835), Sohn von H. A. Ackermann, seit 1793 Amtmann und Justizrat in Ilmenau, später Geh. Justizrat in Weimar 140, 294

–, Heinrich Anton (1731–1792), Amtmann in Ilmenau 126

Albertinische Linie, jüngere Linie des wettinischen Fürstenhauses, aus Teilung von 1485 hervorgegangen, ab 1547 im Besitz der sächsischen Kurwürde 39

Albrecht, Johann Bernhard, 1719 Hof- und Kammerrat in Weimar 42

Allstedt, Stadt und weimarisches Amt in der Goldenen Aue 22

Altdorf bei Nürnberg, von 1622 bis 1809 Universitätsstadt 40

Altenau, freie Bergstadt auf dem Oberharz 296, 297

Arnim, Bettina von, geb. von Brentano (1785–1859) 252

Augsburg 218

Baader, Benedikt Franz Xaver von (1765–1841), Mediziner und Naturwissenschaftler, später Philosoph 240

–, Dr. Josef von (1763–1835), Studium der Medizin, dann bedeutender Maschinenfachmann, später Kgl. Bayr. Oberbergrat 240, 241, 242

Bachmeier, Bergmann in Ilmenau, 1787 im Johannes-Schacht tödlich verunglückt 185, 186

Baldauf, Carl Gottfried, verst. 1805, Geschworener in Schneeberg/Erzgeb. 158, 159, 161, 165, 194–198, 198, 203, 204, 278

Baum, Johann Friedrich, 1782 gothaischer Bergrat, Friedrichroda 33, 163, 304

Bautzen (Oberlausitz) Sitz eines kursächsischen Oberamtes 67, 90

Bayern 30

Belgien 332

Benn, Gottfried (1866–1956), Arzt, expressionistischer Dichter 140

Berka, Städtchen an der Werra 156, 224, 225

Berlin 66, 152, 162, 202, 203, 228, 229, 234, 236, 237, 240, 241, 243, 244, 245, 248, 249, 252, 258, 259, 272, 287, 320, 321, 322, 325

Berneck, Städtchen (heute Heilbad) im Fichtelgebirge 308

Bernstein, Johann Gottlob (1747–1835), Bergchirurg in Ilmenau 141

Bertuch, Friedrich Justin (1747–1822), Unternehmer und Verleger in Weimar, bis 1796 Schatullier des Herzogs Carl August, Deputierter der Ilmenauer Gewerken 16, 163, 164, 219, 236, 237, 238, 240, 242, 245, 246, 249, 250, 251, 252, 258, 259, 261, 264, 265, 270, 299, 320, 321, 322, 327; Bild S. 240

Beyer, August, 1723 Markscheider in Freiberg 100, 172

Beyschlag, Franz (1856–1935), Geologe, seit 1923 Präsident der Preußischen Geologischen Landesanstalt 91

Bieber, Bergbaustadt im Hanauischen, Kupferschiefervorkommen 224, 230

Birnbaum, Hüttenbediener in Tarnowitz 244, 292, 294

Blankenburg, Stadt am Nordrand des Thüringer Waldes, heute Bad 32, 125, 126

Blumröder, Johann Ludwig August, Hofadvokat in Ilmenau, später Stadtsyndikus, Deputierter auf den Gewerkentagen 163, 236, 240, 250, 325

–, Johann Carl, 1793 Aktuar und Hüttenfaktor in Ilmenau 230

Born, Ignaz Edler von (1742–1791), Hofrat in Wien 285

Bottendorf, alter Bergbauort an der Unstrut 93

Braunschweig-Lüneburg, Herzogtum, seit 1692 Kurfürstentum Hannover (reichsrechtlich: Kurbraunschweig) 14, 34

Braunschweig-Wolfenbüttel, Herzogtum 72

–, August Wilhelm, Herzog von (1662–1731), 1718 Mitglied der kaiserlichen Kommission in Ilmenau 42

–, Carl I., Herzog von (1713–1780), Vater der Herzogin Anna Amalia von Sachsen-Weimar-Eisenach 20, 74

Brentano, Bettina von Arnim, geb. von 252

Breslau 159

Breyther, Gottlieb, verst. 1770, Hüttenschreiber, Hüttenmeister in Ilmenau 85

Brückner, Unterbürgermeister und Seifensieder, Schleusingen 214, 215, 217

Brühl, Hüttenreuter, Clausthal 244, 251, 292, 293, 296

Buchholz, Wilhelm Heinrich Sebastian (1734–1798), Bergrat, Arzt und Apotheker in Weimar 308

Bücheloh, Dorf nordöstlich von Ilmenau 25

Bückling, C. F., preußischer Oberbergrat, Erbauer der ersten deutschen Dampfmaschine Wattscher Bauart in Hettstedt 1785 203

Burgermeister von Deyzisau, Wolfgang Paul, verstorben 1756, 1752 Hof- und Konsistorialrat in Weimar 73

Burgsdorff, Carl Gottlob von, 1741 Kammergerichtsassessor, später sachsen-weißenfelsischer Geheimer Rat 67, 76

–, Rahel von, geb. von Gersdorff (1683–1751), Mutter von C. G. v. Burgsdorff 67, 76

Büsching, Anton Friedrich, Herausgeber eines Wochenblattes mit Nachrichten über neue Landkarten u. ä. 34

Camsdorf, Großen-Camsdorf, Kreisstadt des kursächsischen Neustädter Kreises 79

Canstein (Cannstein), Bergbaustädtchen im Fürstentum Waldeck 236

Charpentier, Johann Friedrich Wilhelm von (1738–1805), kursächsischer Bergkommissionsrat, 1802 Berghauptmann 30, 31, 34, 253, 286

–, Toussaint von (1779–1847), Sohn von J. F. W. von Ch., preußischer Bergbeamter, seit 1830 Berghauptmann 286

Clausthal, freie Bergstadt auf dem Oberharz 34, 42, 103, 123, 184, 186, 241, 251, 287

Coburg 48

Dalberg, Carl Theodor Anton Maria Reichsfreiherr von (1744–1817), kurmainzischer Statthalter in Erfurt, später Koadjutor und Erzbischof von Mainz, Fürstprimas des Rheinbundes 25

Dehn-Rothfelser, 1718 hessen-kasselscher Regierungs- und Oberkammerrat und Subdelegierter in Ilmenau 42

Dresden 56, 61, 62, 67, 70, 74, 77, 156, 252

Eckardt, Johann Christian Ludwig (1732–1800), Jurist, Regierungsrat in Weimar, Mitglied der Bergwerkskommission 1777–1783, danach Professor für Staatsrecht in Jena 28, 29, 30, 32, 34, 38, 40, 41, 43–48, 53, 55, 83, 84, 86–89, 117, 132, 212, 217

Eckermann, Dr. Johann Peter (1792–1854), Schriftsteller, Hofrat und Bibliothekar in Weimar 140

Eckoldt, Immanuel, Kaufmann in Leipzig, 1702–1715 zusammen mit H. Winkler (s. d.) Verleger in Ilmenau, 1715 in Konkurs 60, 82, 85

Ehrenberg, Christoph, mansfeldischer Zehntner, 1721–1728 Berginspektor in Ilmenau 42, 43

Eisenach, Residenz der Herzöge von Sachsen-Eisenach 236, 261, 328

Eisleben, alte Bergbaustadt am Ostrand des Harzes 93, 108

Elgersburg, Dorf und gleichnamiges Schloß nordwestlich Ilmenau 25, 100, 214, 217

Engelhard, Bergfaktor in Canstein (s. d.), Deputierter auf dem Gewerkentag von 1793 236, 237, 240, 250

Ephraim, David (1762–1835), Hofagent und Bankier in Berlin, Ilmenauer Gewerke 152, 245, 249, 258

Ernestinische Linie, ältere Linie des wettinischen Fürstenhauses, von 1485 bis 1547 im Besitz der sächsischen Kurwürde 39, 52

Etzdorf, Cristian Gottlieb, 1760 Justizbeamter in Ilmenau 75

Frankenberg, Eberhard Sylvius von (1729–1815), sachsen-gothaischer Minister 47, 48–54, 215

Frankfurt am Main 230

Frege, Christian Gottlob (1747–1816), Kaufmann und Bankier in Leipzig, Ilmenauer Gewerke 285

Freiberg, Bergstadt im Erzgebirge, Sitz des kursächsischen Oberbergamts 27, 34, 86, 100, 103, 108, 123, 156, 158, 172, 176, 182, 196, 197, 201, 223, 224, 253, 273, 286, 287

Freiesleben, Johann Friedrich (1747–1807), kurfürstlich-sächsischer Markscheider in Freiberg 158

–, Johann Carl (1774–1846), Sohn von J. F. Freiesleben, Studienfreund von A. von Humboldt, 1796 Bergamtsassessor in Marienberg, später Berghauptmann in Freiberg 280, 308

Friedeburg, Ort an der Saale nordöstlich Eisleben 136

Friedrichroda, alter Bergbauort nordwestlich Ilmenau 33, 93, 163

Fritsch, Jakob Friedrich, Frhr. von (1731–1814), Präsident des Geheimen Rats in Weimar   22, 26, 33, 53, 54, 109, 126, 236; Bild S. 26

Fulda, Marcus von, kaiserlicher Berghauptmann, 1728 (in schwarzburgischen Diensten) Gutachter in Ilmenau   63

Gera, Stadt in Ostthüringen   93

Gerhard, Dr. Carl Abraham (1738–1821), Geheimer Oberfinanzrat in Berlin, Begründer der Berliner Bergakademie (1770)   152, 165, 202, 228, 234, 287; Bild S. 153

–, Carl Ludwig (1768–1835), Sohn v. C. A. Gerhard, 1789 Assessor beim preußischen Bergamt Rotenburg, 1810 preußischer Oberberghauptmann; Deputierter der preußischen Gewerken   163, 164, 165, 240, 241, 242, 245, 246, 252, 258, 270; Bild S. 240

Gersdorf, alter Bergbauort nordwestlich Freiberg, danach benannt: Gersdorf-Maschine   176, 180, 212, 213

Gersdorff, Gottlob Friedrich von (1680–1751), Sohn von N. von Gersdorff, kurfürstlich-sächsischer Geheimer Ratsdirektor   75, 76

–, Henriette Sophie von (1686–1761), Tochter von N. von Gersdorff, Gewerkin und Verlegerin in Ilmenau   25, 63, 64, 66, 67, 68, 70, 71, 72, 73, 74, 75, 76, 80; Bild S. 64

–, Catharina Henriette von, geb. von Friesen (1648–1726), Witwe von N. von Gersdorff, Gewerkin und Verlegerin in Ilmenau   42, 61, 62, 63, 64, 66, 71, 75; Bild S. 61

–, Nicol von (1629–1702), kurfürstlich-sächsischer Geheimer Ratsdirektor, Landvoigt der Oberlausitz, Ilmenauer Gewerke und Verleger   42, 61; Bild S. 61,

–, Philippine Charlotte von (1711–1787), aus der schlesischen Linie der Gersdorffs, Gewerkin und Verlegerin in Ilmenau   27, 28, 30, 32, 45, 47, 52, 55, 64, 65, 66, 71, 75, 76, 77, 78, 79, 80, 81, 82, 83, 84, 85, 86, 87, 88, 89, 90, 91

Gewerkschaft Auguste Victoria, Marl, Unternehmen des Steinkohlenbergbaus, letzte bergrechtliche Gewerkschaft Deutschlands (zum 31. 12. 1993 in eine GmbH umgewandelt)   58

Gläser, Johann Gottlob (1721–1801), Großen-Camsdorf, kurfürstlich-sächsischer Bergmeister des Neustädter Kreises und der Bergämter Suhl, Voigtsberg und Bottendorf   77, 79, 80, 82, 83, 87, 88, 89, 90, 107, 122, 124, 282

Glücksbrunn, siehe Wilhelmsglücksbrunn

Goddelsheim, alter Bergbauort im Fürstentum Waldeck   236

Goethe, Julius August Walther von (1789–1830), Goethes Sohn   255, 256

–, Catharina Elisabeth, geb. Textor (1731–1808), Goethes Mutter   142

–, Johann Wolfgang (1749–1832; 1782 geadelt), 1775 Ankunft in Weimar, 1776 Geheimer Legationsrat mit Sitz und Stimme im Geheimen Rat, 1779 Geheimer Rat, 1777 Mitglied und 1780 Vorsitzender der Bergwerkskommission; Bild S. 21

–, Johanna Christiana Sophia von, geb. Vulpius (1765–1816)   255,

Göttingen, braunschweigisch-lüneburgische Universitätsstadt   35

Göttling, Johann Friedrich August (1755–1809), Chemiker, Professor in Jena   307, 308

Goldlauter, Bergbauort im kursächsisch gewordenen Teil der Grafschaft Henneberg   31, 52, 56, 57

Goslar   176

Großen-Camsdorf bei Saalfeld   79

Groß-Hennersdorf, adeliges Gut bei Herrnhut   66, 67, 76

Grumbach, Wilhelm II., Ritter von, wegen einer Fehde mit dem Bischof von Würzburg in Reichsacht, 1567 hingerichtet   39

Güssefeld, Franz Ludwig (1744–1808), Kartograph in Weimar   31

Habsburg   14, 30, 285

–, Karl VI. von, Kaiser des Heiligen Römischen Reiches von 1711 bis 1740   62

–, Joseph II. von, Kaiser des Heiligen Römischen Reiches von 1765 bis 1790   33

Häcker, Gottlieb Michael, 1776 s. -gothaischer Berginspektor   25, 68, 223

–, Johann Jacob, Vater von G. M. Häcker, 1743 Steiger, 1744 Geschworener in Ilmenau   25, 68, 70, 71, 73, 75

Hager, Johann Ludwig, 1784 Hofadvokat und Bergrichter in Ilmenau   162, 217, 250

Halle   109

Halsbrücke, Bergbauort nördlich Freiberg   253, 286

Hannover, Kurfürstentum; s. Braunschweig-Lüneburg

Hartzig, Andreas Leopold (1694–1761), Bergmeister in Clausthal, 1726 und 1728 Gutachter in Ilmenau   103, 104, 111, 123, 172

Hasse, S. G., 1793 Zimmermeister in Ilmenau   227, 288

Henneberg, gefürstete Grafschaft   26, 34, 38, 39, 40, 49, 52, 53, 56, 57, 81, 135, 149, 210, 222, 233

–, Georg Ernst, letzter Graf von, verstorben 1583 38, 39, 46

Herda zu Brandenburg, Carl Christian von, verstorben 1802, Kammerpräsident in Eisenach 31

–, Johann Ludwig von, geboren 1776, Sohn von C. C. v. H., 1804 Kammerjunker in Eisenach und Gutachter in Ilmenau 299, 316, 328, 329, 330, 332

Herder, Johann Gottfried von (1744–1803), Oberhofprediger und Generalsuperintendent in Weimar, Freund Goethes 140

Herrnhut, Ort in der Oberlausitz, Sitz der Herrnhuter Brüdergemeine 64, 71, 76

Herzer, Michael Jacob, 1787 Zimmermeister in Ilmenau 148, 154, 187, 188, 191, 193

Herzog, Johann Adolf, 1794 Rentkommissar in Ilmenau 240

Heß von Wichdorf, Hans, 1914 Geologe bei der Preußischen Geologischen Landesanstalt, Berlin 118

Hessen-Darmstadt, Ludwig Erbprinz von (1755–1830), als Landgraf Ludwig X. von, 1806 Großherzog, Bruder der Herzogin Luise von Sachsen-Weimar-Eisenach 25, 27

Hessen-Kassel, Carl Landgraf von (1654–1730), 1718 Mitglied der kaiserlichen Kommission in Ilmenau 42

Hettstedt, Bergbauort im preußisch gewordenen Teil der Grafschaft Mansfeld 93, 203, 206, 223

Hetzer, Georg Wilhelm, Hofkommissar in Ilmenau, Deputierter auf den Gewerkentagen 214, 215, 216, 220, 236, 241, 250, 325

Heym, 1781–1785 Inhaber einer Mühle im Ilmtal 147, 212, 214, 215, 216, 217, 221

Heynitz, Friedrich Anton von (1725–1802), 1764 Leiter des kursächsischen Bergbaus, 1777 preußischer Oberberghauptmann 152, 156, 202

–, Carl Wilhelm Benno von (1738–1801), 1784 kurfürstlich-sächsischer Berghauptmann in Freiberg 156, 196, 201

Hufeland, Gottlieb (1760–1817), Jurist, Professor in Jena 140, 142, 308

Humboldt, Alexander von (1769–1859), Naturwissenschaftler 250, 307, 308, 309, 310, 311, 312

Iba, Ort östlich Bebra, Standort der hessischen Friedrichshütte 224

Ilmenau, alte Bergbaustadt am Nordrand des Thüringer Waldes, Sitz eines s.-weimarischen, früher hennebergischen Amtes

Imhof, Carl Albrecht Ludwig von, Berghauptmann in Zellerfeld, 1736 und 1752 Gutachter für den Ilmenauer Bergbau 72, 73, 103, 104, 108, 115

Itzig, Isaac Daniel (1750–1806), Hofbankier in Berlin, Ilmenauer Gewerke 152, 245, 249, 258; Bild S. 153

Jacobi, Friedrich Heinrich (1743–1819), Geheimrat in Düsseldorf, Freund Goethes, Ilmenauer Gewerke 143, 155

Jena 23, 34, 112, 252, 262, 299, 307, 308, 311, 312, 322

Joachimsthal, Bergbaustadt im böhmischen Erzgebirge 38, 150, 286

Jung, Johann Heinrich (gen. Jung-Stilling) (1740–1807), Schriftsteller und Augenarzt, Tischgenosse Goethes in Straßburg 163

–, Johann Jost (gen. Justus), (1763–1799), Neffe 2. Grades von J. H. Jung, Bergmeister in Lohe b. Siegen, Deputierter der westfälischen Gewerken 163

Kalb, Johann August Alexander von (1747–1814), Kammerpräsident in Weimar 1776–1782, Vorsitzender der Bergwerkskommission 1777–1780 22, 24, 26, 27, 28, 29, 30, 31, 34, 44, 45, 78, 82, 83, 84, 86, 88, 116; Bild S. 26

–, Karl Alexander von (1712–1792), Vater von J. A. A. v. Kalb, Kammerpräsident in Weimar bis 1776 28, 78

Kaltennordheim, weimarisches Amt an der Rhön, Kohlevorkommen 149, 313, 323

Kammerberg, weimarisches Dorf auf dem rechten Ilmufer 24, 26, 145, 210, 313, 323

Karl IV., Kaiser des Heiligen Römischen Reiches von 1346 bis 1378 37

Karlsbad, mondäner Kurort in Böhmen 146, 150, 151, 185, 243, 252, 286, 313

Kassel, Residenz der Landgrafen von Kassel 35, 224, 225

Kattowitz, Industriestadt in Oberschlesien 159

Keller, Georg Reinhard, verstorben vor 1725, Bergdirektor in Ilmenau 42, 101

Knebel, Karl Ludwig von (1744–1834), Major, Goethes »Urfreund«, Ilmenauer Gewerke 143, 146, 230

Köcher, 1794 Berginspektor in Glücksbrunn 163

Krakau 159

Krauß, Carl Wilhelm, Berg- und Hüttenschreiber und Markscheider in Saalfeld, 1752 Gutachter in Ilmenau 73

Krieger, Elias Wilhelm, 1721 Berg- und Gegenschreiber in Ilmenau, als Bergrichter nachweis-
bar bis 1755 49, 65, 67
Kruse, Leopold (1766–1850), Kammerarchivar in
Weimar 231, 243, 256, 259, 327
Kutscher, Caspar Nicolaus, 1753 Geschworener
in Ilmenau 113, 114

Lampe, Professor in Freiberg 158
Landgraf, Friedrich Heinrich Christoph, 1784
Gerichtshalter in Elgersburg 217
Langer, Johann Heinrich Siegmund, 1788 ver-
storben, Hüttenverwalter in Bieber (Hessen),
ab 1786 Hüttenmeister in Ilmenau 145, 224
La Roche, Carl von, geboren 1766, Sohn von M.
S. von la Roche, 1794 Bergrat in Schöne-
beck 252
La Roche, Maria Sophie von, geb. Gutermann
von Gutershofen (1731–1807) 252
Lautental, freie Bergstadt auf dem Harz 257,
297
Lavoisier, Antoine Laurent de (1743–1794), fran-
zösischer Chemiker 309
Leffler, Johann Wilhelm, verstorben 1797, 1776
Gerichtsschreiber, später Amtmann in Ilmen-
au, Deputierter auf den Gewerkentagen 117,
163, 236, 237, 240, 250
Leipzig 60, 62, 285, 325
Leonhard, Caspar, 1720 hessen-kasselscher
Markscheider und Geschworener 42
Louvemont, Ort bei Verdun, im Oktober 1792
Feldlager der alliierten Armee 166
Luxemburg 223
Lyncker, Carl Friedrich Ernst (1727–1801), Kon-
sistorialpräsident 25

Magdeburg 252
Mahlendorf, Dr. Reinhard, 1992 Kulturdezer-
nent der Stadt Ilmenau 47
Mahr, Hermann, verstorben 1889, Bergmeister;
Sohn von Bergrat Johann Heinrich Christian
Mahr (1787–1868) 139
Mainz 228
Malsch, Simon, 1782 Besucher auf dem Ilmenau-
er Bergwerk 128, 129
Manebach, gothaisches Dorf auf dem linken Ilm-
ufer, dem weimarischen Kammerberg gegen-
über 25, 149, 208, 209, 210, 211, 212, 216,
217, 218, 224
Mansfeld, alte Bergbaustadt am Ostrand des
Harzes 93, 105, 107, 108, 135, 158, 167, 186
Marienberg, Bergstadt im Erzgebirge 23, 24,
108, 123, 156, 182, 290

Marienborn bei Mainz, 1792 Quartier des Herzogs Carl August im Torhaus von M. 229
Martinroda, Dorf nordwestlich Ilmenau; dort
Mundloch des Martinrodaer Stollens 19, 20,
24, 31, 32, 33, 40, 43, 55, 62, 64, 68, 69, 72, 73,
74, 75, 77, 79, 80, 81, 84, 96, 100, 101, 102,
105, 107, 108, 115, 116, 118, 121, 122, 124,
128, 130, 141, 144–147, 160–163, 170, 172,
174, 175, 176, 178, 193, 195, 196, 210, 212,
218, 256, 264, 265, 278, 280, 299, 300–316,
322, 323, 327, 328, 331
Meiningen, Residenz der Herzöge von Sachsen-
Meiningen 242
Mende, Johann Friedrich (1742–1798), Kunstmeister in Freiberg, 1776 mit F. W. H. von
Trebra Gutachter in Ilmenau 24, 158, 176
Merck, Johann Heinrich (1741–1791), Kriegsrat
in Darmstadt, Schriftsteller, Goethes
Freund 25
Morgenstern, Elias, 1626 Markscheider in Ilmenau 208
Mühlberg, Johann Otto, 14. 10. 1781 verstorben,
schwarzburgischer Bergmeister, im Juli 1781
von Goethe in Ilmenau befragt 32, 77,
125–131

Natzmer, Charlotte Justine v., verw. v. Zinzen-
dorf, geb. v. Gersdorff (1675–1763) 64
Neapel 151, 184
Neustadt a. d. Orla, Kreisstadt des kursächsi-
schen Neustädter Kreises 79
Neusiß, Städtchen an der Gera 316
Niederense, ehemaliger Bergbauort im Fürsten-
tum Waldeck 236
Nürnberg, 40

Osann, Friedrich Heinrich Gotthelf (1753–1803),
Regierungsrat in Weimar, ab 1799 Mitglied der
Bergwerkskommission 163, 233, 236, 240,
243, 244, 245, 251, 258, 259, 299, 304, 324,
326, 330, 332
Otto, Johann Gottfried, von Februar 1784 bis
April 1786 Werkmeister in Ilmenau 36, 141,
142, 146, 148, 178, 180, 213, 220

Paris 166
Paul, Johann Georg, Obersteiger in Ilmenau,
1785 entlassen 128, 129, 146
Paulsen, Carl Christian August (1766–1813),
Amtskommissar in Ilmenau, Deputierter auf
den Gewerkentagen 236, 237, 240
Paxmann, Justus Christoph, 1720 Zehntner in
Zellerfeld 42

Pfeffer, Johann Valentin, 1704 Zehntner in Zellerfeld 100
Pirmasens, Stadt in der Westpfalz 232
Posen 249
Polen 244
Preußen 14, 30, 38, 91, 206, 241, 244, 249, 252, 290
Priestley, Joseph (1733–1804), englischer Theologe und Naturforscher 309

Rappold, Samuel Friedrich, Kammerrat in Leipzig, 1688–1702 Verleger in Ilmenau, 1702 in Konkurs 60, 61, 62, 82, 84, 85
Rausch, Carl August, 1779 Markscheider in Clausthal 186
Reden, Friedrich Wilhelm Graf von (1752–1815), Direktor der schlesischen Bergwerke, Ilmenauer Gewerke 152, 159, 202, 228, 249, 325; Bild S. 153
Reiche, Otto, 1719 braunschweig-wolfenbüttelscher Geheimer Justiz- und Hofrat und Subdelegierter in Ilmenau 42
Rentsch, Johann Heinrich Siegmund (1757–1803), Gerichtssekretär in Weimar, Deputierter auf dem Gewerkentag 1800 325
Richelsdorf, hessisches Bergbaustädtchen nahe Sontra 223, 224
Roda, Dorf nordwestlich von Ilmenau 19, 40, 41, 60, 71, 96, 97, 98, 100, 101, 102, 107, 110, 115, 120, 121, 124, 129, 130, 141, 172, 208, 209, 273
Rom 118, 150
Rosenfeld, Christian Friedrich, 1752 Kammer- und Kriegsrat in Weimar 73
Rosenstiel, Philipp Friedrich (1754–1832), Oberbergrat, später Staatsrat in Berlin, Ilmenauer Gewerke 152, 202, 203, 227, 243, 245, 246, 249, 258, 259, 287; Bild S. 153
Roßleben, Dorf an der Unstrut mit Kloster und Klosterschule 23
Rotenburg/Saale, Sitz eines preußischen Bergamts 136, 152, 163, 203, 228, 241, 245, 258, 286
Rußland 244

Saalfeld, Stadt an der Saale, Residenz der Wettiner, seit 1735 S.-Coburg-Saalfeld 73, 130
Sachsen, Kurfürstentum 14, 22, 23, 32, 33, 43, 44, 45, 47–53, 55, 56, 57, 61, 62, 71, 72, 83–87, 113, 123, 125, 145, 147, 156, 207, 210, 211
–, August, Kurfürst von (1526–1586) 38
–, Christiane Eberhardine, Kurfürstin von, geb. Prinzessin von Brandenburg-Bayreuth, Gemahlin von Friedrich August I. (1671–1727) 62

–, Friedrich August I., Kurfürst von (1670–1733) („August der Starke") 42, 62
–, Friedrich August II., Kurfürst von (1696–1763) 70
–, Friedrich August III., Kurfürst von, seit 1806 als F. A. I. König von (1750–1827) 28, 44, 45, 56, 57, 79, 88, 89, 117, 156
Sachsen, ernestinisches Herzogtum
–, Johann Friedrich II., Herzog von (1529–1595) 39
–, Johann Wilhelm, Herzog von (1530–1573) 39
Sachsen-Coburg-Saalfeld, ernestinisches Herzogtum 54
–, Franz Josias, Herzog von (1697–1764) 39, 72, 74
Sachsen-Eisenach, ernestinisches Herzogtum, 1741 an Sachsen-Weimar 149
–, Johann Georg I., Herzog von (1634–1686) 208
Sachsen-Gotha-Altenburg, ernestinisches Herzogtum 33, 41, 44, 45, 47–55, 57, 72, 84, 85, 88, 125, 147, 176, 207, 210–216, 219
–, Ernst II. Ludwig, Herzog von (1745–1804) 28, 39, 95, 110, 118, 163
–, Friedrich I., Herzog von (1646–1691) 208
Sachsen-Hildburghausen, ernestinisches Herzogtum 39, 43, 54
–, Ernst Friedrich III., Herzog von (1727–1780) 76
Sachsen-Meiningen, ernestinisches Herzogtum 33, 39, 43, 54
Sachsen-Saalfeld, ernestinisches Herzogtum 39
Sachsen-Weimar, ernestinisches Herzogtum
–, Wilhelm Ernst, Herzog von (1662–1728) 40, 62, 208
Sachsen-Weimar-Eisenach (ab 1741)
–, Anna Amalia, Herzogin von, geb. Prinzessin von Braunschweig-Wolfenbüttel (1739–1807) 20, 27, 74, 76, 77, 78, 142, 159
–, Bernhard, Prinz von (1792–1862) 226, 227, 236, 255, 266, 267, 269, 270
–, Carl August, Herzog von (1757–1828), 1814 Großherzog, Goethes Landesherr; Bild S. 21
–, Carl Friedrich, Erbprinz von (1783–1853) 226, 265, 266, 269, 327
–, Constantin, Prinz von (1758–1793) 20, 27
–, Ernst August I., Herzog von, (1688–1748) 67
–, Ernst August II. Constantin, Herzog von (1737–1758) 20, 72, 74
–, Luise, Herzogin von, geb. Prinzessin von Hessen-Darmstadt (1757–1830) 27, 226, 227, 236, 255, 260, 264–267, 269, 270, 274, 275, 276, 278, 311
–, Maria Pawlowna, Erbprinzessin von, geb. Großfürstin von Rußland (1786–1859) 327

Sachsen-Zeitz, albertinisches Herzogtum, 1719 an Kursachsen zurück 39, 41, 42, 51, 53, 62

Sandersleben, Städtchen am östlichen Harzrand 93

Sangerhausen, Bergbaustadt am südlichen Harzrand 93

Schemnitz, Bergbaustadt in Oberungarn, heute Slowakei 285

Schleusingen, Stadt am Südrand des Thüringer Waldes, Sitz eines hennebergischen, später kursächsischen Amtes 47, 52, 145, 210, 214, 222

Schlosser, Johann Georg (1739–1799), Goethes Schwager 227

Schlotheim, Ernst Friedrich von (1764–1832), Kammerassessor in Gotha 240–244, 250

Schmiedefeld, Dorf südwestlich Ilmenau 222

Schmid, Achatius Ludwig Carl (1725–1784), Kanzler in Weimar 82

Schmid, Friedrich August (1781–1856), Berg- und Gegenschreiber in Altenberg (Erzgeb.) 347

Schmidt, Johannes (1749–1811), Kanzleisekretär in Weimar 47, 48

Schnauß, Christian Friedrich (1722–1797), Geheimer Rat in Weimar 22, 233

Schneeberg, Bergbaustadt im Erzgebirge 158, 161, 196, 197, 290

Schönberg, Wolf Christian von, kursächsischer Kammerherr und Kriegsrat 79, 90

Schönebeck, Salinenort südlich Magdeburg 252

Schorte, rechter Nebenfluß der Ilm; Mündung unterhalb Ilmenau 25

Schrader, Johann Friedrich, verstorben 1798, Hüttenmeister in Ilmenau 156, 224, 225, 227, 230, 231, 232, 235, 248, 250, 257, 288, 289, 292, 293, 294, 297, 299, 303, 328

–, Wilhelm, Salineninspektor in Wilhelmsglücksbrunn, 1804 Gutachter in Ilmenau, Sohn von J. F. Schrader (?) 328

Schreiber, Johann Gottfried, verstorben 1797, Geschworener und Bergmeister in Ilmenau 24, 29, 34, 35, 117, 123–130, 136, 137, 141–146, 148, 149, 151, 156, 157, 161, 162, 172, 173, 174, 182, 194, 199, 203, 207, 209, 211, 220, 224, 230, 235, 236, 240, 248, 250, 251, 257, 259, 263, 264, 266, 268, 287, 297, 303, 304, 313, 314, 315, 329

–, Johann Gottfried, verstorben 1806, Steiger, Einfahrer und Geschworener in Ilmenau, Schwiegersohn von Bergmeister J. G. Schreiber 29, 156, 158, 227, 240, 243–246, 250, 251, 259, 260, 267, 290, 296, 302, 303, 304, 307, 308, 309, 310, 311, 313, 316, 327, 329

–, Johann Gottfried (1746–1827), kursächsischer Markscheider, 1776/1777 in Ilmenau, danach Inspektor in Allémont (Savoyen) 29, 31, 73, 254

–, Carl Christian, Bergakademist, 1793 Hüttenschreiber in Ilmenau, Sohn von Bergmeister J. G. Schreiber 29, 226, 230, 257, 266, 297

Schwabhäuser, Johann Friedrich (1740–1799), Kammerrat in Weimar 85

Schwarzwald, Städtchen nordwestlich Ilmenau, Sitz eines gothaischen Amtes 210, 214, 215

Schweina-Möhra, Kupferschiefervorkommen am Südrand des Thüringer Waldes 93

Seeger, Johann Georg, verstorben 1802, Kriegssekretär in Weimar 240, 259

Seidel, Philipp Friedrich (1755–1820), Goethes Diener, später Rentkommissar in Weimar 240, 241, 246, 247, 250, 254, 255, 257, 260, 261, 304, 321, 325

Seyfert, 1792 Werkmeister in Mansfeld 158

Siegen, hier: Lohe bei Siegen 163

Stadtilm, zwischen Weimar und Ilmenau gelegenes Städtchen 25

Staff, August Wilhelm Ferdinand von (1732–1788), Oberforstmeister in Ilmenau 25, 145, 220

Stahl, Georg Ernst (1660–1734), Chemiker, Erfinder der Phlogistontheorie 309

Stein, Charlotte von (1742–1827), Hofdame in Weimar 31, 33, 96, 140, 143, 147, 159

–, Friedrich (Fritz) von (1772–1844), jüngster Sohn von Charlotte v. St., 1790 Kammerjunker in Weimar 159

Steinert, Carl Friedrich Christian (1774–1840), Hofbaumeister in Weimar 254, 295, 296

Stiebner, Elias, 1726 Bergmeister in Freiberg; 1726, 1728 und 1730 Gutachter in Ilmenau 100, 103, 123

Stützerbach, Dorf südlich Ilmenau an der Längwitz, östlicher Teil weimarisch, westlicher Teil kursächsisch 52, 145, 207, 210, 219, 222

Sturmheide, Berghang am südlichen Stadtrand von Ilmenau 19, 24, 26, 40, 41, 42, 43, 45, 60, 62, 64, 69, 70, 96, 97, 98, 101–104, 107, 108, 110–116, 120, 121, 124, 129, 130, 149, 160, 172, 178, 208, 209, 210, 222, 281

Sueß, David, von 1791 bis 1793 Kunststeiger in Ilmenau 156, 158, 161, 163, 164, 194, 196

Suhl, Städtchen südwestlich von Ilmenau, Sitz eines kursächsischen Amtes 222

Tarnowitz, Bergbauort nahe Kattowitz 159, 241, 243, 292

Taubenheim, Christian August von, 1781 kursächsischer Oberaufseher in Schleusingen 47, 48–53, 55, 222

Thalitter, Bergbauort im Fürstentum Waldeck 236

Trebra, Friedrich Wilhelm Heinrich von (1740–1819), 1767 Bergmeister und 1773 Vizeberghauptmann im kursächsischen Marienberg, 1779 kurhannoverscher Vizeberghauptmann in Clausthal, 1801 kursächsischer Oberberghauptmann, Freund Goethes 22–27, 31, 33, 34, 35, 40, 44, 63, 79, 104, 107, 108, 117–124, 128, 130, 131, 142, 150, 160, 161, 162, 163, 176, 178, 180, 182, 185, 190, 191, 193, 201, 202, 203, 211, 212, 213, 218, 223, 225, 285, 286, 287, 290; Bild S. 119

Trommler, Christian Friedrich, seit 1728 Berginspektor in Ilmenau 102, 103

Uhlig, Christian Gotthelf, 1795 Markscheider in Ilmenau 226

Ullmann, Johann Friedrich, Vizebergmeister in Wunsiedel, 1752 Gutachter in Ilmenau 73

Utterodt, Georg Christoph von, 1684 Lehensträger des Sturmheider Grubenfeldes, später Berghauptmann 39, 40, 45, 46, 49, 208

Venedig 159

Vent, Christoph Gottlob (1752–1822), Ingenieurleutnant in Weimar 242, 254, 295

Verdun 166

Voigt, Christian Gottlob (1743–1819; 1807 geadelt), 1777 Regierungsrat in Weimar, 1789 Geheimer Regierungsrat, 1791 Geheimer Assistenzrat mit Sitz und Stimme im Geheimen Rat, 1794 Geheimer Rat, später weimarischer Staatsminister; seit 1783 Kollege Goethes in der Bergwerkskommission 13–16, 34, 35, 36, 57, 89, 90, 108, 117, 140, 141, 142, 144, 145, 146, 147, 149, 150–157, 159, 160–166, 170, 175, 180, 182, 184, 185, 190, 194, 196, 202, 219, 220, 222–227, 228–234, 236, 238, 239, 241, 242, 243, 248, 250–254, 256–259, 261–265, 274, 275, 276, 281, 285–288, 290, 294, 295, 299, 304, 305, 307, 308, 310, 311, 312, 314, 315, 317, 319–326, 328, 330–333; Bild S. 35

–, Johann Carl Wilhelm (1752–1821), Bruder von C. G. Voigt, 1783 Sekretär der Bergwerkskommission, 1789 Bergrat und Subdelegierter der Kommission in Ilmenau 16, 34, 35, 90, 91, 104, 108–112, 115, 117, 118, 126, 128, 129, 130, 141, 142, 144, 146, 150, 151, 152, 156, 157, 159, 160, 161, 163–166, 172, 180, 182, 185, 186, 187, 196, 197, 198, 204, 206, 212,

223, 224, 225, 227, 230, 231, 232, 234–237, 239–245, 248–249, 250, 251, 252, 259–264, 266–270, 272–278, 287, 288, 289–294, 296, 300, 302, 304, 307, 309, 310, 313, 316, 317, 319–322, 323, 329–333; Bild S. 35

Wahl, 1776 Professor und Schulmann in Ilmenau, Mineraloge 25

Watt, James (1736–1819), englischer Ingenieur und Erfinder 203

Wedel, Otto Joachim Moritz von (1751–1794), Oberforstmeister in Weimar 148

Wendel, Franz Ignaz von (1741–1795), französischer Emigrant in Ilmenau, bekannter Hüttenmann aus Lothringen 294

Werner, Abraham Gottlob (1750–1817), Professor an der Bergakademie Freiberg, Begründer der neptunistischen Lehre 108, 158, 196, 253

Westfalen, Graf von, Domherr in Münster, Ilmenauer Gewerke 163

Wettin, Stammburg der Wettiner bei der gleichnamigen Stadt 39

Wielitzka, Bergbaustadt bei Krakau, berühmtes Salzbergwerk 159

Wien 38, 42, 62

Wilhelmsglücksbrunn (auch Glücksbrunn) bei Creuzburg/Werra, Saline 163, 328

Winkler, Heinrich, Kaufmann aus Leipzig, ab 1702 zusammen mit I. Eckoldt (s. d.) Verleger in Ilmenau, 1715 in Konkurs 60, 82

–, Johann Georg, 1739 Agent und Gläubiger der Freiin Henriette Sophie von Gersdorff 66

Witzleben, Friedrich Hartmann von, Herr auf Elgersburg (1722–1788), Geheimer Rat und Oberhofmarschall in Weimar 211, 217, 218

Wunsiedel, brandenburg-bayreuthische Stadt im Fichtelgebirge 73

Zäunemann, Sidonia Hedwig (1714–1740), gekrönte Reichspoetin, Verfasserin des Gedichtes „Das Ilmenauische Bergwerk" (1737) 339

Zellerfeld, freie Bergstadt auf dem Oberharz 34, 100, 103, 213, 293,

Zezschwitz, Hans Heinrich von (1696–1778), Vizepräses des Herrnhuter Verwaltungskollegiums 75,

Zingg, Adrian (1734–1816), Kupferstecher, Professor an der Kunstakademie Dresden 31, 34,

Zinzendorf, Georg Ludwig von (1662–1700), Vater von N. L. von Zinzendorf 64,

Zinzendorf, Nikolaus Ludwig von (1700–1760), Sohn von G. L. von Zinzendorff, Enkel von Katharina Henriette von Gersdorff, Begründer der Herrnhuter Brudergemeine 64, 71, 75, 76,

GOETHE
DIE SCHRIFTEN
ZUR NATURWISSENSCHAFT

Vollständige mit Erläuterungen versehene Ausgabe im Auftrage der

DEUTSCHEN AKADEMIE DER NATURFORSCHER
LEOPOLDINA

begründet von
K. Lothar Wolf und Wilhelm Troll
herausgegeben von Dorothea Kuhn und Wolf von Engelhardt

Zweite Abteilung

ERGÄNZUNGEN UND ERLÄUTERUNGEN

Zehnter Band

Teil A

ZUR MORPHOLOGIE
VON 1816 BIS 1824

Bearbeitet von
Dorothea Kuhn

1995. XXXIV, 978 Seiten. Mit 4 Abbildungen im Text und 16 teils farbigen Tafeln.
Register
15 x23,5 cm. Leinen mit Schutzumschlag
ISBN 3-7400-0953-5

»Der hohe Wert der Ausgabe ist längst anerkannt, so daß darüber kein Wort zu verlieren ist … Zuverlässige, kritisch bearbeitete Texte mit Lesarten vorzulegen, ist der eine Zweck der Ausgabe. Der andere ist, Goethes Naturlehre der Fachwissenschaft und dem interessierten Lesepublikum nahezubringen. Um diesen Zweck zu erfüllen, haben die Herausgeber nicht ihr Spezialgebiet, sondern ein ihre streng berufliche Kompetenz überschreitendes Gebiet bevorzugt. Ein Botaniker übernahm die geologischen Schriften, ein Mediziner die Farbenlehre, ein Physikochemiker die Geschichte der Farbenlehre, und eine Morphologin hat sich zu einer Goethe-Kennerin ersten Ranges und zu einer Philologin von strengster Akribie entwickelt.«

Euphorion